# 太平洋战争

VIII

# 日本溃败

青梅煮酒 著

中国出版集团 现代出版社

**图书在版编目（CIP）数据**

太平洋战争 . 八，日本溃败 / 青梅煮酒著 . —北京：现代
出版社，2022.3

ISBN 978-7-5143-7012-6

Ⅰ.①太… Ⅱ.①青… Ⅲ.①太平洋战争－史料 Ⅳ.①E195.2

中国版本图书馆 CIP 数据核字 (2021) 第 274994 号

太平洋战争 . 八，日本溃败

---

作　　者：青梅煮酒
责任编辑：姚冬霞
出版发行：现代出版社
通信地址：北京市安定门外安华里 504 号
邮政编码：100011
电　　话：010-64267325　64245264（传真）
网　　址：www.1980xd.com
电子邮箱：xiandai@vip.sina.com
印　　刷：北京飞帆印刷有限公司
字　　数：653 千字
开　　本：710mm×1000mm　1/16　　印　　张：41.5
版　　次：2022 年 3 月第 1 版　　　印　　次：2023 年 12 月第 3 次印刷
书　　号：ISBN 978-7-5143-7012-6
定　　价：79.80 元

---

# 目录

第一章 / 东条内阁垮台

## 树欲静而风不止

东京的 7 月闷热得几乎令人窒息。17 日晚，赤坂高级饭店的一个小房间却门窗紧闭，里边三个人正在激烈争论着什么。餐桌上并无多少菜肴，他们到此显然并非为了喝酒吃菜，而是另有其他重大企图。

"总之，必须干。咱们一起动手吧！"三人中最瘦的那个首先开口。

"已经没有时间考虑了。再犹豫下去，东京要被炸成废墟了。"三人中的胖子随声附和。

"没错儿！在美军轰炸下，我们没有办法建造战舰和飞机，胜利是毫无指望的。"最后那人习惯性地摸了摸眼镜，抬头看了看头顶的电灯。三人中只有他西装革履。"不过要是失败那可就惨了。连近卫公的荻洼庄都被安装了窃听器。"说到此处，西装男下意识地看了看窗户，似乎有人在那里趴着偷听一样。"现在完全是宪兵政治，我们务必小心为上。"

天气炎热，胖子闻言，还是不由得打了个冷战："要是失败了，全家都要完蛋。宪兵该不会知道我们在这里聚会吧？"

说话的三个人是东条英机内阁的三大台柱子：胖子是农商大臣内田信也；瘦子是军需省次官，绰号"满洲之妖"的岸信介——日本前首相安倍晋三的亲姥爷；西装男是在上海丢掉了一条腿的外务大臣重光葵。作为外相，人家重光还是很注重礼仪的。三人一直坐着，重光少条腿，老酒没有看出来。

1944 年 6 月 2 日，日本财界头面人物藤山爱一郎的家中来了三位不同寻常的客人。最先来到的是海军大将末次信正，他曾担任联合舰队司令官和近卫内阁内务大臣之职，日本海军"月月火水木金金"的魔鬼训练法就是由他提出来的。随后来到的年龄最大的海军大将冈田启介是第三十一届内阁首相，在 1936 年血腥的"二二六事件"中，差点儿丧生在青年军官的枪口之下。最后来到的彪形大汉是海军大将米内光政，1940 年担任第三十七届内阁首相时，因反对与德国和意大利结盟而被陆军赶下了台。

特别会谈的策划者是海军省教育局局长、海军少将高木惣吉。高木出生于熊本，因家贫无法完成学业，只好半工半读，当过工人和缮写员。后来他凭借努力和聪明考入海军兵学校，最终以海大第二十五期首席的出色成绩毕业。高木稳重，习惯挺胸。有人曾这样评价他，"以千锤百炼的精神力量养成了高雅风度，当你被他锐利的目光凝视时会感到森然，如同站在深山岩洞前一样"。还有人说他"如同一个茫茫大草原上披荆斩棘穿越之人"。身体欠佳的高木一直在与心脏病和胃病做斗争，无法出海的他只好在机关混个闲职，整天无所事事。

1937 年，高木出任海军省临时调查课课长。他找来一大群大学教授、新闻记者和作家，组织成立了诸如"思想恳谈会""外交恳谈会""政治恳谈会""综合研究会"等研究机构。学者通常思想开放，他们中大骂陆海军政策的占大多数。后来时任海军省军务局局长的井上成美实在看不下去了，就叫来高木进行劝诫："你干什么没人管，但你搞的那些所谓研究报告，能不能不要到处乱发？弄得大家都知道海军省有个智囊团的话没有好处。"太平洋战争爆发时，高木是舞鹤镇守府参谋长，1942 年 5 月晋升少将。海军省原打算让他出任中国方面舰队副参谋长，同样出于身体原因未能成行。在军令部待了一段时间之后，高木于 1944 年 3 月到海军省当了教育局局长。

高木是个敏锐的情报专家。海军大臣岛田繁太郎曾让他研究开战以来日本海军犯过的错误。通过对海空力量损失的分析，高木得出了一个日本不可能打赢战争的悲观结论。虽然这一观点今天看来再正常不过，但在当时绝对属于大逆不道。高木认为，能够使日本免于毁灭的唯一办法就是解除东条的首相职务，立即探求和平途径。岛田有个绰号叫"东条裤腰带"，高木知道自己如果把研究结果呈交岛田，报告本身被束之高阁还算小事，说不定连自己的小命都会搭进去。高木秘密会见了当初反对向英美开战"三驾马车"中的两驾，米内光政和井上成美——另一驾山本五十六已经战死——把研究结果告诉他们。两人鼓励他把研究结果提交给前首相冈田以及其他可能采取行动的人。高木将满腔怒火对准了岛田和东条，开始为推翻现内阁殚精竭虑，四处奔走。

作为最年长者的冈田率先开口："我们三个都属龙。据说龙年出生的人喜欢争斗，同一片海域容不下两条龙，但那不过是传说而已。"72岁的冈田比其他两人大整整一轮，米内和末次都是60岁。"我们必须团结一致，将岛田海军大臣兼军令部总长赶下台去。现在岛田的所作所为根本不像一个大臣，而像东条的副官。我的意思是赶走岛田之后，米内君出任海军大臣，末次君执掌军令部。只有这样，海军才有希望，我们的国家才有希望。"

"岛田能甘愿辞职吗？"末次欠了欠身子，"有东条给他做后台，又有殿下在上。"末次口中的殿下是指海军元老伏见宫。

"可是，我们不能再让他继续这样干下去。"米内像是自言自语。

"我们必须把事态推动到让他不得不辞职的地步，做到这一步确非易事。首先我们三人要意见一致。伏见宫殿下的工作我来做。"冈田主动承担了最难干的活儿。

此前三位海军大将关系并非十分融洽，尤其是米内和末次之间。前文提到，围绕1930年伦敦裁军会议，日本海军分成了两大派别，米内和末次分别属于"条约派"和"舰队派"的领军人物，当时两人的关系几乎到了水火不容的地步。主张裁军的米内曾揪着末次的衣领，让他"不要蛊惑年轻人"。今天让两人间隔10分钟到场正是冈田的精心策划，怕两人一见面没说话就打起架来。为拯救日渐式微的海军，三人难得地走到了一起。大家一致认为，更换岛田、重整海军，不但必要，而且刻不容缓。

会谈接近尾声时，主人藤山拿来纸笔请三位大佬即兴题字，传闻三人都写得一手好字。年龄最大的冈田率先出列，奋笔疾书："磊落轩昂意气豪。"这是明治时期著名活动家桥本左内的一句诗，意为志向远大，意气高昂。随后米内脱掉上衣露出衬衣背带，思索片刻，奋笔写道："我歌君续，明月自来。"这是米内最喜欢的明朝诗人高启《将进酒》中的两句诗，此刻用来比喻会谈成功，前景光明。

最后轮到末次泼墨。只见他蘸饱墨，挥笔在偌大的纸张上写下了遒劲有力的一个大字："断！"珍珠港事件以来，日本一直流行着"断然行事、鬼神退避"的说法。末次的意思显然含有要果断行事、不能回头之意。

"这该不是断然拒绝的意思吗？"米内笑道，现场气氛更加融洽了。

分手时，冈田特意叮嘱众人："今天之事，别说内容，就是我们聚会之事也不能对外声张。"谁都知道东条手里掌握着宪兵，这些重要人物的一举一动都逃不过他的眼睛。

中途岛海战之后，东京大本营对美国实力的日见增长和自身实力的日见衰弱采取的是不承认的态度。随着美国不断加强潜艇战，日本的船舶损失不断增加。在北太平洋，阿留申群岛的两大前哨阵地均被放弃，阿图岛之战更是开"皇军全员玉碎"的先河。在东南方向，瓜岛、所罗门群岛相继落入盟军之手，军事重镇拉包尔、特鲁克接连无效化。在西南太平洋，麦克阿瑟正沿新几内亚岛北岸向鸟头半岛快速挺进，矛头直指菲律宾。在中太平洋，尼米兹以摧枯拉朽之势迅速攻占吉尔伯特和马绍尔群岛，马里亚纳和帕劳群岛已处在美军的兵锋之下，朝不保夕。在印缅边界，日军针对英帕尔和科希马的进攻铩羽而归，各路部队正沿之前的进攻路线仓皇撤退，中、英、美联军在缅北的大规模反攻渐入佳境。除旨在打通中国大陆交通线的"一号作战"还算顺利，日军在各个战场均遭遇到重大挫折。

前线的每一次失败，都是对首相东条英机战时统治集团的沉重打击。现代日本的领导人，还从未有像东条这样集大权于一身的。在世人眼中，东条的地位不容动摇，实际上他的统治已处于崩溃边缘。心怀不满的人们开始相信并自动传播那些最恶毒的传言。有人说，东条用从南方占领区掠夺来的烟草、威士忌和其他战利品贿赂宫内省官员、重臣及枢密顾问官等，甚至向天皇御弟秩父宫和高松宫送小汽车行贿。

国内的矛盾更加突出。生产虽然还能勉强维持，但国民为此做出了重大牺牲。许多民用企业被勒令转入战时生产，更多妇女投身产业，连十几岁的小孩儿都成了劳动力。上课时间很少，很多学校校舍被改作军需仓库。政府机关和企事业单位开始实行一周七天工作制，星期日消失了。火车拥挤到婴儿被闷死的程度，出门到一百公里外都要由警察局出具证明，餐车和卧铺车厢被取消。为了省电，东京地标建筑帝国酒店——由著名建筑师弗兰克·赖特设计——电梯关停，客人需要自己爬楼梯。各种日用品大大减少，食品开始定量供应。1943年的一次调查表明，一半以上家庭不得不通过黑市购买食品。从1944年3月开始，黑市商品价格比官方价格高出整整10倍，其中最重要的大米价格是官方的14倍，到年底更涨到了44倍。衣料极其珍贵，棺材都要多次使用，取暖煤气或木炭少得可怜。一块肥皂的价格从原来的0.1日元涨到了20日元。在台湾白糖的输入中断之后，一袋 8 磅、价格 3.75 日元的糖黑市价格炒到了 1000 日元。普通家庭的各种金属物品——包括勺子——都要上缴回炉重铸，作为各种军用装备的原料。橡胶被优先供应军方，市民穿的橡胶底鞋子越来越少，更多民用鞋开始被笨重的木屐取代，它因此获得了"爱国鞋"的雅号。报纸版面不断缩小，晚报停止出版。包括 8 家大舞厅在内的超过 10000 家娱乐场所、那些日本人最爱去的艺伎馆被关闭，因为跳舞等娱乐活动被认为与战争气氛不符。"东京变成什么样子啦！"喜剧演员古川绿波在日记中哀叹道，"唉，活着已没有多大意思了！"

后方生活变得单调而艰难，连首相官邸前那片漂亮的绿草坪——头年 11 月上旬，东条曾在那里举行了臭名昭著的大东亚会议——也被刨去，种上了应急食品红薯。东条为此提出了一个冠冕堂皇的理由，他告诉正在挖槽的首相官邸管理主任田中熊次郎："这样好！种草坪大概不是日本古来已有的习惯，明天你也要当庄稼人了。这你可就有出息了，因为农民是国家之宝哇！"

最可怕的是人力资源危机。到 1944 年初，6.3% 的国民已被征召入伍，300 万名产业工人成为兵员。随之而来的恶果是飞机制造厂、造船厂和其他军工厂产量迅速下滑。日立电器公司负责人抱怨说："军队要走了我们 1000 名工人，他们的工作起码要 4000 名新手才能完成，但生产出来的产品无法保证质量。"到 1944 年底，大约 2/3 的飞机还未升空与敌交手就已经在地面上出现了质量问题，它们被飞行员戏称为"杀手"。征集工人的年龄从原来的 16 岁至 40 岁放宽到 12 岁至 59 岁，大批妇女投入生产，另外还征召了 66.7 万名朝鲜劳工和 38000 名中国劳工。他们中分别有 60000 人和 7000 人死在日本。到 1944 年 10 月，组成自愿小队到田间耕作的学生超过了 200 万人。

开战以来，日本严格实施新闻管制，军方号召新闻界"以报纸为武器报效天皇"。有关战事报道发表前必须经军方审查，军方叫你报道什么你就报道什么。若有违抗，有 26 部关于言论审查的法律法规在等着处罚你。国民可以看到的大都是类似的消息。有鼓舞士气的："国民奋起吧！前进吧！照耀我们的是 3000 年国体的精华！"有痛击对方的："美国自己不知反省，反而把矛头对准我们，纯粹属于自取灭亡！"有自吹自擂的："我们的航母数量比实际暴涨 6 倍、飞机 7 倍、巡洋舰 10 倍。"遭遇空袭的报道有一个固定句式："市街民户虽然发生了一定规模的火灾，但都被勇敢的市民在黎明前扑灭了。"即使在前线节节败退之时，国民还在天真地惊叹美国人的坚韧:"在被我大日本帝国陆海军按在地上痛殴了这么久之后,他们居然还能挺得住,拒不投降。"

1944年2月23日,《每日新闻》头版头条隆重登出首相东条在内阁会议上所作的《非常时期宣言》。文章指出"皇国正处在生死存亡的关键时刻",鼓吹"本土决战"。东条特别强调了勇猛无比的"竹枪精神","以必死精神教育后方妇女和儿童,令他们拿起竹枪实施训练"。最后东条说,"如果敌人胆敢入侵日本,就是用竹子做枪,全日本男女老少也要跟他们血拼到底"。

这无疑是一篇令人热血沸腾、充满"正能量"的报道。让东条意想不到的是,就在文章下方的正中位置,却登出了《胜利还是灭亡?战局到此地步竹枪已经用不上了!要用飞机!要用海军航空兵!》一文。该文严厉批评了东条提出的所谓本土作战中男女老少使用竹枪齐上阵的"一亿玉碎"主张:"太平洋上的攻防战并不会在日本本土沿岸展开,而是在数千海里之外为争夺基地而展开。如果敌军攻击到本土沿岸,就已经没有希望了。问题是战斗力的集中。对开着飞机来的敌军,用竹枪是捅不下来的。决定我帝国存亡的关键在于我国海军航空兵力飞速增长的同时,战斗力如何集中。"

看到上述公然和自己唱反调的说法,东条差点没气晕过去。陆军报道部部长松村秀逸被他骂得狗血喷头。气急败坏的松村立即问责《每日新闻》。文章作者名叫新名丈夫,海军记者俱乐部"黑潮会"的首领。新名曾作为随军记者随舰队出海,亲自见证了联合舰队在太平洋上的节节败退。马绍尔群岛陷落后20天,大本营才发布了相关消息。忍无可忍的新名于是撰写了上述报道。虽然报道需要接受审查,但海军记者只需接受海军报道部的审查即可。新名清楚,这篇报道一定会使东条暴怒,报社有被关闭、自己有被抓起来杀掉的危险。

在陆军部的压力之下,《每日新闻》相关责任人纷纷辞职。东条对此仍不满意,他命令情报局次长村田五郎:"让《每日新闻》给我停刊!"村田回答说:"实际上我们不给他们印刷用纸,明天报纸就出不来了。但是《每日新闻》和《朝日新闻》代表着国内社会舆论,如果其中一家只因一篇文章就被停刊,国民和国外敌对势力恐怕会笑话我们的。"

要说人家东条的涵养还真不低。为顾全大局,他强忍怒火撤回了停刊命令。替代惩罚方案是陆军部很快向新名发出了征召入伍的命令。出生于1906年的新名已 38 岁，高度近视，以前在征兵检查时被免除兵役，这次却成了陆军重点关照的对象。陆军部上下对新名上战场一事寄予了高度关注：谁都可以不去，但新名必须去。《每日新闻》社长试图求见东条求情，东条连见一面的机会都没给他。

以东条为首的陆军暴跳如雷，海军私下里却大呼过瘾。这样的报道等于打了陆军和东条的脸，海军觉得非常解气。新名算得上是海军的代言人，海军高层适时出面与陆军斡旋："新名作为报道组成员已被决定派往帕劳群岛，对他的征兵还是延期吧？"对此陆军干净利落给予拒绝，绝对不能让新名逃脱！作为一名中年二等兵，新名被编入第十一师团第十二步兵联队。

海军并未放弃努力，随后向陆军提出了严正抗议：你们陆军这样做是不符合规定的。只征召新名一人，摆明了是针对个人，公报私仇！海军公开对外揶揄陆军："是什么原因单独征召一名大正年代的中年士兵呀？"陆军对此冷笑一声："来，再给他找些战友！"于是 249 名中年人因为陆军对新名的惩罚性征兵，稀里糊涂地被派往前线。陆军部命令将这批士兵调往美军不可能跳过去的冲绳岛和硫黄岛，明摆着就是不打算让新名活着回来。坐在运输船上的新名清楚，身边的 249 名同伴全都因他而来。他更不敢告诉大家，我们这次去就是送死。

陆军借刀杀人的如意算盘最终还是落了空。由于海军的上下运作，仅三个月后，新名就被拉出了陆军。第十二步兵联队这样解释说："这次征召入伍是东条大将的命令，让新名不得生还，并苟以繁重的劳动。但从海军省和军令部来了好几批人为他说情，我们只能用自己觉得正确的方式对待他，反正师团司令部对此也是睁一只眼闭一只眼。"

新名被海军高层以报道组成员的身份派往菲律宾，以防再次被陆军征召。从菲律宾平安回来之后，新名一直活到了 1981 年。他的 249 名战友就没那么幸运了，这些人统统"玉碎"在硫黄岛。由新名报道引发的这次风波，后来被日本史学家称为"竹枪事件"。

相比有海军做后台的新名来说，狂热右翼分子中野正刚就没那么幸运了。作为昭和时期日本著名的反军派政治家，中野的一生以反对现体制、现政权著称。在早稻田大学读书期间，中野曾拜访过孙中山。为挣学费，中野曾向国粹主义者三宅雪岭办的《日本和日本人》杂志投稿，因此结识了右翼核心人物头山满。大学毕业之后，中野成为《朝日新闻》一位小有名气的记者。1918 年，34 岁的中野成为众议院议员，凭借出色的口才连任 8 届，其间曾短期出任"雄狮首相"滨口雄幸的秘书。

中野行事诡异，几乎称得上惊世骇俗。俄国十月革命刚刚成功，他就迫不及待跳出来提议日本"应当承认苏维埃政权"。张作霖在皇姑屯被炸之后，中野再次挺身而出，指责首相田中义一是谋杀行动幕后黑手，陆军擅自刺杀他国元首乃卑劣行径。但当两年后关东军发起九一八事变时，他又公开叫嚣应该承认伪满洲国，"本人对板垣征四郎和石原莞尔极其崇拜"。1936 年，中野成立法西斯政治团体东方会并自任总裁，视希特勒和墨索里尼为人生偶像，甚至将 1937 年访问罗马时带回的一支墨索里尼用过的铅笔视作"圣物"，身穿黑色党卫军服装到处宣传希特勒的国家社会主义。中野对内鼓吹"昭和维新"，对外叫嚣完成所谓的"大东亚战争"。他因善变及急于掌权的焦躁表现，得到外号"政界吉普赛一号""堂吉诃德""一匹悍马"。

太平洋战争爆发初期，中野对东条还是支持的。但当东条压制言论、独断专行到被称为"东条幕府"时，中野一个华丽转身，成为反东条的中坚力量。除了在公开场合抨击东条的内外政策之外，他还与内大臣木户幸一，重臣冈田启介、近卫文麿、若槻礼次郎、广田弘毅、米内光政等人频频联系，谋划颠覆东条内阁，请陆军大将宇垣一成出任新首相。

中野的上蹿下跳很快引来了杀身之祸。1943 年 10 月 21 日，东京宪兵队突入中野私宅，以"流言蜚语罪"将之逮捕。虽经多方斡旋在 25 日被释放，但两天后的午夜，57 岁的中野在家中切腹。自杀时他特意取掉了起居室内悬挂的自己和希特勒的"珍贵"合影。人们普遍认为他是在宪兵特务的"规劝"下"被自杀"的。

这年的东条已近 60 岁，他身高 1.63 米，体重 62 公斤，结实匀称的身材看上去属于典型的日本人，酱色瓜子脸上戴着一副圆边眼镜，鼻下蓄有小胡须。如果从二战交战国元首中评选最懒惰和最勤奋者，前者很可能是美国总统罗斯福，后者则非东条莫属。身兼首相、陆军大臣、军需大臣和陆军参谋总长的东条一向以勤勉著称。每天清晨他都在 5 时准时起床，晚上 12 时甚至更晚才就寝。就在冈田、米内和末次密谋的第二天早上，东条按时早早起床出门，带着一名宪兵在晨曦中悠闲地散步。

当他从国会议事堂来到永田小学门口时，因校门未开，正背着书包玩耍的一群小孩儿冲他大声喊叫"东条爷爷"！此时的东条往往显得非常慈祥，他向孩子们频频挥手，甚至上前逐个儿摸他们的脑袋，说一些"努力学习、报效国家"之类的勉励话。早起往来的人们遇到东条便向他鞠躬，大多数人怀着敬而远之的心情。东条会客气地一一回礼，有时还停下来笑容可掬地嘘寒问暖。东条认为，像父母爱孩子一样疼爱国民，正确领导他们走向胜利，是一位内阁首相责无旁贷的伟大使命。他会经常去翻一些垃圾箱，看看有没有人奢侈浪费，或者从中观察国民的生活状况。

东条习惯吃日本式早餐米饭和酱汤，他看不起西洋人的生活，不吃干酪、奶油、冰激凌等物，却非常喜欢喝咖啡。虽然市面上咖啡早已脱销，但首相官邸能够得到足量供应。从南方返回的舰船常常会带来成袋的咖啡给东条喝。至于白糖，则由菲律宾总统劳雷尔专门特供。为节约资材，政府规定私人住宅面积一律不得超过 50 平方米，但东条住宅大到了 99 平方米。人们对此议论纷纷，有人公开站出来质疑首相知法犯法，有人甚至传言东条攒钱盖了一处大宅子——老酒以为，贵为首相的东条，住 99 平方米的房子也未尝不可。况且大家都说东条是"攒钱"，从未有人说他贪污受贿，说明东条还是蛮清廉的。实际上由于经常对困难部下慷慨解囊，东条家里经济状况时常入不敷出，夫人胜子不得不精打细算用好每一分钱。东条本人对房子超标的解释是"因为三代人居住"。传言不知道怎么就进了皇宫。一次吃饭时，裕仁突然向内大臣木户冒出来一句："听说东条盖了一幢大房子耶！"

东条一人身兼数职，平时忙得团团转。早餐之后，他会在首相秘书赤松贞雄——属于"三奸四愚"中的"四愚"之一——的陪同下到办公室批阅文件，向内阁书记官长星野直树安排政府当天的工作。然后他佩戴上参谋绶带驱车前往市谷台，以陆军省和参谋本部为核心的陆军领导机构均会聚于此。在分别以参谋总长和陆军大臣的身份听取汇报并下达有关指示之后，他准备利用下午的时间到熊谷陆军飞行学校视察。东条喜欢通过视察来发现并解决问题，从不拖延。东条爱坐敞篷车，即使严冬也是如此，不过天冷时会穿上皮大衣。他很喜欢在车里摆出双腿叉开、手握军刀正襟危坐的样子，认为这很有军人气派。内阁官房总务课长稻田周一回忆说："希特勒尚未全盛时，曾坐敞篷车四处摆威风。有人说东条效仿希特勒，评价很差。我曾多次向他说明这一点，但他根本不予采纳。"东条喜欢在视察过程中突然改变行程，不喜欢按别人的预先安排行事，认为这样才能真正了解下情。在飞行学校的视察中，他突然打破计划，让教官替代学员进行示范表演，打了大家一个措手不及。他还喜欢搞突击检查，经常一声不响地跑到各部门去"体察下情"，那些敷衍了事和办事效率不高的职员会被当场责骂，他们的"官僚主义"也会立即得到纠正。

东条教育国民说，只有日本人具有的"大和魂"才是最可贵的，他对现阶段的不利战局并不持悲观态度，认为"日本处于劣势的见解是混账的败北主义，战争正处在三七开阶段，实际上我们的优势还在七之上"。东条认为首脑机关看问题应该着眼于乐观的一面，向最好的方向努力。虽然盟军已经在太平洋上展开攻势，但在中国战场，以占据通往越南的铁路为目标的打通作战进展顺利，苏中边境尚无发生战争的迹象，这都是令人欣慰的事情。战争爆发以来，东条对日本取得最后胜利从未有过一丝怀疑。他深信上有天皇、下有具"大和魂"的优秀民族，日本在和异族的战争中绝对没有战败的道理。

东条允许夫人胜子公开发表演说或广播讲话，或从事其他支持战争的社会活动。胜子经常会把一些东条不容易听到的街头巷尾的话题讲给他听。一次，胜子在"大日本妇女会"上听到，小仓市一个卖豆腐的女人把丈夫送上前线，自己却因为紧急强制疏散失去营生，四个孩子衣食无着。得到这一消息的东条慨叹道，"官吏应该'先天下之忧而忧，后天下之乐而乐'"。连这句话都知道，看来东条文化程度还是不低的。他亲自给福冈县知事打去电话，问题最终得到妥善解决。因为经常抛头露面，胜子得到了一个"东美龄"的雅号。

三个月前，东条采用强硬手段逼迫杉山元和永野修身下台，由他本人和岛田兼任了两总长职务，实现了军政和军令的统一，这一举措招致各方非议。有人说他"违反宪法"，有人说他"侵犯统帅权独立"，有人说他是"毁灭权力的人"，甚至有人说他的强大权力足以对抗天皇，日本出现了"东条幕府"。有着昭和第一兵家之称的石原莞尔曾蔑称东条为"上等兵"，他的内阁因此也被称为"上等兵内阁"。

皇族成员中对东条不满的大有人在，特别是他兼任参谋总长的做法。在御殿场休养的天皇大弟秩父宫曾通过侍从武官提出过三次质问。第一次是2月向新任作战课长真田穰一郎，第二次是 4 月 22 日向参谋次长秦彦三郎提出的。东条每次的答复都是，"这次担任总长职务是为了完成战争任务采取的特别措施，本措施取得的结果是良好的"。

5 月 16 日，秩父宫提出了第三次质问："首相、陆相一人兼任总长的形式，在战争指导上是否合适？再者，当统帅部与政府之间在战争指导问题上意见不一致时，东条大将如何处理？"东条通过参谋次长后宫淳做出如下答复："国务与统帅的举措都是受命于今上一人，东条恪守此旨，拳拳服膺。关于东条以陆军大臣兼任参谋总长的原委，前已奉答。此举既属破例，当然要有异议。是非之论，希望委诸后世史家。当前统帅与国务十分协调，并无阻碍。再者，有违国家根本大法之处，实为东条本心所不许。关于此点如仍有疑问，容当直接晋见奉答。"

欲通过搞掉岛田进而逼迫东条下台，必须经得海军元老伏见宫、天皇二弟高松宫以及内大臣木户幸一的同意。6 月 4 日，冈田按照与米内和末次的约定拜访了赤坂离宫。伏见宫是比他高一届的师兄，1932 年到 1941 年一直担任军令部总长，在海军的地位类似于"教父"，大小事情都须获得他的首肯。伏见宫非常欣赏曾担任自己侍卫官的岛田，当年岛田出任海军大臣以及后来兼任军令部总长若没有他的赞同，恐怕是不太可能的。

果不其然，冈田说明来意之后，伏见宫脸色立即变了。他在英国时养成了抽雪茄的习惯，现在他一边抽烟一边为岛田辩护："岛田君遇事从容不迫，寡言笃行，颇为能干。我现在还是认为，只有他最能胜任海军大臣一职。"

"当初我也认为他心地善良，在议会答辩时振振有词。但是现在，海军对他的评价是浑浑噩噩、春风骀荡、缺乏远见。他对东条言听计从，海军已经逐渐沦为陆军的附庸。目前战况极端不利，他本人竟然毫无察觉，还是那么悠然自得地度日。我认为换一个更熟悉情况、能够率先垂范的人物很有必要。"

"战况不利的确属实，但是次官和次长都很支持他。"伏见宫指的是海军次官泽本赖雄以及军令部次长塚原二四三和伊藤整一，三人的军衔都是海军中将。

"不瞒殿下说，现在对部内的不信任已经扩大到针对这四个人的首脑机关全体人员。我认为，我们的周围危机四伏。"

"可是把岛田换下来还有谁呢？丰田刚刚去了联合舰队，他出任海军大臣显然不合适。吉田善吾更不行，及川古志郎也会带来异议。长谷川清也有问题，不如干脆让永野出任海军大臣，如何？"

"永野刚刚辞去军令部总长职务，由他出任海相不能带来新气象，恐怕不太妥当吧？"随后冈田提出了自己的设想，"依愚见，此时如果能够推出德高望重的米内大将恢复现役并出任大臣，应该是比较合适的吧？"

思索良久，伏见宫认可了冈田的说法："让米内自己出面如何？"

"让他自己出面，就会与岛田发生不愉快，这事由我运作更好。只求殿下一件事情，如果岛田来问冈田对您说了什么没有，请殿下表示赞成此事就可以了。"伏见宫慨然允诺。

就在冈田游说伏见宫同日下午，在麻布材木街《朝日新闻》评论委员佐佐弘雄的私宅，又一次为推翻东条内阁的秘密会面正在进行。见面的两人是高木和陆军参谋本部的中将酒井镐次。促成本次会谈的是近卫文麿的铁杆亲信、前内阁书记官长富田健治。这是高木和酒井的初次会面。

秀才型人物酒井一战时期驻法国，之后作为国际联盟的随员长期驻扎欧洲，属于日本陆军中为数不多的具有国际视野的人。酒井曾长期在陆士和陆大从事近代战史和战争指导研究。1936年酒井出任第二十四步兵旅团旅团长，次年3月就任关东军独立混成第一旅团旅团长，这是日本陆军第一支机械化部队。七七事变之后，晋升中将的酒井随关东军参谋长东条英机突入关内发起了察哈尔作战。因为在坦克的使用上与东条发生分歧，酒井被送回关外，后出任第七师团师团长。1939年9月，酒井接替阿南惟几出任侵华日军第一〇九师团师团长，驻扎临汾。三个月后，这支部队撤编回国。因敢于直谏与陆军高层交恶，1940年1月酒井被转入预备役。作为战争史权威，酒井在1942年至1943年接连出版了《战争指导实际》《战争类型史论》等书，翻译了《战时克列孟梭内阁》等著作。

由于战争需要，1943年底酒井作为军事专家再次被征召入伍，成为参谋本部战争指导史料研究参谋。根据自己掌握的国际知识和出色的分析判断能力，酒井断定日本在这场由自己主动挑起的战争中败局已定。既然如此，莫如尽早进行和谈，其先决条件就是推翻抱有必胜信念的东条，建立一个以结束战争为目标的和平内阁。

酒井通过富田与近卫取得了联系，并将自己掌握的真实情况向近卫做了汇报。"为安全起见，"穿便衣的酒井说，"如果东条获悉我要跟您讲的话，他肯定会报复。"他警告近卫："应该尽早结束战争。目前德国仍有力量进行防御，我们要趁敌人在东西两线作战的有利时机开始和谈。一旦德国战败后再谈，对我们就不利了。"近卫同意酒井的观点，即谋求和平绝不可能由东条完成，必须建立新的内阁。

最近近卫一直精神萎靡。他的肠胃总是不好，大概是因为母亲衍子刚生下他就患产褥热死去，从小未得到母乳喂养。他最近对外声称得了"痔疮"，实情只有他一人知晓。近卫一开始就反对向美英开战，并因此被以东条为首的陆军赶下了台。由于个人的贵族身份且与裕仁关系密切，加上曾经三度组阁，"年轻"的近卫政治影响力在众多重臣中首屈一指。富田希望近卫能在国家危难之际挺身而出，出马促成结束战争。高木和酒井的聚会可以说是陆军和海军内部反战派的一次沟通。

心直口快的酒井提出，为收拾残局希望立即采取行动。高木告诉酒井和富田："即将到来的舰队决战（此时尚未开打的马里亚纳海战），海军就是想打个平手也不可能。我们的飞机数量严重不足，性能较差，飞行员技术也不如敌人，总之根本没有胜利希望。但我是个军人，所以就只想到胜利。关于结束战争，我想最好请近卫公出面讲话最为合适。"高木的话让富田和酒井颇感诧异。会谈结束时，双方都希望进一步加强联系，并对推翻东条内阁一事达成了初步共识。

和酒井分手之后，高木到芝区俱乐部的水交社给冈田打去电话："会谈一切顺利。"冈田闻言非常兴奋："很想听听具体情况，请到我家里来吧。"

冈田私宅位于新宿区一个狭窄的小胡同里，车辆很难出入，门前有一排小商店，到处都是小贩卖豆腐或蔬菜的叫喊声。很难想象，那间不起眼的小平房里就住着前内阁首相冈田。作为资深海军大将，冈田有句很出名的话："如果你们有女儿的话，那就都嫁给我们海军好了。丈夫平时几乎不在家，可以保持夫妇关系的新鲜感。"冈田素以清贫著称。1934 年 7 月在就任内阁首相的仪式上，他的礼服和礼帽都是临时借来的。因为帽子过于宽大而头太小，阁员合影留念时冈田不得不一直扶着帽子，以防它掉下来。冈田夫人早已病故，雇来的那位驼背老太婆未经吩咐就给高木端来了茶水，这在以前是不多见的。

在冈田的追问下，老太婆承认最近斜对面的无线电行搬来了一个叫小安子的男人，以提供带馅儿面包为奖赏，要她记录冈田家来访的客人，最好能记下双方的对话。冈田这才知道，自己的私宅已处于宪兵监视之下，且电话很可能已不再安全。听了高木的介绍之后，冈田决定先去找内大臣木户和天皇二弟高松宫，取得两人支持后直接登门规劝岛田辞职。

高木提醒说："按照木户的性格，他也许很快会把情况告诉东条。"谁都知道当初东条上台是木户大力举荐的。

"那也没关系，东条迟早会知道的。各方关系都已打通，木已成舟，就可以堂堂正正地行动了。"冈田显得信心十足。

还没等冈田去找木户，有人已走在了他前面。自东条上台以来，前首相近卫一直隐退家中，深居简出。战争初期日军势如破竹，捷报频传。当民众为此欢欣雀跃时，近卫并未盲目跟随，而是痛苦地观望着事态的发展。近卫认为日本终将战败，他是持这种观点的为数极少的日本人之一。他同样希望推翻东条建立新内阁，在相对体面的情况下与英、美媾和。

即使近卫早已远离政治事务，东条仍对他保持着足够的警觉。他手下的得力干将之一、东京宪兵队队长四方谅二派出鹰犬，牢牢控制着前首相的一切行踪，被监视的当然也包括冈田等不安分的重臣。东条身边的几大亲信后来被史学家统称为"三奸四愚"，和四方并列的另外"两奸"，一个是企划院院长铃木贞一，他主要替东条掌管经济，另一奸加藤泊治郎同样出身宪兵，现任驻华北日军秘密作战部队最高指挥官。"四愚"包括陆军次官木村兵太郎，之前已多次露面的军务局长佐藤贤了，现任参谋本部作战部部长真田穰一郎，最后一位就是刚提到的首相秘书赤松贞雄。几人对东条极度忠诚，都愿以死捍卫主子的尊严。一个明显例子是，战后被宣判无罪释放的四方一直拒绝出任公职和抛头露面。但每到东条忌日，四方都会风雨无阻来到东条家为老主子烧上一炷香。

被四方重点监控的近卫此时已 53 岁，看上去一副病恹恹的样子。近卫年轻时喜爱穿西服，兴趣却是日本式的。他不抽烟，现在连酒也很少喝了，尽管他酒量相当大。近卫和大他两岁的内大臣木户是莫逆之交。两人年龄和经历相仿，都从学习院到东京大学法学部学习，都是名门中的名门出身，都在同一时期投身政治运动。两人的交往可以追溯到学生时代，之间几乎无话不说。如果非要在两人间找到不同的话，那无疑就是身高了。近卫足有 1.8 米，而木户连 1.5 米都不到。因为身材太矮小，木户得到了一个"豆坦克"的绰号。若两人并排站在一起，木户连近卫肩膀都不到。但两人一旦面对面坐下来,圆颅方额头的木户不怒自威,气势上一点儿也不输给瘦长脸的大个子近卫。

木户的言行直接或间接对裕仁影响很大。作为东条出任首相的荐举人,木户曾长期支持东条。木户对重臣持有戒心,竭力避免他们直接面见天皇。以近卫为首的重臣因此对木户普遍缺乏好感。木户完全了解重臣想打倒东条内阁的意图,但他从不积极参与,一向坚持第三者的中立立场。另外,木户对战局的看法同大部分重臣相同,希望能尽早结束战争。本着这一想法,木户同重臣及各界人士频频联系。就任外相后的重光葵曾强烈呼吁实现和平,因而与木户接触较多。

冈田在四处活动,看似安静的近卫似乎比他还猴急。近卫并非想卷土重来,他对眼下东条留下的烂摊子毫无兴趣。况且他知道自己没有军人背景,绝对无法掌控陆军。近卫最担心的还不是日本战败,而是将来国家可能被彻底赤化。6月5日一早,近卫主动进宫拜会了多日不见的老伙计木户。

"近来和东条关系怎样?"两人之间毫无禁忌,近卫一上来就语带讥讽。

木户的脸一下子沉了下来。当年他一力把东条抬上首相宝座,被顶下来的正是眼前这个近卫。"你们这些人骂起我来依然如故呀。现在说东条这样那样话的人很多,你们究竟想要我这个内大臣怎么办?"木户显得愤愤不平,"你们是要我承担奏请任命东条的责任吗?如果是那样的话,我看不管谁当首相,时间长了没有不受批评的。你当年不也是这样吗?况且,东条不是正在竭尽全力为打开局面而奋斗吗?如果把东条换下来,下一个你想让谁上?没有合适人选只想推翻东条了事,这是极端不负责任的态度!"

"谁上都比东条强,也不是没有目标。"

"到底是谁?"木户追问。

"合适的人多了。比如,寺内、梅津、小矶。"近卫提到的南方军总司令寺内寿一、关东军总司令梅津美治郎和朝鲜总督小矶国昭全是陆军高级将领。实际上他的本意并非推荐上述三人,只是在试探木户,就是围棋上说的试探应手。

木户立即表示反对:"你真那么想?他们并无更换东条的意思呀。"

近卫始终没有忘记避免国家被赤化的第一要务,他继而提出了"皇道派"——该派系历来视苏联为第一敌人——的柳川平助、真崎甚三郎和小畑敏四郎,"要防止国家被赤化就必须抛弃东条,重新起用'皇道派'将领",这才是近卫的真正想法。木户对此不置可否。

第二天下午，冈田入宫拜会了内大臣。冈田直接向木户坦白，目前海军对岛田的不满已经到了无法容忍的地步，眼下最好的办法就是劝岛田急流勇退。

木户对冈田的话表示理解："但现在找他谈话还不是时候，岛田的问题不仅仅是海军的问题，而且是涉及整个内阁。等我先和东条沟通之后，再找岛田谈话不迟。"此言等于认可了冈田的说法，只是办事方式不同而已。冈田对木户的回答非常满意。

6月7日，东条前往关西地区视察军需工厂并指导疏散。当他傍晚飞回东京时，得到了盟军在诺曼底大举登陆的消息。意大利已退出战争，强国中只剩德国一个盟友了。东条连夜给希特勒发去了激励电报，电报结尾是这样的："日本对不自量力的可憎的美、英更加激起仇恨，我们会坚持奋斗，直到共祝胜利握手言欢之日。"

21时，首相官邸门前的警卫突然莫名紧张起来。一辆黑色小轿车咯吱一声在门口停下，车上跳下来一个身穿黑色小点的仙台织成特产高级绸料和服的高个子男人。这人对宪兵的敬礼完全无视，直接上了二楼东条的办公室。这个彪悍的中年人就是48岁的东京宪兵队队长四方谅二。

与步兵、炮兵、骑兵等传统兵种相比，宪兵往往被认为最没有出息。四方例外，他从陆士毕业后没有选择进入陆大深造，而是直接报考了宪兵学校，他对"兵不厌诈""将计就计"之类的兵道丝毫不感兴趣。在以优异成绩从宪兵学校毕业后，四方到东京大学法学部学习了三年法律课程。四方发迹于中国东北，他幸运出任了时任关东军宪兵司令的东条的副官。东条对四方评价很高，四方也像佐藤那样崇拜东条，两人可谓狼狈为奸，一丘之貉。随着东条的不断高升，四方也飞黄腾达，官至东京宪兵队司令，位不高但权极重。

东条在中国东北取得的一条重要经验就是合理扩大宪兵的权力。他们不仅可以搜集情报、搞秘密活动、不受法律约束去威胁任何人，还可以用特权镇压和铲除异己。原来首相官邸的安保工作由首都警察负责。东条出任首相后，这些任务全部改由宪兵承担。东条次女满喜枝结婚时，胜子去看新房就是由四方亲自带领，因此引来了不少非议。那些受四方睥睨的众多政界、军界、财界要人都对他望而生畏。年轻母亲甚至拿他来吓唬小孩儿，据说一听到四方来了，连啼哭的婴儿都会立即闭上嘴巴。事实上，四方比"狼外婆"厉害多了，据说中野正刚的自杀就来自他的威逼——当时宪兵就在中野自杀房间隔壁，看到他断气才离开。

四方带来了令人震惊的消息："5天前的晚上，冈田、米内、末次三位海军要员进行了秘密聚会，形迹可疑。我已安排人员严密监视重臣及可疑人员的一举一动，其中近卫是重中之重。这些人中最活跃者当数冈田。"

开战以来，东条倒是经常与重臣聚会，力求沟通思想。但那些聚会大多属于礼节和联谊性质的应酬，并无深入谈论实际战争指导问题。东条认为重臣的意见只能作为参考，不能受其牵制。这种态度加上东条的个人性格，造成他与大多数重臣感情上的隔阂。加上战局持续恶化，便形成了重臣对战争指导的非难，进而发展为倒阁活动。

四方的判断完全正确。就在他向东条汇报的同一时间，冈田拜访了天皇三弟、军令部参谋高松宫宣仁亲王。虽然军阶只是海军大佐，但特殊身份使39岁的高松宫在海军中具有非凡的影响力。冈田开门见山指出了对岛田的不信任："大臣和总长不能兼顾，如继续兼任，恐怕难以渡过难关。我已和伏见宫殿下讲过此事，希望岛田能辞去海军大臣，以便专心致志做好总长工作。请殿下能理解我的意思。"

高松宫平时在军令部上班，对海军的情况比冈田还清楚："我赞成您的想法，现在着手恐怕已经太晚了，但晚点儿行动总比不做要强。美国人已经逼近了菲律宾群岛，形势要求我们必须尽快做出变更。海军和陆军必须相互理解，相互合作才行。"

在年初关于飞机分配的专题会议上，海军提出年度飞机生产应该优先海军，理由是正面战场是太平洋，能驰骋海上、攻击敌人的是海军飞机。对此陆军不予认可，认为航母群既然已经支离破碎，海上决战取胜毫无希望，逐渐转入守势的我军在滩头打击登陆之敌只能优先生产陆军飞机。在东条的协调下，双方在2月达成各半的妥协协议。对此非常不满的海军将此归结为岛田对东条的亦步亦趋，"岛田不是海军大臣，是东条的副官"，"繁太郎被东条玩弄了"的说法俯拾即是，岛田因此威信扫地。

"对陆海军精诚团结、同心协力我举双手赞成。但东条凭借首相权力，将海军的请求一脚踢开的独断做法着实令人遗憾。"冈田感慨道。

"您说得对。只是盲目屈从于首相，避重就轻不是真正的合作，也没尽到海军大臣的职责。"

高松宫的态度让冈田兴奋异常。有了天皇弟弟的支持，事情成功的希望就大多了。

当天还有一个聚会与倒阁有关。在新富街的增田酒楼，高木正和几位"同志"密谋同样的事情。他们包括海军大佐付下哲夫，他是前年乘潜艇从德国回来的。东京大学法学部政治学教授、海军特约顾问矢部贞治教授以及调查课特聘起草物资动员计划的天川勇教授。几人都是高木倒阁小组的骨干成员。

高木告诉大家，冈田提督已经开始了积极的活动，但仅凭他一个人是扳不倒岛田的，必须大家齐心协力。众人商定除争取末次之外，还要把现役的大西泷治郎拉入倒阁圈子。未来海上作战要以航空战为中心，航空战专家大西可以安排为军令部次长。这话说得好像倒阁已大功告成了似的，人人都成了地下组织部长。

但之后的两次宴请并未完全达到目的。已退居二线的末次爽快地答应合作，可脾气暴躁的大西只同意推翻岛田，却不同意搞掉东条。大西对"站有站相、坐有坐相"的东条印象很好，"他是个当机立断主义者，一个着重务实的笃行家，像他那样勤奋的人日本很难找出第二个"。这话把高木气得脸都绿了，他认为大西只会打仗，在政治上非常幼稚。

1944 年的裕仁已经 43 岁，比同属牛的木户整整小一轮。和罗斯福对中国有特殊的感情类似，裕仁对英国也有一种特别的亲近感，喜欢英国人的生活方式。这可能来源于 1921 年他那次长达半年的欧洲之行，他在伦敦受到了热情接待。日本的一部纪录片里自豪地宣称，英王乔治五世对皇太子的照顾"犹如父亲一般关怀"。裕仁从来不穿和服，睡觉时喜欢穿西式睡衣，还要求皇后良子也那么做。裕仁喜欢西洋式饮食，早餐从不吃日本人喜欢的酱汤，而是吃咸鸡蛋和麦片粥。他喜欢留偏分长发，而不是政府和军队半强制性的和尚光头，这样的照片我们见得太多了。

1941 年 4 月，宫内省为应对可能到来的战争和空袭，在吹上御苑修建了一座钢筋混凝土设施。建筑顶厚 3 米，支撑房顶的柱子很粗，远看上去像一把口琴。为了防止敌机侦察，屋顶还精心种植了一些杂草和灌木。这座特意为战争修建的建筑有一个文雅的名字叫"御文库",日本投降前的最后两次御前会议都是在这里召开的。1944年以来,裕仁离开常住的宫殿搬入此地。御文库的书斋兼会客室里,摆放着两尊30厘米高的青铜半身像,一尊是进化论发明者达尔文,另一尊是美国第十六任总统林肯。

开战以来,裕仁经常听取战况汇报,一周两三次。通常情况下是由两总长直接上奏,偶尔由次长代劳。1942年下半年以来,开战之初捷报频传的景象一去不复返了,接二连三传来的都是失利的消息。与裕仁见面最多的当然是内大臣。8日上午,裕仁告诉木户,由于前线战事吃紧,国民受到了缺粮威胁,自己打算停掉酷爱的生物学研究和日常散步,"只顾个人快乐不是真正的快乐,自我控制一下反倒会感到安然一些"。

随着战争规模的不断扩大,裕仁逐渐放弃了一个又一个爱好。九一八事变后停止了打高尔夫球,现在吹上御苑那块九孔场地已杂草丛生。接着又停了打网球,这是他和皇后良子经常进行的体育活动。再后来连他最喜欢的骑马也几乎断绝了。目前唯一保留的爱好是到御苑去观察动植物,周六抛开公务到研究所去研究生物。"您的忧虑是可贵的,"木户说,"但完全没有那种必要。"

除木户外,见到裕仁次数最多的无疑是首相东条了,宫中官员背地里议论首相有"上奏癖"。的确如此,东条经常面见天皇,每次都能把事情的原委和发展趋势讲得清清楚楚。他这种做法颇得裕仁赏识,他的汇报也被裕仁总结为"东条三段论法"。6月8日下午,东条先是以参谋总长身份向裕仁汇报了前线战况,诸如在比亚克岛采取的"浑号作战"等。然后他取下参谋绶带,以首相、陆相和军需相身份汇报了政府工作,诸如武器生产和12岁以上女性都要参加劳动等。上奏结束后,东条按惯例到内大臣办公室转了一圈,象征性地和木户打了个招呼。东条在此一般不做停留,他认为办事简明扼要最好,社交性闲谈纯属浪费时间。但这次当他转身准备离开时,木户一反常态地叫住了他。

"英帕尔战况好像更加严重了,前线又撤换了师团长。"木户面无表情,说话不徐不疾。

东条脸色立即沉了下来:"你从哪里听来的?对前线作战如此恶意中伤,即使阁下也是不允许的。"

木户的脸色唰地变了:"你说什么?作为内大臣,问问国家大事有何不可?

请你不要小题大做。"

看到木户发了脾气，东条承认自己的话有些过头。木户本来想在罢免岛田的问题上做一个调解者，现在他临时改变了主意，一切都让东条去独自面对吧！东条走后，木户气呼呼地告诉首相秘书赤松："冈田代表海军提出要罢免岛田，请你将此事转告首相。"

6月9日是周五内阁例会日。上午10时，所有内阁成员在皇宫西一厅集合。东条内阁15名大臣中有4人是军人出身，东条一人身兼最重要的三个位置：首相、陆相和军需相。其间内阁成员多有辞职，如大藏大臣贺屋兴宣、外务大臣东乡茂德等人，东条采取的办法往往是先由自己兼任，然后选出听话的人取而代之。15个职位中东条出任过的多达7个。1944年2月东条兼任参谋总长以来，内阁会议改为在皇宫召开。东条的解释是："政事本来就应该在天皇面前议论，这种形式更能体现陛下的亲政和勤勉。"他同时希望裕仁能随时参会下达懿旨。木户并不想让裕仁过多参与琐碎的政务，以违背君主立宪予以拒绝。东条的做法除了他个人对天皇的绝对忠诚之外，还另有深层原因。他试图以此作为众人批评他大权独揽的挡箭牌，作为他"永远忠诚天皇"的现实例证。

当天的会议并无重大事项研究，内阁书记官长星野直树很快宣布散会，大家一起驱车前往首相官邸用餐。午餐之后，东条留下了海相岛田、军需次官岸信介和星野开小会。因东条兼任军需相且忙得脚不沾地，军需省的事儿基本都是岸在当家。岸提出，美军潜艇活动日益猖獗，南方资源区的铝矾土迟迟无法运回本土，导致生产飞机的必需材料铝极度缺乏。他要求军队返还征用的商船以加大运输。对此东条板起了脸："你知道现在军队为了加强马里亚纳至菲律宾一线的防御，正在加紧运输兵员和物资吗？虽说按约定征用的船只已到了返还时间，但调拨船只实在困难呀！"

岸将矛头对准了岛田，认为海军护航行动不力才导致上述现象发生。岛田的回答不痛不痒："我正在认真考虑此事，护卫舰队司令部也在全力以赴，相信情况很快会得到改善。"在座几个人都不相信岛田的话，连他自己都不相信。

星野和岸是东条任关东军参谋长时网罗的亲信。他们三人加上日产的鲇川义介和满铁的松冈洋右，被称为把持伪满洲国军、政、财界大权的"二K三S"（东条和星野姓名最后一个字日语发音为Ki，其余三人发音为SiKai）。出任首相之后，东条将岸和星野分别提拔到军需次官和内阁书记官长——相当于秘书长——的核心位置上。谁也想不到仅仅一个月后，岸会率先举起反东条的大旗。

当晚东条纠集一帮亲信，研究赤松从木户那里带回的关于海军要罢免岛田的问题。参会的除军务局长佐藤贤了、陆军次官兼人事局长富永恭次之外，还有东京宪兵队长四方和秘书赤松，"三奸四愚"一下子到了四位。

赤松刚说完木户要转达的话，东条就已经开始发飙："简直荒唐透顶！一个海军大臣的进退，非内阁成员的木户是无权过问的。冈田作为预备役人员更不应该插足，这完全是倒行逆施。如此重大事项仅让秘书代为传达，这本身就是本末倒置。"

四方提出是否给冈田等人点儿颜色看看，让他们彻底安生。东条默许，但指出不要做得太过分。几天后当高木再次找冈田串通时，他的家门口已布满了荷枪实弹的宪兵，理由是特殊时期要保护重臣的绝对安全。

6月11日上午，当参谋本部作战课长服部卓四郎带负责马里亚纳和帕劳方面的作战参谋晴气城一起向东条汇报工作时，前线传回了美军大举空袭马里亚纳群岛的消息。对此东条并不在意："这么点事儿就惊慌失措，还叫塞班守备队吗？没什么了不起的，鼓励他们要多打下几架敌机。"

就在美军空袭马里亚纳群岛的同一天夜晚，近卫亲自到高轮公馆拜会了高松宫。近卫指出，东条不把前线的实际情况上奏天皇而是只报喜不报忧，木户又和东条沆瀣一气封锁消息，造成天皇对目前国家面临的危机一无所知。由于木户将那些不通过政府或军方直接拜访天皇的行为视为违规，即使作为贵族和三次组阁的重臣，近卫也无法直接面谒天皇。近卫试图利用高松宫的特殊身份，将东条的残暴政策及他给国家带来的危险传递给天皇，靠裕仁的干涉实现更换内阁和改变国策的目的。

"非常遗憾，目前日本所处状态每况愈下，"近卫和高松宫私交颇深，说话也就毫不避讳，"东条不要说对应之策，就是对事态的发展也缺乏清醒认识，一直认为我们可以打败英美，任由国家向悲惨的结局滑下去。"

"你的悲观论调似乎正在变为现实，"高松宫赞同近卫的看法，"前线战况不佳，国内粮食不足，国民意志消沉。"

"我们根本无法指望东条有容人之量去接受不同意见。当今局势，要么让他继续干下去，我们做好'一亿玉碎'的最坏打算，要么想尽一切办法推翻他。两者必居其一。"

"你的意思我明白。但现实问题是，怎样才能使内阁更迭得以顺利实现。东条背后有陆军的支持，怎样才能推翻他呢？"

"这正是问题的症结所在，能够做到这一点的只有天皇。希望陛下能过问一下东条战争的前途，未来趋势结果如何，这是最有把握的方法。一旦失去陛下的信任，东条内阁注定会垮台。"

高松宫笑了："这可真是老鼠在讨论如何给猫戴铃铛了。"

"陛下难以知道实情，能听到的只是政府和军方上奏的那些乐观报告。天皇既没有听取政府以外多方反映的机构，同情东条的木户又在封锁来自多方的呼声，谁也不能向陛下上达下情。能做到这些的看来只有殿下您了。"话到此处，近卫流下了伤心的泪水。

在委托赤松将海军要求岛田辞职的消息转告首相之后，木户一直未能等来东条答复。6月13日，他问赤松，赤松说已跟东条说过了，首相说"对陛下信任的在职大臣由外部人士劝告辞职断无道理，首相本人也不会答应的"。赤松一席话把木户气得差点背过气去。恰在此时冈田来了，他想在出面劝告岛田辞职前再与木户做一次沟通。木户立即将赤松的话原原本本告诉了冈田，他已决定不再平抑冈田等人的倒阁举动。

"如果可能的话，我明天就去找岛田。看他能否顾全大局，急流勇退。"

"请多做工作，不这样做是难以改变时局的。"木户的话说明，他已从原来的和稀泥变成了冈田的同盟军。

冈田前脚刚走，侍从长百武三郎就来到了木户办公室。塞班遭到舰炮打击的消息对曾参加过甲午战争、日俄战争的百武震撼很大。大家都是抬头不见低头见的老熟人，百武说话毫无禁忌："东条、岛田都说战争胜利在握，好像非常自信似的。但这种自信是否有客观保证呢？我担心再这样下去，美国人迟早会兵临城下的。我们很早就提出了陆海军联合的问题，却一直无法真正实现。这样下去能行吗？"未等木户接腔，百武就气呼呼地转身离去。

当天中午，皇太后节子来访，和已很久没见的儿子和儿媳共进午餐。军部非常反感节子和天皇见面，因为开战之初她曾说过"战争会给日本带来灾难，很可能是一团糟"的拔气门芯的话。节子17岁和大正天皇结婚，生有四子——裕仁、秩父宫、高松宫和三笠宫。丈夫在她42岁时就死了，之后她一直住在赤坂的大宫御所，默默无闻。"仗打得还顺利吗？欧洲情况似乎不妙，敌人好像已经到了塞班岛，应该没事吧？东京会不会再次遭到空袭？敌人要是突然扔下来炸弹怎么办？"节子一口气向儿子提出了一大堆问题。裕仁只能例行公事般忽悠老娘："目前军队正在努力作战，使敌人遭受了重大损失，母亲不必过于担心。"

"前线的士兵很辛苦，东条首相也很辛苦，"节子点点头，"若能尽快结束战争最好。前辈父王陛下虽身体欠安，但在位期间没有大的战争，这比什么都强。"一席话说得裕仁哑口无言。

在当晚皇宫书库大厅举行的电影晚会上，难得地出现了高松宫的身影。这里经常放映诸如《加藤雄鹰战斗机队》《射下那面旗帜》等反映日军取得胜利的影片。前文提到，《射下那面旗帜》正是日军为纪念科雷希多炮战专门拍摄的。电影放完之后，高松宫拦住了准备离开的哥哥："陛下怎样看待目前战局？如何考虑战争前景？"在血腥的"二二六事件"中，秩父宫因同情起义部队失去了裕仁的信任，加上他多年卧病在床，而三笠宫年龄太小，所以裕仁和高松宫的关系还是非常密切的，两人年龄仅相差4岁。

"你究竟想说什么？"裕仁以一种惊讶的神情注视着弟弟。

"我是担心，前线战局也好，国内情况也好，是否都如实反映给陛下了。"

"这些完全没有问题。我每天都能从军方那里听取到战况汇报。国内事务，分管大臣也会及时上报。"

"我很担心，圣上听到的情况与实际情况相差很多。"

"不会，绝对不会。"

高松宫的口气渐渐变得咄咄逼人："比如对东条内阁，各方面评价都很差，这点您恐怕就不知道吧？我所在的海军也有类似看法。近卫公等重臣认为，不能再这样下去了，他们在考虑是否让东条辞职。"

"你的意见我知道了。但我履行的是遵循帝国宪法和天皇的传统责任，不能随意去支配大臣。"裕仁思索了一会儿，忽然想到塞班的战况。他向弟弟说了声"祝你晚安"就急匆匆地离开了大厅。

6月14日一早，裕仁主动派人将木户叫到了政务室："前些时候，你曾对我说过近卫的意见，是不是指内阁最近的政策有共产主义倾向？"

"近卫君是说，经济和社会都出现了赤化倾向。为防止这一现象发生，最好能起用陆军'皇道派'军官。他们是坚决尊皇反苏的。"木户回答。

"昨晚高松宫也这么讲。最近近卫是否在到处游说？"

"或许，有可能吧。"木户的回答有些模棱两可。

"请你转告近卫，"裕仁拿出了亲笔书写的便条，"在担任参谋次长和教育总监期间，真崎是不称职的，他的部下今天很多已成为所谓的共产主义骨干军官。柳川在'二二六事件'之前是第一师团师团长，未能及时制止部下的盲动行为，难辞其咎。小畑充其量是个军司令官的材料。以上各点，近卫是否认真研究过？"看来这裕仁看似木讷，整天一副老僧入定的样子，其实心里比谁都清楚。

不等木户回答，裕仁就转身离开了政务室。木户第一时间叫来了近卫。听了木户的转述，近卫禁不住倒吸一口凉气："陛下这批评可真够厉害辛辣的呀！照这说法，陛下好像不太喜欢'皇道派'军官呀。"

"可能是受'二二六事件'的影响吧。"木户随即转变了话题，"匆忙请你过来，是想告诉你一件事，今天预定海军大臣要和冈田会谈的，冈田要劝说岛田辞职。敌人已经打到了塞班，似乎很快要大难临头，务必提防有内乱发生。"

冈田与岛田的预定会谈因美军突然登陆塞班被迫推迟了一天，因为兼顾军政和军令的岛田有一大堆公务需要处理。16日清晨5时30分，冈田拄着手杖来到了海相办公室。冈田曾任首相、海军大臣和联合舰队司令官等要职，退居二线后他已很久没来过这里了，海相办公室的摆设和他当初任职时毫无二致。红砖楼的一楼是海军省，二楼是军令部，就是说一楼管军政、二楼管军令。除常年征战海上的联合舰队众多高级将领之外，日本海军的首脑人物大都在这座不起眼的小楼上办公。如果不看门前挂的那几块牌子，谁也看不出这里就是世界第三大海军的中枢机关。

在76岁的冈田眼里，61岁的岛田不过是个毛蛋孩子而已，两人差了好几个辈分。1924年冈田以海军大将军衔出任联合舰队司令官时，岛田不过是个默默无闻的少佐参谋，连跟冈田点头哈腰的机会都没有。"战局已到了如此严峻的地步，粮食也变得日益紧张！"冈田对岛田一点儿都不客气，"但人们依然信赖海军，认为海军能够干出点儿名堂来。特殊时期，大臣一职就足够应付，你还同时兼任总长，这样下去怎么能成？依愚见，岛田君不如趁机辞去大臣职务，专事指挥海上作战，如何？"

岛田眉毛粗重，面容温和，有着日本人少见的1.73米大个头和75公斤体重，是个善于思考、举止稳重、彬彬有礼、勤奋工作之人。他几十年如一日，不论春秋冬夏，风雨无阻每天早上6时05分准时到明治神宫参拜一事，就没几个人能做到。岛田习惯在开会时一声不响听别人发言，在大多数人同意时才做出裁决。海军军官大多好酒，岛田却始终与酒宴无缘。他为人正派，思想保守，处理事务灵活且尊重形式，对权威温顺服从。他的表现虽然颇得东条赏识，却在海军高层引起了广泛争议。大家普遍说他打了败仗还满不在乎，是个碌碌无为的庸才。

"由我兼任军令部总长是高松宫殿下的意旨，他说这样比较方便，我才上台。"由于事先有所察觉且已得到了东条的通报，岛田对冈田的突然发难并未感到惊慌，"我已经考虑很久了，如果有合适人选，我就辞去海军大臣。然而出于种种原因，适合担任此职的人都上了前线。目前我正苦于难找到合适人选。"岛田面带笑容，显得从容不迫。

"大臣人选也许找不到100分的，但80分、70分的人也可以先让他们干，在干的过程中也许会出乎预料干得很好呢？"

"那是当然。我担心我若辞职，就会导致内阁垮台，所以还是慎重些好。我也打算尽快促成此事，但目前立即实施是困难的。"虽然表面上不动声色，但有人杀上门来逼自己辞职，岛田心里还是非常气愤的。

"让米内和末次恢复现役，让他们发挥聪明才智，如何？"

"如果有合适位置的话另当别论，否则恢复现役的理由是不充分的。"

岛田用太极推手将冈田的进攻化为无形。从海相办公室出来之后，一事无成的冈田找到了高松宫。两人虽然气愤却无可奈何。高松宫虽然贵为皇弟，但也不过是军令部一名普通参谋，他释放能量主要靠影响，直接出面逼大臣辞职好像是不太妥当的。

6月19日和20日，小泽治三郎的机动部队在马里亚纳海战中遭遇惨败，塞班岛失守已成定局。高木紧急约见了高松宫。两人的交情可以追溯到1933年，当时高松宫是海大学员，而高木是教官，两人可谓亦师亦友。在说明塞班岛重要性的同时，高木指出更换政府首脑恰逢其时："依我看，殿下还是有些手软，应该直接出面让他辞职。"高松宫提出已派人去找伏见宫，由他向岛田提出辞职建议。

21 日 16 时，东条在首相官邸举行了重臣例行座谈会。前文说过，重臣通常指那些担任过内阁首相的人，并非来自制度规定。自明治时代最后一位元老西园寺公望去世之后，内阁首相人选通常由重臣推荐产生。此外，重臣偶尔还对重要国务进行咨询，奉答天皇。对天皇辅弼国务之责完全由国务大臣承担，没有直接责任的重臣实际上处于监督地位。但由于他们在政界仍具有强大影响力，现行内阁对其言行不能不予以适当关注。

参会人员包括前首相若槻礼次郎、平沼骐一郎、广田弘毅、近卫文麿、阿部信行、米内光政和冈田启介。除出身陆军的阿部——他和内大臣木户是儿女亲家——之外，东条看其他人个个不顺眼，平时尽量避免和他们见面，即使见面也大多属于礼节性的。他认为这些人只会吹毛求疵，是没有半点儿用处的老朽之辈。名义上的重臣会议除赠送一些当时还算珍贵的洋酒或西服外，并无多少实质性内容。

今天会议的气氛似乎不同寻常。在例行问候之后，前首相冈田突然发难："飞机生产不是说很好吗？"东条从衣兜里掏出了小本本，用详细数字进行了说明。若槻提出粮食短缺问题已给国民带来了很多困难。对此发了脾气的东条大声喝道："我们是在打仗，对战争你们是怎样理解的？"

若槻并未因为东条发火而轻易让步："塞班方面，报纸上虽然发表了我方也遭受相当损失，可是舰船有没有损失？"

"有。"东条的回答异常简捷。

"敌我损失如何？"

"结果不太妙，我方可能损失更重。"

倒阁派首领冈田突然抛出了一颗重磅炸弹："首相把身上担子减轻一点儿，如何？"

"你什么意思？"东条忽然提起了精神。

"我认为东条君一人身兼首相、陆相、军需相和参谋总长担子太重。特别是参谋总长，前线随时有电报发来，就是深更半夜也必须爬起来应对，轻易不能睡个好觉，长此以往岂能了得？是不是考虑把其他重担卸下一点儿为好？"

室内空气骤然紧张起来，所有人都瞪大双眼等待首相做出回答。东条太阳穴青筋暴起，似乎立即就要发火的样子。但他忽然拿出一支烟抽了起来，对冈田的问题避而不谈。会议就这样在紧张的气氛中无果而终。

比亚克岛已成风中残烛，英帕尔正在全线退却，盟军已在诺曼底大举登陆，现在塞班又风雨飘摇，"形势已坏到了极点，必须尽快谋求政治解决，"酒井将从参谋本部弄到的内幕消息全部告诉了近卫。高木也在马不停蹄频繁出入于铃木、米内、冈田等海军元老家中，呼吁出兵夺回塞班。海军省兵备局长保科善四郎向军令部次长伊藤整一和海军省军务局长冈敬纯出具了措辞严厉的意见书，要求召开海军最高首脑会议，研究夺回塞班之策。但正如前文所言，大本营最终依然做出了放弃塞班的决定，海军上下群情激奋。

22日，东条的午餐是在官邸的小食堂吃的。陪吃的有秘书赤松和出身名门的若松华谣。东条只吃了一两口便放下筷子，告诉同桌的两位："联合舰队在马里亚纳惨败，塞班岛无论如何守不住了。但要求坚守塞班的呼声很高，陛下好像也是这个意思。我对工作一向勤勉，但现在也是一筹莫展。我想，还是急流勇退为好。"赤松和若松同时放下了筷子，连嘴里的饭都不嚼了。

"首相，您说什么？"赤松问。

"接替首相位置的人非皇族莫属。我想恳求东久迩宫殿下出马组阁。不管是谁，只要有适当人选，我想我就该辞职了。"

"您最近是否身体欠安？一定要振作起来。"若松试图以此来缓解气氛。

"不，欠安的不是我的身体，而是战局。人，贵在能急流勇退。请若松到东久迩宫殿下那里传达我的意思，不是他的司令部而是家里。赤松去找松平，请他转告内大臣。"东条所说的东久迩宫是裕仁的亲叔叔，现在职务是本土防卫军的总司令。松平则指内大臣书记官长松平康昌，他相当于木户的秘书长。

当晚东久迩宫应邀前往若素公司经理长尾钦弥私宅赴宴，长尾还特意邀请近卫作陪。准备出门的东久迩宫被若松堵在门口。听完若松的转达之后，东久迩宫当即表示反对："东条君现在绝不能辞职，宁肯改组内阁。在紧要关头必须咬牙坚持才是。"东久迩宫驱车赶到长尾私宅时已经迟到了，他顾不上吃饭立即将近卫叫进了密室。"我认为，还是让东条负责到底为好。事态已严重恶化，所有过错全在东条一人身上。"东久迩宫和近卫一样认为日本败局已定，"现在改组内阁，责任就划分不清，很有可能将最后责任归于皇室。任何时候东条都必须干到底。"

当晚在木黑车站附近的一个小酒馆里，有两个人同样在边喝酒边密谋。"依靠现政府和统帅部打赢战争是不可能的，我想必须采取非常办法了。你是否能鼎力相助？"说话的是我们的老熟人海军大佐神重德，他已经加入了高木的倒阁组织。

"非常办法，您指的是暗杀吗？"回话的是海军中尉三上卓。1932年的"五一五事件"中，带队闯入首相官邸打死前首相犬养毅的正是此人。三上因此被判处15年监禁，后来提前获释出狱，是个不折不扣的刑不满释放犯。三上现在的身份是皇道辅佐青年联盟委员长。

神重德的诡秘举动很快被高木察觉。高木起初并不赞成采取暗杀来解决问题，在教育局长办公室里，他和神重德曾经有过一段非常有趣的对话。

"尽管我不知道你们究竟说了什么，但还是慎重行事为好，轻举妄动多有不利。"高木说。

"局长，你以为我们谈了些什么？"神说。

"只要不是不稳妥的计划，我没有什么可以责备的。"高木说。

"不，确实是不稳妥的计划。我想使用武力干掉东条和岛田。"神说。

神一旦把话挑明，高木还真有点措手不及："值得正面攻击的战术不是很多吗？"

"我们是想那么做。但只要东条和岛田还在，这事就断无成功的可能，这点您应该非常清楚。"

"为了能够让他们辞职，冈田大将等重臣也在积极活动。我确信拿掉他们的呼声会越来越高的。"

"但是呼声和舆论这些含糊其词的做法对他们无济于事。倘若他们把持政权不放，还有没有最后的撒手锏呢？"

高木对此哑口无言。神得意地告诉上司："局长，请您听一下我的暗杀计划。杀人看似容易，但具体执行就困难了。"听着神的介绍，高木觉得自己已渐渐被下属同化。

次日中午，高木走进了宪兵把守的冈田私宅，婉转地向他道出了暗杀东条的密谋。曾在"二二六事件"中死里逃生的冈田认为暗杀是最卑劣的行为，他对高木怒目而视："你们这是在做什么？"高木对此不予理睬："从今以后，也许会发生使阁下深感遗憾的事情，还请多加原谅。"看到事情已无法挽回，冈田再次劝高木自重："无论如何，我坚决反对你说的事。万不得已必须实施时，请务必提前向我打个招呼。"

6月23日，东京天气骤热，皇宫内的裕仁度过了难受的一天。"上奏狂"东条19日起已5天没有露面了，以往只有他到占领区出差才会出现类似情况。这天傍晚，东条来到了东久迩宫的本土防卫军司令部，一反常态地坐了下来："战争前景不妙，内阁气数已尽，所以我想告退。"

开战之初，1942年，东久迩宫曾几次劝阻东条与中国媾和，频遭白眼。此时看到狼狈不堪的东条主动找上门来，他心中隐隐有一丝快意："我早就说战争是要不得的，你今天辞去首相职务是极端不负责任的行为，不能扔下眼前的烂摊子不管。目前国家应该怎么做才好？"

"还未认真考虑，每天日常工作太多。"

"你既是首相又是参谋总长，本应振作起来，希望你能更顽强一些。任何时候我都是支持你干到底的。"

东条本就不想辞职。此前他的做法一定程度上是试探应手，看看各方的反应。东久迩宫的话坚定了他顽抗到底的决心。在恭敬道谢之后，他出了司令部的大门。东条并未回私宅或首相官邸，而是直接敲响了木户私宅的大门。

木户此前已从松平那里得知东条要辞职的事儿。看到东条主动来访，木户并不急于开口，耐心等东条主动摊牌。但东条好像没事人似的，边摇二郎腿边享用仆人奉上的精美糕点。吃饱喝足之后，东条一言未发，微微一笑扬长而去，留下木户一脸狐疑。这东条的葫芦里到底卖的什么药？

因为有了东久迩宫的大力支持，东条完全打消了辞职念头。这样最心急的反倒变成了冈田，他希望在高木发起暗杀之前将问题摆平。思前想后，冈田决定再次拜访伏见宫，由他亲自出面劝岛田辞职。年迈的冈田冒着小雨四处奔走。他不爱用电话，一来认为打电话对人不太礼貌，二来家里的电话已被窃听，很不安全。在他雇来的车子身后，始终跟着一辆黑色小轿车，冈田知道里边坐着的肯定是四方的宪兵。

"阿号作战"惨败对伏见宫震动很大，他同样认为海军的确到了必须做出变更的时刻。伏见宫爽快地答应冈田，在参加完决定塞班岛弃守问题的海军元老会议后出面劝说岛田辞职。

6月25日是周末，当天下午发生了一件非常诡异的事件。海军省走廊里突然贴出了一张传单："应该立即杀掉东条和岛田，他俩把联合舰队搞垮了，应迅速成立和平内阁。"更奇怪的是，来来往往的高级军官甚至围着传单读出声来，却没人去撕下它。"反动"传单竟然在墙上待了半小时之久。

从周一开始，海军省二楼的大臣办公室门口加设双哨，海军士兵带着上了刺刀的步枪一脸戒备地站在那里。傍晚时分，海军元老伏见宫难得地来到了总长官邸。他曾在这里办公达9年之久，闭着眼睛都不会踩空楼梯。作为岛田多年的老上司，伏见宫开门见山说明了来意："目前战局非常困难，你是否考虑辞去大臣职务，专任总长，全力以赴扭转战局？"

岛田对伏见宫的来访早有预料。海军省军务局长冈敬纯早已从陆军省军务局长佐藤处得知，最近异常活跃的冈田刚刚去了伏见宫私宅。东条明确告诉岛田："如果天皇陛下不信任我们，我们就一刻也不能占据在辅弼位置上。若非如此，就没必要屈服于他人，应该放心大胆继续干。如果对方说是天皇的旨意，你就告诉他容我单独上奏。我敢肯定，陛下肯定不会说出这种不负责任的话。"

有了与东条的攻守同盟，岛田摆出了一副强硬傲慢的架势，虽然表面上他对老领导非常尊重："殿下所言甚是。不过我现在如果辞职，内阁就会出现裂痕，东条就不得不同时辞职，势必引起内阁更迭。由我个人引发如此重大事件，我可担当不起，对殿下所言断难从命。"

"你个人辞职就会引发内阁更换吗？"

"的确如此。我认为在此关键时刻，做一些导致内阁垮台的事对国家是不利的。"见到岛田态度强硬，一贯飞扬跋扈的伏见宫反倒软了下来，悻悻而退。

伏见宫劝说岛田辞职的消息很快传到了陆相官邸，东条对此勃然大怒："目前正是需要陆海军通力协作之时，却偏偏到处在煽动叛离，是可忍孰不可忍！他们到底知不知道自己所干的勾当是资敌行为。若是让一线浴血奋战的将士知道了，恐怕不只是肝胆俱裂，而且是会把他们活活撕成碎片的。"

"真是岂有此理，"说话的是军务局长佐藤，"必须给他们点儿颜色看看。"

"手软了不行，"一向不爱说话的富永恭次也开了口，"管他大将、中将，凡是阴谋策反的人统统抓起来，杀一儆百！"

"海军在马里亚纳遭受重大打击，已经相当动摇，"秘书赤松也不甘落后，"这场战争本来就是海军嫉妒我们陆军百战百胜所引起的。海军一点儿都靠不住，指望他们会上大当的！"

"尽可能不要采取强硬手段为好，"还是佐藤显得老谋深算，"先把元凶冈田叫来训诫一番，让他认罪。高木由岛田海相或者泽本次官直接训斥。这事我向他们说去。"

富永提出了一个比较棘手的问题："倒是两位皇族成员非常难处理。"

一直未开口的四方发了言："以警戒为名派宪兵把守大门，不让人轻易接近他们。这对他们本人也是一种警告。"

东条同样不同意采取过激的办法。佐藤建议，最好让有关人员特别是伏见宫离京，叛乱者密谋就没那么容易了。高松宫调往地方任职的确不妥，不如让他离开海军省，到横须贺炮兵学校担任教官。为避免因过于露骨招致非议，高松宫的调令要在8月1日后才下达。

27日晨，岛田破例未往明治神宫参拜，而是在7时直接去了伏见宫私宅。头天晚上，两位军务局长佐藤和冈敬纯进行了磋商，冈敬纯又将磋商结果连夜通知泽本次官和岛田海相。岛田此次出动目的在于劝告伏见宫离京回避。

对岛田的突然来访，伏见宫显得有些措手不及。岛田态度一如昨天那样强硬："现在有人利用海军在搞一些倒阁举动。殿下如果留在东京，势必卷入以冈田大将为中心的阴谋旋涡当中。当然，殿下丝毫不会有偏袒那些人的意思。作为避嫌，殿下是否暂时离京一段时间，您意下如何？"伏见宫在热海有一处别墅，夏天经常到那里避暑。对岛田的强硬态度，已开始心虚胆怯的伏见宫当即答应立即启程到热海避暑。

上午晚些时候，当冈田赶到伏见宫私宅，仆人告知"殿下已往热海避暑"，没时间见面了。冈田回到家中还没顾上喘口大气，首相秘书赤松就到了。寒暄过后，赤松毫不避讳地告诉冈田："因为阁下介入了有关岛田的事情，首相因此非常愤怒。作为元老，阁下本应辅佐海军大臣共渡难关才是。现在阁下频频烦扰伏见宫和高松宫殿下，喧扰圣心，实属不检点之举。请阁下罢手，不要玩弄这些阴谋活动才是。"

冈田在咄咄逼人的赤松面前竟然有些失态："这是我的过错。对不起，我今后不做就是了。"

"那好，请阁下 14 时到首相那里道个歉吧！"

赤松走后，冈田叫来了女婿迫水久长。迫水曾担任冈田内阁的首相秘书，未来还将出任首相铃木贯太郎的内阁书记官长。迫水马上给岳父打气："身为海军大将，您有什么可怕的？东条能怎么样？他敢在首相官邸对陛下的重臣无礼，把陛下的海军大将绑起来吗？"

27 日上午，在宫中召开的内阁例会上，东条黑着脸发表了讲话："最近，日本的'巴多格里奥'投降派也开始盛行了。请诸位务必重视这一点。"他用恶狠狠的目光扫视了所有人，在座的外相重光葵心里发毛。头一天木户召见他时，他刚发表了争取和平的言论。

当天下午，冈田在迫水的陪同下走进了首相官邸大门。看到房内装饰品上的五金零件都被拆下来作为废铜烂铁回炉制造武器时，冈田心中突然有了一种凄凉之感。与他当年任首相时相比，这里只剩下钢筋混凝土建筑物了："他们该不会把房子扒掉去找钢筋吧？"冈田刚在二楼接待室坐定，东条就走了进来，两人面对面坐定。

东条优雅地取烟点火，等冈田主动开口承认错误，赤松已将会见冈田的情况向他做了汇报。可冈田像没事人一样一言不发，东条忍不住还是先张开了嘴："听说您在鬼鬼祟祟暗中活动，对此我深表遗憾！"

"能让首相挂在心上，深感内疚，"冈田显得不卑不亢，"你说对我的行动感到遗憾，我觉得意外，所谓鬼鬼祟祟，更使我不解。有关岛田之事，我事先已拜托内大臣向首相转达，我想首相早有耳闻了。"

"是否鬼鬼祟祟暂且不说，如今国难当头，你的做法是非常不妥当的。"

"海军现状岛田无法控制，前线战局不顺，没有做到你经常所说的陆海军合作。我的忧虑也正是为你着想。"冈田果真是老谋深算。

"海军一些年轻人在背后议论大臣，你作为前辈理应制止才对，而不是像现在这样推波助澜。"

"年轻人议论上司的确不像话，但认为岛田不中用的不是他们，而是我！"

东条怒气渐起："更换岛田意味着更迭内阁，这是万万不可取的。在重要时刻搞政变对国家不利，这是让亲者痛仇者快的事情。"

"我并未说推翻内阁。但现在不更换岛田，前线战局每况愈下，对你的内阁也没什么好处，希望你能慎重考虑。"

"我与阁下的见解完全不同，战局也没你想象的那么坏。今天请你来，主要是请你今后不要再搞什么阴谋策划。如不谨言，很可能会出现使你为难的结果。"东条话里明显加入了威胁因素。

"意见不一致我感到遗憾。但很抱歉，作为海军元老，我不打算放弃更换岛田的想法。"

冈田说完，起身告退，东条将他送到门口："希望你能再慎重考虑一下。"

"我可以考虑，请首相也认真考虑一下。"

"我已经没有考虑的余地了。"东条说。会见仅持续半小时就不欢而散，东条觉得，自己似乎被眼前的这只老狐狸忽悠了。

就在冈田和东条斗智斗勇、唇枪舌剑的差不多时间，高木也被叫到了次官办公室。"听说，最近冈田那里经常有一个教育局的少将在出出进进，"泽本说，"教育局少将军衔的只有你一个人吧？"

"的确是我！"高木对此毫不避讳，"而且不是最近，只要在东京，我至少每月要拜访冈田大将一次。"

"最近外边流言很多，你经常出入难免有人猜疑，所以尽量控制一下为好。"

"谢谢次官关怀！如果这样是让我对东条怀有好感的话，恕难从命。要不就请开除我，这里我先表示感谢。"

"你什么意思？"泽本翻起了白眼。

"东条首相励精图治，值得敬佩。但他现在已失去人心。他越勤奋，收到的效果就越差。光到街上看看垃圾箱、摸摸小孩子的头是不能扭转战局的。如果大臣和次官认为我的行为给你们添了麻烦，就请随便发落吧！"

"现今局势动荡，希望你多加小心。夺回塞班之事，统帅部将尽最大努力争取。请你不要蛊惑人心，误信谣言，要为胜利而前进！"

"你的忠告我会好自为之。但我郑重声明，要同东条步调一致，我办不到。"

望着高木扬长而去的背影，泽本觉得窝囊透了：这到底是谁责问谁呀？！

海军内部矛盾已经公开化，陆军内部同样暗流涌动。参谋本部次长办公室前面的角落里，一个小房间门上挂有"第二十班"的小牌子，它的官方名字前文已多次出现过。这个叫"战争指导班"的机构归次长秦直接指挥。小班只有三名成员，班长松谷诚大佐，班员种村佐孝大佐和桥本正胜少佐。仅从军衔来看，指导班的规格还不算低。三人的任务是研究战争目的，审议战争获胜所应采取的战略和为结束战争应采取的对策，性质有点类似政策研究室，并不直接参与作战指挥。就在东条和冈田唇枪舌剑激烈交锋之时，班长松谷来到了次长秦的办公室。

"日本已经没有希望扭转战争不利形势。德国今日之处境与日本不相上下，且日见恶化，我们结束战争的时候已到。这场战争我们输定了，应该立即向收拾战争残局的方面努力。"松谷一边汇报，一边呈上了研究报告。他的上述结论从未公开发表过，可以说是开战以来陆军战争指导思想的重大转折。听完汇报，秦一脸严肃地告诉松谷："作为个人，我同意你方案的宗旨。但事关重大，最好暂缓向东条总长汇报，要寻找一个合适时机。这个方案和总长的想法正好相反，想取得他的认可难度极大。强调一点，这个方案绝对不能传出去，这是命令！"秦的口气显得异常严厉。

冈田的计划再度受挫，代替而行的似乎是高木的暗杀计划。神告诉顶头上司："执行者两人已足够，悄悄接近一枪打死，就这么简单。何必再费其他周折？"因为曾因暗杀被冈田训斥，高木变得异常小心："对手不是毫无防备的普通人，首相的身边经常有保镖，一枪打不中就可能使计划完全挫败。"两人开始精心挑选刺杀人员。

从次长办公室里出来之后，松谷整夜未眠。他没有屈服于秦的禁令，决定立即付诸行动。他找到了正在谋求倒阁的酒井，将对秦说过的话复述了一遍。"正合我意！"这相当于酒井正瞌睡呢，松谷适时递上了枕头。"难得你如此果敢，我们的想法完全一致。如果能用得着我，请尽管吩咐，我定当尽力而为。"松谷提出当晚去拜访内大臣书记官长松平——两人同为福井县老乡——由他向木户转交自己的方案，内大臣是最容易接近天皇的人。酒井提出自己作为军人无法帮他安排，但可以将此事通报给近卫公爵。

当天晚上，近卫的荻洼庄后边菜园围墙上突然闪出一道黑影，跳入院内，沿林立的树木转到门前求见主人。黑影正是酒井，他知道近卫的电话已被窃听，门口也有宪兵把守。"今晚我到此之事必须保密，否则势必遭到东条报复，"酒井显得非常激动，"现在必须果断降低媾和条件，尽快向结束战争的方向努力。趁现在德国还有能力抵抗，我军元气未伤，再拖延下去惨败将至。日本将被破坏到难以东山再起的地步，并且很可能危及国体。"

酒井将松谷关于战局前景的研究结论介绍给近卫，同时指出如果天皇介入并质问首相，东条的回答不外乎三种：一是立即提出辞职，二是提出不同见解由天皇裁决，三是回答坚持必胜信念将战争进行到底。近卫表示一定设法将酒井的见解传递给天皇，两人猜测东条的回答肯定是第三种。

仲夜时分，近卫开车将酒井送出私宅。为避开宪兵的眼睛，酒井将身子伏在车后排坐垫靠背下边，车子快速驶出了大门。两人自认避开了宪兵耳目，实际上此举同样是枉费心机。四方第二天上午就知道了酒井的越墙访问。近卫家女用人比佐已被四方发展为内线。她调查了来访人姓名，并借处理垃圾之机把纸篓里的废纸收集起来交给了门口的宪兵。

就在酒井跳墙的差不多时间，在热海温泉旅馆，有四个人正在密谋一件事情。其一是近卫的智囊、《朝日新闻》评论员佐佐弘雄。另一个是刺杀犬养毅的三上卓。第三人是和三上一起掌管右翼团体皇道辅佐联盟的西乡隆秀——他是明治时期大人物西乡隆盛的孙子。最后一个是因"血盟团事件"刺杀内大臣牧野伸显未遂入狱的四元义隆，他已于1940年假释出狱。

"如果西乡和四元参加暗杀计划，"四人中最年长的佐佐说，"就让高木先生向近卫公爵递个话，要干就在7月干。以后可能还有三四个海军军官参加，细节问题由高木先生决定后再通知大家。"

"我认为现在下手已经太晚了。"杀手三上不满意地嘟囔了一句。

6月29日上午，倔强的松谷拜会了第一次长后宫淳，详细汇报了战争指导班的研究成果。之后他无视秦的忠告，直接来到了总长办公室。

在听取了松谷关于日本败局已定、应积极谋求和平妥协的汇报之后，东条脸色晴转多云，最后变成了猪肝色。东条认为，松谷提出的正是日本版"巴多格里奥"方案，是一种不折不扣的投降行为。松谷离开之后，东条叫来了后宫，他和这个同学次长的关系显然比秦要亲近许多。东条指出，将松谷这样的危险人物放在指挥中枢是完全错误且极度危险的，当务之急是尽快免去他的职务，将他调往前线，让他自然消失。

"作为战争指导班班长，松谷研究结束战争的各种可能性在某种意义上是不违规的。"后宫并不赞同东条的意见，"即便他的结论错误，我们也只能更换班长。如果因此将他流放前线，势必带来更多负面影响，请您三思。"

松谷在决定将方案上报时已无所畏惧，东条的过度反应早在他的预料之中。从总长办公室出来之后，他立即将方案抄一份托人呈送给高松宫。因为不能接触高高在上的天皇，秩父宫因肺病休养而三笠宫年幼，高松宫就成了众人眼中的救命稻草，尽管松谷和高松宫分属陆海军。

当天晚上，以高木为首，神、后藤、佐佐、伏下、三上等人又聚在一起，研究何时何地、采用何种方法刺杀东条。所有人被禁止在笔记本上记录一个字，一切全凭脑力记忆，为的是行动如果失败，不给宪兵留下任何证据。高木决定将刺杀行动告知近卫和高松宫，他们两人很可能会同意这一计划。大家最后开始讨论刺杀的具体办法。

"当然，闯进首相官邸直接刺杀的办法也是可行的。但那样很可能会连同东条的家属和子女一起干掉。"高木首先抛砖引玉。

"你的意思，是在官邸之外寻找刺杀地点吗？"三上问。

"东条几乎每天都有外出活动，机会应该很多。从首相官邸到陆军省、军需省、皇宫，还有菜市场，他还时常查看垃圾箱等。东条喜欢坐敞篷车，身子大多数时间暴露在外。我们有很多机会狙杀他。"

"使用什么武器？"后藤问。

"炸弹、手枪、机枪，无外乎这些。"军人出身的神立即接过了话头，"武器和行动不可分割，这事包给我办。"

"下手时间初定7月中旬，从10日开始一周之内。"最后高木一锤定音。

30日中午，高木来到了高松宫办公室，这里既不显眼，也不用担心会被窃听。"岛田竟然无视伏见宫殿下的忠告，仍然死心塌地紧跟东条，变本加厉地在误国误民的道路上一直走下去。如果我们再袖手旁观，就有悖于天皇陛下军人的神圣职责。我们一些同忧之士决定刺杀东条，时间定在7月中旬。近卫公对此有所谅解，并答应在善后工作中给予帮助。我们杀了东条之后，如果能得到您的协助那将是万幸的。"

"对你们所干之事，我不想再多说什么，"高松宫说，"但我支持和期待你们获得成功。对暗杀后的处理我也将积极协助。如果近卫公有所行动，我也会尽力帮助他。希望你将这一层意思转达近卫公。"

"我们的情况已经全部告诉您了，希望殿下保守秘密。"高松宫并未说话，而是站起身将手伸向高木，这是他过去从未有过的动作。高木愣了一下，迫不及待地握住了那只伸过来的手。

趾高气扬的高木随后来到了米内家中，劝他在岛田倒台后出山主持海军大局。米内听完后，哈哈大笑："虽然还不知道马里亚纳海战的具体细节，但我们的确打输了。现在让谁站出来都无济于事。我们这些老年人只能去睡午觉，没有其他用处了。哈哈哈！"由于马上要去参加岛田主持的一个海军元老会议，米内收拾行装准备出门。可能觉得高木刚来自己就走不太礼貌，米内谢绝了海军省派来的专车，和高木一起步行前往海相官邸。高木由此感觉米内虽然嘴上没说，但心里还是支持自己的。

当天由岛田主持的海军元老会议开得极不愉快。会议仅开了一个小时，军令部作战部长中泽佑刚刚介绍完前线战况，军务局长冈敬纯就宣布散会开饭。末次在用餐前突然发难："塞班岛失守之后，我们还能保证运输线畅通并维持战力吗？"中泽坦承没有把握。末次接着问："那么，就请倾尽全力把塞班夺回来吧！"中泽承认大本营还没有定出夺回塞班的作战计划。

末次终于发了脾气，他将矛头直接转向岛田："听说把小笠原、马里亚纳、新几内亚定为'绝对国防圈'是大本营的决定，现在拿不出夺回塞班的方案，那不成笑话了吗？"

岛田一脸尴尬地说："作战部长说得有些过分，实际上大本营仍在努力采取尽可能确保的方针。"

侍者端上了清炖肉汤，末次还不愿就此罢休："简直令人难以置信，大臣、总长、部长，到底谁说的才是真的？"

冈敬纯一个劲儿地劝大家吃饭，海军大将山本英辅的一句话结束了争论："我们显然不是为了吃一顿饭而来的。末次君今天提出的问题非常重要，至今仍然没有结果。希望再有一次这样的机会。"

招待会就这样不欢而散。岛田开会是为了平息海军元老中日益高涨的不满和不安情绪，最后的结果却恰恰相反。一众元老离去之后，岛田将中泽叫到办公室训了一顿，指责他把前景描述得过于黯淡。大本营已经做出了放弃塞班的决定，中泽对岛田欺骗大家的说法本就憋了一肚子火，现在岛田反过来指责他。一向敦厚的中泽终于发作了："请原谅，我本不该反驳您。今天参会的都是在海军曾经达到很高地位的人，因此我就直言不讳地说了。如果参会的是征战海上的舰队司令官或参谋长，为了鼓舞士气，我一定会把话说得乐观一些。"连作战部长都明确表示了不满，看来岛田真到了该下台的时候了。

　　密谋刺杀东条的不仅仅有海军。就在高木开小会的同天晚上，在由上野发车，经上越线开往秋田的夜行列车车厢外，站着两个身体强壮的男人。车厢里挤得水泄不通，两人座位上早已挤上去好几个人。两人中的年轻者是参谋本部动员编制课津野田知重，6月初刚从中国派遣军调回国内。虽然陆军在中国的战事还算顺利，但颇具战略眼光的津野田还是发现战争已经到了近乎绝望的地步，日本的失败近在眼前。

　　稍年长的那个身材壮硕者是著名反战人士牛岛辰雄，东亚联盟东京分会会长。牛岛被称作"柔道之鬼"，曾拿过5届柔道总冠军的他被誉为日本最强的格斗专家，他目前的职务是皇宫警察柔道教练。津野田回国后主动找到了好朋友牛岛，向他讲述了不除掉东条国家无法得救的道理。津野田还特意起草了一份题为"对当前大东亚战争时局的观察"的献策信，核心内容为：

　　一、现在日本最要紧的是尽早结束战争。

　　二、如果拖延下去，苏联势必参战，应该赶在苏联人参战之前，动员苏联作为对英美媾和的中间人，满洲问题和中苏协商解决。

　　三、和蒋介石直接谈判，无条件从中国大陆撤军，通过重庆政府和英美媾和。

　　四、成立强有力的和平内阁，当前只有皇族才能担此重任，首相最佳人选是东久迩宫。

　　五、阻碍国人舆论和进言的东条必须下台，开展肃军运动。

　　牛岛完全赞同津野田的观点，只是提出之后东条不辞职怎么办？津野田的回答非常干脆："干掉他！"他接着说，"人固有一死，或重于泰山，或轻于鸿毛。生命当然重要，但舍生取义也是应该做的思想准备。"

牛岛显然被津野田打动了："我知道，这是中国先贤司马迁的话。庄子也说'白刃交于前，视死若生者，烈士之勇也；知穷之有命，知通之有时，临大难而不惧者，圣人之勇也'。"他在津野田献策信的末尾处又加上了几句话：一、呼吁皇族强力推进施策；二、直接刺杀东条，事成后两人一起自杀。其中第一项由津野田负责，第二项由牛岛执行。

30日中午时分，两人抵达鹤冈。在一座老式住宅里，两人向一位穿着连裙裤的中年人呈上了自己的方案。这个光头男人就是昭和第一兵家、三大参谋之首陆军预备役中将石原莞尔。因素来与东条不睦，三年前石原被打入预备役赋闲在家。虽然早已远离了旋涡中心，但陆军中石原的崇拜者大有人在，很多人将他奉为鼻祖或精神领袖。津野田和牛岛就是石原众多粉丝中的两个。

石原和东条是老对头，"东条上等兵"的绰号就是石原赏给他的。石原眼里的东条只能管理好20挺机关枪，多1挺都很难说。据说东条曾经屈尊向石原问计，寻求摆脱困境的办法。石原毫不客气地告诉东条："从一开始，就知道你不具备指导战争的能力。这样下去日本迟早会亡国的，所以请你尽早辞去内阁总理的职务。"

石原将献策信仔细看了一遍，闭上眼睛，良久未发一言。忽然他睁开双眼，告诉两人："你们登过羽黑山吗？"日本海军重巡洋舰"羽黑"号便因此山得名。

"没有。"

"那你们到野僧的修行场去看看吧，我需要认真思考一个晚上。"

次日当两人重回石原私宅时，石原先是向他们劝茶，然后一字一顿地说："我同意从中国撤军，通过蒋介石协调和美国媾和，目前只是觉得太晚了一些。一百个议论不如一个力行。东条是一个不会自我反省的牛和马，这样的人不拉进屠宰场是不会自己下台的。"说完，石原拿起一支红铅笔，在献策信末尾一栏外侧写下一行大字："不可避免的牺牲是必要的，同意干掉他！"

回京之后，两人又寻访了小畑敏四郎。作为"皇道派"的中坚人物，小畑对"统制派"首领东条深恶痛绝。小畑看完献策信后表态说："苏联人极不可靠，通过他们和美国媾和是行不通的。其他方面还可以。"小畑最后说了句和石原差不多意思的话："像东条那样的匹夫，是听不进任何人意见的。除直接采取行动之外，没有其他更好的办法。"

得意忘形的津野田犯下了一个致命错误，他试图继续寻找更大、更多的支持。秩父宫养病不理正事，高松宫属于海军，于是两人走访了天皇小弟三笠宫。津野田在陆士和陆大学习时，三笠宫分别是高他两届和一届的师兄，两人私交甚笃。加上入校前两人同在第一师团服役，后来又同时出任中国派遣军参谋，这层关系无疑又加深了。但是不巧，新婚的三笠宫周末陪夫人去御殿场了，津野田一直到 7 月 5 日才见到他。

别人对三笠宫周末不上班不敢多说，津野田却一点儿不客气："殿下在参谋本部任职不是摆摆样子的，有具体负责的工作。现在周末找不到人，耽误了军机大事谁来负责？"随后津野田呈上了献策信，"为改变局势，目前只能让东条下台，别无他法。我希望你把这件事转告秩父宫和高松宫殿下，可能的话请直接上奏天皇陛下。为挽救我们的国家，现在必须这么做。"津野田同时说明，这份文件已经呈送了石原和小畑。

三笠宫赞同津野田的意见："我也感到国家危在旦夕，你的话我都明白，将努力而为之。"

次日一早，津野田就被三笠宫召到了办公室："你昨天回去之后，木宫已和东久迩宫亲王通了电话。现在，本宫想知道石原和小畑两位将军的意见。"

听了津野田的汇报之后，三笠宫一字一顿地说："本宫同意由东久迩宫出面组阁，但希望删去提纲最后加进去的内容。东条乃一国总理大臣，本宫不希望使用暗杀手段。在这点上，秩父宫和高松宫同本宫意见完全一致。"三笠宫的话中含有另一层含义，四兄弟中除裕仁之外，其余三人都参与或至少知道了当时风行一时的倒阁行动。

7 月 1 日下午，东条和第一次长后宫商议了对松谷和酒井的处理意见。对酒井立即解除征召令，严禁进入陆军机关。对松谷按惯例流放前线。因后宫多次求情，松谷并未被派往最前线塞班岛，而是到中国派遣军接替刚刚赴缅甸的辻政信的职务。

松谷利用去中国前的有限时间发表了新的研究成果："今后帝国作战的大势已经无法挽回，德国的情况也将和我国一样陷入穷途。因此应该速速寻求结束战争的方案。应该以维护国体为基本条件，最好通过苏联谋求和平较为妥当。如果这一企图无法实现，最终等待我们的将是'一亿玉碎'。"7月4日，松谷在拜访了内大臣书记官长松平后，飞往中国上任，双方都清楚这很可能是两人间的最后一次寒暄。

曾协助松谷起草争议报告的种村接替了班长职务，他在7月3日的《大本营机密日志》中这样写道："调动他工作的原因不详。但是，据信他最近在外面为了结束战争所进行的活动使他的上级有所风闻，并激怒了他们。"

虽然在被东条叫去训诫时不卑不亢拒绝认错，但冈田还是有意减少了外出时间。7月1日下午，冈田穿木屐来到了平沼私宅。当他向平沼问起对时局的看法时，平沼竟然闭上眼睛，将胳膊架在胸前说："时至今日，看来也只有以死报效天皇了。"

"不，那是万不得已才使出的一招，"冈田对平沼的颓废非常不满，"难道我们就这样束手就擒，在此之前就不能想出防患于未然的办法吗？"

平沼缓缓睁开眼睛，呻吟着说："东条已经失去人心，百姓怨声载道。为今之计，也只好由天皇亲自下诏了。我们重臣应该上奏天皇，恳请下诏，冈田君意下如何？"冈田要的正是这么一句话，两人商议，首先要争取近卫和木户的支持。

这么多人在密谋暗杀东条且知者甚众，不走漏风声似乎是不可能的。"有人要刺杀东条首相"的消息已经传到首相官邸。赤松劝告东条，外出不要再乘坐敞篷车，给刺杀者创造机会。东条对此不以为意："没有关系，万一我倒下去了，代替我取得陛下信任的人有很多呀！"话虽如此，四方还是采取了一些防范措施。东条专职司机柄泽好三郎被告知："车在交叉点处要加倍警惕，可以不管信号灯，不要停车，在紧急情况下就是出了人身事故也无妨。"井本秘书主动提出不再回家，晚上就睡在首相官邸，军刀和打开保险的手枪就放在伸手能及的枕边，睡觉时连衣服都不脱。

5日中午，答应为刺杀行动提供武器的神前往厚木，拜会了第三〇二航空队司令官小园安名。神将暗杀东条的计划告诉了小园，只是隐瞒了相关人员的姓名。"问题在于，刺杀行动成功之后，袭击队员若是被当局抓去，对以后政局势必产生不良影响。"神说，"切腹自杀是很容易的，但杀一个东条让所有队员都自杀，实在可笑。对国家有用的人才应该让他们尽可能地活下去，继续为国效力。你能否借我一架一式陆攻机，事成后安排他们飞往台湾？"一式陆攻机定员7人，除飞行员外还可以搭乘6人。

"我知道了，飞机你什么时间要？"

"现在还不好说。但我会提前两天通知你。那时准备还来得及吧？"

"没有问题。我会安排一名经验丰富的飞行员给你。但我有一个请求，你能不能给我下一道命令？"如果没有命令就为刺杀者安排飞机，小园会被当作同伙一样对待。

"伪造的命令行不行？"

"只要是命令就行，到时候我就说没看出来是假的。"

"那完全没有任何问题。"神拍胸脯做出了保证，又一道难关被攻克了。

表面上看，似乎推翻东条内阁的火势已渐渐平息。但7月6日下午，一个意想不到的地方突然喷发出愤怒的火焰。在14时开始的"翼赞政治会国会议员大会"上，一众议员纷纷站起身来振臂高呼，"应该建立举国一致内阁"，"议员应该表达自己的独立态度"。所有发言都隐含这样一层意思，"推翻东条内阁"。当支持东条的议员加藤知正喊出"只留东条一人，其余全部改组"的声音时，周围嘘声四起。大家群起而攻之，"浑蛋""滚出去"的叫声此起彼伏。

会议简直成了反东条的誓师大会。议会最终形成决议："为实现举国一致体制，要求政府做出妥善处理。"言外之意是说政府在搞独裁，不听取其他各方的意见，东条应该引咎辞职。由议员中谷武世、赤城宗德、池田正之辅等人组成的"爱国同志会"早在暗中策划倒阁，甚至已经起草了"不信任东条内阁"的决议。几个人之前和平沼、米内等人进行过多次沟通，并将突破口对准了东条的铁杆亲信岸信介。

佐藤闻讯，勃然大怒："值此战局处于关键时期，提出打倒东条之事，荒谬绝伦。就是二三百个议员聚在一起叫唤也等于放屁。他们若敢做出越轨决议，我就彻底砸烂他们。"

议员叛乱，重臣之间频频往来，以近卫为中心的策反活动愈演愈烈，冈田、酒井、高木等人忙得脚不沾地，海军和陆军中反东条者蠢蠢欲动，据传不止一个暗杀小组已在积极行动之中。当晚，东条在官邸召集了有关治安方面的阁员和心腹幕僚的专题会议，研究对策。负责治安工作的内务大臣安藤纪三郎提出，给不安分者以彻底打击。国务相大麻唯男表示反对。星野认为："做了坏事就肯定没有好下场，给他们一点儿恐怖感是非常必要的。"佐藤对此表示赞同："过去一直照顾他们，但这些人不知好歹，这真是喂狗的人反被狗咬了手。"富永建议颁发戒严令。东条不予认可，他担心国内已经非常糟糕的生产因此受到打击。他们讨论了半天还是没有找到合适的解决办法。

7日清晨，侍卫官尾行健一向天皇汇报了前线战况。裕仁沉吟良久，问了一句："当前进展顺利的只有中国方面作战了吧？"最近一段时间，裕仁经常变得有些神经质，早晨把牙刷含在嘴里愣半天竟忘了刷牙，有时独自在屋子里踱步，嘴里念念有词，谁也不知道他在说些什么。开战时裕仁的体重是62公斤，现在只剩下56公斤。尾行刚退出，木户就进来了，向天皇汇报了议会骚乱的情况。"对东条内阁的不信任正在扩大，政局也在不断恶化。"木户最后总结说。

当天下午下班之后，高木和神留在办公室策划刺杀东条的详细计划。两人首先排除了使用炸弹和机枪的可能性，因为那样很容易伤及无辜。两人商定用手枪作为刺杀工具，神已准备好了手枪和足够的子弹。暗杀者将分乘3辆汽车拦截东条车队：第一辆汽车通过撞击迫使东条停车，另两辆车上的杀手则用左轮手枪击杀首相。参与者全部穿海军军装，行动时间暂时定7月14日。这天是下周周五，参加内阁例会的东条将乘车来往于皇宫和官邸之间。两人知道机会只有一次，如果行动失败引发东条警惕，可能就再找不到第二次出手机会了。

最后两人研究了撤退问题。刺杀小组由7人组成，一式陆攻机只能搭载6人。"到时我留下来，"高木说，"我本来就想做一个把暗杀原因介绍给社会的新闻发言人，留下正好。"

"不能让局长一个人留下。"神提出异议。

"神，我经常跟你讲，办事不能感情用事。所有参与者中我年龄最大，理应由我留下来承担全部责任。我们应该把牺牲降到最低限度！"

## 东条下课

7月9日，风雨飘摇中的东条内阁遭受致命一击。当天傍晚，美军第五舰队司令官斯普鲁恩斯海军上将宣布占领塞班岛。同日夜，参谋本部和军令部同时收听到美国旧金山广播电台发布的这一惊人消息。东条和岛田对此早有预料，3天前当守岛部队指挥官南云忠一、斋藤义次和井桁敬治集体自杀身亡时，两人就意识到塞班失守只是几天之内的事情了。

之前为平息民众的不满情绪，东条已严令禁止传播除政府发布之外的任何消息。能收听到海外广播的短波收音机被禁止使用，"一旦发现，严惩不贷"。但无论采取怎样的限制措施，互相传播的谣言总是连续不断且越传越广，"塞班守军全员玉碎"的惊人消息更是如此。

10日上午，在九段军人会馆召开了一次别开生面的预备役大将会议。出现代表有陆军大将4人、海军大将5人。与会人员一致做出了"断然夺回塞班，实现陆海军真正联合"的决议，并决定将决议立即提交东条和岛田。岛田在前辈面前一向谦恭，海军方面的末次信正、安保清种传达决议还算顺利。但当陆军的南次郎、荒木贞夫向东条呈上决议时，被东条当场退了回来："我们现在是在打仗，请不要对一个局部战斗的失利过于神经质。最近因为局外人在搞政治阴谋活动，当局反而难办了。这点请军界元老务必明察。"言外之意就是，现在麻烦已经够多了，你们这些老家伙就别再来瞎掺和添乱了。

11日上午9时30分，东条进宫晋谒天皇。在向裕仁汇报了昨日陆海军大将会议提出的建议之后，东条来到西一厅主持内阁例会。当天会议主要审议《动员科学技术人员纲要》。开战以来，"科学污染了日本精神"的论调扶摇直上。现在战况渐趋不利时，大家又开始埋怨失败是因为科学力量不足，科学家不能发明克敌制胜的新武器。正式议程结束后，东条向与会人员公布了塞班岛玉碎的实情，"让天皇陛下为此担心，实在过意不去。但现在正是我们歼灭敌人，取得决定性胜利的关键时刻。"

内务大臣安藤纪三郎突然冒出来一句："那么国民不奋起，莫此为甚。"

"莫此为甚是什么意思？"东条追问。

"这话以前我曾当面向您讲过，这里就不再多说了。"安藤话中明显带有不信任情绪。

"不只是太平洋战场吗？"东条示威式地环顾四周，"如果看看我们在中国战场的情况，塞班的失守就不值得大惊小怪。我要特别告诫你们，希望阁员精诚团结，克己奉公，不要做一些让亲者痛、仇者快的蠢事。"

例行午餐结束后，岸留下来单独向东条汇报："作为军需省负责人，塞班事态实在令人遗憾。如果任由敌人占据那里，本土沿海工业区、鳞次栉比的建筑群都将遭到美军空袭，与南方资源区的往来会比目前更加困难。军需生产将一落千丈，维持战力就更困难了。因此无论如何也要组织力量夺回塞班。"

东条对此怫然不悦："你把国务和统帅混为一谈了，这是统帅部应该考虑的事情。宪法明确规定，这不是国务大臣应该考虑的事情。"

一向对东条言听计从的岸今天的表现截然不同："这不是在讨论法律或国务与统帅的形式问题，这是赌国家命运的重大问题。"

东条闻言勃然大怒，起身大声呵斥道："战争如何打是大本营考虑的事情。像你这样什么都不懂的文官知道什么？"当初在中国东北结下的铁杆盟友之间终于出现了裂痕。

东条一向将岸视为亲信，这次他的判断出现了致命失误。在向首相端出塞班决战论前，岸已悄悄会见了冈田和木户，就东条内阁的未来命运进行过多次秘密会谈。就在岸踌躇犹豫之际，东条的做法完全将他推向了对立面。

在和冈田、木户取得联系的同时，岸也和一些主张倒阁的议员频繁接触。遭东条训斥之后，他让心腹军需省动员局局长椎名悦三郎出面，将"爱国同志会"议员中谷武世、赤城宗德叫到自己的官邸："今后我们多联系吧，这几天在占卜皇国的兴衰，它应该成为我们的作战任务。"中谷、赤城闻听此言，喜形于色，表明岸已同意参加他们的倒阁行动。谁都清楚，出自敌人内部的反戈一击不但隐蔽，而且具有无坚不摧的杀伤力。

当天，参谋本部公布了一项处罚决定：酒井镐次退出现役，不得再出入陆军首脑机关。他的处罚决定和战争指导班松谷的处分同日下达。近卫等人再也得不到来自陆军的最新消息了。

当天还有另一重大事件发生。高木暗杀小组骨干成员神突然接到调令，13日调联合舰队出任首席参谋。丰田副武早腻味了那个缺乏必胜信念却喜欢唱高调的首席参谋高田利种，海军省也厌烦了这个成天上蹿下跳的神。最重要的是，次官泽本感觉最近教育局内气氛诡异，自局长高木以下个个鬼鬼祟祟，好像在密谋什么行动。泽本决定先下手为强，把那帮浑蛋小子拆散，排除内部不稳定因素。

这正是神被突然调走的根本原因。

高木对此极度警觉，怀疑暗杀计划很可能已经暴露。由于联合舰队旗舰"大淀"号轻巡洋舰并未出海，理论上讲这一调动并不影响神参加下一步的刺杀行动。相反，他在特殊岗位上还可以向负责提供飞机的小园下达正式命令。但关键时刻骨干被调离，高木心中还是蒙上了一丝阴影。

当晚，陆相官邸议事厅电灯彻夜通明。东条率一班亲信后宫、秦、富永、佐藤等人在商议对策。议论最多的是首相兼任陆相和总长问题。东条认为，这正是现有体制的最大优势，不容有变，在留任岛田问题上也不能做出让步。佐藤提出作为变通，是否可以吸收一部分重臣入阁，东条表示认可并解释说："首先，吸收阿部大将入阁没有任何问题。第二个备选人是米内。从拉拢海军角度来看，将他拉进来当然最好。第三个候选人是外交官出身的广田弘毅。"出身陆军的阿部一向支持东条，当然被列为第一人选。

为应对重臣的反政府倾向，缓解对立情绪，佐藤建议将重臣全部任命为内阁参议员，"给骨干议员发活动资金，挤垮搞骚乱的那帮人。对那些无论如何劝说都死不悔改的顽固分子，必须给他们点儿颜色看看，让他们头脑清醒清醒"。这显然是收买和威胁并举的软硬兼施战术，佐藤不愧为东条师父的首席高参。

12日晚，互相不知道对方存在的两个暗杀小组分别就行动进行密谋。考虑到神被突然调走，高木将暗杀时间向后推迟至7月21日，星期五，具体暗杀细节不变。"只许成功不许失败，"高木一脸严肃地说，"把东条的车包围起来，为了防止他加速逃脱，由专人负责射击车轮！"

当天很晚的时候，津野田来到牛岛家。牛岛已提前把家属疏散到了老家沼津。"我刚刚从陆军习志野学校回来，"津野田边擦拭汗水边从包里取出电灯泡一样的薄玻璃球，"这是被称为'茶瓶'的反坦克秘密武器，是陆军最新研制的一种手榴弹。里面装有液体氰气和铜粉，瓶子一碎就会立即喷发氰气。这些毒气能够伤害周围的生物，侵入神经中枢。据说在50米内的生物中毒后会很快死亡。"陆军习志野学校成立于1933年8月1日，因位于千叶县习志野市而得名，专事化学武器特别是毒气的研究。没承想，日军秘密研制的特种武器没有首先用于敌人，却拿自己的政府最高首脑当试验品，事情本身就非常可笑。

"实在太好了，"牛岛将容器拿在手里仔细观察了一会儿，用嘶哑的声音说，

"我就用它作为刺杀工具。"

"如果投弹点近了，自己也会同时死去。为了有把握杀死他就必须牺牲自己。"津野田说出了自己的担心。

"我本来就有这个决心，杀死东条比我死更重要。"

"我也是早把生死置之度外的人。我年轻，还是由我出手。"津野田毫不示弱。

"不行，你是近视眼。我是柔道教练，臂力大，所以必须让我来。"牛岛眼中射出了凶光，"我已充分考察了地形，虽然经常有警察出入皇宫门口，但东条每天都坐敞篷车出入宫城，那一带确实有下手的好机会。"

从 13 日清晨开始，东京宪兵队把十几个强硬主张倒阁的议员"请"到了宪兵本部，名为听取对政府工作的意见，实为恫吓。四方已得到确切消息，岸近期行动十分可疑，与主张倒阁的议员频频约会。从这一天起，四方开始派专人对岸的行踪进行秘密监视。

11 时 30 分，木户谒见天皇，就当前紧张的政治局势汇报了半小时："如果不采纳大家意见，很可能会出现更换内阁的行动。"这次裕仁难得地点头表示认可。

13 时，东条来到内大臣办公室："昨天已和岛田海相和两位第一次长交换意见。岛田过去虽然曾有辞职想法，但同时表明如果首相决心很大，他会下决心共同前进。所以我想就以下事项进行改革。"东条提出的改革内容共有六条：一、陆海军真正团结一致——这话说得好像以前不团结似的；二、加强大本营职能；三、改组内阁；四、改进国会；五、充分发挥重臣作用；六、对"翼政会"采取必要对策。

东条刚刚介绍完，木户就做出了提醒："是不是忘记了另一件大事？两总长仍由大臣兼任吗？"

木户的问题打了东条一个措手不及，犹豫片刻，他强硬地回答道："是这样的。"

木户改变了原来端坐的姿势，像是自勉式地告诉东条："今天的问题，已经超过了一般内阁问题。一步错了，就可能引起批评天皇的事端来。外界盛传这种说法：听任总长兼任大臣，就不能全神贯注地指挥作战。天皇委托东条一人掌握国家命运，这种做法可行吗？"

"到底谁在这么说呢？"东条明显有点愠怒。

木户未接东条话头："我相信，现在必须做出三大改变。首先，统帅权独立十分必要，这样才能健全统帅部机能。其次，虽然海军内部支持岛田者仍占大多数，但不管前方或是国内，毫不例外几乎都出现了不满情绪，这种条件下海军大臣继续留任毫无意义。最后，作为首相，有必要把重臣和官民领导阶层全盘掌握起来，特别是对重臣关照上必须下大功夫。"木户的三条意见可以概括为：大臣不能兼任总长、岛田辞职和吸收重臣入阁。

虽然受到了突如其来的打击，但东条还是很快稳住了阵脚："大臣兼任总长问题，虽然相信现有人选也可以，但并非没有改变余地。重臣问题也有待于进一步考虑。只有第二点极为困难，如果部下有人提出批评就变更大臣，恰好促成了'二二六事件'以前陆军那种犯上作乱的状态，军队纪律也难以维持。"

木户对此毫不让步："海军大臣一事，我认为要站在防止领导层与国民脱节的更高层次上去看，有必要重新做出考虑。"

"军队的根本在于服从，过多妥协对战争没有任何好处。"东条以不容反驳的生硬口气说，"那么今天的会谈就到此为止吧！"

回到首相官邸之后，东条第一时间叫来了佐藤、富永和秦三位高参："木户的三个条件是在逼我辞职，我认为这可能体现了天皇陛下的意图，我可能已经失去了陛下的信任。如果真这样的话，我就没有任何理由在现有职位上再停留一天。"

佐藤当即跳起三尺多高："大臣，您现在与平时截然不同，怎么忽然变得懦弱啦？在战局不断恶化的情况下，中途换马怎么能行？除削弱军队士气，长敌人威风，加速战败外，别无他用。倒阁的人是一帮老糊涂和'翼政会'废物。辞职是毫无道理的，发动战争的大臣必须有死保内阁的决心。"

"如果是天皇本人的意思，那就难办了。"东条显得有些无奈。

"仅凭木户的一句话，就认为失去了天皇的信任，内阁就轻易提出辞职，这能说负起了辅佐君主的责任吗？必须当面了解陛下的真实意图。如果真的已经失去了天皇的信任，木户就不会提出上述三个条件了。"佐藤脑子转得挺快，推理也算中规中矩。

"可是，让岛田辞职是我最不愿接受的。几年以来，我们一直密切合作，一起生死与共走过来了。"

佐藤接着侃侃而谈："中国有句古话叫'大义灭亲'。欲成大事，就必须忍受难以忍受的痛苦。为稳定当前大局，现在必须忍痛割爱，辞掉岛田。"在这里，老酒为佐藤想出了另外一个更恰当的词儿叫"丢炮保车"。佐藤敦促"师父"火速入宫，第一时间搞清裕仁真实意图后再做定夺。

东条采纳了佐藤的建议，决定另辟蹊径，避开木户当面向裕仁查明情况。16时，他叫来岛田，商定以陆海军统一使用飞机为由以两总长身份进宫拜谒。在驱车前往皇宫的路上，东条对秘书赤松发了脾气，这在以前是很少见的事情："喂，怎么忘记戴参谋肩章了。"此时东条的身份是参谋总长而不是首相或陆相，赤松慌忙从皮包里取出一副装在信封里的肩章给东条戴上。

两人在16时30分进入皇宫拜谒室。在汇报完有关事项，室内只剩裕仁和东条两人时，东条把之前木户提出的尖锐问题禀报天皇。裕仁事先接到了木户报告，他估计东条一定会前来查证的，于是立即做出了明确回答："关于确立统帅权问题，请你考虑。第二点变更岛田之事，之前不也有过伏见宫的先例吗？与前面两个问题比较，重臣问题并非十分重要。"东条只好悻悻而退。

东条沮丧地回到首相官邸时，那一帮亲信还一脸焦急地等在原地。得知木户提出的三大条件确属天皇本意之后，佐藤一时也没了主意，但提出东条一定要坚持，不能轻易放弃。他建议由米内接替岛田出任海军大臣，这样就可以抚慰海军和近卫那样的开明派人士。解除岛田职务是东条最不愿意的，他和佐藤一样是自己的左膀右臂。

既然尚未失去天皇的信任，那就要克服一切困难按照裕仁的意见去办。当天21时30分，岛田应邀来到首相官邸。在讲述了事情经过并遗憾表达了让岛田辞职的意思之后，东条说："实在是非常遗憾的事情，但……"

"在目前局面下，为遂行战争并极力避免政变，如果我离开能使局面好转的话，那我就非常高兴地离去了。"听到东条要自己辞去海军大臣的要求，岛田如释重负，同时显得非常汉子，"我辞去职务倒是无官一身轻，您却必须肩负重任继续干下去。为完成大任，请您多多保重。"岛田慷慨地预祝东条在未来的斗争中"斗出成绩"。

岛田眼中明显有泪光闪耀。他站起身把手伸向东条，两人的手紧紧握在了一起。想起三年来"亲密无间"的合作，今天竟然要忍痛挥手告别，东条心中充满了愧意："您仍然是不可或缺的重要人物。即使辞去了海军大臣，也还请您留任军令部总长。同时，我希望您能挑选好自己的接班人。"

"在与伏见宫殿下沟通之前，我个人考虑最好是提拔泽本次官。"

"这是最理想的阵容。虽然这事还没有对任何人讲过，但我也准备在辞去总长职务之后，把后宫第一次长提上来。"由东条和泽本分别担任陆海军大臣，后宫和岛田出任两总长，新提拔的人基本就是傀儡，所有事情还是东条最后说了算，这无疑是他精心策划的小阴谋。

岛田的大度让东条感动万分。两人握手告别时，一向颇有涵养的东条竟失声痛哭。

岛田离开之后，23时，东条叫来星野开始研究新内阁的布局。东条仍兼陆军大臣，军需大臣由懂经济的老手藤原银次郎担任，同时吸收重臣阿部和米内入阁。厚生大臣职务作为诱饵让给"翼政会"。算来算去，要迎接阿部和米内入阁必须再空出一个名额。如此看来，只有让岸信介退位让贤了。数月前岸曾提出辞职，东条没批，现在正好满足他的请求。东条和星野一致认为，这是顺理成章的事情。殊不知岸正在和倒阁派密谋，准备以打死也不辞职的办法促使东条内阁垮台。

14日清晨7时30分，岛田比平时更早来到海军省，叫来次官泽本和军务局长冈敬纯，向两人传达了自己准备辞去海军大臣的决定："今后全靠你们了，希望不要离开陆海军协调和完成圣战这个大纲。"按照惯例，次官一般由新大臣提名。岛田"今后"一词话里有话，泽本立即领会到岛田很可能要提拔自己了，冈对此也心知肚明。

上午9时，岛田佩戴好参谋肩章来到二楼总长室，向第一次长塚田和第二次长伊藤说明了自己将辞去大臣一事。20分钟后，岛田再次取掉肩章回到大臣办公室，向海军元老永野修身报告了相关情况。10时后，岛田破例未去参加内阁议会，直接驱车前往热海去拜见被自己放逐到那里的伏见宫元帅。

伏见宫对岛田推荐的接班人表示反对："现在提拔泽本，很难想象能立刻把问题成堆的海军团结起来，我不赞成。"碰了一鼻子灰的岛田只好象征性坐了一会儿后悻悻退出。

18时，回到海军省的岛田继续同永野、及川古志郎和加藤隆义讨论新海相的人选问题。谁都清楚要求米内出任海相的呼声最高。及川提出将米内和末次恢复现役，担任大臣或总长。永野认为还是从现役人员中选拔为好。四人初步确定的海相人选是吴镇守府司令官野村直邦。

7月15日一大早，永野就带着"野村海相方案"驱车赶往热海，征求更老的元老伏见宫的意见。

当天上午，东条在内阁会议召开前一小时来到了内大臣办公室："按照加强统帅部的旨意，本人将辞去参谋总长职务，同时岛田辞去海相。今后决心改变统帅部现状，改变内阁阵容，继续勇往直前。"

木户本预计东条会立即提出总辞职。现在东条厚着脸皮就是不下台，他一时还真没了主意，事态似乎正在朝他期望的相反方向发展。他告诉刚好进来汇报工作的书记官长松平："如果那样的话，我也只好决心辞去内大臣职务了，誓不与东条共存。"

关键时刻，近卫等重臣个个都没闲着。在得到松平秘密送来的消息之后，近卫对东条的厚颜无耻非常愤慨。他立即召集平沼和冈田商议对策。大家决定步调一致，严防被东条各个击破。

和伏见宫反对泽本出任海相类似，东条欲提拔后宫出任参谋总长的做法同样在陆军内部引起轩然大波，多数人坚决反对。叫得最响的是作战课长服部卓四郎，连东条铁杆亲信富永都提出了反对意见。此前大家对东条的人事安排早就心存不满，对他凭借个人喜好随便变动人事的做法敢怒不敢言。有人说："东条的不公正安排使得有骨气、有血性的人都被贬到外地去了。"这里大家指的是南方军的寺内寿一、关东军的山下奉文以及在新几内亚西部死撑的阿南惟几等人。半年之前，在荷属东印度病死的富永政信追晋大将时，背地里盛传这是因为政信的女儿美代子嫁给了东条儿子辉雄。

当天14时，永野带着热海的意见回到了海相官邸，向岛田等人说明"伏见宫元帅同意由野村接任海相"。岛田煞有介事地向永野道谢，他现在还有一大堆事情要做。首先是通知在吴港的野村火速进京，其次是将该方案通知东条，最后是制定野村接受大臣职务后的人事安排。诸事安排就绪之后，岛田回到大臣室耐心研起墨来，准备提笔书写辞呈。岛田觉得开战以来自己殚精竭虑，却落得个今天被迫辞职的悲惨下场，委屈极了。由于心情实在太差，岛田连写两份辞呈都因不满意而撕掉，直到第三次才勉强完成。

倒阁主将冈田似乎比东条和岛田还忙，他频繁与高松宫、高木及重臣联系。冈田忽然意识到，东条改组内阁实际就是变动阁员，如果被东条宣布辞职的大臣拒绝下台，他的改组计划就会走入死胡同。冈田叫来了女婿迫水。两人分析一番后认为，最可能被东条劝告辞职的人是岸，之后依次为内田农相、重光外相和小泉亲彦厚生相。如果能够做通岸、内田等人的工作，让他们在东条提出要求时拒绝辞职，内阁改组计划就将被扼杀在摇篮之中。

迫水马不停蹄赶到军需大臣官邸，开门见山向岸提出："如果东条让您辞职，请拒绝。"此时岸完全站在了东条对立面，对迫水的请求不假思索，满口答应。两三天前，他已经对倒阁国会议员做出过类似承诺。他甚至主动告诉迫水："虽然我不知道你的下一站去哪里，但我不希望你的行踪被东条发现。请从后门悄悄出去，因为前门有宪兵把守。"

从后门潜出的迫水很快绕到了内田家中。在听取了迫水转达的冈田口信之后，内田马上做出承诺："作为个人，我与东条交情很深，他是个好人。但此时此刻，我们必须推翻他，不能因个人私情而误了国家大事。请您转告冈田大将，内田将按他的吩咐行事。"

迫水第三站找到了外相。重光没有立即答应，而是反问："其他阁员讲过类似的话吗？"迫水本想对重光隐瞒实情，但怕他拒绝，就把岸和内田的意见告诉了他。重光当即爽快地答应了。

当天下午，对迫水做出承诺的三位阁员先后入宫，向木户转达冈田的意见，同时表明了自己的立场，希望能得到内大臣的支持。被劝告而拒绝辞职是对首相的背叛行为，如果没有后台支持是非常危险的。作为过气重臣，冈田显然不具备庇护他们的能力。如果能够得到内大臣的首肯，就相当于背叛行动的合法化，因为木户在大多数情况下代表天皇。

木户对东条已完全失望，他大体上做出了承诺，只是告诫三人："在拒绝辞职时要注意辞令，千万不要感情用事，激怒东条。彼此都是为国家未来着想，希望不要因此引发不必要的事端。"三人大为满意但又不能完全放心，于是相约一起去喝酒做进一步商议。这才有了本章开头酒馆里的那一幕。

当晚，在能够俯视中央线和外护城河的市谷土堤上，牛岛和津野田秘密见面了。牛岛说找到了合适的出手场所，即宫城外苑车子拐弯的地方，下周一出手。津野田刚刚接到出差中国的命令，建议推迟行动。牛岛提出由他单独出手，津野田表示反对。两人最终商定，在津野田返回后的22日出手刺杀。

当天很晚的时候，当近卫离开荻洼庄来到代代木私宅时，门外走进了海军中将左近司政三。左近司是高木的受业恩师，曾担任过海军次官。近卫内阁时他任商工大臣，与近卫私交颇深。左近司告诉近卫，他将根据冈田的建议在第二天前往拦截从吴港赶来赴任的野村，劝他不要出任海相。如果野村拒绝入阁，现役那些海军大将、中将都不会帮东条火中取栗，东条内阁就会因海军派不出大臣而垮台。当年陆军正是用这种方法搞垮米内内阁的。

16日早上8时45分，小田原车站急匆匆走来两个行踪诡异的男人，他们在吴港开往东京的列车站台上四处张望。两人正是前来拦截野村的左近司和下村正助。8时46分，火车进站，两人迫不及待地跳上了车。但是找遍所有车厢，也未能发现野村的身影。野村偌大个人，难道就此失踪了不成？真那样的话倒好办了。中午时分，高木急匆匆来到冈田私宅，见到了只围着兜裆布、一碗接一碗喝酒的冈田，报告了左近司两人在车站扑空的坏消息。

一小时后，冈田趿着木屐来到荻洼庄，满嘴酒气地告诉近卫："我们不能就此善罢甘休。请马上召开重臣会议，请内大臣也参加，共同商讨当下局势。平沼男爵也是这种想法。"近卫同意，冈田高兴地接受了联系木户和通知重臣的任务。

就在左近司在车站急得满头大汗之时，野村已平安抵达海军省。岛田对可能有人阻止野村进京早有预料。为避免发生意外事端，军务局长冈亲自派海军飞机飞往吴港，将野村专程接到东京。专机在羽田机场降落之后，早就候在那里的专车拉上野村向海军省疾驰。野村对接受如此破格的接待感到诧异："为研究作战，不需要如此神秘吧？"12时刚过，抵达海军省的野村走进接待室，次长泽本和军务局长冈就走了进来，两人的表情异常严肃。"您辛苦了，"泽本说，"岛田大将将辞去海相职务，海军高层研究的结果是由您接任，所以劳驾您来京。如果可能，今天就举行新海相就任仪式。"

"实在太意外了，岛田君为什么要辞职？"野村一脸蒙。

"岛田将军会直接向您说明情况。"泽本随后将野村领到了海相办公室。

"因为陛下有话，岛田最好辞职，"岛田皱着眉头告诉继任者，"我不得不辞去海相职务。有劳大驾，请审时度势，挑起这副重担吧！"

"您这话对我简直是晴天霹雳。所以我想，还是先和永野元帅商量一下再做答复吧！"

野村很快来到永野私宅。"为了海军，不管怎样，请把继任海相一事接下来。"永野显得非常着急，"你要立即去会见东条，确认新内阁的组成。"

直到此时，野村方才明白自己瞬间从一个闲职人员一跃成为决定内阁改组能否成功的关键人物。他心中隐隐有一丝窃喜，这对个人来说也是一次难得的荣升。

在海军现有高层的陪同下，野村吃了一顿非常窝囊的晚餐。席间所有人都沉默不语，只顾低头慌乱往嘴里扒饭，谁都怕说话不慎伤及前任或得罪后任。21时，当野村驱车来到首相官邸时，东条已经笑容可掬地在大门口恭候他的大驾了，现在野村对东条来说不啻为一根救命稻草。虽然只是初次见面，但两人的会谈非常愉快。就野村提出的诸如陆海军真正合作、加强战争指导、重新争取人心等问题，东条统统以"极表赞同""很有见地""我正有此意"给予回答——估计此时野村叫他喊爹他都愿意。野村最后满意地说："如此甚好，我本人同意接任海相。不过明天我还要去热海拜见伏见宫殿下，听取他的意见后再做决定。"东条虽然心急如焚，但也只能装作一副满不在乎的样子说"但去无妨，不急不急"。

说不急肯定是假话。野村前脚刚出门，东条就叫来佐藤、富永、星野等心腹紧急研究对策。夜色已深，东条还是打算立即去会见木户。他赶到木户私宅时已是仲夜11时45分，两人开始谈话已是次日0时30分了。内阁改组进展顺利，东条心情显然很好。对东条关于之前提出三项改革措施的解释，木户虽然心中不悦，但也只能点头认可：总不能两天前刚刚说过的话就不算数了吧？况且这也正是裕仁的意思。

同一天晚上，东条决定取消后宫的晋升，富永的反对使他临时改变了主意。参谋总长新人选变成了关东军司令官梅津美治郎。1882年1月4日，梅津出生在北九州大分县，和联合舰队司令官丰田副武是同乡。梅津7岁时父亲病故，母亲带着他改嫁他人。家境贫寒和屡遭歧视使梅津的性格变得内向偏执。1897年9月，梅津以第一名成绩考入熊本陆军地方幼年学校，3年后又以第一名的成绩毕业。据说梅津选择军校是因为家里付不起其他学校的学费。从陆士毕业之后，梅津以少尉军衔参加日俄战争，隶属乃木希典第三军。在血腥的旅顺攻防战中，梅津因作战勇猛身负重伤，获得每年 350 元终身年金和五级金鸱勋章。1908 年，梅津进入陆大第二十三期深造，以首席成绩毕业并获天皇御赐军刀。梅津曾先后出任日本驻德国、丹麦、瑞士使馆武官，具有一定的国际视野。1919 年 4 月，37 岁的梅津经参谋本部作战部长宇垣一成介绍与木场清子结婚。6 年后，清子死于结核病，梅津终身没有再娶。

赴欧回国之后，梅津多次在陆军省和参谋本部担任重要职务。在担任参谋本部少将总务部长时，他手下的动员课课长就是东条英机。梅津无个人爱好，思考问题深入缜密，沉默寡言，在陆军中威信很高。梅津反对军人从政。他担任陆军次官时曾强烈反对当年的大媒人宇垣一成出任首相，导致宇垣最后组阁失败，可谓"恩将仇报"也。在任中国驻屯军中将司令官期间，梅津与何应钦签订了臭名昭著的《何梅协定》，此节前文已有所述。

1936 年，东京爆发了血腥的"二二六事件"。当时任第二师团师团长的梅津第一时间向陆军省发去电报，强烈要求率兵进京平叛。梅津的举止受到裕仁和陆军高层的赏识，他从此更加平步青云。板垣征四郎后来出任陆军大臣，梅津因不愿屈居板垣之下辞职并推荐东条接任，对东条可谓有知遇之恩。日军兵败诺门坎之后，梅津临危受命接替植田谦吉出任关东军司令官。之前这一职务通常由大将担任，中将梅津出任此职可谓破格提拔。梅津对此感恩戴德，声称"今后将愈加粉身碎骨以报皇恩之万一"。1940 年 8 月晋升大将后，梅津主持了著名的关东军特别大演习。日本高层大多有记日记的习惯，梅津却从来不写日记，石原莞尔送他外号"石头人"。现在能找到的梅津文字仅有三处：为母校熊本陆军幼年学校题写的匾额、在日本投降书上的签字、死前遗书"幽窗无历日"。

之前东条曾多次受梅津提携，此次提名他出任参谋总长一定程度上是为了报恩。果不其然，履历丰富的梅津一经提名，立即获得了次长秦、作战课长服部和几乎所有陆军高层的一致赞同。

就在东条拜访木户的同时，星野也为改组进而保住内阁在四处奔走。他率先来到厚生大臣小泉的私宅，希望他辞职腾出位置。之后他又来到国务大臣藤原银次郎的家里，希望他出任军需大臣。两人均无异议。正当星野志得意满认为大功即将告成时，一盆冷水兜头泼了下来。

凌晨 2 时，星野来到国务大臣兼军需次官岸的私宅。"过去你曾提出辞职，但被挽留继续留任。现在首相本人也将辞去军需大臣职务，不能要求岸君继续留任次官了。对您的尽职尽责十分感谢，请按以前的愿望辞去现有职务，这是首相的意思。"

岸闭口不言，默默听着星野说话。"那么，我可以向首相回复，您已同意辞职了吗？"星野追问。

"请不要急。作为非常时期重新唤起人心所采取的对策，仅我个人辞职是毫无意义的，"岸一字一顿地说，"内阁必须负起塞班岛失陷的政治责任。"

星野对此颇感惊讶，声音也逐渐变得严厉："就是说，你个人不同意辞职啦？"

"是的。我认为自首相以下全体阁员都应该辞职。"说完，岸点上一支烟，悠闲地吐起烟圈来。

星野的目光中逐渐透出了凶狠，岸的态度令他绝望："那么，我就把你的话原原本本告诉首相了。"

"我明天早上就去首相官邸，说的还是这一番话。"岸丝毫不做让步。

"那好吧。但我还是要给你一句忠告，明晨之前，你要再慎重考虑一下。"

17 日 8 时刚过，岸就出现在东条办公室："我个人认为，内阁还是应当总辞职为好。"

东条已经听过了星野的汇报。此刻他的眼里，昔日的盟友变成了不折不扣的叛徒。他极力压制心头的愤怒："今年 1 月，你不是曾经提出辞职吗？这次是根据你原来的请求做出的决定。让你辞职，是满足你本人的愿望。"

"我还没有失去陛下的信任，所以不到万不得已时不能辞职。"

两人争论了两个多小时，东条因过度愤怒出现了结巴。岸也气得双手颤抖，脸上肌肉痉挛不已。双方会谈不欢而散。

走出首相官邸的岸，驱车直奔皇宫。木户热情接待了他并鼓励他斗争到底："既然已闹到这种程度，就要有坚持与东条斗争的决心，别无他法。你可以先在家里闲居一段时间，静观其变。"

当岸回到军需相官邸时，发现门口出现了全副武装的宪兵，而不是之前的便装监视。岸感觉浑身发冷，直打哆嗦。他铺上棉被钻进被窝，量体温已超过 38

摄氏度。

次日清晨 6 时刚过,军需大臣官邸门前出现了宪兵队的摩托车队。从门口警卫的紧张度就知道,那个让小孩儿闻名都不哭的四方队长大驾光临了。一脸凶相的四方拒绝到会客室去,要求岸立即到正门外间来见他。岸穿着睡衣,只披了一件外衣来到正门,就地盘腿而坐。四方取下腰间的军刀,双手护柄直立身前,好像马上就要举刀砍人似的。四方朝岸厉声喝道:"你到底都干了些什么?内阁由首相总负责,东条阁下说向左或向右,大臣不是应该服从吗?而你呢?你不负任何责任,居然反对首相的指示,你搞的到底什么名堂?"

岸本不想说一句话,但四方的飞扬跋扈彻底激怒了他:"你是那样认为的。但在日本,拥有命令别人向左或向右权力的唯有天皇陛下一人!"

四方一时词穷。他用军刀猛地敲了一下地板:"像你这种胆小如鼠的人,居然也有脸搬出天皇陛下,真是咄咄怪事。如果不服从东条阁下的命令,就请马上辞去大臣职务好了。你为什么不回答?你这个可耻的叛徒!"回答四方的永远是可怕的沉默。

17 日一早,内大臣书记官长松平就拜访了冈田,就他前一日提出的召开重臣会议问题给出了明确答复:

一、在东条仍在改组内阁的同时,内大臣和重臣一起开会是不合适的。

二、转达重臣上奏也很困难。

三、如果重臣想直接拜谒天皇上奏,将非常乐意从中协助。

冈田对此非常不满,他不顾宪兵的跟踪直接去荻洼庄找近卫。时间紧迫,事事都通过松平转达太耽误时间。近卫提出由自己亲自出马找木户面谈,直接弄清他的想法。冈田表示同意后,近卫当着他的面给木户打去了电话,"我现在要和冈田大将一起到您那儿去"。木户回答说上午没空,另外两个人一起去太显眼,"这种敏感时期,还是请你一个人来吧"。双方约定见面时间为 14 时。

"如果这样定了,"冈田看上去比谁都急,"重臣会议也不必局限于明天,若槻那里我马上打电话告知一下。一旦情况紧急,我们今晚连夜召开会议。"冈田说完,一溜烟似的去了电报局。重臣中年龄最大的若槻住在伊东别墅,家里没装电话，冈田必须尽快给他发电报。

与此同时，受东条委托，国务相大麻走访了阿部，向他提出了入阁请求。阿部只提了一个条件，自己一人入阁有点难为情，重臣中至少能再出一人为好。他向大麻推荐了米内："如果能采纳这个意见，我将非常乐于接受邀请，并尽全力予以协助。"

此前，军务局长冈已代表海军向政府提出强烈请求，吸收德高望重的米内入阁。东条的反应显然慢了。当大麻赶到米内私宅时，主人已经不知去向。仆人说米内一早就出了家门，去向不明。

当天上午，保阁派和倒阁派共同争取的焦点人物米内似乎一点儿都不着急。他气定神闲地到纪念东乡平八郎的一个民间组织"东乡会"串门去了，因为他是组织的名誉会长。中午回到家里的米内屁股还没挨着凳子，高木就旋风一般冲了进来，强烈要求他拒绝加入东条内阁。高木还谴责野村不顾海军大部分人的反对，仓促同意接任海军大臣给东条补台，同时大骂岛田占着茅坑不拉屎，占据总长之位死不挪窝。高木此行纯属脱裤子放屁多此一举，米内本人就是铁杆的倒阁派。

高木前脚刚走，东条的说客大藏大臣石渡庄太郎就进来了。米内当年组阁时，石渡是内阁书记官长，两人有过一段难忘的合作经历。由石渡出面游说米内入阁实在再合适不过了。

"对您来劝说十分感谢，"米内婉言谢绝了好友的请求，"但经过认真考虑之后，我还是断然拒绝为好。"

敏感时期，米内家门口挤满了新闻记者和倒阁派议员。劝说未果的石渡刚一出门就被众人围住。他向记者坦诚"沟通失败"，之后说了一句意味深长的话："东条内阁的寿命就是今明两天。"一众议员立即高呼"万岁"。

第二位上门劝说米内的是军务局长冈："希望阁下入阁是全体海军的意愿，请您无论如何不要辜负大家的希望。为了海军，为了国家，请您亲自出马吧！"

冈这番话立意很高，直接拒绝似乎有点说不过去。但米内绝非等闲之辈，他立即使出了太极推手："作为国务大臣入阁，我一介武夫不能发挥任何作用。如果想让我为海军效力，那就请恢复我的现役吧！我宁愿出任军事参议官，这才是正道。"

就在石渡和冈轮番游说米内的同时，东条派出的内务次官唐泽拜访了前首相广田弘毅，请求他对内阁给予支持。万一游说米内失败，就可以拿外交官出身的广田临时顶上。至于是否照顾海军的意愿，也暂时顾不上了。

中午时分东条电话告知木户，将于14时进宫面见天皇，汇报参谋总长人选问题。木户已经答应在14时会见近卫。如果东条和近卫在宫中遇上，那实在太尴尬了。万一两人掐起脖子，身材瘦小的木户可拉不开。木户立即通知近卫，将见面时间推迟到16时，估计届时东条已经汇报完走了。

由于之前曾汇报过由后宫接任参谋总长，东条对改换梅津为接班人向裕仁表达了歉意。从拜谒室出来之后，东条向木户介绍了更换的总长人选，其他任何事都未提及。两人对对方的敌意心知肚明，现在的会谈纯属礼节性质。东条离开时狠狠瞪了木户几眼，目光中似乎要喷出火来。

近卫16时准时来到内大臣办公室。刚刚挨了东条白眼的木户急不可耐地告诉他，离做出最后决定只剩下两三天时间，各项活动必须抓紧。最后木户煽动说："东条正在拉米内入阁。如果米内答应下来，东条改组内阁的行动将大功告成，万事休矣。如果重臣在这之后上奏倒阁，将使天皇处于进退两难的尴尬境地。无论如何，也要赶在东条改组成功前将重臣的意见上奏天皇。"木户现在已经成了铁杆的倒阁派。要知道，在3年之前，正是他一手把东条推上首相宝座的。他不断催促近卫："总之，一定要快！"

近卫的汽车旋风般冲出皇宫，他必须在最短时间内赶到平沼家里。冈田正和平沼一起等待他与木户的会面结果。他的身后紧紧跟着一辆黑色轿车。近卫车慢后车也慢，近卫车快后车也快，近卫车闯红灯后车也闯，近卫车停下后车也停下。毫无疑问，车上坐着四方的宪兵。近卫当然不能将宪兵带到平沼家里，他必须想方设法甩掉身后的尾巴。

近卫让司机八木在虎门华族会馆门口停下，下车连打了两个电话，然后命令八木全速开往新宿车站。汽车在新宿站右边列车月台尽头刚刚停下，近卫就纵身跳下了车，穿越熙熙攘攘的人群向东出口的地道跑去。宪兵的车跟着停下，两个穿便衣的男人跳下车紧追过来。虽然平时养尊处优，缺乏锻炼，但身高1.8米的近卫甩开两条大长腿飞跑，两个明显年轻许多的宪兵一时间竟然追不上他。从地下通道东口斜坡一出来，对面二幸食品店门前停着一辆出租车。刚才近卫

第一个电话打给了平沼，说明正在设法甩掉追兵，第二个电话就是叫出租车。近卫快速横穿马路蹿入车内，同时向司机高声喊道："我是近卫文麿，速速开车！"

这位无名司机虽然是个小人物，但曾任三届首相的近卫他还是知道的。只见他急速踩下油门，出租车风驰电掣般向前驶去。近卫喘粗气回头望去，两名宪兵呆若木鸡地站在路边，显然他们回去开车或临时叫出租车都来不及了。近卫成功甩掉了尾巴，他让司机在伊势丹角左拐，向大久保的平沼家开去。

当近卫满头大汗走进平沼私宅时，接到冈田加急电报的若槻已先到了。他乘火车一到新桥就被冈田派去的汽车接走，也是刚到不久。

听完近卫上气不接下气的介绍，冈田无比兴奋："内大臣的意思已经很明显了。今夜不要错过机会，叫米内、阿部、广田都到这里来，立即召开重臣会议，如何？"众人当即表示赞成。

就在一众重臣集合开会的同时，星野来到了农商大臣内田家中。星野要求内田出面，请与他关系一直很好的冈田出面劝说米内入阁："对老前辈冈田的请求，米内大将总不至于断然拒绝吧？"

星野如此做法纯属与虎谋皮，谁不知道冈田是倒阁派主力干将？但星野认为，既然按冈田的意思更换了海相，如果从正面加以详细说明，说不定能取得冈田的谅解。此时内田的立场非常微妙，他刚刚答应了冈田打倒东条的呼吁，但内阁毕竟还没倒台，现在他还不好立即打出叛旗，只好答应"试试看"。内田当着星野的面向冈田家打去电话，驼背女用人说主人一早就出去了，去向不明。内田不由得长出一口大气，如果冈田真接了电话，该如何张嘴呢？"我继续和他联系，有情况立即告知您。"听内田这么说，星野也只好悻悻而退。两人尚不知道，此时冈田正在平沼家中策划重臣会议呢！

17时，东条带野村一起进宫拜谒天皇，随后共同出席了在皇宫凤凰厅举行的海军大臣就职仪式。从天皇的手中接过委任书，野村激动得双手颤抖。为填补野村留出的空位，原次官泽本转任吴镇守府司令官，他的次官职务18日由军务局长冈升任。

海军忙得不亦乐乎，陆军同样没有闲着。为迎接梅津新总长，参谋本部向长春派出了专机。接替松谷出任战争指导班班长的种村奉命随机前往，途中向梅津介绍东京的相关情况。

从皇宫回到海军省后，野村参加了海军大臣交接仪式。新旧两大臣致辞是交接惯例。野村的讲话非常简单："希望今后各位尽职尽责。"讲完简短坦率的退职词后，岛田流出了激动的泪水，从口袋里拿出手绢不停擦拭。在场大多数人都反对岛田，但看到他不停擦泪的样子又有些同情，一些人甚至开始回忆起岛田从前的好来。

参加完大臣交接仪式的高木刚刚回到办公室，神就从联合舰队司令部临时驻地木更津打来了电话："岛田被替换值得庆贺，其他方面如何？"

"目前局势不明，东条顽固得很，拒不下台。"

"周五是否'攀登富士山'还未决定？"当初山本为偷袭珍珠港设定的行动代号为"攀登新高山"，高木和神为刺杀东条模仿了这样一个不伦不类的代号。

"按原定计划进行。"高木回答。

在首相官邸，东条率一帮心腹还在进行最后顽抗。米内拒绝入阁，岸打死都不辞职，改组似乎走进了死胡同。大家齐声大骂岸信介是"卖国贼""叛徒"。有人提出内阁总辞职，然后呈请天皇让东条重新组阁，把岸甩下。3年前近卫为辞去外相松冈洋右就是这么干的。这一方案很快被东条以"利用圣上威德做法不好"为由否决。

有人提出，可以寻找岸的罪名把他抓起来，比如，贪污受贿、反政府言行、泄露国家机密、散布谣言等，顺势剥夺他的大臣资格，有人立即附和"据说他在满洲时通过不正当手段拿到了一笔巨款"。这种方法理论上虽然可行，但实际上并不具有可操作性。首先，倒阁派逼得太急，找到确凿的罪证绝非一晚上能搞定的。其次，倒阁派实力强大，明目张胆给岸捏造证据不充分的罪名，反而会成为丑闻被对方利用。这种方案最终也被放弃。

又有人提出，不如让运输通信相五岛或农相内田辞职腾出一个位置。但要求岸辞职的动议已经众所周知，这样做会被猜疑"因岸拒绝而采取的替代办法"。再说，五岛和内田就一定会接受辞职吗？他们不知道倒阁派已经做好了内田的工作。

目前局面，还是以争取米内为好。佐藤认为问题出在代表东条的中间人身上："没有把首相的真实意图向米内讲清楚，让我直接跟他说吧！"佐藤给米内家里打了电话，仆人说主人外出了。"我直接到家里堵他去，他总不至于一晚上不回家吧！"佐藤显得自信满满。

米内肯定不会在家，此刻他正赶往平沼家中参加临时召集的重臣会议。等人期间，先到的近卫、冈田、平沼和若槻临时开了一个小会，决定做出对东条不信任的结论后由木户直接上奏天皇。考虑到阿部很可能反对倒阁，将会议结论转告木户一事对他暂时保密。

七位重臣全部到齐时，已是 18 时 30 分了。七人当中 78 岁的若槻最大，53 岁的近卫最小。与决定东条出任首相的那次重臣会议相比，参会者只少了第二十三届首相清浦奎吾，他已于 1942 年 11 月 5 日去世。除外交官出身的广田之外，其余 6 人都留有唇髭，就是咱们通常所说的小胡子。重臣一边吃着"战时食品"咸梅干饭团，一边商议，房间里弥漫着一种阴谋的气氛。

会议由最年长者若槻主持。经过数月毫无效果的沟通之后，众人此时早已心知肚明。若槻做了定调式的开场白："我请诸位注意，即使东条内阁改组，国民也不会再支持它。时局严峻，在这种情况下，如何做出适当处置，请诸位发表意见。"很多日本人有写日记的习惯，高层人士更是如此。本次会议大部分细节来自《木户日记》、木户战后在远东国际法庭的证词以及若槻的《古风庵回顾录》。

米内谈到，刚刚接到"热诚"请他入阁顶替岛田的邀请："我本人根本没有入阁的意思。"米内表示下一步即使东条亲自出马邀他入阁，或者请天皇出面，"我也下定决心不接受入阁邀请。"

平沼坚决主张更迭内阁："若无人和，则战事难胜。东条内阁的存在反而会破坏人和。"

广田对东条并无恶感，他的态度稍显暧昧："他们也曾争取我入阁，如果继续进行恳求，到时我再考虑考虑。我想我恐怕不会同意入阁。"

参会的不是文官就是海军大将，出身陆军的仅阿部一人。他当然同情同样出身陆军的东条："'翼政会'也盛传要更迭内阁。我绝不认为东条内阁尽善尽美，但如果推翻它，就一定有把握建立一个更好的内阁吗？若诞生一个更加软弱的内阁，时局会变得越发困难。我认为目前仅谈论倒阁是不负责任的。"

平沼立即反驳道："眼下不是推翻不推翻现内阁、下届内阁是否软弱的问题。我们要真正为国家分忧，不能再这样袖手旁观了。国家已到了生死存广的危急关头，必须更换内阁，而且要快。"

近卫的发言非常简单："我基本同意若槻男爵、平沼男爵、米内大将的意见。"

若槻于是做出了总结："大多数人认为在这种非常时期，必须人心一新。"

重臣会议于 20 时结束之后，冈田把米内和广田请到私宅，向两人说明了会议决议将通过木户直接上奏天皇的打算。

当天晚饭后，佐藤径直前往米内私宅。听说米内家门口有不少记者把守，佐藤特意换下军服，穿上短袖衬衫和短裤出了门。这一招还真灵，佐藤小心翼翼从记者身边溜过时竟没有被认出来。女用人说主人外出未归，请他耐心等一会儿。最近实在太疲劳了，佐藤竟然在会客室的沙发上睡着了。

参加完重臣会议的米内先是到冈田家听取了解释，回到家中时已经快 22 时了。看到会客室的沙发上躺着一个呼噜声震天的男人，觉得既可气又好笑的米内只好上前将佐藤拍醒。佐藤起身向米内敬礼："虽是初次见面，但作为军人，我想坦率跟您谈谈。在战争中途拯救内阁极其重要，如果您接受入阁邀请，就能做到这一点。我请求您与东条内阁合作，以克服我们的困难。"

"佐藤君，我当首相时被赶下台的事儿你是知道的，我不想再当政治家了。"米内不紧不慢地说，"在这场前所未有的大战中，我只想作为一名军人去死。我曾经去过海军省，申请将我和末次恢复现役，末次担任军令部总长，我只做海军大臣顾问，但是至今没有回音。我想最终我不是作为政治家而是一个军人去战斗，我希望自己死时仍然是个海军将领。"佐藤对米内的话表示理解，况且他从米内的语调中听出，他是劝不动的。佐藤也只好败兴而归。

当天 20 时 30 分，新海相野村在官邸举办了第一次记者招待会，采访者大多来自海军的"黑潮会"。正当野村踌躇满志对一众人等宣讲施政纲领时，东条海军秘书鹿冈圆平匆匆来到会场，叫走了次官冈。几分钟后，一脸严肃的冈返回会场，趴在野村耳朵旁小声说："有紧急情况。"正讲到兴头上的野村不得不临时中断了招待会。

两人回到海相办公室还未坐定，冈就迫不及待地说："据说内阁遇到严重危机，有可能要总辞职！"

"什么？这究竟是怎么回事？"野村认为，自己的屁股还没挨着凳子呢，就要辞职？天底下再没有比这更匪夷所思的事情了。

"请重臣入阁的努力并未如想象中那么顺利，米内大将那里已派去了几拨人。

刚才佐藤军务局长亲自去了，仍遭到拒绝。东条首相说，因为米内属于海军，想请海军方面再出面协调一次。"

　　刚刚就任次官的冈于是再次来到米内府上，米内还是原来的态度拒绝入阁。冈不愿就这样空手而归："此事足以说明政府和海军的诚意和迫切愿望。恐怕野村新海相还要前来说明。如果他不行，东条首相会亲自出马。如果首相还不行，那也只好请天皇陛下优渥了。"冈的话语中明显加入了威胁成分。

　　"连这种事都要'优渥'，岂不是在玩弄权术吗？"米内丝毫不为所动。冈只好丢下一句"回去照传不误"的话后悻悻离去。

　　冈铩羽而归之后，野村决定请米内到海相官邸亲自与他会谈。有人提出，米内是前辈还是重臣，现在我方有求于人，还是请海相亲自前往米内私宅为好。况且如果召见米内而米内不来——这种可能性是很大的——野村这脸可就丢大了。当天23时，野村亲自来到米内家中："尽管你有种种不满，但为了挽救国家，能否捐弃前嫌接受入阁邀请呢？"

　　连新海相都屈尊登门，米内索性推心置腹，亮明了态度："归根结底，我讨厌东条那套做法。入阁我实在无能为力。如恢复现役作为军人报国的话，本人乐于效劳。"虽然野村再三恳求，米内依然表示，"入阁和东条一起干，无论如何是办不到的。"野村扫兴离开时，时间已经过了零点。

　　花开两朵，各表一枝。当天21时30分，冈田马不停蹄入宫面见木户，向他汇报了重臣会议的详细情况。两人拟定的上奏文彻底否定了正在改组的东条内阁："为渡过难关，必须重振人心。我们认为，必须建立一个能使全体国民齐心协力、一往无前、坚强有力、举国一致的新内阁。对现有内阁进行局部改组的做法是毫无意义的。"

　　开完重臣会议之后，近卫并未回家，而是一直在平沼家中等待。当23时知道冈田和木户已经拟就上奏文准备呈交天皇时，近卫笑了："看来东条内阁八成要倒台了。"

　　下半夜的首相官邸依然灯火通明。农相内田给星野打来电话说，23时才找到冈田。但是冈田说重臣会议已经召开，达成了反对内阁改组的决议，米内已决定不再出山了。这边刚放下内田电话，那边阿部的电话就打进来了。阿部的话让所有人都心头一震："刚才重臣聚在一起交换了意见。除我之外，其他人员一致要求人心一新。"

阿部的电话刚刚放下，野村的电话就打进来了："本人亲自到米内家中劝告入阁，行动失败！"

"是一股大阴谋的气氛！"东条的话近乎呻吟，他改组内阁的行动似乎已经走到了尽头。

首相官邸内的气氛异常凝重，有一种将要窒息的感觉。佐藤猛地站了起来，满脸通红："非常遗憾。直到现在，我们才弄清问题的症结所在，这是近卫、冈田、木户等人玩弄的一套鬼把戏，目的就是逼我们辞职。"

富永同样义愤填膺："现在终于搞明白了，这是一个精心策划的圈套。必须注意，即使能够说服重臣入阁，岸腾不出大臣位置，内阁也难以完成改组。所有事情背后好像都有木户的影子。"

"一帮垂老之人在意气用事，"星野同样是怒火万丈，"真没想到，他们的认识是如此肤浅！对这帮老家伙，只能采用压制、关押的办法。请陆军大臣下令出动军队，将木户、近卫、冈田、米内等人统统抓起来。向陛下奏请诏书，呼吁国民奋起，这才是解决问题的根本办法。"

星野的办法似乎可行。沉默良久，还是东条先开了口："海军会同意吗？会不会加剧国内的摩擦？最重要的是，会不会因此激怒天皇陛下？"

赤松忽然从门外冲了进来，他是在秘书室听到上述发言忍无可忍才闯进来的。"阁下，请断然采用强硬手段挽救国家吧！我们连国内的战斗都打不赢，又怎能打赢美国人？凡是干扰建立战时体制的人，必须以最严厉的手段予以清除！"赤松几乎是声泪俱下。

"扯淡！"此时的东条反而变得非常冷静，他和蔼地告诉赤松，"你的想法太天真了。日本是天皇的国家，一切必须按照陛下的意见行事，这是日本人的长处和本分。"

"事到如今，恐怕一切都是白费力气了，只有总辞职了。"佐藤一边说话，一边使劲擦拭满脸的汗水。

星野同意佐藤的看法："虽然尽了最大努力，但还是不行。除总辞职外，没有其他办法了。"

"我明天一早就进宫，"东条忽然下定了决心，"听取陛下的意见，一切以天皇意见行事。"东条把脸转向佐藤,"请你书面写下我辞职的原因。"此时时间已过凌晨1时。

回到陆军省的佐藤坐在桌前铺开了纸张。他清楚战争已经完了,眼泪一滴滴落在纸上。

7月18日上午9时,来到办公室的木户得知东条要面见天皇,并被安排在9时30分第一个觐见。木户顿时慌了手脚,他必须赶在东条之前将重臣会议内容上奏裕仁。如若不然,一旦天皇向东条下达重新组阁的命令,之前的一切努力都将失去意义。如果东条留任成功,已表明支持重臣态度的木户也只能引咎辞职了。9时15分,裕仁刚出现在政务室,木户就一阵风似的闯了进来。在汇报完重臣会议的内容之后,木户还是不放心地提醒裕仁:"很快首相要上奏的内容虽然我一无所知,万望陛下对卑职刚才禀报的重臣动向多加关照,谈话中切莫与舆论相违背。"

对木户的忠告,裕仁只是微微点头:"朕知道了。"

东条准时到达皇宫时,被告知内大臣正在向天皇汇报工作,请稍候片刻。木户很快从政务室退出,看到东条后主动上前寒暄一番,假装很随意地询问他上奏的内容。

"我决定内阁总辞职,特来向天皇陛下密奏。"

东条的话吓了木户一大跳。早知如此,刚才还那么慌干吗?但他脸上不动声色,这是内大臣必须具备的基本素质。木户语调和缓地询问东条:"鉴于陆军对国内局势的重要性,为使内阁更迭得以顺利进行,关于继任首相问题,东条君如有个人考虑,愿请见教。"

"我认为此次政变,重臣起到了决定性作用,"东条忍不住讥讽道,"想必他们已经胸有成竹,故不敢冒昧阐述己见。不过我本人希望,在组建新内阁时不要考虑陆军中的皇族。"东条此言另有深意,他故意让木户知道陆军对此是深怀不满的。说完,东条故意弄出很大声响,站起来向政务室走去。

东条走入政务室。裕仁像以前一样面无表情,连客气话"请坐"都没说。"鉴于多方面原因,我请陛下允许我辞去内阁首相职务。"东条说。

裕仁好像若有所思,但很快回答道:"原来是这样。"

东条等了一会儿,裕仁没再说一个字,他只好恭恭敬敬地行礼。裕仁起身,一声不响地离开了政务室。

周二内阁例会照例在皇宫西一厅召开。由于东条未到,原定10时的会议推迟了一会儿。东条面无血色,双目无神,发表了长达一个小时的讲话。他最后说:"重臣阴谋推翻内阁,这样下去,政局最终无法维持。之所以踌躇了这么久,是因为日本也存在'巴格多利奥派'。"他接着说,如果日本最终战败,责任必须由重臣和其他迫使他辞职的人来负,"我必须要求你们全体辞职!"颇具讽刺意味的是,4年前的这天,东条进京出任陆军大臣,强硬地将日本引上了战争之路。

阁员中最可笑的当数野村,他出任新职17小时就面临辞职。野村并不因此惊慌,即使内阁更迭,他也很可能留任。海军大臣不是首相提名,而由海军高层协商推荐。之前他们不就推荐自己了吗?尽管如此,野村还是想在参加的第一次也是最后一次内阁会议上显示一下存在:"对我本人来说,第一次内阁会议竟然是研究自己辞职,实属遗憾。"

11时20分,东条中途离开会场,向裕仁递交了辞呈,历时三年零九个月的东条内阁至此垮台。

就在内阁会议召开的同时,10时刚过,柔道教练牛岛来到了皇宫警察署。暗杀行动原定于当天下午实施。时间还早,牛岛来到部长室,边闲聊边偷窥窗外的动静。就在此时,特高课课长田畑进来向部长重村报告说:"今天会议可能很长。警视厅方面透露,东条很可能被迫辞去首相职务。"

牛岛尽力做出一副若无其事的样子。田畑离开不久,又进来了:"东条内阁总辞职了。听说由于塞班岛失陷,首相受到天皇责备,狼狈下台了。"

牛岛感到呼吸困难,摇摇晃晃起身朝门外走:"终于不用和东条同归于尽了。"牛岛和津野田对东条本人并无恶感,东条一旦离开首相位置,就没有刺杀他的必要了。牛岛为没有提前出手暗自庆幸。虽然已决定和东条同死,但能够活下来毕竟不算坏事。此时内阁会议结束,东条的敞篷车朝他开了过来。牛岛觉得今天车上的东条显得格外矮小。他和津野田万万没有料到,由于三笠宫无意中向母亲透露了刺杀行动的秘密,将有一场军法审判在等待着他们。

在陆相官邸,东条向聚集在这里的陆军高层讲述了总辞职的原因。作战部长真田大声叫嚷道:"在这非常时期,内阁总辞职算怎么回事?能对得起在前线拼死战斗的将士吗?"

东条内阁倒台的消息不胫而走。在众议院，议长冈田兴奋异常："陛下这步棋走得很好呀！"在海军省军务局，《朝日新闻》记者长谷川健一高喊道："敌人终于垮台了！"说完，他拿出一瓶酒咚的一声放在了桌子上。

高木暗杀小组成员再次聚在酒店里。由于东条主动辞职，高木宣布暗杀活动自动取消，神可以专心去当他的首席参谋了。

对内阁倒台最感轻松的很可能是东条夫人，胜子禁不住长出了一口气。塞班岛失陷之后，胜子每天都会接到一些匿名电话，询问她丈夫自杀了没有。她还听说有人在谋划暗杀东条。现在看来，这种危险已经自动消失了。

## 黄鼠狼下崽儿，一窝不如一窝

国不可一日无内阁，何况现在是战争时期。7月18日上午，东条刚刚宣布辞职，16时，推选新首相人选的重臣会议就在皇宫正式召开。这次不用再偷偷摸摸放在平沼家里了，害得平沼凭空多管了一顿晚饭。除头天晚上参加会议的七位重臣之外，内大臣木户和枢密院议长原嘉道也参加了会议。

按说已成为重臣的东条应该参加会议，但谁也没有提出请他参加。与此类似，3年前东条赶近卫下台时，推荐东条出任首相的重臣会议，近卫同样没有出席。都是当过首相的人，离职时的尴尬都亲身体会过。

会议由内大臣木户主持，此即后来被史学家命名的"5小时马拉松会议"。木户首先介绍东条内阁总辞的情况，随后会议进入正题。和头一天的会议不同，除阿部外，众人的情绪明显好了很多。

最年长的若槻率先发问："对新首相人选，内大臣有无明确意见？"

木户回答："尚无确定意见，愿意先听听大家的意见。时间紧迫，讨论从坐在最远处的人开始。"这样就由唯一出身陆军的阿部发言。阿部的大儿子娶了木户的大女儿，但现在木户让他率先发言肯定不是在照顾亲家。

阿部说："我忝居末席，愿陈己见抛砖引玉。目前决定战争成败关键看海军，新首相最好从海军中产生。我个人认为，由米内海军大将出任首相是合适的。"阿部一向同情东条，米内拒绝入阁是导致东条下台的主要原因。阿部口气中似乎含有这样的含义："你行你上！"

米内自然不甘示弱："我确实曾一度从政，不妨试试再当海相。但是我不能当首相。由我来搞，维持不了一个月就会垮台。从我过去的经验来看，反而会增添不必要的麻烦。军人受的教育是片面的，不宜担当这个角色，政治要由专业的政治家去搞。美国和英国人都是这么做的。如文职中无适当者，也应从陆军中选拔。"

若槻说："米内君的高见固属允当，但日本和英美习惯不同，国民也未养成这种习惯。日本难以一下子就达到那种地步。战争时期，我想还是选军人为好。最近情况不甚了解，但我认为宇垣大将比较合适。"

近卫赞赏米内的理想主义，但提出必须从实际情况出发来考虑问题："当今政治没有陆军参加是搞不下去的。"

平沼说："完全同意近卫公的意见。仅就军需品增产而论，如果不是军人就很难处理。"

原说："说实话，我所处的地位不能充分了解政治局势。时局极为严重，是由这届内阁决定国家命运的时候了。让一个人负全部责任是强人所难，由五个人左右来共同承担如何？"

木户说："原的心情我了解，关于这点，谁都不会有不同意见，但实行起来非常困难。"

广田说："此刻是否有必要建立以皇室成员为中心的举国一致内阁？"

近卫说："现阶段建立皇族内阁不妥。"平沼和若槻也表达了类似意见，认为目前由皇族来担负政治责任是不恰当的。

冈田说："既能明察天皇圣意，又通晓国内形势的内大臣出来担任是否合适？"

木户说："从今后加强国内防卫体制的角度来看，我们必须从陆军中物色人选。"

天色已晚，大家不吃饭继续讨论。阿部几次强调陆军目前不受欢迎，还是从海军中挑选为好，没人支持他的意见。陆军对日本政治的影响力太大，任何非陆军人士上台都无法驾驭数百万陆军，这是无可辩驳的事实。

海军的米内率先提出了人选："寺内怎么样？"他指的是南方军总司令寺内寿一。

阿部说："寺内性情直爽，敢作敢为，不过要从战场一线调回确有困难。"平沼也提出当前组阁迫在眉睫，一分一秒都不能拖延，寺内短时间内返回国内是不太现实的。

近卫愿意接受寺内，木户却支持阿部和平沼的意见："他现在前线，远离本土，请他回来非常困难，我们还是物色其他人选吧！"

米内又提名了一名陆军军官，关东军司令官梅津美治郎，他已回到东京准备出任参谋总长。木户对此表示异议："梅津刚刚接受参谋总长的任命，他也没有当过大臣的经历。"梅津此时也在皇宫，等待天皇任命并出席就任总长的仪式。

近卫提出了一位海军军官，赫赫有名的海军大将铃木贯太郎。"我跟他一起在枢密院，非常了解他，"原说，"铃木经常说自己是个军人，绝不能担任政治职务。即使天皇亲自下令，他也绝对不会接受。"

平沼和广田都赞成铃木出山。但海军的冈田强调还是由陆军出任为好，同为海军的米内也说："这种事，还是不让他搞为好。"

木户说："畑怎么样？"他指的是中国派遣军总司令畑俊六。大家对此反应平淡。

木户问阿部陆军中还有哪些人。阿部扳着指头一一列举："本庄繁，荒木贞夫，小矶国昭，再有就是东条了。"

米内好像忽然受了启发："我看小矶这人不错，有能力又勇敢。他在我的内阁中任职时，我很了解他。"

木户也觉得眼前一亮："对，大家认为小矶怎么样？"

平沼和广田表示赞同。若槻说："我不了解这个人，但无异议。"

木户做了最后的总结："请问候补者顺序如何？"

若槻说："寺内、畑、小矶，或者海军。"

平沼："寺内、小矶，海军。"

米内、广田、阿部三人的意见一致："寺内、小矶、畑。"

近卫和冈田提出对上述三人都不了解，无法排出次序。

一向沉默寡言的原对这样的结果很不满意："这样一来，和东条有什么不同呢？"冈田和广田也随声附和。木户希望尽快拿出一个结果，不管结果是不是能让所有人满意。换句话说，能让所有人满意的人也的确没有。

"不管怎么样，总要定下来一个吧！"木户就这样稀里糊涂地宣布散会。如果重臣会议久议不决，很可能会发生意外变故，东条卷土重来的可能性都是存在的。由于把责任推给了天皇，大家都禁不住松了一口气，因为肚子早饿得咕咕叫了。

20时45分会议结束，5分钟后木户就来到御文库向裕仁做了专题汇报。会议推荐的三个人中，寺内和畑都在前线。裕仁通过侍从长莲沼藩询问大本营，抽调两人回京是否会对前线作战造成重大影响。即将卸任参谋总长的东条立即做出回复，前线战事正紧，司令官一天也不能离开。

虽然参谋本部向长春派出了专机，但梅津在得到消息后即刻乘机飞回国内，已于13时回到东京，准备参加原定19时举行的就职仪式。重臣会议一直未散，仪式先被推到20时，继而又推迟至21时。在梅津正式上任之前，参谋本部暂时还是东条当家。

裕仁叫来了木户："东条的意见是有道理的，我决定召见小矶大将。"小矶现属预备役，朝鲜总督是行政职务，文官调动不用通过东条和大本营。木户心中暗自庆幸，如果重臣会议全部选择现役大将，就很可能前功尽弃。推荐首相如果拖到明天或更晚，重臣和内大臣就会被指责为效率低下或软弱无能。

22时，以东条为首的陆军高级将领晋谒天皇。裕仁从御文库起驾主持了第三次延期的补任仪式。新任参谋总长梅津美治郎、关东军总司令山田乙三、教育总监杉山元依次从裕仁的手中领取了任命书，深夜举行这种仪式实属罕见。

近卫对陆军出身的小矶一点儿都不了解，总觉得把国家命运寄托在这样一个人身上实在不能让人放心。此时此刻，他脑子里忽然闪出一个念头：何不让米内和小矶联合组阁呢？既然米内举荐了小矶，两人显然是可以融洽相处的。他差点为突然萌发的这一想法喝起彩来。

事不宜迟，小矶已在来京的路上，必须赶在他到来之前搞定此事。近卫立即驱车前往平沼家中，平沼对近卫的想法欣然同意。近卫马不停蹄赶到木户私宅："我认为，组成一个联合内阁是最佳办法。之前不是有过'隈板内阁'的先例吗？"1898年，日本曾以大隈重信和板垣退助组成过联合内阁。

木户当即表示赞同："我觉得为了国家，有必要采取一些特别措施。越快越好，我想在今晚召开重臣会议研究此事。"看来木户对小矶也是不太放心。

"这并非推翻之前的决定。如果有人不同意，可以作为少数意见上奏。我和平沼已经同意，其他人分别征求意见就可以了。"近卫怕一旦开起会来，又没完没了，争个不停。

"可是米内大将本人怎么办呢？"

"交给我，我马上以发起人身份去找他，请求他的理解和支持。"

19日清晨8时，野村再次驱车前往热海，试图就留任海军大臣一事争取伏见宫的支持。前一天晚上，他已从永野和岛田那里得到了留任海相的口头约定。伏见宫的表态非常含糊，只是说要看看新首相的人选再说。此时在海军省，高木等人正在为赶走野村和冈，推米内上台到处奔走。岛田是大家刚推翻的，马上找人家不好意思。众人将炮火一致对准了永野。一时间永野私宅门庭若市，这人没走那人已经到门口了。在众人的轮番炮轰之下，永野逐渐改变了主意，不再支持野村留任海相。

就在近卫驱车前往米内私宅的同时，从热海匆匆赶回的野村已派副官到了永野家里。永野一反之前的态度，言语暧昧，令人捉摸不定。感到事情可能要糟的野村立即前往拜访高松宫，后者拒绝做出任何承诺。

当天20时，米内身着白色和服接待了匆忙赶来的近卫。听了近卫要他与小矶一起组阁的意见之后，米内哈哈大笑："当初东条力劝我入阁时，我已经说过军人不宜参与政治，除海军大臣外我不出任任何职务。管管海军我还是很有把握的。我敢大言不惭地说，米内自信能够成为最出色的海军大臣。"

出乎预料，当晚松平就组成联合内阁一事向重臣征求意见时，除冈田之外，所有人都表示赞成。冈田认为不应该从海军出人。但20日早上6时，冈田主动给松平打去电话，同意由小矶和米内联合组阁。

东条并未束手待毙，他的首席高参佐藤找到阿部，要他出面反对米内、小矶联合组阁的方案。一向办事认真的阿部以"联合内阁责任不明确，意见不统一时难以调停，有可能引起国家混乱"为由向木户质疑，要求他变更主张。"大部分人是赞同的，"木户说，"不过，阿部先生的意见我会向陛下转达的。"

裕仁非常欣赏米内的人品。对木户上奏联合组阁的设想，他没有丝毫犹豫，当场慨然应允。

19日当天还有另一件事情发生。头天深夜，津野田赶回东京，他是在前往桂林的途中接到紧急命令回国的。津野田到家还未坐定，陆军省兵务局负责国内治安的黑崎贞明就上门了。从黑崎口中得到刺杀东条行动暴露的消息之后，津野田一点儿都没有惊慌，他决定次日主动去自首。

19日清晨，当津野田来到涩谷站准备乘电车前往参谋本部时，迎面走来了两位身材壮硕的男人，他们是四方派来的宪兵。两人一左一右抓住津野田的手腕："请跟我们走一趟，这是命令。"津野田因阴谋暗杀东条事发被捕，牛岛很快也被抓进监狱。

7月16日，三笠宫到大宫御所拜见皇太后。看到节子对战争前景异常焦虑，年幼的三笠宫脱口而出："可以用干掉东条的办法向停战方向努力。"节子严厉要求儿子在刺杀发起前制止这种行为。当晚三笠宫派专车接了黑崎，请他帮忙。黑崎和课长上田昌雄一起向兵务局长那须义雄做了汇报。取得次长秦的同意之后，参谋本部向中国派遣军发出了紧急召回津野田的命令。

津野田和牛岛被送上法庭。因为两人作案未遂且东条已经下台，更由于东久迩宫、三笠宫等人的暗中运作，1945年3月法庭对两人做出判决：免除津野田职务，判处有期徒刑两年、缓刑两年；判处牛岛有期徒刑一年半，缓刑两年。战后，1957年8月，在长野县轻井泽别墅，三笠宫向对面的津野田深深鞠躬："是我给您添了麻烦，真对不起！"

接到侍从长莲沼藩"陛下召见"的紧急电报时，朝鲜总督小矶国昭在外视察，住在离平壤不远镇南浦的一家旅馆里。20日15时30分，小矶的专机降落在羽田机场。国内政局动荡不稳，小矶还是清楚的。如此敏感时刻天皇忽然召见，已退出现役的小矶猜测受命组阁的可能性很大。他的随员包括心腹斋藤弥平太、二宫治重等一大帮人。航途之中，小矶带众人对阁员名单进行了讨论，可谓胸有成竹，自信满满。

小矶国昭1880年3月出生于山形县，父亲小矶进是个警察。由于在陆士、陆大学习时成绩平平，小矶毕业后没能进入中央机关，而是被下放到陆军士官学校当了教官。他的仕途一直平淡，1926年12月1日晋升少将后陆续担任航空本部总务部长、陆军省整备局长等职。宇垣一成出任陆军大臣之后，和他走得很近的小矶开始平步青云，先后担任军务局长、陆军次官等要职。1934年3月5日小矶出任第五师团师团长，次年12月2日荣升朝鲜军司令官，并于1937年7月21日晋升大将。1938年7月退出现役的小矶先后在平沼和米内内阁担任拓务大臣，1942 年 5 月 29 日就任现职——朝鲜第九任总督。

小矶有个唬人的绰号叫"高丽之虎"，其来由和山下奉文的"马来之虎"完全不同。山下的绰号来自战功，小矶是因为他别致的长相——斜视的猫眼、扁平的鼻子、薄薄的嘴唇。小矶喜爱酒宴，对大家给他的另一绰号"秃头冠军"也颇觉快活。单看承担挽狂澜于既倒重任的小矶回国前，不是考虑如何扭转不利局面，而是怀揣需要提拔重用的亲信名单来看，这家伙肯定又是个没出息的货色。

小矶刚雄赳赳气昂昂地步入机场大厅，旁边就闪出一个绅士打扮的人。"有要紧话对你说，"来人正是行踪诡异的左近司，"我要说的是海军大臣的事儿，千万注意不要和野村直接交涉。"

"怎么回事？"还未进入状态的小矶一头雾水。

"野村和冈在海军缺乏声誉，你如果留任他们，将来肯定会后悔的。"左近司说完，不等小矶回答就飘然而去。小矶站在当地愣了半天，怎么这么快就卷进政治旋涡里了，哪有自己在朝鲜自在快活？

按照惯例，进皇宫晋谒者一般要在休息室排队等待。小矶等了很长时间也没人过来招呼他。忽然他看到米内走了进来。小矶曾在米内内阁任职，两人不是一般的熟。

"啊！久违了，米内君。请问您参见天皇有何贵干？"

"我也是受召前来的。"

小矶心中暗吃一惊，难道天皇组阁令下给了米内？那还要我来干什么？就在他满腹狐疑之时，木户大步走了进来："天皇组阁令将下达给两位大将。陛下已起驾，请立刻晋谒。"

小矶站在当地不敢抬步。米内年龄比他大 20 天，晋升大将也比他早 8 个月，还曾经当过他的领导。米内问木户："谁在前头？""小矶大将。"木户说。

17 时 10 分，小矶和米内拜谒天皇。一向如老僧入定的裕仁这回不说话不行了："望卿等协力组阁，尤其要达成大东亚战争之目的，并须努力避免刺激苏联。"两人听完，诺诺而退。

米内刚一出门就问木户："到底谁是首相？"

"自然是小矶大将喽。"

小矶立即接上了腔："米内君，那么说您是海军大臣啦？"

"海军以外的事情我也干不了呀！"米内自嘲道。

"这么说，目前需要交涉您恢复现役的问题了。这个问题您自己好像不便出头，我来试试看。"

"那就拜托了。"

三人一起到西溜间会见那帮重臣。小矶宣读了天皇的决定，所有人都默不作声。半晌，枢密院议长原才问小矶："你打算今后怎么干呢？"

"不管怎么说，若能组成内阁，我会拼命去干。"

"目前时局非常麻烦，光会拼命是没有用的。"原说。

原的话中明显带有嘲讽成分，让小矶感到极度不爽。按照惯例，重臣通常会说一些勉励的话语，但此刻他们个个好像没事人一样在那里傻坐着。既然大家都不说话，座谈会就这样不欢而散。似乎小矶还没正式上台，就已失去了重臣的信任。

离开皇宫之后，小矶驱车前往首相官邸。东条满脸堆笑接待了他。一番寒暄之后，东条很快转入了正题："我一直担心，我辞职后日本会出现一个'巴多格里奥内阁'。现在小矶君亲自出马，我就毫无顾忌了。"小矶比东条大 4 岁，从陆士毕业也早了 5 期，算得上是东条的前辈。

"那么您为什么要辞职呢？"小矶问，"力主发起战争的人，难道不应该负责到底吗？"

"原因是多方面的，"东条脸上瞬间写满了愤怒，"主要原因来自重臣和一些议会的人，内阁内部也有一些像岸信介那样的无耻之徒与他们同流合污。像这样的前阁员，根本不值得你今后对他们以礼相待。"

来此之前小矶就对米内说过，内阁首相必须取得战争指导发言权。若非如此，他就只能交还天皇的组阁令。东条是现役大将，同时兼任陆军大臣和参谋总长，他参与战争指导完全不存在任何障碍。小矶本人是预备役大将且只任首相，按道理是不能直接参与战争指导的。小矶急于见到东条正是为了解决这一问题。"让首相加入大本营行不通吗？"他把话扯入了正题。

"统帅部接受这个条件是非常困难的。"

"那么首相如何才能介入战争？"

"通过大本营和内阁联席会议。有时候陛下会亲自出面，反复协商，一样能够达到目的。"

"你是否考虑留任陆军大臣？"既然东条语气强硬，小矶也就单刀直入，不再避讳。

小矶的话丝毫没有回避余地。如果东条说想留任，而小矶坚持要自己兼任，冲突立即就可能爆发。东条于是剑走偏锋："这是陆军三长官研究决定的问题。在三长官会议达成一致意见之前，我无法回答这一问题。"尽管没有说明，东条试图留任陆军大臣的意图还是非常明显的。

"我不是天皇命令的传达者，"小矶同样直言不讳，"我以个人身份向东条君提几点忠告，留任对你没任何好处。这不仅对你本人不利，从全局看也毫无意义，所以你还是不留任为好。"

"我还是刚才那句话，"东条丝毫不做让步，"这一问题只能由三总长会议决定。"

看到东条不为所动，小矶只好转换话题："重臣希望米内出任海军大臣，海军正在研究他恢复现役和就任大臣的问题。"

想到正是因为米内拒绝入阁才最终导致自己下台，东条气就不打一处来："这是陛下的意思吗？"

"陛下没有明说，不过话里隐含这一层意思。"

"这一点我本人很难从命，必须向你表明。但这是海军决定的事情。"

从首相官邸出来之后，小矶驱车直奔市谷台，拜会了新任参谋总长梅津。两人之前一个在朝鲜一个在中国东北，也算近邻。在东条那里碰了钉子的小矶摆出了一副强硬姿态："我认为本人是否能接受天皇的组阁令，取决于首相能否对战争指导具有发言权。我要求你对我提出的以下问题立即做出回答。首先，立刻修改大本营令，将内阁首相纳入编制。其次，如果不行，那么马上以军令公布权限仅限于本次战争期间，将首相纳入大本营编制。如果上述两点均无法满足，我将交还天皇陛下的组阁令！"

"您的意思我明白，"梅津显得不卑不亢，"上述要求从原则上是不允许的。但这是一个重大问题，待我们认真研究后再做出答复。"梅津根本没打算向小矶做出让步。他使出拖刀计，意在避免背上陆军拒绝合作导致组阁失败的恶名，现在陆军的名声已经够臭了。

小矶威胁说："如果得不到你的回答，我是不会动手组阁的。你回答迟缓将造成组阁延期，希望你能明白这一点。"

"我会尽快答复你。"

"还有陆军大臣之事。我刚刚见了东条，他的口气似乎是想留任。我劝他还是死了这条心。在三长官会议上，希望你能提及此事。"

"东条有此意我早有耳闻。不过把预备役恢复现役并出任陆军大臣，即使小矶阁下您，陆军和海军也不会赞成的。"很显然不管是东条留任或小矶兼任陆军大臣，梅津均不赞同。

"如果东条不留任陆相，我可以考虑不兼任。这样就需要确定新陆相人选。我希望从山下奉文或阿南惟几两人中挑选一人出任陆相。"

"阿南和山下都在第一线，恐怕很难调回来。我们会尽快研究予以答复。"梅津的话永远含糊其词。

想想今天几件事一件没办成，小矶觉得窝囊极了，刚下飞机时的兴奋劲儿一扫而空。对他来说这不过仅仅是开始。

小矶刚刚离开，梅津就叫来了次长秦。他让秦打电话告知军令部次长伊藤整一，如果小矶向海军提出参加大本营会议，最好避免做出正面回答，陆军的态度是不答应——小矶还没迈步走路就已经掉坑里了。

当天20时30分，海军参议员会议就米内出任海军大臣一事展开了激烈辩论。冈刚刚接到陆军军务局长佐藤打来的电话：陆军不赞成预备役人员恢复现役出任军部要职。也就是说，陆军反对米内出任海军大臣。电话由佐藤亲自打来，更说明这是东条趁机在报复米内。

有人提出因为陆军反对，米内暂时不宜入阁。又有人提出："如果因此导致组阁失败，天皇追究责任怎么办？"参会人员逐渐形成两大派别，以野村、岛田、冈为首的少数人反对米内入阁，以永野为后盾的大部分人则坚决支持。两派各执己见，互不让步，会议在22时30分一度中断。

得知海军内部矛盾尖锐，小矶决定推迟对海军首脑的访问，直接进宫找到了木户。木户就米内出任海军大臣一事向小矶保证："海军大部分人支持米内，陛下很清楚这一点。"木户言外之意是说，一旦米内的事情得不到解决，就由裕仁亲自出面逼海军就范。

小矶想到了自身的尴尬处境，向木户说明自己提出参加大本营会议遭拒绝的问题："如果办不到，我也只能考虑交还陛下的组阁令了。"木户劝阻说："我也希望你能参加大本营会议。但现在陆军坚决反对，由天皇亲自出面协调的情况之前还从未出现过。即使成功，也会给人造成天皇和军队对立的坏印象。希望你不辜负陛下的期望，无论如何要坚持下去，绝不能轻言辞职或干出其他事情。"

木户的鼓励使小矶再次恢复了信心。离开皇宫后，他驱车直接找到了军令部总长岛田，此时已是深夜 11 时 15 分了。小矶刚刚说出"关于海军大臣一事"，岛田就摆手制止了他："请稍等。关于人事问题，还是请您和海军大臣去谈吧！我想，这种问题不通过伏见宫殿下和永野元帅是无法做出决定的。"

23 时 48 分，四处碰壁的小矶来到了野村办公室："重臣方面已有让米内入阁的打算，恐怕你也不能同意米内大将恢复现役出任海军大臣吧？"野村说要和伏见宫殿下联系后才能回话，然后试探小矶："你有没有考虑过其他办法？"

小矶当然清楚野村说的"其他办法"是留下他而放弃米内："老实说，我还没有认真想过这--问题。但我从木户内大臣那里得知，陛下的意思是选择米内。"

小矶走后，海军参议员会议于凌晨 1 时再次召开。既然小矶说让米内入阁是天皇的本意，大家觉得再讨论已经没有必要。现在最关键的问题是，小矶的话是否可靠，天皇真那么说过吗？会议决定，由野村亲自入宫当面询问天皇。众人起身离开会议室时，已是凌晨 2 时 45 分了。

21 日一早，野村冒着蒙蒙细雨来到了皇宫，拜谒时间定在上午 9 时。"小矶大将说，想奏请米内大将恢复现役出任海军大臣，并说据他理解，陛下也是这个意思。臣想弄清是不是这样，可以吗？"野村谨小慎微地问。一向不多说话的裕仁这次难得地开了口："是这样，小矶理解很对。"野村这回彻底绝望了。

中午刚过，陆军代表富永恭次来到组阁本部，就小矶提出的问题给出了明确回复：

　　第一，如果新内阁继续推行现有战争政策，陆军将不惜一切代价予以协助；

　　第二，不管海军意见如何，陆军不同意小矶恢复现役或兼任陆军大臣；

第三，不同意首相和其他内阁大臣加入大本营，目前执行的大本营与内阁联席会议有充分能力协调政府与统帅部之间的关系。

想起昨晚木户的忠告，小矶决定忍辱负重，同意陆军提出的三条意见，以使组阁工作能够顺利进行下去。

当晚，由东条召集的三总长会议在陆军大臣官邸召开，富永以次官和人事局长身份列席了会议。陆军教育总监杉山元向无主见，本次会议可以看成东条和梅津的单兵PK。此前富永已私下拜访过梅津，提出由东条留任陆军大臣，梅津对此不置可否。

会议现场极为尴尬。"三巨头"你看看我，我看看你，谁都不愿先开口。就这样互相看下去显然不是个事儿，没有决策权的富永率先打破了沉默："为稳定陆军，当前是否由东条大将继续留任陆军大臣，保持一定的连续性？"

梅津根本不理会富永，直接将脸转向了东条："恕我直言。从当前国内期望人心一新的动向来看，我认为东条大将急流勇退比较合适。开战以来，东条大将殚精竭虑，劳苦功高，这是大家公认的事实。但现在由东条君继续留任大臣，恐怕会破坏陆军的声誉。您担任过首相，希望今后能继续支持陆军。我建议由杉山元帅亲自出马，出任新内阁陆军大臣。"

梅津的资历比东条更深，之前又多次有恩于东条，东条无法提出反驳意见。况且梅津提名的杉山就在眼前坐着，当面说人家不行实在抹不开面子。其实当天早上，梅津和杉山已经私下达成了共识。即使东条提出反对意见，两人也可以2∶1将之否决掉。陆相更迭出人意料得到了"圆满"解决。

既然决定辞去职务，东条索性大方地提出，愿意退出现役转入预备役。关于东条的退役，曾经有人给予了同情。但更多人猜测是东条怕死，害怕因此被派往前线。高松宫就曾有这样的说法："不能把东条派往前线吗？"

富永很快代表陆军将东条辞职及退出现役的原因通报给海军，内容如下：

第一，与刚刚就任就要辞职的野村大将同进同退。

第二，不能与拒绝自己请求入阁的米内在同一内阁共事。

第三，在出任首相时就应转入预备役，但因兼任陆军大臣未能成行。今日办理，是想给目前尚在策划恢复现役的某些人做出表率。

最后一句话显然是在恶心米内。

陆海军大臣人选顺利敲定，小矶于 22 日上午完成组阁。13 时 30 分，小矶和米内一起进宫拜见天皇："谨奏遵旨组阁情况，捧呈阁员名单。"

新内阁由小矶任首相，陆海军大臣分别是杉山元和米内光政，重光葵和石渡庄太郎分别留任外务大臣和大藏大臣，重光还兼任了大东亚大臣。就在天皇对此予以嘉许的同时，陆军内部"新内阁最多存活三个月"的声音已经此起彼伏。

15 时 30 分，新内阁举行了就职仪式。天空突然阴云密布，电闪雷鸣，狂风肆虐，一场大雨倾盆而下，似乎预示着新内阁的未来命运多舛。阁员以老人居多，国务相町田忠治已经 81 岁，甚至需要有人搀扶才能勉强站立。民众公开将新内阁称作"木炭巴士内阁"，用木炭做燃料的巴士注定是跑不快也跑不远的。

小矶在雨中发表了"重要讲话"，表明将团结全国力量粉碎敌人，为完成战争目标向前迈进："鄙人此次突然与米内大将共同拜受组阁大命，实不胜惶恐感激之至。目前战局极为严重。突破此前所未有之困难，唯一途径端赖全体国民团结一致，粉碎美英之反攻。政府对内将力求政略与战略紧密结合，进一步加强执行国务之各项政策，全面实行有利于完成战争之一切措施，务求必胜。对外坚持我之一贯外交方针，彻底奉行大东亚宣言，完成圣战，以期安慰圣虑。务希各位国民信赖并支持政府之决心，充分认识战局之严重，勿焦勿躁，沉着勤奋，各司职守，瞬息不懈，竭尽全力，克服万难，为国奉公。"

19 时，海军省举行了大臣交接仪式，这是本周内的第二次了。米内已经很久没有穿过军装。因为比以前消瘦了许多，从衣橱里拿出来的白色军服显得肥大。但这种毫不做作的模样反而博得了更多好感。站在欢迎行列里的高木、伏下、天川等人曾为米内的复出费尽心机。看着边敬礼边缓缓走入的米内，几个人激动得泪流满面，不能自持。

野村和米内的发言极为简短。野村最后感慨地说："就任仅 17 个小时就被迫辞职，在不到一周时间内迎来两位新大臣，这在海军史上是从未有过的。"野村开诚布公地发泄自己的不满，反倒为他赢得了不少怜悯和同情。

当晚东条在首相官邸举行了最后一次晚宴，出席者除书记官长星野、次官富永、军务局长佐藤外，还有他以前的老秘书西浦进、服部卓四郎及现秘书赤松、鹿冈、井本、广桥、稻田等人。饭菜是从芝区"嵯峨野"饭店送过来的。真正到了这个时候，大家也就不骂人了。晚宴即将结束时，东条告诉大家："区区塞班失守是不应该惊慌失措的。为稳住人心，我千方百计致力于内阁改组。可那帮所谓国家的元老重臣却有失常态，千方百计加以阻挠。我只好做出辞职的决定，别无他法。"

宴会结束之后，司机柄泽开敞篷车来接东条。东条当即让他换了一辆车子。坐在车里的东条一言不发，微微颤抖的身子令人怜悯。陆军省于当天颁布命令，东条大将转入预备役。同日，米内大将恢复现役。

对东条的下课，正在苏拉威西前线指挥战斗的阿南惟几在日记中写道："东条大将今日一旦下台，必将遭到举国上下的怒斥。他疑心过重，对人不能以诚相待，独断地决定人事问题，从而招致众怨，最终只得以悲剧结束。"

东京播音员德川梦声在日记中写道："东条内阁辞职让我万分高兴，可喜可贺。可是后来听说又出来一个小矶内阁，我的高兴劲儿一下子又没有了。"

曾被近卫请来撰写反东条檄文的山本有三这么说："东条倒台实在是大快人心。但小矶接班，这不成了权兵卫之后又来了个太郎兵卫吗？"

山本的话里带有典故，比较难理解。老酒用中国的一句俗语来表达类似含义，就是"黄鼠狼下崽儿，一窝不如一窝"。

第二章 / 血战贝里琉

# 僵持行动

1944 年 6 月 17 日，第三舰队司令官哈尔西海军上将率众幕僚抵达珍珠港。美军夺取马里亚纳群岛的"征粮者行动"结束之后，哈尔西将从好友、第五舰队司令官斯普鲁恩斯海军上将手中接过大蓝舰队的指挥棒。他到珍珠港的首要任务，是谋划接棒后首战——针对帕劳群岛的军事行动。

尼米兹给哈尔西下达的命令是：夺取帕劳群岛主岛巴伯尔图阿普岛、贝里琉岛和安加尔岛，帕劳群岛东北方向 450 公里处的雅浦岛，同一方向再延伸 190 公里的乌利西环礁；战役发起时间为 9 月 15 日。这是华盛顿参谋长联席会议早在 3 月 11 日就已做出的决定，此节前文已有所述。5 月 29 日，尼米兹正式签署了进攻帕劳的战备命令，战役代号"僵持行动"，进攻日暂定为 9 月 8 日。斯普鲁恩斯即将发起进攻马里亚纳群岛的作战，根据之前尼米兹与金上将达成的协定，"由哈尔西和斯普鲁恩斯轮换执掌第三或第五舰队"，进攻帕劳的作战就责无旁贷地落在了赋闲很久的哈尔西的头上。

得知要在极短时间内攻克多达五个目标，哈尔西第一时间提出了不同意见。他认为除乌利西环礁之外，其他目标缺乏足够价值，可以使用"蛙跳战术"直接跳过去。乌利西环礁可以作为大型舰队锚地，一旦夺取加以利用，将使埃尼威托克、夸贾林、马朱罗等成为二线基地。未来不管进攻菲律宾、中国台湾、硫黄岛抑或冲绳岛，舰队从乌利西出发将大大缩短前往战场的航程。主张夺取上述诸多目标者辩称，雅浦岛有现成的机场，占领帕劳可以为麦克阿瑟未来在菲律宾的作战扫除右翼障碍。但哈尔西坚持认为，美军对雅浦岛没有现实要求，快速航母舰队完全可以通过消灭日军空中力量使帕劳无效化，就像之前对待拉包尔和特鲁克那样。哈尔西强调，日军在帕劳和雅浦岛经营已久且布有重兵，夺取它们得到的好处不足以抵消为此付出的代价。综合两方面意见，尼米兹勉强同意绕过帕劳主岛巴伯尔图阿普岛不攻，其他目标保持不变。

"僵持行动"攻击目标帕劳群岛位于加罗林群岛西端，是由太平洋进入东南亚的门户。群岛正东 1600 公里是特鲁克，东北 1180 公里是关岛，正西 600 公里就是麦克阿瑟念念不忘的菲律宾，日本首都东京位于东北 3800 公里处，夏威夷则在东北偏东 7400 公里处。在美军相继拿下马绍尔群岛、马里亚纳群岛和新几内亚岛之后，珍珠港已逐渐沦落为一个二线基地，距战场远近也就无关痛痒了。

呈东北—西南走向的帕劳群岛长 640 公里，由超过 200 个火山岛和珊瑚礁组成，陆地总面积 493 平方公里。其主岛巴伯尔图阿普岛长 25.8 公里，最宽处 16 公里，总面积 300 平方公里。群岛大部分岛屿荒无人烟，只有 8 个岛有人居住，大部分人口居住在主岛以南 8 平方公里的科罗尔岛。群岛有人居住的历史可以追溯到 4000 年以前，原住民属于密克罗尼西亚语族。1710 年，西班牙探险家发现此地，1875 年西班牙宣布拥有其主权。和马绍尔群岛、马里亚纳群岛的历史类似，这里 1898 年被卖给德国，第一次世界大战时被日本占领，后来在巴黎和会上被国际联盟委托给日本管理。科罗尔岛是帕劳的行政中心，东京外务省的派出机构南洋厅治所就设在此处。1923 年，美国海军陆战队少校厄尔·埃利斯就是在科罗尔岛离奇死亡的。当时他在太平洋上到处"巡逻"，实为刺探军情。埃利斯生前坚持认为，美国和日本在太平洋上的冲突不可避免，两国之间迟早将有一战。由于日本人严禁外人进入帕劳及周边海域，美国人缺乏有关群岛的详细资料和情报。

在珍珠港停留期间，哈尔西与已升任太平洋舰队副司令官的约翰·陶尔斯中将有过多次接触，两人同属"迟到的老哥"。陶尔斯一直主张在实施两栖作战时，快速航母舰队不应被羁绊在滩头附近。虽然它们必须为登陆部队提供支援，但不应该是近身保护，而是通过攻击敌军舰队和基地实现上述目标。换句话说，就是以攻为守，"进攻就是最好的防御"。陶尔斯认为，将航母舰队束缚在滩头附近，将使它们的机动能力无法得到充分发挥，这正是它们相较于陆上机场最大的优势。没有证据表明两人曾经讨论过马里亚纳海战，但从哈尔西随后在莱特湾海战中的指挥来看，他是赞成陶尔斯的观点的。

其间，哈尔西接到女儿玛格丽特打来的电话。范恩因长期焦虑患上了抑郁症，她认为只有父亲的出现才能使母亲重振精神。向尼米兹请假获准之后，哈尔西签署了自己紧急离队的命令，指定参谋长罗伯特·卡尼少将代理司令官职务，然后飞回国内帮助夫人度过危机。

哈尔西前脚刚走，金上将后脚就到了。金在尼米兹的陪同下视察了马绍尔群岛和刚刚占领的塞班岛，此时关岛和提尼安岛的战斗尚在激烈进行之中。7月20日，一行人返回珍珠港。金主持召开了战略研讨会，卡尼代表哈尔西出席会议。

金同意尼米兹取消巴伯尔图阿普岛进攻计划。在充分讨论了一些暂拟方案之后，与会者初步敲定接下来的作战按以下时间进行准备。

一、9月15日，西南太平洋部队进攻新几内亚岛和棉兰老岛之间的莫罗泰岛，中太平洋部队进攻帕劳群岛的贝里琉岛和安加尔岛。

二、10月5日，中太平洋部队进攻雅浦岛和乌利西环礁。

三、10月15日，西南太平洋部队进攻莫罗泰岛和棉兰老岛之间的塔劳群岛。

四、11月15日，西南太平洋部队登陆棉兰老岛。

五、12月20日，西南太平洋部队登陆中菲律宾的莱特岛。

占领棉兰老岛和莱特岛之后，美军将在岛上修建一系列前进机场，孤立和包围位于菲律宾其他地区特别是吕宋岛的日军主力。1945年3月1日，美军两路进攻部队将联合进攻中国台湾，下一步在中国厦门一带实施两栖登陆。这就意味着包括吕宋岛在内的菲律宾大部分地区被绕过去了。

麦克阿瑟绝对不会同意这种方案。7月26日，罗斯福专程赶往珍珠港，最终确定了不绕过菲律宾的方针，其过程之复杂后文详叙。尽管如此，两路美军9月15日分头进攻帕劳和莫罗泰岛的计划还是成功确立下来，这两次预计不会太激烈的作战将确保未来菲律宾作战的两翼安全。

攻打帕劳的任务由罗伊·盖格少将的第三两栖部队承担。美军迟迟无法拿下马里亚纳三岛严重影响了"僵持行动"，计划参战的陆战三师、陆战暂编一旅和陆军第七十七步兵师被拖在关岛无法脱身。此外，"征粮者行动"占用了大量运输船和登陆艇，导致"僵持计划"所需的大量物资无法筹集或运出。

针对帕劳群岛，美军先期进行的是侦察工作。除出动战机实施航拍之外，从6月开始，美军先后出动潜艇"海狼"号、"刺鲀"号和蛙人部队对贝里琉岛、雅浦岛实施抵近侦察，就海水深度、沙堤及其他障碍物情况收集第一手资料。岛上日军甚众，蛙人未能深入腹地侦察。侦察雅浦岛的5名蛙人只有2人返回潜艇，其余 3 人成为日军的俘虏。

　　侦察结果显示，日军在巴伯尔图阿普岛有重兵把守，岛上地理条件也只适合修建有限的飞机跑道及辅助设施，无法供中型和重型轰炸机使用，对未来作战帮助不大。但在贝里琉岛，日军已经修建了一个设施完备的机场，安加尔岛也有足够空间进一步完善跑道及设施。由此看来，美军当初放弃巴伯尔图阿普岛不攻的做法是完全正确的。

　　一次意外事件使美军的情报工作得到了加强。7 月攻占塞班岛后，美军缴获了日第三十一军的一份重要文件，还俘虏了一名情报官。从文件和情报官口中得知，日军在贝里琉岛上兵力约 10500 人，安加尔岛上只有一个步兵大队约 1400 人。结合马里亚纳群岛战斗的进展情况，尼米兹在 7 月 7 日发出补充命令："僵持行动"发起日调整为 9 月 15 日。

　　盖格少将的第三两栖部队由陆战一师和陆军第八十一步兵师组成，前者负责攻打贝里琉岛，后者则夺取安加尔岛和乌利西环礁。凭借瓜岛之役一战成名的陆战一师是咱们的老熟人了。但是现在，参加过那场血腥战斗的老兵大部分已经回国，或被补充到后来组建的陆战师中，陆战一师补充了大量新兵。他们中的大部分人参加过二战"最潮湿战役"——格洛斯特角之战。打完这场战斗之后，这支王牌军回到了鲁塞尔群岛的不毛之地帕伏伏岛进行休整，战斗力尚未完全恢复，很多士兵出现体重减轻、细菌感染等症状。6 月，陆战一师得到了 4860 名补充兵员，士兵年龄大多在 18 岁至 25 岁。

　　老师长范德格里夫特凭借瓜岛战功晋升中将，回国出任海军陆战队总司令，名利双收。副师长威廉·鲁普图斯准将晋升少将后，接替了范德格里夫特的师长职务。1944 年的鲁普图斯已 55 岁，为人低调，与海军陆战队高级军官霍兰·史密斯、朱利安·史密斯等人都是好友。鲁普图斯战前曾在中国服役，其间他的妻子和女儿在一场流行病中去世。痛失家人的沉重打击使鲁普图斯变得极其情绪化，且时常郁郁寡欢，与下属关系也不太融洽。这给后来作战带来了一些负面影响。

　　鲁普图斯另一个显著特点和大部分陆战队军官类似，就是极端不信任陆军。第八十一步兵师除承担自身的任务之外，还充当陆战一师预备队。鲁普图斯对此一直叽叽歪歪："陆军做我们的预备队？如果我们要指望他们的话，还不如自己跟日本人拼了！"他甚至没有告知第八十一步兵师自己的作战计划。情报显示，贝里琉岛上的日军只有万余人，其中半数以上是战斗力较弱的海军部队，普遍缺乏重武器。由于在提尼安岛战斗中损失较小，美国人自认找到了克敌制胜的秘诀，更加趾高气扬。美军判定，日军将集中兵力固守滩头和机场。美军一旦占领机场，日军就将发动"万岁冲锋"从而损失殆尽。陆战一师一名上校军官在详细测算后声称："瓜岛那样的大岛都不在话下，弹丸之地贝里琉何足挂齿？要知道，我们的每名士兵只负责 3 平方米作战区域。"鲁普图斯更是高调宣称："贝里琉之战将像塔拉瓦之战一样'激烈但是迅速'，我们只需要 4 天时间就能拿下全岛！"后来战事的进展情况等于给了鲁普图斯一记响亮的耳光。

陆战一师的战前训练并不充分，最大的缺陷在于演习区域没有暗礁，士兵从运输舰换乘登陆艇的危险阶段只能模拟完成，新兵无法亲身体验暗礁边沿的真实险情。登陆演习造成一些士兵受伤，其中就包括鲁普图斯本人。他向盖格隐瞒了踝骨骨折的实情，带伤参战。按照美国人的习惯，他们是拒绝让伤兵或伤将参加战斗的。

绰号"野猫师"的第八十一步兵师称得上一支老部队，一战时曾在法国作战。战争爆发后，1942 年 6 月，该师在阿拉巴马州洛克军营重新组建，士兵大多为新征入伍。该师成立后曾参加过沙漠作战训练，随后在加利福尼亚和夏威夷接受了两栖作战训练。师长保罗·穆勒少将早在一战时期就曾出任营长。出征之前，他带领全师官兵又在瓜岛进行了长达数月的丛林作战训练。穆勒坚信，他的部队虽然没有陆战一师那样的丰富经验，但已为即将到来的战斗做好了充分准备。之前霍兰和陆军第二十七师闹出的大纠纷世人皆知，穆勒和弟兄们都铆足了劲儿，想在即将到来的战斗中打出威风，给那些整天牛哄哄的陆战队员看看。

美军参加"僵持行动"的地面部队总兵力为军官 2647 人、士兵 44914 人。其中陆战队军官 1438 人，陆战队员 24979 人。战役总预备队为留守夏威夷的陆军第七十七步兵师和仍在西海岸整训的陆战五师。一旦前线攻击受挫，他们会立即登船快速驰援。

未来主战场贝里琉岛位于帕劳主岛巴伯尔图阿普岛西南 40 公里，其不规则外形颇似龙虾的大钳子。小岛从东北到西南长 9.6 公里，南部最宽处 3.2 公里。岛南地势低缓，日军在这里建有一个"X"形海军机场。岛西岸有一条宽 1400

米的堡礁体环绕是理想的登陆场所。岛东北方向是一座长 3200 米、宽 900 米的半岛，西北方向有一条较宽的暗礁。1944 年，日军在半岛两岸修建了公路。半岛尽头是地势低平、灌木覆盖的埃塞布斯岛和孔阿乌鲁岛，前者通过一条长 550米的木质堤道与半岛相连，日军正在那里修筑一条简易机场跑道。

登陆区域的选择往往决定着战役的成败。岛东南沿岸的"紫滩"条件最好，却因日军布有重兵且离海岸线不远就是茂密的红树林和沼泽、中间一条狭长干燥地带易于防守而被放弃。岛最南端的"绯滩"区域狭窄，因登陆部队过于集中容易造成误伤同样被放弃。西北海岸的"琥珀滩"较宽，其北侧极易遭到来自埃塞布斯岛日军火力的侧击，且向腹地深入 270 米就有一处高地，如果不能快速占领此处，登陆部队势必暴露在日军火力的直接打击之下。最后，岛西的"白滩"和"橙滩"因距离机场最近被选为登陆地。

美军次要攻击目标安加尔岛位于贝里琉岛西南 11 公里，是帕劳群岛的最南端。该岛南北长 4 公里，东西最宽处 2.4 公里。岛上地势平缓，塞班镇和磷酸盐工厂位于岛中西部海岸，四通八达的窄轨铁路因守军修筑防御工事已经停运。岛中部地带树木繁茂，其他地区多为灌木覆盖。侦察机拍回的照片显示，该岛缺乏永久性防御工事。美军认为，以一个步兵整师攻占此地难度不大。

实力强大的第三舰队将为登陆行动提供海上和空中支援，随时拦截并摧毁可能前来增援的日军舰队，其核心为马克·米切尔海军中将的第三十八特混舰队。杰西·奥尔登多夫海军少将的火力支援大队编有老式战列舰 5 艘、重巡洋舰 5 艘、轻巡洋舰 3 艘和驱逐舰 14 艘，将为登陆部队提供近距离舰炮火力支援。拉尔夫·奥夫斯迪海军少将的护航航母大队有 11 艘护航航母——实际行动中减为 7 艘——任务是提供近距离空中支援和反潜巡逻。

敌之急所即我之急所。帕劳群岛有深水锚地和大型机场，是连接马里亚纳群岛和菲律宾群岛的交通枢纽，美军看上的地方日军当然不会等闲视之。为加强中太平洋防御，大本营陆军部于 1944 年 2 月 25 日新组建了第三十一军，下辖特鲁克集团、小笠原集团、北马里亚纳集团、南马里亚纳集团和帕劳集团。帕劳集团主力部队原拟为第三十五师团，后来因形势紧迫换成了井上贞卫的第十四师团。

早在 2 月 1 日，驻中国豫北地区的第三十五师团就奉命在上海集结，适应炎热气候和临海地区的作战。2 月 25 日，该师团正式编入第三十一军战斗序列，3

月14日奉命从河南开封、新乡等地出发前往山东青岛，准备乘船前往帕劳。同年2月10日，驻中国东北齐齐哈尔的第十四师团接到命令，脱离关东军战斗序列，前往太平洋战场救急。为加强该师团的战斗力，除专门指定海上运输船队之外，参谋本部还为他们增配了一个迫击炮大队、一个机关炮中队和一个坦克中队。第十四师团原拟派往新几内亚岛西部，随着中太平洋压力不断加大，3月6日，刚兼任参谋总长的东条下令该师团转往马里亚纳方向。3月16日，大本营决定将两天前在旅顺完成集结的第十四师团派往马里亚纳群岛，命令在3月20日正式下达。

接到进驻马里亚纳群岛的命令之后，师团长井上立即着手进行准备。到3月28日，该部分乘3艘运输船从大连出发，两天后在朝鲜南部镇海湾与第三十五师团先头部队乘坐的"三池丸"号运输船会合。就在第十四师团尚在航途之中的3月29日，美军第五十八特混舰队大举空袭帕劳，联合舰队司令官古贺峰一神秘失踪。

面对敌人的海空打击，位于"绝对国防圈"纵深地带的帕劳群岛竟然毫无还手之力，东京大本营再次陷入了沉思。除命令驻塞班第三十一军和驻新几内亚第二方面军加强帕劳地区的防务之外，大本营判断，美军此次空袭除火力侦察、继续扩大空袭特鲁克的战果之外，最重要是为下一步进攻进行准备，敌人很可能从马绍尔群岛、所罗门群岛和新几内亚岛东部抽调至少3个师的兵力，向雅浦岛、沃莱艾环礁、松索罗尔群岛发起两栖登陆，最终目标很可能是帕劳。因为此前美军多次采用"蛙跳战术"跳过日军重兵把守的区域，东京大本营据此认为，美国人很可能跳过马里亚纳群岛直接进攻帕劳，必须在最短时间内加强帕劳及周边地区的防御。同一时期，麦克阿瑟西南太平洋战区部队发起了荷兰迪亚作战。

4月1日，美军快速航母舰队向沃莱艾环礁扔下若干炸弹后飘然而去，不见踪影。之后数天，其他地域并无空袭行动发生。经过两天紧急磋商，东京大本营形成如下结论：美军连续对帕劳和荷兰迪亚发起大规模空袭，说明他们下一步的进攻重点将放在以帕劳为中心的西加罗林群岛地区，必须尽快加强该地区及新几内亚西部、棉兰老岛三角地带的防御力量。

根据上述思路，东京于4月3日变更部署，原定用于马里亚纳群岛的第十四师团改变航向开往帕劳，尚未完成集结的第三十五师团改派新几内亚岛西部。这一变化不要紧，第十四师团过半数官兵就此保住了性命。前文说过，被派往塞班岛的第四十三师团、派往关岛的第二十九师团在美军的围攻下全军覆没。

由于美军两大战区分别专注于马里亚纳群岛和新几内亚西部的军事行动，日军第十四师团航途一帆风顺。4 月 24 日，井上率 13000 名官兵乘 16 艘运输船在驱逐舰的护航下平安抵达帕劳。

接到移防中太平洋的命令之后，第十四师团进行了轻装，大量重装备被运回本土，按照海洋机动师团的编制重新编成。与同样转为海洋师团的第二十九师团不同，第十四师团出击南洋的序列并非由少数骨干士兵加上大量新兵组成，那些身经百战的老兵全部保留下来，基本没有新兵加入，战斗力极强，是名副其实的精锐部队。但由于炮兵部队及部分重装备被抽回本土，对该部的战斗力产生了一定负面影响。

师团长井上贞卫毕业于陆士第二十期，属于 1942 年已获晋升的资深中将。井上曾以第三十三师团步兵指挥官的身份参加过第一次长沙会战，1942 年任第六十九师团师团长驻扎山西临汾。1944 年井上已经 55 岁，外貌看上去和好莱坞电影中日本军官的惯有形象没什么区别。他中等身材、秃顶、近视，言辞严厉，作风严谨，家族中有 5 人担任过陆军高级军官。东条眼中的井上卓尔不群，在逆境中同样不会丧失斗志，完全有能力统率当地陆海军部队，是守卫帕劳核心地区的不二人选。可惜美军并未攻打帕劳北部诸岛，井上没能捞到露脸的机会，名气大大不如后来的栗林忠道、牛岛满，甚至比不上在贝里琉大出风头的属下中川州男。日本投降时井上已是日本陆军资历最深的师团长之一，因曾下令处死美军被俘飞行员被收审，1949 年被关岛法庭判处死刑，1951 年改判终身监禁。

驻守帕劳的日军除第十四师团之外，还有独立混成第五十三旅团、驻雅浦岛独立混成第四十九旅团以及海军第四十五警备队等部，总计兵员 35000 人。日军还征用了多达 12000 名朝鲜劳工，协助构筑防御工事。

史上未尝败绩的第十四师团接管帕劳防务之后，井上将主力部署于巴伯尔图阿普主岛，第二步兵联队和海军第四十五警备队部署于贝里琉岛，在安加尔岛派驻一个步兵大队。日军只在上述三岛布防，原因在于其他岛屿太小，缺乏军事价值。日军重点防御的巴伯尔图阿普岛和贝里琉岛建有大型航空基地，安加尔岛上一条跑道正在修筑，因此部署了一个大队。井上严令各部积极展开战备训练，熟悉地形环境，利用朝鲜劳工大肆构筑防御工事。

虽然下令各部积极备战，但井上并无在帕劳与美军大干一场的想法。大家普遍认为战争还很遥远，现在仅是训练和熟悉南洋的作战环境而已。第十四师团官兵普遍认为，自己未来的任务很可能是去增援外环的友军。但是随着拉包尔、特鲁克等重要基地相继无效化以及美军在马里亚纳群岛大动干戈，帕劳已处在美军的兵锋之下。东京和井上一致认为，美军在前阶段作战中损失惨重，急需休整和兵员补充。他们下一轮攻势不管是针对菲律宾还是中国台湾，都不太可能在9月之前发起。至于帕劳会不会被美军跳过去，谁也不敢肯定。

井上对自身防御能力进行了认真评估。兵棋推演的结果是：如果美军进攻帕劳，在孤立无援情况下，以师团现有战斗力虽无确保帕劳的把握，但与美军干上两三个月完全不成问题。日军在帕劳的弹药储备不太充足，但主岛的粮食供应不成问题，足够全体人员6个月食用。大家一致认为，目前全体官兵训练有素，经验丰富，枪法精准，只要注意节约弹药，主岛至少可以保证3个月之内不沦陷。贝里琉岛粮食不多且水源稀少，战斗打响后难以确保水源，但最少也可以坚持1个月以上。"胜利取决于我们能否吸取最近几次战役——特别是塞班岛之战——的教训，"井上激励部下，"美国人全靠雄厚的物质力量取胜，如果我们能用物质力量打败他们的话，将使他们受到难以想象的震动。"

开战之初，贝里琉岛尚有土著居民千余人。日军进驻，开始修建防御工事之后，当地居民被强制迁往科罗尔岛。截至美军登陆日，岛上日军总计10608人，陆海军各半。陆军包括第二步兵联队3323人，第十五步兵联队第三大队1030人，战车第十四中队100人配备有九五式轻型坦克16辆，独立混成第五十三旅团步兵第三四六大队685人，海上机动第一旅团输送队第一中队250人，总计5388人。海军包括西加罗林航空队2200人，第四十五警备队400人，第一一四、第一一六防空队共500人，第二一四设营队2200人，合计5300人。可以看出，岛上海军部队大多属于航空地勤和施工人员，野战能力较弱。

守军主要武备包括轻机枪200挺，重机枪58挺。第二步兵联队有九五式75毫米野炮4门、九一式100毫米榴弹炮4门，其他部队火炮合计九四式75毫米山炮4门、九七式90毫米迫击炮20门、九七式150毫米迫击炮4门，47毫米速射炮和海军120毫米高平两用炮数门。初看上去，弹丸小岛部署上万兵力及上述武器似乎不算少了，但比起财大气粗的美国人来说，这些不过是小菜一碟。第二步兵联队能在贝里琉打出迄今为止太平洋战场最出色的防御作战，与他们采取正确的战术密切相关。

自 1943 年下半年美军发起阿图岛作战以来，日军在抗登陆作战中屡战屡败。参谋本部逐渐对前线使用的战术产生了疑问。从诸多失败战例中日军发现，在滩头或距海岸 5 公里范围之内，美军往往借助空中力量和舰炮打击所向披靡，无坚不摧。一旦进入纵深地带，胆小怕死的美国大兵往往逡巡不前，很快就失去了进攻的锋芒。大本营陆军部据此认为，必须改变以往的岛屿防御战术思想，并把根据以往战争教训编成的《防御登陆教令》下发全军：

一、彻底改变以往依靠滩头一线阵地的岸边歼灭主义，从海岸线起延伸到纵深构筑多道防线，粉碎敌军的登陆企图。

二、岸边阵地：利用敌军登陆时的弱点，充分发挥指向岸边的火力给敌军以巨大杀伤的阵地。

三、主抵抗阵地：从海岸适当后退的战术要地，构筑纵深横宽配置的据点式阵地，由守备队主力据守。

四、预备主抵抗阵地：设在主抵抗阵地后方，主要为炮兵及高射炮阵地。

五、二道防线阵地：在情况不得已时也能长期持久防御的阵地。

《防御登陆教令》特别强调，各岛守军必须放弃鲁莽的"万岁冲锋"，保存实力与敌打持久战。同时充分发挥狙击手作用，力求以最少的弹药消耗对敌造成最大的杀伤。

实验新战术的任务落在了第二步兵联队联队长中川州男头上。中川 1898 年出生于熊本，1918 年从陆士第三十期毕业后历任中队长、大队长之职。1937 年"卢沟桥事变"后随第七十九步兵联队侵略中国，曾在天津和山西等地作战。1938 年中川进入陆军大学深造，之后历任旅团参谋等职，1943 年 3 月晋升大佐并出任第二步兵联队联队长，次年随第十四师团来到了太平洋战场。

根据东京的最新指示，具有丰富实战经验的中川充分利用岛上地形，修筑了一套由加强掩体、山洞和地道共同组合的复合式防御系统。中川将主阵地设在岛屿中部的乌默布罗格山区，制高点为五姐妹山，从山顶可以俯瞰岛上大部分地区包括岛南机场。他命令手下各部"藏兵于地下"，在陡峭山区里挖掘坑道，构筑掩体。海军挖掘的大型洞穴主要位于岛北，其中包括今日仍在，可容纳数百名士兵的"千人洞"。这个巨大的地道共有 11 个出入口，里面炮位、医院、宿舍一应俱全。陆军主要利用天然洞穴改造小型阵地 500 余处，其射界互相掩护、几乎没有死角，藏身其中的火炮、机枪可以压制机场，使美军即使占领也无法使用。这些洞穴多为矿洞，日军稍为改造就能成为绝佳的防御工事。日军工兵还在洞口安装了滑动式装甲铁门，用于架设机枪和大炮。为防御美军火焰喷射器或向洞中投掷手榴弹，山洞入口通道都采用向上的斜坡。中川特别强调，没有命令，各部不得擅自发动进攻。从贝里琉岛战役开始，这种深度防御战术将成为日军岛屿防御的主要模式。

中川并未完全放弃滩头。岛北部尽头有个仅 9 米高的海岬可以俯瞰滩头，这里后来被美军称作"点"。在这块小小的海岬上，中川部署了一门 47 毫米反坦克炮和 6 门 20 毫米双联机关炮，并且将入口完全堵死，仅留一条作为射击口的狭小缝隙。另外，中川还在滩头埋下了数千枚地雷，这些修改过引信的爆炸物只要有人或装甲车触动就会立即炸响。

中川将全岛分成四个防区：北区由第三四六独立大队负责，南区由第十五步兵联队第三大队驻防，西区由第二联队第二大队负责，第三大队则防守东部区域。剩余联队本部、第一大队、战车中队、工兵部队等主力部署在中部乌默布罗格山区一带。中川的指挥部设在内陆 1 公里处。前沿部队得到的命令是，迟滞美军进攻并把他们引入内陆坚固的防御工事面前。中川保留了足够数量的预备队，准备在适当时机发起反击。

尽管中川能力出众，但毕竟只有大佐军衔。之前贝里琉岛海军最高指挥官是海军中将伊藤贤三。将一名陆军大佐置于海军中将之上，只能进一步激化陆海军的矛盾。为解决这一问题，井上特意向贝里琉岛派出了师团步兵指挥官少将村井研次郎，协助中川进行指挥。在视察完岛上防御并审阅了中川的作战计划后，村井感到非常满意，决定不再干预中川的指挥。在整个战役过程中，村井实际上只起到了参谋作用。他和中川并肩战斗，直至最后一起自杀身亡。根据战后日军俘虏的供述，贝里琉岛的指挥权实际掌握在中川手中。

负责守卫安加尔岛的是后藤丑雄的第五十九步兵联队第一大队，辖有步兵炮中队、炮兵中队和高射炮部队。加上少量海军部队，岛上守军总数约 1400 人。因兵力实在太少，后藤无法部署全面防御，只在岛西北部海拔 30 米至 40 米的山地一带修筑工事，作为最后据守的阵地。

让井上稍感欣慰的是，由于对美军的进攻方向判断失误，在春季开始的加强内层防线备战中，日军把帕劳群岛放在比马里亚纳群岛更加优先的地位，主要物资包括建筑材料优先向帕劳倾斜。5 月底，第三十一军后勤参谋泉莱三郎受军司令官小畑英良之托来到帕劳，希望从这里调拨一些建筑材料给驻塞班岛的第四十三师团，被井上以"这里最可能遭遇攻击，我的物资还不够呢"搪塞过去。小畑对帕劳防务给予了充分重视，曾多次亲自登岛视察。美军进攻塞班岛时小畑在帕劳充分说明了这一点。

还有一点是日军作战思想的转变。当初防卫马绍尔群岛和马里亚纳群岛时，日军水面舰艇和海军航空兵仍颇具实力，防御重心一定程度上是在天空、海上，而不是陆地。针对上述两群岛的防御计划都是以海军航空兵为基础制订的，对岛上防御不太上心。由于联合舰队主力在马里亚纳海战中遭遇惨败，岛上守军清楚今后的作战完全指望不上海军和航空兵了，必须依靠自身的力量拖住美国人。正因为此，他们在构筑防御工事时格外用心，这给美军后来的进攻增加了很大难度。

7 月 27 日，重返珍珠港的哈尔西立即投入紧张的备战工作之中。帕劳和莫罗泰岛登陆战将同时打响，哈尔西第三舰队必须为两路部队提供充足的海上和空中保护，随时歼灭前来挑衅的日军舰队。跟斯普鲁恩斯一样，哈尔西选择跟随快速航母舰队一起行动，而不是和慢吞吞的运输船队待在一起，那实在太不过瘾了。两人的唯一区别是，斯普鲁恩斯选择重巡洋舰作为旗舰，哈尔西选择的旗舰是新式战列舰"新泽西"号。航空战专家哈尔西本可以选择一艘航母作为旗舰，但它更容易遭到攻击。哈尔西不选择航母并非因为怕死，他可不愿因旗舰受伤导致舰队指挥中断，就像南云和弗莱彻在中途岛、小泽在马里亚纳海战中那样。

8 月 24 日，"新泽西"号在 3 艘驱逐舰的护卫下驶出珍珠港。哈尔西的离开给一大堆军官留下了好一阵子惊奇和感激。所有曾经给他接管大蓝舰队和首战准备工作提供过帮助的部门都收到了哈尔西亲笔签名的感谢信。这些单位的领导纷纷下令，将海军上将的感谢信张贴在大门上，以使更多人看到。

直到 8 月 26 日，第三舰队还只有 1 艘战列舰和 3 艘驱逐舰共 4 艘船。这天，哈尔西和斯普鲁恩斯完成交接。大蓝舰队由第五舰队更名为第三舰队，威尔金森少将取代特纳中将出任两栖舰队指挥官，新名称为第三两栖舰队。舰队核心打击力量第五十八特混舰队更名为第三十八特混舰队。唯一不同的是，本应由麦凯恩中将取代的米切尔中将暂时留任快速航母舰队指挥官。华盛顿高层认为，在很可能面临一场大规模海战的背景下，临时更换指挥官是不现实且冒险的。已被指定接替米切尔的麦凯恩将以见习身份暂时指挥一个快速航母大队。

没有举行指挥官正式交接仪式，因为哈尔西和威尔金森都未真正和自己的部队接触。实际上哈尔西从珍珠港出发时，第三十八特混舰队距他尚有 4800 公里之遥。8 月 29 日清晨 6 时 30 分，米切尔率以 16 艘航母为核心的快速航母舰队驶出埃尼威托克环礁，前往执行空袭帕劳的任务，指挥官的交接仅仅停留在纸面上。

战役间隙，斯普鲁恩斯迎来了新助手阿瑟·戴维斯少将，前任参谋长卡尔·穆尔上校作为普通乘客也在"印第安纳波利斯"号上。穆尔将去华盛顿担任参谋，这是他近几个月来最轻松的时候。金曾提议让穆尔出任麦凯恩的参谋长，但穆尔拒绝接受这种变通。

当"印第安纳波利斯"号驶入珍珠港东海湾时，信号站发出了一封太平洋舰队总司令的祝贺信。旗舰泊港后，斯普鲁恩斯到马卡拉帕山向总司令报到。尼米兹热情接待了他："下次战役很可能是攻打台湾和厦门，你马上乘机回加利福尼亚度假，两星期后回来。"

斯普鲁恩斯感到有些突然。两人几乎无话不谈，他坦诚地告诉上司："我不喜欢打台湾。"

"你想打哪儿？"尼米兹问。

"我想打硫黄和冲绳。"

斯普鲁恩斯认为，硫黄岛不仅可以作为从马里亚纳群岛基地起飞空袭东京 B-29 重型轰炸机的护航战斗机机场，也是从冲绳岛经日本九州、四国、本州到东京的战略要冲。轰炸机可以在硫黄岛加油，在战斗机的护航下飞到这个区域的任何地方。硫黄岛上的战斗机可以支援舰队在日本近海作战，就像 1943 年底所罗门群岛上的战斗机支援航母编队进攻拉包尔那样。美军占有冲绳岛可以阻遏日军从南面运输石油和其他物资的舰船，直接切断日本同中国的联系。况且冲绳岛作为轰炸机基地，对轰炸日本南部位置优越。

"好啦，"尼米兹没有忘记金上将的命令，"还是暂时考虑进攻台湾吧！"

斯普鲁恩斯、特纳和他们的司令部成员将回国休假，米切尔在完成阶段性任务后将跟他们一样。假期结束之后，他们将重回珍珠港谋划下一步军事行动，同时恢复第五舰队、第五两栖舰队、第五十八特混舰队指挥官职务。这种双班子指挥体系史无前例。美国人的说法是让指挥官一班在前线作战，一班在后方谋划，从而加快战争进程。交替使用第三舰队和第五舰队的番号不但迷惑了日本人，连大部分美国人都被蒙在鼓里。东京一直认为，有两支强大的美军舰队在太平洋上和他们作战。老酒认为，此举难逃因人设事的嫌疑，当时太平洋战场经验丰富的指挥官实在太多了。

9月7日和8日，第三十八特混舰队出动舰载机400架次空袭了雅浦岛和帕劳群岛，为即将展开的"僵持行动"扫除障碍，同时为未来支援菲律宾的作战热身。此后米切尔下令向西航行，于9月9日和10日对棉兰老岛、达沃等地发起了两轮空袭。由于日军航母舰队在马里亚纳海战中被彻底打残，美军航母舰队的攻击行动一路畅通无阻。只有少许日军陆基战机起飞迎战，对美军造成的损失几乎可以忽略不计。

美军空袭行动令刚刚搬到马尼拉的南方军司令部大为恐慌，寺内寿一电告各部："不出数日，敌军将开始大规模登陆，矛头必将指向帕劳或哈马黑拉。"整个南方军上下一片恐慌。10日，由于海岸观察哨误将达沃湾出现的异常波浪当作美军登陆舰船，一度引发菲律宾地区全线震动——"八公山上草木皆兵"。

9月11日，"新泽西"号终于汇入米切尔的大部队。站在舰桥上望去，哈尔西对这支无敌舰队的敬畏之情油然而生。舰队从脚下一直延伸到天边，由4个各有4至5艘快速航母为核心的航母大队组成，每个大队都比他和米切尔当年空袭东京时的那支舰队要强大得多。

哈尔西和米切尔关系一向融洽，不像后者和斯普鲁恩斯之间一直磕磕绊绊。哈尔西告诉米切尔，免去例行拜访旗舰的礼节，他会亲自到各舰访问。哈尔西还没近距离接触过新型埃塞克斯级航母。他离开"新泽西"号，乘驱逐舰登上了米切尔的旗舰"列克星敦"号。米切尔告诉老领导，对棉兰老岛的空袭纯属"贻误青春"，肯尼中将陆军第五航空队的陆基飞机已经摧毁了岛上大部分设施，航母舰队只受到零星几架日机的袭扰。

哈尔西坚信，威尔金森第三两栖舰队的老式战列舰及护航航母已足够保证登陆部队的安全，遂率快速航母舰队驶向菲律宾中部沿海。9月12日和13日，第三十八特混舰队出动舰载机2400架次，对宿务岛、棉兰老岛、莱特岛、吕宋岛南部黎牙实比等机场发起大规模空袭，超过200架日机被摧毁在地面上。停泊在宿务港的13艘日军作战舰艇、11艘民用船只，合计27000吨船舶被击沉。美军仅损失舰载机8架和机组成员10人。9月14日，美军竟然将炸弹投向了日军占领的主要石油产区——英属婆罗洲，连海军基地塔威-塔威也遭到500架次舰载机的攻击。如此强大且密集的打击力度，让联合舰队司令部一度做出了敌海军主力舰队已经深入苏拉威西海的错误判断。

空袭行动几乎未遇到任何阻力。哈尔西据此认为："显然在菲律宾中部，是一个仅剩几个小据点的没什么战斗力的空壳了。"其间，"大黄蜂"号战斗机飞行员托马斯·凯拉少尉的"地狱猫"在莱特岛上空被日军高射炮火击落，跳伞的凯拉被菲律宾游击队救起。返回航母的凯拉汇报说，当地菲律宾游击队报告莱特岛上没有多少日本人。一向缺乏战略眼光的哈尔西此时灵机一现：为什么不省去前期的准备工作，直接进攻莱特岛呢？这样就可以将战争进程缩短好几个月。此前在7月下旬，由罗斯福亲自主持的珍珠港战略会议已经做出了进攻菲律宾的决定，此节后文详叙。

哈尔西和参谋重新研究了相关情报，比对了尼米兹和麦克阿瑟手头兵力后得出结论，加快这一进程是切实可行的，而且完全有取胜的把握。他坐在"新泽西"号舰桥的角落里苦苦思索。"这样一个提议，"哈尔西后来回忆说，"已经超出了我的职权范围，而且将可能影响到整个作战部署，或许需要罗斯福总统和丘吉尔先生来共同决策。"8月中旬，太平洋舰队作战处长谢尔曼少将曾经找到卡尼，直言不讳地指出"第三舰队的任务是执行参谋长联席会议和太平洋舰队司令部制订的作战计划"，言外之意就是不要多管闲事。其间，尼米兹也曾多次委婉地批评哈尔西越权或者未执行上级的命令。

思忖再三，哈尔西叫来了参谋长卡尼和秘书哈罗德·史塔生预备役中校。一句题外话，在来到哈尔西身边之前，史塔生是明尼苏达州最年轻的州长，35 岁的他急需一段服役经历来实现自己当总统的梦想。时至今日，史塔生身上只剩下一个"常败将军"的标签。从 1948 年到 1992 年，这位精力旺盛的候选人先后 10 次参加竞选，毕生为入主白宫而奋斗，却始终未得一胜。"我已经豁出去了，"哈尔西对两人说，"给珍珠港发一份急电。"

哈尔西在发给尼米兹的电报中指出，在第三十八特混舰队轰炸菲律宾中部之后，日军在该地区已没有多少飞机了，"那里已没有什么舰船可供袭击了，敌人这种完全退缩的状态有点不可置信和让人诧异，这个地区现在已经门户洞开"。哈尔西建议：取消中间的一系列战斗，包括进攻塔劳群岛、棉兰老岛、帕劳群岛和雅浦岛的行动，集中兵力在最短时间里向莱特岛发起进攻。第三十八特混舰队可以为登陆行动提供支援，直至岛上陆基机场修建完毕投入使用。

尼米兹不愿取消进攻帕劳的行动。他认为帕劳位置重要，以此为基地西可攻击中国台湾或菲律宾，北可攻击硫黄岛甚至日本本土。帕劳有设施完善的良港，如不加以攻占，日后很可能成为日本海军残余力量逃避打击的避风港。另外，帕劳有数万名装备精良的日军，随时可以渡海增援菲律宾。哈尔西坚持认为，以上问题都可以通过空中打击和舰炮轰击来解决，不必要动用地面部队。尼米兹否决了他的说法，提出为确保对菲律宾群岛和日本本土的进攻稳操胜券，有必要占领乌利西环礁、安加尔岛和贝里琉岛。尼米兹同样认为，攻克上述三岛不需要花费太长时间，不会影响下一步针对菲律宾的军事行动。战争到了这个阶段，连一向矜持的尼米兹都或多或少出现了轻敌情绪。

但是尼米兹一贯讲求民主，他认为哈尔西直接进攻莱特岛的建议有可能使战争缩短好几个月。他将上述情况向华盛顿参谋长联席会议做了汇报，同时建议一俟帕劳之战完成，立即调遣当时正在珍珠港集结准备用于雅浦岛的陆军第二十四军，会合第三舰队进攻莱特岛。

马歇尔将哈尔西的建议以及尼米兹开出的支票一起转给麦克阿瑟，征求他对变更作战计划的意见。此时麦克阿瑟正搭乘"纳什维尔"号轻巡洋舰前往莫罗泰岛途中，必须保持无线电静默。在荷兰迪亚临时看家的参谋长萨瑟兰中将知道，他的上司一定会欢迎早日解放菲律宾，便以麦克阿瑟的名义迅速复电魁北克：虽然莱特岛上日军不多的信息是错误的，但是加上尼米兹提供的额外兵力，完全可以取消中间一系列作战直接进攻莱特岛。

萨瑟兰的回复抵达魁北克时，美国一众大腕儿正在参加加拿大官方举办的招待晚宴。参谋们读了电文后感到事情紧急，参谋长联席会议四大巨头莱希、马歇尔、金和阿诺德第一时间被从宴会厅叫了出来，到旁边一个小房间里紧急商议对策。"既然麦克阿瑟、尼米兹和哈尔西都信心满满，这并不是一件难下决心的事。"马歇尔说。魁北克接到电报90分钟后，麦克阿瑟和尼米兹同时收到了"10月20日开始莱特岛战役，取消此前已获批准的三场登陆作战"的指示。美国人的决策效率实在是高！

可惜这封可以挽救很多人生命的电报晚到了48小时，"僵持行动"已箭在弦上，不得不发。美军针对帕劳群岛的航空攻击已经发起，舰队正在向安加尔岛和贝里琉岛预定登陆滩头实施炮击。9月4日从鲁塞尔群岛出发的陆战一师经过3400公里长途跋涉已航行至目标附近。

一向颇具争议的贝里琉之战就这样戏剧性地走上了历史前台。

## 进退维谷

"僵持行动"发起日为9月15日。早在9月12日，美军准备活动已提前开始。当天清晨，由考夫曼中校带领的"蛙人部队"率先出动，冒着岛上日军轻武器的射击用炸药爆破珊瑚暗礁，清理水下障碍物，为登陆部队开辟航道。其中第六、第七爆破分队负责贝里琉岛，第八爆破分队负责安加尔岛。与此同时，美军在帕劳主岛巴伯尔图阿普岛以北科索尔航道实施扫雷作业，损失驱逐舰1艘和扫雷艇2艘。

15日5时30分，天刚放亮，由杰西·奥尔登多夫少将领军的火力支援大队来到贝里琉岛近海，老式战列舰"宾夕法尼亚"号、"马里兰"号、"密西西比"号、"爱达荷"号，重巡洋舰"印第安纳波利斯"号、"路易斯维尔"号、"明尼阿波利斯"号、"波特兰"号、"哥伦布"号，轻巡洋舰"克利夫兰"号、"丹佛"号和"檀香山"号率17艘驱逐舰开始向贝里琉岛疯狂倾泻炮弹，驱逐舰甚至抵近至1000米进行炮击。舰炮火力准备共消耗炮弹17万发，其中406毫米炮弹519发、360毫米炮弹1845发。舰炮打击由海滩逐步转向纵深，部分舰船发射白磷弹，使机场北面高地日军难以发现登陆部队的行踪。7 时 50 分，从 11 艘航母上飞来的 400 架舰载机会同从马里亚纳群岛飞来的陆基轰炸机开始对登陆滩头实施狂轰滥炸。小小贝里琉岛完全被火焰和黑烟笼罩，美军扫雷艇借助烟幕掩护抵近岸边进行扫雷作业。

美军自认轰炸和炮击非常成功。奥尔登多夫高调宣称："岛上已经找不到任何可以打击的目标了！"放眼望去，原本郁郁葱葱的岛屿变成了一片焦土。岛上一片安静。鲁普图斯也认为，经过如此猛烈的炮击轰炸，驻岛日军战斗力必然大减。他更加坚信自己这支英雄部队只需 3 至 4 天就可拿下全岛。他告诉手下几位团长，"希望有人能把守岛日军指挥官的武士刀带回来给我"。

凭借瓜岛一战，陆战一师赢得了"瓜岛屠夫"的美名，成为太平洋战场最让日军胆寒的部队。"瓜岛屠夫"根本没把岛上日军第十四师团放在眼里，登陆区内到处是一片欢声笑语。绰号"挺胸王"的陆战一团团长刘易斯·普勒上校——亨德森机场保卫战时他是陆战七团一营中校营长——下船时，运输舰舰长乐呵呵地跟他打招呼："喂，伙计！晚上回来吃晚饭吗？一切都结束了，你们可以上岛散步了。"普勒翻了翻眼，回答说："预计有好几天仗要打，当然不回来吃饭了。"他转头命令部下："不用抓俘虏，把那些日本佬统统干掉，就这么简单！"

普勒和中国同样缘分颇深。早在 1933 年，他就曾出任美国驻北平领事馆武官。1939 年，他再次来到上海，在美国亚洲舰队旗舰"奥古斯塔"号重巡洋舰上指挥海军陆战队。在长达 40 年的职业生涯中，普勒曾参加过 19 次重大战斗，并因此成为获得勋章最多的海军陆战队员——仅海军最高级别的十字勋章就得过 5 枚。不过他的名气远远不如其表舅，欧洲战场叱咤风云的陆军上将乔治·巴顿。

贝里琉岛西南海岸被划分为 5 个海滩：普勒的陆战一团将在北端的"白一滩""白二滩"上岸，之后向北进攻乌默布罗格山地；绰号"巴基"的哈罗德·哈里斯上校将率陆战五团在中间的"橙一滩""橙二滩"登陆，占领机场后向东挺进直到对岸，将整个日军分割开来；绰号"铁头王"的赫尔曼·汉纳根上校率陆战七团在南侧的"橙三滩"上岸，负责剿灭岛南部的日军。各团均留下一个营作为预备队。最后登陆的炮团——威廉·哈里森上校的陆战第十一团将以最快速度建立炮兵阵地，为三个步兵团的地面进攻提供炮火支援。

8时15分，登陆部队在舰炮火力支援下开始冲向滩头。登上两栖运兵车的陆战队员个个有说有笑，一脸轻松。实际上美军的轰炸和舰炮打击看似热闹，却效果极差。绝大多数日军完全没有受到多少伤害，连驻守滩头的日军大队也损失轻微。陆战一师登陆地点正是日军重点防御的地区。当美军炮火向岛内纵深延伸时，日军士兵立即通过壕沟和坑道进入滩头工事和暗堡，准备迎接即将登岸的美国大兵。日军老兵训练有素，个个目光炯炯，镇静异常，在接到开火命令前竟没有一人擅自开枪射击。

当美军登陆艇和两栖运兵车以密集队形行驶至距海岸300米时，其中几艘触响了日军布在浅水中的水雷，艇毁人亡。登陆日当天，美军有多达26辆运兵车被摧毁。连普勒上校的运兵车都被日军反坦克炮击中，所幸是颗哑弹他才幸免于难。几艘登陆艇立即停下，用机枪向海面所有可疑漂浮物扫射，成功引爆了几枚水雷。其余登陆艇和运兵车继续前进。日军依然一枪不发，美军更确信岛上没有几个活人了。

陆战五团三营K连机枪手斯特林·梅斯如此回忆当时的情景："我们的登陆艇逐渐向滩头逼近，陆战一团在我们左翼，陆战七团则在我们右翼。我们的目标是"橙二滩"，那里有一小块白色沙滩。在黑色浓烟的笼罩下，隐约能够看到后边的热带丛林和群山。远处有一面旗帜在飘动，登陆艇随着旗子的挥动相应改变航向。在离岸500码的地方，登陆艇一字排开，向海滩发射了12000枚火箭弹。远在水天相接处的大型舰艇也在向岛上开炮。一艘登陆艇超过大部队15码，招来了大家的齐声呼喊，'悠着点，你们跑得太快了'。随后是一阵轻松的笑声。到达预定区域时登陆艇后门打开，我们依次出舱，然后分散着跑向海滩。"

8时32分，陆战一团先头部队三营率先登上"白一滩"，只比预定时间晚了2分钟。接下来的4分钟里，5处目标滩头全都出现了美军陆战队员的身影。当美军冲到距防波堤仅30米距离时，暗藏的日军火力点突然全部开火，毫无防范的美军士兵瞬间被扫倒一大片。日军掷弹筒、迫击炮、手榴弹铺天盖打了过来，在如此近距离遭到突然射击的美军顿时乱作一团，完全成了日军射击的活靶子。

任何躲闪全然无效，冲在最前面的几百名陆战队员全都被打倒在沙滩上。已经上陆的两栖装甲车也被日军的直射炮火一辆辆打瘫在岸边，海滩上很快堆满了阵亡美军士兵的尸体和被摧毁的装备，附近的海水都被染成了血红色。医护兵比尔·詹金斯发现连里最年长的鲁嘉克中炮倒地，整个后脑勺差不多都被削去了："我蹲在那儿想把他救过来，有人跑过来告诉我：'医生，快走吧，他已经死了！'"塔拉瓦滩头的惊悚一幕重现了。

登陆部队中有一名叫尤金·斯莱奇的新兵，他来自阿拉巴马州一个富裕家庭。太平洋战争爆发后，斯莱奇本希望和好友西德尼·菲利普一起参军，却出于身体原因错失了机会。养好身体的斯莱奇于 1942 年 5 月高中毕业，他放弃了进入马里恩军事学院深造的机会直接加入海军陆战队，成为陆战五团三营 K 连的一名迫击炮手。战斗间隙，斯莱奇在随身携带的《圣经》空白处写日记。战后成为大学教授的斯莱奇于 1981 年出版了回忆录《与老兵同在：贝里琉岛和冲绳》，成为今天研究太平洋战争的重要史料。

贝里琉战役是斯莱奇参加的第一场战斗。他在日记中这样写道："我全身直冒冷汗，在密集的炮火中，形势非常紧张。我的胃开始绞痛，喉咙干渴，无法说话，只能勉强吞咽口水。我的两腿发软，只能无力地倚靠着登陆艇。眼前溅起巨大的水花，登陆艇逐渐接近滩头礁石，整个海滩陷入了一片火海。伴随着浓密的黑烟，岛屿看上去更像一座海中正在喷发的火山。我们仿佛正在被卷入燃烧的无尽深渊。对许多人来说，这似乎就是人生的终点。"

很多登陆艇被摧毁在水里，幸存者只好高举步枪涉水上岸，他们遭到日军机枪的密集扫射，一些勉强爬上海滩的人失去了步枪和其他装备。自 1942 年 8 月登陆瓜岛以来，坊间一直有"陆战一师登陆好运"的美丽传说，这一神话在贝里琉岛海滩被中川无情打破了。

艰难登陆"白二滩"后，陆战一团二营快速向岛内纵深挺进。进入内陆之后，日军的抵抗似乎并不凌厉，他们后来在报告中将战斗描述为"中等程度"。9 时 30 分，二营向前推进了 330 米，到达机场和建筑物正面，与右翼的陆战五团在丛林外围会合后停下脚步巩固阵地，等待三营突破日军的阻击将战线拉平。

所幸美军第一坦克营于 9 时之前顺利登陆，开始支援三个陆战团作战。日军曲射火力十分猛烈，美军 30 辆谢尔曼坦克超过半数被日军陆续击中。幸好谢尔曼坦克皮糙肉厚，大部分受伤坦克仍然具备战斗力。

在白一滩登陆的三营遭到的阻击要猛烈得多，他们刚刚向前推进，就遭到日军的顽强抵抗。日军不但用轻武器进行精确射击，还用大炮对滩头实施密集炮击。雪上加霜的是，三营先头部队向前仅推进了100米，前方就出现了一道难以逾越的天然屏障。这座陡峭崎岖、高约9米的珊瑚礁山脊在任何军用地图上都没有标注。在珊瑚山脊正面——这里后来被美军命名为"点"——日军建造的大量洞穴工事和火力点呈蜂窝状分布，三营几次攻击均铩羽而归。美军坦克迅速上前，准备协助步兵进攻山脊北侧。它们很快陷入日军早已挖好的又宽又深的反坦克壕，动弹不得。美军数小时进攻毫无进展。

预备队第一营A连和B连陆续奉命于上午和下午抵前增援，他们为填补左翼缺口发起的攻击均以失败告终。黄昏时分，他们终于在"点"南部地带拿下了一处据点，局面稍稍有所改观。糟糕的是，营部指挥组搭乘的两栖运兵车在穿越礁体时遭日军炮击，通信设备损坏，通信员阵亡。一直到登陆日深夜，鲁普图斯才知道陆战一团面临的尴尬处境。

接下来的8小时攻防被认为是太平洋战场最紧张激烈的战斗。普勒上校勉强躲过1发打过来的炮弹，通信组却被日军1发47毫米反坦克炮弹打没了，北面两个营因失去联络，混乱不堪。陆战一团阵地上出现两处大的缺口，形势危急。所有能派出的预备队包括团部参谋、警卫员、陆战工兵一营的100名工兵全部投入了堵住缺口的战斗。值得庆幸的是，日军并未向这里发起大规模反攻。

正面进攻无法奏效，乔治·亨特上尉受命率K连绕到背后发起进攻，经两小时激战成功压制了碉堡中的日军火力。威廉·威利斯中尉寻隙潜至碉堡顶部，向射击孔外投出一颗烟幕弹。借助烟幕掩护，亨利·安德森下士成功将一颗手榴弹扔进碉堡。爆炸引爆了碉堡里的47毫米炮弹，守在洞穴中的日军士兵只好逃出，被守在外边的陆战队员一一点名。

K连攻占"点"之后，急于夺回战术要点的中川立即派部队发起反击。在接下来的30个小时里，日军向K连发起4次进攻。在缺粮少弹的情况下，英勇的陆战队员甚至用徒手肉搏打退了日军的轮番进攻，牢牢守住了阵地。增援部队最终抵达时，亨特身边只剩18人，原有235人的K连只剩下78人。

在中路，从"橙一滩"登陆的陆战五团一营形势稍好，上岸时只遭到零星抵抗，茂密的椰林为他们提供了绝佳掩护。他们在9时30分顺利抵达预定目标，在机场正面与左翼的陆战一团二营会合。斯特林·梅斯中士想起在"橙二滩"看到的一个匪夷所思的情景："当我们向岸边冲去时，一条小狗摇着尾巴向我们狂吠。突然登陆车上的机枪弹雨点般横扫滩头的灌木丛，枪声掩盖了小狗的叫声，小家伙拼命朝海滩远处跑去。我们从两栖车出来冲向滩头的这段时间，一切都是乱哄哄的。"

陆战五团二营登上"橙二滩"刚刚几分钟，副营长罗伯特·阿希少校就中炮阵亡。本拟在橙三滩登陆的陆战七团先头部队错误在橙二滩上岸，更加剧了滩头的混乱。10 时 30 分，整理好队伍的营长奥斯丁·肖夫纳中校率队向内陆推进，遇到的抵抗不断增强。17 时，三营指挥所被日军炮弹击中，肖夫纳和几位参谋身受重伤。陆战五团参谋长刘易斯·沃尔特中校火线接过了三营指挥权。

最右翼的陆战七团原计划在"橙三滩"登陆，他们遇到的麻烦也不小。外滩暗礁密布，其中夹杂有许多日军暗设的障碍，两栖运兵车无法散开，只能呈一字纵队前进，进攻速度异常缓慢。登陆区域西南方向尼加莫克岛和岛上迫击炮打过来的如雨炮弹使美军举步维艰，很多两栖运兵车只好转向"橙二滩"登陆，给陆战五团的作战带来了很多麻烦。

与陆战一团类似，陆战七团前方也出现了地图上未标注的障碍物，形状像一个巨大的反坦克壕。空中一架负责巡逻的侦察机及时将意外情况发回师部。正当坐镇武装运输舰"杜佩奇"号的鲁普图斯为此焦急万分时，陆战七团反而凭借屏障的掩护继续向前推进，三营索性在此设立了临时指挥所。到 10 时 45 分，三营先头部队 K 连已向纵深推进 460 米，缴获了一台日军无线电测向仪。

因为遭到日军碉堡密集火力的阻击，三营 I 连不得不停下脚步，呼叫坦克前来增援。中路陆战五团和右翼陆战七团交界处的两个营都是三营，且都由 I、K、L 三个连组成。由于滩头地形复杂，前来增援的坦克部队胡乱闯入了陆战五团三营的阵地，实际上呼叫增援的是陆战七团三营。"请问你们是三营 I 连吗？"看到坦克前来助战，陆战五团三营 I 连慌不迭地回答"Yes"——人家倒也没有说谎。意外得到的坦克支援，使陆战五团三营的推进速度大大加快。

在相邻地段，陆战七团三营却因得不到坦克支援推进缓慢，美军两个团之间出现了一个巨大缺口。虽然有部分队员错误登上了"橙二滩"，但陆战七团一营的遭遇比三营略好。随着他们向右转移，日军的抵抗逐渐增强，前方出现了一大片地图上没标注的沼泽地，一营一时无法逾越。当晚，日军越过沼泽地向美军发起了几次反扑，一营在一些黑人陆战队员的帮助下顽强将日军进攻击退。

那些黑人显然来自负责滩头运输的弹药补给连。由于前线伤亡太大，他们是自告奋勇主动参加战斗的。

根据外海数不清的美军舰船及近日的轰炸和炮击力度，中川准确判断美军势大，缺粮少弹的日军根本无法阻止他们上岸，索性放他们上来，用一次决定性反击让敌人胆寒。中川认为，美军选择的登陆区域三面被丘陵和高地包围，向岛屿纵深推进并不容易。这片地域极端狭窄，众多登陆部队及装备挤在那里密度极大，极易遭到密集火力的杀伤。美军的舰炮打击虽然厉害，但如此高强度的炮击必然导致弹药消耗过大而停止。美军虽然可能有弹药船跟随，但补充弹药需要时间，其间很可能出现一段间隙，这正是日军发起反击将敌人赶下大海的最佳时机。

中川一边命令哨兵加强对登陆美军动向的观察，一边下令抽调一支1000人的反击部队。岛上兵力严重不足，中川必须确保一旦反击失败，还有足够的兵力进行持久作战。根据观察哨的报告情况，中川判断登陆美军至少万人，凭借如此力量将敌人赶下大海希望渺茫。思忖再三，中川决定孤注一掷，将战车中队全部16辆轻型坦克一次性投入反攻。中川制订的反击方案是：坦克部队突然从侧翼高地全速冲下，直插海滩，摧毁滩头物资并大量射杀美军，制造混乱；全部炮火从两翼高地猛烈打击混乱中的美军；最后1000名步兵从正面冲出，一举击溃敌人。

登陆日午后，陆战一师向岛内纵深的推进举步维艰。日军在高地上修筑了许多难以发现的隐蔽火力点，还挖掘了大量坑道，美军炮击作用不大。无处不在的狙击手给美军推进带来了极大麻烦，稀稀落落的枪声带来的是巨大伤亡。愤怒的陆战队员有劲无处使，只得举枪向四周高地乱射泄愤。随后上岛的炮兵部队架起榴弹炮，向日军可能的藏身之处一通乱轰，战场乱成了一锅粥。

16时，美军舰炮轰击停止。中川认为，自己耐心等待的战机终于出现了。16时50分，随着命令逐级下达，众多日军步兵狞笑着从坑道中钻了出来，炮兵从巧妙隐蔽的工事里将炮口摇起，轻型坦克早已提前进入出击阵位。随着中川一声令下，日军数十门火炮同时打响。伴随着震耳欲聋的炮声，日军16辆轻型坦克呼的一声从高地后方鱼贯而出，如猛虎下山一般从高地上猛冲下来，枪炮齐发冲向美军前沿阵地。

登陆美军未曾料到，小小的贝里琉岛竟有这么多日军坦克，他们明显被打了个措手不及。陆战队员纷纷躲入战壕躲避，任由日军坦克呼啸而过直插滩头。少数不要命的日军步兵甚至趴在坦克顶上，疯狂向周围发现的一切目标射击。滩头美军同样四散逃开，堆积如山的物资也被丢弃。匆匆架起的大炮根本来不及掉转炮口射击侧面开来的日军坦克，美军炮兵纷纷弃炮抱头鼠窜逃命。就在此时，日军步兵从正面高地上猛冲下来。这些久经战阵的老兵个个镇静，克制，训练有素，枪法精准，毫无以前盲目送死的疯狂举动，很多陆战队员来不及举枪就被打倒。

危急关头，海滩上突然闪出 8 辆美军谢尔曼坦克——它们属于刚刚登陆的第一坦克营 A 连、B 连。34 吨的谢尔曼坦克在欧洲战场毫不起眼，但在仅 7.4 吨的日军九五式坦克面前就变成了巨无霸。日军坦克掉转炮口进行射击，毫无效果。看到自己的坦克冲了上来，海滩上已经乱作一团的美军士兵也停止逃跑，就地展开抵抗。美军巴祖卡火箭炮、37 毫米反坦克炮、75 毫米迫击炮纷纷加入阻击行列，甚至连一架海军俯冲轰炸机都准确地将炸弹扔在日军坦克中间。让美军坦克手惊讶的是，他们打出的穿甲弹对敌坦克似乎毫无作用，实际上，日军坦克"皮儿太薄"，穿甲弹从一侧射入径直从另一侧穿出去了。了解到这一情况之后，美军炮手纷纷换上 75 毫米高爆弹，瞬间把日军坦克打成碎片。

经过一场激烈对射，日军 16 辆坦克全部报废，美军仅 1 辆坦克履带被打断。陆战一师副师长奥利弗·史密斯准将形容这场战斗"就像马车队跟印第安人战斗一样"。摧毁日军战车中队之后，美军坦克趁势快速向前推进。海滩上的美军渐渐稳住阵脚，纷纷向前支援前沿。美军炮兵重回炮位，向随后冲过来的日军步兵猛烈开炮。看到前方攻守易势，中川断然下令停止进攻，快速撤回。训练有素的日军步兵毫不恋战，立即转身，在火炮掩护下快速撤回掩体，并未出现太多伤亡。美军一直纳闷，刚才那群嗷嗷乱叫的日军步兵怎么一转眼就无影无踪啦？

日军第一次大规模反击就这样无疾而终。按照以往经验，在击溃敌人反击之后，美军很快就能打开局面。陆战一师上上下下都长出了一口大气，竟然没有觉察出日军这次反击与之前大不相同。在贝里琉，美军以往积累的经验处处失灵，前方还有更残酷的战斗在等着他们。

登陆部队伤亡惨重，向内陆的推进如同龟步，战前夸下海口的鲁普图斯少将怎能不心急如焚？与战前的乐观预测相比，陆战一师登陆日的表现只能用"糟糕"二字来形容。陆战一团、五团均未完成预定任务，仅陆战七团向内陆推进了一段距离。陆战五团三营左侧留下的缺口对南线侧翼构成了致命威胁。当晚，借助海军舰炮、照明弹和第十一团的炮火帮助，美军击退了日军几次小规模反扑。无处不在的夜袭迫使美军做出规定，每个散兵坑中必须至少有两名士兵，一人放哨，一人休息。让美军感到诧异的是，参加夜袭的日军与他们以前的同伴截然不同，并非号叫着冲入美军阵地一直到死，而是采取小分队协同联合，一遇阻击，绝不恋战。这正是中川的高明之处，保存每一分力量将战斗拖入持久。

虽然在登陆日遭遇重大伤亡，但鲁普图斯依然坚信，英勇无畏的陆战一师很快就能打开局面，毕竟第一天的战斗成功突破了日军外围防线，先头部队距机场只有一步之遥。16日上午9时30分，鲁普图斯率师部成员登上"橙二滩"，在内陆一处大型反坦克壕里建起了前线指挥所。但是指挥所不时遭到日军炮击，鲁普图斯的腿和脚踝打着石膏，这些都让他极度不爽。一发迫击炮弹打来，刚好落在离指挥部防护墙不远之处。一名陆战队员摔在副师长史密斯准将身上，一小块弹片打中了他的后脑。史密斯叫医务兵给他包扎伤口，"这位陆战队员伤势倒不重。他很健谈，也结过婚，离开国内已经两年了。对他来说，这次受伤相当于一张回国的船票"。

在北方，陆战一团K连仍然在"点"上坚守；南面陆战七团正在和碉堡中的日军做殊死搏斗。尽管岛上各处战况胶着，鲁普图斯还是给盖格少将发去了看似乐观的电报："我部只需数日就能拿下贝里琉岛！"随后他下令各部，"继续前进，横穿全岛"。

陆战七团位于战线最右翼，他们得到的命令是向东和向南攻击前进。汉纳根上校命令一营在西段海岸集结待命。向前推进的三营遭到一处大型钢筋混凝土工事的阻击。尽管海军舰炮和坦克前来支援，但最终拿下这座碉堡还要依靠爆破队的帮助。三营先头部队I连于9时25分到达东段海岸，立即组织掘壕据守，防止来自科罗尔岛或巴伯尔图阿普岛日军主力的"逆登陆"。

陆战七团一营穿过一片"低矮平坦地带"向南推进，密密匝匝的灌木丛严重影响了推进速度。让美军稍感欣慰的是，因为预计这里可能是美军的登陆点，日军在此修建的大部分防御据点都面向大海。尽管如此，该区域炮台、掩体和机枪碉堡依然呈蜂窝状分布，之间用壕沟或地道连接，彼此可以相互支援。一营只好让开正面，从防御稍弱的两翼展开进攻。战斗异常惨烈，美军每推进一米都要付出血的代价。在海军舰炮、舰载机和坦克支援下，陆战七团三营 K 连在 10 时 25 分顺利到达南端海岸。

美国人的麻烦远远不止这些。登岛次日，他们就面临缺水问题。贝里琉岛属于典型的热带气候，白天即使在树荫下，最高气温也会超过 46 摄氏度，长时间战斗和严重脱水不断蚕食着部队的战斗力。此外在抢滩作战中，运输补给的两栖运兵车被大量击毁，造成补给运送不力。12 时左右，攻击部队被迫停止前进，等待饮水和弹药尽快送上来。

好不容易水送上来了，却又出现了新问题。装水用的鼓形桶大多由航空汽油桶改装而来，因清洗不彻底导致饮用水遭到污染，很多人喝下后上吐下泻，一些人因此失去了战斗力。陆战队员不得不放弃这批饮水。渴极了的美军士兵开始四处搜寻阵亡者身上的水壶，每一具日军尸体都被仔细翻查过。一些人甚至去饮用沼泽里的泥水，很多人因此患上痢疾。

16 日剩下的时间里，美军各种补给物资及更多坦克陆续上岸。17 日清晨，陆战七团对南段海岸东南和西南海角发动进攻。三营先头部队 L 连于 13 时 20 分攻克东南海角。西南海角的面积远远大于前者，陆战七团一营经过一天激战，只完成了一半任务。18 日 10 时，美军的肃清战斗再次打响。上等兵阿瑟·杰克逊平时是陆战一师最不受欢迎的人，他摆弄炸药的爱好总是给大家带来危险，此刻他成了战场上的主角儿。只见他穿梭于枪林弹雨中，将自制炸药包一个接一个地投入日军堡垒之中，只身摧毁碉堡 12 个，炸死日军约 50 人。他也因此收获了贝里琉战役中的第一枚荣誉勋章。为解决众多坚固的地下碉堡，陆战队征用了不少工程兵的推土机，在坦克和火炮掩护下直接将碉堡出入口和射击口用泥土堵死。到 13 时 44 分，美军两个连到达南段海岸。残余日军从悬崖跳入海中，试图泅渡逃命，被站在高处的陆战队员举枪一一点名。

占领两个海角后，贝里琉岛南部地区已牢牢掌握在美军手中，日军第十五联队第三大队几乎被全歼。汉纳根上校致电师长："18 日 15 时 20 分，我陆战七团在贝里琉岛的作战任务全部完成。"汉纳根显然高兴得有点早了，等待陆战七团的将是中部山区更加血腥的战斗。

16 日当天,中路的陆战五团也在不断巩固扩大登陆日取得的战果。一营在次日傍晚成功拿下机场以北区域。右翼二营在机场东面的红树林与日军展开白刃战,杀开一条血路当晚与一营顺利会合。三营的作战区域由于受到左翼二营和右翼陆战七团的挤压,只能牢牢守住海岸阵地,同时对两翼的友军进行支援。17日,陆战五团开始向东北方向攻击前进,却遭到陆战一团前方高地日军的侧击,只好暂时停下脚步。当天夜幕降临时,二营先头部队顺利推进至海边。

18 日,陆战五团因地形限制进攻速度有所放慢,但依然在次日夜幕降临时控制了整个半岛东部。20 日,二营继续向东部和北部挺进,途中在一个后来被标注为"A 岛"的无名小岛上短暂停留。头天派出的侦察员报告说,该岛已被日军放弃。二营随后渡海向北占领了另外一个大岛恩加巴岛,同样未遭遇任何抵抗。尽管在战斗中付出了一定伤亡代价,陆战五团还算顺利完成了师部下达的任务。

最激烈的战斗发生在陆战一团负责的区域。普勒团正面,正是由中川亲自率领的日军主力部队。鲁普图斯严令普勒发起正面进攻,同时调来师预备队陆战七团二营前来支援,使一团自始至终"保持冲劲"。16 日当天,陆战一团二营转为向北挺进,在拿下位于机场和山岭之间的建筑群后,他们利用半小时时间成功穿越机场。但左侧的陆战一团三营遭遇阻击,无法前进。在得到第三营和坦克支援后夺取了 500 高地山脊地区,与孤军奋战 30 个小时的 K 连取得联系。亨特上尉被打残的连随即撤出转为预备队。

9 月 17 日,陆战一团逐渐逼近乌默布罗格山岭,战前航拍照片完全无法反映山岭地形的险峻。战后陆战一团在作战报告中这样写道:"此山是座崎岖嶙峋的珊瑚山,山上峭壁、悬崖鳞次栉比,峡谷交错纵横。"陆战一团的三个营全部在一线排开,三营位于左翼,一营居中,二营在右翼,新增援的陆战七团二营为预备队。截至当天傍晚,精锐陆战一团的伤亡已达到惊人的四位数。

乌默布罗格山岭后来被美军称为"血腥鼻头岭"。在这个珊瑚礁构成的山岭上,日本人利用崎岖复杂的地形和如同蚁巢的洞穴构建了一个杀戮迷宫。加上之前的轰炸几乎把野草和树木荡平,陆战队员几乎是在毫无遮掩的情况下发起进攻的。因缺乏攻坚重武器,面对日军的反击炮火,美军进攻处处受制。日军士兵通过钢制滑动门可以将大炮迅速移出洞口，快速瞄准炮击后立即撤回，再关上滑动门。这种"冷炮"导致美军的伤亡急剧上升。崎岖地形使陆战队员的行动变得异常艰难，每个角落都可能有一支冷枪在对着你。日军士兵彻底贯彻了中川"一人一杀、一发一杀"的作战方针，开枪时机把握得极好。他们像狐狸一样狡猾，往往等美军士兵靠近到数米之内才突然开枪，几乎弹无虚发。这些老兵打完就走，从不恋战，尽量不暴露岩洞的位置。

在"血腥鼻头岭"战斗中，100高地的争夺战最为惨烈。陆战一团一营C连连长埃弗雷特·波普上尉受命夺取高地。在穿越沼泽的过程中，C连两翼遭到日军密集射击，伤亡惨重。波普率余部90人凭借夜色的掩护攻上了100高地。这片位于山顶的平地只有一个网球场大小，双方士兵在这片狭小的区域展开肉搏，包括匕首和拳头在内的一切武器都用上了，石块和空弹药箱都成为攻击工具。在接下来的12个小时里，波普率部打退了日军一轮接一轮的反扑。缺乏手榴弹的陆战队员机智地交替将手榴弹和石头扔出迷惑日军。当C连最后奉命撤出时，波普的身边只剩下8个人。他因顽强的战斗精神被授予荣誉勋章。

当天二营出发时还算顺利，但在抵达200高地时遭到日军强力阻击，无法前进。陆战队员徒手攀爬山坡，与日军展开白刃格斗。当他们黄昏时分冲上高地时，却遭到来自相邻山脊210高地日军的侧击。居中的一营在一处被海军舰炮和舰载机漏掉的钢筋混凝土碉堡面前逡巡不前，师部协调近海战列舰使用356毫米火炮才解决问题。沿地势较低缓的海面平原推进的三营状况稍好，却因推进过快担心侧翼暴露不得不主动停下了脚步。

到9月18日，陆战一团伤亡达到了1236人，鲁普图斯仍然一味要求普勒"保持冲劲"。所有能调遣的人员包括工兵、团部参谋、通信员都投入了一线。部队伤亡惨重且战果甚微让普勒和师长一样失去了冷静。当二营营长拉塞尔·霍索维茨中校向他抱怨损失过大，请求暂缓进攻时，普勒怒吼道："你不是还活着吗？给我拿下那座高地！"

当天上午，师预备队第七团二营抵前，替下了伤亡惨重的一营，后者稍做休整后充当预备队。当天的战斗成为头天战斗的翻版，这种战斗模式将一天接一天被复制下去。二营顽强攻占了210高地，但日军对200高地的反攻迫使他们不得不暂时撤退。当天下午二营形势危急，刚刚转为预备队的一团一营B连不得不掉头增援友军，攻打 205 高地。当他们拿下高地继续前进时，又被后来被称作"五姐妹山"上的日军顽强击退。

一名陆战队员如此回忆当时的战斗："我捡起一名死去战友的步枪，向山顶爬去，我只记得眼前是满目疮痍的山坡，早已将生死置之度外，就像一只冷血动物麻木机械地向前时爬时停。在一处避弹坑，我碰到了一名步兵。他的眼里满是血丝，眼神里充满了痛苦。我们相互都无动于衷，麻木不仁。作为一支战斗部队，陆战一团彻底完了。我们已经失去了人性，任何在眼前移动的东西不管是敌是友，我都会朝他们开火。我没有朋友，只想杀人，有时也想杀死自己！"

到 9 月 19 日傍晚，骁勇善战的陆战一团已近乎残废。四天伤亡数字 1749 人，仅比陆战一师在瓜岛鏖战半年的伤亡数字少 6 人，伤亡率超过了 70%。在近似复制的战斗又持续了一天之后，9 月 21 日，第三两栖部队司令官盖格少将登岛来到前线，亲自听取了普勒上校的战况汇报。回到陆战一师师部后，盖格与鲁普图斯和副师长史密斯准将等人发生了激烈争吵。盖格提出派陆军部队上岛增援。鲁普图斯坚持认为，攻占贝里琉岛的荣誉一定且只能属于光荣的陆战一师。盖格大发雷霆，严令他将普勒元气大伤的陆战一团撤出战场，遣回鲁塞尔群岛的不毛之地帕伏伏岛重建。陆军第八十一步兵师第三二一团将接替他们继续战斗。

在美军"僵持计划"中，安加尔岛和乌利西环礁同样属于需要夺取的目标，作战任务由陆军第八十一步兵师承担，其前提是陆战一师在贝里琉岛作战顺利。9 月 16 日，接到鲁普图斯陆战一师数日内就能拿下贝里琉的"喜讯"，大喜过望的盖格少将立即向"弗里蒙特"号运输舰上的穆勒少将下达了次日攻打安加尔岛的命令。穆勒拟用第三二一、第三二二两个步兵团进攻安加尔岛，将夺取乌利西环礁的任务留给了第三二三团。

安加尔岛位于贝里琉以南 11 公里处，岛上为数不多的居民大多从事种植、捕鱼及磷酸盐开采。驻守此地的是日军第五十九联队第一大队。指挥官后藤将岛屿分为四个防区和一个中央分隔带，前者负责迟滞美军的进攻，后者则是与敌决一死战的场所。由此看出，后藤也知道守住滩头毫无指望。经过对岛上地形的勘察，后藤认为美国人很可能从岛东南方向的"绿一滩""绿二滩"登陆，在此部署了较多兵力并构筑了一些工事，包括混凝土碉堡、岸防炮阵地及机枪和步兵掩体，还在 1200 米范围外海设置了雷区。

后藤在岛上大兴土木，当然躲不过美军侦察机的眼睛。穆勒少将随即取消了在"绿滩"登陆的原定计划，改为在北部、东部防御较弱的"红滩"和"蓝滩"上岸，两处滩头分别由第三二二团和第三二一团负责。与此同时，第三二三团将在岛西外海装出一副登陆的样子，吸引日军注意力。说实在话，以岛上日军的孱弱兵力，有强大火力支援的美军在哪里登陆都问题不大。

美军在安加尔岛的登陆依然是惯常的"三板斧"。17 日清晨，战列舰"田纳西"号率 1 艘重巡洋舰、3 艘轻巡洋舰和两位数驱逐舰率先对"红滩"和"蓝滩"实施炮击，之后来自"黄蜂"号的 40 架俯冲轰炸机对海滩及纵深地带实施扫射轰炸。最后，美军两个步兵团乘两栖运兵车向滩头发起冲击并轻松上岸，登陆过程遭遇的抵抗几乎可以忽略不计。当天下午，配属第七一〇坦克营，第三一六、第九〇六炮兵营全部上岸，第三一七、第三一八炮兵营也在次日顺利登陆。美军迅速建立滩头阵地并向内陆快速挺进。

向内陆腹地推进不久，美军就发现自己被困在了茂密的灌木树林里，到处都是日军隐秘的机枪阵地和狙击手，这对初涉战阵的第八十一师的士兵来说，可是不容易克服的困难。他们中大部分人还是第一次看到日本人。战斗中，日军经常用精准的枪法射杀美军士兵。他们利用美国人"不丢下任何一人"的习惯做法，在医护兵或其他士兵抢救伤员时集中火力进行攻击。日本人显然缺乏绅士风度。在他们眼里，这是一场你死我活的搏斗，没有尊严，没有荣誉，只有生死。

虽然推进速度缓慢，但美军两个团还是在黄昏时分完成了当天的作战任务，彼此相隔 1500 米建立起各自的防御阵地。当晚，日军的频繁夜袭搞得这些初出茅庐的小伙子惊恐万分，第三二一团第一营甚至一度后退了 70 米。所幸日军投入夜袭的兵力太少，他们的反攻最终被美军成功粉碎。

次日清晨，在例行舰炮打击和飞机轰炸之后，美军两个团在坦克的带领下分别向北、西两个方向攻击前进。中午过后，第三二二团成功进抵岛上行政中心塞班镇东北方的磷酸盐工厂，其间最大的伤亡竟然来自友军误击，舰载机轰炸导致第三营出现 7 人阵亡、46 人受伤。第三二一团的推进遭到了日军的顽强抵抗，只好在当晚停止前进，掘壕据守。

到 19 日，在全歼绿滩一带的日军残部后，美军第三二二团开始向日军最后盘踞的罗梅乌德山阵地发起围攻。后藤在这里挖掘了大量洞穴和地道。美军使用火焰喷射器整整围剿了四个星期，才将残余日军肃清。战斗中美军频繁使用推土机封闭洞穴进出口以减少伤亡。10 月 19 日，后藤被打死在一处洞穴之中，日军开始陷入群龙无首的混乱状态。22 日，日军据守的最后阵地被美军攻克。虽然部分散兵游勇誓死不降展开游击战达数月之久，但岛上日军成建制的顽抗宣告结束。在长达 33 天的战斗中，安加尔岛日军和贝里琉岛守备队一样，始终没有进行毫无意义的"万岁冲锋"。他们并不期待获得增援，而是抱着必死信念战斗到最后一刻。

在安加尔岛战斗中，美军亡 260 人、伤 1354 人，伤亡总数超过日军守备队总人数，另有 940 人出于非战斗原因失去战斗力。日军 1338 人被击毙，仅 59 人成为美军的俘虏，他们大多数是在意识模糊状态下被美军俘获。另外，有 186 名被日军强制留下构筑工事的岛民向美军投降。

与贝里琉之战的残酷血腥相比，美军在安加尔岛的战斗可谓无惊无险，波澜不惊。早在岛上战斗尚在进行之时，美军工兵就已登岛开始整修机场。但一直到 10 月下旬麦克阿瑟发起莱特岛登陆作战时，安加尔机场依然未能投入使用。哈尔西质疑进攻帕劳行动的原因正在于此，后世多数史学家也持类似观点。唯一称得上的收获是，陆军第八十一步兵师凭借此战获得了宝贵的实战经验。

早在岛上战斗尚未结束的 9 月 19 日，盖格就命令穆勒，抽调一个步兵团支援海军陆战队在贝里琉岛的作战，随后在次日 10 时 34 分对外宣称"美军占领安加尔岛"。相比美军攻克日军最后阵地的 10 月 22 日，相当于盖格提前一个月零两天宣布了胜利，比一贯如此的麦克阿瑟强不了多少。

在安加尔岛东北方向 590 公里处，美军登陆乌利西环礁的行动犹如闲庭信步。事先侦察及从土著居民口中得知，岛上少量日军早已撤走。9 月 22 日，美军第三二三团登陆乌利西环礁，发现岛上机场和水上飞机基地已被日军主动放弃。因为计划未来此地将取代马朱罗、埃尼威托克环礁成为第三或第五舰队的主要泊地，周围不能有日军存在，美军特意出动兵力搜索了邻近的恩古卢环礁、普罗安娜岛、卡扬埃尔环礁和法里斯岛，共发现日军 13 人，击毙 8 人、俘虏 2 人，其余 3 人乘小船逃走。美军扫荡作战的代价是亡 2 人，伤 3 人。

乌利西环礁由 30 多个小岛组成，岛上椰林茂盛，地势平坦。在一般人眼中，这片荒凉之地似乎并无多大价值，但独具慧眼的尼米兹看中的是群岛特殊的战略地位。乌利西环礁距日本本土 2400 公里，距硫黄岛 1440 公里，距冲绳岛 1920 公里，对美军今后针对上述目标的军事行动都是绝佳的出击阵位。

就地理环境而言，乌利西环礁南北长 32 公里，东西宽 16 公里，椭圆形的环礁内侧水域广阔，海水较深，足可停泊数百艘大型战舰，其自然条件可以与马努斯港媲美。从 10 月 1 日开始，美军从加利福尼亚和珍珠港运来大批物资，以最快速度进行新基地建设。仅一个月后的 11 月，乌利西环礁已初步具备使用条件。这个之前鲜为人知的无名环礁，一下子成为喧嚣无比的船舶集散地并从此名扬天下。冲绳岛战役发起之前，这里停泊的舰船数量达到了惊人的 722 艘。

外围扫定，只剩下贝里琉岛的战斗仍在激烈进行。看到登陆美军势大，9 月 22 日，坐镇科罗尔岛的井上试图给中川派出增援。当天 22 时 30 分，第十五步兵联队第二大队一个中队的 250 名士兵搭乘海上机动第一旅团输送队第一中队的 6 艘舟艇从主岛出发，23 日清晨 5 时奇迹般冲过美军封锁线在贝里琉岛成功登陆，途中仅损失 4 人。真不知道美军强大的海空部队都干什么吃的。

23 日 20 时 30 分，大队长饭田义荣率第二大队主力及 500 名朝鲜劳工共 1200 人，携带大量补给弹药再次从主岛出发前往增援贝里琉。美军因前一天的疏忽加强了戒备，增援日军在途中被发现，携带的物资悉数被毁，但仍有数百名步兵携带少量弹药登岛与守军会合。此后美军进一步加强巡逻，主岛日军再也无法向贝里琉派出任何增援。

23 日，美军第八十一师第三二一团从安加尔转战贝里琉。从橙滩登陆之后，他们替下了伤痕累累的陆战一团，普勒奉命率部撤往岛南暂时休整。次日，第三二一团开始向北攻击前进。他们要夺取乌默布罗格山的"鼻头岭"就必须通过纵贯全岛的西岸公路，日军早在路旁的山脊上修筑了数不清的防御工事，居高临下封锁道路。陆战七团三营接到的命令是沿高地随第三二一团二营向东北推进。沿平地进军的第三二一团二营很快超越了七团三营，他们并未攻打山脊，只占领了公路一线。汉纳根上校指挥不动陆军，只好命令自己的三营攻克被友军放弃的山脊，为此付出了一定的伤亡代价。陆战队和陆军之间再次出现罅隙。

9 月 25 日上午，陆战五团占领克盖尔科卢村，下午攻占了村北一处被破坏的无线电站。守卫此地的日军大多是海军工程兵，虽然实战经验匮乏，但他们殊死抵抗，誓死不降。美军只好用坦克和火焰喷射器将其全部剿灭。

9月26日，陆战五团的两个营开始进攻岛北四座陡峭的石灰石小山，这里被统称为"虹高地"。日军在此部署有步兵、炮兵、海军工程兵及来自科罗尔岛的增援共1500人。经过两天激烈战斗，陆战五团二营在27日晚占领了岛北端的阿卡拉克罗点。但他们占领的仅是地表，日军残兵据守地下坑道负隅顽抗。陆战队员炸毁了隧道出入口，试图将日军活埋在地下。但数周后，仍有少数日军幸存者从地下挖出坑道，重返地面参加战斗。陆战五团二营随后掉头南下支援一营的作战，终于在29日拿下"虹高地"。至此日军盘踞的最后地段只剩"鼻头岭"了。

26日，海军陆战队第——四战斗机中队的"海盗"战斗机进驻贝里琉机场，开始协助地面部队的作战行动。但美军仅控制了机场跑道，周围高地仍有不少日军存在。贝里琉机场上出现了罕见的一幕，"海盗"围绕机场北方的乌默布罗格山实施扫射轰炸，弹药用光后立刻飞回机场补充。因为飞行距离太短，飞机起飞时甚至不用收起起落架。一些美军飞行员甚至在起降时用手枪向日军射击。这种滑稽的近距离攻击前所未闻，成为太平洋战场上的一道奇观，同时创下二战"最短轰炸距离"的纪录。尽管遭受了立体打击，但隐藏在洞穴中的日军并未遭到毁灭性打击，他们顽强地将美军的一轮轮进攻化为无形。失去一个洞穴对日军来说无关痛痒，他们在地下迷宫中四处游走，瞅准机会及时出击，将失去的洞穴重新夺回。

就在陆战五团一营、二营围攻"虹高地"的同时，三营已将攻击目标对准了距阿卡拉克罗点仅300米的埃塞布斯岛。L形的埃塞布斯岛长2300米，其东北方向是面积更小的孔阿乌鲁岛。该岛通过一段木质堤道与贝里琉岛相连。但堤道已被日军提前摧毁，美军夺取该岛必须再实施一次小规模的两栖登陆。岛上一处辅助机场虽然已经毫无用处，但美军一旦拿下两座小岛，就能完全切断科罗尔岛向贝里琉岛的增援路线。

即使是如此小规模的登陆作战，美军也不敢有丝毫大意。登陆之前，战列舰"密西西比"号、轻巡洋舰"丹佛"号、"哥伦布"号率数艘驱逐舰配合贝里琉岛陆基炮兵对小岛实施了密集的炮火准备，从贝里琉机场起飞的"海盗"战斗机也来助战。战役规模虽小，却是海军陆战队航空兵首次独立支援两栖作战。鉴于战斗结果毫无悬念，鲁普图斯特意邀请了众多海军高级军官前来观摩。数周前宣称"岛上再也找不到炮击目标"的奥尔登多夫少将率众参谋舒舒服服地端坐在有装甲防护的司令塔内，观摩了登陆的全过程。

登陆行动由陆战五团三营发起，陆战七团一营留作预备队。上午9时30分，陆战队员无血上岸，仅3辆坦克因渗水搁浅。埃塞布斯岛地势平坦，到处覆盖着低矮的灌木丛。陆战队员在坦克的带领下快速挺进，势如破竹。这里的防御工事远不如乌默布罗格山坚固，日军各部也缺乏配合。到黄昏时分，美军已消灭岛西大部分日军。陆战五团三营A连在坦克带领下向机场跑道突进，很快抵达埃塞布斯岛东端，随后登上孔阿乌鲁岛。三营K连则继续肃清位于岛西的日军残部。

经过次日上午的战斗，三营于29日15时宣布占领两岛。作战仅持续36小时，全歼日军463人，美军的代价是15人死亡、33人受伤。鲁普图斯在30日高调宣布，埃塞布斯岛日军有组织的抵抗已经结束，"贝里琉岛北部地区完全在我军控制之中"。他的说法让很多人气愤难平，因为肃清岛上残敌的战斗仍然持续了数周之久。两岛陷落标志着贝里琉岛与科罗尔岛的联系完全断绝。

占领岛南北地区之后，美军第三二一团从北，陆战七团由南、西方向进逼"鼻头岭"，中川残部据守的地盘已缩小到长900米、宽400米的一块长方形区域。9月29日，鲁普图斯下达了一道匪夷所思的命令，师属坦克第一营撤出战场，跟随陆战一团回帕伏伏岛休整。命令让陆战一师上下震惊异常，因为该营至少还有12辆坦克可以参加战斗。事后连副师长史密斯准将都承认："这是严重决策失误，重型机动火力在战场上的作用十分重要，坦克更是不可或缺。"

不断给美国人带来麻烦的还有糟糕的天气。一场突如其来的台风导致作战海区连续三天狂风怒号，暴雨倾盆，岛上美军急需的弹药、燃油和生活物资无法上岸，成吨急需物资只能依靠空投。台风带来的唯一好处是白天气温骤降20多摄氏度。虽然人感觉凉快了，但下个不停的暴雨使岛上的道路全部变成了稀泥坑，车辆和人员通行更加困难。

10月3日，陆战七团得到了刚刚从埃塞布斯岛撤出的陆战五团三营的增援，汉纳根上校准备投入所有四个营兵力从三个方向同时发起进攻：陆军七团一营、三营从北向南，二营从南向北，陆战五团三营向西对"马蹄山"和"五姐妹山"实施牵制性进攻。在付出惨重伤亡的代价之后，美军拿下了除"五姐妹山"之外的所有目标。陆战五团三营虽然拿下"五姐妹山"五座山头中的四个，却因无法巩固阵地被迫撤出。

在西岸公路一个叫"死亡弯道"的地方，师部参谋约瑟夫·汉金斯上校被日军机枪弹扫中身亡，成为贝里琉战役中海军陆战队阵亡的最高级军官。当时陆军和陆战队车队被碉堡中的日军火力堵在路上无法前进，汉金斯不顾个人安危下车到公路中间察看情况。当他对着驾驶员大声吼叫，催促他们发动汽车时，碉堡中射出的机枪弹击倒了他。

同在3日，第八两栖牵引车大队在护送伤员的途中遭到日军袭击，来自芝加哥年仅18岁的理查德·克劳斯上等兵扑到即将引爆的手榴弹上，以自己的牺牲保护了战友。他后来被追授荣誉勋章。除克劳斯外，上等兵韦斯理·菲尔普斯、约翰·纽、查尔斯·罗恩和下士路易斯·鲍塞尔均因在战斗中扑向日军手榴弹壮烈牺牲，获追授荣誉勋章。可见当时战况之惨烈和陆战队员之英勇！

至此，陆战七团已在乌默布罗格山地激战两周。登陆日上岸的3217名官兵中，阵亡、受伤或失踪者已达1486人，近三周的伤亡率达到了惊人的46%。包括增援的陆战五团三营，美军四个主力营都已经萎缩到了连队规模。和对待陆战一团类似，盖格希望撤下陆战七团，鲁普图斯极不情愿地接受了上司的建议，同时固执地强调"战斗将在几天内结束"。为实现自己的诺言，他决定打出最后一张王牌——陆战五团。

两个兄弟团竟然被打成了半身不遂，临危受命的哈里斯上校不由得倒吸了一口凉气。思忖再三，他决定采用两条全新的进攻策略：首先，只从北面一个方向发起进攻，逐个占领高地，蚕食敌阵；其次，使用围困战术，"不吝惜弹药，把尽可能多的炮弹砸向敌人，保全部队，减少伤亡"。

10月5日，陆战五团二营替下了陆战七团三营，并调来推土机开辟道路，同时沿西岸道路部署炮兵，近距离轰击西向的悬崖峭壁。两天后，美军坦克隆隆开入"马蹄谷"，通过6天激战不断蚕食日军阵地。140高地被攻克后，美军将一门75毫米榴弹炮推上山头，使用沙袋固定后直接瞄准洞口开炮。战至10月13日，日军阵地已被压缩到仅剩长730米、宽450米的狭窄区域。中川致电井上师团长，"我部可战之兵已不足 700 人"。

战场之惨状已无法用语言来形容。成群结队的苍蝇、岩石上腐烂的尸体、伤兵化脓的伤口、46 摄氏度高温和始终短缺的饮用水以及无处不在的死亡让陆战队员身心交瘁。海军陆战队史无前例地放弃及时收拢阵亡官兵的尸体，任由尸体在太阳暴晒下腐烂。伤员处境最为艰难：由于山地崎岖和日军的火力封锁，伤员经常无法及时送下山去，战友只能眼睁睁地看着他们因得不到及时救治而死亡。

盖格提出用第八十一步兵师全面替换伤亡惨重的陆战一师。鲁普图斯拒绝陆军增援，坚称自己的部队"数天之内就能拿下鼻头岭"。美军不仅完全握有制空权和制海权，且地面部队数量和炮兵火力也远超对手，仅投入作战的坦克就达到了三位数，竟然拿不下日军盘踞的最后一小块阵地！心比天高、命比纸薄的鲁普图斯只能仰天长叹，徒呼奈何。

贝里琉之战一时陷入僵局，美军进退维谷。当初他们将作战命名为"僵持行动"，一语成谶，名副其实。

## 虎头蛇尾

根据华盛顿参谋长联席会议 10 月 3 日下达的命令，麦克阿瑟的部队将在 10 月 20 日登陆莱特岛。美军在 9 月 15 日同时进攻莫罗泰岛和贝里琉岛，正是为了确保未来更大规模的菲律宾作战的两翼安全。前文提到，西南太平洋部队轻松拿下了莫罗泰岛，陆战一师却被缠在贝里琉岛无法脱身。原定 4 天结束的作战，如今激战近月仍毫无结束迹象，若之奈何？

贝里琉岛到底是攻是弃，珍珠港展开了激烈的争论。少数人认为，以夺取贝里琉岛为主的"僵持行动"本身就是多余的，为全力打好菲律宾之战，应该立即从贝里琉撤军。对贝里琉岛及帕劳主岛只围不攻，就像对待拉包尔和特鲁克那样。但更多的人提出，我们已经为这个小岛付出了惨重的代价，如果就此收手，之前付出的一切牺牲不就白费啦？况且就这样一声不吭转身撤走，胸中的这口窝囊气如何能出，又怎能向国内的广大民众交代？高层最后勉强形成共识，不惜一切代价打到底！中川及其残部全军覆没的命运就这样被决定了。至于主岛巴伯尔图阿普岛和第十四师团司令部所在地科罗尔岛，现在连提都没人提了。

陆战一师完全丧失了继续进攻的能力。要拿下日军最后盘踞的狭小区域，必须投入新的生力军。10月12日，盖格少将索性公开宣布贝里琉之战已经结束。15日，盖格亲自登岛，严令陆战一师全部撤出回帕伏伏岛休整——其实相当于重建，肃清岛上残敌的任务由陆军第八十一步兵师承担。同日，该师第三二三团在岛西岸上陆。美军换防之际，中川趁机发起反击，竟然从美军手中成功"收复"数个山头，弄得美国人义愤填膺却又无可奈何。

陆战一师几个主力团相继撤出，继续留下配合陆军作战的少数部队包括：两栖登陆车第一营，两栖装甲车第三营，医务第一营，外加155毫米榴弹炮第八营和防空炮兵第十二营。到底还是陆战一师的名气大，尽管被打得灰头土脸，他们仍然继瓜岛战役之后再度获得了总统集体嘉奖，带着8枚荣誉勋章离开——当年陆战二师浴血塔拉瓦才不过带走4枚。仗虽打得无比窝囊，但陆战一师还是收到了哈尔西发来的一封感谢电报："谨以第三舰队全体向你们致敬。上挫高峰，下平山洞，消灭11000名贼眉鼠眼的敌人，这是一项艰难的任务。干得漂亮！"换成老酒一定会生气的，这不明显在嘲讽人吗？鲁普图斯虽然获得"海军杰出服役勋章"，但更多人认为，授予他这一荣誉一定程度上是为了封他的嘴。鲁普图斯很快被解除师长职务，到海军陆战队学校当了校长。这一安排，倒和日军将领打败仗后去当校长有几分类似。也许是由于心情郁闷，1945年3月24日，年仅55岁的鲁普图斯因心脏病突发死于华盛顿海军造船厂，连最后的胜利都没能看到，堪称悲情也。

接到盖格少将的命令，第八十一步兵师驻乌利西环礁、安加尔岛的部队立即快速向贝里琉岛集结。等穆勒少将把打架的人手叫齐并完成兵力部署时，已经是10月底了。10月30日，盖格少将正式将贝里琉岛作战指挥权交给穆勒。面对据险死守的日军残部，美国陆军显然也没什么好办法，只能依托强大的兵力、装备和物资优势，依靠火焰喷射器、炸药、炮弹一米一米推进，一个洞一个洞打、烧、炸，没日没夜地和日军拼命。中川据守的地盘儿虽然只剩730长、360米宽的一小片区域，包括"秃头山""140高地""五兄弟山""五姐妹山""中国墙"，但美军拿下它们还需要花费6周时间。

为彻底阻断帕劳主岛对贝里琉的增援，继 10 月初拿下孔阿乌鲁岛之后，第三二一团二营陆续夺取了贝里琉岛与科罗尔岛之间的北方诸岛，包括加拉开奥、埃梅利斯、埃尔马尔克、墨菲等小岛。接到师长的集结令，该营在上述各岛留下警戒哨后迅速向南登上贝里琉岛。他们接到的命令是从"140 高地"向南进攻"五兄弟山"第一座山头，在遭遇日军一如既往的猛烈反击后败下阵来，之后数次进攻同样无功而返。穆勒派出了坦克部队，并呼叫陆战队"海盗"战斗机前来增援——它们从起飞飞过山脊，完成扫射投弹后再返回机场只需 5 分钟——二营才艰难拿下了"五兄弟山"的三座山头。在他们东侧，第三二一团三营在坦克和配备有"加强"火焰喷射器——美军改进了这种装备，使之可以射到 15 米开外，能够把隧洞深处的敌人烧死——的装甲车的帮助下，沿"五兄弟山"东侧一路火烧日军洞穴据点，向"马蹄谷"逐步推进。

在团长阿瑟·沃特森上校带领下，第三二三团继续进攻"马蹄谷"，之后向南转战。二营付出惨重的伤亡代价相继拿下"300 高地"和"五姐妹山"，三营则数次攻击"中国墙"。美军不知道此时中川的指挥部就在他们眼皮底下。

美军的攻击举步维艰，困兽犹斗的日本人处境更惨。与美军可以不断得到增援且粮弹充足相比，后援断绝的日军补给匮乏，粮食吃一口就少一口，子弹打一发就少一发，最终的灭亡只是一个时间问题。10 月 29 日，中川致电第十四师团司令部："现在含轻伤员在内的战斗人员只剩约 500 人，但士气高昂。"31 日，在另一封电报中，中川说："含海军部队在内，兵器弹药尚余步枪 190 支，步枪弹 10600 发，轻机枪 8 挺，重机枪 4 挺，机枪弹 2800 发，掷弹筒 1 具，炮弹 20 发，手榴弹 500 颗，燃烧瓶 10 个，地雷 20 颗。"

11 月 8 日，之前一直不参与指挥的村井与中川就战术问题发生了争论。村井提出，与其窝在洞中被美军烤成肉串，不如纠集残兵来一次自杀式冲锋"殉国"痛快。对此中川不予认可，坚持贯彻持久防御的方针，在工事中据守，做尽可能长时间的抵抗。两人为此争执不下。意见上报师团司令部后，井上赞成中川的部署，同时回电劝说村井："决死之心与决胜负之道相去甚远。殉国极易，但在如此困苦的条件下坚持活下去实属不易。我们必须迎难而上，继续战斗，这样才能鼓舞我军的斗志和士气，为后方部署防御争取尽可能长的时间。塞班就是由于毫无意义的冒死冲锋才迅速失守的，后方斗志因此也受到了沉重打击。"村并接受井上的意见，决定配合中川将防御战进行到底。

11月17日晚，日军小股部队凭借夜色的掩护渗透入美军阵地，第三二三团临时指挥官雷蒙德·盖茨中校在混战中身亡，成为第八十一步兵师在贝里琉岛阵亡的最高级军官。老酒由此推测，团长沃特森上校很可能已经受伤离开火线。次日，美军相继攻克了"野猫洼地"和"死亡谷"。

到11月18日，中川手中只剩不到150人。22日清晨，美军再次发起猛攻，中川向师团司令部发出了准备"玉碎"的电报："考虑到电池即将耗尽，通信随时可能中断，特报告最后处理事宜：一、对联队军旗已做好妥善处置；二、机密文件已销毁。在完成上述处理后，将在最后时刻连续发送'玉碎'信号。"

美军动用火焰喷射器与凝固汽油弹发起最后殊死进攻，于23日奋力拿下"五兄弟山"，日军盘踞的最后据点只剩"中国墙"了。美军工兵利用装甲推土机在"野猫洼地"北端挖出一道斜坡，坦克和装备火焰喷射器的装甲车就可以抵近直接向日军据点开火，仅剩数百平方米地盘的日军守备队最后的覆灭已经近在眼前。

11月24日10时30分，中川致电师团司令部："现有兵力约50人，重伤员70人。兵器所剩无几，步枪子弹只剩20发。"激战到15时，南北对进的两路美军顺利会师，开始围攻中川盘踞的最后一处洞穴。弹药用光的日军已无力阻止美军进攻。16时，中川宣布，"剑已断，矛已无"，然后致电师团司令部表示将成为"凋谢的樱花"。他将剩下的56名士兵分成17个小组，命令他们"四处攻击敌人"。当天和次日晚上，试图渗透突围的25名日军全部被美军击毙。

26日清晨，一名日军俘虏向美军供述，村井和中川在烧毁联队军旗后切腹自尽，随同自杀的还有60名无法行动的伤兵。但是也有资料显示，村井当时不在此处，坚持到一个月后的12月31日才最后战死。

东京在1944年最后一天确认了中川和村井的死讯。守岛过程中，中川共接到来自东京的11道慰问电，可谓风光无限。他死后连升两级为陆军中将，村井同样追晋陆军中将。值得特别说明的是，中川指挥的贝里琉之战为随后日军防御硫黄岛和冲绳岛提供了借鉴。战后日本史学家这样评价中川："他也许可以与死守硫黄岛的栗林忠道将军相提并论，位列日本顶尖战术家之列。"战役结束后，尼米兹特意下令在岛上竖立了一块牌匾，提醒游人当年岛上的日本守军以极大的勇气战斗到了最后。可见日军的顽强同样赢得了对手的尊敬。

11月27日，美军宣布完全占领贝里琉岛。原定4天的作战实际打了73天，其中62天花在中央山区。战斗中，美国海军陆战队阵亡1300人，受伤5450人，失踪36人。三个主力团伤亡数字分别为：陆战一团1749人，陆战五团1378人，陆战七团1497人。第八十一步兵师在贝里琉岛阵亡208人，伤1185人。日军死亡数字为10695人，被俘者202人中只有19个日军士兵，其余皆为朝鲜或冲绳劳工。海军陆战队国家博物馆称贝里琉之战为"海军陆战队在战争中遭遇的最激烈战斗"。此次战斗，让美军真正见识了日军精锐部队的可怕。

据统计，贝里琉之战美军投入坦克150余辆，消耗7.6毫米枪弹1332万发，11.4毫米枪弹152万发，12.7毫米枪弹693657发，60毫米和81毫米迫击炮弹15万发，手榴弹118262万颗。相当于每消灭一名日军，美军要耗费1589发轻重武器弹药。这种消耗，也只有财大气粗的美国人才承受得了。

贝里琉之战的争论焦点在于它是否具有足够的战略价值。岛上机场在美军攻打菲律宾的作战中基本上没发挥什么作用，这个岛后来也没成为大兵力的集结地和出发地。只有乌利西环礁后来派上了大用场，偏偏这里几乎没有发生战斗，可谓"无心插柳"。另外，由于鲁普图斯"4天占领全岛"的预言，只有6名记者到战场进行随军报道，美国国内连相关的新闻都很少见到。在麦克阿瑟进攻莱特岛和史上最大规模空降兵作战"市场花园行动"等大新闻的背景之下，贝里琉之战变得渺小并默默无闻。很多人甚至不知道这里发生过一场如此血腥的战斗。

正如奥尔登多夫少将所言："如果军事领导人的预见同他们的事后聪明一样准确，那么毫无疑问，他根本就不会去进攻并占领帕劳群岛。"这话显然是针对尼米兹的。也有人说，本次战役的最大收获在于让美军积累了经验，即如何有效攻占复合防御工事与严密防守下的日占岛屿——战争已到了收官阶段，这种说法实在勉强。贝里琉之战堪称尼米兹辉煌职业生涯中鲜见的败笔，看来名将也不是总打漂亮仗的。在个人回忆录中，尼米兹描写贝里琉之战只用了寥寥300字。其中一句是："从某种意义来说，攻占这个小岛是战争中最硬的一次战斗。"

虽然美军宣布拿下了贝里琉岛，但在岛北和乌默布罗格山一带，仍有日军散兵游勇在顽强抵抗，美军驻岛部队大多数时间都在试图驱赶洞穴里的日军。"鼻头岭"之战三个月后，一小股日军仍然盘踞在地下工事里拒不投降。几次劝降无效之后，美军索性将隧道各出入口炸毁，把他们全都闷死在地下。不料，1945年2月，5名幸存日军居然挖出一条坑道重返地面，他们旋即被全部俘虏。

1945年1月18日，从巴伯尔图阿普主岛出发的一队日军出人意料地在"紫滩"和"白滩"登陆。被吓了一大跳的美军立即组织围剿，宣称击毙日军71人，俘虏2人。

1944年12月6日至1945年2月8日，陆军第八十一步兵师陆续从贝里琉岛撤防，前往新喀里多尼亚休整。两个月后，在冲绳岛，他们将再次和陆战一师并肩作战。

1945年以后，贝里琉岛成为美军囤积供应菲律宾作战的物资中转地。部署在这里的美军多属缺乏作战经验的二线部队，零星日军残兵得以偷窃美军物资生存。因后续战事实在繁忙，美军无暇再派精锐部队前来围剿。一直到战争结束，岛上仍有零星战斗发生。

1945年9月2日13时，在美军护航驱逐舰"阿米克"号上，日军帕劳集团司令官兼第十四师团师团长井上贞卫、参谋长多田督知向美国海军陆战队罗杰斯准将投降。当时帕劳集团尚有陆军约15000人，包括第十四师团残部、江口武夫独立混成第五十三旅团、驻雅浦岛江藤大八独立混成第四十九旅团，另有伊藤贤三海军第三十根据地部队约1万人。

战争结束之后，残余少数日军不相信美军的喊话，仍在岛上坚持游击战。1947年4月，美军把原日本海军第四舰队参谋长澄川道男请到贝里琉岛。澄川携带投降命令及部分士兵的家信进入山区。4月21日，澄川带着山口永等33名蓬头垢面的日军士兵——其中陆军第二步兵联队24人、海军第四十五警备队9人——走出洞穴来到美军营地。他们被运往巴伯尔图阿普岛举行投降仪式，长达3年的贝里琉之战至此画上了句号。

战后，贝里琉岛再次恢复了热带岛屿天堂般的原有景象。湛蓝的海水环绕着绿草如茵、树木繁茂的小岛，使它成为太平洋上的旅游胜地之一。日本与帕劳共和国关系不错，他们出资在科罗尔岛和巴伯尔图阿普岛之间建起了一座桥。科罗尔岛上建有大量豪华星级酒店，游客可以从这里前往贝里琉岛和安加尔岛，主要交通工具是船只和小型飞机。但要参观中川自杀的山洞，除了要有充足的体力，还要有一双结实的登山鞋。1999 年 9 月，当年幸存的美国海军陆战队老兵偕子女及军事爱好者再次登岛，举办了贝里琉战役胜利 55 周年庆祝活动。在"五兄弟山"的山顶和橙滩腹地，分别建有陆战一师和第八十一步兵师阵亡将士纪念碑。1985 年，日本政府也在岛上建起了"西太平洋战亡者慰灵碑"。

时至今日，贝里琉岛上那些当年留下的战争痕迹仍随处可见。那些深绿色长满青苔的炮管、倾覆的坦克以及阵亡者的墓碑，无不在时刻提醒我们战争的残酷及和平的珍贵。虽然这场战斗在任何史书中都无法占据太大的篇幅，但对于那些阵亡于此的士兵而言，这里就是世界的尽头。

正如斯莱奇在回忆录中所言："在贝里琉展开的生死战斗，腐蚀了文明的表象，使我们每个人都变得野蛮而狰狞。"

第三章／重返菲律宾

## 罗斯福莅临珍珠港

　　1944年6月6日，盟军大举登陆诺曼底，欧洲第二战场成功开辟。6月12日，滩头炮火硝烟尚未散尽，美军一众高级将领就急不可耐地登上了海滩。他们包括陆军参谋长马歇尔上将，海军作战部长兼美国舰队总司令金上将，陆军副参谋长、航空兵总司令阿诺德上将，欧洲战区总司令艾森豪威尔上将，第一集团军司令官布莱德雷中将，第五军司令官杰罗中将和第七军司令官科林斯中将。同日，大英帝国首相丘吉尔在陆军总参谋长布鲁克爵士、第二十一集团军群司令官蒙哥马利上将陪同下，正乘驱逐舰向海滩快速进发。诺曼底一时大佬云集，你若是个少将，拍照至少都要站在六排以后了。

　　距海滩仅仅数公里的内陆，战斗正在如火如荼进行之中，一众高级将领可以清晰地听到炮弹震撼大地的隆隆巨响。抬头望去，数不清的轰炸机正呼啸而过，向德军"大西洋壁垒"投放炸弹。德军的顽强抵抗使盟军由滩头向纵深的推进举步维艰。但华盛顿已做出了正确决策，挺进柏林的问题可以放心地交给艾森豪威尔去处理了。根据德黑兰会议罗斯福、丘吉尔与斯大林达成的约定，苏联人很快将在东线发起白俄罗斯战役，盟军随后在地中海发起的军事行动将对轴心国的核心区域形成三面夹击之势，第三帝国危如累卵。欧洲战局对盟军来说，可谓"怎一个'爽'字了得"。

　　欧洲局面全面打开，对日本人的进攻也必须加快进度。视察完诺曼底第二天，6月13日，马歇尔代表参谋长联席会议向尼米兹和麦克阿瑟同时发出指示，就华盛顿制定的进攻日本的路线征求"意见和建议"。

　　华盛顿参谋长联席会议四大巨头中，主席莱希上将作为罗斯福的特别顾问通常持中立态度。虽然出身海军，但与麦克阿瑟长达40年的革命友谊往往使他在决定太平洋战略时屁股坐歪。出身陆军的马歇尔一直紧盯着欧洲——那里才是陆军纵横驰骋的主战场——虽然在有关太平洋战场的决策中稍稍偏向麦克阿瑟，但颇具全局意识的马歇尔基本上还能持中立态度。阿诺德一向只关心空军作用的发挥，以求在战后取得军种独立地位，在决定战略定位上发挥的作用有限。因此美军对太平洋战场的主导，往往是海军作战部长金上将在唱主角儿。

在 3 月 11 日华盛顿召开的太平洋战略会议上，参谋长联席会议已经提出了兼顾中太平洋、西南太平洋两条路线的折中方案，并对年内的主要战事做出了安排部署。除上半年发起的荷兰迪亚、马里亚纳群岛作战之外，华盛顿还要求尼米兹中太平洋部队 9 月 15 日进攻帕劳，麦克阿瑟西南太平洋部队 11 月 15 日进攻棉兰老岛，此后进攻吕宋还是中国台湾暂不决定，但进攻时间最晚不迟于 1945 年 2 月 15 日。上述决定，3 月 12 日华盛顿已以正式命令的形式下达给两大战区。

命令刚刚下达不久，一向猴急的金上将就提出了一个加快战争进程的新观点：绕过包括菲律宾在内的所有原定目标不攻，直取中国台湾。金认为，美军一旦占领中国台湾，就能一举切断日本本土与南方资源区的海上交通线。与在菲律宾众多岛屿上进行旷日持久的地面作战相比，这样做既能够快速打败日本，也可以最终达到解放菲律宾的目的。况且尽早占领中国台湾，进而在中国厦门一带登陆还具有重大政治意义，此举可以极大地鼓舞重庆政府继续抗战的斗志。金上将的新想法立即得到了马歇尔和阿诺德的一致赞同。

早在比亚克岛战役期间，麦克阿瑟就获悉，华盛顿正在考虑通过直接进攻中国台湾甚至日本南部来加快战争进程的方案，这无疑将使他失去扮演"菲律宾解放者"这一他热切渴望的角色的机会。6 月 18 日，麦克阿瑟愤怒地对马歇尔提出的问题做出答复。他认为无论进攻中国台湾或者日本南部，都必须在没有陆基航空兵的空中掩护下实施，这无疑要冒极大的风险，"绝不能让近来的胜利把我们引入自取灭亡的歧途，缺乏空中支援，没有充足的军舰和基地来打击敌人重兵防守的堡垒，最终的结果只能是失败"。

麦克阿瑟还从政治角度做出了进一步阐述："菲律宾曾经是美国的领土，我们孤立无援的军队曾在那里被敌人消灭。1700 万名菲律宾人几乎全都忠诚于美国，我们未能及时支援或救济，使他们今天仍处在水深火热之中。我们的国家有义务去解救他们。另外，如果美国故意绕过菲律宾，不尽最大努力尽早营救我们的战俘、侨民和忠诚于我们的菲律宾人民，任由他们被敌人宰割，那么将招致非常严重的心理反应。这等于承认日本人关于美国已经抛弃菲律宾、不愿让美国人流血去拯救他们的宣传是真实的，我们无疑将招致该民族的怨恨。最终，我们或许会在远东所有民族中丧失威信，会在今后许多年对美国产生不利影响。"末了，老麦再次威胁上司要辞去现有职务，同时表明："如果上述行动能够得到认真考虑，我要求给我一个亲自去华盛顿向总统全面阐述观点的机会。"

麦克阿瑟类似威胁马歇尔早听过好几遍了。他告诉陆军部长史汀生，菲律宾并不是打败日本的关键所在，"进攻菲律宾是一条漫长之路，在菲律宾群岛我们不得不以战斗开路，这比抄近路要用多得多的时间"。随后他回信给麦克阿瑟，"我们必须谨慎，不要让个人情感和对菲律宾的政治考虑超越我们的伟大目标，那就是早日结束对日战争"。可能觉着这些话有点重了，马歇尔改变语气说，"绕道"不是"抛弃"的同义词，"我认为，两者之间截然不同，绕过菲律宾很可能使它更早获得解放"。至于麦克阿瑟提出要回国面见总统一事，马歇尔还是那句老话："你随时可以回来，我马上给你安排！"

麦克阿瑟全然不顾马歇尔的含蓄拒绝和冷言冷语，仍然命令参谋人员起草了一份解放菲律宾的作战计划。这份代号"火枪手"的计划在7月初呈交华盛顿。计划提出，西南太平洋战区部队将从新几内亚岛西端的福格尔科普半岛和莫罗泰岛出击，在太平洋舰队支援下于10月25日登陆棉兰老岛，11月15日向菲律宾中部的莱特岛进军。占领莱特岛之后，中太平洋部队将于1945年1月15日在吕宋岛北部登陆，西南太平洋部队于2月在吕宋岛东南部和民都洛岛登陆，之后在太平洋舰队支援下绕过吕宋岛北面，以6个师兵力于1945年4月1日在林加延湾登陆，进军马尼拉，进而解放菲律宾全境。麦克阿瑟将上述方案同时发给尼米兹，征求他的意见和建议。

几乎没有人赞同麦克阿瑟的复杂计划。金认为，这一计划显然放弃了已被证明是行之有效的"蛙跳战术"，重新走上了陈腐呆板的"逐岛进攻"老路，在本质上是一种倒退。这很可能将太平洋战争的胜利向后推迟3至6个月。他还对西南太平洋战区两栖舰队司令官巴比少将尖刻地说，"看来麦克阿瑟更在乎的是他重返菲律宾的承诺，而不是打赢这场战争"。反对者甚至包括麦克阿瑟身边的大多数人。他最器重的陆军第五航空队司令官乔治·肯尼中将指出，执行该计划缺乏足够的空中支援，地面作战难度极大。大家一致认为，这一计划作战时间拖得太长，4 月 1 日才登陆林加延湾实在太晚了。

尼米兹对华盛顿的答复非常谨慎。他认为，直接进攻台湾而不首先夺取帕劳或菲律宾群岛的某一部分，将使进攻部队承受巨大的风险。尼米兹指出，应该让西南太平洋部队在太平洋舰队支援下登陆棉兰老岛并修建机场，使吕宋岛日军航空兵陷于孤立，然后两大战区部队会合，向中国台湾和中国沿海挺进方为稳妥之计。斯普鲁恩斯对台湾毫无兴趣，建议直接进攻硫黄岛和冲绳岛。太平洋舰队诸多高级将领中，只有哈尔西赞成进攻吕宋，然后经冲绳岛直接进攻日本本土。尼米兹特意致函麦克阿瑟，邀请他到珍珠港共商战事，被麦克阿瑟以"军务繁忙，无法脱身"婉言谢绝。

虽然尼米兹的计划中涉及棉兰老岛，但麦克阿瑟丝毫不领他的情。麦克阿瑟需要的是全部菲律宾，绝不仅仅是其中的一部分。他致电马歇尔说："尼米兹将军的计划是一个在战略上站不住脚、道义上讲不通的计划。其实这不是尼米兹的东西，完全是金上将的个人主意。我们绝不能把菲律宾那么多岛屿和那么多人民丢下来不管。"

综上所述，金、麦克阿瑟和尼米兹三人中，前两者的观点完全对立。金认为应该完全跳过菲律宾去进攻中国台湾；麦克阿瑟则认为菲律宾全部 7000 多个岛屿"一个都不能少"，应该完全放弃中国台湾。尼米兹"只拿下棉兰老岛，然后跳过吕宋进攻中国台湾"实际上属于一种折中方案。

7 月 13 日，金率一众幕僚飞抵珍珠港，参加两月一次的美国舰队和太平洋舰队总司令例会，协商下一步的进攻计划。金承认攻占马里亚纳群岛北部的小笠原群岛或硫黄岛极具战略价值，因为短程战斗机可以从那里起飞，为轰炸日本本土的超级空中堡垒护航。但他指出，除非真的要进攻日本，否则就不应该采取这一攻势。他指示尼米兹研究攻占父岛和硫黄岛的可行性，并做好相关准备。

欧洲战局已经出现根本性好转，大西洋和地中海的安全悉数大大提高，对德作战需要大量水面舰艇的时期行将结束。英国建议，抽调皇家海军的部分舰艇投入太平洋战场，参加对日作战。金对英国人一向厌恶，他认为目前美军在太平洋上已经突破了日军主要防线，英国人是想"挤入"这一地区，分享最后胜利果实。金指出，英军舰队在太平洋上缺乏海上补给设备，必将增加美军的后勤供应负担。皇家海军最大的缺陷是"腿短"，它们最多出海两周就要返回基地补给。与之相反，美国海军装备精良，能够在海上连续作战达数月之久。金不愿放弃后勤物资的任何部分，去帮助一个并不需要的盟友。中途岛战役前夜，1942 年 5 月，金曾放下脸面，向英国人商借一艘航母用于保卫澳大利亚，惨遭拒绝，他将此事视为终生的耻辱。现在我不需要你，你却厚着脸皮来抢功了。尼米兹高度认可金的观点，两人都宁愿使这场战争从头到尾都是美国人在主导，并最终由美国人取得完全胜利。

金说，据闻丘吉尔正在酝酿由蒙巴顿出任英军西南太平洋战区总司令，以夺回英国在远东的众多殖民地。他认为这将使麦克阿瑟大伤脑筋，并愿就此同麦克阿瑟交换意见。尼米兹再次邀请麦克阿瑟访问珍珠港，麦克阿瑟一如既往地复电表示歉意，托词工作太忙无法成行。

在尼米兹的陪同下，金视察了夸贾林、埃尼威托克和塞班岛。7 月 20 日回到珍珠港后，金用两天时间审查了太平洋舰队参谋部在他们外出期间制订的作战计划。在珍珠港停留的最后一个晚上，金同尼米兹谈到了有关总统亲临珍珠港，同他和麦克阿瑟会商下一步作战的问题。两人一致认为，在是否进攻吕宋岛的问题上要充分发表意见，从战略上看，台湾对中国和日本来说位置更加重要。究竟要采取哪种打法或考虑其他方案，金都未给尼米兹下达明确指示，只要求他在会议发言时要深思熟虑。金留下了一封信，请尼米兹转交麦克阿瑟，着重提到了英军到太平洋参加对日作战问题。7 月 22 日，金结束了太平洋之旅率队返航。他的飞机向东跨越太平洋时，美国海军"巴尔的摩"号重巡洋舰正在他下方海面上游弋，航向相反。重巡洋舰上那位关键人物将决定战场下一步的进攻方向。

麦克阿瑟多次拒绝海军的邀请，马歇尔觉得必须自己出面了。布里斯班很快接到了陆军参谋长从华盛顿发来的电文："请麦克阿瑟将军务必于 7 月 26 日赶到檀香山，并尽量缩小知情者范围。"麦克阿瑟希望知晓更多的细节，便多等了一个星期，但什么也没有收到。他回电马歇尔："能否提供更进一步指示？我对此行的目的一无所知。"马歇尔很快回复了一封语焉不详的电文："此行的目的是进行一般性战略讨论。我要去华盛顿，但你可以见到莱希上将等人。"

马歇尔的信隐含着一个绝妙的暗示。海军上将莱希是华盛顿参谋长联席会议主席，同时兼任总统特别军事顾问。平白无故，他是不会随便跑到珍珠港去遛弯儿的。老麦断定，莱希后边的"等人"肯定包括罗斯福本人。

1944 年是美国大选之年。就在东京发生内阁更替的 7 月，美国总统大选也进入了最后关键阶段。罗斯福给民主党全国委员会主席罗伯特·汉尼根写信说："我心里的唯一愿望，就是回到我哈德逊河畔的故乡，安享晚年。"但现在是战争时期，罗斯福的众多支持者并不希望他那么做。一些人在写给他的信中说："在全世界都充满悲伤、满目疮痍的时候，请您不要让我们失望。现在是我们最需要您的时候。我们从心底里认为，是上帝特意派您来引领我们前进。"全国各地寄来的请愿书很多，其中一封有 6000 多名钢铁工人的签名，上面写道："我们知道您很疲惫，但是我们不能接受您从总统位置上退下来。"罗斯福因此告诉媒体，自己别无选择："如果人民希望我继续作为总统领导这场战争，我就无权退缩，就像前线的战士无权丢弃阵地一样。"

1943 年冬天以来，罗斯福的健康状况明显恶化。他的眼袋越来越深，血压总在不断升高，肩也有点塌了，点烟时手颤抖得厉害。一年之前，他就预定了一个大号咖啡杯，这样他端着时就不会因为手抖将咖啡洒出来。高强度的工作摧毁了罗斯福并不健康的身体。1944 年春天，总统衰老的迹象突然加剧，常常显得非常疲劳，甚至在早上就觉得很累。他甚至不能连续工作四小时以上。总统身边的工作人员回忆说："每次发现自己睡着了的时候，他都会尴尬地笑一笑。"有一次他正在签字，不知不觉就睡着了，钢笔掉在纸上弄脏了文件，把女儿安娜·伯蒂格和秘书格雷斯·塔利吓坏了。

5 月初结束度假回到华盛顿后，罗斯福写信给刚刚做完腹部手术的霍普金斯，"我比你要老 100 岁，我意识到了健康的重要。我现在每晚只喝一杯半鸡尾酒，而且从不贪杯，无论是祝贺的畅饮还是睡前的小酌都取消了。我烟也抽得少了，由原来每天 20 至 30 支减到了 5 至 6 支。我每天要保证 12 小时睡眠，还要晒太阳，不能发脾气，暂时把世界大事放到一边去。有趣的是，世界虽然并没有因为我在休息而消停下来，但大多数事情都不需要我直接插手就解决了"。罗斯福的话明显不全对，并非所有事情都能由别人解决，比如金、麦克阿瑟、尼米兹关于下一步进攻方向的争论。

6 月，共和党全国代表大会在芝加哥召开，第一轮投票就选出了托马斯·杜威——他是美国第一位出生在 20 世纪的总统候选人——风度翩翩的俄亥俄州州长约翰·布里克为副总统候选人。虽然他们并非强有力的竞争对手，但由于民主党执政已达 12 年之久，共和党并非毫无胜选的可能。毫无争议，罗斯福在 7 月 20 日再次获得了民主党总统候选人的提名。当时他正坐在加利福尼亚的一座悬崖边上，兴致勃勃地观看了超过 1 万名陆战队员所进行的登陆演习，这支新部队的番号叫陆战五师。

争论焦点在于副总统人选。人们普遍认为，罗斯福很难活过这一任期，副总统人选至关重要。现任副总统亨利·华莱士是个左倾分子，虽然在党内颇有人缘，但是很多选民并不认可他。内政部长哈罗德·伊克斯夸张地说："如果让华莱士做副总统候选人，民主党至少将损失 300 万张选票。"联邦调查局局长埃德加·胡佛认为华莱士是个"危险分子"。罗斯福的发小、财政部长亨利·摩根索在民主党全国代表大会前两周曾直言不讳地告诉总统："如果你有什么不测，我可不希望让华莱士接任总统。"

在几大热门人选詹姆斯·贝尔纳斯、萨姆·雷伯恩、阿尔本·巴克利陆续被淘汰出局之后，名不见经传的参议员哈里·杜鲁门进入了大家的视线。他代表着民主党内的保守派，来自边疆密苏里州，从未发表过任何"极端言论"。在与战争相关的一次艰难调查中，杜鲁门领导的一个委员会表现老练而得体。罗斯福不认识杜鲁门，甚至不熟悉这个名字。当汉尼根向他提起这件事时，他嘟囔着说："对，对，是我让他领导那个战争调查委员会的吧？"汉尼根列出了提名杜鲁门的许多条理由，从政治角度看都能站得住脚。最后，罗斯福在一个信封上写下几个字递给汉尼根，上边写着："鲍勃，看来就是杜鲁门了。"

得知自己被确定为副总统候选人时，杜鲁门简直不相信这是真的。他高喊道："我的天哪！"他向朋友们四处求证，直到和罗斯福通过电话才相信这是事实。7 月 21 日，民主党全国代表大会历时长达 9 个小时。虽然在第一轮投票中以 319∶429 落后于华莱士——获得提名需要 589 票——杜鲁门依然在第二轮投票中以 1031∶105 胜出。

杜鲁门接受提名的演讲是美国政治史上最短的，加上前面客套话诸如"女士们、先生们"等词句，历时不到 1 分钟。有人说，杜鲁门实际上什么都没有做就获得了提名。弗林等民主党领袖心里清楚，他们实际上是在选一位总统，而不仅仅是副总统。很多民众在相互打听"杜鲁门是谁"。7 月 31 日出版的《时代周刊》轻蔑地将杜鲁门称作"来自密苏里州的不知天高地厚的灰头发参议员"。

罗斯福并未参加 7 月 21 日的党内大会。同日，他在圣迭戈登上"巴尔的摩"号重巡洋舰，开始了前往檀香山的长途旅行。这是他第四次参加总统竞选的一项重要举措，以在选民面前展示自己全国武装部队总司令的统帅力，同时接见尼米兹和麦克阿瑟无疑将大大增加这种效果。尽管是研究军事问题，但同行人员中并无以往从不缺席的马歇尔、金、阿诺德等人，只有参谋长联席会议主席莱希随行。金、马歇尔和阿诺德对总统这样的决定都在不同程度上表示了不满。他们认为，总统在战争胜利即将到来时召开如此重要的会议却不带自己参加，明显是大选之前哗众取宠的可笑举动，以突出自己陆海军总司令的形象。除莱希外，随行人员还有战时新闻局局长埃尔默·戴维斯，首席演说撰稿人兼顾问山姆·罗森曼——杜立特空袭东京后为总统想出"香格里拉"一词的那位——海军军医处处长罗斯·麦金太尔海军中将及宠物狗"法拉"。

和参加开罗会议途中频频发生事故相反，本次航途一帆风顺，波澜不惊。调皮的年轻水兵总是寻隙从苏格兰狗的身上拔毛留作纪念，或者直接寄回家乡。"可怜的'法拉'毛差点被拔光了"，罗森曼说，他出面制止了这种"不礼貌"行为。小狗"法拉"后来成为共和党攻击罗斯福的工具。传言从珍珠港返航途中，罗斯福将"法拉"忘了阿留申群岛。他居然派一艘驱逐舰去把它接回来，花费了纳税人两三百万美元，还有另外两个版本说花费了八百万美元和两千万美元。这当然不可能是事实，就是罗斯福真派出一艘驱逐舰，来往一趟也花不了那么多钱。1944 年 9 月 23 日，莱希上将代表海军出具了官方证明，共和党对小狗的指控纯属子虚乌有，无稽之谈。

航途中罗斯福收到了两条重要消息。第一条是东条英机因塞班岛失守下台，另一条是希特勒差点被手下的军官刺杀。罗斯福的传记作家詹姆斯·伯恩斯评论说："很显然，罗斯福不会被什么皇帝解职，也不会被手下将军推翻。但是他如果不好好干的话，美国人民有可能把他这个陆海军总司令解雇。"

夏威夷时间 7 月 25 日上午，麦克阿瑟乘坐一架 C-54"空中霸王"从布里斯班起飞。这种新型运输机属于 DC-4 客机军用型——1948 年 6 月苏联封锁西柏林时，美军向那里空运物资使用的就是这种飞机——整个西南太平洋战区只有两架，世界上所有空军指挥官都想将它据为己有。麦克阿瑟原来的座机"巴丹"号是一架 B-17，虽然可以在澳洲和新几内亚之间不间断飞行，但如果用于载客就显得寒酸和不舒适了。空中堡垒机舱太矮，无法让麦克阿瑟在机舱内进行习惯的踱步活动。肯尼找来了空军运输队队长，申请使用一架 C-54 运输机前往夏威夷。麦克阿瑟第一次乘坐这种飞机，他第一眼就喜欢上了它。麦克阿瑟只带了区区 5 名随从，包括军事秘书邦纳·富勒准将、作战参谋拉里·莱尔巴斯上校和一名军医。参谋长萨瑟兰受命留守荷兰迪亚。

航程第一站是新喀里多尼亚。在 4 个半小时航行中，麦克阿瑟大部分时间都在通道上来回踱步。罗斯福会和他谈什么？总统会不会因为不接受金的计划而免他的职？他是否能顺利推行自己的计划？罗斯福是否想赶在 11 月大选之前假意与他协商才召见他？麦克阿瑟猜测，政治动机可能才是最恰当的解释。如果真那样的话，他要充分利用这个噱头，达到自己的目的。

飞行员韦尔登·罗兹少校将飞机后部的三排座椅去掉，为司令官搭起了一张行军床。但直到飞机到达第二站坎顿岛时，麦克阿瑟还一直绕开行军床在来回踱步，口中絮絮叨叨地抱怨："逼着我离开指挥岗位，飞到檀香山去拍一张政治照片，真丢人！"东方渐渐泛起鱼肚白，运输机在坎顿岛机场徐徐降落。一名海军少尉拿着尼米兹发来的紧急电报早已等在那里了。麦克阿瑟怒形于色地看完电报。他的飞机原定 14 时 30 分到达檀香山，但尼米兹让他拖后到 17 时才降落，对这种变更并未做出任何解释。

麦克阿瑟对这种由下级军官来告诉自己该如何行事的做法非常恼火，他也不想在空中多盘旋两个半小时。"他们不仅告诉我该做什么，还告诉我怎样去做，"麦克阿瑟气愤地口述了一份简短而尖刻的答复，对尼米兹不能亲自到机场而派一名海军少尉前来迎接并不介意，"但我将按原定时间准时抵达檀香山。"

15 时，C-54 运输机接近了夏威夷。远远望去，瓦胡岛上空上百架战机在辗转腾挪做特技飞行，变换出一个个蔚为壮观的队形，罗兹不得不刻意去避开它们。麦克阿瑟知道，那些飞机肯定不是为他刻意安排的，只有总统莅临才会有这样的表演。他猜想罗斯福肯定也快到了。

运输机徐徐降落在希卡姆机场。尼米兹亲自到场迎接，驱车陪麦克阿瑟到他下榻的谢夫特堡。之前尼米兹特意邀请麦克阿瑟在访问期间下榻他马卡拉帕山的寓所，但麦克阿瑟西点军校的老同学理查森中将要他入住陆军的谢夫特堡军营。麦克阿瑟以已答应理查森为由谢绝了尼米兹的邀请。在众人眼中，一身洁白海军服的尼米兹显得格外精神，而麦克阿瑟已经 30 个小时未睡未洗，看上去像一个皱巴巴的牛皮纸箱。他可不想不洗澡、不刮脸就去面见总统。

在罗斯福动身之前，白宫特工局局长迈克·赖利已经提前飞抵珍珠港，布置安保措施。他为总统选择的下榻之处是海军飞行员休养地怀基基海滩一座宫殿式的漂亮房子。太平洋舰队司令部同样采取了一系列保密和警戒措施，尼米兹颁布命令，在总统离开之前扣发从夏威夷发出的所有信件，总统到来的 7 月 26 日，港内各舰、码头、基地主要街道上的所有水兵一律着白色海军制服。

就在麦克阿瑟专机降落的差不多时间，"巴尔的摩"号重巡洋舰在钻石山处拐弯，在卡梅亚梅亚堡外减速缓行接受引港，最终在 22B 号码头系泊。重巡洋舰进入主航道时，桅杆上徐徐升起了总统旗，沿途各舰官兵列队舷侧向巡洋舰敬礼。码头上，尼米兹、理查森、陶尔斯、戈姆利、洛克伍德、波纳尔、卡尼、谢尔曼等 40 多位高级军官——哈尔西第二天才能赶回来——在参谋长麦克莫里斯的率领下站成整齐的一排。麦克莫里斯发出口令"向右看"。这些显然已不年轻的军官多年没参加过操练，有两个人竟然转错了方向，引得"巴尔的摩"号上的年轻水兵发出哄笑。栈桥早已搭好，尼米兹率众人在笛声、鼓声和喇叭声中登舰，向舰长舱内的总统敬礼。

莱希在日记中写下了当时的感受，"已经看不到明显迹象，使人回忆起日本人在 1941 年 12 月 7 日那个星期天偷袭这里产生的可怕景象"。随着美军进军速度不断加快，珍珠港逐渐沦落为一个二线基地，这里的战争气息越来越淡。

当其他人都离开，舱内只剩下尼米兹和莱希时，罗斯福问："麦克阿瑟将军在哪里？"麦克阿瑟一小时前就到了，但他没有和其他军官一起来欢迎罗斯福，而是先到理查森在谢夫特堡为他安排的寓所洗漱。总统在舰上等了一会儿，当他们准备弃船登岸时，从檀香山方向突然传来了警哨声、汽车喇叭声和摩托车的轰鸣声。在两队摩托车的护卫下，一辆红色敞篷车开上了码头。檀香山共有两辆这样的红色敞篷车，一辆属于夏威夷高级妓院的女老板，另一辆属于檀香山消防队队长。尼米兹明智地征用了消防队长那辆车供麦克阿瑟乘坐，尽管这辆车不如另一辆长，也没那么气派。但总统撰稿人罗森曼还是感慨地说："那是我见过的最长的敞篷车。"

麦克阿瑟在汽车后排正襟危坐。只见他头戴陆军元帅帽，外罩 A-2 式空军夹克，鼻梁上架着一副宽大的雷朋黑色墨镜，口中叼着玉米芯大烟斗。这套颇显俗气的行头和那张棱角分明的脸加在一起，构成了20世纪最让人难忘的个人形象。聚集在码头上的人群不由自主爆发出一阵欢呼声。麦克阿瑟走下敞篷车，大步流星地登上了巡洋舰踏板。走到一半时，他再次转身，向欢呼的人群挥手致意。毫无疑问，他抢走了所有人的镜头，包括罗斯福本人。通常情况下大人物总是最后出场，此情此景，好像罗斯福事先准备好一支队伍来欢迎麦克阿瑟似的。

轮椅里的罗斯福好像并未生气，只是微笑着看着来人。"总统先生，很高兴这么多年之后，我能再次见到您。"麦克阿瑟一边说话，一边俯身与总统握手。自从1937年到白宫敦促罗斯福接见奎松之后，他已经7年没有见过总统了。

麦克阿瑟惊愕地看到，总统脸色灰暗，下颌肌肉松弛，目光混浊。说得不客气一点儿，他徒具人形。权力和责任已把他的生命耗干，他做了远远超过常人所能做的事儿，早够本了，总统仿佛已经隐约听到了天国的钟声。麦克阿瑟认为，他差不多能赢得11月的大选，但肯定活不过下一任期，连能否活着看到战争胜利都值得怀疑。

"你好，道格，"40多年的老朋友莱希问麦克阿瑟，"你来这里看我们，为什么不穿上合适的衣服呢？今天可热得要死。"

麦克阿瑟一向讨厌别人直接称呼他的名字，连夫人琼都只能叫他"将军"或者"老板"。但这次他坦然接受了莱希的叫法，看来这生不生气也是看主儿的。"嘿！"麦克阿瑟伸手指了指天空，"你没有到过我们那里，那里天气冷着哩！"

"我想，你应该知道为什么要来这里吧？"罗斯福问。

"不，总统先生，我对此一无所知。"麦克阿瑟不失时机阴了马歇尔一把。

莱希插话说："我想，现在我们应当照张相。"

拍照之后，壮观的集会场面很快散了。麦克阿瑟驱车前往谢夫特堡，总统则返回他位于怀基基海滩的下榻之处。

当晚，麦克阿瑟与理查森共进晚餐。吃饭时他告诉老同学，自己已经7年没有见过总统，他很为总统的健康状况担心。两人之间的友谊开始于西点军校学员时代，20世纪20年代因为同在菲律宾服役得到进一步巩固。但1942年夏天，他们的友谊遭受了沉重打击。麦克阿瑟当时需要为第一军挑选一名司令官，负责组织对巴布亚半岛的进攻。马歇尔推荐了理查森，后者表面上也乐于接受，但又编出种种理由搪塞。麦克阿瑟看出，老同学根本不打算拿宝贵的生命到战场上冒险。后来艾克尔伯格出任了第一军司令官，巴顿才有幸前往欧洲并最终扬名立万。马歇尔和麦克阿瑟对理查森深感失望，但那又能怎么样呢？理查森和陆军部长史汀生私交甚笃，他很快就晋升中将，并接替埃蒙斯指挥夏威夷地区的所有陆军部队。

在麦克阿瑟眼中，眼前的理查森生活极端舒适。他住着漂亮气派的大房子，用人簇拥，还有豪华车队随时听命。这种特权生活同比亚克岛前线的危险状况简直一个天上，一个地下。麦克阿瑟幸灾乐祸地发现，实际上理查森并不开心。夏威夷是海军唱主角儿，作为陆军最高长官的理查森简直一文不值。他就像关在阳光下镀金笼子里的一只小鸟，漫无目的地振动着翅膀，却怎么飞都飞不出去，每天还要忍受那些令人讨厌的海军将领带给他的窝囊气。

回到住处的麦克阿瑟还在生气，为被招来做一次照相公费旅行感到羞耻。在阅读了由尼米兹转交的金的信之后，他气更大了。很显然在美军拿下菲律宾后，英国人想在澳大利亚和荷属东印度群岛之间建立一个独立司令部，而那里属于他的地盘儿。

次日上午，在莱希、尼米兹和麦克阿瑟的陪同下，罗斯福用6个小时视察了基地军事设施。莱希坐在前排副驾驶位置上，尼米兹坐在后排正中，他左手是总统，右手是麦克阿瑟。一路上罗斯福和麦克阿瑟谈笑风生，弄得中间的尼米兹非常尴尬。他不得不将身子尽可能往后靠，空出胸前的位置使说话的两人能够互相看到对方。麦克阿瑟后来回忆说："我和总统什么都谈了，就是没谈到战争。谈到了我们的生活简朴而轻松的那些岁月，以及许多随着时间消逝而变得淡漠的往事。"

路旁不断有市民或官兵向敞篷车欢呼，罗斯福伸出左手向左边示意，麦克阿瑟则伸出右手向右边示意，尼米兹只好将双手放在膝盖上，规矩得像个小学生一样。途中，他和莱希几乎什么话都没说，两位海军将领似乎成了旁观者。为迎接总统的视察，海军、陆军和潜艇部队特意组织了军事表演。罗斯福追忆起10年前他第一次来访时的情景，那时也举行了一些类似表演，但大多数坦克和卡车都出了问题。

在怀基基海滩庄园吃过晚饭后，众人来到一个墙壁上挂有大幅太平洋地图的会议室。麦克阿瑟发现，尼米兹显然为会议进行了充分准备，参谋人员为他准备了详尽的计划、各种统计数据及形象化模型，可谓志在必得。"我开始意识到自己是在单干！"麦克阿瑟回忆说。

众人对着地图坐定。罗斯福首先致开场白，说明本次会议的目的是讨论战略问题，决定下一步对日本应采取何种军事行动。总统最后说，希望大家畅所欲言，发表各自意见和建议。

东道主尼米兹率先发言。在进攻南部菲律宾问题上，尼米兹和麦克阿瑟意见一致："西南太平洋部队应该攻占棉兰老岛，建立强大空军基地，削弱吕宋岛日军的空中力量。"接下来他遵照金的指示进行了阐述：吕宋岛缺乏足够军事价值，我们能够而且也应该绕过它。美国海军现在能够远离后方港口和机场自由作战，快速航母舰队能运送超过 1000 架战机去打击需要打击的任何目标，现有海运能力足够运送 12 个步兵师登陆。打败日本的最佳途径是孤立日本本土，迫使这个邪恶帝国举手投降。下一个进攻目标应该是中国台湾而不是吕宋，紧接着可以将硫黄岛和冲绳岛作为攻击目标。美军仅凭海军和空军就可以孤立日本列岛，而不是直接在那里登陆。

尼米兹接着阐述了攻占台湾的战略意义。他不时起身，用竹教鞭在地图上指出自己谈到的地方："夺取台湾，有利于我们拦截南方资源区的石油、橡胶、锡等重要物资运往日本。台湾更靠近中国大陆，便于美军同中国军队合作，在大陆修建一系列空军基地，支援孤立日本本土的作战。即使不能在中国沿海建立基地，中国台湾也比吕宋距日本更近，仍能发挥积极作用。"其实尼米兹内心对攻打台湾并无太大热情，正如他后来回忆的那样，他现在的做法多少有点奉命行事的味道。

因为事先知道了尼米兹计划的大概内容，罗斯福脸上一直波澜不惊。尼米兹讲完之后，拿起竹教鞭，轻轻敲着地图上的棉兰老岛："道格，从这里出发，我们应该去哪儿？"

这是从 1942 年 3 月狼狈出逃菲律宾后，麦克阿瑟热切期盼的时刻！他几乎脱口而出："莱特岛，总统先生，之后当然是吕宋！"很显然麦克阿瑟对罗斯福直接叫他"道格"也没生气，可能根本没顾上。如果按照尼米兹的计划执行，台湾属于太平洋战区的作战范围，西南太平洋战区所有兵力除留下几个师和少数空军部队，其他部队都要交给尼米兹指挥。麦克阿瑟不仅无法实现"我会回来"的庄严承诺，还会变成无所事事的光杆司令，这是他绝对不能容忍的。

麦克阿瑟义愤填膺地表示，当初美国人就应该倾其所有援助巴丹，菲律宾断不至于那么快就沦陷敌手，同时还能够遏制日军南下新几内亚和澳大利亚的猛烈攻势。接着他把话头拉回现实："总统先生，按照海军的计划，攻占棉兰老岛之后应该先拿下台湾，这是根本行不通的。而我们在菲律宾已经经营了40多年，我坚信虽然菲律宾人民目前处于日军的铁蹄之下，但内心肯定是倾向我们的。从仇恨日本占领军的菲律宾人民那里，我们可以得到一切可能的帮助。在有些地区，强大的菲律宾游击队在驱逐日本占领者的战斗中已经取得了重大进展。"如果麦克阿瑟精通中国古文，老酒猜测连"箪食壶浆以迎王师"这样的"洋词儿"都会冒出来了。

麦克阿瑟所言不虚。在菲律宾诸岛活跃的游击队员高达25万人之众，虽然其中仅20%的人拥有武器，那里的160台发报机每月发给麦克阿瑟的信息多达3700多条。日本人虽然控制了包括马尼拉在内的重要城市和交通要道，但超过一半领土仍是游击队员活动的天堂——这和当时的中国何等类似。吕宋岛上，听命于马科斯·奥古斯丁上校——他当年拒绝接受爱德华·金少将的命令向日军投降——的游击队就有11支。很多游击队首领在未来菲律宾政府中占据了重要职位，包括雷蒙·马格赛赛和费尔迪南德·马科斯两位总统。

麦克阿瑟继续侃侃而谈，"如今，菲律宾人正在忍受着极端的贫困和巨大的灾难。我们撇下他们不管，在远东乃至整个国际社会都会引起强烈反响。亚洲人就会相信日本人的宣传，认为美国人不愿流血牺牲去拯救他们，这将大大损害我们的国际形象。此外，菲律宾关押着我们数不清的战俘和平民，他们中的很多人是妇女儿童。如果我们在拿下棉兰老岛后直接进攻台湾，就会切断吕宋岛所有的外援渠道。到那时日本人就会只顾自己，而让菲律宾人和我们的人活活饿死。一旦出现这种情况，即使是美国公众舆论也会强烈谴责我们。从政治上考虑，解放菲律宾全境是现实的必然选择。我不认为我们有理由……抛弃吕宋的数百万菲律宾人民"。

不等众人接话，麦克阿瑟话锋一转，开始阐述攻占吕宋的军事意义："吕宋的战略价值明显高于台湾，而且必须重占整个菲律宾才能完全切断日本的海上交通线。除非能从吕宋提供空军和后勤支援，否则攻占台湾是极度冒险的。攻占吕宋之后，我们就可以跳过台湾向北加速前进，提前结束这场战争。按照海军的计划，从遥远的棉兰老岛派出轰炸机完全无法压制吕宋岛的日军机场，这些机场将对我们未来的作战构成致命威胁。如果我们能在莱特岛、民都洛岛或在两岛同时修建机场，就可以掩护地面部队在林加延湾登陆，我在五周内就可以拿下马尼拉！总之，绕过菲律宾群岛的大多数岛屿，在政治上和军事上都将招致灾难性后果。美国舆论就会谴责您，总统先生，他们谴责您是有道理的！"

遵照金上将的指示，尼米兹以自己在塞班岛的所见所闻反驳麦克阿瑟的观点。他将陪同金上将视察塞班岛的情况介绍给与会众人，日军自杀式冲锋及大量平民死亡让人不寒而栗。小小塞班岛就让美军付出了伤亡16000人的巨大代价，而在菲律宾部署有日军数十万军队，其中半数以上都在吕宋岛。

罗斯福认真聆听着手下两员大将的发言，不时插上两句话活跃气氛。他需要谨慎地在 M（麦克阿瑟）和 N（尼米兹）之间做出选择，他们分别代表陆军和海军。会议期间，他从未说过一句有明显倾向性的话。对他来说，让两位一直明争暗斗的对手平心静气地向自己阐述意见，既令人惬意又增长见识。他就像在听一场精彩的军事地理课，而地理是他学生时代最喜欢的。

莱希很少说话，他的身份像个现场观察员。莱希后来回忆说："在华盛顿，人们随口都能说出麦克阿瑟的名字，似乎这个名字能够产生光和热似的。现在听到这两个相互竞争的人在总统面前平静地谈论各自观点，这是愉悦且富有教育意义的。总统巧妙引导着讨论话题，帮助缩小不同意见的范围。"尽管与麦克阿瑟有近半个世纪的个人友谊，莱希曾对老朋友有过这样一针见血的评价，"当提及麦克阿瑟的名字时，似乎带来的更多是争吵，而不是光明"。

午夜时分，罗斯福体力达到了极限，他宣布第一天会议结束。回房间之后，气喘吁吁的总统叫来了麦金太尔："医生，请给我一片阿司匹林。不对，再给我一片，我早上吃。从来没有人像麦克阿瑟这样对待我。"

第二天上午辩论继续。会上自始至终没有出现积怨和急躁情绪，但也没有任何进展。尼米兹一再重申头一天晚上"通过拿下台湾孤立日本"的观点，麦克阿瑟则死死咬住吕宋岛不放。

"但是，道格，"罗斯福忽然想起曾多次收到日军正增兵菲律宾特别是吕宋岛的消息，"如果攻打吕宋，我们将蒙受无法承受的惨重损失。我认为，我们还是应该绕过它。"

"总统先生，"麦克阿瑟接过了话头，"我们的损失不会大，绝不会比过去大。正面进攻的战略已经不合时宜。现代步兵武器杀伤力极强，只有那些平庸鲁莽的指挥官才会实施正面进攻。优秀指挥官打仗是不会招致重大损失的。我在新几内亚一路推进 3000 公里，不就是最佳例证吗？"麦克阿瑟没有提到实施正面进攻招致重大损失的例子，但谁都知道他指的是塔拉瓦和刚刚结束的塞班岛之战。美军在塞班伤亡惨重，贝蒂奥更是以血腥残酷闻名于世。

尼米兹本可以对麦克阿瑟的含沙射影进行反击，指出如果不是中太平洋攻势牵制了日军大量兵力，他在新几内亚的军事行动就不可能那么顺利，损失肯定也会更大。但尼米兹是个有涵养的人，他为顾全大局选择了沉默，任由麦克阿瑟大放厥词。如果金在这里，麦克阿瑟断不敢如此放肆，说不定两人早就掐脖子了。

中午讨论暂停，与会人员到餐厅用餐。严肃话题暂时告一段落，该说的似乎都已说过了，而且说了很多遍。午饭之后，麦克阿瑟问能否同总统单独谈 10 分钟。罗森曼和戴维斯双双摇头，说总统还有其他安排。短暂沉默之后，罗斯福说："好吧，道格。"其他人退了出去，室内只剩下他们二人。

麦克阿瑟非常清楚，罗斯福亲自来到夏威夷，更多是因为竞选连任的政治因素。作为当时最杰出的政治家之一，罗斯福肯定更乐于谈论政治话题，而不是纯粹的军事问题。谁都喜欢在自己熟悉的领域发言，就像老酒喜欢谈论太平洋战争而不是服装和化妆品一样。时间有限，麦克阿瑟决定单刀直入。

"总统先生，对巴丹曾经发生的惨剧，美国人民已经原谅了您。您肯定希望能连任下届总统。但如果您批准一项让菲律宾处于侵略者铁蹄之下，直到签署和平条约才能获得解放的计划，令 1700 万名基督徒因此感到羞愧的话，美国人民将永远不会再原谅您了。我敢说，美国人对此会非常生气，他们会把怒火在这个秋天的选举中释放出来。您这样做，也许是出于战略或者战术原因，但这将毁了您的政治前途。现在，总统先生，我的司令部里有很多事情在等着我，请原谅，我告辞了。"

麦克阿瑟俯身握了握总统的手，扭头便走。当他走到门口准备抬脚跨出去时，罗斯福叫了声"道格"，他显然被麦克阿瑟说服了。罗斯福似乎很不情愿就这样说再见，他要麦克阿瑟陪他再做一次视察。如果抛弃菲律宾人，那么在日益临近的大选中就可能在政治上遭受无可估量的损失，这一点罗斯福比麦克阿瑟更清楚。

在驱车前往一处军事基地的路上，麦克阿瑟问总统："您认为杜威取胜机会有多大？"罗斯福说自己很忙，没时间去考虑政治问题。麦克阿瑟转头开怀大笑。罗斯福盯了他一会儿，也大笑起来。罗斯福说杜威人不错，只是政治经验欠缺："如果大选之前德国战败的话，我就不会再当选了。"罗斯福询问麦克阿瑟对大选的看法，老麦狡黠地回答说："我们军人在海外打仗，对国内的政治不太了解。但请您放心，军队是一致拥护您的。"这话让罗斯福非常满意，他苍白的脸上终于泛起了一丝红晕。

接下来麦克阿瑟谈到了英军参加太平洋战争的问题。他认为美军在澳大利亚、新西兰、荷兰等盟军的协助下即将打赢战争，没有理由再让英军来掺和，从美国人手中争抢胜利果实。他表示自己欢迎英国在西南太平洋对战争做出贡献，但不能改变现有的指挥结构。罗斯福似乎同意他的看法，但并没有当场表态。

在下午的会议上，罗斯福开门见山问尼米兹："为了国家荣誉和战略需要，我们在攻取台湾之前，先拿下菲律宾如何？"

总统已经明确表态，尼米兹也就趁坡下驴提出了自己的新观点：同意麦克阿瑟进攻吕宋岛，在全力做好支援和配合之后，中太平洋部队将进攻硫黄岛和冲绳岛。

既然尼米兹大度地表示了对自己的支持，麦克阿瑟也乐得投桃报李，当场表态"将全力支持尼米兹攻打硫黄岛和冲绳岛的行动"。夙愿既已达成，麦克阿瑟开始违心地"盛赞"海军对自己的支持，"我的所有成功都离不开海军的支持。我本人十分钦佩金上将能从全球角度审视太平洋战场的广阔视野。我和尼米兹将军之间的分歧已完全消失"。他把脸转向罗斯福，"等拿下东京之后，我和尼米兹将军一起邀请您到那里参加庆功酒会"。话虽说得无比动听，其实麦克阿瑟内心恨不能将可恨的金一把掐死。

罗斯福闻言，"龙心大悦"："我希望，这是我最后一次调解你们的分歧，下次喝酒地点就定在东京。"——很可惜，罗斯福不可能有那样的机会了。"道格，你赢了。我不得不给金带回一个坏消息。可怜的倔老头儿厄尼。"——厄尼是他对金的昵称。

会议结果完全出乎莱希预料："非常值得高兴也很不寻常的是，两位指挥官都没有要求增援。"

会议圆满结束。大家一起乘车前往参加尼米兹精心准备的饕餮盛宴。当众人回到马卡拉帕山时，尼米兹几乎认不出自己的寓所了。在迈克·赖利的指导下，超过500名"海蜂"工兵整整干了一天半。他们把棕榈树临时移走，修好了一条临时通道，因为总统不喜欢他被搀扶下汽车的尴尬场景被更多人看见。他们还修了一条通往后门的斜坡路，重新装修了后门，以便轮椅能顺利通过。为罗斯福使用方便，工兵特别修葺了楼下的卫生间，盥洗台被抬高了5英寸。抽水马桶也被抬高，这样总统就可以从轮椅直接滑坐到马桶上。所有改建之处都用油漆重新刷过并用喷灯吹干。

宴会上罗斯福破例喝了三杯烈性马丁尼酒。这是一次由36位陆海军高级将领参加的盛会。高级军官除莱希、麦克阿瑟和尼米兹外，还有刚陪夫人范恩渡过难关从国内赶回的哈尔西。副官拉马尔少校从出席宴会的将军肩上数出了146颗星。除斯普鲁恩斯征战在外，太平洋战场三位现役上将悉数到场。四位上将海军独占其三，也与太平洋战场由海军主导的大趋势吻合，在欧洲则恰恰相反。宴会主菜是夏威夷著名的鲯鳅鱼，已经由总统医生麦金太尔中将提前检验过。

宴会结束后，麦克阿瑟准备告辞。罗斯福突然叫住了他："你认为海军最终会同意你的计划吗？"麦克阿瑟向罗斯福保证，他和尼米兹之间的分歧已完全消除："总统先生，我们的看法完全一致，我们彼此完全了解。据我所知，他对金将军的计划并非真心拥护。"随后麦克阿瑟到谢夫特堡和理查森道别，怀着激动的心情踏上了返航之旅。飞机从希卡姆机场起飞时，麦克阿瑟兴高采烈地告诉随行人员："我们的计划推销出去了！"罗兹在日记中记下了这句话，还说麦克阿瑟高兴得手舞足蹈，"就像得到了新玩具的小孩子"。

战争初期，罗斯福经常插手参谋长联席会议的战略制定。1943年8月第一次魁北克会议之后，随着战场形势不断好转，罗斯福开始逐渐放手，更多让参谋长去做出决策。尽管如此，他的意见仍然非常重要。如果军方高层在吕宋和台湾之间难以决断，总统的观点肯定将起到决定性作用。

7月29日，罗斯福前往檀香山海军医院慰问伤员。特工推着他进入外科病房，那里都是战斗中丧失了上肢或下肢的年轻人。他懂得战士的痛苦，那些经历他也有过。罗斯福微笑着朝众人挥手，用实际行动告诉大家：这也是个双腿不能行走的人，但他战胜痛苦最终成为美国总统，大家完全没有理由绝望，应该继续追求自己的理想。罗森曼后来回忆说："我从来没见过罗斯福流泪，但那天离开医院时，他差点哭了。"

在希卡姆机场，一行人看到了从关岛返回的飞机，医护人员正从机上抬下伤员。罗斯福视察了海军造船厂，在海军第十四军区司令部大楼前，总统在敞篷车内发表了即兴演讲。黄昏时分，在向尼米兹、理查森、戈姆利等人表达谢意之后，总统一行登上重巡洋舰。"巴尔的摩"号沿354度向阿留申群岛驶去。次日，"海蜂"把棕榈树重新移回，尼米兹寓所恢复了原来的模样。

回到布里斯班不久，麦克阿瑟收到了一条坏消息，菲律宾总统奎松8月1日病死于美国纽约萨拉纳克湖的一所医院，他为此的确伤心了好几天。与奎松的友谊可以追溯到40年前，麦克阿瑟清晰记得1904年的那个春天，他第一次到菲律宾任职时与奎松在马尼拉陆海军俱乐部参加晚宴的情景。当时麦克阿瑟只是一名陆军中尉，和在政府部门任职的奎松都是20岁出头的年轻人。他在回忆录中这样写道："如果我们能够预见未来的话，那个晚上也许不会那么快乐，也许将更加快乐。死神又夺走了我的一个老朋友，它也在不断向我逼来！"他想起自己曾向奎松做出的庄严承诺，要亲率大军杀回菲律宾，解救他的国家和人民。现在菲律宾已经近在咫尺，但那个自称"将生命许给菲律宾"的人永远也看不到那一幕了。奎松之死，使他收复菲律宾的心情更加迫切。

8月9日，麦克阿瑟收到了总统的一封来信："我即将结束本次旅行返回华盛顿。这是一次成功的访问，可惜时间太短了。特别是和您在檀香山的两天会晤，使我看到整个广大地区的壮丽图景，它比我离开华盛顿以前设想的更加美好。您正在完成一项真正光辉的事业，克服自然地理及某种人类禽兽带给我们的巨大艰难险阻。我一回去就推行这个计划，我相信这是合乎逻辑的可行计划。就我个人来说，在檀香山我非常希望我们能对换身份和职位。我总觉得，您当总统，要比我做将军去收复菲律宾干得更出色。我到阿留申群岛时，听到了奎松总统病逝的噩耗，以及奥斯梅纳宣誓接任总统的消息。总有一天，马尼拉要举行升旗典礼。毫无疑问，我希望这一仪式由您来主持。这个日子一天天临近了。问候尊夫人与孩子，我希望能尽快见到你们。"

回国之后，罗斯福在电台上发表了一个简短讲话，宣称"我和我的老朋友麦克阿瑟将军意见完全一致"。对日本人来说，这是一个明确信号，意味着美军重返马尼拉的日子为期不远了。美国一些敏锐的政治观察家一眼就看出了罗斯福的目的，这样安排是使进攻菲律宾的消息恰好在总统竞选活动进入最后阶段时成为报纸上的头版头条。

罗斯福并不想把在檀香山与 M、N 达成的协议强加给自己的参谋长，他只让莱希在参谋长联席会议的一次特别会议上介绍了珍珠港会议的情况。莱希在回忆录《身临其境》中这样写道："当他们听说尼米兹和麦克阿瑟表示眼下没有任何分歧，能够协调一致共同制订作战计划时，多少都感到有些惊讶。"

莱希代表总统传达意见，他本人无疑是支持进攻吕宋的。马歇尔是参谋长中最具政治家素质的人，既然总统已经同意且麦克阿瑟同属于陆军，他也乐得顺水推舟。马歇尔委婉地表示："基本同意麦克阿瑟将军关于美军在菲律宾人的协助下攻占吕宋比在中国台湾保留一个立足点更有利的观点，这是一个与美国国家荣誉密切相关的问题。"阿诺德一向缺乏主见且同属于陆军，除了为 B-29 取得出发基地叛变陆军支持过金之外，他大部分时间都和马歇尔保持一致，这次自然也不例外。况且按照麦克阿瑟的计划从莱特岛向北推进，他的陆军航空兵起到的作用也会更大一些。

主张跳过吕宋直接进攻中国台湾的金瞬间便成了孤家寡人。他指出，马歇尔关于国家荣誉的说法近乎感情用事，不值得一驳，继续坚持进攻台湾。金强调这样做不但可以缩短战争，也许比进攻吕宋能更早让菲律宾人民获得解放，还能顺便鼓舞中国人继续抗战的斗志。一向飞扬跋扈的金一边和马歇尔辩论，一边致电尼米兹，要他尽快制订登陆台湾南部及厦门的作战计划。

尼米兹将这一任务交给了不久后回到珍珠港的斯普鲁恩斯。通常情况下，接到命令的斯普鲁恩斯会立即组织参谋人员草拟作战计划。但这次他深信金今后一定会放弃进攻台湾，现在制订计划纯属浪费纸张。他干脆让参谋人员集体回家休假，"不要在永远不会打的一次战役上浪费时间"，他本人也飞回国内向玛格丽特报到去了。

华盛顿关于进攻吕宋还是中国台湾的辩论在 9 月初达到高潮。陆军参谋部经过慎重研究，对金提出的登陆台湾南部和厦门的计划提出了如下疑问：

第一，日本人不会容许美军在台湾南部安居，一定会从北部向南部发动猛烈反攻；

第二，想同时在台湾南部和厦门地区坚守两个滩头阵地，非常困难；

第三，这一地区距离日军基地很近，登陆美军不易对付敌人飞机的攻击，也不易阻止日军增援。

综合以上因素，陆军提出，上述作战最后必将演变成一场成本巨大的持久战，不仅仍须最终占领全部中国台湾，还要在中国沿海攻占相当宽广的一片地区。如此大规模地面作战将会延缓向日本本土的推进，对盟军人力资源也是一种吃不消的负担。陆军情报部门估计，部署在台湾的日军比金想象的要多得多，美军必须投入更多兵力。根据 9 月的测算，尼米兹同样缺乏后勤部队，人数可能达到 7.7 万人到 20 万人。

华盛顿参谋部门曾经研究过各种补充后勤部队的方案。海军建议从西南太平洋战区抽调后勤部队。麦克阿瑟坚决反对，声称自己的人员也不宽裕。如果从他的战区抽调，则会影响对棉兰老岛和莱特岛的作战，美国人甚至会陷在菲律宾中南部地区动弹不得。麦克阿瑟进而提出，虽然台湾和厦门作战与吕宋作战在突击阶段所需战斗部队大致相等，但选择后者，他可以利用数以万计的菲律宾人作为临时补充，在台湾则肯定没有这种机会。

截至 1944 年 9 月中旬，美军在太平洋战场所能提供的后勤单位非常有限。华盛顿高层的看法是，必须等到欧洲战争结束，才可能有新的来源。这是陆军后勤部队司令官布里恩·萨默维尔中将强力主张的观点。假设欧洲战争能够在 1944 年 11 月 1 日之前结束，尼米兹也许可以在 1945 年 3 月 1 日发动对台湾和厦门的作战，前提是立即取消进攻吕宋的计划。否则即使到了那个时间，尼米兹仍然可能无法行动。除非攻占台湾具有超越其他一切的优先权，比如，和德国人的作战。这是萨默维尔及参谋人员综合考虑海运、军队部署、进攻舰只、飞机可用比例、计划人员伤亡率、火力单位、要预备的替换品数量、时间和距离因素后得出的综合结论。

萨默维尔认为，海军提出的数字是不合理的。后勤专家确信，无论欧洲战局如何发展，麦克阿瑟一定能在 1944 年年底之前推进至吕宋。他可以用 6 个师发起进攻，1945 年 2 月他就可以得到所需的所有资源。参谋长联席会议无须为了支援进攻吕宋，停止在地球另一边的军事行动。况且，现在判断欧战在 11 月 1 日结束为时尚早。后来事实证明，萨默维尔的判断非常准确，希特勒果真继续顽抗了半年还多。

陆军提出假若先进攻台湾地区，将牵制更多部队、船只、登陆艇和飞机，那样对吕宋的进攻可能要到 1945 年 11 月都无法发动。同样道理，美军对日本采取任何其他重大步骤诸如对硫黄岛和冲绳岛的进攻行动也会相应推迟。总之，先进攻吕宋比进攻中国台湾要安全得多。华盛顿已经对两大战区下达了进攻莫罗泰岛和贝里琉岛的命令，相信两地指日可下。这样，美军后方基地距吕宋的海上交通线不仅较短且易保护。与之相反，假使吕宋岛仍在日军手中，则目前基地到台湾的交通线较长，而且极易遭到吕宋岛日军的攻击。

就在军方高层激烈辩论的同时，令金无比讨厌的英国人又来添乱了。9 月 5 日上午，大英帝国首相丘吉尔乘火车离开伦敦，在克莱德河口的格里诺克登上了豪华游轮"玛丽皇后"号。英国人的目的地是加拿大魁北克。首相随员除驻华盛顿特别联络官迪尔元帅、陆军参谋长布鲁克、海军大臣坎宁安、空军参谋长波特尔、首相参谋长伊斯梅等军事人员之外，还有外交大臣艾登爵士。诺曼底登陆彻底改变了欧洲局势，尽管不能肯定可以在 1944 年战胜德国，但盟军赢得最终胜利已成为一个时间问题。丘吉尔终于有余暇关注一直被他视为次要方向的太平洋战场。之前丘吉尔张嘴必谈"先欧"，现在必须开始考虑"后亚"的问题了。

六天航途中，英国人几乎每天都在开会，有时甚至一天数次。大英帝国在远东有广阔的殖民地。开战之初半年之内，中国香港、马来亚、新加坡、婆罗洲、缅甸等地相继落入日军之手，英国人在远东丢的人真是说多大就有多大。丘吉尔告诉随行众人，我们在远东的损失即使不比美国人大，也肯定不会比他们小。时至今日，仍有超过 16 万名英国战俘和平民在日本人手中。香港和新加坡需要收复，马来亚必须重新获得解放。近 3 年来，我们一直坚持"德国第一"的方针，现在到了解放亚洲的时候了。

丘吉尔介绍了此次参会的主要目的：一定要让美国人答应，英国应该在远东战争中起充分对等的作用。最后他说："我最担心的是，美国人在战后年代里抱怨说：'我们在欧洲帮了你们的忙，你们却在我们打击日本时袖手旁观。'我们必须在战场上收复我们在远东的合法属地，而不应该让别人在和平会议的谈判桌上将它们交还我们。"

9月8日的一次会议上，参谋长们建议从意大利抽调地面军队到远东地区。丘吉尔对此提出警告，这一建议的基础是德军在1944年战败，"这是一个危险的预测"。丘吉尔指出，目前英国能做的贡献主要来自海空两个方面，海军当先。大西洋和地中海舰队的大部分舰船可以东调锡兰，用来充实东方舰队，在此基础上成立皇家海军太平洋舰队。从人力资源和补给角度来看，派出一支舰队比从欧洲运送一支陆军及装备并维持其补给更加经济。何况舰队可以随时出现在日本投降仪式上，这在战后会被认作在对日作战中做出突出贡献的直接证据。尤其是英国欲在远东维持其战前殖民统治，这种表态尤为重要。"我决定，我们首先应当要求美国盟友，让我们的舰队全面参加对日本的主要进攻行动。在德国被打败之后，皇家空军应该立即参加对日作战。"

皇家海军赴远东参战的最大阻力来自金，尼米兹也持同样的观点。大部分美国人认为，即使没有英国人帮助，他们同样可以打败日本人。太平洋是美国人的战争，他们1944年春天之前取得的胜利就是最佳例证。金甚至提出，因为英国舰船不习惯美军的做事方式，他们很可能会阻碍作战而不是帮助作战，通俗讲就是"帮倒忙"。连一向不爱发表意见的斯普鲁恩斯也难得地张开了嘴："英国舰队的到来，将强加给我和我的下属许多不必要的麻烦。"

美国人还有另一层顾虑。皇家海军在太平洋上基地太少，美国人自身基地因大规模快速推进、控制海域越来越广，已经不敷使用，物资和兵员补给越来越困难。和英军航母必须依托基地作战不同，美军快速航母舰队可以离开基地、依靠海上补给出海作战数月之久。美国人还认为，英国人缺乏大规模使用舰载机的经验，这恰恰是他们的专长。日军偷袭珍珠港出动的飞机是皇家海军空袭塔兰托意大利舰队出动飞机的20倍，而从1943年底开始，美军每次出动的飞机至少是袭击珍珠港日机的两倍以上。由于缺乏强有力的竞争对手——德国和意大利海军完全无法与日本联合舰队相提并论——以往的世界老大皇家海军在技战术变革的关键时刻逐渐落伍。

1942年11月盟军登陆北非，皇家海军在地中海的局势大大改观。此时太平洋上美军只剩下"企业"号在独撑危局。金再次提出调派英军航母到太平洋作战的请求。上次拒绝金的要求已经引发了诸多不愉快，这次再拒绝实在说不过去了。1943 年 3 月 4 日，皇家海军"胜利"号航空母舰抵达珍珠港，尼米兹亲自登舰慰问。到 9 月 26 日返回英国克莱德港，"胜利"号在半年时间里并未真正参加过战斗，仅执行一些巡逻、侦察之类的辅助任务。其间，"胜利"号从 6 月 27 日出航到 7 月 25 日返港，创下英军航母连续出海航行 28 天的最高纪录。对此美国人简直笑掉了大牙。英国人不得不承认，美军第五舰队是当时世界上最强大、作战效率最高的海军舰队。

就皇家海军赴远东参战问题，美英参谋长联席会议已经进行过多次沟通。金蛮横地指出，不允许英国人到菲律宾群岛以北和以东地区活动，那里的事儿美国人完全处理得了。英国的参谋长向丘吉尔抱怨说，在印度洋和中国南海一带的边远角落小打小闹距东京太远，不利于战后宣传英国在击败日本的过程中同处于主力地位。鉴于金和美国海军的强力反对，丘吉尔准备做出妥协，不和美国人争指挥权，派往太平洋的英军舰队无条件接受尼米兹的指挥。可以想象，一向自视甚高的英国人在做出上述决定时该有多么伤心。

为了缩小和美国人的差距，便于今后联合作战，英国人已经为此付出了艰辛努力。1944 年 2 月，斯普鲁恩斯率第五十八特混舰队空袭特鲁克，日本联合舰队部分舰艇被迫撤往新加坡南部的林加锚地，形成了向西进入印度洋的威胁。实际上日本人在太平洋上自顾不暇，根本没有去惹英国人的打算。由于大部分主力舰艇调往欧洲支援诺曼底登陆，当时锡兰只剩下"光辉"号一艘航母。东方舰队司令官詹姆斯·萨默维尔上将向尼米兹提出请求，在英军第二艘航母抵达印度洋前，暂借美军一艘航母到锡兰与英军并肩作战。彼时尼米兹手头已颇为宽裕，况且英国人也曾借过咱一艘航母，来而不往非礼也，于是命令"萨拉托加"号航母在驱逐舰"邓拉普"号、"卡明斯"号、"范宁"号护航下前往帮助英国人，"萨拉托加"号因此缺席了马里亚纳海战。英国人可谓老谋深算，他们商借航母并非仅为了加强战力，还在于通过联合作战熟悉并掌握美军航母的作战手法。

4 月初，为了掩护麦克阿瑟进攻荷兰迪亚的军事行动，金致电萨默维尔，希望东方舰队能够出动，攻击苏门答腊岛或安达曼群岛作为佯动。萨默维尔亲自带队出击，执行代号"座舱"的攻击行动。随他出动的除 2 艘航母外，还有战列舰 3 艘、战列巡洋舰 1 艘、巡洋舰 4 艘、驱逐舰 13 艘和潜艇 1 艘。4 月 19 日清晨 5 时 30 分，"光辉"号和"萨拉托加"号在距目标 330 公里处放飞了由 29 架战斗机护航的 46 架攻击机，空袭了苏门答腊岛北端的沙璜岛日军基地。英军一向龟缩不出，本次行动完全达成了突然性。没有 1 架日机升空拦截，日军高射炮直到炸弹落下才仓促开火。出击的美英战机除一架受伤迫降、飞行员被潜艇救起外均安全返航。本次作战战果并不丰厚，仅击沉日军 1 艘小型商船并迫使另一艘抢滩搁浅，几艘油船中弹起火。英军声称击落日机 6 架、地面摧毁 22 架。本次行动并未对荷兰迪亚主战场起到任何牵制作用。

爪哇岛北岸泗水军港是日军主要反潜基地，对美军潜艇在中国南海的破交战构成了较大威胁。应金的要求，英军东方舰队再次策划实施了"方形艉"行动。5 月 17 日清晨 4 时 30 分，"光辉"号和"萨拉托加"号出动攻击机 48 架，在 21 架战斗机护航下空袭了泗水军港和附近炼油厂。日军船坞遭到严重破坏，1 艘商船被击沉，沃诺格罗摩炼油厂起火燃烧。作战结束后，"萨拉托加"号及护航舰只与英国人分手，经澳大利亚返回美国西海岸接受现代化改装。虽然"萨拉托加"号在美军航母中的表现远称不上出色，但英国人还是对它展现出的高效率表示由衷惊叹，"其细致精密的飞行甲板调度给我方留下了深刻印象"。

虽然取得的战果几乎可以忽略不计，但对英军来说，两次行动的最大价值在于获得了与美军联合作战、对岸上目标实施多艘航母协同攻击的宝贵经验，为未来主力舰队重返远东开了个好头。8 月 23 日，1942 年 3 月以来一直担任东方舰队司令官的萨默维尔卸任。他和丘吉尔素来不睦，现在又和首相宠臣蒙巴顿闹翻了脸，因此必须离开远东。萨默维尔的继任者是原本土舰队司令官布鲁斯·弗雷泽上将，他将指挥随后成立的英军太平洋舰队。

言归正传。9 月 10 日，"玛丽皇后"号驶抵哈利法克斯。丘吉尔一行弃船登岸，乘 20 个小时火车前往魁北克。罗斯福的专列在魁北克车站一个毗邻铁轨上等他。除了和英国人对等的莱希、马歇尔、金和阿诺德之外，罗斯福还带来了财政部长亨利·摩根索，因为会议很可能谈及战后的金融问题。丘吉尔有夫人和女儿同行，罗斯福也带来了埃莉诺，这是她第一次随丈夫出席重要会议。9 月 12 日，从欧洲发来了美军已跨越亚琛西边德国边境的消息。同日伦敦来电说，"盟军在靠近德国边境时，敌军抵抗明显增强"。

9月13日上午，被丘吉尔命名为"八边形"的第二次魁北克会议第一次全体会议召开。罗斯福请丘吉尔主持会议。大英帝国首相率先做了高屋建瓴的发言："我们把万物点化成金！经过3年多周密谋划，进军法国成功了，巴黎获得了解放，艾森豪威尔将军的部队已经越过塞纳河，盟军部队从法国南部登陆向北挺进到里昂。在意大利，德国人从罗马溃退到佛罗伦萨，红军先头部队逼近华沙。事态发展说明我们的设想是出色的，而且执行得非常准确。未来历史学家一定会说，我们盟国的作战机构在德黑兰会议后起到了卓有成效的作用。"

丘吉尔提出，如果按战场上师的数目计算，"我们在欧洲所尽的力量大约同美国相等。我引以为豪的是，我们能同我们伟大的盟友平起平坐。我们的力量已经达到了顶峰，我们盟友的力量却在不断增强"。他高度赞扬了艾森豪威尔，"他已经博得了我们的完全信任，他同蒙哥马利将军关系非常融洽，蒙哥马利将军同布莱德雷将军之间也是如此。一个高效、统一的联合参谋机构已经建立起来了，仗打得那是相当漂亮"。丘吉尔指出，鉴于德国人仍在负隅顽抗，近期不宜从欧洲过多调走地面部队。马歇尔当场给出保证，不从欧洲抽调部队。丘吉尔对苏联进攻巴尔干半岛表示了担心，认为苏联势力在这一地区的扩张已成为一种危险，最好能抢在他们之前抢占中欧某些重要地区如维也纳。

丘吉尔高度评价了由英国人主导的英帕尔之战，顺便也表扬了史迪威奇袭密支那的军事行动。接着他话锋一转，指出在缅甸丛林无限期作战极为不利，伦敦制订的"吸血鬼"计划拟于1945年雨季来临之前夺取仰光。

罗斯福提出，无法部署美国部队去恢复欧洲的前殖民地。丘吉尔毫不让步，"我们必须在战场上重新获得我们在远东的合法属地"。他承认罗斯福在这个问题上左右为难，建议美军派两个师到缅甸替换英国军队，让他们能去执行夺取仰光的任务，然后进攻苏门答腊、马来亚和新加坡。

会议渐渐进入正题。丘吉尔煞有介事地说："某些擅长制造麻烦的人说，我们在打败德国后不会参加对日作战。大英帝国不但不会逃避这个责任，而且渴望在对日战争中起尽可能大的作用。我们这样做有充分理由。日本对大英帝国同样是个死敌。英国在战争中丧失了大量领土，损失惨重。我现在表示，英国舰队愿意在美国最高统帅部的领导下参加对日作战。我们应当能够提供一支强大而又配备齐全的力量。我希望到1944年底，这支力量包括一些最新式战列舰和航空母舰，并且建立一支规模相当的辎重船队，使战舰在相当长时间内无须依靠岸上基地的补给。"

丘吉尔希望皇家海军能够同美国舰队并肩作战，以便在战后向世界表明，太平洋并非美国的内湖。金已经在美英参谋长联席会议的一次特别会议上拒绝了这一计划，理由是英军缺少进行远程作战所需的充分后勤支援。两三年来，英国人一直尽可能不重视这场战争，并想方设法从这里调走兵员和物资，这使金极度反感。对丘吉尔的提议，金粗野地表示："盟军联合参谋长会议正在研究这个问题，准备起草一个文件。"言外之意就是拒绝。

金的态度彻底激怒了丘吉尔。在一场有英国人参加的战争中，居然有人斗胆认为用不着皇家海军助战，这在历史上可是头一回。在丘吉尔看来，把一支有着辉煌历史的舰队交给美军指挥已经够丢人了，竟然没有立即得到充满谢意的欢迎，简直不可思议。他的声调瞬间提高了好几度："我已经表示愿意把英军舰队交给美军指挥了，你们还不同意？"

还是政治家更有风度。"在任何地方，任何时间，我们都愿意看到英国舰队与我们并肩作战。"罗斯福及时接过了话头，他的话使金怒不可遏却又无可奈何。

坎宁安解释说，最迟到1944年底，皇家海军参与太平洋作战的舰艇可以达到以下规模：重型航母4艘、轻型航母2艘、护航航母14艘、战列舰2艘、巡洋舰8艘、驱逐舰24艘及其他辅助舰艇60艘。放在1941年底或1942年上半年，上述数字足以让美国人激动得颤抖。但是现在，金对坎宁安的表示似乎没什么明显反应。美国人需要的是雪中送炭，不是锦上添花。一个不争的事实时，英军航母装备的舰载机超过一半是美国人的"地狱猫""海盗""复仇者""无畏式"。

罗斯福的答复让丘吉尔非常满意。他得寸进尺地提出，皇家空军愿意参加对日大轰炸，为击败敌人做出进一步贡献。马歇尔说，他和阿诺德正在设法如何尽量把大多数飞机投入战斗。"不太久以前，我们还叫喊飞机不够，现在飞机实在太多了。"波特尔表示："如果我们的'兰开斯特'轰炸机可以在空中加油的话，它们就能飞得同你们的B-29一样远。"

丘吉尔表示未来取决于双方的良好关系，英国应当在对日战争中起重要作用。美国在对德作战中给过我们极为慷慨的援助，"为了报答这种盛情，大英帝国理应竭尽全力，帮助美国打败日本"。对此金简直不屑一顾：当年我快饿死时向你讨一块红薯，你不给；现在我发迹了，天天鲍鱼鱼翅都吃不完，你却给我送来一块馒头，还要我领你的情，简直岂有此理！但罗斯福作为陆海军总司令明确表态，金也只能一脸铁青地坐在那里。

罗斯福对丘吉尔的"慷慨大度"表示感谢，提出在美英历次会议中，每次见解和基本看法都更趋一致，这是令人欣慰的事情，双方一直保持着诚挚友好的态度。现在还不大可能预见对德作战何时结束，"我们必须从东面或西面进攻他们，所以我们的计划必须是灵活的。对日作战进度要取决于欧洲战局"。罗斯福谈道，美军下一步将收复菲律宾，"从菲律宾或中国台湾，或从我们在中国所能攻夺的桥头堡对日本施加压力。如果我们的军队能在中国大陆站住脚，中国就可以得到挽救"。罗斯福提出，新加坡能否绕过去，在其北面或东面夺取像曼谷这样的地区。美国人至今还没有考虑过进攻苏门答腊岛的计划。

丘吉尔说，这一切只能等拿下仰光之后再做决定。双方谈到了苏联，斯大林已经答应在打败希特勒后参加对日作战，"我们没有理由怀疑斯大林言行不一，苏联人无疑对东方有很大的野心。假定希特勒到 1 月被打败了，日本将同时面对世界上最强大的 3 个国家，他们是否继续抵抗下去是值得怀疑的"。第一天会议到此结束。

当天晚上，金收到了尼米兹从珍珠港发来的紧急电报。哈尔西在空袭菲律宾的过程中发现，莱特岛日军防务空虚。他建议取消之前确定的一系列进攻行动，集中兵力在最短时间内进攻莱特岛。尼米兹的建议是，一俟帕劳之战完成，立即调遣当时准备进攻雅浦岛的陆军第二十四军，会合第三舰队进攻莱特。

马歇尔提出就上述问题征求麦克阿瑟的意见。哈尔西的建议及尼米兹开出的支票一起被发往荷兰迪亚。马歇尔同时发出询问："西南太平洋战区司令部能否采纳尼米兹提出的立即进攻莱特的建议？参谋长联席会议认为这项行动非常可取，它将把你们战区的战争进程提前数月。"

麦克阿瑟正在从莫罗泰岛返回荷兰迪亚途中，上述电报同样被发送到"纳什维尔"号轻巡洋舰。看到电报，麦克阿瑟敏感地发现，哈尔西的建议客观上为打破关于作战目标的僵局提供了最佳良机。他可以把这一行动扩大为进攻菲律宾的一场大战：同时攻打莱特和吕宋。用金凯德的第七舰队和尼米兹提供的其他舰艇，他可以把 6 个师一次输送上岸。为什么要把 6 个师全送往莱特岛呢？那是最稳妥也是最没出息的做法。能够名垂青史的伟大统帅是可以做到一箭双雕的，他要同时攻打莱特和吕宋：4个师从林加延湾登陆，两个师在莱特上岸，一举歼灭菲律宾的数十万日军。

麦克阿瑟给萨瑟兰发去电文："现在有一个绝佳机会，我们可以把计划内的最初和最后军事行动结合起来，形成一个综合性的铁钳行动。迅速集结6个师兵力就够了。把他们分成4个师和两个师运输。今晚你就让人研究方案，明天向华盛顿呈报计划。这是我们的大好时机。这种双重打击会让敌人措手不及，这项计划肯定不会失败。"麦克阿瑟认为，这项大胆的计划如果被华盛顿采纳，就可以一劳永逸地解决关于吕宋和中国台湾的争论。电文加密后发出，但直到麦克阿瑟回到荷兰迪亚，萨瑟兰才收到这份至关重要的电报。

表面看萨瑟兰整天牛哄哄，其实他属于胆小怕事之人。接到魁北克发来的电报，不敢擅自做主的萨瑟兰立即叫来了肯尼和作战训练处长史蒂芬·张伯伦准将。萨瑟兰问他们："经过短时间准备，我们是否可以向莱特岛发起进攻？空中掩护情况怎样？"

三人会商后一致认为，如果能够得到尼米兹提供的舰艇和地面部队，同时撤销10月15日、11月15日进攻塔劳群岛和棉兰老岛的军事行动，西南太平洋战区完全可以组织四个师的兵力进攻莱特。但要在12月攻打莱特的话，他们仍缺少100艘登陆艇、两个步兵师和几十万吨物资。

最大的难题是空中掩护，张伯伦说这个问题应该由海军解决。对此肯尼不以为然，指出P-38从现有基地出发无法飞抵莱特岛，尼米兹提供的航空母舰几天之后就会离开，陆军工兵无法在周围找到修建机场的合适地点。进攻部队会很快发现，他们是在没有任何空中掩护的情况下作战，这实在太危险了。肯尼进而提出，哈尔西对莱特岛上日军兵力的判断严重失实。据岛上菲律宾游击队队长惠特尼少校提供的可靠情报，驻岛日军是精锐第十六师团，兵力将近2万人，且配备有重炮和坦克部队。他们正在岛上大肆修建防御工事。还有一个突出问题是，莱特岛与吕宋岛和棉兰老岛仅仅一水之隔，第十六师团可以随时得到来自后两者的增援。

在收到马歇尔电报一个半小时后，萨瑟兰做出了第一次回复："不同意哈尔西关于莱特岛守军力量薄弱的估计，所需登陆部队、飞机和攻击舰艇可能刚刚够用。"

电报发出之后，萨瑟兰和肯尼又做了进一步研究，两人的担心在不断增加：如果参谋长联席会议得不到明确承诺，金就会说，西南太平洋战区对发动菲律宾战役缺乏信心，转而继续推销进攻中国台湾的方案。两人越想越怕，金甚至可能用这封电报为尼米兹争取到集中使用登陆部队的权力！麦克阿瑟连解释的机会都没有。

萨瑟兰认定，一切关于提前攻击菲律宾的决定都会得到麦克阿瑟的赞同。他立即以非常自信的口气起草并发出了第二封电报："为了协调同尼米兹将军的安排，我们同意于 10 月 20 日实施对莱特岛的登陆。"电报落款人是陆军上将麦克阿瑟。

前文提到，萨瑟兰的电报抵达魁北克时，美英一众高级将领正在参加加拿大陆军总参谋部在弗隆特纳克别墅餐厅举办的豪华晚宴。莱希、马歇尔、金和阿诺德第一时间被叫出，到旁边一个小房间紧急商议对策。这对主人是非常失礼的行为，但谁都知道现在是特殊时期，一切都要为战争让路。

"既然麦克阿瑟、尼米兹和哈尔西 3 位将军都信心满满，我想，我们应该比他们有更大的决心。"马歇尔说。在接到萨瑟兰第二封电报 90 分钟后，荷兰迪亚和珍珠港同时收到了魁北克发出的紧急电文：

一、威尔金森少将率领的雅浦岛进攻部队及陆军第二十四军划归麦克阿瑟指挥，参加在 10 月 20 日发起的莱特岛登陆行动。

二、所有参与帕劳作战的运输船，在完成卸载后立即前往西南太平洋，协助第七两栖舰队运输克鲁格中将的第六集团军。

三、所有参与帕劳作战的舰船及护航航母，归第七舰队司令官金凯德中将指挥，掩护莱特岛登陆作战。

四、立即攻占乌利西环礁，作为舰队的前进基地。

接到魁北克发来的电报，尼米兹在第一时间下达了命令。太平洋上，满载按计划进攻雅普岛部队的运输船立即改变航向驶往马努斯岛，准备进攻贝里琉和乌利西环礁的部队继续向预定目标前进。贝里琉作战来不及取消，前文已有所述。尼米兹命令所有为帕劳作战提供支援的舰船，包括火力支援舰艇、护航航母、运输舰、护卫舰一旦能够脱身，立即驶往西南太平洋向麦克阿瑟和金凯德报到。

9月17日9时，"纳什维尔"号在荷兰迪亚顺利靠岸。踏上陆地的麦克阿瑟认为，萨瑟兰等人肯定正在研究同时登陆莱特岛和吕宋岛的方案。码头上的萨瑟兰显得非常紧张，他恳求肯尼到场，关键时候"拉兄弟一把"。一旦麦克阿瑟爆发雷霆之怒，两个人挨训总比一个人强。萨瑟兰惴惴不安地向麦克阿瑟汇报了魁北克有关哈尔西提前登陆莱特岛的建议以及尼米兹答应全力支援的承诺，之后他的声音低到几乎听不见，"我已经以您的名义回电同意了上述建议"。

麦克阿瑟这才知道，萨瑟兰并未收到他从巡洋舰上发出的电报。异乎寻常，麦克阿瑟并没有因此发火，只是问两人："为什么只搞一次登陆，而不是两次？我们应该同时在莱特和吕宋登陆！"

毕竟是第一次听到如此石破天惊的意见，包括萨瑟兰和肯尼在内，在场所有人都目瞪口呆。沉默半晌，萨瑟兰才解释说，根据张伯伦的测算，即使把大量必需物资留在仓库里，把人像装沙袋一样塞进运输船，现有船只也只够运送克鲁格现有部队和尼米兹提供的增援人员，最多不超过5个师，再多一个人都装不下。如果冒险用两个师进攻莱特，那么进攻吕宋的部队最多只能有3个师。吕宋岛日军保守估计不下20万人，行动要冒极大风险，几乎没有成功的可能。麦克阿瑟没有掩饰自己的失望，但他必须面对现实。既然所有测算都不支持同时登陆两岛的做法，他也只好放弃自己的"宏伟想法"。这是麦克阿瑟唯一一次在重大问题上对下属让步。萨瑟兰和肯尼双双出了一口大气，总算过关了。

宴会间出现的小插曲并未影响会议的进程。随后几天里，美英双方举行了多轮会谈，大部分属于有关欧洲的事项。双方决定对德战争结束后，把在欧洲的人力物力全部调来远东，争取欧洲战事结束后18个月内打败日本。从会议进程可以看出，尽管罗斯福做出了让步，但美国人在会议上始终占据着主导地位。

罗斯福和丘吉尔私下里谈论了原子弹问题，这种超级武器在1945年8月"几乎肯定"可以准备好。开会的这一周时间里，盟军共出动战机2600架次，以损失超过百架为代价向德国人投放了9360吨炸弹。但一颗原子弹只需一架飞机搭载，其威力至少相当于2万吨高爆炸药。两人商定，如果原子弹最终能够使用，"经过深思熟虑之后，也许可以用来打击日本人。日本人将被警告如果不投降，就会遭到原子弹的反复轰炸"。会议最后一天，丘吉尔提出也许没必要使用原子弹，对日本城市"猛烈、持续、不断增加"的轰炸很可能迫使日本投降。

会议期间，两人谈到了美国大选。丘吉尔说，如果好朋友无法当选，"那么美国人民也太忘恩负义了"。丘吉尔想不到的是，真正忘恩负义的是他的臣民，他将在 10 个月后的大选中败北。丘吉尔很为罗斯福的健康担忧，他曾私下找到麦金太尔，问总统为什么看上去那么虚弱。麦金太尔向他保证，总统的身体绝对没有任何问题。丘吉尔说："我当然希望是这样，他可不能出什么问题。"莫兰爵士担心，罗斯福的健康状况是否会影响他做出决策，"他的脖子和衣领之间甚至能放进去一个拳头，那时我对自己说，他这个年龄的人是绝对不可能这么快就瘦成这个样子的"。

罗斯福糟糕的健康状况路人皆知。会后不久，到白宫参加会议的副总统候选人杜鲁门有着同莫兰一样的担心。他告诉自己的法律顾问哈里·沃恩："你知道，我非常关心总统的健康状况。我不知道他竟然那么虚弱。在向茶里倒奶油的时候，他倒在碟子里的奶油比倒在杯子里的还多。他的神志非常清醒，但他的身体快垮掉了，我很担心他。"

9 月 16 日最后一次会议结束，丘吉尔次日乘火车离开魁北克。20 日清晨，英国人登上"玛丽皇后"号并于 25 日顺利返回伦敦。

虽然做出了跳过棉兰老岛、提前攻打莱特的决定，但此后进攻中国台湾还是吕宋的问题仍然悬而未决。华盛顿有关上述问题的争论仍在持续。恰在此时，来自远东的一份电报对华盛顿做出最后决策产生了决定性影响。9 月中旬，史迪威报告说，日军在中国的攻势已经使美军失去了第十四航空队可以有效支援攻打吕宋或中国台湾军事行动的最后基地，这些基地丧失后，相当长一段时间内断无收复的可能。

这一消息对华盛顿带来了巨大冲击。美军提出进攻台湾和厦门的计划，意在扩大或建立在中国东部的机场，供 B-29 空袭日本、朝鲜和中国东北使用。目前这些基地完全丧失，短时间内没有收复的可能，登陆厦门就完全失去了现实意义。进一步说，攻占台湾主要是为在中国海岸登陆寻找一个踏脚板，现在已变得无关紧要了。

海军高层必须重新考虑登陆台湾和厦门的计划。多数人认为，若仅仅攻打台湾而不同时攻占内地的一个港口，行动将变得毫无意义。台湾本身缺乏可供一支大舰队停泊的港口，也不能提供美军所需的后勤基地。假使在中国海岸已无建立和发展港口的需要，为什么还要进攻台湾的某一部分呢？金后院起火了。

陆军趁机提出了新观点。B-29若以台湾北部为基地参加对日作战，毫无疑问比从吕宋北部、马里亚纳群岛或中国西部更加有利。但若仅以台湾南部为出发基地，比其他基地所获利益非常有限。事实上，塞班岛和提尼安岛距东京比中国台湾南部还近些，且受到日军空中拦截的威胁更小。吕宋北部虽然远了300公里，但比台湾南部有更多优点：那里有较大空间可供修建B-29使用的机场，对空攻击也更安全。即使尼米兹能够在1945年3月1日攻占台湾南部，B-29也要到暮春或初夏季节才能够从那里出发去轰炸日本。阿诺德计划在1944年底之前利用马里亚纳群岛基地出动B-29轰炸日本本土。也就是说，陆军航空兵对攻占台湾完全丧失了兴趣，开始与陆军其他单位一起反对金上将登陆台湾南部和厦门的作战计划。

1944年9月底，几乎所有军事考虑都指向了下述路线：进攻吕宋，跳过中国台湾，不考虑中国沿海港口，下一步直接跃向硫黄或冲绳。参谋长联席会议成员中，只剩金在孤军奋战，继续主张跳过吕宋进攻中国台湾南部和厦门。由于罗斯福已明确表态支持麦克阿瑟，金知道军事和政治因素均对自己不利。他开始改变策略，不再提直接进攻台湾，而针对进攻吕宋提出反对意见。金指出，按照麦克阿瑟的计划，为保护吕宋滩头和运输船队安全，太平洋舰队所有快速航空母舰必须在那一带滞留长达6周时间，这显然要冒极大的风险。金最后说，海军断然不能接受麦克阿瑟进攻吕宋的计划。

此时西南太平洋战区副参谋长理查德·马歇尔少将恰好回国，受麦克阿瑟指派到五角大楼敦促高层接受1945年1月登陆林加延湾的计划。马歇尔——不是那个上将马歇尔——立即把金提出"快速航母舰队将在战场附近滞留6周"的原话发往荷兰迪亚，以使麦克阿瑟能够在第一时间发起反驳。

麦克阿瑟心领神会。他立即致电华盛顿，自己对快速航母舰队的唯一要求，就是在登陆之后把少量护航航母留在吕宋外海几天时间，到工程人员建好一个可供陆军战机起降的机场为止。麦克阿瑟强调，只有第一批登陆部队需要快速航母舰队的保护，以后补给与增援部队的空中掩护可以由陆基飞机承担。也就是说，登陆吕宋不需要长时间占用海军的航空母舰，尼米兹可以很快将它们调走用于其他方向。麦克阿瑟揶揄金，假如按照你的思路执行针对台湾南部和厦门的作战，快速航母舰队滞留在台湾近海的时间将会更长，危险更大，尤其当吕宋岛还在日本人手中时更是如此。这些人个个不是善茬儿！

麦克阿瑟的反击点中了金的人中穴，使他难以招架。但金还不愿就此罢休，还试图做最后的顽抗。他试图在海军内部寻找同盟，共同反对陆军的意见。9月29日到10月1日将在旧金山召开的美国舰队总司令和太平洋舰队总司令的例行会议无疑是最后一次机会。金欲借本次会议取得部下的支持，并以海军高级会议决议的形式向参谋长联席会议施加压力。

金万万没料到，在制订参加莱特岛作战计划的同时，太平洋舰队参谋部已经开始考虑未来的作战方向。更多人提出，金进攻台湾和厦门的想法根本行不通。原来设想在1945年3月1日进攻台湾，主要基于德国可能在1944年提前投降，所有盟军部队都可以调来参加对日作战。很明显，希特勒的狂热意愿迫使德军继续战斗，欧洲战争还将持续相当长一段时间。大家逐渐倾向于斯普鲁恩斯进攻硫黄岛和冲绳岛的观点。但是这些岛屿距日本本土太近，只有等日军航空兵力得到进一步削弱后发起进攻才更稳妥。麦克阿瑟力主的吕宋岛作战正好可以起到这种作用。太平洋舰队参谋部建议，支持麦克阿瑟进攻吕宋，并初步确定在1945年1月20日进攻硫黄岛，3月1日进攻冲绳。尼米兹认可了这一想法，并准备在旧金山会议上正式向金提出。金尚不知道自己真正变成了孤家寡人。

在外观摩作战的麦克阿瑟清楚，尽管总统和华盛顿大多数人都倾向于自己的计划，但作战命令一日未下，随时就有变更的可能。他当然不知道金后院已经起火，连他手下的海军将领都在谋划集体反对他。如果麦克阿瑟能够梦到，后来出现的戏剧性变化竟得益于尼米兹等一众海军将领的反对的话，他一定会笑醒过来的。

除作战处长福雷斯特·谢尔曼少将之外，随尼米兹一同前往旧金山的，还有8月刚从南太平洋调任中太平洋陆军航空兵司令官的哈蒙中将，新成立陆军第十集团军司令官巴克纳中将。为了说服金放弃攻打台湾的计划，尼米兹进行了精心准备，并将核心意见概括在一张小字条上。从珍珠港出发之前，他提前通知在国内的斯普鲁恩斯，延长休假，直接赶到旧金山和大部队会合。尼米兹知道斯普鲁恩斯坚决反对进攻台湾，却对硫黄岛和冲绳岛情有独钟。金非常器重斯普鲁恩斯，由他帮自己一起说服金，可能更容易一些。虽然知道哈尔西也赞成进攻吕宋，但尼米兹并未把他召回来。哈尔西正率第三舰队征战海上，叫他回来一起向金施加压力明显有些过分了。

9月29日早上，当斯普鲁恩斯享受完额外假期赶到加利福尼亚联邦大厦时，看到珍珠港和华盛顿的海军军官正在会议室闲谈，交换前线与后方的看法，同时等待金和尼米兹的到来。远远看到斯普鲁恩斯来了，谢尔曼立即迎上去，把写有尼米兹意见的字条递给他："好好看看，雷蒙德，有什么意见尽快告诉我。"

看过字条上的内容之后，斯普鲁恩斯非常满意，"我无须改变其中任何一个字"，说完，把字条还给了谢尔曼。

尼米兹进入会议室后，金很快跟着进来了。谢尔曼朝尼米兹点头，意思是斯普鲁恩斯同意字条上的意见，然后把字条递给了他。尼米兹顺手将字条递给了金，金边看边皱起了眉头。

接下来是例行讨论。谢尔曼首先介绍了太平洋舰队司令部提议放弃进攻中国台湾转而攻打硫黄岛和冲绳岛的意见，尼米兹随后坦诚地进行了解释："我们认为，迅速攻占日本本土是我们的最后目标。为达到这个目的，我们完全可以不经过中国台湾和中国沿海，而从吕宋、冲绳、小笠原群岛等方向发起进攻，这样对我们更加有利。如果我们占领了吕宋，就可以在菲律宾建立海空基地，封锁中国沿海的海上交通，还可以削弱来自台湾的威胁，进而达到攻占冲绳的目的。如果我们攻占了冲绳和小笠原群岛，就能更容易对日本本土发动进攻，从而更快结束战争。如果仅仅为了获取海空基地而向台湾发动进攻，我们付出的代价就太大了。"

金满脸不悦，把头转向了一直沉默的斯普鲁恩斯。他记得自己视察塞班岛时，斯普鲁恩斯是第一个提议打冲绳的人："雷蒙德，你为什么一直不说话？难道你也坚持进攻冲绳而放弃中国台湾？"一向惜字如金的斯普鲁恩斯难得地说了好几句话："是的。尼米兹将军和谢尔曼将军已经讲得很清楚了。我完全同意他们的意见，没有什么可补充的。"

尼米兹假意向哈蒙和巴克纳征求陆军航空兵和陆军的意见——来前肯定商量过了。两人都反对攻打台湾。巴克纳指出，日军精锐关东军一部已调往台湾。

从最近打日军精锐部队比如贝里琉岛战况来看，美军至少需要9个师才能够发起台湾作战，最后伤亡不会少于5万人。如果美军进攻中国台湾，巴克纳将是地面作战总指挥，他的意见无疑极具分量。巴克纳同时强调说，"用现有资源就可以拿下冲绳"。哈蒙指出如果跳过吕宋直接进攻中国台湾，第七航空队鞭长莫及，大部分时间只能看着干瞪眼。

金现在才明白，自己真正成了孤家寡人。他同意放弃攻打台湾，太平洋舰队下一步的任务是攻打硫黄岛和冲绳岛。金说，他将向参谋长联席会议提出上述建议。

会议接下来讨论了一些次要问题。金和尼米兹一致同意，通过封锁、轰炸和充分发挥潜艇作用，就可以完全打败日本。金说如果陆军主张进攻九州，应当不失时机地迅速推向东京平原。他批准尼米兹将太平洋舰队前进指挥部推进到关岛，同时指示尼米兹第三舰队要全力支援麦克阿瑟在菲律宾的作战，"哈尔西和米切尔应该立即轰炸中国台湾、吕宋和菲律宾中部机场"。

过去这种重要例会都是隐秘进行。本次除讨论工作的时间之外，大家都显得非常轻松。胜利触手可及，会议缺少了之前的紧张气氛。珍珠港和华盛顿的参会军官应邀参加了当地陆海军举办的招待宴会、酒会或舞会，夫人们也应邀参加，凯瑟琳和玛格丽特陪丈夫参加了上述活动。斯普鲁恩斯和玛格丽特住在圣弗朗西斯酒店一间豪华套房里，他是在被告知房间免费才勉强住进去的，就这还忍不住喃喃自语："这将花费我们多少钱呀！" 10月2日会议结束。3日，尼米兹携斯普鲁恩斯等人返回珍珠港。

在随后召开的四巨头会议上，金表示同意进攻吕宋。参谋长联席会议始终没有做出撤销进攻台湾的计划，仅仅将其暂时搁置。此后，华盛顿高层会议中再也没有人提及台湾。

10月3日，华盛顿同时向麦克阿瑟和尼米兹发布命令：

一、西南太平洋战区部队1944年12月20日进攻吕宋，太平洋战区部队提供一切支援，包括快速航母舰队和护航航母在内。

二、太平洋战区部队于1945年1月20日进攻小笠原群岛至火山群岛一线一至数个岛屿，3月1日进攻琉球群岛一至数个岛屿，西南太平洋战区部队应提供尽可能的空中支援。

三、两大战区应与在太平洋和印度部署的 B—29 作战单位及史迪威第十四航空队取得计划上的协调一致。

就在华盛顿为下一步进攻目标紧张博弈的同时，美军针对莱特岛的军事行动已在紧锣密鼓筹备之中。从 9 月 15 日决定进攻莱特到进攻发起日 10 月 20 日只有短短 5 周时间，西南太平洋战区司令部迅速制订出"超过 1 英寸厚"的作战计划：接收者名单 6 页，战舰指挥官名单和组织结构 6 页，个人任务描述 6 页，各部队行动时间表 25 页。其中一项计划专门指导如何安排浮标和航行灯，引导部队进入港湾。另一项计划指导通信，规定了参战各部的通信频率和呼号。

美军进攻目标莱特岛位于宿务岛和保和岛以东，萨马岛西南，类似菲律宾群岛的心脏。岛屿西北至东南长 194 公里，东西最窄处 21 公里，面积 7213 平方公里，是群岛第九大岛。美军首攻此地目的在于修建机场，为未来进攻吕宋提供空中掩护。但当肯尼认真研究将在 1944 年秋天投入使用的几个机场时，才发现它们位置相对不利。它们都位于莱特湾附近，是岛上天气最恶劣的地方。进攻时间恰逢雨季，机场所在地排水不畅。它们或许可以停放第五航空队的 P-38 战斗机，但如果不加以扩建，重型轰炸机是绝对无法起降的。

肯尼坚持在计划中将岛西包括进去，这样就能找到地势平坦、排水良好的地方修建机场。萨瑟兰对此深表赞同，进攻莱特的最初计划就是从两侧实施夹击：在莱特湾东侧实施两栖进攻，同时第十一伞兵师在岛西空降。但当进攻日期被提前到 10 月 20 日时，上述方案被放弃了。负责工程建设的凯西少将汇报说，雨季到来时他的工兵很难在塔克洛班一带扩建机场。

麦克阿瑟对此非常清楚，1903 年他就考察过当地地形，当时他还是一名年轻的工兵中尉。哈尔西快速航母舰队只能为登陆部队提供 3 天空中保护，麦克阿瑟要求凯西的工兵部队必须在登陆 5 天内在塔克洛班建成一条长 1500 米的跑道，至少可以停放 75 架战斗机，随后再扩建几个可以停放轰炸机、侦察机和更多战斗机的机场。

麦克阿瑟用几天时间和肯尼、克鲁格、金凯德一起讨论了进攻方案，然后乘机返回布里斯班。随后三周里，他大多数时间都跟琼和小亚瑟在一起。在返回荷兰迪亚时他告诉琼："我不会再回来了。"琼说："当你认为我回马尼拉会安然无恙时，就派人来接我。"

其间，最伤感的事情当数与澳大利亚总理柯廷告别了。出身社会底层的柯廷没有受过正规教育，缺乏麦克阿瑟那样的贵族派头和优雅举止。但他正直、敏锐、通情达理，最早预见到能够挽救澳大利亚的是美国，而不是宗主国大英帝国。他将自己的政治生涯和国家安全完全寄托在麦克阿瑟身上，并给予他无私的支持，反对一切批评他的人。麦克阿瑟感到欠柯廷太多，自己对他总是不能坦诚以待，有时还忍不住去捉弄他。柯廷患有严重的心脏病，来日无多。9 月 30 日，麦克阿瑟到堪培拉和柯廷进行了最后一次长谈。奎松倒下去了，麦克阿瑟鼓励柯廷坚强活下去，争取能看到最后的胜利，虽然他知道这种可能性实在不大。他想起当初送奎松赴美国时的那一幕，他和柯廷答应一起陪奎松重返菲律宾。现在能够回去的恐怕只有他一个人了。不出麦克阿瑟所料，这次会面竟是两人的永诀。柯廷病死于 1945 年 7 月 5 日，差 40 天没能看到最后的胜利。

负责莱特岛地面作战的是克鲁格中将的第六集团军，下辖富兰克林·赛伯特少将第十军和约翰·霍奇少将第二十四军。作为右翼突击兵团的第十军下辖第一骑兵师和第二十四步兵师，总兵员 53000 人。韦恩·马奇少将第一骑兵师——该师已升级为机械化步兵，不再是传统意义上的骑兵部队，只保留了原番号和建制——的任务是攻占塔克洛班机场、盆地和卡泰逊半岛；弗雷德里克·埃尔文少将第二十四步兵师的任务是占领帕洛、卡堪、卡里加拉、巴尤格地区，控制帕洛至塔那恩的一号公路。作为左翼突击兵团的第二十军下辖第七步兵师和第九十六步兵师，总兵员 51500 人。布拉德利少将第九十六师的任务是夺取一号公路的一部分和 560 加塔蒙高地，之后夺取达加米和塔那恩地区。第七步兵师在拿下布劳恩后继续向北攻击前进，占领达加米地区简易机场。战役总预备队是第三十二步兵师和第七十七步兵师。预计战役前五天登岛部队 145000 人，后续部队 55000 人将随后跟上。

为解决统一指挥和相互支援问题，9 月中旬，参战各部指挥官在荷兰迪亚召开了一次专题会议。尼米兹并未出席，仅派出以谢尔曼少将为首的代表团参会。哈尔西派参谋长卡尼少将参加。9 月 22 日，谢尔曼回到珍珠港后，太平洋舰队司令部很快制订出 "8-44 号作战计划"。9 月 27 日，尼米兹在计划书上签字后飞往旧金山参加例会。

"新泽西"号上的哈尔西很快接到了来自珍珠港的命令："第三舰队的任务是，为在菲律宾中部登陆的西南太平洋部队提供支援和掩护，协助他们夺取计划中的所有目标，消灭该地区日军海空力量，同时保证太平洋中轴线地区航行畅通。"可以看出，哈尔西领受的任务相对笼统和宽泛，尼米兹仅给出了一个指导意见，这是他对待下属的一贯做法。

作战命令是逐条逐句列出的，每句话之间都有字母或数字序号，只有最后一句话例外。这句没有序号的话显得非常特殊，显然是后来临时加入的："尽一切可能，捕捉或创造机会摧毁敌人舰队。如果有这样的机会或者是能够制造这样的机会，那么摧毁敌人舰队就是你们的首要任务。"

这一命令可以解释为超过甚至违背了"支援和掩护"的总命令。后者只是压制敌人，使其难以攻击登陆部队。可能是珍珠港的航空兵军官为了使哈尔西觉得他可以自由行动，斯普鲁恩斯 6 月拒绝干的事情临时补加的吧。然而执行"支援和掩护"任务的命令并未取消，也没提"摧毁敌人舰队"是"唯一任务"。总之，命令并未授权哈尔西放弃保护滩头。

如果说最后一句话是尼米兹特意加上的话，那他显然受到了马里亚纳海战中斯普鲁恩斯在决战阶段未能主动迎击敌舰队招致多方争议的影响。当时他下达给斯普鲁恩斯的命令指明，后者的任务只是"占领并守住塞班、提尼安和关岛三地"。尼米兹大可不必如此，相比沉默内敛的斯普鲁恩斯来说，冲动鲁莽的哈尔西一旦发现了日军舰队，一定会奋不顾身猛扑过去的。简略回忆一下我们就会发现这样一个事实，除战争初期指挥过那些打了就跑的小袭扰之外——杜立特空袭他仅是充当搬运工——哈尔西还从未在一场真正的战斗中和日本人练过手呢！

关于最后一段命令的出处，战后金上将在接受一次采访时说，是他告诉尼米兹加上去的。但随后在写给海军军事学院 E. B. 波特教授的信里，他又否认了这种说法。波特在为尼米兹和哈尔西写传记时注意到，这句话的语法结构既不像金，也不像尼米兹，很可能是某个参谋加进去的，但无法断定那个人是谁。寻找这个人究竟是谁并不重要，重要的是哈尔西忠实执行了这一命令。

接到尼米兹的命令后，哈尔西认为让人窝火的防守是金凯德第七舰队的任务，自己的任务是进攻，击沉更多的日军舰船。他立即给尼米兹回了一封措辞激烈的信件："我倾向于，如果可能的话，绝不让敌人在空战中占有一丝优势，同时也不给敌人创造穿梭轰炸对付我们的机会。如果要成功阻止他们获得这种优势，我就必须有情报优势和灵活的机动。既然摧毁敌人舰队是主要目标，那么每一样武器都必须密切配合，发挥最大效能，这就需要指挥官有良好的战术运用。我的目标同你是一样的，如果有机会，一定要彻底摧毁敌人舰队。"哈尔西明确声明，自己不想打像斯普鲁恩斯在马里亚纳群岛打的那种窝囊仗。尽管美军在那次作战中击沉了日军 3 艘航母，但被舰载机炸沉的只有弱不禁风的"飞鹰"号，2 艘重型航母"大凤"号和"翔鹤"号都是潜艇击沉的，第三十八特混舰队因此憋了一肚子火。

尼米兹非常了解老朋友的性格，也鼓励他在本次作战中主动进攻。在之前历次作战中，斯普鲁恩斯要对战役全局负责。第五舰队不仅负责两栖登陆作战，其快速航母舰队同时负有双重责任，既要协助两栖登陆，又要防止日军舰队寻隙来攻。本次作战就完全不同，支援登陆的任务可以放心地交给业已壮大了许多的第七舰队承担，第三舰队完全可以腾出手来，集中精力去消灭日军主力舰队。正因为此，他才将第三舰队部署在可以自由攻击的位置上。

10 月 5 日，尼米兹回信给哈尔西："你可以根据实际情况灵活使用兵力。战场情况瞬息万变，你能了解的情况，我不一定能了解。你需要针对未曾预见到的情况做出快速反应。我的唯一要求，是你应该在条件允许的情况下尽早通知我。"毫无疑问，尼米兹的信大大激发了哈尔西消灭日军舰队尤其是航母舰队的斗志，对他随后在莱特湾海战中的指挥产生了极大影响。

负责将 20 万登陆部队安全航渡到莱特湾并送上岛的是金凯德的第七舰队。这支舰队是应麦克阿瑟的强烈要求，金下令在 1943 年 3 月组建的，主要任务是配合西南太平洋战区陆军实施"蛙跳"和两栖作战。这支仅具有象征意义的舰队成立时只有几艘潜艇，后来陆续增加了一些运输船和轻型作战舰艇，最大的不过是重巡洋舰。麦克阿瑟一直以轻巡洋舰为旗舰就是最佳例证。以他酷爱炫耀的性格，肯定喜欢以战列舰或航母作为旗舰，可惜金凯德没有。水兵戏称这是一支只能在近海活动的"黄水舰队"。

但随着尼米兹一声令下，第三舰队除快速航母舰队之外的所有舰艇包括第三两栖舰队、第三两栖部队全部前往西南太平洋，暂归第七舰队指挥。刹那间，马努斯和荷兰迪亚战舰云集，樯桅如林，昔日的丑小鸭金凯德瞬间变成了白天鹅。在临时补充了太平洋舰队大部分力量之后，第七舰队拥有各类舰艇735艘，成为当时地球上规模最大的舰队。太平洋舰队的护航航母、老式战列舰，威尔金森少将第三两栖舰队和巴比少将第七两栖舰队都在它的管辖之下。前者负责运载陆军第二十四军，后者则运载第十军。

今天的金凯德可谓鸟枪换炮，旧貌换新颜。截至战斗打响之前，归属他指挥的海军部队包括：

第七十特混舰队：指挥官希尔曼·鲍林海军中校。

第一大队：下辖鱼雷艇母舰"奥伊斯特湾"号、"沃彻普里格"号、"威罗比"号及PT鱼雷艇39艘。

第三大队：水上飞机母舰"半月"号、"圣卡洛斯"号，携带一个中队12架"卡塔琳娜"水上飞机。

第七十一特混舰队：司令官拉尔夫·克里斯蒂海军少将，指挥"太阳鱼"号等潜艇7艘，基地为澳大利亚西南部港口弗里曼特尔。

第七十二特混舰队：位于布里斯班基地的所有潜艇，司令官J.海恩斯海军上校。

第七十七特混舰队：司令官由金凯德兼任。

第一大队：两栖登陆指挥舰"沃萨奇"号（金凯德旗舰，克鲁格第六集团军司令部位于其上），轻巡洋舰"纳什维尔"号（麦克阿瑟旗舰），"阿布纳·里德"号等4艘驱逐舰。

第二大队：司令官杰西·奥尔登多夫少将。

北方火力支援群：战列舰"马里兰"号、"西弗吉尼亚"号、"密西西比"号及"奥利克"号等3艘驱逐舰。指挥官乔治·韦勒海军少将。

南方火力支援群：战列舰"田纳西"号、"宾夕法尼亚"号、"加利福尼亚"号，重巡洋舰"路易斯维尔"号、"明尼阿波利斯"号、"波特兰"号，轻巡洋舰"檀香山"号、"哥伦比亚"号、"丹佛"号，"本尼恩"号等11艘驱逐舰，"乔万"号等3艘拖船，"厄革里亚"号维修舰及"保存者"号打捞船。指挥官由奥尔登多夫兼任。

第三大队：指挥官罗素·伯基海军少将。

重巡洋舰"澳大利亚"号、"什罗普郡"号，轻巡洋舰"菲尼克斯"号、"博依西"号及"贝奇"号等7艘驱逐舰。其中"澳大利亚"号、"什罗普郡"号和驱逐舰"阿伦塔人"号、"瓦拉蒙加人"号来自澳大利亚皇家海军。

第四大队：指挥官托马斯·斯普拉格海军少将。

第一支队：护航航母"切南戈"号、"桑加蒙"号、"桑提"号、"苏万尼"号、"萨吉诺湾"号、"彼得罗夫湾"号，"麦科德"号等3艘驱逐舰及"埃德蒙兹"号等4艘护航驱逐舰，指挥官托马斯·斯普拉格少将兼任。

第二支队：护航航母"马尼拉湾"号、"纳托马湾"号、"卡达山湾"号、"马库斯岛"号、"奥曼尼湾"号、"萨沃岛"号，"弗兰克斯"号等3艘驱逐舰及"奥伯·伦德尔"号等4艘护航驱逐舰，指挥官菲利克斯·斯普顿海军少将。

第三支队：护航航母"范莎湾"号、"加里宁湾"号、"圣洛"号、"基昆湾"号、"甘比尔湾"号、"白平原"号，驱逐舰"赫尔"号、"约翰斯顿"号、"希尔曼"号及护航驱逐舰"丹尼斯"号、"约翰·巴特勒"号、"雷蒙德"号、"塞缪尔·罗伯茨"号。指挥官克里夫顿·斯普拉格少将。顺便指出，两位斯普拉格只是同姓，彼此并无血缘关系。

第五大队：指挥官沃尔特·劳德海军中校。

"布里斯"号等布雷舰2艘，高速扫雷舰"钱德勒"号等7艘，"必要"号等扫雷舰13艘，高速运输舰"桑德斯"号，澳大利亚护卫舰"加斯科内"号及第1704号摩托艇。

第六大队：指挥官查尔斯·摩根海军少校。

"贝尔纳普"号等11艘高速运输舰，负责运输考夫曼中校的"蛙人"分队，执行水下或滩头临时爆破任务。

第七大队：指挥官杰斐逊·比尔德海军上校。

"阿什塔拉比"号等14艘油轮，"马扎马"号等5艘弹药船，"鲍尔斯"号等3艘护航驱逐舰，两艘淡水供应船，"印度河"号等4艘布网船及登陆艇维修舰、打捞船等。

第七十八特混舰队：负责运送北部攻击部队，司令官丹尼尔·巴比海军少将坐镇"蓝岭"号两栖登陆指挥舰。

第一大队：武装运输船、货船、船坞登陆舰、拖船等28艘，登陆艇32艘，由"哈里森"号等 8 艘驱逐舰及"伯林顿"号等 2 艘护卫舰护航,指挥官巴比少将兼任。

第二大队:武装运输船、货船、船坞登陆舰、拖船等 44 艘,登陆艇 23 艘,由"弗莱彻"号等 9 艘驱逐舰、"马斯科吉"号等 2 艘护卫舰护航,指挥官威廉·费克特勒海军少将。

第三大队:澳军登陆舰"卡尼布拉"号等 3 艘,英军布雷舰"阿里阿德涅"号,美军"休斯"号等 10 艘驱逐舰、"埃尔帕索"号等 4 艘护卫舰护航,指挥官亚瑟·斯特鲁贝尔海军少将。

第四大队:高速运输舰"克罗斯比"号等 5 艘,舰队拖船"克奇索"号,"斯塔克"号等 2 艘驱逐舰、护卫舰"比斯比"号等 2 艘负责护航,指挥官斯特鲁贝尔少将兼任。

第七十九特混舰队:负责运送南部攻击部队,司令官西奥多·威尔金森海军中将坐镇"奥利匹斯山"号两栖登陆指挥舰。

第一大队:两栖登陆指挥舰"阿巴拉契亚山"号,武装运输船、货船、船坞登陆舰、拖船等 21 艘,"阿博特"号等驱逐舰 8 艘提供护航,指挥官理查德·康诺利海军少将。

第二大队:两栖登陆指挥舰"洛基山"号,武装运输船、货船、船坞登陆舰、拖船等 21 艘,登陆艇 17 艘,"查尔斯·巴杰"号等 9 艘驱逐舰提供护航,指挥官福里斯特·罗亚尔海军少将。

第五大队:理查德·韦伯上校率领的 31 艘登陆艇,威廉·比斯克上校率领的 32 艘登陆艇,迈耶·瓦塞尔上尉指挥的 12 艘登陆艇及驱逐舰"斯坦布尔"号。

此外,驻珍珠港第十七特混舰队司令官查尔斯·洛克伍德海军中将也派出 19 艘潜艇前往参战。

金凯德可能做梦都没想到自己竟能指挥这么多军舰。第七舰队舰船之多,以至于没有任何一个港口可以供它们锚泊,这意味着上述舰艇需要停泊在数个港口之中。战斗打响时,大部分舰只需要同时抵达战场。部分战舰停泊在荷兰迪亚,距莱特湾 1900 公里。更多舰船停泊在马努斯港,距莱特湾 2510 公里。少数舰船停泊在新几内亚东部的芬什哈芬港,距莱特湾竟有 3340 公里之遥。停在不同港口的船只必须在适当时间出发,才能同时到达目的地。大型运输船速度很慢,航速只有可怜的 10 节，每天仅能走 400 公里。从荷兰迪亚出发的船队走完航程需要 5 天，从芬什哈芬港出发则最少需要 9 天。如果将不同舰队的出发情况加以详细说明的话，估计几千字都说不完。

细心的朋友可能已经发现了问题。这么多参战舰艇中，战斗力最强的快速航母和新型战列舰竟然一艘都没有。如果在海上遭遇以"大和"号和"武藏"号为核心的日军战列舰队，别说登陆船队，护航舰只连自身安全都难以保证。美国人用兵素来以"稳健"著称，难道像麦克阿瑟这样的战术大师就听任金凯德面临如此大的潜在风险？不要着急，尼米兹还为本次行动准备了另一支打击力量，那就是由哈尔西亲自领军的第三舰队。要切实掌握作战区域的制海权和制空权，不依靠这支舰队肯定是不行的。由于大部分舰艇被调去充实第七舰队，此时第三舰队规模已经大大萎缩。其组成如下。

第三十八特混舰队：司令官马克·米切尔海军中将，参谋长阿利·伯克海军上校。舰队下辖四个特混大队：

第一大队：重型航母"大黄蜂"号、"黄蜂"号，轻型航母"考彭斯"号、"蒙特利"号。上述 4 艘快速航母拥有舰载机 244 架，其中"地狱猫"130 架、"地狱俯冲者"60 架、"复仇者"54 架。护航舰只包括重巡洋舰"威基塔"号、"波士顿"号、"堪培拉"号、"切斯特"号、"彭萨科拉"号、"盐湖城"号，轻巡洋舰"休斯顿"号及"伊扎德"号等 15 艘驱逐舰。司令官约翰·麦凯恩海军中将。

第二大队：重型航母"邦克山"号、"无畏"号、"汉考克"号，轻型航母"卡波特"号、"独立"号。上述 5 艘快速航母拥有舰载机 339 架，其中战斗机 174 架、俯冲轰炸机 94 架、鱼雷机 71 架。护航舰只包括新式战列舰"衣阿华"号、"新泽西"号（哈尔西旗舰），轻巡洋舰"迈阿密"号、"文森斯"号——为纪念萨沃岛海战中不幸战沉的重巡洋舰所命名的同名舰——"奥克兰"号、"圣迭戈"号及"米勒"号等 17 艘驱逐舰。司令官杰拉尔德·博根海军少将。

第三大队：重型航母"埃塞克斯"号、"列克星敦"号（米切尔旗舰），轻型航母"兰利"号、"普林斯顿"号。上述 4 艘快速航母共有舰载机 253 架，其中战斗机 142 架、俯冲轰炸机 55 架、鱼雷机 56 架。护航舰只包括新式战列舰"华盛顿"号、"马萨诸塞"号、"南达科他"号、"阿拉巴马"号，轻巡洋舰"伯明翰"号、"圣达菲"号、"雷诺"号、"莫比尔"号及"克拉伦斯·布朗森"号等 15 艘驱逐舰。司令官弗雷德里克·谢尔曼海军少将。

第四大队：重型航母"企业"号、"富兰克林"号，轻型航母"贝露森林"号、"圣贾辛托"号。上述 4 艘航母共有舰载机 241 架，其中战斗机 123 架、俯冲轰炸机 65 架、鱼雷机 53 架。护航舰只包括重巡洋舰"新奥尔良"号，轻巡洋舰"比洛克西"号及"格瑞德里"号等 11 艘驱逐舰。司令官拉尔夫·戴维森海军少将。

美军 9 艘重型航母、8 艘轻型航母合计共载机 1077 架，其中战斗机 569 架、俯冲轰炸机 274 架、鱼雷机 234 架。这是美国海军首次在单次作战行动中出动四位数的舰载机。

虽然规模有所缩小，但由于甩掉了需要保护的"包袱"（运输船及登陆部队），现今的第三舰队机动性更强、攻击力更大。可以毫不夸张地说，这是当时地球上搭配最合理的一支"无敌舰队"。

坐镇"列克星敦"号的米切尔中将将一直指挥这支舰队。莱特岛战役结束后，他将把指挥权交给第一大队司令官麦凯恩中将，此节前文已有所述。

说第三十八特混舰队就等于第三舰队并不准确。配合快速航母舰队作战的，还有一支极易被我们忽略的特殊队伍，它的番号是第三十特混舰队第八大队，即第三舰队后勤供应大队。美国人这番号实在太乱太多，别说当事者日本人，连今天的局外人老酒都经常被弄得晕头转向，凭空浪费了好几张 A4 纸。这支舰队的司令官军衔不高，贾斯帕·阿库只是区区海军上校。即使是一支后勤补给舰队，其规模同样令人咂舌。

"拿骚"号、"夸贾林"号、"埃斯佩兰斯"号等 11 艘护航航母，任务是搭载不同型号战机，随时为主力舰队的战损提供补充。值得一提的是，到 1944 年 3 月生产顶峰时刻，美国国内飞机制造厂每 295 秒就能生产出一架战机，包括 B-17、B-24 和 B-29 等机型。美国人处理伤势过重飞机的方式不是维修，而是直接推入大海喂鱼。

由"瓜达鲁普"号、"普拉特"号、"内奇斯"号等 33 艘油轮组成的补给船队，将随时为四支航母大队提供充足的燃料。

由"拉森"号、"胡德山"号等 12 艘弹药船组成的弹药分队，将保证主力舰队可以甩开膀子随便打炮。

由"波尼"号、"芒西"号、"希奇提"号等 10 艘拖船组成的船队，可随时将战斗中受伤的舰船拖回后方基地维修。

为上述补给船护航的是"杜威"号、"戴森"号等 18 艘驱逐舰和 27 艘护卫舰。坐镇"约翰·亨利"号驱逐舰的阿库上校能指挥这样一支由 74 艘舰船组成的庞大船队，这辈子也算没有白活。正是这支游离于战场边缘的船队，使得第三十八特混舰队可以在海上连续征战 16 周以上。可以说，它们是快速航母战斗群的保姆和奶妈。

后来有史学家总结说，参战美军驱逐舰数量——178 艘，不包含 40 艘护航驱逐舰和 10 艘护卫舰——大大超过了日军航母舰载机 118 架的数量。

现在第三舰队只剩这两支力量。如此看来，哈尔西只需管住两个人就可以了：一个是米切尔，另一个是阿库。这显然是不太可能的，即使是性格内敛的斯普鲁恩斯也不会那么做。哈尔西选择坐镇"新泽西"号跟随第二大队一起行动，米切尔则选择第三大队"列克星敦"号为旗舰。实际上相当于两个人在指挥同一支舰队。虽然两人关系一直不错，但以哈尔西争强好胜的性格，他一定会直接插手战术指挥的。在莱特湾海战中，米切尔从不知道自己的权限和职责是什么。哈尔西一次又一次越俎代庖，直接对舰队行使战术指挥，大部分时间里米切尔处于没事可干的尴尬状态。

8 月 29 日清晨 6 时 30 分，米切尔率领以 16 艘航母——1944 年 4 月 15 日下水的"汉考克"号 10 月 5 日才抵达乌利西环礁，加入博根少将第二大队——为核心的快速航母舰队驶出埃尼威托克环礁，为两大战区进攻贝里琉和莫罗泰岛的作战提供支援。9 月 11 日，哈尔西率"新泽西"号和 3 艘驱逐舰汇入米切尔大部队。随后第三十八特混舰队相继空袭了小笠原、帕劳和菲律宾群岛，大大削弱了日军陆基航空力量，此节前文已有详叙。9 月 23 日，除留下戴维森少将第四大队支援贝里琉作战之外，博根第二大队、谢尔曼第三大队撤往乌利西环礁，麦凯恩第一大队则前往马努斯休整。它们随后将合兵一处，共同为麦克阿瑟进攻莱特岛的行动提供空中支援。

9 月 29 日，哈尔西率参谋人员飞赴荷兰迪亚，同麦克阿瑟和参谋一起制订莱特岛登陆战中第三十八特混舰队如何协同、支持第七舰队的方案。离开荷兰迪亚后，哈尔西一行飞往帕劳，他看到星条旗已飘扬在安加尔岛上空。当他乘吉普车登上贝里琉岛时，那里激战仍在持续，日军一发迫击炮弹差点打中了他的吉普车。

稍加留意我们就会发现，对规模如此宏大的一场决定性战役，美军竟然没有建立统一指挥系统。陆军部队统属麦克阿瑟指挥还算好说，问题主要出在海军方面。金凯德第七舰队隶属麦克阿瑟指挥，他对保障战区制海权和制空权的关键部队——第三舰队并无指挥权，只能通过珍珠港的尼米兹甚至华盛顿参谋长联席会议出面协调。更令人匪夷所思的是，同属海军的第三舰队和第七舰队并未建立起通信联络，原因是麦克阿瑟坚决不允许自己指挥下的海军与尼米兹的部队有直接联系。如果金凯德需要和哈尔西沟通的话，必须经西南太平洋战区司令部转达。

战区司令部和下属各部之间的无线电联络本来已经非常繁忙，还要转达第七舰队和第三舰队的联系，对那些通信人员确属勉为其难。即使抛开主观上的懈怠，他们收到信息译电、加密、转发都需要一定时间。战机稍纵即逝，任何耽搁都可能造成灾难性后果。这种人为设置的障碍对作战百害而无一利，实乃兵家大忌。麦克阿瑟做出上述不理智决定，显然仍是在和海军闹矛盾，更多是出于个人情感和权柄考虑。

还有一层容易被忽略的因素。1942 年 11 月，时任第十六特混舰队司令官的金凯德突然被哈尔西解除了职务，理由是他在圣克鲁斯海战和瓜岛海战中表现欠佳，他被命令去指挥几艘巡洋舰和驱逐舰。一直自我感觉良好的金凯德被突然抢过来的一棒子打晕了，他拒绝到新岗位就职，提出直接回家养老。幸好金凯德命不该绝，由于尼米兹的大力推荐，金凯德才有幸咸鱼翻生，先是到阿留申群岛出任第八特混舰队司令官，后来又到西南太平洋执掌第七舰队。这是两年半后两人的又一次合作。虽然很多人称哈尔西和金凯德"关系融洽""是终生的好朋友"等，但老酒认为这种可能性实在不大，从所作所为看不出金凯德有如此雅量。哈尔西同样如此，他在回忆录里曾公开指责金凯德是个"连烟酒都不沾的大浑蛋"。看上去的确令人费解。欧洲战场来自多个国家的部队都能实现指挥的统一，在相对单纯的太平洋战场，属于典型"一股独大"的美国人却无法打破军种界限实现统一指挥，后来在莱特湾海战中出现诸多龃龉也就不足为奇了。

把太平洋划分成两大战区，事实证明在战争前一阶段具有战略优势，日本人经常为此陷入左支右绌的尴尬境地。但是现在，两大战区有了同一个进攻目标，战区之间协调变得尤为重要。最简单有效的办法是合并两大战区，任命一个司令官。但眼下事实是，麦克阿瑟和尼米兹明争暗斗，谁也不理谁。他们都直接向华盛顿汇报，而参谋长联席会议是一个不经过吵架就无法达成意见统一的机构，这就导致效率低下。表面看似乎是麦克阿瑟和尼米兹两人之间的问题，究其原因却是陆军和海军之间由来已久深层次矛盾的现实反映。西南太平洋战区由陆军主导，太平洋战区则是海军唱主角儿，两位战区司令官同时又是陆军和海军的代表。麦克阿瑟能取得第七舰队指挥权，对海军来说已经非常不情愿了。金派金凯德到麦克阿瑟手下听差，主要原因是他认为金凯德不太聪明，让他在麦克阿瑟手下干活海军不会有太大损失。如果把战斗力最强的第三舰队交给麦克阿瑟指挥，就是把金的腿打断他也不会同意的。金和麦克阿瑟本身互相厌恶，他本人又极力反对菲律宾作战，怎能将第三舰队的指挥权轻易让予"敌人"？即使华盛顿对未能实现统一指挥可能带来的后果心知肚明，也无法拿出妥善解决的方案。最终只能是临时将就，和稀泥。

至于在未来作战中哈尔西和金凯德如何协作，也只能"背着手撒尿，随它流了"。

## "捷"号作战

7月的东京注定不会平静。18日，东条英机内阁垮台，22日，在一片电闪雷鸣、风雨交加之中，小矶国昭内阁粉墨登场。前一天，美军登陆关岛，次日，提尼安岛的地面战斗正式打响。在美军咄咄逼人的攻势面前，小矶内阁必须尽快做出应对。

塞班失守，关岛和提尼安岛的陷落已变成一个时间问题，东条划定的"绝对国防圈"被撕开了一个大口子。听了军方前线战况的介绍，刚从"乡下"进城的小矶大惊失色："什么？都已经输成这个样子啦？"东京必须尽快制定新的政略、战略，恢复正在渐渐丧失的希望和秩序。

新官上任三把火，7月25日，新任参谋总长梅津联袂新任陆军大臣杉山做出决定，"按决战七、长期战三的比例部署今后作战"，是为"短期决战计划"。大本营陆军部认为，以美军为首的盟军将以短期结束战争为目标，在太平洋战场继续对帝国发起攻势，尤其会加强对本土的空袭和以切断本土和南方资源区海上交通为目标的进攻作战。此外，由于以美英为主的盟军在法国诺曼底登陆以及苏军发起的夏季攻势，欧洲战场形势对盟友德国渐趋不利。此外还需特别注意，年末之后，苏联对日态度很可能发生重大变化。帝国已面临生死存亡的危急关头。据此陆军部提出，1944年下半年应集中国力和战力投入决战，力求粉碎敌人的反攻企图。与军事行动相配合，外交方面最晚在初秋之前斡旋德苏媾和，争取重庆政府退出战场。以上述思想为核心，大本营将着手开始"捷号作战"的相关准备。

将保卫帝国生命线的作战命名为"捷"，乃取"一击制胜，万里传捷"之意。事实恰好相反，由一系列拼死防御战组成的"捷号作战"注定属于绝望的产物，在战局如此惨淡的情况下使用这样冠冕堂皇的字句，总觉得有些自欺欺人。

为将"捷号作战"具体化，大本营必须尽早就战争指导同政府达成一致意见。在军方决策中，陆军往往处于主导地位。对陆军部提出的方案，海军部基本表示赞同。7月27日，大本营将《今后应采取的战争指导大纲草案》作为非正式文件提交小矶，提议尽快与新内阁展开讨论，做出决定。

受命于危难之际的小矶对战争前途毫无胜算，他现在满脑子都是裕仁"尤其要达成大东亚战争之目的，并须努力避免刺激苏联"的圣谕。前首相东条同时兼任参谋总长和陆军大臣，可以名正言顺地参与战争指导。并无上述便利的小矶组阁前就提出首相必须列席大本营会议，遭到陆海军一致拒绝。7月31日，在首次新内阁和大本营联席会议上，小矶提出了有关联席会议组成及工作方式的新方案，希望迅速分析形势，决定战争指导大纲和对外政策，研究与此有关的各项具体措施。

根据小矶提出的方案，8月4日17时，内阁与大本营联席会议做出决定，设置"最高战争指导会议"。自"卢沟桥事变"以来，一直作为战争最高决策机关的内阁与大本营联席会议至此寿终正寝。从之后的运作可以看出，这种废除仅仅是形式上的，两种会议实质上并无多大区别。

会议同时决定，最高战争指导会议在皇宫召开，在审议重大事项时奏请裕仁出席。参会人员六人：陆军参谋总长梅津美治郎、海军军令部总长岛田繁太郎、内阁首相小矶国昭、外务大臣重光葵、陆军大臣杉山元和海军大臣米内光政。根据内容需要，会议可邀请其他内阁成员、参谋次长、军令部次长等人列席。

会议设立三干事制，分别由内阁书记官长田中武雄、海军省军务局长多田武雄、陆军省军务局长佐藤贤了出任。

在决定参会人员时，关于两次长是否出席会议发生了争议。佐藤解释说，由于处理军务，总长经常需要到前线视察，为及时决定重要战争指导问题，有必要由次长代理出席。即使在总长出席的情况下，很多场合还需次长做补充说明——由此看出，所谓总长在很多具体作战事宜上是不太清楚的。作为变通，佐藤提出如果总长出席会议，次长不在会议决议上签名。大家一致认可了佐藤的意见。

对梅津提出"参会人员如一人不参加即视为无效"的说法，与会人员一致赞同。就是说，决议的形成并非少数服从多数，而是与会六人均拥有一票否决权。后文在讲述决定日本投降决策的过程时，会频频涉及这一问题。

梅津提出："关于外交问题，我认为今后在执行机密战争指导时，有必要抛开三干事，是否可行？"以重光为首，全体人员一致举手同意。就是说今后凡涉及外交的重大问题，都是以上六人说了算。参谋本部作战课长服部卓四郎在《大东亚战争全史》中高度评价了这一成果，"这表示大本营、政府今后面临局势的严重性，以及战争指导首脑部门对此担负的责任和决心，给以往动辄流于事务主义倾向的战争指导机构增添了勃勃生气"。从之后的实际进程来看，"勃勃"很快不见了踪影，光剩下"生气"了。

虽然小矶是资深陆军大将，但他和老酒一样属于预备役——当然人家小矶有证——不像东条那样可以代表陆军。梅津显然不想让他插手作战，所以退出现役已七年的小矶说话分量极其有限。一个最佳例证是，在某次最高战争指导会议上，小矶破例多说了几句，参谋次长秦彦三郎当着所有人的面公开指责他："对于作战，不懂现代用兵方法的首相少开口好不好？"其他人竟然听之任之，不加制止。可以想象，当时小矶的表情有多尴尬。

8月9日到16日，最高战争指导会议三干事就《今后应采取的战争指导大纲草案》进行了多轮磋商，在主要问题上达成一致意见。8月18日，小矶携梅津、及川古志郎——他于8月2日接替岛田出任军令部总长——进宫上奏天皇，提议对新的战争指导进行专题研究。

新总长及川也算咱们的老熟人了。开战之前，山本五十六关于偷袭珍珠港设想的那封重要信件就是写给他的，当时及川是近卫内阁的海军大臣。及川担任过海兵和海大校长，因曾出任皇太子裕仁的海军武官，官运亨通。武汉会战时，他是中国方面舰队兼第三舰队司令官，率内河炮舰和航空队溯流而上突破马当、田家镇继而侵占汉口就是此人干的事。正是他在任海军大臣时改变了海军的一贯态度，最终促成缔结《三国同盟条约》，将日本领上了战争之路。值得一提的是，及川号称海军第一"汉学家"，研究《论语》《孟子》比绝大多数中国人都透彻。及川此前的职务是海上护卫舰队司令官，负责从南洋到日本本土物资运输的护航工作。东条内阁总辞之后，原预定代替岛田出任军令部总长的末次信正得了急病，及川意外出任了这一海军最高军职。

8月19日上午10时，有裕仁亲自参加的最高战争指导会议在皇宫召开。参会人员除小矶、米内、重光、杉山、及川、梅津和三干事外，参谋次长秦、军令部次长伊藤列席会议。会议将审议两项重要文件：《世界形势判断》及《今后应采取的战争指导大纲》。《判断》认为，美英联军在法国北部登陆及苏联人发起的夏季攻势，德国面临的局势更加严峻。但不管欧洲形势如何，"帝国将倾尽所有努力决一死战，摧毁敌军，与政略措施相辅相成，坚决为结束战争而奋勇前进"。

根据上述《判断》，《大纲》确立了今后需严格遵循的三大方针：

一、帝国将集结现有战力和国力，击破敌人，摧毁其继续战斗的意志。

二、不管第一项方针能否成功和国际形势如何变换，在一亿民众坚如磐石的团结之下，我们必能护卫皇土，取得胜利，结束战争。

三、帝国将依靠实施彻底的对外政策，以期政局与战局的好转。

以上三大方针分别对应军事、政治和外交。军事是本书讨论的重点，我们不妨倒过来先说外交，先易后难。御前会议决定对苏政策的两大原则是："维持中立，进一步寻求两国关系的根本好转"，"迅速为实现德苏媾和而努力"。最高战争指导会议首先就向苏联派出特使寻求解决问题的途径，取得一致意见。8月26日的六人会议上，有人提议派刚下台的东条作为特使出使莫斯科，被梅津以"陆军出面不合适"否决。梅津继而提出由外相亲自出马，重光又说自己太忙，无法成行。随后提出的候选人前外相松冈洋右、实业家久原房之助——日立和尼桑创始人之一——都因重光反对作罢。当天会议并未就特使人选达成一致意见。在8月31日的六人会议上，提出的新人选铃木贞一被梅津否决。9月4日的会议上，六人终于达成一致，前首相、外交官出身的广田弘毅受命出使苏联。

重光将特使人选发给日本驻苏联大使佐藤尚武，由他刺探莫斯科对派出特使一事的反应。9月6日，重光还将上述意图当面告知了苏联驻东京大使雅各布·马立克，说明特使的任务是"斡旋德苏媾和""维持日苏关系"及《日苏中立条约》续约问题，该条约将于1946年4月到期。如此重大问题，在请示莫斯科之前，马立克是不可能给出明确答复的。

9月16日，佐藤会见了苏联外交人民委员莫洛托夫，后者拒绝东京向莫斯科派出特使。佐藤于9月18日致电重光，说明了苏联人的不合作态度。在9月28日的最高战争指导会议上，重光提出的今后对苏政策获得一致通过："维持日苏中立态度，进而谋求两国关系的好转；为应付德国崩溃或单独媾和的情况，利用苏联为扭转形势而努力。"重光强调，谋求积极解决日苏间的各项悬案，努力避免不必要的摩擦。

但不久莫斯科发生的一件事让东京大惊失色。在11月6日纪念十月革命胜利27周年庆祝大会上，斯大林在演说中明确提出："根据历史经验，侵略国、攻击国对战争的准备总是比被侵略国、被攻击国做得更加充分。例如'珍珠港事件'和在其他太平洋诸岛所看到的攻击，日军对中国香港、新加坡的最初进攻等事实绝不能认为是偶然的。这表示作为侵略国的日本，比坚持和平政策的美英两国对战争有更充分的准备。"

之前为维持中立关系，苏联在涉及两国关系问题上一直小心翼翼。此次公开发表如此不利于日本的言论，意欲何为？11月16日的最高战争指导会议上，众人首先研究了斯大林讲话的隐含内容。小矶提议采取必要手段对苏联人予以断然回击，根本没人接他的话茬儿。会议最终决定，"以沉默抗议为宜"。

恼羞成怒的小矶质问军方："国防上有无不安全之处？"次长秦对此做了进一步说明："为了对美英作战，北方对苏防御必然会出现缺陷。"对小矶"苏联是否会废弃中立条约"的提问，秦不屑一顾地回答道："对他们来说，现在没有续约的必要性，他们当然是要废弃的。对于苏联，条约和战争是没有直接关系的，他们随时可以撕毁它。"当天会议形成结论，"以无策为上策"，至此日本对苏外交努力完全失败。用咱中国一句俗语讲就是，"热脸贴上了冷屁股"。佐藤将这段经历概括为，"软弱之人进行的软弱外交"。

对苏外交毫无进展。8月25日，重光向日本驻柏林大使大岛浩发出了"积极斡旋德苏媾和"的训令。被认为"比德国人还德国人"的大岛对此毫无热情。当年为促成《日德防共协定》和《三国军事同盟》，大岛鞍前马后，蹿得比猴都高，现在又怎能反其道而行之？况且大岛事先已经知晓希特勒的态度，他是绝对不会向苏联人妥协的。8月29日，大岛回电重光，指明自己还没有拜会德国外交部长里宾特洛甫，然后提出一大堆问题："是否已经试探过苏联方面的态度？苏联人是否有求和意图？日本有无准备接受德国对日提出的保障要求即对苏开战？"陆军出身的大岛根本没把外务省看在眼里。

重光对大岛的回复非常不满，这到底是谁在命令谁呀？接到大岛回电的当天，重光约见了德国驻日大使施塔默尔，试探柏林的意向。施塔默尔直到9月14日才回复重光，希特勒根本没有和苏联媾和的意图。加之苏联拒绝东京向莫斯科派出特使，斡旋德苏媾和一事无疑已经走入了死胡同。

对外斡旋连连碰壁，9月21日，最高战争指导会议确立了应对德国骤变及由此可能产生各种严重事态的根本方针："即使德国崩溃或单独与敌媾和，确信一亿国民在坚如磐石的团结之下一定能够取得胜利。为捍卫皇土，坚决把战争进行到底。"

8月19日的御前会议同样确定了对华工作总方针，"对重庆迅速发动有组织的政治工作，谋求解决中国问题"，和平条件是"除去满洲全部让步"。9月5日，最高战争指导会议决定了"关于对重庆实行政治工作的方案"：同意蒋介石返回南京，与汪精卫建立统一联合政府，实现"蒋汪合流"。两者之间的关系调整乃中国内政，由双方谈判解决。如果美英军队撤出中国，日本亦同意完全撤兵，但伪满洲国不得改变现状。香港可以移交中国，通过外交努力达成中日停战，全力以赴对付英美。

当时汪精卫正在日本养病。9月11日，原汪伪政府最高军事顾问柴山兼四郎飞往南京，向留守的陈公博、周佛海等人传达了东京的旨意。为推进对华和谈工作，小矶委派与蒋介石颇有私交的宇垣一成为特使，9月14日飞往中国斡旋。后来接任柴山出任最高军事顾问——8月25日柴山接替富永恭次出任陆军次官——的矢崎勘十报告说，无法与重庆直接谈判。试想，即使在美国尚未参战的20世纪30年代后期，偏安西南一隅的蒋介石都不肯轻言投降，何况胜利曙光已非初现的今日？11月10日，汪精卫病死在名古屋帝国大学医院，日本对华"和平谈判"完全进入停滞状态。

外交努力毫无结果，国内政策特别是振奋国民精神的努力倒是取得了一些成果。8月24日召开的地方官会议上，小矶首相振臂高呼："决战已经临近！"各大媒体纷纷叫嚣"决战政治""决战科学""决战议会"，大街上甚至开始出售一种所谓的"决战酒"——其实就是普通酒改了个称呼而已。虽然生活日益窘迫，但国民斗志依然高昂。人们奔走相告，决战将在不久后进行，届时必将重现珍珠港、马来亚那样的辉煌。陆军参谋本部虽然乐于看到这种结果，但同时也感到迷惑。10月3日战争指导班《机密战争日志》上记述了这样一段话：

关于最近舆论指导，应该特别注意以下两点：

一、随意使用"决战"一词，对决战成果寄予过高期望，可能反而会导致失败，应该慎重使用措辞。

二、最近，主观"必胜论"和合理"战败论"横行，必须引起高度重视。

"彻底对外政策"屡屡受挫，"振奋国民精神"又产生了过激的"必胜论"。可以想象，内外交困的小矶当时有多难。"三大"方针"两大"落空，看来也只能从战场上寻找出路了。

东条最先辞去的是参谋总长职务，军方的行动因此大大早于政府。就在新内阁成立的7月22日，两总长梅津和岛田已经确立了今后一段时期应遵循的作战方针，并以大本营命令的形式正式下达：

一、加强从菲律宾、中国台湾、西南诸岛到本土和千岛群岛第一线的防御。

二、精心准备，不管敌军来攻上述任何地点，均能随时集结陆海空力量予以迎击，将之击溃。

三、按原计划完成"湘桂作战"，依靠中国大陆交通弥补海上交通的不足。

四、尽量依靠沿岸航路，确保海上交通安全。

梅津解释说："此作战方针的基本原则，是对进攻第一线的任何之敌予以坚决抗击，谋求挽回战争局势，找到光荣结束战争的途径。将这一系列作战命名为'捷号作战'，正乃此意。"由于无法准确判断美军下一步进攻方向——连美国人自己都不知道，华盛顿和珍珠港正为同一问题激烈争吵呢——"捷号作战"由一系列子作战组成。7月24日，大本营陆军部电令各部：

一、大本营意图对本年度后期敌军主力的进攻，指导决战，粉碎其企图。

二、预定本土（除北海道）地区及菲律宾方面为决战方向，进行决战的重要地区及其发动由大本营决定之。

三、南方军总司令官、台湾军司令官、防卫军总司令官、第五方面军（负责北海道和千岛群岛方向）司令官、中国派遣军总司令官应各自完成任务，与海军协同，按下列目标做好决战准备：

保卫菲律宾方面的"捷一号"作战：8月末。

保卫中国台湾、琉球方面的"捷二号"作战：8月末。

保卫九州、四国、本州方面的"捷三号"作战：10月末。

保卫北海道、千岛方面的"捷四号"作战：10月末。

为加强各战场的相互支援，各军司令官应按下列计划准备以下机动兵力：

南方军总司令官以一个旅团在菲律宾北部待命，随时增援中国台湾或西南诸岛。

台湾军司令官以一个旅团在台湾待命，随时增援菲律宾或西南诸岛。

防卫总司令官以三个步兵大队、一个炮兵大队在鹿儿岛待命，随时增援西南诸岛；另以同样兵力在姬路待命，随时向小笠原群岛方面调用。

实施"捷一号""捷二号"作战时，大本营约以一个师团兵力在上海待命，随时增援菲律宾、西南诸岛或中国台湾方向。

实施"捷三号""捷四号"作战时，大本营以第四十七师团在弘前待命，随时向本州东北部或北海道方面调用。

若实施"捷三号"作战，第三十六军（以第八十一师团、第九十三师团和战车第四师团为基干组成）直接编入防卫军总司令官管辖。

东京认为，美军最可能进攻的目标是菲律宾，即四个作战方案中实施"捷一号"方案可能性最大。梅津决定调整部署，进一步加强菲律宾地区的防卫力量。7月28日，大本营陆军部下令将第十四军升级为方面军，原军司令官黑田重德中将为方面军司令官，统一指挥菲律宾地区的作战。日军占领菲律宾后，原第十四军司令官本间雅晴因处事不够严厉被东京解职，1942年8月由田中静一取而代之。1943年5月，原南方军总参谋长黑田重德从田中手中接过了军司令官职务。

从7月中旬到8月上旬，随着参谋本部一纸电令，原驻中国山西大同第二十六师团、驻黑龙江绥阳第八师团、驻黑龙江勃利战车第二师团相继开赴菲律宾，加入第十四方面军战斗序列。

为加强菲律宾中、南部地区的防御，大本营下令新编成第三十五军，隶属第十四方面军指挥。8月11日，铃木宗作受命出任军司令官。到8月上旬，第十四方面军战斗序列如下。

第三十五军：下辖第十六、第三十、第一〇〇、第一〇二师团及独立混成第五十四旅团。

方面军直属：第八、第二十六、第一〇三、第一〇五师团，战车第二师团，独立混成第五十五、第五十八、第六十一旅团。

以上各部共计兵员23.5万人。需要特别指出的是，几个带"〇"师团都在原独立混成旅团的基础上临时升格，人员可以临时拼凑，但装备不足严重影响了他们的战斗力。

大本营认真总结了之前岛屿防御战无一成功的教训，对今后战术战法提出了新的指导。首先是空军的运用。美军登陆作战为惯用的"三板斧"：第一阶段出动航母战斗群设法击溃我基地航空部队取得制空权；第二阶段一面利用航母群继续掌控制空权，一面出动水面舰艇对登陆滩头实施炮击，彻底摧毁至少是削弱我军防御阵地；第三阶段，搭载部队的运输船驶入近海进行登陆。我航空部队往往在迎击敌军航母群的战斗中已消耗殆尽，无力对敌登陆船队实施有效攻击，导致敌军登陆部队几乎未遭多大损失就安全上岸。针对上述情况，大本营调整了航空战方针。今后作战，当敌方进行第一阶段航空攻击时，避免决战，保存兵力；对敌登陆兵团，则倾陆海军全部航空兵力一举消灭之。

在攻击目标选择上，陆海军再次出现分歧。海军坚持以敌航母为主要攻击目标，陆军则强力主张先攻击敌人运输船团——那上边放出来的人主要和陆军作战。南方军这次一反常态，积极支持海军首攻航空母舰的主张，并于9月中旬派作战参谋美山要藏赴京强调这一观点。大本营并未采纳南方军的建议。双方经多轮协商达成妥协，陆海军航空兵力的具体分工是：海军航空兵以敌航空母舰及运输船为攻击目标；陆军航空部队则只攻击速度较慢的运输船，他们缺乏攻击海上快速移动目标的经验和能力。

航空作战还存在一大难题。对美军重型轰炸机B-17、B-24以及即将大批投入作战的B-29，日军战斗机缺乏击落他们的有效手段。此前已有个别飞行员驾机撞击B-17或水面舰艇的情况。到1944年夏天，一线航空部队中开始出现一种趋势，能够阻止敌军锐利锋芒的除必死必杀战术外，别无良策。

大本营经反复研究后认为，为了在"捷号作战"中挽回战局，这种"特攻"战法具有一定实用价值，同时提出对志愿"特攻者"许以特殊待遇，编组部队参加战斗。此举遭到了部分理智人士的强烈反对，"正式编成特攻部队，违反统帅之道。是否采用这种方法，应该让承担任务的各位勇士自行决定"。大本营采纳了这种意见，决定以志愿者临时编组特攻部队。由此可见，将"神风特攻队"归结为大西泷治郎的灵机一动显然是站不住脚的。

然后是地面作战方式的改变。以往岛屿守备部队推崇在海岸构成防御阵地，以期歼敌于滩头。从吉尔伯特、马绍尔、马里亚纳群岛作战来看，凭借强大舰炮火力和舰载航空兵，美军往往能够轻松突破滩头防御，进而快速推进占领全岛。日军往往在滩头损失了过多兵力，导致内陆防御因兵力不足迅速崩溃。大本营把根据以往战争经验得出的结论作为岛屿守备要领通告全军：改变过去依靠一线阵地的岸边歼灭主义，从海岸线起延伸到适当纵深构筑岸边阵地、主抵抗阵地、预备主抵抗阵地和二道防线阵地，将防御作战拖入持久作战。这一命令同样发给了驻帕劳的第十四师团。中川在贝里琉的防御证明，这种战术是极其有效的。

早在大本营发动"捷号"作战准备之前，南方军已将菲律宾确定为未来决战地带，并于 5 月中旬将司令部从新加坡迁往马尼拉。总司令官寺内认为，美军随时可能在菲律宾登陆，最可能遭到攻击的是中南部地区。南方军司令部因此致电东京，将主力部队集结于中南部与美军决战。

东京不认可南方军的计划，指出群岛任何岛屿都适合美军发起登陆。与其将兵力分散于中南部诸岛，不如集中主力与美军决战吕宋。因为只有吕宋交通相对便利，便于大兵力机动作战。中南部地区作战以海军和航空兵为主，地面决战仅限于吕宋。寺内接受了东京的建议，并迅速制订固守菲律宾的"捷一号"作战计划。

一、南方军和海军协同，击溃向菲律宾方面进攻的美军，摧毁其继续作战企图。

二、决战以和海军协同进行的航空战为主，在海上歼灭敌进攻主力。

三、地面决战力求在吕宋展开。

四、迅速整备菲律宾岛上机场，适应航空部队灵活作战的要求。机场整备由第十四方面军负责，第四航空军协助。

五、地面作战准备应遵照下列各项：

1. 巴坦岛、巴布延岛地区以一部兵力确保重要地区，摧毁敌军推进航空基地的企图。

2. 吕宋地区作为地面部队的主决战场，集结方面军主力，歼灭企图进攻的敌军主力。

3. 中南部地区确保重要基地，支援海军及航空部队的作战。

8 月 5 日，南方军在马尼拉进行了联合图上军演，以美军登陆莱特岛为第一设想，拉蒙湾为第二设想。寺内同时向第十四方面军、第四航空军下达了"捷号作战"准备命令，要求各部按上述思路在 8 月底做好相关准备。

对南方军上述部署，第十四方面军司令官黑田重德一直颇有微词。这位性格温和的小个子将军认为，美军在拿下马里亚纳群岛之后，接下来的进攻目标毫无疑问是菲律宾，"这里显然是个易攻难守的地方"。黑田判断，美军首要攻击目标很可能是莱特或棉兰老岛，而不是吕宋。因为棉兰老岛位于驻莫罗泰岛美军战机作战范围之内，莱特岛则是菲律宾的心脏，水域宽广的莱特湾是招引海上进攻的绝佳场所。寺内却根据大本营指令要求首先整备吕宋防御，着实属于本末倒置，令人费解。但军令难违，黑田只好违心调整部署，下令迅速加强吕宋的防御。

黑田同时命令第三十五军司令官铃木宗作，根据东京和南方军意图迅速制订菲律宾中南部防卫计划。不过，他对南方军提出"中南部地区决战以和海军协同进行的航空战为主、在海上歼灭敌人主力"的说法质疑。黑田先褒后贬："这一想法很好，但很可惜不切实际。光凭说话，是不能击沉敌人航空母舰的。我们孱弱的航空力量怎能在空中战胜敌人呢？在多场激烈空战之后，日美两国的战机数字迟早会变成美国 X，我们 0。届时美军再大举登陆，我们怎么办？仅依靠航空战的想法是极端危险的。"

黑田认为，菲律宾一仗必须在陆地上才能打赢。让陆军部队放弃训练去修建机场，纯属得不偿失，不务正业。"为什么要在达沃和塔克洛班修建机场？也许是想利用这些机场，把整个岛屿打造成一艘永不沉没的航空母舰。不过，如果敌人夺走这艘航空母舰，怎么办？"黑田甚至尖刻地说，现在大规模整修机场实际上是在替美国人干活。黑田的怪言怪语很快传到了南方军和东京，寺内和梅津极度不爽。寺内的副官佐佐藤久弥在战后披露，寺内将司令部由马尼拉遣往西贡，就是对黑田守卫菲律宾完全没有信心。

黑田的命令迅速传达到第三十五军司令部。在日本陆军中，铃木被誉为"人格高洁"和"正直坦率"的绅士。但从他在新加坡的表现来看，铃木和有类似赞誉的今村均还是存在一定差距的。铃木并无任何出任师团长的经历，这在军司令官中实属罕见。第三十五军防卫区域包括棉兰老岛及萨马、内格罗斯、班乃、莱特、宿务等大岛及周围数千小岛。棉兰老岛是菲律宾第二大岛，岛上的达沃是日军重要的海空基地。但该岛陆上交通不便，纵贯南北的道路需要不断修补方可勉强通车。第三十五军需要整备的主要机场有以下各处：棉兰老岛达沃和德尔蒙特，莱特岛塔克洛班以及内格罗斯岛的巴格洛等。

位于一线的铃木对美军可能进攻的时间估计，比他东京和马尼拉的上司要早许多。他告诉参谋长友近美晴，充分做好美军 10 月 1 日进攻的准备，并正确预言敌军登陆点很可能是莱特岛。8 月 17 日，铃木在宿务召开的专题军事会议上做出如下部署：

一、第一〇〇师团坚守达沃，第十六师团坚守莱特。以第三十师团主力及第一〇二师团一部作为机动兵力，随时用在重点方面。若敌主力在达沃登陆，调第三十师团主力、第一〇二师团三个步兵大队及其他兵力自卡加延、马莱巴莱方面实施增援，歼灭达沃方面之敌。此为"铃一号"作战方案。

二、若敌主力登陆莱特，则第三十师团主力、第一〇二师团两个步兵大队及其他兵力在奥尔莫克方面登陆，歼灭当面之敌。此为"铃二号"作战方案。

三、敌在达沃和莱特方面各以较强兵力登陆时，作战根据实际情况决定。但预定以第三十师团主力指向达沃方面，以第一〇二师团一部及其他兵力指向莱特方面。此为"铃三号"作战方案。

9月10日，菲律宾南部地区发生了所谓"达沃误报事件"。海军观察哨来电称，美军一部在棉兰老岛南岸达沃一带上岸。两小时后新报告说，美国海军陆战队涂有迷彩的两栖坦克在达沃对岸一个小岛南端登陆。铃木迅疾下令将第三十师团调回棉兰老岛南部，并紧急报告马尼拉。紧急军情导致第四航空军开始把飞机从新几内亚运往菲律宾，联合舰队则通知下属各部准备实施"捷一号"作战。但美军仅仅发起几轮空袭就匆匆撤走，并无地面部队登陆，哈尔西此举意在掩护在贝里琉和莫罗泰岛的军事行动。后来调查结果表明，在俯瞰海湾的山头上，观察哨误把滔滔波浪当作敌人登陆艇了。"把这次失误当作一次教训吧，"铃木对幕僚说，他相信下次再不会这样草木皆兵了。

截至9月下旬，第三十五军在菲律宾中南部的具体部署是：军司令部驻宿务；牧野四郎第十六师团主力部署在莱特岛，一部位于萨马岛；两角业作第三十师团在达沃地区；原田次郎第一〇〇师团在棉兰老岛中北部；福荣真平第一〇二师团分散部署于班乃、内格罗斯、宿务和巴拉望岛；北条藤吉独立混成第五十四旅团驻棉兰老岛三宝颜地区；铃木铁二独立混成第五十五旅团两个大队驻和乐岛，其余一个大队驻宿务。以上各部合计兵力约10万人。

负责菲律宾方面的陆军航空兵为寺本熊市第四航空军。1943年3月以来，该部在新几内亚经历过多次战斗，1944年6月1日"转进"至马尼拉。第四航空军由第二、第四、第七等三个飞行师团组成，其中山濑昌雄第二飞行师团为决战兵力，下属五个飞行团、一个飞行战队，分别在吕宋岛中部克拉克机场、内格罗斯岛巴格洛机场和婆罗洲展开。木下勇第四飞行师团在之前的作战中损耗殆尽，目前只保有两三个侦察机中队。须藤荣之助第七飞行师团以两个飞行团为基干在澳北展开。第四航空军编有飞机 1056 架，但到 9 月 26 日实有机数仅545 架，能立即升空作战的不到一半。鉴于航空兵力实在太弱，东京大本营打算一旦发动"捷一号"作战，便从本土、中国台湾、中国华北抽调 11 个飞行中队，从马来亚、法属印度支那抽调 3 个飞行中队，支援菲律宾战区。

9 月 8 日，寺本的职务被前陆军次官、人事局局长富永恭次接替。东条倒台之后，他的铁杆亲信富永很快被赶出中央机关。富永从陆大毕业后从来没在一线带过兵，20 多年只在机关搞"谋略"，擅长内斗。"那个能说会道的家伙总算不在眼前晃悠了！"欣闻富永调离机关的消息，陆军大臣杉山元禁不住揶揄道。富永缺乏实战经验，对航空战更一无所知，让他指挥位于第一线的第四航空军确属强人所难。

9 月 15 日，美军两路大军部队同时在贝里琉和莫罗泰岛登陆，其志看来不在小也。大本营综合上述敌情及菲律宾方面频繁遭遇空袭的实际状况，判断之前制订的"捷号作战"计划中，执行"捷一号"作战的可能性最大。9 月 22 日，大本营陆军部正式下达《大陆指第 1335 号》：

一、大本营将决战地点拟定为菲律宾正面，时间预定为 10 月下旬前后。
二、南方军总司令官、中国派遣军总司令官、台湾军司令官约以 10 月下旬为目标，为完成所承担的任务各自做好战斗准备。
三、具体事项，随后由参谋总长下达指示。

昭和 19 年 9 月 22 日
奉敕传　陆军参谋总长梅津美治郎

以上命令致：南方军总司令官寺内寿一，中国派遣军总司令官畑俊六，台湾军司令官安藤利吉。

根据东京发来的命令，南方军司令部下令驻菲律宾部队立即进入戒备状态，以 10 月下旬为限加紧各项战备。寺内判断，美军可能首先在莱特和棉兰老岛登陆，当然也可能直接进攻吕宋，登陆兵力为 10 至 15 个师，可能还包括一定数量的空降师和坦克师。寺内下令，如果敌军在莱特或棉兰老岛登陆，由第三十五军司令部指挥作战。如果敌军进攻吕宋，则由第十四方面军司令部直接指挥。

菲律宾乃重中之重，让那个不断发表奇谈怪论的黑田担任总指挥，寺内和东京高层都放心不下。南方军司令部到处充斥着对黑田的不满言论。

"连方面军司令官都没信心，这仗根本没法打。"

"没办法，还是趁早换人吧！"

有人指出，黑田过于享受马尼拉的安逸生活，"他在打高尔夫球、阅读和个人事务方面用去了更多的时间，而不是履行他的军官职责"。更有人称，由于黑田正在失去官兵的尊重和信任，他的部队"纪律变得非常松懈"。

大战在即，大本营决定临阵换将。东京挑出的人选是曾在马来亚打得英国人丢盔卸甲的悍将山下奉文。因被东条视为潜在政敌，山下在攻克新加坡后很快奉调伪满洲国，从此销声匿迹。东京对山下寄予厚望，希望"马来之虎"能够在即将到来的菲律宾决战中创造奇迹，挽狂澜于既倒。

9 月 23 日，前往绥芬河视察的第一方面军司令官山下奉文突然半道折回官邸，一脸严肃地告诉夫人久子："我要立即去菲律宾！"此前在牡丹江火车站站长室，第一方面军参谋长四手井纲正向山下传达了来自东京的绝密电令："希于 9 月 28 日前来京，就任第十四方面军司令官。"

9 月 27 日 13 时，山下与副官桦泽寅吉乘火车从牡丹江出发，28 日上午 6 时抵达长春——当时叫新京——匆忙和伪满洲国皇帝溥仪、履新不久的关东军总司令官山田乙三大将告别。后来溥仪回忆说，出发前的山下双手掩面，痛哭流涕："这是我的诀别，我再也回不来了。"老酒对溥仪的上述回忆存疑。在中国人面前，以硬汉著称的山下断不至于如此失态。11 时，山下搭乘运输机从新京机场起飞，17 时降落在立川机场。

到机场迎接山下的是陆军参谋本部的两位参谋，一户公威和田中光祐。专车启动，山下问即将跟自己一起去菲律宾的田中："我在东京能待几天？"

"预定 10 月 1 日出发。"田中回答。

山下突然扭过了头："10 月 1 日？那就是说，我在国内只能停两天？简直胡闹！开战以来，这还是我头一次踏上家乡的土地，很可能没有下次机会了。只停留两天，磋商、告辞都来得及吗？”新加坡战役结束后不给回京面圣的机会，是气量狭隘的东条指使还算罢了，现在参谋总长不是老上司梅津吗？

“好吧。我直接去向总长请示。”田中显然也觉得这样安排不太妥当。

次日，在象征性拜访陆相杉山和参谋总长梅津之后，山下来到参谋本部。作战部上下对任命山下为菲律宾方面指挥官感到欢欣鼓舞，但同时感到这一任命下得太晚了，认为山下完全没有足够时间把菲律宾的军队打造成形，这一过程至少需要3个月。看到山下来了，作战课长服部将菲律宾作战情况向他做了详细说明：“地面决战仅限于吕宋。在中南部地区，则由陆海军航空兵和海军舰艇与敌决战。关于当地治安问题，对菲律宾政府必须提供必要指导。不过与政府的交涉由南方军和大本营负责。”在服部说上述一番话时，山下闭着眼睛如老僧坐禅，一动不动。

“阁下，请休息一会儿吧！”服部以为山下太过劳累，睡着了。

“不，”山下睁开了眼睛，“请继续说。”

在两个小时的会谈中，山下很少发言，只向服部提出了两个看似无关紧要的问题：一是菲律宾到底有多少个岛屿，二是当地人是否信奉天主教。

山下向参谋本部提出，从沼田多稼藏、饭村穰、武藤章三人中选出一人出任自己的参谋长。沼田当时是第二方面军阿南惟几的参谋长，饭村则是寺内的总参谋长，短期内肯定无法脱身。这样，时任驻苏门答腊近卫第二师团师团长的武藤章就成为不二人选，他也是被东条放逐到偏远之乡的。1938年，寺内是华北方面军司令官，参谋长是山下，副参谋长就是武藤章。辗转数年之后，三人又一起到菲律宾来“斗地主”了。最后结局是两人被绞死，另一个因病死狱中侥幸逃过了审判。

武藤同样清楚菲律宾的严峻形势，他在日记《从菲律宾到巢鸭》中这样写道："听到山下奉文大将被任命为菲律宾方面军司令官的消息之后，我告诉副官，'这个命令晚了半年，现在就是山下大将去了也没辙儿'。"接到新任命当天，武藤在日记里悲怆地写道：“这个任命对我来说，无异于死亡通知书。”磨磨蹭蹭的武藤一直到美军登陆莱特岛的10月20日才赶到位于马尼拉郊区的方面军司令部。后来日本记者伊藤正德对此评论说：“我军首脑跟升学考试迟到的中学生没什么两样。”

山下离开参谋本部时，田中带来了出发延期到 10 月 4 日的好消息。他一直铁青的脸这才稍稍好看了些。

9 月 30 日上午 10 时，在新任第十四方面军副参谋长西村敏雄——陆大第四十一期军刀组首席——和桦泽副官陪同下，山下进宫晋谒天皇。

裕仁显然明白山下此行之艰辛："辛苦！帝国安危之重任，皆落于驻菲部队肩上。"

山下低着头，耳边飘过天皇尖细缓慢的声音。他按照侍从官吩咐的礼节缓步退出。到门口时，山下仰望着远处那个正襟危坐的模糊身影，深深地行了叩拜礼。

"向您告别！"山下紧闭着嘴唇默念道，心想这应该是最后一次看到天皇了。走出皇宫时，他告诉桦泽，"这是我此生最快乐的一天"。

10 月 1 日，山下特意来到海军省，拜访了海军大臣米内光政。米内对当下战局了如指掌，他刚得到丰田副武的提醒，联合舰队能够撑到年底的可能性"极为渺茫"，尽管它对保卫帝国的防御作战至关重要。对山下的寒暄，米内只简单说了句："辛苦了！菲岛是'天王山'。'步兵炮'，尽力而为吧！""步兵炮"是山下的绰号，"天王山"一词则出自 1582 年 6 月的山崎之战。丰臣秀吉凭借此战打败了明智光秀，奠定了日后统一日本的基础。后人一般用"天王山"形容最关键的决战。例如 NBA 或 CBA 决赛打成 2：2 后，谁能赢得第五场比赛，即被视作占领了"天王山"。该词同样被频繁使用于对弈之中，喜欢围棋的朋友应该都知道。

10 月 3 日山下回到镰仓，拜访了岳父永山元彦。永山夫妇刚从田间耕作回来，正在洗手。意外看到女婿来访，两人显得非常高兴。岳母问山下"有没有洗个澡的时间？水马上就烧好"，边说边流下了泪水。连老太太都看出来了，山下这次出去八成回不来了。

当晚，山下与久子在大船车站告别。他告诉夫人："空袭时要特别注意。"久子希望丈夫能给家里留条字幅，山下于是在彩纸上挥毫写下一行大字："如果时机到来，要飞回旧巢，燕子呀！"回到镰仓娘家之后，久子在彩纸上盖上了山下雅号"巨杉"印章，双手抖个不停。山下老家高知县长冈郡的杉树以高大著称，有"日本第一杉木"美誉，"巨杉"因此成为山下"步兵炮""马来之虎"之外的另一个绰号。

回京之后，山下在偕行社遇到了因英帕尔之败被解职的牟田口廉也，他正来回奔走为自己的战败辩解。在马来亚和新加坡作战时，牟田口是他手下第十八师团中将师团长。山下拍拍牟田口的肩膀，亲自给他倒上了一杯威士忌。能跟原来的老上级在东京重逢，牟田口显得非常兴奋。他举杯向老上司敬酒，预祝山下在未来的菲律宾作战中取得像马来亚和新加坡那样的辉煌胜利。

一句题外话。"偕行社"是创立于明治时代的日本陆军军人社团，后正式被命名为"陆军军官俱乐部"。"偕行"二字源于《诗经·秦风·无衣》中的名句，"王于兴师，修我甲兵，与子偕行"。海军类似的团体叫"水交社"，来自《庄子》名句"君子之交淡若水"，社长一职通常由现任海军大臣兼任。了解"两社"名字的来历，可知中国文化对日本的影响有多么深远。

得知山下奔赴菲律宾救场的消息后，在鹤冈的一座老式住宅里，早已赋闲在家的石原莞尔沉吟良久。末了，他叹口气说："可怜的山下，这回怕是要死在菲律宾了。"

10月6日傍晚，山下专机安全降落在已处于美军频繁空袭之下的克拉克机场。7日，在副参谋长西村和副官桦泽的陪同下，山下到位于马尼拉的南方军司令部报到。寺内和参谋长饭村穰早已等在那里了。

山下在屋外摘下帽子，向寺内行注目礼，然后立正报告："陆军大将山下奉文，奉命就任第十四方面军司令官，现在报到！"这是山下第三次在寺内手下任职了，第一次在中国华北，上次在马来亚和新加坡。

一般来说，普通士兵向长官报到时都会扯破喉咙大声叫喊，长官也会毫不示弱回以"好！有精神，很好"之类的语句。但在高级将领之间，这种见面就显得轻松许多，因为大都彼此熟悉。寺内同样先行注目礼，然后微微点头说了句："辛苦了，请！"之后带山下去了隔壁一个空房间。仅几分钟后，山下就出来了，摆摆手招呼西村和桦泽："走吧！讲话太多，就无法打仗了！"

第十四方面军司令部设在马尼拉郊外10公里处的"樱兵营"。有人曾提议将司令部搬进市内，被山下断然拒绝。他听说前任黑田被撤职，就因过于享受马尼拉的舒适生活。更重要的是，山下决心励精图治，甩开膀子与美国人大干一场，艰苦环境更利于激发斗志。虽然预见到这是一场毫无胜利希望的战役，但山下还是向各部发出训示："山下奉文此次奉天皇之命出任第十四方面军司令官，将与各位在菲律宾进行日美最后决战。我们既无海军，也无空军。但作为陆军，我们坚决实行独自作战。大日本帝国的命运就寄托于这场关键之战了。全体将士要坚决战斗，拼死取得最后胜利！"

山下走马上任时，第十四方面军共有9个师团和3个旅团，总兵力23.5万人。其中4个师团和两个旅团约10万人隶属铃木第三十五军。剩下13.5万人驻守吕宋。其分布为：横山静雄第八师团驻马尼拉南方八打雁；津田义武第一〇五师团在东南比卡尔半岛；山县栗花生第二十六师团在岛中部地区；村冈丰第一〇三师团驻守北部阿帕里；佐藤文藏独立混成第五十八旅团在中西部的林加延湾。大部分部队都有固定防区，能够作为机动兵力使用的，只有岩仲义治的战车第二师团了。

吕宋岛上，还有富永恭次第四航空军部队约6万人，第三船舶司令部运输部队约1万人，以第一、第二航空舰队为主力的海军部队约6.5万人，补充人员以及向其他地区运输途中因船沉没顺便留下人员约3万人。但是山下对上述兵力并无随意调动权力，海军和陆军相互独立，第四航空军和第三船舶司令部均接受南方军司令部直接指挥。

虽然从上到下都痛感加快作备的必要性，但因空军基地建设、兵力调动和改动编制等实际情况，各项准备工作进展远远不能令人满意。即使是莱特岛上战备最充分的第十六师团，也不过把海岸一线阵地加固一下，在工事顶部加以覆盖以免雨季到来时碉堡内一片汪洋，仅此而已。

由于得到莫斯科外交人士的暗示，东京于10月初便命令南方军进入戒备状态，随时准备实施"捷一号"作战方案。即使克里姆林宫不走漏风声，谁都能看出，菲律宾最可能成为美军下一个进攻目标。东京大本营认为，麦克阿瑟虽然能"跳"，但他一定不会跳过菲律宾这个"感情上的创伤"。这人出了名要面子，怎能让"我会回来"的誓言轻易落空？事实上的确如此。

让日本人头疼的还有当地菲律宾人，只要有人的地方，就有数量不等的游击队存在。仅吕宋岛，成规模的游击队就达11支之多。1943年10月14日，第十四军司令官黑田宣布军事管制结束，名义上的菲律宾共和国宣告成立。双方签订合约，承诺相互尊重对方领土完整，在大东亚战争中实行政治、经济和军事全方位合作。但傀儡总统何塞·劳雷尔成功说服日本人，菲律宾不向盟国宣战，这样他就可以避免征兵。行政委员会前主席巴尔加斯被任命为驻日大使，但他一直到 1944 年 2 月底才向东京递交了国书。

虽然名义上取得了独立，但日本人仍然实际控制着菲律宾群岛。令人恐惧的日军宪兵到处搜捕政治嫌疑犯。既然战局逐渐不利于日本及其轴心国同伴，劳雷尔和他的同僚骑墙的态度越发明显，并且尽其所能少对日本人做出支持。他们抗议日本人强迫菲律宾人服各种劳役，任意侵占私人财产，同时在执行日本人要求供应食物和原料的任务中尽量壮着胆子拖延时间，出工不出力。东条倒台之后，美军兵锋直指菲律宾。当地人的胆子更大了，很多警察脱下制服加入游击队，据说这种行为得到了政府的暗中鼓励。一个不争的事实是，大部分菲律宾人相信美国做出的 1946 年给予他们完全独立的承诺，很少有人相信已提前三年给予他们"独立地位"的日本人。吕宋岛一名游击队长维德特·拉瓦尔回忆说："我们完全相信美国将重返这里的承诺，我们从来没有对我们的希望产生过怀疑。"

对劳雷尔政府迟迟不愿对美英宣战的做法，东京无疑非常恼火。但劳雷尔狡辩说，菲律宾只希望维持独立，只要不遭到袭击，就不反抗。8 月和 9 月间，菲律宾开始频频遭到美军的空袭。日本人要求劳雷尔将此视为遭到攻击，要求他发出拖延已久的宣战。9 月 23 日，劳雷尔被迫向盟国宣战。据说他曾要求曼努埃尔·罗哈斯帮他出主意，说日本人要他在 48 小时内发出宣战通告，如果不这样做就罢免或处决他，由真正亲日派贝尼诺·拉莫斯取而代之。罗哈斯劝他顺从，但不要召开国民大会。根据 1943 年菲律宾宪法，宣战必须在国民大会中得到 3/4 以上同意才属合法。罗哈斯偷偷告诫代表们不要出席大会，日本人从 140 个代表中只收到了区区 23 张支持票。

劳雷尔继续拒绝制定征兵法。山下抱怨说："有宣战而无征兵法，在我真是闻所未闻。"但他对此同样无可奈何，因为东京的指令是，"与菲律宾政府的交涉由南方军和大本营直接负责"。

陆军正在积极调兵遣将，海军当然也不甘落后。之前无数战例说明，仅凭地面部队是无法守住岛屿的。早在新内阁尚未正式就职的 7 月 21 日，军令部总长岛田繁太郎就以《大海指第 431 号》向丰田副武下达了《联合舰队应遵循的当前作战方针》，内容如下：

一、以极力保持及灵活运用现有战略态势、逐步削弱敌军兵力为策略，创造或捕捉良机，以期歼灭敌军舰队及进攻兵力；

二、与陆军紧密协同，确保国防要域，准备而后之攻势；

三、与相关部队紧密协同，确保本土与南方资源区海上交通。

7月26日，大本营海军部再次下达《大海指第435号》，确定将本土、西南诸岛、中国台湾和菲律宾方面的决战命名为"捷号"作战。四大决战区域划分前文已有所述。

根据大本营海军部的命令，8月4日，丰田向各部下达《机密联合舰队命令作第435号》，同时以附件形式下发了《联合舰队在"捷号"作战中的作战要领》。（以下简称《要领》）海军部判断，美军进攻菲律宾的可能性最大，因此《要领》特别明确了在菲律宾地区迎战美军的"捷一号"作战方案：

一、在遭遇美军机动部队单独攻击时，基地航空部队（以驻菲律宾第一航空舰队和驻中国台湾第二航空舰队为主）应实施富于机动的短暂切实攻击，奇袭敌军，努力渐减之，尽量避免兵力损耗。但是如能歼灭敌军，则应独立歼灭敌航空母舰。

二、水面作战舰艇分为三部队：第一、第二游击部队和机动部队。前者驻扎林加锚地，后两者在本土锚泊。一旦发现美军有前来进攻的企图，则第一、第二游击部队分别前进至待机阵位，机动部队在内海待机，随时准备出击。

三、如美军开始发起登陆，第一游击部队策应基地航空部队发起航空歼灭战，对敌登陆地点实施突入作战。

四、机动部队本队及第二游击部队负责将敌军主力牵制于北方。

五、潜艇部队根据特令散开配置，捕捉敌进攻部队加以歼灭，并策应第一游击部队作战，进入决战海域攻击敌舰。

从《要领》内容看出，"捷一号"作战一号主力是基地航空部队。各航空舰队分布如下。

第一航空舰队：主力驻扎菲律宾，负责"捷一号"作战，同时作为中国台湾及西南诸岛方向"捷二号"作战的主要增援力量，编制飞机350架。

第二航空舰队：主力驻扎中国台湾、冲绳，负责"捷二号"作战，同时作为菲律宾方面"捷一号"作战的主要增援力量，编制飞机330架，10月争取增加到500架。

第三航空舰队：主力驻扎本土，负责"捷三号"作战，同时作为北海道及北方诸岛"捷四号"作战的主要增援力量，编制飞机230架，10月争取达到330架。

第十二航空舰队：主要驻扎北海道和千岛群岛，负责"捷四号"作战，同时作为"捷三号"作战的主要增援力量，编制飞机200架。

第十三航空舰队：主要驻扎西南方面，负责配合"捷一号"和"捷二号"作战，编制飞机100架。

未来航空战以海军为主，对此陆军也给予了积极支持：第四航空军部署在菲律宾，配合第一航空舰队实施"捷一号"作战；第八飞行师团部署在中国台湾，配合第二航空舰队实施"捷二号"作战；第十、十一、十二飞行师团部署在本土，配合本土及北方地区的"捷三号""捷四号"作战。

为实施航空兵的统一指挥，1944年6月，大本营海军部向陆军部提出，将陆军航空兵力全部置于海军指挥之下。陆军对统一使用航空兵并无异议，但拒绝把陆军航空部队交给海军指挥，理由是陆军航空兵装备和飞行员训练并不适合海上作战。经多次讨价还价，双方于7月24日签署《陆海军关于捷号航空作战中央协定》，要求所有航空兵力大致以8月中旬为目标做好决战态势。当敌军前来进攻时，两军航空兵全部向决战地区集中，统一发挥战力，捕捉并击溃敌进攻兵力。

《陆海军关于捷号航空作战中央协定》详细划分了陆海军航空兵在不同地区的配备及指挥关系。在菲律宾地区，海军第一航空舰队和陆军第四航空军的分工是：以海上作战为主时，第四航空军接受第一航空舰队指挥，陆上作战为主则反之。战争打到这个时候，日本陆海军终于知道合作的重要了。

日军第一航空舰队在马里亚纳作战中被彻底打残，连司令官角田觉知和参谋长三和义勇都没能活着回来。这支未来担纲作战主力的部队不能没有司令官。8月7日，原练习联合航空总队司令官寺冈谨平临危受命，出任空缺的第一航空舰队司令官，小田原俊彦出任参谋长。寺冈毕业于海兵第四十期，和大西泷治郎、山口多闻、福留繁都是同班同学。他曾担任"苍龙"号、"赤城"号舰长，是日本海军为数不多的航空战专家。

寺冈到位于达沃的司令部上任时，第一航空舰队名义上虽有四支航空队，却只剩下不到100架飞机。寺冈急得上蹿下跳，在菲律宾一带到处搜刮飞机，到8月12日才勉强凑来257架。寺冈知道菲律宾有可能最先遭到进攻，第一航空舰队担子最重。幸好陆军伸出了援助之手，将第十五航空队划归海军指挥，寺冈才勉强凑够350架飞机，其中能立即升空作战的仅200架。对寺冈来说，更大的麻烦还在后面。

仅从飞机数量来看，福留繁的第二航空舰队明显实力更强。这支组建于1944年6月15日的部队保有四支航空队共600架战机，其中半数以上可以立即升空作战。但台湾原本并不在"绝对国防圈"那条线上，这支新组建的部队基本上是由菜鸟组成的二线队伍。由于燃料极度匮乏，东宝电影公司在世田谷挖了个人工湖，摆上一些6英尺长的美舰模型，然后用摄影机拍摄以不同角度和速度攻击美舰的方式，让飞行员观看电影代替训练。部分日军飞行员甚至都没升过几次空，一旦投入实战，效果如何就不用说了。至于那些位于本土的三线部队，训练水平更糟。

说福留手下全是菜鸟也不确切，由军令部航空参谋源田实倡议，1944年2月15日于台湾新竹基地成立的第七六二航空队就属于例外。它们有一个更响亮的名字叫"T部队"，T含义为"台风"（Typhoon），就是说这支部队的攻击就像台风一样势如排山倒海，不可遏制。将这支精锐部队部署在台湾地区，主要考虑该地区历来是赤道地区形成的台风北上中国大陆或日本列岛的必经之路。源田认为，在航空兵力日渐式微的情况下，必须借助大自然的力量。"T部队"使用的战术叫"利用台风作战正攻法"，即利用黄昏之后和黎明之前的夜色为掩护，在恶劣天气条件下对美军船舰实施暗夜攻击。

"T部队"各部分工明确，下辖侦察、战斗、舰爆、舰攻、陆攻、雷达和气象部队。丰田对这种战法非常欣赏，特意在8月21日以联合舰队作战第89号令下达了《T部队编成及作战要领》，并任命经验丰富的海军大佐久野修三为指挥官。为了给"T部队"提供准确的气象预报，除增加气象观测站外，福留还特意在台湾以东远海配备了 10 艘由渔船改装的气象观测船,并在战时适时释放观测艇。为了不让敌方充分利用气象条件,天气预报作为军事机密已经停播 3 年多了。

8 月下旬,第二航空舰队已在台北石门、花莲米仑山、台东鲤鱼山、高雄寿山、大岗山及新竹紧急加装防空搜索雷达,增强基地索敌能力。"T 部队"使用的武器以九一式航空鱼雷为主,穿甲弹为辅,还配备有汽油弹、燃烧弹数百颗。借鉴美军的跳弹攻击,大本营兵器部特地研发量产了"反跳弹"专供"T 部队"使用。这种反跳弹通常由陆攻机携带,以 10 米左右高度飞行,距目标舰数百米处抛出,装有平衡翼的反跳弹会同扁石一般在水面弹跳,直接命中目标舰干舷水线爆炸,导致舰体受创大量进水而沉没。

"T 部队"除海军航空兵外,还吸收了陆军第七、第九十八飞行队加入,陆军装备的四式重型轰炸机和侦察机在速度和性能上都远超海军飞机。针对陆军飞行员缺乏海上作战经验的缺陷,海军专门派出王牌飞行员帮助他们提高在海上辨明方向和识别目标的能力。从 9 月 4 日开始,"T 部队"在濑户内海以"凤翔"号航母为假想敌实施攻击训练。截至 10 月中旬台湾海空战爆发时,"T 部队"共有各型战机 269 架。由于吸收了几乎所有擅长鱼雷攻击的老鸟且装备的都是最新机型,这次部队可以说是日军为对付美军航母精心准备的秘密武器。上至丰田、福留,下至源田和联合舰队航空参谋渊田美津雄,无不对这支队伍寄予厚望。源田甚至狂妄地向参谋本部提出,陆军航空兵最好不要攻击美军航空母舰,言外之意"把它们留给我们这些专业人士"!

第二航空舰队位于内线,平时训练基本不受袭扰,寺内的第一航空舰队就完全不同。美国人三番五次前来捣乱,搞得日军的训练时断时续,质量自然就无法保证。大本营严令决战之前陆基航空兵不得擅自出击,保存实力发出最后致命一击,寺冈对美国人的骚扰也只能强压怒火,尽量忍耐。

9 月 7 日、8 日,美军第三十八特混舰队空袭帕劳之后,米切尔留下第四大队支援贝里琉作战,亲自率其余 3 个大队向菲律宾猛扑过来。9 日上午,在距棉兰老岛 80 公里处,米切尔放飞了打击机群,目标是岛上日军九处机场。美军此次攻击完全达成了突然性,超低空飞行的"地狱猫"从机场周围丛林背后突然闪出,向机场上日机和设施扫射投弹。"列克星敦"号战斗机中队中队长休·温特斯中校率队空袭了伦比亚和德尔蒙特机场,几乎没有日机升空迎战。温特斯声称击毁地面日机 27 架。"埃塞克斯"号战斗机中队在扫荡中击落日机 4 架，仅约翰·巴里上尉一人阵亡。

10 日，美军空袭继续进行，仍鲜有日机起飞迎战。在空袭帕劳的行动中，美军飞行员几乎没捞到多大油水——本拟到这里刷数据的。日军一味龟缩不出让他们多少有些意兴索然。这天午后发生了所谓"达沃误报事件"。位于达沃湾口萨兰加尼岛的海军观察哨报告说，海面发现美军登陆船队。此前来骚扰的都是长腿的 B-17 或 B-24，这两天空中出现的可是小块头的舰载机。根据以往美军登陆作战三板斧的习惯做法，舰载机出现往往预示着一次大规模登陆已迫在眉睫。驻达沃海军第三十二根据地部队司令官代谷清志大惊失色，下令立即烧毁密码本，率司令部人员遁入山林。寺冈一看大事不妙，匆忙将指挥权交给驻马尼拉第二十六航空战队司令官有马正文，自己带司令部人员跟随代谷赶紧逃跑。

第一五二航空队美浓部正驾驶一架零战冒险起飞，前往达沃湾进行侦察，却连一艘美军舰艇的影子都未发现。原来是新兵观察哨把滔滔波浪当作敌人登陆艇了。更大的悲剧还在后边。为了避开美军锋芒，暂时代理指挥的有马下令将驻吕宋第二〇一航空队 89 架零战和 12 架轰炸机紧急向中部的宿务岛转移。

9 月 11 日，哈尔西率"新泽西"号汇入米切尔大部队。次日，美军将进攻目标对准了菲律宾中部莱特、萨马、内格罗斯和宿务岛机场。大队日机起飞迎战，美军声称当天击落敌机 82 架，仅"埃塞克斯"号飞行大队长麦坎贝尔中校一人就击落 4 架，詹姆斯·里格少校击落 5 架成为"一日王牌"，温特斯中校击落 3 架。有马紧急转移到宿务的飞机少数在空中被击落，大部分被直接摧毁在地面上，日军统计在宿务共损失战机约 80 架，陆军第四航空军在内格罗斯岛巴格洛基地损失战机约 65 架。此外，停泊在宿务湾的 13 艘军用舰艇、11 艘民船合计 27000 吨船只被击沉。

13 日的战斗与头一天毫无二致，只是升空迎战的日机越来越少。各中队上报当天共击落日机近百架。汇总两天战绩，170 个空中击落和超过 300 个地面摧毁被记录在各中队日志上。上述数字肯定不实，日机全部加起来也没有 470 架。米切尔头脑非常清楚，他上报给哈尔西的战绩只有 200 架。

两天之内，美军出动战机 2400 架次，损失飞机 8 架和机组成员 10 人，给日本人造成了致命打击。毫无疑问，日军驻菲律宾航空部队遭受重大损失，仅第二〇一航空队的 60 架零战就损失了 50 架。初来乍到的哈尔西给各大队发去了激励电报："我们这支明星部队刚刚取得了辉煌成绩！现在，我已经为你们在亚洲战场上预定了最佳的听众。"本次空袭作战取得了一项额外成果，哈尔西据此判断莱特岛日军防务空虚，建议取消中间行动提前进攻莱特。他的建议很快获得批准，此节前文已有所述。

9 月 14 日，美军竟然将炸弹投向了日军东南亚主要产油区英属婆罗洲，海军基地塔威 – 塔威遭到了 500 架次舰载机的攻击。达沃、宿务、黎牙实比、巴格洛、三宝颜等航空基地同样遭到袭击。9 月 21 日、22 日，美军 3 个航母大队联袂出击，对吕宋日军机场连续发起 6 轮空袭。第一天战斗就造就两名一日王牌，"邦克山"号战斗机飞行员查尔斯·马洛里上尉和哈维·皮肯上尉分别击落日机 5 架。日军声称对位于马尼拉 60 度、280 公里处的 4 艘美军航母发起过两次反击——上午 7 时 30 分出动飞机 30 架，16 时 35 分出动飞机 20 架——获得"投弹命中敌航母 2 艘、巡洋舰 1 艘"的显赫战绩。美军方面并无对应记录。马尼拉遭空袭使得菲律宾总统劳雷尔在 22 日上午 9 时发布了全国戒严令。24 日，麦坎贝尔和队友联手击落零式水上侦察机 1 架，将个人战绩由 18.5 提高到 19，暂与亚历山大·弗拉丘并列海航第一位。

完成海上加油之后，第三十八特混舰队继续向菲律宾海岸挺进。24 日拂晓，舰队驶抵圣贝纳迪诺海峡外海，米切尔出动机群对卡拉棉群岛科伦湾发起大规模空袭。科伦湾是日军重要的船舶集散地，大量油船、货船和运输船被炸沉。第三舰队参谋长卡尼少将以哈尔西名义向参战部队发出了热情洋溢的祝捷电报："最近以来的出色战绩，给我们赢得了通向兴奋大门的门票，尽管那些听众的嘘嘘声还很大，但是很少能真正影响到我们的演员。只要还有嘘嘘声存在，我们就要继续上路演出。"哈尔西留下第四大队继续支援贝里琉作战，率其余 3 个大队分别撤回乌利西和马努斯港休整。它们随后将合兵一处，支援 10 月 20 日的莱特岛登陆战。

9 月中下旬美军的航空攻击将重建和训练中的日军第一航空舰队几乎打成了"半身不遂"。清点队伍后寺冈发现，好不容易凑来的 350 架飞机瞬间只剩下 190 架，能升空作战的仅剩 65 架，大量有经验的飞行员战死。陆军第四航空军也有 200 架战机报销。至此，以"捷号"作战为前提保存的日航空兵力再次遭到重创。

真正的决战尚未来到，担当第一主力的航空部队就折损大半。寺冈在日记里悲叹"九月乃苦月"——日语中"九"和"哭"的读音是相同的。寺冈因逃跑和损失部队被很快撤职，接替他的是老同学大西泷治郎。大西出山，引出了史上臭名昭著的一支攻击部队，后文详叙。

看到此处，列位看官可能会纳闷：之前老酒逢战必先提航母，现在怎么忽然移情别恋于基地航空部队啦？非也！在马里亚纳海战中，日军第一机动部队遭遇重创，损失了3艘航母和大部分航空兵力，已难堪大任的它们此刻正在国内重建。"山中无老虎，猴子称大王"，正因为此，东京才安排基地航空部队出任"捷号作战"的第一主力。

从战场铩羽而归之后，第一机动部队下属第二航空战队及配属第六五二航空队宣布解散，残余飞机和人员被分配到其他部队。第一、第三、第四航空战队及配属第六〇一航空队、第六五二航空队、第六三四航空队受命保留并重组。

第三航空战队在马里亚纳海战中未曾折损一艘航母，8月10日在得到"瑞鹤"号的补充后，该战队拥有了"瑞鹤"号、"千岁"号、"千代田"号、"瑞凤"号4艘航母。10月1日，第三航空战队司令部撤销，改由第三舰队司令官小泽治三郎直率，旗舰为仅存的唯一大型航母"瑞鹤"号。配属作战的第六五三航空队早在7月10日就实施了改编，陆续补充了一些战机。

由于组建时间较晚且2艘主力舰正在改造，松田千秋领军的第四航空战队及配属第六三四航空队并未参加"阿号作战"。在日本海军将领中，松田绝对属于特立独行的怪异人物，绰号"怪才"。松田毕业于海兵第四十四期，进校时在100人中排第八十九，毕业时在95人中排第十四，属于不折不扣的勤奋家。因为曾在日本驻华盛顿使馆担任海军武官，松田属于海军中为数不多的"美国通"。在有关中途岛海战的图上军演时，松田被选作美军舰队指挥官正来源于此。说松田怪，在于他在珍珠港战役后与山本五十六大唱反调，到处鼓吹"珍珠港失败论"。奇怪的是松田并未因此受到惩罚，仕途也没受到多大影响。值得一提的是，松田一直活到1995年，才以99岁高龄作为旧日本海军最后一位将领去世。

第四航空战队主力舰是"伊势"号和"日向"号。战争爆发之后，作为爷爷辈的两舰由于性能落后，大部分时间只能留在后方充当训练舰，唯一露脸的机会是去阿留申群岛打了一次酱油，还未获得出手机会。随着日军航母不断战沉，为弥补缺口，大本营海军部别出心裁，提出将两艘老舰改造为可以搭载舰载机的航空战列舰。具体做法是拆除战列舰后主炮，增设机库，加装飞行甲板、弹射器和运输轨道，使每艘舰可搭乘 22 架飞机。由于机库实在太小，其中 11 架飞机只能停放在甲板上。这种"变性航母"存在一个致命缺陷，跑道太短导致飞机只能起飞不能降落。如果这种所谓的航空战列舰——老酒也不知道称它航母还是战列舰好，只好沿用日军的说法——周边一定区域没有陆上机场，舰载机起飞攻敌就属于不折不扣的自杀行为。日军自称，改造后的两舰属于能够同时参加空战和炮战的"双刀名将"。海军部本来还准备将另外两艘爷爷舰"山城"号和"扶桑"号也改造成航空战列舰，最终因经费和材料不足只好作罢。

7 月 10 日和 8 月 10 日，原第二航空战队旗舰"隼鹰"号、"龙凤"号相继编入第四航空战队，第六三四航空队实力明显增强。从 8 月中旬开始，战队所有飞机开始在岩国、德岛和美保基地展开了紧张的战前训练。

当时"云龙级"航母的前两舰"云龙"号和"天城"号已接近完工，它们竣工后将编成新的第一航空战队。如果一切进展顺利，到 1944 年底，机动舰队将恢复到 8 艘航母、2 艘航空战列舰、舰载机 450 架的规模。这还没有算上即将竣工的超级航母"信浓"号。

按照丰田最初拟订的作战计划，一旦美军向菲律宾发起进攻，小泽舰队将从本土海域直接南下，与栗田舰队一起抗击美军的进攻。小泽认为，势单力薄的机动部队成功突进菲律宾海域的可能性几乎不存在。与其如此，不如由机动部队充当诱饵引开美军主力舰队，为栗田舰队攻击敌军运输船队创造机会，死也要死得更有价值。丰田认可了他的意见。战后小泽曾经对美国调查团人员说："扮演诱饵是我舰队的全部使命。我们的任务就是把自己充分暴露在你们面前，把你们的主力舰队诱向北方，为栗田舰队突入创造条件，即使全部牺牲自己也在所不惜。对我们来说，挨打才是真正目的。"

莱特湾海战打响之前，第一机动舰队编成如下：司令官小泽治三郎，参谋长大林末雄，首席参谋大前敏一。

第三航空战队：小泽亲率，下辖大型航母"瑞鹤"号，轻型航母"千代田"号、"千岁"号、"瑞凤"号。

第四航空战队：司令官松田千秋，下辖航空战列舰"伊势"号、"日向"号。

第三十一驱逐舰战队：司令官江户兵太郎，下辖轻巡洋舰"五十铃"号，驱逐舰"槙"号、"杉"号、"桐"号、"桑"号。

第六十一驱逐舰分队：指挥官天野重隆，下辖驱逐舰"初月"号、"若月"号、"秋月"号；另外，来自第四十一驱逐舰分队的"霜月"号也归天野指挥。

附属巡洋舰战队：司令官山本岩多，下辖轻巡洋舰"多摩"号、"大淀"号。

补给部队：油船"高岭丸"号、"仁荣丸"号，驱逐舰"秋风"号及第二十二号、第二十九号、第三十一号、第三十三号、第四十三号、第一三二号等海防舰。

按照惯例，后文我们通常称呼这支舰队为"小泽舰队"。

看到此处，大家可能又纳闷了。这"大淀"号不是联合舰队的旗舰吗，怎么跑到第一机动舰队来啦？难道司令官丰田要亲自披挂上阵，去前线和美国人死磕？非也。9月29日，联合舰队司令部已从"大淀"号转往横滨日吉台的地下掩体。这是自1903年12月28日成立以来，联合舰队首次将司令部从军舰转移到陆地上。上次丰田舍"大和"号和"武藏"号不用而选择"大淀"号为旗舰，已经破坏了联合舰队司令官选择最大舰为旗舰的"光荣"传统。这次丰田破天荒地弃船登岸，钻进防空洞的做法更是引起了轩然大波。抛开陆军暂时不提，海军内部骂丰田"怕死""胆小鬼"的人到处皆是。

对这一广受诟病的决定，丰田的解释是："在现代战争中，为指挥海上决战兵力、陆基航空兵和潜艇部队，以在地面适当位置指挥全局为宜。"此前丰田让"大淀"号停泊在千叶县木更津外海，还保留了一个海上指挥舰队的架势，这回更连形式都不要了。丰田清楚，"捷号"作战迫在眉睫。战役一旦发起，所有海军残余战舰势必全部投入作战。身为联合舰队司令官，再躲在"大淀"号上不出海实在说不过去了。美国人已经拿下了马里亚纳群岛，据说一种叫B-29的重型轰炸机正在那里加紧部署。可以肯定在未来很短时间内，日本本土必将遭到美国人的狂轰滥炸，木更津外海已不再是安全之地。丰田此举不但为前线腾出了一艘军舰，还提前为司令部找到了一处安身之所。实际上，丰田选择在岸上指挥无可厚非——尼米兹出海只是视察，从未亲自出海指挥过一场战斗——但他这种做法，仍被广大官兵讥笑为"楠木公未抵凑川"。

"楠木公未抵凑川"是日本一个典故。楠木公即楠木正成，后世将其视为忠臣和军人之典范，形容楠木的溢美之词有"武神""智仁勇兼备之良将""忠臣义士之龟鉴""贤才""武略勇士"等。楠木与真田信繁、源义经并列日本历史上三大悲剧英雄。"凑川之战"是楠木最后的决死之战，他在战役中写下了"七生报国"的遗愿，被日本人视为忠君、爱国、神武的象征。日军官兵这样说，意在讽刺像丰田这样的高官贪生怕死，却让底层官兵去学楠木公慷慨就死。丰田对此倒很坦然，对类似言论一概充耳不闻。

由于在"阿号作战"中被美军潜艇击沉两艘大型航母，联合舰队再也不敢把机动部队派往南洋训练了。小泽舰队在本土濑户内海停泊了3个多月，各飞行队分散到岩国、鹿屋、馆山及硫黄岛的陆上基地进行训练。缺乏燃料导致训练时断时续。到10月初，第四航空战队只进行过一次满载起飞训练。

由于马里亚纳海战并未爆发水面舰艇近身格斗，由栗田健男领军的第二舰队大部分舰艇完好无损。兵败回到本土之后，从6月25日开始，栗田舰队着手进行了两项准备。首先，在所有巡洋舰以上重型舰只和部分驱逐舰上安装雷达。虽然日军雷达性能欠佳，经常出现各种故障，但有总比没有强。其次，所有舰船进入吴港和横须贺船厂拼命加装防空武器。既然机动部队被打成了"半身不遂"，未来遭遇美军空袭就只能依靠自己了。加班加点赶工的最后结果是："大和"号不同口径防空炮达到152门，"长门"号98门，"高雄"号、"爱宕"号60门，"妙高"号52门，"利根"号和"筑摩"号分别为57门和55门，个别驱逐舰也达到了30门。远看上去，这些军舰和刺猬没有什么区别。

本土海域并非栗田舰队长久栖身之所，原因很简单，没油。简单改装、保养、维修工作完成之后，栗田舰队再次启航，经战战兢兢4600公里长途航行，7月16日顺利抵达新加坡以南240公里的林加锚地。上次参加马里亚纳海战第二舰队就是从这里出发的，本次可谓故地重游，格外亲切。栗田舰队选择林加锚地的原因有四。

其一，这里位于日占区腹地，距美军基地较远。英国皇家海军东方舰队虽然不远，但战力较弱不足为惧，舰队在此可以得到充分休整和训练。

其二，此处距苏门答腊岛巨港油田很近，燃油可以放开手脚大胆使用。虽然缺乏精炼重油的设备，但巨港出产的原油品质较高，不经提炼就可直接供舰船使用。尽管在马里亚纳海战中吃够了这种挥发性极强油料的亏，但穷人的日子实在难过，只好将就着继续使用——吃窝头总比饿死强。在林加锚地，即使"大和"号和"武藏"号这样的吞油巨兽，也可以在海上肆意纵横驰骋，完全不同于1943年因缺油枯坐特鲁克的窘境。

其三，锚地水域开阔，便于舰队进行大规模编队训练，同时水浅还使舰船不易遭到美军潜艇的攻击。

其四，这里距新加坡很近，英国人精心打造的樟宜基地拥有完备的军械库、船坞和维修设施，需要进行小规模改造或受轻伤的舰船可以就地处置，不必远涉重洋返回本土船厂。

有其利必有其弊。林加锚地存在以下明显短板。一是距离未来战场较远。一旦开打，舰队须先行前往文莱、塔威－塔威、科伦湾、吉马拉斯等中转基地。其二是距离本土太远，舰队必不可少的弹药、零部件、装备供应异常困难。占领区没有军事工业、本土没有充足的资源，是日本人短期无法解决的天然缺陷。日军面临的尴尬是，栗田舰队很可能"有油没弹"，小泽舰队更可能"有弹没油"。战后接受审判在被问及日本"到底缺飞机还是缺飞行员时"，渊田美津雄坦承："缺油。我们有许多飞机和飞行员，却没有燃油去训练他们。"相比较而言，德国处境就比日本要优越得多。德国占领的法国、捷克斯洛伐克等地都拥有强大的军事工业——捷克式轻机枪可不是一般地出名。

开赴林加锚地之后，第二舰队很快有了一个不太气派的新名字："第一游击部队"。在美国人的围追堵截之下，"游击队"似乎更能反映出日军舰队的窘境。仍然隶属小泽指挥的第一游击部队集中了日本海军残存的大部分水面舰艇：战列舰5艘，重巡洋舰11艘，驱逐舰等护航舰只近20艘，舰船总吨位近40万吨，共有460毫米炮18门，410毫米炮8门，356毫米炮16门和203毫米炮100门，单舷一次投射弹药量超过53吨。由于舰队指挥官是咱们的老熟人栗田，后文我们通常也称它"栗田舰队"。

莱特湾海战打响之前，第一游击部队阵容如下：司令官栗田健男，参谋长小柳富次，首席参谋山本佑二。

第一夜战部队：栗田直率。

第一战列舰战队：司令官宇垣缠，下辖战列舰"大和"号、"武藏"号、"长门"号。

第四巡洋舰战队：司令官栗田兼任，下辖重巡洋舰"爱宕"号、"高雄"号、"摩耶"号、"鸟海"号。

第五巡洋舰战队：司令官桥本信太郎，下辖重巡洋舰"妙高"号、"羽黑"号。

第二驱逐舰战队：司令官早川干夫，下辖轻巡洋舰"能代"号，驱逐舰"岛风"号。

第二驱逐舰分队：司令官白石长义，下辖驱逐舰"早霜"号、"秋霜"号。

第三十一驱逐舰分队：司令官福冈德治郎，下辖驱逐舰"岸波"号、"冲波"号、"朝霜"号、"长波"号。

第三十二驱逐舰分队：司令官大岛一太郎，下辖驱逐舰"滨波"号、"藤波"号。

第二夜战部队：司令官铃木义尾。

第三战列舰战队：司令官铃木兼任，下辖快速战列舰"金刚"号、"榛名"号。

第七巡洋舰战队：司令官白石万隆，下辖重巡洋舰"铃谷"号、"熊野"号、"利根"号、"筑摩"号。

第十驱逐舰战队：司令官木村进，下辖轻巡洋舰"矢矧"号，驱逐舰"清霜"号、"野分"号。

第十七驱逐舰分队：司令官谷井保，下辖驱逐舰"浦风"号、"矶风"号、"雪风"号、"滨风"号。

第三夜战部队：司令官西村祥治。

第二战列舰战队：司令官西村兼任，下辖战列舰"山城"号、"扶桑"号，重巡洋舰"最上"号。

第二驱逐舰分队：指挥官"时雨"号舰长西野繁。

第四驱逐舰分队：指挥官高桥龟四郎，下辖驱逐舰"山云"号、"满潮"号、"朝云"号。

需要特别提醒的是，日本海军三大祥瑞"雪风"号、"时雨"号和"野分"号全都出现在这支队伍里。

第一游击部队原本隶属小泽指挥。台湾海空战之前，小泽大度地向丰田提出，因为两支舰队相距遥远，由联合舰队司令部直接指挥栗田舰队，可能更利于今后的作战——换成老酒绝对不会这么干，先指挥着威风威风再说。丰田接受了小泽的意见，决定由联合舰队司令部直接指挥两支舰队。战后，小泽在接受审讯时坦承："当时第三舰队也就只能执行高空警戒之类的任务。如果我直接指挥栗田，必然会干扰第一游击部队的作战，还不如让他自己直接指挥。"

栗田舰队既然被称作"第一游击部队"，通常情况下肯定至少还有一支"第二游击部队"——这支部队是以原第五舰队为基干临时组建的。第五舰队原隶属东北方面舰队管辖。因为只是负责北方地区的防务，他们很少捞到露脸的机会，能数得上的只有导致日军中途岛之败的阿留申之战以及名不见经传的科曼多尔群岛海战，再就是组织基斯卡岛守军撤退了。在夺回阿图岛和基斯卡岛之后，美军并无在北太平洋大打出手的打算，第五舰队因此成了无业游民。1944年2月，原海军横须贺通信学校校长志摩清英接手舰队指挥权后，一直没能捞到仗打。在大部分时间里，第五舰队官兵只能坐在港内喝茶聊天，或者在各港口之间干些搬运工的活儿。随着联合舰队损失不断增加且美国人已经逼近家门口，他们也必须出海迎战了。

莱特湾海战打响之前，第二游击部队编成如下：司令官志摩清英，参谋长松本毅。

第二十一巡洋舰战队：司令官志摩兼任，下辖重巡洋舰"那智"号、"足柄"号。

第一驱逐舰战队：司令官木村昌福，下辖轻巡洋舰"阿武隈"号。

第七驱逐舰分队：司令官古闲孙太郎，下辖驱逐舰"曙"号、"潮"号。

第十八驱逐舰分队：司令官井上良雄，下辖驱逐舰"霞"号、"不知火"号。

根据惯例，后文我们也会称它"志摩舰队"。

参加"捷号"作战的还有一支部队，它是通常被称作"先遣部队"的潜艇部队。高木武雄命丧塞班岛之后，三轮茂义接过了第六舰队司令官职务。他麾下的14艘潜艇被分作三队。

甲部队："伊-26"号、"伊-45"号、"伊-53"号、"伊-54"号、"伊-56"号。

乙部队："伊-38"号、"伊-41"号、"伊-44"号、"伊-46"号、"吕-41"号、"吕-43"号、"吕-46"号。

丙部队："伊-36"号、"伊-47"号、"吕-109"号、"吕-112"号，前两者负责运输微型潜艇对停泊在乌利西环礁的美军舰船实施偷袭。

7月21日，"爱宕"号上的栗田接到了联合舰队司令部发来的有关"捷号作战"指示。尽管详细作战计划尚未下达，但是栗田已经大致推测出，出动水面舰艇与美军决战的时机就要到了。在随后两周里，他下令各舰除去表面可燃装饰物，刮去多余油漆涂层，连甲板上覆盖的亚麻布油毡都未能幸免。为保持随时出击的临战态势，晚上很多官兵和衣睡在甲板上。

8月10日，军令部作战参谋榎尾义男、联合舰队首席参谋神重德飞抵马尼拉，召开专题作战会议向第一主力栗田舰队说明"捷一号"作战要领。除第二舰队参谋长小柳富次、作战参谋大谷藤之助之外，负责配合作战的西南方面舰队司令官三川军一、参谋长西尾秀彦，第一南遣舰队作战参谋出席了会议。7月上旬，三川已将司令部转移至马尼拉。匆匆赶到菲律宾上任的第一航空舰队司令官寺冈只参加了第二天的会议。

参谋长小柳刚一走进会议室，就觉得现场气氛不对。按道理说，如此重要的作战会议应该由联合舰队司令官丰田亲自主持，至少也由参谋长草鹿出席，现在居中而坐的却是首席参谋神重德。虽然官职和军阶不高，但神重德在海军中同样属于大名鼎鼎的显赫人物，尽管那些声名大部分属于负面的。神重德和辻政信被并称为日本陆海军的两大"疯子"，这点从他积极谋划刺杀东条一事就能看出来。果真，小柳很快从神的口中听到了联合舰队司令部在地下室里炮制出来的"九死一生"计划。

到底是来自东京的首脑机关，神铿锵有力的发言可谓高屋建瓴："东京判断，美军下一步的进攻目标很可能是菲律宾，登陆地点为北部吕宋岛的林加延湾、中部莱特岛及南部棉兰老岛的达沃，三者必选其一。一旦敌军贸然来攻，我基地航空部队将率先歼灭敌航母舰队。贵部所承担的任务是：一旦发现敌军来犯，舰队应率先进入文莱湾待命，接到命令后立即出击，消灭敌军运输船队。如果敌军登陆行动业已展开，则以战列舰强行突入莱特湾，开炮消灭滩头之敌。机动部队和第二游击部队将负责把敌军快速航母舰队引诱到菲律宾以北尽可能远的海域，为贵部的突入作战创造条件。"

第一游击部队的攻击目标竟然是美军运输船，小柳一度怀疑自己是不是听错了。日本海军的指导理论历来是"舰队决战"一统天下。正是因为联合舰队在黄海海战和对马海战中大获全胜，日本才取得了甲午战争和日俄战争的最后胜利。尤其是击溃俄国第二太平洋舰队的对马海战，一直被海军奉为胜利的典范。通过海上决战"一战定乾坤"，是帝国海军神圣不可侵犯的最高信条。几十年来，这种思想始终贯穿于海军的教育之中。但是今天，作为海军第一主力的栗田舰队不去和敌人舰队决战，却去打击运输船，别说手下众多官兵，连小柳本人都无法接受。难道我们倾举国之力精心打造的"大和"号和"武藏"号，就是为了用它们那举世无双的 460 毫米巨炮去打运输船吗？这已经不属于大材小用，而是彻头彻尾的不务正业了。

念及此处，憋了一肚子火的小柳霍然起立，慷慨陈词："本次作战，放弃对敌军主力舰队的迎击，却以运输船作为攻击目标，简直不可思议。不论作战目的如何，我第二舰队毕竟应以与敌主力决战为第一要义。司令部是否考虑过，本次作战可能使我水上部队暴露在敌军航空兵的直接打击之下，最终白白损失，却未歼灭任何有价值的目标？"

小柳的过度反应早在神的预料之中。此前，美军水面舰艇才是日本海军的主要攻击目标，这一点毋庸置疑。但是神清楚，现在联合舰队已经无力再和美军舰队决一雌雄了。吃柿子拣软的捏，美军运输船因此成为"捷一号"作战的主要目标，这正是本次作战与以往作战的不同之处。但无力与敌决战的话神又不能明说，那无疑属于"长敌人士气、灭自己威风"的无聊举动。于是神不以为然地回答说："一旦菲律宾有失，则我本土通往南方资源区的海上交通将被完全切断。舰队若停在本土，则无油料，若停在南洋，则无弹药。如果失去了菲律宾，舰队即使可以保全亦属枉然。与其如此，不如在菲律宾做最后一搏，获胜的可能性还是存在的。"可能怕小柳不服气，神稍稍停顿了一下，补充道："这是丰田司令长官的决心！"

神还真不是假传圣旨。战后接受审讯时，丰田坦率地向美国人说出了当时自己的想法："如果联合舰队不参加此次战斗，单靠菲律宾地区的陆基航空兵迎击美军，战斗将不会有任何胜算。因此大家才决定赌一把，将整个联合舰队全部投入作战。如果事情发展顺利，我们也许会获得意料之外的可喜结局。但如果遇到最坏情况，我们有可能丢掉整个舰队。而我感到，我们一定得冒这个险。如果我们在菲律宾战役中失利，即使舰队保留下来，向南行驶的运输线会被完全切断，舰队即使撤回日本领海也得不到燃料供应。舰队如果留在南方海域，就得不到弹药和武器供应。这样看来，要以丧失菲律宾群岛的代价来挽救我们的舰队，是毫无意义的。"看来神在前往马尼拉下达命令之前，是接受过丰田面授机宜的，有人说他级别太低不能领会领导意图是完全站不住脚的。

小柳心想："原来如此！"神的话再清楚不过了：一旦失去了菲律宾，联合舰队就会变成一堆无法出航的废铜烂铁，还有存在的必要吗？东京命令第二舰队奋勇出击，根本没打算让我们活着回去，丰田长官真是用心良苦哇，连墓地都帮我们找好了。但是小柳还不愿就此罢休，继续追问道："不管美军在莱特、达沃，还是在林加延湾登陆，拥有绝对优势兵力的敌人都不可能坐视我们攻击他们的运输船队。如果在途中或者在攻击运输船队的过程中遭遇到美军主力，我们是心无旁骛地攻击运输船队，还是先与美军舰队决战？作为一名帝国军人，我情愿死在对面飞来的炮火之下。"

一向飞扬跋扈的神竟然一时语塞。如此重要的问题，丰田司令官居然没事先给予明示。神本人也是狂热的巨舰大炮主义者，对小柳的话非常理解。沉吟片刻，他答复说："当然是迎击美军主力舰队。"神肯定想不到，他的这一答复一定程度上促成栗田在那个决定帝国海军命运的下午，下达了一项至今仍然饱受争议的命令。

说实在话，虽然看上去疯疯癫癫，但神一点儿都不怕死。在来马尼拉开会之前，神多次请求将他调往第二舰队，出任首席参谋或作战参谋亲自指挥作战。但日本海军有一项规定，上级参谋不得转调牵涉自己参与制订作战计划的下级舰队，这是为了防止上级参谋中有人贪生怕死，在制订计划时故意偏袒自己将调往的舰队，一定意义上也是为了公平。神的多次请战申请最终都不了了之。

小柳对神的回答虽然勉强表示接受，但仍然不能完全放心："这个问题非常关键，所以还是请首席参谋一定要向丰田司令长官汇报此事。"这一段话，在小柳战后的回忆录《栗田舰队》一书中有着清晰的记录。

谁都清楚在当时情况下，凭日益孱弱的基地航空部队绝对无法取得作战地区的制空权，第一游击部队突入登陆场的航途势必凶险万分。行动能否取得成功，完全取决于小泽舰队和志摩舰队——这支部队后来转入南方参加突击作战——能否将美军主力引诱到北方尽可能远的位置上。除去航空威胁之外，穿梭于菲律宾群岛众多狭窄水域之间的第一游击部队极易遭到美军潜艇的伏击。即使第一游击部队吉星高照，幸运突入登陆场，在完成炮击运输船或滩头的任务之后，它们又如何应对已醒悟过来的美军主力舰队？也就是说，栗田舰队本次执行的是"九死一生"的"特攻行动"。后来战斗进程表明，没有哈尔西的"密切配合"，日军断然不可能获得突入莱特湾的机会。但是这个问题小柳没问，他知道问了也没人能回答，第一游击部队的最终结果只有一个字：死！战后小柳在回忆录中这样写道，"这完全是一套绝望、鲁莽且前所未见的计划，根本无视战争的基本规则，我无法不把它理解为给栗田舰队的自杀命令"。

次日，飞回林加锚地的小柳向司令官汇报了会议详细情况，同时发牢骚说："我们在此处拼死拼活训练，就是为了和美军主力舰队决一死战。然而大本营要我们去打什么运输船，兄弟们每天累死累活训练，图的是啥？"一向沉默寡言的栗田理解参谋长的心情，他沉吟半晌，最后仰天长叹道："如此看来，联合舰队司令部是在给我们寻找一个最后的坟场。但我总是希望，我们能够死得更堂堂正正一些。"

行伍之人栗田出生于一个文人世家。他爷爷栗田宽是汉学家、历史学家，东京大学教授。他父亲栗田勤也是汉学家，汉文纪传体《大日本史》的主要编写者之一。栗田平时沉默寡言，给人一种饱经风霜的感觉。他一生都在和大海打交道，曾担任过舰长的驱逐舰就达 11 艘，几乎很少在岸上从事管理工作。唯一一段陆上经历，是到海军鱼雷学校研究先进的鱼雷战术。据说在整个太平洋战争期间，栗田只有两个星期不在海上。他最先指挥巡洋舰队，随后指挥战列舰队，最后是更大规模的第二舰队。海战已进入由空中力量决胜负的时代，栗田显然选择了一条错误的荣耀之路。

从发出的感慨看，栗田才真正领会了丰田命令中"置之死地而不生"的深刻含义。但并不是每一名军官都有这样高的觉悟。果不其然，在旗舰"爱宕"号上召开的作战会议上，听完作战参谋大谷的介绍，各战队司令官、参谋长及一众舰长群情激愤，蹦得最高的当数第一战队司令官宇垣缠和"武藏"号舰长猪口敏平大佐。猪口是日本海军首屈一指的炮术专家，10 月 15 日出征前夕晋升少将。大家强烈要求立即致电东京，变更作战计划。一些年轻军官甚至留下了伤心的泪水。

"难道我们辛辛苦苦训练，就是为了去打几艘破运输船吗？"

"这简直是对大日本帝国军人的侮辱！"

"我们不会吝惜生命。然而，我们爱惜帝国海军的名誉。如果帝国海军最后一战是与敌人运输船厮杀，那么，东乡元帅、山本权兵卫在九泉之下也不会安息的。"

会场顿时炸开了锅。栗田一脸无奈地看着手下军官，他当然知道，这种攻击运输船的突入作战一向由驱逐舰担纲，日本海军史上还从未有过主力战列舰执行这种作战的例子。这么多天以来，官兵也一直在进行炮战和舰队水面机动训练，从未进行过突入作战练习。但服从命令是军人的天职，栗田缓缓站起，以一种祈求的口吻告诉众人："诸君，请听我一言。联合舰队的现状大家都很清楚，我们已经无力和美军主力舰队决斗，也无法取得制空权和制海权。中国诗人杜甫有句名诗，叫'国破山河在'，但我们绝不能'国破军舰在'。如果从海军军官的自尊心出发，认为打击运输船队是耻辱的话，那么联合舰队在战争失败后还有军舰存在，那才是最大的耻辱。大本营下达这样看似不可思议的命令，就是将我们置于死地，这是我们最后的机会。我强调一点，尽管运输船才是我们的首要目标，但我们在行动中，也不是完全没有抓住敌人舰队进行决战的机会。"别看栗田平时木讷，做起思想政治工作来还真像模像样，有板有眼。

听完栗田的解释，大家才知道原来司令官心里也憋着火，同时也意识到事实已经无法改变。在听说作战方案已经过天皇亲自批准之后，大家的心里更加坦然。沮丧之余，众人纷纷表示愿意服从命令，齐声高呼"万岁"，好像仗已经打赢了似的。

根据对舰队进出、运输船锚泊条件及美军攻击方向、登陆战术等因素的综合分析，小柳和众参谋判断，美军登陆莱特岛的可能性最大。未来可能采取的战术无外乎以下三种。一、对停泊在锚地的运输船直接发起进攻。二、舰队在毫无空中掩护的条件下实施突入作战。三、海上夜战。栗田下令，各部立即围绕上述三种战术展开针对性训练。

小泽舰队远在本土，未来只执行诱敌任务，陆基航空兵作战能力又值得怀疑，栗田首先要解决舰队自身的防空问题。在马里亚纳海战中，小泽初次提出并实践了环形阵战术。即以舰队旗舰为中心，大舰在中间，小舰在外圈，组成一个双层同心圆。这样形成的多层火力防御体系不但取得了较好的防空效果，外围驱逐舰还能兼顾反潜功能，一举两得。第二舰队参谋在小泽做法的基础上进行"创新"，将原来一个环形阵扩大为一前一后两个。一旦遭遇敌人攻击，前后两个环形阵分别向左右转舵，导致敌人无法集中发起攻击。他们选择其中一个进攻时，另一个环形阵就能最大限度地得以保全。可见日本人也知道，挨打是必然的，现在能做的就是挨打的人尽可能少一些，挨的打尽可能轻一些。

这种双环形阵不但有利于防空反潜，还有利于对运输船队的攻击。登陆场一般水域狭窄，大舰队机动必然受一定限制。采用双环形阵可以使舰队形成两个攻击集团，先后进入登陆水域。第一集团先行炮击，失去最佳位置后转向退出，第二集团进入炮击航线开火。如此循环往复，直至将敌人全部歼灭。这样既有利于火力衔接，也会避免各舰一哄而上造成混乱，导致舰炮火力得不到充分发挥。

根据以往经验，舰队突入登陆场的最大可能是拂晓时分，发生夜战可能性极大——这是栗田最热切盼望的事情。日军的夜战训练依然以经典鱼雷战为主，主要由巡洋舰和驱逐舰担纲。如今采用双环形阵后，由每个集团各组成一支夜战部队。林加海面上经常出现这样的场景：以"大和"号为首的"甲军"暗夜突入，对以"武藏"号为首的"乙军"实施突袭，双方在黑暗中展开混战。鉴于进军路线可能遭到美军潜艇伏击，舰队还特意演练了各种反潜队形。如针对美军潜艇肆虐的巴拉望水道，制定了主力舰只采用双纵队前进的第二十二号警戒序列。后来实战结果表明，这种阵形十分蹩脚。

第一游击部队拥有众多大型舰只，从指挥角度看，选用块头最大、通信条件最好、速度又不慢的"大和"号或"武藏"号作为旗舰无疑最合适。第二舰队向联合舰队报告说，希望将司令部从"爱宕"号转移到"大和"号上。东京的回复很快到了，"不同意"。理由是第二舰队原来就是夜间鱼雷战主力，从指挥鱼雷战角度来看，重巡洋舰要远胜过战列舰。另外一旦战斗开始，"大和"号必然成为敌人重点进攻的对象，司令部在上边很不安全。还有一种说法是，东京认为大战在即，来回更换旗舰太麻烦了——难道中途被击沉再换就不麻烦？后来栗田果真因"爱宕"号被击沉更换了旗舰，并为最后战败埋下了祸根。

"魔鬼训练"是日本海军的一大法宝，如今面临事关国家生死存亡的大决战，训练更是一刻都不能放松。之前由于缺乏燃料，舰队训练有严格油料消耗定额，训练受到一定影响。如今巨港油田的原油足量供应，训练可以得到充分安排。水兵通常日出前1小时就早早起床，简单用餐后进入岗位，在舰长带领下进行单舰战斗训练。上午和下午是战队甚至全舰队配合训练，之后的单舰训练往往持续到深夜。训练内容包括双轮型阵的熟悉和运用，夜间雷击，水面炮战，防空射击，鱼雷或炸弹规避及损管控制等。栗田舰队的官兵从清早睁开眼到晚上闭上眼，除了吃饭就是训练。

另一项重要训练内容是雷达使用。高耸的"一三号"对空雷达天线竖立在"大和"号桅杆上，它的性能实在值得怀疑。以至于有好事者讽刺说，"简直跟艺伎高耸的发髻一样"。从东京派来的专家教授亲自登舰，手把手指导水兵如何使用，并随时解决出现的问题。出于对雷达性能不稳定的担心，日军决定两条腿走路，传统使用照明弹和观察哨的方法仍然保留，与雷达形成了双保险。观察哨大多来自从台湾高山族中精心挑选的目力极好者，除平时伙食配置富含维生素 A 的食材如鳗鱼、鱼肝油之外，还要专门服用维生素 A 片，以使他们能够在暗夜中准确捕捉到 2000 米外的目标。这些观察哨被起了一个别致的绰号叫"肉雷达"。

为进一步增强第一游击部队实力，9 月下旬，由两艘老式战列舰"山城"号和"扶桑"号为核心的第二战列舰战队奉命南下加入栗田舰队。当西村率舰队到达林加锚地时，已经是 10 月 10 日了。这两艘"爷爷舰"速度太慢，一起行动势必影响主力舰队的机动性。栗田将它们和重巡洋舰"最上"号及 4 艘驱逐舰一起编成了第三夜战部队。

截至 10 月 20 日奉命出击，第一游击部队在林加锚地整整训练了 3 个月。训练强度之大，前所未有，几乎相当于和平时期一年的训练量。虽然受命攻击运输船让人心里极度不爽，但栗田舰队上上下下士气高昂，只等一声号令出击攻敌了。

# 台湾海空战

1944 年 10 月 1 日，哈尔西率众幕僚由荷兰迪亚飞回乌利西环礁，宽阔的潟湖里停泊着他的一半兵力：博根少将第二大队和谢尔曼少将第三大队。受突如其来的风暴影响，两个航母大队直到 10 月 6 日才从乌利西出发，向西北航行。10 月 4 日，麦凯恩中将第一大队已经从马努斯港启航。此前戴维森少将第四大队一直在帕劳一带活动，10 月 6 日，他们终止对贝里琉作战的支援行动向东航行。

10月7日14时20分，第三十八特混舰队所有四个大队在塞班岛以西600公里海域顺利会合——这是美军首次在一次军事行动中出动四位数的舰载机。

哈尔西命令以第三大队为核心排出巡航阵形：第一大队在第三大队150度方向、22公里外占位，第二大队在330度方位、22公里处占位，第四大队则位于150度、44公里之外。由于尼米兹将第三两栖舰队和第三两栖部队全都借给了麦克阿瑟，现在第三舰队就由第三十八特混舰队和补给大队组成。哈尔西用这样的办法解决随之而来的指挥问题：全舰队整体作战时，航空作战由米切尔负责，自己作为第三舰队司令官，仅负责分配攻击目标和掌控舰艇的机动。10月8日，庞大的舰队完成了大战前最后一次海上补给。

奉命出动为莱特岛登陆行动扫清障碍的除快速航母舰队之外，还有美军为数众多的陆基航空兵。10月7日，陆军第十航空队出动P-47，第十四航空队出动P-40、P-51战斗机，空袭了中国沿海和中南半岛多个日军目标。同日，肯尼的第五航空队几乎倾巢而出：B-24重型轰炸机空袭了棉兰老岛西部的三宝颜，护航战斗机对内陆和沿岸多个目标实施扫射；B-25中型轰炸机空袭了西里伯斯岛三处机场、安汶岛西侧多处陆上设施、新几内亚岛西端巴博机场和多姆岛据点；另一部战机攻击了哈马黑拉岛北部的卡奥和塞兰岛东部的布拉油田。尼米兹也积极采取了配合行动，第七航空队的B-24重型轰炸机从塞班岛出发，空袭了马库斯岛的日军地面目标和部分船只，取得成效不大。

在此前后，盟军舰艇在海上也小有斩获。10月6日，在吕宋岛西北海域，日军第二十一号海防舰和10241吨的"赤根丸"号运输船被美军潜艇"海马"号、"鲸鱼"号联手击沉，"热带海鲈"号潜艇在吕宋岛以西海域击沉了5154吨的运输船"山水丸二号"。在槟城附近海域，英军潜艇"接触"号击沉日军1艘小型驱潜艇。当天在爪哇海南纬6度20分、东经111度28分海域，德国潜艇U-168号被荷兰潜艇"剑鱼"号击沉。10月17日，这艘荷兰潜艇再发神威，在巴韦安岛东南方向南纬5度26分、东经113度48分击沉日军2330吨的扫雷舰"严岛"号。日军对荷兰人击沉自己的舰船一直不太相信，至今仍把这一功劳记在美国人头上。

但陆基战机的活动范围毕竟有限，只能覆盖菲律宾南部地区。正因如此，机动性和攻击力最强的第三舰队的攻击目标被安置在最北侧，拉开了从菲律宾经中国台湾到日本南部琉球群岛一个巨大的弧形阵线。

10月9日，艾伦·史密斯少将奉命率第三十特混舰队第二大队炮击马库斯岛，为主力部队的进攻实施佯动。史密斯麾下有重巡洋舰"切斯特"号、"彭萨科拉"号、"盐湖城"号，驱逐舰"邓拉普"号、"卡明斯"号、"范宁"号、"凯斯"号、"卡辛"号、"唐斯"号。哈尔西命令史密斯，"尽量制造出最大动静，让日军误以为主力舰队正在逼近"。史密斯舰队于是大摇大摆招摇过市，途中频频以主力舰队名义向外发出明码电报，试图吸引日军注意力。当天，第二大队的炮击造成马库斯岛日军设施损毁严重，多处起火。为引起日军注意，美军在炮击时频频释放烟幕且一度发射照明弹，但实际上史密斯舰队起到的牵制作用并不明显。12时整，美军第三十八特混舰队抵达北纬20度40分、东经135度05分海域，继而向冲绳岛高速冲去。

10月10日5时45分至6时10分，在出动50架"地狱猫"扫荡冲绳日军机场之后，米切尔派出了由298架战机——其中"地狱猫"122架、"地狱俯冲者"99架和"复仇者"77架——组成的第一拨攻击机群，前往轰炸冲绳岛、伊江岛、宫古岛等地日军基地。8时整，由272架战机——其中战斗机103架、俯冲轰炸机90架、鱼雷机79架——组成的第二拨攻击机群也出发了。第一攻击机群中，仅"富兰克林"号飞行员约瑟夫·海因里希少尉的"地狱猫"被防空炮火击落，其余返航飞机迅速加油挂弹准备下一轮攻击。

11时30分，米切尔放飞的第三拨攻击机群由125架战斗机、89架轰炸机和79架鱼雷机组成。前两轮攻击使日军有了充分准备，美军此次进攻损失明显增加。"大黄蜂"号战斗机飞行员肯尼思·蔡斯少尉、"黄蜂"号轰炸机飞行员约瑟夫·盖茨少尉、"汉考克"号轰炸机飞行员詹姆斯·麦卡伦上尉、"富兰克林"号轰炸机飞行员托马斯·诺雷克少尉的飞机未能返航。13时37分，米切尔放飞了由137架战斗机、93架轰炸机和72架鱼雷机组成的第四拨攻击。18时05分，完成飞机回收的美军舰队以200度航向、25节速度向南撤退。

美军空袭破坏了冲绳港口大量设施和那霸市区，日海军第二十五航空战队配置在冲绳的航空兵力遭遇重创。日军在空战中损失飞机7架，28架飞机严重受损。陆军第二十五飞行团第二十三中队10架战斗机升空阻击，6架被击落，4架受损严重。当天空袭造成停泊在冲绳的日军舰艇损失惨重，排水量5180吨的潜艇母舰"迅鲸"号、第五十三号驱潜艇、第一五八号输送舰、13 艘鱼雷艇、2 艘小型潜艇及 4 艘商船沉没，另有 2 艘商船受损严重。这是继 1942 年 4 月 18 日杜立特空袭东京之后，美军首次出动舰载机将战火烧到日本近海。"企业"号和"格雷森"号驱逐舰曾参加过当年的空袭行动，本次属于故地重游。和上次打了就跑不同，美国人这次"其志不在小也"。在袭击马库斯岛和冲绳岛的作战中，美军付出的代价是损失飞机 21 架，无一艘舰艇受损。

冲绳遭到大规模空袭的噩耗传到东京，10 日 9 时 12 分，参谋长草鹿以联合舰队司令官的名义发出了"捷二号"作战警戒令。12 时，位于台湾新竹机场的丰田更是发布了"捷一号"及"捷二号"作战警戒令。丰田显然认为，单单"捷二号"还不够，必须把菲律宾方面也拉进去。接连两条不同内容命令下达，瞬间在从九州到菲律宾一带的广大地区引发了一系列混乱。

这丰田不是在东京地下室坐镇吗，怎么跑台湾遛弯儿去啦？ 10 月 2 日，在副参谋长高田利种的陪同下，丰田准备借道中国台湾前往菲律宾视察。谁知在经停高雄时，丰田染上感冒，就在当地躺了下来，这一躺就躺到了 7 日。这段时间里，联合舰队司令部的工作暂时由参谋长草鹿主持。7 日，飞抵马尼拉的丰田视察了克拉克空军基地，8 日拜访了南方军总司令寺内，还顺便看望了刚上任的第十四方面军司令官山下。在高雄一躺五天，将丰田的行程完全打乱，两次会见都是大家面对面简单鞠个躬就算完事，具体作战无从谈起。9 日，就在丰田取道中国台湾准备返回东京时，美国人杀上门来了。

鉴于负责"捷一号"作战的第一航空舰队飞机数量严重不足，草鹿采取了惯用的拆东墙补西墙的办法，匆忙将负责东北方面第十二航空舰队 115 架飞机调往到第三航空舰队，又从第三航空舰队抽调 242 架飞机充实第二航空舰队，随同前往的还有小泽舰队的 172 架舰载机。这些飞机将与"T 部队"一道，在中国台湾周边空域与美军展开决战。

抽调舰载机参战遭到第三舰队司令官小泽和首席参谋大前的一致反对，这势必导致各航空队的重建无果而终。大前前往位于日吉台的联合舰队司令部准备提出反对意见时，作战命令已经下达。毫不例外，此次抽调的舰载机大部分没有回来。未来小泽舰队只能执行诱敌的尴尬任务了。

10 月 11 日，美军第三十八特混舰队以 195 度航向前往北纬 19 度 40 分、东经 128 度海域待机点，接受第三十特混舰队第八大队 12 艘油轮的加油。12 时 30 分，率先完成海上加油的第 、第四大队出动战斗机 56 架——其中"黄蜂"号 8 架、"大黄蜂"号 19 架、"考彭斯"号和"蒙特利"号各 8 架、"富兰克林"号 13 架——扫荡了吕宋岛北端的阿帕里机场，声称以损失 7 架战机为代价摧毁日机 15 架，航母战斗群执行空中巡逻的战斗机击落日机 3 架。

哈尔西坦承自己犯了一个严重错误，舰队应该首先空袭台湾这个最棘手的目标。空袭台湾的目的在于：其一，那里距吕宋北部只有 320 公里，是日军增援菲律宾的最佳据点；其二，那里盘踞着大量日军陆基航空力量，如不加以消灭，将会给美军进攻菲律宾的行动构成致命空中威胁；其三，哈尔西认为空袭台湾将会有效分散敌人注意力，使日军无法准确判断美军的攻击目标。但对琉球的军事行动引起了日军足够警觉，袭击阿帕里给日军留出一天时间从容对台湾实施增援。

接受了护航航母 61 架补充飞机之后，完成加油的第三十八特混舰队在 19 时调整航向为 320 度，以 24 节向台湾东南海域高速机动。除几艘新式战列舰之外，米切尔麾下其他战舰都能轻松跑出 30 节以上高速。加之后勤补给充足，第三十八特混舰队一日航程可达 1100 公里，这正是这支无敌舰队的可怕之处。

10 月 12 日黎明时分，美军第三十八特混舰队抵达台湾以东 110 公里海域。岛上有大量敌陆基战机存在，这一举动无疑非常危险。清晨 6 时，米切尔率先放飞了 108 架执行扫荡任务的"地狱猫"。随后在 115 架战斗机护航下，93 架俯冲轰炸机和 76 架鱼雷机从航母甲板上腾空而起，前往攻击台湾和澎湖列岛的日军基地。鉴于首轮攻击任务仅为取得制空权和瘫痪日军机场，所有出击鱼雷机和轰炸机一样均携带炸弹。

美军进攻并未达成突然性。早在美军登陆关岛的 7 月 21 日，驻台湾日军第二航空舰队就宣布进入警戒状态。7 月 25 日，驻台湾陆军第八飞行师团直接划归海军第二航空舰队指挥。8 月 22 日，台湾"总督"海军大将长谷川清下令进入战争状态，各州厅纷纷召开会议，加紧防空部署。

11 日，吕宋岛阿帕里机场遭到空袭，台湾随即进入一级战备状态。12 日凌晨 3 时，第九〇一航空队从屏东机场起飞的 1 架侦察机在台湾鹅銮鼻东南 135 度、295 公里处准确捕捉到美军舰队，台湾全岛迅速拉响了空袭警报。

部署在台东、花莲的日军雷达率先发现了来袭机群。面对蜂拥而来的无数美机，福留第一时间下令迎战。6时20分，第二二一航空队4架零战从新竹机场起飞巡逻，一小时后在机场东北5公里遭遇到美军机群，空战中被击落2架。该航空队33架零战在片木圭二率领下7时10分紧急起飞，在旧港和桃园上空与约50架美机展开激战，其中10架被当场击落，2架失踪，9架受伤。8时45分，该航空队4架飞机在基地上空与"地狱猫"缠斗，1架被击落，1架受伤。9时10分升空的3架零战全被击落，仅一名飞行员跳伞逃生。14时45分，该航空队又有1架飞机被"邦克山"号舰载机击落，另一架受伤。

接到出击迎敌的命令，6时22分，第十四联合航空队村田芳雄率12架零战从台南基地升空。50分钟后，另25架零战也起飞了。7时20分，37架零战与来袭美军机群展开混战，包括村田在内的17人战死，2人重伤。驻高雄第四〇一飞行队也参与了战斗，浅川正明率31架"紫电"战斗机与美军展开激战，损失14架。

福留繁生动记述了当时空战的情景："从司令部放眼望去，一次可怕的空战正在我的头顶展开。我们强大的截击机群向进犯敌机猛扑过去。我们的战机表现实在太棒了，我认为他们已经做到了极致。不一会儿，飞机一架接一架地往下掉，笼罩在一片火海之中。'太棒了！干得好！这是一次巨大的成功。'我鼓起掌来。哎呀！突然间我失望至极，在近距离观察之后，我发现被击落的飞机竟然都是我们的，而那些耀武扬威在空中盘旋的飞机全是敌人的！我们的飞机在敌人编队面前，简直就像鸡蛋碰石头。这样一次短促的交火以我方全面战败而告终。"

海军忙得不亦乐乎，陆军当然不会袖手旁观。陆军第八飞行师团代理师团长山本健儿下令各部升空迎敌。第二十飞行战队27架"隼式"在第一中队中队长山县清隆率领下升空，与高雄、屏东一带的美机激烈交锋。第二中队中队长小林贞和等10架飞机被击落。第十一战队金谷祥弘率战队主力从宜兰起飞，穿越大雾向基隆直航，与正在轰炸港口的"无畏"号舰载机大队展开激战。从松山机场起飞的该战队第三中队随后加入战团。在当天的战斗中，包括金谷在内的11架日机被击落。

集成第二防空队7架"屠龙"在桥本保善率领下从桃园机场起飞，很快陷入"地狱猫"的包围之中，包括桥本在内的9架飞机被击落。东乡三郎指挥集成第一防空队在嘉义上空与美军激战，损失飞机2架。美军并非毫无损伤，"无畏"

号战斗机中队声称击落日机 20 架，但自身也损失飞机 4 架，仅迪·巴迪斯塔中尉跳伞逃生。

"邦克山"号战斗机中队中队长威廉·科林斯少校率 15 架飞机扫荡了新竹机场，在前往桃园机场途中与从松山飞来的日机狭路相逢。挂载 227 公斤炸弹的"地狱猫"纷纷抛掉炸弹投入格斗。"列克星敦"号战斗机中队中队长富兰克林·尤金少校率部扫荡了台中机场，在嘉义和台中之间与日机激战，唐纳德·特里普上尉的"地狱猫"被击落，机毁人亡。库克少校的飞机也被台中机场日军高炮击落。

"埃塞克斯"战斗机中队在中队长詹姆斯·里格少校率领下在台中与嘉义之间与日机激战，随后前往扫荡彰化以南的溪州机场。约翰·阿尔特纳中尉、克拉伦斯·博尔莱少尉的飞机被日军高炮击中后在海上迫降，博尔莱 10 月 16 日被美军潜艇"锯鳐"号救起。掩护阿尔特纳迫降的查尔斯·多恩少尉在返回第三大队上空后因油料告罄迫降海上，最终下落不明。

"富兰克林"号战斗机中队在扫荡冈山机场前遭到数架日机拦截，将敌机驱走后扫射了机场跑道。"考彭斯"号战斗机飞行员约翰逊上尉率部扫射了屏东机场，随后爬升与一队日机展开激战，声称击落敌机 6 架，马克斯·弗雷尔森上尉和唐纳德·斯坦利上尉的飞机被击落。另外，"企业"号弗里德里克·特恩比尔少尉的战斗机在扫荡台南永南昌期间失踪，"大黄蜂"号乔治·林德史密斯少尉的"地狱猫"在屏东上空被高炮击落。美军攻击机同样未能全身而退，"无畏"号俯冲轰炸机中队中队长马克·埃什利克中校和威廉·格伦瓦尔德中尉在轰炸完基隆港后未能返航。

8 时过后，米切尔下令出动了由 99 架战斗机、101 架俯冲轰炸机和 75 架鱼雷机组成的第二拨攻击机群。本轮攻击中，"汉考克"号鱼雷机中队塞奇·约翰斯顿少尉机组失踪，"兰利"号战斗机飞行员保罗·贝利少尉阵亡。"无畏"号安德鲁·罗勒德中尉的俯冲轰炸机在松山机场上空被高炮击落。相比较而言，"埃塞克斯"号鱼雷机飞行员科普兰中尉就幸运多了。他的飞机受伤迫降海上，机组成员被潜艇"大西洋旗鱼"号救起。"邦克山"号战斗机飞行员约翰·麦奎尔中尉的飞机中弹受伤，在战友掩护下飞至正在海上巡航的"射水鱼"号附近迫降，被潜艇成功救起。

　　10时30分，美军又放飞28架"地狱猫"实施第二轮扫荡。"邦克山"号飞行大队长拉夫·希夫利中校率12架飞机在松山上空没能遇见敌人，于是前往扫射基隆港。他们与日军第二二一航空队的零战展开激战，击落、击伤敌机各一架。诺曼·艾梅尔的战机被击落，中尉跳伞后被日军俘虏，最终未能活着走出战俘营。

　　11时30分，米切尔放飞了由255架战机——其中战斗机123架、轰炸机84架和鱼雷机48架——组成的第三拨攻击机群，继续对岛上日军基地实施攻击。升空阻击的日机越来越少，地面高射炮火逐渐变得稀疏，美军的扫射和轰炸变得更加肆无忌惮。他们并非毫无损失，攻击中"无畏"号损失轰炸机2架，"富兰克林"号和"企业"号各损失鱼雷机1架。

　　12时25分到13时，由276架飞机——其中战斗机123架、轰炸机91架、鱼雷机62架——组成的第四拨攻击机群再次起飞，米切尔誓将扫荡进行到底。"黄蜂"号戴尔·费舍尔少尉的战斗机和富兰克林·麦基弗中尉的鱼雷机在桃园上空被击落，多米尼克·斯卡图尔基奥中尉的"地狱俯冲者"在台湾海峡迫降。费舍尔和斯卡图尔基奥机组当天被"大西洋旗鱼"号潜艇救起。"邦克山"号轰炸机飞行员哈伍德·夏普中尉曾在马里亚纳海战中攻击过日军丙部队，因油料告罄迫降后被驱逐舰救起。中尉显然缺乏上次的好运气，他的飞机在轰炸松山机场时被高炮击中，随后驾机飞至淡水河外跳伞，机组成员不知所终。当天美军飞行员上报战绩188架，其中"邦克山"号32架，"无畏"号25架，"埃塞克斯"号15架。有飞行员汇报说，战斗中看到空中至少有1顶降落伞在飘荡，最多同时有5顶。

　　日军绝不是只守不攻。就在双方战机在台湾空域激烈搏杀的同时，部署在九州鹿屋基地的日军精锐"T部队"开始倾尽全力捕捉美军舰队藏身之处，伺机发起猛烈反扑。由陆军第五〇一航空队队长丸山宰平率领22架挂载鱼雷的"银河"轰炸机最先在18时40分飞抵预定空域，未发现美军舰队，悻悻返航。他们在途中遭到"地狱猫"劫杀，6架"银河"被击落，1架在东港外海迫降。由于各机场跑道被美军炸得凸凹不平，5架"银河"在台南、高雄机场降落时严重受损，另一架因鱼雷殉爆起火焚毁。

　　第七〇八航空队的15架一式陆攻机随后抵达战场。飞在前方的直协队由7机组成，负责索敌并投放照明弹。其中5架飞机在搜索期间失踪，另1架被"地狱猫"击落，其余 1 架在花莲港外海迫降。尽管攻击队指挥官小关俊胜失踪，但余下 8 架日机毅然对美军第二大队发起鱼雷攻击，付出 6 架被击落的惨重代价后，一无所获。

之后出现的是第七〇三飞行队队长江川廉平率领的 18 架一式陆攻机，攻击同样颗粒无收，包括江川在内的 10 架飞机被击落。接下来投入进攻的是由小野贤次率领的 23 架"天山"，在损失了包括小野在内的 14 架鱼雷机后同样无功而返。

最后投入进攻的是配属"T 部队"的陆军第九十八飞行战队。队长高桥太郎率 22 架四式重型轰炸机从鹿屋出击，于当天 21 时 50 分发现并攻击了美军舰队，被"地狱猫"和防空炮联手击落 12 架。日军不间断的攻击给美军造成了混乱，第三大队驱逐舰"普利切特"号遭到第二大队驱逐舰误击，水兵阵亡 1 人、受伤 15 人，雷达也被友舰打掉，两门 40 毫米博福斯高炮损坏。当天美军舰队受到的损伤仅限于此。

"新泽西"号舰桥上，第三舰队参谋长卡尼少将仔细观摩了敌人的进攻，并记录下日军飞行员的弱点："日本人决定要竭尽所有发动对我们的攻击。他们的攻击编队有 60 至 80 架飞机。我们之中早先参加过战斗的人立即发现敌人的编队毫无特点，各种型号飞机都有，飞行员技术也大不如前。"

10 月 13 日，在台湾以东海域游弋的美军舰队继续对岛上目标发起空袭，三拨攻击共出动舰载机 822 架次。日军反击较前一天有所减弱，美军损失了包括"大黄蜂"号飞行大队长弗莱德里克·施拉德尔中校座机在内的 7 架飞机。其中最遗憾的当数"无畏"号年仅 20 岁的战斗机飞行员肯尼斯·弗林少尉。他的"地狱猫"被击落后，跳伞的弗林被日军俘虏，成为第一个被俘海军王牌飞行员——他之前的战绩为 5 个。在战俘营度过艰难的 9 个月之后，弗林在日本投降前 3 周因营养不良死亡。

傍晚时分，日军精锐"T 部队"再次利用夜色掩护发起突袭。第七〇八飞行队指挥官长井强率 19 架一式陆攻机从鹿屋出发。狡猾的长井一直在宫古岛一带盘旋，直至薄暮时分才率队向西南方向做搜索飞行。前方海面上出现的是戴维森少将的第四大队。长井在 18 时 32 分发出了"全军突击"号令，继而率队从不同方向夹击"富兰克林"号。在"地狱猫"和高炮联合阻击下，包括长井在内的 8 架日机被击落。1 架陆攻机擦过飞行甲板一头栽入航母右前方，给"富兰克林"号造成了轻度损伤。当晚,第七〇八飞行队的3架"银河"在执行搜索任务时与基地失去联系,集体失踪。第五〇一飞行队出动4架"银河"搜索并攻击了美军舰队,最终返航的1架飞机报告说,"1艘美军'埃塞克斯'级航母中雷受损"。当天美军记录并无其他航母受伤。

18时50分,日军第七〇三航空队由冈庭芳太郎率领的8架陆攻机发现并攻击了麦凯恩中将的第一大队。虽然5架飞机被当场击落,但日机射出的一条鱼雷准确命中了"堪培拉"号右舷98号肋骨位置,导致两个轮机舱和两台锅炉进水4500吨。重巡洋舰迅速失去动力,在离台湾150公里的海面上缓缓停了下来。

"堪培拉"号是美军巴尔的摩级重巡洋舰三号舰,原拟命名"匹兹堡"号。后来为了纪念在萨沃岛海战中英勇战沉的澳大利亚皇家海军"堪培拉"号重巡洋舰而更名,它也是美国海军第一艘以外国城市命名的战舰。该舰一旦沉没,对两国海军都会产生不良影响。哈尔西对照海图仔细端详了一番,受损巡洋舰位于数个日军机场所驻战机的攻击范围之内,而它距己方最近的海军基地乌利西环礁尚有2100公里之遥。"我们处于日军魔爪之下,"哈尔西说,"而且这个魔鬼已经知道了我们的存在和具体位置。"

最理智的办法是弃舰将之击沉,保证舰队主力的快速机动能力。思忖再三,哈尔西决定冒一次险,想尽办法把它拖回家去。他向麦凯恩发出了救援命令,同时命令米切尔对台湾的空袭延长一天。麦凯恩将拖曳"堪培拉"号的任务交给了第十巡洋舰分队司令官劳埃德·威尔茨少将。在驱逐舰"康奈"号和"贝尔"号护航下,威尔茨以旗舰"威基塔"号重巡洋舰拖曳重伤友舰。第十三巡洋舰分队司令官劳伦斯·杜博斯少将率轻巡洋舰"圣达菲"号、"莫比尔"号、"伯明翰"号及第一〇〇驱逐舰分队"科格斯维尔"号等4艘驱逐舰在"威基塔"号和"堪培拉"号4600米外排成防空队形,掩护两舰,徐徐向东撤退。

当天18时48分,戴维森少将的第四大队受命驶出队列,向台湾以南海域机动。13日清晨6时02分,航行至吕宋岛东北海域的第四大队出动"富兰克林"号8架、"贝露森林"号16架战斗机扫荡了阿帕里机场,"圣贾辛托"号出动战斗机14架空袭了拉瓦格。"贝露森林"号奥唐纳德少尉的"地狱猫"被高炮击伤后迫降海上,11时05分被"麦考尔"号驱逐舰救起。回收扫荡机队之后,第四大队继续在吕宋岛以东海域游弋。当天,美军其余三个大队仅对台湾发起了一轮空袭，出动战斗机 83 架和俯冲轰炸机 57 架，损失"地狱猫"3 架和"地狱俯冲者"1 架，另有一架战斗机受伤迫降海上。

福留繁命令第五十一航空战队对美军舰队发起最后总攻击。受恶劣天气影响，日军派出的两支攻击部队仅少数飞机找到了美军舰队。第一攻击队的几架"彗星"轰炸了谢尔曼少将的第三大队，其中 2 架被当场击落，散落碎片造成"埃塞克斯"号 17 名水兵负伤。17 时 07 分，第二五二飞行队长曾我部率领 17 架"天山"再次攻击了第三大队。日军投出的鱼雷无一命中，16 架飞机被相继击落。1 架日机中弹失控撞上"雷诺"号轻巡洋舰舰尾，另一架飞机以后座机枪打伤"考埃尔"号驱逐舰的 5 名水兵。

1942 年 10 月 26 日的圣克鲁斯海战中，长曾我部曾随村田重治参与对第一代"大黄蜂"号的雷击。村田当场战死，长曾最终全身而退。本次作战，长曾再次躲过了美军防空炮火，作为唯一幸存机组安全降落在石垣岛机场。

日军第二攻击队在台湾以南空域遭遇"大黄蜂"号空中巡逻机队，空战中日军 2 架"天山"、3 架零战、1 架"紫电"被击落，美军损失了 3 架"地狱猫"，另有 1 架飞机受伤。

尽管损失了包括长井在内的大部分乘员，日第七〇八航空队仍集结残部 7 架一式陆攻机和 6 架"银河"发起进攻，付出损失 4 架飞机的代价后一无所获。返航飞行员汇报说："击沉美军航母 2 艘，烧毁 1 艘。"丰田闻言大喜过望。

日军表现最出色的仍属大部分由老鸟组成的"T 部队"。宫岛满领军第九十八飞行战队 15 架四式重型轰炸机准确捕捉到了麦凯恩的第一大队。宫岛模仿海军发出"全军突击"的号令，随后率队发起进攻。18 时 30 分，发现敌机掠海而来的美军驱逐舰"伍德沃斯"号立即开火，声称击落敌机 2 架。但在 18 时 41 分，美军轻巡洋舰"休斯敦"号第 74 号肋骨处被一条鱼雷准确命中，机舱进水导致战舰速度大减，最终失去动力瘫在水面上动弹不得。它似乎已逃不过爪哇海被击沉第一艘"休斯敦"号的命运。舰上美军损管队员奋力堵住缺口，使它仍然存在被挽救的可能。

日军攻击同样付出了惨重代价，包括一中队长吉川武雄和二大队长濑户轸次在内的 9 架飞机未能返航，宫岛机及另一架飞机迫降海上，2 机强行在陆上迫降。当天返航日军飞行员报告说："击沉敌航空母舰 3 艘，战列舰 2 艘，巡洋舰 2

艘。"丰田激动得手舞足蹈，无法自持。

"休斯敦"号的受损程度远超过前一天的"堪培拉"号。远看上去，它似乎很快要散架了，连舰首是否连着舰身都成为周围友舰上赌鬼的下注对象。麦凯恩中将下令弃舰，但舰长威廉·贝伦斯上校死活不肯，苦苦恳求司令官派人将舰拖回去。

当年在爪哇海，美国人已经战沉过一艘同名重巡洋舰，这艘舰正是那艘的纪念舰。当年老舰战沉时，休斯敦市民举行了大规模集会游行，纪念他们心目中的战斗英雄。随舰同沉的老舰长埃尔伯特·洛克斯上校被追授荣誉勋章。新舰正式下水时，罗斯福总统亲自向水兵发来了热情洋溢的电报，鼓励他们发扬老"休斯敦"号顽强不屈的战斗精神，誓于日军战斗到底。现在就这样轻易放弃新舰，贝伦斯上校怎么向总统和休斯敦的广大市民交代？

麦凯恩只好更改命令，"博伊德"号、"考埃尔"号、"格雷森"号驱逐舰受命向"休斯敦"号靠拢。19时25分，"波士顿"号重巡洋舰奉命执行拖曳"休斯敦"号的任务。23时20分，上述各舰以150度航向、航速4节徐徐向东撤退。

哈尔西一直紧盯着海图上的两枚别针，它们代表两艘受伤被拖带巡洋舰的详细位置。它们的航速仅有4节，前往乌利西环礁有长达2100公里海路要走。如果日军发起持续空袭，包括它们在内的所有拖带、护航船只将处于极度危险之中，主力舰队也将受到拖累。毕竟第三舰队的首要任务是掩护麦克阿瑟在莱特岛的登陆作战，现在距离战斗正式打响只剩不到6天时间了。如果下令放弃两艘跛脚舰，舰队就可以高速脱离日军战机的攻击范围。

参谋长卡尼少将和作战参谋拉尔夫·威尔森上校——他接替雷蒙德·瑟伯上校职务——指出，尼米兹上将的命令中特意强调："尽一切可能捕捉或创造机会摧毁敌人舰队。如果有这样的机会或者是能够制造这样的机会，那么摧毁敌人舰队就是你们的首要任务。"现在机会来了，美军完全可以让跛脚舰队扮演诱敌角色，引诱日军前来进攻。主力舰队就可以在附近海域隐藏起来，打敌人一个措手不及。哈尔西认可了两人的意见。

第一大队部分舰艇前往执行救援任务，哈尔西命令轻巡洋舰"圣迭戈"号、"奥克兰"号，驱逐舰"马歇尔"号、"米勒"号21时25分脱离第二大队，次日1时05分加入第一大队护航队列。

当天 17 时 11 分，哈尔西下令以第十三巡洋舰分队、第一〇〇驱逐舰分队、"威基塔"号和受伤的"堪培拉"号临时编成第三十特混舰队第三大队，坐镇"圣达菲"号的杜博斯少将任司令官。这支特殊编队立即获得"第一跛脚分队"的雅称。很快轻型航母"卡波特"号、驱逐舰"沙利文兄弟"号、"斯蒂芬·波特"号受命加入编队，为杜博斯提供空中掩护。哈尔西致电第三十特混舰队第八大队指挥官阿库上校，速派拖船前来，接替巡洋舰执行拖曳任务——专业的事儿由专业船来干。

哈尔西告诉杜博斯，你的任务在于诱敌，要让空中电波忙碌起来，发送一系列舰队陷入困境紧急请求救援的电报。护航驱逐舰的一位舰长感慨地说："我现在终于知道，鱼钩上的蚯蚓是什么样的感觉了。"

哈尔西绝不是孤军奋战。14 日当天，陆军第二十航空队出动 109 架 B-29，从成都附近机场起飞，长途奔袭轰炸了高雄以北 32 公里处的冈山战机工厂。这是超级空中堡垒首次以三位数规模执行作战，也是驻华陆军航空兵与海军第一次联合行动。尽管造成的损失不大，但来自不同方向的攻击还是使日军手忙脚乱。

超级空中堡垒破例出击带来了一个意外结果。丰田错误判断，美军出动 B-29，是为了掩护损失惨重的航母舰队向东撤退，变相说明飞行员上报的战果是完全可信的。

10 月 15 日，美军攻势稍有减弱。仅吕宋岛以东海域的第四大队于 8 时 34 分出动战斗机 38 架、俯冲轰炸机 21 架和鱼雷机 18 架轰炸了尼尔森机场。当天麦凯恩第一大队继续护送两艘受伤巡洋舰向东徐徐撤退。

当天第二、第三大队暂停攻击，前往预定海域接受第八大队海上加油。15 时后，第三十八特混舰队从护航航母接受补充飞机 50 架——其中战斗机 28 架、俯冲轰炸机 10 架、鱼雷机 12 架——和 14 个机组成员。护航航母顺便接走受伤较轻的 5 架"地狱猫"、1 架"地狱俯冲者"和 5 架"复仇者"。美军战损补充的能力实在太可怕了。

鉴于 14 日傍晚陆基侦察机发现"美军舰队'残部'正向东南转进"，综合两天以来飞行员上报的"显赫战绩"，丰田判断敌军机动部队已被击溃，正在仓皇东逃之中。当务之急是将美军舰队一举歼灭，方解心头之恨。15 日清晨 8 时，坐镇左营港高雄警备府地下室联合舰队第二作战指挥所的丰田向基地航空部队发出了总攻击令。

第二航空舰队率先出动了第四〇六飞行队的 9 架"银河"，在队长根岸朝雄带领下前往搜索攻击美军舰队。与此同时，驻菲律宾第一航空舰队出动了由 26 架零战——其中 7 架挂载炸弹——组成的第一攻击队，指挥官是第三〇五飞行队队长指宿正信。9 时 14 分，美军"蒙特利"号战斗机中队与根岸部队发生激战，声称击落"银河"3 架。9 时 15 分，"圣贾辛托"号 10 架执行巡逻任务的"地狱猫"截击了指宿攻击队。4 架零战突破拦截，10 时 46 分向"富兰克林"号投下炸弹，其中两弹获得近失。攻击中指宿部队损失 6 架零战，根岸部队无一返航。

14 时，驻菲律宾第一航空舰队出动了第二拨攻击机群。从克拉克机场起飞的战机包括海军 3 架一式陆攻机、9 架零战及陆军 74 架战斗机。其中一架陆攻机上坐着本次行动总指挥，第二十六航空战队司令官海军少将有马正文。由少将亲自带队出击，在日本海航历史上尚属首次。1941 年 12 月的马来海战，第二十二航空战队司令官松永贞市曾换上飞行服，准备亲自率队出击英军的"Z 舰队"。但由于"威尔士亲王"号和"反击"号提前战沉，松永最后出击未遂。有马曾担任"翔鹤"号舰长，参加过东所罗门群岛和圣克鲁斯海战。出击之前，有马摘下少将肩章，用刀子将双筒望远镜上"司令官用"的字样仔细刮掉。由此看来，他本次出击根本没打算活着回来。差不多同一时间，从土格加老机场起飞了海军 12 架"天山"和 4 架零战。

日军攻击机群在很远距离上就被美军雷达发现。"企业"号战斗机中队中队长弗雷德里克·巴库提斯中校率 11 架"地狱猫"紧急升空，配合空中巡逻机阻击日机的进攻。一场激烈的空战过后，包括有马座机的 24 架日机中弹坠海。有马 15 时 54 分发出"全军突击"的号令后就不知所终。战亡的有马不但被追晋海军中将，他的"光荣事迹"被通报全军以示嘉奖。美军损失"地狱猫"2 架，诺尔曼·斯诺少尉的飞机被击伤后失踪，布鲁斯·汉纳少尉的飞机与敌机相撞，最后奇迹般跳伞逃生，被己方驱逐舰救起。1 架零战突破美军战斗机和防空炮的双重拦截向"汉考克"号发起俯冲，投下的炸弹击穿航母左前舷 20 毫米炮组通道，在水线以下炸响。

美军主力舰队后方，15 日凌晨 2 时赶到的拖船"芒西"号从 7 时 30 分开始执行拖曳"堪培拉"号的任务。鉴于主力舰队和救援队之间的距离越拉越远，14

时，哈尔西命令轻型航母"考彭斯"号率"沙雷特"号、"彭斯"号、"米勒"号驱逐舰加入第三十特混舰队第三大队。16时30分，该大队被分成两个分队。

第一救援分队：重巡洋舰"堪培拉"号、"波士顿"号，轻巡洋舰"休斯顿"号、"圣达菲"号、"伯明翰"号，驱逐舰"科格斯维尔"号，"卡帕顿"号、"英格索尔"号、"博伊德"号、"斯蒂芬·波特"号、"考埃尔"号、"格雷森"号、"沙利文兄弟"号，拖船"芒西"号。

第二护航分队：轻型航母"考彭斯"号、"卡波特"号，重巡洋舰"威基塔"号，轻巡洋舰"莫比尔"号及驱逐舰"纳普"号、"沙雷特"号、"彭斯"号、"米勒"号和"贝尔"号。

16日清晨5时50分，拖船"波尼"号赶来加入第一分队，从11时开始执行拖曳"休斯敦"号的任务。从舰队规模可以看出，一旦他们和随后前来追杀的日军第二游击部队遭遇，美军2艘轻型航母、2艘重巡洋舰、3艘轻巡洋舰和13艘驱逐舰完全可以将志摩舰队全部送入海底。

前线战事胶着，后方仍有重大变故发生。15日晚18时，日本广播电台"东京玫瑰"用甜美的声音报告了一条举世震惊的消息："10月12日以来，大日本帝国陆海军在台湾水域重创来犯的敌机动舰队。本次作战被称为'台湾航空战'。此次空战胜利，是继珍珠港之后我军获得的第二次重大胜利。它使敌军机动部队损失过半。现敌正在逃遁，我军穷追不舍！"

伴随着雄壮的《海军进行曲》，大本营海军部就12日以后战果发表战报如下：

击沉敌航空母舰11艘，战列舰2艘，巡洋舰3艘，巡洋舰或驱逐舰1艘。
击伤敌航空母舰8艘，战列舰2艘，巡洋舰4艘，巡洋舰或驱逐舰1艘，舰种不详13艘。另被确认击中起火物不下12处。
击落敌机飞机112架，我312架飞机未能返航。

16日早上，东京广播电台再次宣称，"美军机动部队司令官马克·米切尔中将的旗舰已被击沉，此时他很可能已经与手下的众多将士一起在海底的坟墓里长眠"。一名海军"专家"随后评论说，"台湾海空战的辉煌胜利表明，日本在这一区域仍然握有不容置疑的优势。过去几天的战斗显示了这样一个事实，敌人越接近日本自身以及我们可怕的防御圈，其所受损失就会越大"。当天《朝日新闻》头条报道了"史上罕见的巨大战果"，"美国人损失了50万吨军舰，2.6万名水兵战死"。

听到前线传来的"捷报"，不明真相的日本民众欣喜若狂，欢呼雀跃。次日，东京和大阪召开国民大会，首相小矶在会上振臂高呼："我飓风部队（T部队）一战扭转乾坤，大东亚战争胜利在望！"天皇特意颁发敕语嘉奖联合舰队，宣布全国放假一天来庆祝胜利。大藏省为此特意开恩，宣布17日到19日所有饮酒场所增加一倍配给酒。这是开战近3年来，处于紧张状态下的日本国民第一次享受节假日。胜利实在太"伟大"了，连德国海军元帅卡尔·邓尼茨都代表希特勒发来了热情洋溢的"祝捷电报"。

海军制造的"弥天大谎"，一时间还真蒙骗了不明真相的陆军和国民，给在太平洋战场苦苦支撑的前线官兵打了一针强心剂。陆军高层和首相小矶不由得长出了一口大气："捷号作战"果真名副其实，首战告"捷"，日薄西山的大日本帝国可以从此东山再起，再铸辉煌！

珍珠港的尼米兹也在时刻关注第三舰队的动向。杀得兴起的哈尔西早将尼米兹"你应该在条件允许的情况下将战况尽早通知我"的指示抛到了九霄云外。东京发布的胜利公告让尼米兹半信半疑。为澄清战况，太平洋舰队司令部第一时间给哈尔西发去了询问电报。

高级军官大多颇具文采，但美国海军中的哈尔西和斯普鲁恩斯都属例外。后者连写给玛格丽特的信都寡然无味，前者起草的所有命令、报告永远是陈腐的遣词用句，找不到任何比喻、反讽、强调等修辞手法，千篇一律地平铺直叙。金上将在提起哈尔西时经常说，"那是个脑子不好使的大笨蛋"。但这次对尼米兹，哈尔西难得地在电报中幽了一默："第三舰队被击沉和击坏的舰只均已获救，正在高速向敌人撤退。"这封著名电报后来被美国国家档案馆永久保存。

太平洋舰队司令部特意发表了一则新闻公报："尼米兹将军欣悉，最近东京广播电台所谓第三舰队被打沉的舰只，已被哈尔西将军营救出来，正在高速向敌人撤退。"

日军历来有夸大战绩的恶习，海军航空兵更是个中高手中的"高高手"。如果统计历次战斗中被他们击沉的航母，美军现役航母都死一遍还不够。美国战史专家范·伍德沃德在《莱特湾海战》一书中将日军对台湾海空战的描述形容为，"在拿破仑标榜自己在特拉法尔加摧毁纳尔逊舰队之后，又一次充满谎言的战役"。如果仅出于鼓舞士气还能理解，真正奇葩的是，日军高层竟然对飞行员上报的荒诞战果完全持信任态度，并据此制订下一步作战计划。

10月14日接到出击命令的除陆基航空兵外，还有一支日军水面舰艇部队。出于对飞行员上报战绩的绝对信任，丰田认为必须乘胜追击。他紧急命令在濑户内海待命的第二游击部队快速出击，捕捉并歼灭美军残余舰船，"打扫"战场，顺便搭救己方的落水飞行员。

志大才疏、擅长对上司拍胸脯的志摩接到命令后一脸狐疑，这到底是打扫战场，还是去送死？但军令难违，志摩还是决定在15日零时率队出击。他手头兵力有重巡洋舰"那智"号、"足柄"号，轻巡洋舰"阿武隈"号和7艘驱逐舰。由于其中3艘驱逐舰向指定地点集结延误了时间，舰队从岩国出发晚了3个半小时。15日清晨7时，志摩舰队隐秘驶出丰后水道，一路向南搜索前进。

志摩完全不知道，他的舰队驶出丰后水道不久，就被埋伏在附近水域的美军潜艇"金线鱼"号发现。艇长托马斯·沃根中校第一时间发出了接敌电报，"发现一支由3艘重巡洋舰、1艘轻巡洋舰、数艘驱逐舰组成的舰队，航向正南"。

哈尔西立即提高了警惕，"鱼儿"上钩了。16日清晨6时，米切尔向他报告说："我搜索机发现一支日军水面舰队，位置北纬26度27分，东经130度28分，兵力为2艘战列舰、1艘轻巡洋舰和4艘驱逐舰。"哈尔西命令第二大队在"诱饵舰队"周围隐蔽，伺机伏击志摩舰队。

同日，日军侦察机在石垣岛以南准确捕捉到"拖着重重油迹，慢吞吞在海上行驶并频频对外呼救的一支敌军舰队"。接到电报的丰田认为，几天来这类受伤敌舰应该到处都有，不足为奇，并未将上述敌情及时通报给志摩。丰田的自以为是反而帮助志摩侥幸躲过一劫。

16日上午，志摩舰队在严密对空警戒下继续南下。10时45分，2艘重巡洋舰开始给驱逐舰补充油料。此后不久，志摩收到了"那智"号发出的报告："根据截获美军电文得知，敌舰队可能正在北上。"对东京之前发布的"捷报"，志摩心中一直存疑。接到敌舰队可能迎面驶来的报告之后，一向语言多于行动的志摩立即命令舰队掉头向西南行驶，这纯粹属于避战而不是主动迎敌了。

　　当天上午，丰田接连收到了两条消息。9时45分，1架日军侦察机发回报告说："发现敌2艘航母及其他舰艇，航向东南，位于高雄110度260海里处，该部以东20海里处疑似有一支大舰队。"10时30分，另一名飞行员发回了更加令人吃惊的消息："发现一群敌舰，包括7艘航母、7艘战列舰，巡洋舰以下舰艇10余艘，航向偏西，位于高雄95度、450海里处。"丰田犹如被兜头打了两记闷棍：既然航空部队取得了如此辉煌的战绩，美国人从哪里又弄来这么多航空母舰？这只存在两种可能：一是飞行员上报的战绩不实，二是侦察机发回的电报有假。毫无疑问，前一种情况出现的可能性更大。

　　将新发现敌舰和志摩舰队的位置在海图上标出之后，丰田发现，如果任由第二游击部队继续高速南下——丰田尚不知志摩已私自改变了航向——他们将很快进入美军舰载机的打击范围。若要与敌进行决战，必须出动林加锚地的第一游击部队。远在本土的参谋长草鹿长向栗田发出了出击电令。但是军舰不是飞机，即使栗田舰队立即出发，赶到战场也至少需要一周时间，届时实力较弱的第二游击部队很可能早被敌人送到海里喂鱼去了。当务之急是首先保全第二游击部队。12时26分，丰田向志摩通报了侦察机发现两支美军舰队的详细情况。

　　老奸巨猾的志摩立即判断出，美军航母舰队就在附近。舰队一旦被敌人发现——志摩不知道这已经是事实——则必然被美军舰载机全歼。本就毫无战意的志摩立即下令舰队掉头，以32节最高速度向北撤退，比来的时候跑得快多了。当天20时30分，第二游击部队安全抵达奄美大岛。哈尔西精心策划的诱敌之计完全落空。

　　当天22时50分，志摩接到了联合舰队司令部发来的电令，"根据17日之搜索结果，如敌航母仍然健在，且无夜袭之可能，务必前往马公港待命"。18日11时01分，《联合舰队电令作第359号》命令第二游击部队编入西南方面舰队战斗序列。

　　志摩向北逃逸，日军基地航空部队对"诱饵舰队"的攻击仍在持续。16日，第二航空舰队出动8架"银河"、18架"天山"、37架九九式俯冲轰炸机和40架零战，对"仓皇逃窜"的美军舰队发起追击。8架"银河"除1架遭"地狱猫"截击迫降石垣岛之外，其余7架在搜索中不知所终。

　　在美军战斗机和高炮的联合阻击下，投入进攻的日军"天山"一举被击落

14 架，其中包括参加过圣克鲁斯海战的铃木武雄的座机。仍有少许日机突破拦截，向"诱饵舰队"发起攻击。13 时 48 分，1 架"银河"从 170 度方向向"休斯敦"号投射鱼雷。尽管日机很快被高炮击落，但它投出的鱼雷准确命中"休斯敦"号右舷 145 号肋骨附近机库区域，剧烈爆炸将 20 名水兵掀入大海，并导致汽油从机库泄漏。

13 时 49 分，1 架"天山"从右后侧向"圣达菲"号投雷。被高炮击落的日机栽入距巡洋舰右前舷数米处的水中，燃烧的汽油和飞机碎片横扫第一、第二号 20 毫米炮组，造成炮手 1 人阵亡、7 人受伤。当晚，哈尔西下令各部向西南航行，准备为麦克阿瑟登陆莱特岛的作战提供空中掩护。

台湾海空战至此落下帷幕。在持续长达三天的战斗中，双方共出动各型战机 4320 架次，使本次作战成为太平洋战争中规模最大的一次海空大战，也是最后一次航空决战。日军第一、第二航空舰队共损失飞机 262 架，大尉以上军官死亡 34 人。"T 部队"损失飞机 230 架，占总数的 86%。日军还被击沉各类船只 36 艘，台湾岛上机库、车间、军营、仓库和兵工厂遭到严重破坏。美军付出的代价是舰载机 89 架，其中战斗中损失 76 架，另 13 架因操作不当坠毁，损失机组成员 64 人。美军另有 2 艘航母受轻伤，2 艘重巡洋舰因伤退出战斗，但并未影响即将开始的支援莱特岛作战。从战果来看，美军完胜，日军完败。完全不成比例的战损率进一步催生了日军的特攻思维。

台湾海空战之后，日本海军在中国台湾和九州方面只剩飞机 230 架，菲律宾仅剩 35 架。陆军第四航空军剩下战机 200 架。日军试图依靠陆基航空兵作为第一主力实施"捷号作战"的美好愿望至此完全落空。加上小泽机动部队损失了大部分舰载机，未来海上作战只能由栗田舰队唱主角儿了。

10 月 27 日，美军 2 艘受伤巡洋舰顺利抵达乌利西环礁，经简单处理后经马努斯和珍珠港返回本土大修。"看着受损舰只晃晃悠悠艰难穿越大洋，那种焦灼的心情会让我折损数年寿命，"哈尔西说，"我理解那些当事人的心绪会更加糟糕。"

为了取悦国内民众，罗斯福公开了哈尔西关于"救援第三舰队受损船只并高速向敌人撤退"的电报。他以个人名义发给哈尔西的电报很快被通报给舰队全体官兵："你的舰队深入敌人水域作战，横扫一切，国家为你们骄傲。除了你的飞行员的英勇作战之外，我们还非常欣赏你部的坚韧和超一流的航海技艺。"

美国人已奔菲律宾而去，日军还必须为所谓的"台湾海空战大捷"画上句号。对"辉煌战果"表示怀疑的绝不仅仅只有老酒，军令部和联合舰队一众高官同样一脸疑问。在日吉台的地下室里，军令部作战课航空参谋铃木荣二郎、联合舰队航空参谋渊田美津雄、情报参谋中岛亲孝把上报战果最多的"T部队"航空参谋田中正臣叫来，一起研究战斗记录。几位专家得出的最终结论是：即使出现最好结果，也只击伤了美军4艘航母。不用说击沉敌军航母，就是普通舰艇也没击沉一艘。军令部派往现场的横须贺航空队副队长三代一就也做出了类似判断。造成这种巨大差异的原因，一般被认为是夜间战斗识别困难、飞行员不成熟误认、指挥官对未返航战机瞒报等叠加在一起。那些经验欠缺的年轻飞行员错把友机爆炸产生的火光当成了军舰起火，把友机坠海溅起的浪花判断成了敌舰沉没，"辉煌战果"就是这样算出来的。

丰田彻底傻眼了。牛皮提前已经吹出去了，天皇还特意颁发了嘉奖令，国内民众庆祝了、假期歇了、酒也喝过了。现在再向大家说明，那些战果全是说谎，海军这老脸往哪里搁？与其认错，索性一不做二不休，错上加错，将真相永远隐瞒到底。裕仁和民众还好忽悠，陆军那边怎么办？最终研究的结果是，海军不但要吞下失败的苦果，还要保密不能让陆军知道。虽然对这一重大事件的调查草草收场，但海军随后偷偷修订了自己的作战计划。海军的隐瞒直接导致陆军改变在菲律宾的作战方略，从而加速了失败。老酒蓦然想起了今村均在拉包尔吼出的那句名言："千万不要相信海军，他们除了吹牛，啥都不会！"

针对夸大报道战果，海军报道部显得理直气壮："对前线将士不惜牺牲生命换来的战果，我们这些身处后方的人，没有任何理由去说三道四，况且你们又拿不出否定这些战果的明显证据。"

对隐瞒台湾海空战实情一事，丰田战后在回忆录《最后的帝国海军》一书中这样写道："台湾海空战发生时，我正好在台湾，对战况却不太清楚。虽然美国说日本公布的战果荒唐滑稽，完全是胡说八道，不过，我确信当时美国同样也损失惨重。可是之后美国舰队表现活跃，大本营也认为美军在战斗中没有遭到什么损失。不过我确实收到了不少美军战列舰不能自由行动、航母倾斜漏油等可信情报。如前所述，我并不盲信当地部队的报告。当时我认真分析了各种情报，研究了战况，尽量做出准确的判断。虽然我也知道，实际取得的战果一定会小于大本营的公告。不过从结果来说，不管是打折扣还是心算，还是不想在报告中缩小我军战果。"

10月19日傍晚，大本营海军部再次高调就"台湾海空战"发布最终核实战报："击沉敌航空母舰11艘、战列舰2艘、巡洋舰3艘、巡洋舰或驱逐舰1艘。击伤敌航空母舰8艘、战列舰2艘、巡洋舰4艘、巡洋舰或驱逐舰1艘、舰种不详13艘。"

10月20日，《朝日新闻》的头版大标题是："我军对敌机动部队实施猛攻，歼敌半数以上兵力，使之溃退。"

如果虚假"大捷"带来的后果，仅是让志摩第二游击部队贸然出海转了一圈浪费不少燃油，还罢了，关键在于海军向陆军隐瞒了实情，对未来菲律宾陆上作战产生了重大影响，后文详叙。

第二次战报发布并未引起太大反响。之前已经兴奋过了，一直兴奋实在太累。更重要的是，此时几乎所有人的视线都已东移。10月17日凌晨，麦克阿瑟西南太平洋部队在莱特湾口的苏禄安岛悄然登陆，预示着菲律宾群岛正面临着危机——更大的一出戏上演了。

## "我回来了！"

1944年10月16日午后，在参谋长萨瑟兰和第五航空队司令官肯尼陪同下，麦克阿瑟离开位于荷兰迪亚的西南太平洋战区司令部，乘汽艇前往"纳什维尔"号轻巡洋舰泊地，准备登舰启程前往莱特湾指挥即将开打的菲律宾战役，这是他梦寐以求的伟大事业。意外就在此时发生，当他准备踏上巡洋舰侧梯底部的登船台时，一个巨浪打来，将汽艇抬得比登船台还高，刚刚迈出一只脚的麦克阿瑟瞬间失去平衡，脸朝下摔倒在汽艇甲板上。巡洋舰和汽艇上的众多水兵都被眼前这一幕惊呆了。

大军尚未出征，主帅先摔了个四仰八叉，这似乎并非什么好兆头。大家屏住呼吸，等待司令官做出反应，机灵者急忙跑上前去试图搀扶。只见麦克阿瑟若无其事地爬起来，平静地踏上船台登上侧梯，同时举手向巡洋舰上那些列队欢迎他的水兵敬礼，好像一切都未发生似的。一场小风波就此平息。从之后战事的进程来看，主帅摔跤并不都意味着凶兆。

从时间上看，麦克阿瑟出发得够晚了，不过他的旗舰"纳什维尔"号可以轻松跑出 31.5 节的高速。在他之前，各路美军部队已陆续出发。因为航速较慢，第一批坦克登陆舰早在 10 月 6 日已经从新不列颠岛格洛斯特角对面的克雷廷角率先启航。第一批进攻部队，即扫雷舰和测量船队于 10 月 10 日从马努斯港出发，前往夺取莱特湾口的小岛和据点。第七十九特混舰队的坦克登陆舰于 10 月 11 日从马努斯港出发，第七十八特混舰队大部分船只出发时间是 10 月 12 日，出发地为荷兰迪亚。同日，北方火力支援编队和护航编队以及斯普拉格少将的护航航母编队、部分前往北部海滩的运输船从马努斯港拔锚启航。10 月 13 日，第七十八特混舰队剩余舰艇和南方火力支援大队从荷兰迪亚出发。14 日，第七十九特混舰队的运输船从马努斯港出发。10 月 15 日清晨 6 时 22 分，第七舰队司令官金凯德中将坐镇旗舰"沃萨奇"号两栖登陆指挥舰驶出了洪堡湾，克鲁格中将第六集团军司令部也在这艘船上，第七十七特混舰队的大部分舰船将伴随他们航行。金凯德不能跑得太快，他要等麦克阿瑟从后方追上来。

麦克阿瑟将手下陆、海、空三军司令官戏称为"3K 党"，克鲁格、金凯德、肯尼的名字都以字母 K 打头。他曾用一段异常优美的语言来赞美"3K"："如果没有肯尼的空中掩护，我将不得不依靠一叶扁舟涉水上岸，此行甚至会招致失败。如果没有克鲁格坚决果断的指挥，我们的士兵就会在前进道路上丧失攻击方向和目标，多付出好几万人的牺牲。而如果没有金凯德的海上支援，无论我们在哪里登陆，我的心里都会感到不安。"上述这段话只有麦克阿瑟高兴时才用，除肯尼之外，其余两个人很快就会被他骂得狗血喷头。

10 月 18 日下午，东方海平面上看似出现了一条黑线，担任主攻的护航运输舰队出现在麦克阿瑟视野之中。傍晚时分，"纳什维尔"号周围海域已经全都是舰船了。触目望去，到处是一片钢铁世界，就像地球中心不断向外吐钢块似的。700 多艘舰船组成的庞大舰队绵延上百公里，浩浩荡荡向西北进发，目标是菲律宾群岛中部一个叫莱特的小岛。巡洋舰的舰桥上，麦克阿瑟双手背握，目光炯炯。多少个日日夜夜，他做梦都在盼着这一天。经历过无数不挠不挠的战斗和牺牲，今天，他终于率领大军杀回来了，准备去实践"我会回来"的铿锵诺言。"纳什维尔"号高速破浪前进，它的螺旋桨每转动一次，他就离那个魂牵梦萦的岛国更接近一分——时光竟是如此漫长！

莱特岛位于菲律宾群岛中部，西北至东南长 194 公里，东西最窄处仅 21 公里，岛上多山地和火山，总面积 7213 平方公里，在菲律宾所有岛屿中排第八位。形状像颗臼齿的莱特岛，像个楔子一样插在两个大岛之间，东北方向是排名第五的萨马岛，牙根指向第二大岛棉兰老岛。莱特岛有人口 96.5 万，除 3067 名华人和零星欧洲人、美国人和日本人外，其余都是靠种田和打鱼为生的比萨扬人。岛上主要作物有水稻、甘蔗、玉米和椰子等。美军一旦占领莱特，就可将整个岛群拦腰切断，控制南北穿行的两条主要通道：岛北的圣贝纳迪诺海峡和岛南的苏里高海峡。

让麦克阿瑟得意的是，选定莱特岛为登陆点可以得到海军的有力支持。莱特湾水域开阔，为登陆部队和海军舰队提供了理想的活动空间。哈尔西第三舰队只要控制莱特湾，地面部队登陆作战便无后顾之忧。莱特省首府塔克洛班附近有 4 个小型机场，可以作为未来进攻吕宋岛的航空基地。岛东岸有一片长约 55 公里的肥沃平原，漫长的海岸线平坦空旷，没有暗礁保护沙滩，是理想的登陆场所。但进入内陆几公里后，登陆部队就将面对地形复杂的沼泽地、河流和稻田，在雨季时极难通过，而此时菲律宾的雨季已经开始。岛上活动着为数众多的游击队，对麦克阿瑟来说，他们的主要价值是用无线电向美军提供岛上日军防卫情况的可靠情报。

美军针对莱特岛的军事行动早在 10 月 17 日就已经发起。当天凌晨，由"圣达菲"号、"莫比尔"号、"伯明翰"号轻巡洋舰，"科格斯维尔"号、"卡帕顿"号、"英格索尔"号、"纳普"号驱逐舰护卫的 8 艘快速运输舰以 3 艘扫雷艇为前导，穿过风浪进入莱特湾。巡洋舰和驱逐舰向湾口小岛苏禄安打了 20 分钟炮。

在当地游击队的帮助下，8 时 05 分，美军第六游骑兵营 D 连冒雨下船在小岛登陆，几乎未遭遇多少抵抗。他们在一个灯塔内寻找布雷图，没能找到。虽然岛上 32 名日军很快被围歼，但一名观察哨还是趁隙发出了两封至关重要的电报。不过他大大夸大了美军进攻部队的数量："清晨 7 时，岛周围开来了敌军 2 艘战列舰、2 艘航母和 6 艘驱逐舰。" 8 时拍出的第二封电报使用了明文，可见当时形势危急："8 时整，敌军开始在岛上登陆。"

同日 9 时，第六游骑兵营 B 连毫不费力地在湾口另一较大的岛霍蒙宏登陆。岛上既无日军也无防御工事。"他妈的！"一名素质显然不太高的美国大兵大骂道，"老子带了这么多子弹，却没发现一个日本鬼子！"美军一枪未发便顺利完成了任务：竖起航标灯，为未来大舰队入湾导航。

在南方 25 公里处，美军第六游骑兵营主力在扼守莱特湾下游一个大得多的岛屿迪纳加特岛蜂拥上岸。岛上同样渺无人迹，美军在岛顶端"荒凉角"竖起了第二座航标灯。后续部队将从两岛之间进入莱特湾。到 12 时 30 分，美军顺利占领湾口三座岛屿，牢牢控制了通向莱特岛的大门。扫雷和水下爆破队立即进入，清扫航道和可能存在的水下障碍。

为支援友军的登陆行动，17 日清晨 5 时 50 分，第三十八特混舰队第四大队出动战斗机 23 架对马尼拉实施扫荡。6 时 12 分，戴维森少将下令放飞战斗机 16 架、俯冲轰炸机 20 架、鱼雷机 15 架轰炸了克拉克机场。7 时 05 分，又有 16 架战斗机、20 架俯冲轰炸机和 15 架鱼雷机空袭黎牙实比等地。"富兰克林"号约瑟夫·科普曼中尉的战斗机和"企业"号乔治·威尔逊少校的鱼雷机被日军击落，4 名机组成员失踪。

为策应美军登陆莱特岛的行动，17 日当天的印度洋上，英国皇家海军东方舰队精心策划了一次代号"栗"的佯动作战，试图给日军造成英军大举登陆尼科巴群岛的假象。皇家海军参战兵力为"胜利"号、"不挠"号航空母舰，"声望"号战列巡洋舰，"伦敦"号等 4 艘巡洋舰和 14 艘驱逐舰。清晨，"不挠"号放飞了 10 架轰炸机，在 8 架"地狱猫"的护航下轰炸了楠考里港。"胜利"号除出动 8 架"海盗"执行空中巡逻任务之外，还放飞了 19 架战斗机扫射当地机场和其他地面设施。

英军此次突击再次达成了突然性，港内唯一的 1 艘日军运输船"石狩丸"号被炸沉。英军损失轰炸机和战斗机各一架，另有 2 架战斗机在马六甲以北海域迫降，3 架飞机受伤。英军水面舰艇甚至驶抵岸边，对岛上目标肆意炮击。日军直到 19 日才发起第一次反击。当天上午，双方战机在英军舰队东北 20 公里处展开激战，英军损失"海盗"2 架和"地狱猫"1 架，声称击落日机 12 架。英军本次佯动对日军所起牵制作用不明。

对莱特湾突然出现的敌情，日本海军立即做出了快速反应。17 日 8 时 35 分，丰田向东京大本营发出了"美军可能已在莱特湾口苏禄安岛登陆"的消息，同时向联合舰队各部下达了发起"捷一号"作战预令，特别要求栗田第一游击部队立即从林加锚地启航，前往中转基地文莱湾。

9时46分，丰田再次向全军发出敌情通报："美军正在霍蒙宏岛登陆，此举很可能是他们在菲律宾中南部登陆作战的一部分。尽管敌军在帕劳的作战进展迟缓，机动部队也在台湾海空战中遭遇重大挫折，但敌人仍有可能按预定计划进攻菲律宾：以哈尔西的部队在萨马岛、莱特岛方面登陆，以麦克阿瑟的部队在棉兰老岛登陆。这种可能性虽然很大，但并没有十分把握。"

美军出现在莱特湾口的消息同样传到了南方军司令部。与海军果断做出相应部署相反，寺内一时还有些犹豫。但前方很快传来了塔克洛班、布鲁恩、圣帕布洛等地机场遭大规模空袭的消息。寺内据此断定，美军大举登陆莱特岛的行动已迫在眉睫。12时20分，南方军司令部向东京发出急电："根据目前形势判断，应立即启动决定帝国生死命运的'捷一号'作战。"

10月18日，美军第三十八特混舰队继续对日军航空基地发起空袭。6时19分，麦凯恩中将放飞了39架"地狱猫"，对克拉克和阿帕里地区进行扫荡。9时过后，从"黄蜂"号和"大黄蜂"号起飞的21架战斗机再次扫荡了吕宋岛。13时过后，"大黄蜂"号出动12架战斗机、12架俯冲轰炸机和8架鱼雷机轰炸了克拉克机场群。战斗中，"黄蜂"号战斗机飞行员威廉·施密特中尉未能返航。

早于麦凯恩1分钟，博根少将在6时18分出动了"邦克山"号的12架战斗机前往扫荡吕宋岛。8时整，第二大队出动12架战斗机、12架轰炸机和7架鱼雷机空袭吕宋。11时05分，"邦克山"号再次出动14架战斗机、12架轰炸机和6架鱼雷机轰炸了拉瓦格机场。戴维森少将的第四大队同样不甘落后，6时25分，执行扫荡马尼拉任务的12架"地狱猫"从"企业"号出发。8时前后，16架战斗机、24架俯冲轰炸机和15架鱼雷机空袭了克拉克机场。9时出动的第二拨攻击由16架战斗机、24架轰炸机和12架鱼雷机组成，攻击的目标是克拉克和阿帕里机场。13时30分，"富兰克林"号和"企业"号24架战斗机再次扫荡了尼尔森机场，另25架战斗机、27架轰炸机和17架鱼雷机空袭了马尼拉。

在克拉克机场上空，美军第四大队攻击机群与日本陆军航空队的战斗机爆发激战。"企业"号威廉·福伊少尉等三人的飞机未能返航。约翰·赫因克少尉的

"地狱猫"遭日军三石研三驾机撞击，所幸飞机受伤不重，赫因克艰难驾机返回了"企业"号。三石跳伞后被地面部队救起。战斗中，"企业"号损失 1 架"地狱俯冲者"和 2 架"复仇者"，8 名机组成员失踪。日陆军航空兵同样损失惨重。第五十一飞行战队 3 人战死，6 人飞机被击落后跳伞逃生，2 人飞机中弹后迫降。第五十二飞行战队损失 4 名飞行员。奉命前往空袭莱特湾美军舰船的第二十六飞行战队 3 架飞机被击落，4 架受伤。

岛上无处不在的菲律宾游击队积极配合美军行动。他们用无线电台向美军发送情报：日军燃料存放点和野战炮部署情况，各处部队番号、兵营和隐蔽地点等。虽然很少和日军正面作战，但他们提供的准确情报使美军空袭效率极高。美军甚至派出潜艇在菲律宾水域来回穿梭，给游击队送去必需的通信器材和其他装备，将游击队和从事秘密活动的人员按需要运送到指定地点。当美军炸弹在伪装的日军弹药库和空军基地爆炸，并摧毁看上去是很普通的房子的日军指挥所时，游击队员欣慰地看到他们工作带来的成果——几乎所有被炸掉的目标都是他们提供的情报。

美军大部队不断逼近菲律宾，各路游击队收到了等待已久的命令：破坏公路、桥梁，切断日军通信线路，炸掉藏在隐秘处的日军飞机，帮助营救战俘和被拘留者："释放最大程度的暴力来对抗敌人！"当美军最终到来时，几乎所有游击队员都感到惊讶。

10 月 18 日，莱特湾风速达 30 米，暴雨如注。驻莱特岛日军第十六师团师团长牧野四郎通报下属部队："敌舰艇多艘驶入莱特湾，但是否为进攻而驶进，或为躲避暴风雨，抑或是在台湾海空战中遭损伤的部分舰艇蹿进湾内，情况不明。"宿务岛上，铃木想起了不久前发生的"达沃误报事件"：既然美国海军在台湾海空战中遭遇比珍珠港更惨重的失败，怎么还能发动进攻呢？樱兵营里，山下对前线发回的消息同样半信半疑。侦察机飞行员报告说，"透过云层和大雨，在莱特湾未发现任何异常情况"。

前方战况紧急，10 月 18 日午后，参谋总长梅津和军令部总长及川一起进宫上奏天皇。"昨 17 日，敌军空袭达沃、黎牙实比及马尼拉周边地区，有小股部队在莱特湾口三座小岛登陆。"两人指出，"敌最近必将发起菲律宾进攻作战，时机大约为本月下旬前后。形势可以说正在按照我们预计的方面发展，战机逐渐成熟。现把决战方面确定在菲律宾方面，根据'捷一号'计划命令各部全力以赴粉碎美军的进攻企图，是适当的。由于敌机动部队在台湾海面遭受重大损失，目前美军大规模进攻台湾的可能性不大。"

听完两总长的上奏，裕仁当即表态："因系决定皇国兴废的重大战争，望陆海军真正形成一体，向歼灭敌军的目标迈进！"

10月19日0时，东京大本营下令："启动关系帝国存亡的'捷一号'作战。"但所下达计划与原计划相比，已经发生了重大变化。

19日当天，美军第三十八特混舰队第一、第四大队继续空袭吕宋岛。6时10分，"黄蜂"号、"大黄蜂"号联袂出动27架战斗机、24架轰炸机和15架鱼雷机轰炸马尼拉。9时10分，两艘航母再次出动由24架战斗机、18架轰炸机和16架鱼雷机组成的第二拨攻击执行同样任务。12时30分，前往空袭马尼拉的第三拨攻击出动战斗机20架、俯冲轰炸机23架和鱼雷机15架。在当天的空袭行动中，美军损失俯冲轰炸机和鱼雷机各2架，沃伦·塞勒中尉等8名机组成员阵亡。

当日，第四大队出动空袭马尼拉和克拉克机场的战机达到145架次——其中战斗机74架、俯冲轰炸机40架、鱼雷机31架，损失"地狱猫"和"复仇者"各1架，埃里克·马努斯上尉和爱德华·埃尔金上尉等4人阵亡。美军其余两个大队当天没有攻击任务。第二大队完成海上加油后，于18时21分与第三大队在北纬15度、东经127度海域会合。

就在快速航母舰队发起空袭的同时，金凯德领军的庞大船队正在向莱特湾缓缓驶进。在漫长的航途中，麦克阿瑟习惯在上午阅读和起草电报，午后小睡，下午晚些时候在甲板上静坐，与肯尼、副官考特尼·惠特尼少校、随从医生罗杰·埃格伯格中校以及作战参谋拉里·莱尔巴斯中校等人聊天。看着如此庞大的一支舰队都在自己的指挥之下，麦克阿瑟顿觉意气风发，豪情满怀。19日下午，站在他身旁的惠特尼禁不住问道："将军，这么大一支舰队都归您指挥，您一定有一种大权在握的感觉吧？"麦克阿瑟的回答出乎所有人预料："不，考特尼！不是那样的。我在想，有许多我们的好孩子，明天将长眠在那块异国的土地上。"

仲夜时分，麦克阿瑟走下舰桥回到司令官舱室。他现在还无心睡眠，他的手触到了兜里那份经过无数次修改的演讲稿。他要提前写出登陆日公报，并为计划中的两次演讲做好充分准备。一次是登陆成功之后，另一次是向菲律宾政府移交权力。他给埃格伯格和莱尔巴斯等人朗诵他的讲稿。当他念到"街道上将再次响起儿童银铃般的笑声"时，埃格伯格憋不住笑出声来了。

"这是个老掉牙的陈词滥调，"埃格伯格毫不客气地打断了将军滔滔不绝的演说，"真臭！您最好别那么说。"其他几人也随声附和："战斗正在激烈进行，容不得您这么四平八稳、连篇累牍的演说。对基督徒来说，读《圣经》，有它三分之一篇幅就足够了。"

麦克阿瑟非常恼火！这是他亲自拟就的演讲词，竟敢有人对此说三道四。他用指关节不停敲打桌面，冲着几人怒吼道："孩子们，我希望你们知道，我在提到上帝时心里有多么虔诚。"但埃格伯格等人竟然丝毫不让步，麦克阿瑟只好无奈地说："既然如此，那就删掉三大段内容吧！"当他把修改后的稿子再次念给大家听时，埃格伯格频频点头："这次简直好极了！"

就寝之前，麦克阿瑟给罗斯福写了封信，准备在登陆日从岸上发出，日期署为"10月20日"。他又写了封信给"亲爱的琼"，告诉她"现在一切状况良好，希望能在明天和以后的日子里完成自己的神圣使命"。信末尾署名"老板先生"。

19日23时，美军各路舰队在莱特湾以东30公里处会合，在迪纳加特和霍蒙宏两岛航标灯的指引下缓缓驶入海湾。广播里传出牧师的祈祷声，一些人感觉好像是在参加自己的葬礼。远方隐隐传来海军舰炮轰击滩头的沉闷炮声，麦克阿瑟在日记中写道："当我们顶风停下等候天亮进入莱特湾时，低头俯视阴森森的海水，抬头望见墨黑的天空，好像要把我们裹在无形的斗篷里。我简直无法离开栏杆，看到那些永远无法忘记的、我的家庭往日的情景时，我感到难以形容的失落、悲哀、孤独，还有一种神圣感。"肯尼兴致明显不高，他在日记里写道："我真希望是在飞机上，而不是在船上。"

真正作战还未开始，麦克阿瑟就遇到了难题。登陆前三天的空中掩护他原指望由第三舰队的舰载机来承担，但哈尔西的回复令他失望，他已把为登陆部队提供空中掩护的航母由原计划的4艘减为2艘。哈尔西显然认为，经过前一段时期大规模航空作战，驻菲律宾日军航空兵损耗殆尽，莱特湾并不存在真正的空中威胁。这样未来岛上地面作战的空中支援只能依靠第五航空队的陆基航空兵了。麦克阿瑟沮丧地告诉肯尼："我希望拥有自己的空中力量，直接支援岛上作战。"

之后麦克阿瑟补充说，他相信自己的运气，这次进攻一定会成功的。

11小时之后，美军士兵将冲上海滩，现在他们试图在闷热的船舱内休息一下。那些睡不着的人就躺在吊床上计算时间，或者到甲板上透气。船只在通过海湾入口处时速度很慢，几乎就像静止一样。左方幽然出现迪纳加特岛的影子，除了顶端"荒凉角"的航标灯在放出白光，到处都是一片漆黑。

运输船上一名士兵不慎落海。舰队通过广播传达此事："后面各舰注意寻找。"在水流湍急的暗夜中寻找一名落水士兵，希望渺茫。让人意想不到的是，仅20分钟后，排在舰队末尾的一艘小艇就发现了这名士兵，成功将他捞了上来。

麦克阿瑟仍在担心空中支援问题。上床休息时，他盼望肯尼的飞机能够早一天在岛上就位。睡觉之前，他拿起母亲留给他的那本《圣经》，选读了几个时常能给他带来灵感和希望的段落，祈祷并请求上帝让他做到那些不可能的事。不远处的小桌子上，摆放着父亲、母亲、死去的哥哥、琼和小亚瑟的照片。在他们不动的黑白目光凝视下，他渐渐睡着了。

10月20日，东方渐渐泛起鱼肚白，远方莱特岛的轮廓朦胧可见。太阳在舰队后方徐徐升起，将天空照得一片金黄。不到几分钟，天气便热得令人难受。清晨6时，北方火力支援大队"马里兰"号、"西弗吉尼亚"号、"密西西比"号战列舰惊天动地的炮声打破了海上的宁静，杜拉格一带"紫滩"和"黄滩"升起一团团灰色的浓烟。12分钟后，天空出现了一架日军侦察机。美军高射炮匆忙开火，炮弹在飞机四周炸开了花，但那架小飞机仍安然飞走了。

炮弹轰鸣声震撼着莱特湾，也震撼着"纳什维尔"号。巨响将麦克阿瑟从睡梦中惊醒。他穿好军装，然后把父亲留下的那把老式双发小手枪塞进右裤兜里。这是最简单的自卫措施，他并不希望能用到它。无论在岸上发生什么事情，他都不能被敌人活捉。

7时，南方火力支援大队"田纳西"号、"宾夕法尼亚"号、"加利福尼亚"号战列舰加入了炮击行列，炮击目标是莱特省首府塔克洛班下方的"白滩"和"红滩"。8时整，运输舰沉着驶过水平如镜的海面，在离岸10公里的出发线依次排开。战列舰暂时停止炮击，一众巡洋舰、驱逐舰向前驶去，进行登陆前的精确炮击。在无数大小舰炮的怒吼声中，海岸线瞬间变成了一片火海。浓烟消散之后，站在运输舰上的人们简直不敢相信自己的眼睛——先前生长着无数茂密树木的海岸，现在变成了"一片荒凉、乱七八糟、烟雾弥漫、尘土覆盖的废墟"。

为登陆部队提供近距离空中掩护的是第三十八特混舰队第一、第四大队和第七十七特混舰队第四大队的护航航母。清晨6时到7时15分，第一大队出动三拨攻击共114架次舰载机——其中战斗机49架、俯冲轰炸机36架、鱼雷机29架——轰炸扫射了杜拉格至卡尔巴萨一带地区。第四大队在6时出动16架战斗机扫荡了宿务岛。来自护航航母和"圣贾辛托"号的42架战斗机、14架轰炸机和18架鱼雷机轰炸了马拉巴卡和圣帕布罗。

9时45分，长达20公里的海面上出现了无数黑色小点，那是200艘满载士兵的登陆艇和两栖运兵车。站在"纳什维尔"号舰桥上的麦克阿瑟目睹了眼前这一宏大场面，"枪炮声一响，登陆行动立即开始。成千上万门大炮发射炮弹的轰隆声连续不断，震耳欲聋。火箭拖着长长的白雾交错着划破长空，一道道浓黑的、不祥的烟柱从地面上升起。头顶上，一群群飞机高高地呼啸而过。在平常本来是一片宁静、波光粼粼的蓝色海面上，登陆艇快速朝海滩直冲过去"。麦克阿瑟激动得难以自持，为了这一刻，他已经等待了两年七个月零三天了。

执行主攻任务的是美军4个步兵师的51500名官兵。第一骑兵师和第二十四步兵师将在北边的塔克洛班一带登陆，他们能否成功上岸是行动成败的关键。第九十六步兵师和第七步兵师将在南边的杜拉格附近登陆，肯尼的第五航空队将在那里修建3个简易机场。地面作战总指挥是第六集团军司令官克鲁格中将。

登陆异常顺利。美军士兵乘坐登陆艇穿越数公里长的海面，涉水登上沙滩，几乎没遇到多少抵抗。根据岛上菲律宾游击队提供的情报，强大准确的舰炮火力已把滩头为数不多的几个日军据点夷为平地，守军躲到了可以俯视海岸的山上，钻进那些精心挖掘的岩洞，躲避美军重型舰炮和飞机的狂轰滥炸。

上午10时，韦恩·马奇少将第一骑兵师的先头部队在"白滩"登陆。威廉·蔡斯准将第一旅的两个团在左，休·霍夫曼准将第二旅的两个团在右，按预定计划向纵深推进。日军主力部队部署在可以俯视海岸的山顶上，滩头只有配备步枪和机枪的少数部队进行阻击。12时30分，第七团二营攻克圣何塞镇，顺利封锁卡泰逊半岛，之后向西北方向攻击前进。他们在工兵的协助下艰难越过沼泽地区，到16时30分向前推进了2700米。二营北侧的一营一路向卡泰逊半岛推进，路上只遭遇日军的零星抵抗，16时顺利拿下卡泰逊简易机场。在留下一个连守卫半岛之后，营主力继续向塔克洛班快速推进。

15时，美军第一师第五团和第十二团全部越过一号公路向西进攻。当天21时35分，第五团停止前进掘壕据守，他们距预定占领目标尚有数百米之遥。第十二团早在19时15分就完成了当天任务，向前推进了3000米之多。

进攻部队后方，师预备队、威廉·布拉德利上校第八团11时30分顺利上岸。13时30分炮兵部队登陆后，师长马奇少将率师部成员在14时登上"白滩"，16时30分开设了前线指挥部。骑兵第一师登陆日作战相当顺利，左翼部队已与第二十四步兵师右翼取得了联系。

在第一骑兵师南侧，美军第二十四步兵师同样顺利上岸。两名士兵——其中一名是菲律宾人——把美国国旗和菲律宾国旗并排插上了"红滩"。他们遇到的麻烦比友军要多一些。前五拨登陆部队上岸后，后续登陆部队遭到日军第二十二炮兵联队第三中队的准确炮击，运载第十九团一营的4艘登陆艇被击沉，伤亡官兵37人。第三十四团三营在"红滩"遭到日军第三十三步兵联队一部的顽强阻击，推进缓慢，团长奥布雷·纽曼上校亲自率部冲入丛林与日军激战。13时，在得到炮兵火力支援之后，三营摧毁日军防御工事向前推进了220米。15时50分，二营越过一号公路，当晚推进至路西90米位置，团预备队一营仍在滩头待机。

由于一营在登陆中遭到较大损失，第十九团三营承担了登陆后的突击任务。经数小时激战，他们突破日军第三十三联队防御阵地，向前推进了450米，和友邻部队取得联系的同时进至一号公路。二营在一营身后登上"红滩"，越过了日军防线。13时，他们遭到日军第三十三步兵联队一个加强小队的反击。在美军猛烈炮火的打击下，日军扔下11具尸体仓皇后撤。二营在入夜时分停止前进，在一号公路一带宿营。

就在二营到达一号公路的同时，一营已向沿岸道路制高点522高地发起猛攻。日军在此处有5座大型碉堡。在得到海军舰载机和两个野炮连支援之后，一营以阵亡14人、受伤95人为代价拿下高地，其间打退了日军步兵和坦克的数次反扑。522高地争夺战中，日军死亡失踪165人，负伤约200人。师长埃尔文·欧文少将如此评价夺取高地的战斗，"如果第十九团一营当天没能拿下522高地，我们随后夺取它将付出上千人伤亡代价"。后来日本官方战史也评价说，522高地失守，导致第三十三步兵联队在随后的防御战中完全处于被动挨打的不利地位。登陆日当晚，第二十四师顺利完成当天任务。第十军已建立起纵深 1600 米、宽 8000 米、总面积 13 平方千米的登陆场，夺取了 522 高地和塔克洛班简易机场等战术要点。

左翼突击兵团第二十四军以第七步兵师在南、第九十六步兵师在北，从杜拉格和圣何塞之间 23 千米宽的海滩强行登陆——美军两个登陆点杜拉格和塔克洛班之间距离为 27 千米。他们对面是日军第十六师团第九、第二十步兵联队的防区。上午 9 时 50 分，马塞·迪尔上校第九十六师第三八二团率先登上"蓝滩"。10 分钟后，埃德温·梅上校第三八三团也在"橙滩"上岸了。美军登陆区域恰好位于日军两个联队防区的接合部，守卫此地的日军不足一个步兵中队，他们很快在美军的冲击下一哄而散。到 16 时，第三八三团已向纵深推进了 2400 米。

第三八二团率先登陆的两个营向内陆快速推进。日军第九联队阵地距海岸较远，二营在通过一号公路前未能遭遇像样的抵抗，到傍晚时分向前推进了 2300 米。三营显然没有这种好运气，他们的登陆点恰好位于日军重点设防的 120 高地前方 550 米，遭到日军炮火居高临下的密集打击。10 时 40 分，海军舰炮受命压制高地上的日军火力。迪尔上校命令两个营从两侧包抄 120 高地，日军残部据守山顶，死战不退。到 16 时，第三八二团建起北宽 2300 米、南宽 1200 米的梯形登陆场，与右翼第三八三团和左翼第七师第三十二团取得了联系。17 时 50 分，第九十六师师长布拉德利少将率师部和三个炮兵营登岸，迅速建起了陆上指挥所和炮兵阵地。

第七步兵师登陆区域位于卡拉巴萨格河和达古伊兰河口之间。上午 10 时，马克·罗吉克上校第三十二团登上"紫滩"，柯蒂斯·奥沙利文上校第一八四团则在"黄滩"登陆。曾参加过阿图岛和夸贾林战役的第七步兵师遭到当面日军第二十步兵联队的顽强抵抗，不过杜拉格还是在中午时被顺利攻克。罗吉克团仅向前推进了 540 米，奥沙利文团情况稍好，向前推进了 2000 米，两个团均未完成当天的作战任务。登陆日傍晚，第二十四军建立的登陆场长 2000 米，宽 5500 米，面积约 11 平方千米。

当日，美军第二十四师第二十一团在莱特岛最南端及对岸的帕纳翁岛登陆，出动鱼雷艇监视苏里高海峡，牢牢控制了莱特湾南入口。

整个上午，"纳什维尔"号舰桥上的麦克阿瑟一直在通过望远镜观察各部登陆情况。前方就是他无比熟悉的塔克洛班，他告诉身边的莱尔巴斯："那里没有任何变化，41年前我修建的码头还在那儿。那时我刚从西点军校毕业，是第三工兵营一名初出茅庐的少尉军官。啊！今天对我来说是一个多么难忘的时刻！"

11时，麦克阿瑟叫来同行的4名记者，告诉他们所有战斗都在按计划顺利进行。午饭后麦克阿瑟准备上岸时，工程处副处长杰克·斯维尔德鲁普准将带来了一条坏消息。出发之前，凯西少将在荷兰迪亚不慎失足跌入深坑，背部受伤。承受着剧烈疼痛的凯西坚持要在今天上岸。埃格伯格去给凯西做了检查，提出让伤势严重的他立即离船登岸是非常不恰当的。

麦克阿瑟很难想象，没有凯西的智慧和干劲，自己能否渡过眼前的难关。恰逢雨季，工兵部队必须在最短时间内在泥泞的土地上建起几个机场，缓解因哈尔西撤走不断加大的空中压力。"医生，"麦克阿瑟一脸严肃地告诉埃格伯格，"过去，我从未说过离开谁就不行。但这一次，凯西对我来说的确是必不可少的。所以你必须让他上岸，同时找出能让他工作的最佳办法。"埃格伯格只好把凯西绑在担架上，派人抬上岸。

将近13时，麦克阿瑟回到司令官舱室，换上一套熨得笔挺的卡其布军装再次回到甲板上。他带萨瑟兰、肯尼等高级军官和四名记者爬上一艘登陆艇，前往运输舰"约翰·兰德"号去接塞吉奥·奥斯梅纳和卡洛斯·罗慕洛准将。奎松去世后，奥斯梅纳接替他出任菲律宾总统。奥斯梅纳是奎松的亲密战友，20世纪之初，他们曾在圣托马斯大学一起学习法律。他腼腆、保守、诚实，没什么野心。1904年春天，在马尼拉陆海军俱乐部一次晚餐上，麦克阿瑟结识了奎松和奥斯梅纳。但麦克阿瑟好像并不喜欢奥斯梅纳，对他保持着应有的礼貌，仅此而已。

罗慕洛曾担任过麦克阿瑟的副官，两人已经两年多没见过面了。他现在的职务是菲律宾流亡政府的新闻部长。战后罗慕洛曾出任菲律宾驻联合国首席代表，参与起草《联合国宪章》并代表国家签字。1955年参加万隆会议时，他与周恩来总理成为终生的好友。罗慕洛曾辅佐过8位总统，绝对称得上菲律宾政坛的不倒翁和常青树。远远看见麦克阿瑟的登陆艇驶过来，罗慕洛匆匆忙忙爬下了绳梯。

"卡洛斯，我的小老弟，"麦克阿瑟和罗慕洛热烈拥抱，"我们到家了！"

虽然和麦克阿瑟的关系远远不如奎松，但是此刻，兴奋完全压倒了私人恩怨，奥斯梅纳开始和麦克阿瑟愉快地交谈，一遍接一遍地重复着"我们回来了"。麦克阿瑟拍了拍萨瑟兰的膝盖，口中哼唱着《圣经》中的诗句："正如李普莱所说，信不信由你！迪克，我们真的回来了！"

一船头面人物和新闻记者被正向临时码头拥去的船只堵住了去路。海军一名后勤军官显然对艇上一众"闲人"关键时刻前来添乱感到愤怒，他边吆喝"让他们下来走"边指挥登陆艇向别处开去。

麦克阿瑟坐在登陆艇发动机罩上，左边是奥斯梅纳，右边是萨瑟兰。当他们接近海岸时，迎面驶来 20 多艘运送头三批登陆部队的返航登陆艇，还有一艘大型战舰上放下来的小汽艇。麦克阿瑟朝汽艇上的舵手大声喊叫，那名年轻水兵简直不敢相信自己的眼睛："他真的就是大名鼎鼎的麦克阿瑟将军吗？""喂，孩子！"麦克阿瑟喊道，"哪里战斗最激烈？"小伙子激动得说不出话，只用手指了指正前方硝烟弥漫的"红滩"。麦克阿瑟大声致谢，然后命令登陆艇艇长："走，就朝那个海滩开。"

14 时 30 分，登陆艇在塔克洛班以南 8 公里的"红滩"靠近了海岸。随军记者详细记录下这历史性的一幕："当我们缓缓驶向'红滩'时，战斗的声音越来越响。我们听到了空中飞机引擎发出的轰鸣声，它们正从我们头顶俯冲下来，朝海滩上的敌军据点扫射。接着是海军舰炮炮弹发出的隆隆爆炸声。我们的船驶得更近时，可以清晰听到士兵发出的欢呼声以及轻武器的射击声。水兵在距离岸边大约 50 码的地方放下梯子，大家随麦克阿瑟将军走下登陆艇，涉水而进。"

四名随军记者——他们中有两人带着照相机——迅速占据有利阵位，准备记录下麦克阿瑟重新踏上菲律宾国土的历史性时刻。麦克阿瑟跳入没膝深的水中，迈开大步向岸上走去。他身后跟着奥斯梅纳、肯尼、萨瑟兰等人。罗慕洛的身高只有 1.63 米，今天还特意换上了一双新鞋，跟跟跄跄跟不上麦克阿瑟的大步子。摄影记者不失时机拍下了一行人涉水上岸的镜头，向全世界表明麦克阿瑟实现了"我会回来"的铿锵诺言。这幅照片被全球无数报纸转载，成为二战最著名的照片之一。

从登陆艇到岸边仅几十米，但对麦克阿瑟来说似乎显得格外遥远："虽然我只跨了三四十步就到达陆地，可是，这几十步是我有生以来意义最深远的步伐。当我走完这几十步站上沙滩，我确信我又回来了，回来打击巴丹的死敌来了。在那些日军士兵的尸体上，闪烁着本间雅晴将军王牌部队第十六师团的徽章。"

这是二战最经典的场景之一，随后引发了无数传说。有人夸张地说，麦克阿瑟涉水上岸是特意编排出来的，之前反复排练过很多次。有人甚至说，照片是在后方选择海滩提前拍摄好，现在才拿出来忽悠大家的——换成今天就会说是PS出来的。随行四位记者之一，哥伦比亚广播公司记者威廉·邓恩是麦克阿瑟多年的老友，后来他特意撰文发表在1973年3月《陆军杂志》上，否定了任何"导演"的说法。出面为麦克阿瑟辟谣的，还有那艘登陆艇的上尉艇长。

肯尼回忆说，大家上岸时经过被日军迫击炮击中的4艘登陆艇，其中1艘正冒着"壮观的火焰"，"而且，好像有许多日军狙击手就在附近射击。从小口径步枪噼噼啪啪的响声判断，他们中的某些人距离我们不会超过100码"。麦克阿瑟对潜在危险毫不理会，大踏步迈上了海滩。有人提醒他小心地雷，麦克阿瑟满不在乎地回答道："不用担心，能炸死我的地雷还没造出来呢！"

虽然大家一起登岸，但很显然，此时奥斯梅纳已由流亡政府首脑变成了这片土地的真正主人。他走上来，伸出双手，以主人身份欢迎麦克阿瑟重返菲律宾。

在一处棕榈树丛中，麦克阿瑟看到了忙得不亦乐乎的第二十四师师长。欧文汇报说，自己的师约有15人阵亡、30人受伤，战士们向内陆挺进300米后遭到零星日军的顽强抵抗。"这正是我梦寐以求的！"罗慕洛听见麦克阿瑟自言自语地说。

几名美军士兵趴在海滩上，正朝前方某一目标射击。"喂！快看，那是麦克阿瑟将军！"其中一名士兵高声喊道。

他身边的伙伴连头都没抬："是吗？他大概把埃莉诺也带来了吧？"——埃利诺是罗斯福总统的夫人。

与欧文聊了几句之后，麦克阿瑟反身回到一行人中。他招呼奥斯梅纳过来，把一只手搭在他肩膀上："总统先生，我们到家了，你感觉怎么样？"两人在一棵被炮火轰倒的树干上坐下："拿下塔克洛班之后，我就把行政权移交给您。这可能比原计划还要早一些，形势发展很顺利。"

"我已经做好了所有准备，将军，您什么时候移交都可以。"

一辆带有便携式电台的战车开上了"红滩"，它可以和"纳什维尔"号建立无线电联系，巡洋舰可以把麦克阿瑟的讲话及时发送出去。在麦克阿瑟上岸一小时后，一切都已准备就绪。在长达 15 分钟时间里，记者邓恩——他此时的角色就像一个婚礼司仪——对麦克风不断重复着同样的话，以检测声频信号和通信电路："菲律宾人民！菲律宾人民！几分钟后，在你们调到的频率上，你们将听到道格拉斯·麦克阿瑟将军和塞吉奥·奥斯梅纳总统的声音！"可惜天公不作美，恰在此时，一场暴雨倾盆而下。

邓恩将麦克风递到麦克阿瑟手中。16000 公里之外，哥伦比亚广播公司国际新闻部已经提前得到通知，随时中断正常节目的播出，插播美军重返菲律宾的爆炸性新闻，尽管两地时差达到了 13 个小时。

麦克阿瑟手持话筒，雨水沿帽檐儿不停向下流淌。他清清嗓子，开始了这次具有重大历史意义的演说。他声音深沉，稳健中稍稍透出一丝颤抖：

> 菲律宾人民！菲律宾人民！我是美国陆军上将道格拉斯·麦克阿瑟，我回来了！托万能的上帝之福，我们的部队重新登上了菲律宾这片洒着我们两国人民鲜血的土地。我们为摧毁统治你们的残暴敌人，为恢复不屈不挠力量的基础——你们民族的自由，回来了。站在我身旁的是你们的总统，伟大的爱国者曼努埃尔·奎松当之无愧的继承者塞吉奥·奥斯梅纳，以及他的内阁成员。因此，你们的政府现在已经牢固地重建在菲律宾的大地上。

麦克阿瑟的讲话还带有配音，不时伴随着卡车开过海滩的马达声和头顶飞机引擎的轰鸣声，间或有舰炮打击陆上目标的爆炸声。麦克阿瑟稍做停顿，然后有意提高了嗓门：

> 你们光复的时刻就在眼前。你们的爱国者的行动证明，他们坚定不移要争取人类历史记载中的最高的自由原则。现在，我号召你们尽最大努力，发挥觉醒了的民族勇气，让敌人知道，和他们战斗的一支内部力量是异常勇猛的，是和外来的一支兵力一样难以对付的。向我靠拢，继续发扬巴丹和科雷希多不屈不挠的战斗精神。随着战线向前推进把你们带进作战区域，你们要挺身出来战斗。为你们自己的家园，战斗！为你们世世代代的子孙，战斗！以你们的神圣牺牲者的名义，战斗！谁都不要心慈手软，让每一只

手臂都坚强如钢。神圣的上帝将指引我们前进的道路。以上帝的名义，勇往直前，取得正义的胜利！

演说通过无线电波传向四面八方。有人指责麦克阿瑟哗众取宠，还有人批评他总是喜欢使用第一人称，这些他打死都不会改变的。但他的话确实触及菲律宾人最深层的情感。珍珠港少数海军军官认为，演说过于感情用事。但更多人认为，这样有利于激励一个长期受专制统治、渴望自由的民族站起来积极参加战斗。

奥斯梅纳从麦克阿瑟手中接过麦克风，指出解放菲律宾是美国人民和菲律宾人民共同的伟大事业，号召全体国民站出来勇敢战斗："美国已经保证，将重建和恢复我们这个饱受战火蹂躏的国家。为此，我们已经采取了某些措施，一俟恢复正常，将重建法律与秩序，恢复立宪政府的民主进程。"

罗慕洛也高度赞扬了美国人："你们必须继续相信美国人，万勿辜负美国。"

仪式结束后，麦克阿瑟挽着奥斯梅纳的手臂，来到附近一片空地上。两人冒雨坐在一根倒下的树干上，用一小时谈论了重新恢复国民政府的关系，以及它在美军接下来的战斗中所能起到的作用。两架日机低空投下炸弹，麦克阿瑟和奥斯梅纳对此视而不见。两人结束谈话时，骤雨初停，太阳出来了。

麦克阿瑟志得意满地在潮湿的丛林中来回踱步，不时停下来与士兵交谈。一名随行军官提醒他，"将军，附近有日军狙击手"，并指了指不远处的树林。麦克阿瑟似乎并未听见，但他突然注意到自己的专机飞行员罗兹少校向一棵大树后边躲去，于是忍不住上前发问："怎么了，韦尔登，你感到害怕吗？"事实上罗兹正在生病，本不应该上岸的。但他向所有人隐瞒了病情，因为不想自己被排除在这一历史时刻之外。麦克阿瑟涉水上岸时，他就跟在他身后几米远。罗兹坦承，此时如果靠在大树上，会感到更安全和舒服一些。他提醒司令官，战斗正在不远处激烈进行，子弹可是不长眼睛。

"是的，"麦克阿瑟说，"上帝交给我一项使命，他将看到我能够完成它。"

"毫无疑问，这当然是件了不起的事情。"罗兹说，"但我不能确认，上帝在照顾您的同时，是否还顾得上关心我，能够让我像您那样活下来。"这马屁拍得既实在又高明！麦克阿瑟咧开大嘴开心地笑了。

北面几公里之外，第一骑兵师已经进抵塔克洛班郊区。故地重游的美国人得到了当地游击队和普通民众的热烈欢迎，美军向游击队员分发了武器和弹药。菲律宾人成群结队在美国大兵身边走过，其中不少是老人和带孩子的年轻母亲。《纽约人报》记者罗伯特·沙普兰亲眼看到，一个满脸皱纹的老妇人站在那里，朝一名年轻的美军士兵张开了双臂，脸上露出快乐的微笑。看来，麦克阿瑟说菲律宾是美军主场一点儿都没吹牛。

返回"纳什维尔"号之前，麦克阿瑟叮嘱一位通信官，把他头天晚上写给罗斯福的信发往华盛顿。他在信中这样写道："亲爱的总统先生：我在塔克洛班炮火纷飞的滩头给您写这封信。我们刚刚在这里登陆，这是从自由菲律宾发出的第一封信。我想，对喜欢集邮的您来说，您也许会愿意将它列入自己的个人收藏，我希望它能被您笑纳。莱特岛战斗正在顺利进行，它在战略上突破了敌军中心防线，在战术上将敌人在菲律宾的部队分成两半。由于绕过了群岛南半部分，我军伤亡人数可能会因此减少约 5 万人。如果能在这场战役胜利后立刻让菲律宾实现独立，必将使美国在远东地区的威望上升到一个前所未有的新高度，也将是您作为总统个人的伟大成就。它将唤起全世界的注目，在一千年间，都将为美国的荣誉和信用增光添彩。"

麦克阿瑟竭力邀请罗斯福到菲律宾参加独立庆典。他知道总统不愿乘坐飞机，便保证说为他提供一艘快速巡洋舰，使他能在适当时间里往返。所有正事说完之后，麦克阿瑟在信的末尾处写道："请您原谅我字迹的潦草，因为我正在前线指挥作战，这里只有这种战地笔记本纸。"实际上，信在头天晚上已经写好了。噱头要用足，戏也要演得更有现场气氛一些，这是麦克阿瑟最擅长的。

当众人乘登陆艇返回"纳什维尔"号时，日军飞机开始乘着云开日出的好天气袭击美军登陆舰队。一架低空进入的鱼雷机从"纳什维尔"号上空掠过，漏过了一个值得日本人举国欢庆的攻击目标。如果飞机射出的鱼雷能够击沉"纳什维尔"号，让麦克阿瑟阵亡或下海游泳，这名飞行员无疑将"名垂青史"。但这位命中注定属于无名氏的飞行员选错了目标，径直朝不远处的"檀香山"号轻巡洋舰射出了鱼雷。

"檀香山"号的几名水兵看到了掠海而来的日军战机。舰长哈罗德·瑟伯上校刚刚在自己的舱室里剪完头发，回到舰桥就接到了空袭警报。他迅速做出反应，命令战舰全速后退并左满舵，试图使船体与来袭鱼雷的方向平行。但那条鱼雷还是准确命中了巡洋舰左舷舰桥前方部位，海水从剧烈爆炸撕开的大洞汹涌灌入，很快从舰底到吃水线1/3部分被海水淹没。"檀香山"号扭动着受伤的身子，靠水兵迅速抢滩搁浅才不至于沉到海里去。65名水兵在爆炸中阵亡。倒霉的事情还不止这些，周围友舰为击落日机拼命射击，又有几发炮弹错误落在"檀香山"号上，造成水兵5人死亡、11人受伤。因受伤过重，经紧急处理的"檀香山"号只好撤出战场，13天后返回马努斯港。

与太平洋战场其他大部分登陆战相比，莱特岛作战算是比较容易的一次。登陆日，美军仅49人阵亡、192人受伤。黄昏之前，除占领两大片登陆区之外，登岛美军官兵已经超过6万人，4500辆各式车辆和10.7万吨物资成功上岸。毫无疑问，美军已经在莱特岛牢牢站稳了脚跟。

登陆日麦克阿瑟要做的最后一件大事是亲自撰写并发布公报："在一场大规模两栖登陆作战中，我们已经占领了菲律宾莱特岛东岸，它距离莫罗泰岛600英里，距米尔恩湾2500英里，我们在16个月前就开始进攻米尔恩湾了。这次是战区总司令在亲自指挥作战。"

可能留给通信官的信还没寄出，麦克阿瑟已经收到了罗斯福发来的祝捷电报："举国上下都感激您，全国人民都在为您及您的部下反攻回去所取得的成功而祈祷。"

罗斯福同时致电尼米兹和哈尔西："全国人民为你们舰队在敌人海域内取得的辉煌胜利感到自豪。我们对你们航空兵的英勇善战和水兵的吃苦耐劳精神十分钦佩。你们同麦克阿瑟将军的精诚合作，为部队协调一致和高度发挥各兵种作用做出了榜样。"

10月21日，登陆美军4个师继续向内陆挺进，顺利占领杜拉格机场。一心想找日军舰队决战的哈尔西实在指望不上，麦克阿瑟在为登陆部队缺乏足够空中掩护而忧心忡忡。最充分的例证是，当天早上光临莱特湾上空的前3架飞机全是日本人的，根本没有美军飞机出击拦截。虽然2架日机当场被舰上高炮击落，但第三架日机还是顽强穿越高炮形成的弹幕，一头撞上"澳大利亚"号舰桥，撞击产生的碎片和燃油覆盖了整个舰首，当场造成7名军官和23名水兵阵亡，其中包括舰长埃米尔·德夏努上校等高级军官。撞击发生一小时后，美国海军的第一架飞机才姗姗来迟。肯尼对此怒不可遏，"如果哈尔西决定继续徒劳地去追击日军舰队，我将立刻离开战场"。

当天，美军第三十八特混舰队第一、第四大队进行海上加油。从早上 5 时 58 分开始，第二、第三大队共出动战机 309 架次——其中战斗机 156 架、俯冲轰炸机 99 架、鱼雷机 54 架——空袭了班乃、内格罗斯和宿务岛的日军机场，损失飞机 4 架。哈尔西认为，此前的攻击已大致扫清了日军的空中力量，接下来的主要任务是寻找或引诱日军主力舰队出击，围而歼之。

上午 9 时 30 分，麦克阿瑟率肯尼和萨瑟兰上了登陆艇，想去看看塔克洛班简易机场。一行人在"白滩"登岸之后，麦克阿瑟满意地看到第一骑兵师在马奇少将的指挥下正向内陆快速推进。三人钻进一辆吉普车前往机场，路旁倒毙日军的尸体随处可见。

塔克洛班机场又小又湿。虽然凯西带病工作，他的工兵部队也尽了最大努力，肯尼仍然对视察结果非常失望。简易机场只能容纳半个 P-38 战斗机中队，哪怕将跑道拓宽并铺上带孔钢板，也无法容纳更多飞机。萨瑟兰显得格外焦虑，不停地大声说日军可能在机场一带埋有地雷，大家应该尽快离开这个危险之地。麦克阿瑟感到困惑不解，他一直认为自己这位感觉迟钝的参谋长是个勇敢的人，萨瑟兰的表现实在令他担心。

巡视完机场之后，麦克阿瑟驱车前往 3 公里外的塔克洛班。没走多远，司机便将车停了下来。一队正向城内冲杀的谢尔曼坦克挡住了去路。麦克阿瑟只好下令掉头，重新返回"纳什维尔"号。上船之后，他向埃格伯格问起了萨瑟兰失态之事："他怎么了，医生？你觉得迪克为什么那么担心有地雷呢？"

22 日，麦克阿瑟和肯尼再次上岸，视察了塔克洛班以南 16 公里处的杜拉格机场。这次他没带萨瑟兰，让胆小的参谋长在司令部留守。日军一部占据着一座俯视机场跑道西端的小山，当两位将军穿过机场东侧时，跑道的另一端枪炮声大作。麦克阿瑟问肯尼在想什么，肯尼说他希望能够看到整个战场，"最好是从飞机上看"。麦克阿瑟大笑道："乔治，了解地球另一半人的生活，对你会有好处。"

麦克阿瑟要求第五航空队尽快进驻。肯尼说他的航空兵何时才能在莱特发挥重要作用，完全取决于岛上机场什么时候修好。塔克洛班和杜拉格机场令人失望，它们太小了。改建机场的推土机刚挖下几铲土，地表下就冒出水来。雨季一来,这里还不成为一片泥沼?即使在两个机场各部署半个 P-38 战斗机中队,支援急需空中掩护的登陆部队也是远远不够的。

滩头阵地在不断扩大,塔克洛班已被美军完全占领。23 日午后,一支菲律宾乐队乘一辆武器运送车在塔克洛班招摇过市。扩音器不断广播说,麦克阿瑟将军和奥斯梅纳总统很快就到,要举行一个隆重的庆祝仪式。临时纠集的一支游行队浩浩荡荡跟在乐队车后,不时发出阵阵欢呼声。15 时,莱特省议会大厦台阶上聚集了一大群人,距他们仅 3 公里的地方战斗仍在激烈进行。

麦克阿瑟和奥斯梅纳分乘两艘鱼雷艇在旧码头上岸,然后直奔议会大厦。在大厦台阶上,麦克阿瑟宣布以奥斯梅纳为首的菲律宾政府正式成立,同时向菲律宾人保证美军将解放他们的所有领土,将侵略者全部赶出去。尽管讲话不算很长,似乎也没了登陆日的激情,但麦克阿瑟每说一句话,热情的菲律宾人都报以掌声和欢呼声。第五团的 31 名官兵奉命担任仪式卫兵,他们身上还带着污泥和臭汗,因连续战斗疲惫不堪,在麦克阿瑟发表长篇大论时站着睡着了。军号吹响,美国和菲律宾国旗同时升起。克鲁格称"那真是一个感人的仪式"。

仪式结束之后,麦克阿瑟向莱特游击队长鲁珀托·坎列昂上校授予优异服役十字勋章,奥斯梅纳当场宣布任命坎列昂为莱特岛岛主——开句玩笑,不是岛主,是总督。麦克阿瑟与奥斯梅纳、罗慕洛等人依次握手:"现在,戏由你们来唱了,我和我的幕僚告辞了。"

离开议会大厦之后,麦克阿瑟参观了战争初期就被日军杀害的美国农场主沃尔特·普赖斯的豪华庄园。这是一座漂亮的奶油色大房子,主体由水泥和红砖构成,十分坚固,中间有一个大院子。仅仅几天之前,这里还是日本军官俱乐部。肯尼和萨瑟兰认为,麦克阿瑟和司令部成员不能老待在军舰上,应该尽快搬到这里。普赖斯庄园有一样东西使麦克阿瑟极度不爽,在大门和前门之间,有一个精心挖掘的防空洞,里面电灯、家具、地毯和排气扇等生活设施一应俱全。"把这个东西铲掉,把防空洞用土填上,"麦克阿瑟说,"它破坏了草坪的美好形象。"他继而解释说,一战时期自己在法国打仗时就得出过一个结论,这种防空洞极易传播肺炎病毒。麦克阿瑟填掉防空洞的真正原因非常简单,第一次菲律宾战役时他曾得到一个不太光彩的绰号叫"防空洞里的道格"。从那时起,他就对"防空洞"一词深恶痛绝。

返回"纳什维尔"号前，麦克阿瑟和克鲁格进行了简短谈话，他对部队前进速度很不满意。登陆部队中只有第一骑兵师完成了任务，第七师、第二十四师和第九十六师作战进度明显滞后，他们的师长并没有尽力督促士兵前进。日军显然正在莱特岛中部山区挖掘战壕，必须趁他们立足未稳之际迅速打开局面，不能再晚了。他要求克鲁格督促前线加快进攻。克鲁格只能报之以唯唯诺诺。

当晚回到"纳什维尔"号之后，萨瑟兰报告说哈尔西已不辞而别，朝北追击日军舰队去了。一场大海战即将打响，莱特湾水面注定将不再平静。金凯德告诉麦克阿瑟，鉴于日军舰队随时可能来犯，"纳什维尔"号应该到前线参加战斗。

"当然，汤姆，把舰开过去吧！"麦克阿瑟回答道。

"但是将军，如果您还在这艘舰上，我就不能那么做。"金凯德提议，司令官应该尽快在岛上建立司令部。

"不管你怎么说，在这场事关重大的作战中，我时刻都应该在现场。"麦克阿瑟说，"况且，我还从没见过一场海战呢，非常想见识一次。"金凯德不再争辩，回到了自己的旗舰"沃萨奇"号上。

就在麦克阿瑟发表登陆演说之后8小时，10月20日22时，副官桦泽在"樱兵营"大门口发现了一个满身泥污的小个子军官。桦泽先是用怀疑的目光注视了对方片刻，忽然他想起了司令官向他描述过的参谋长的相貌，于是赶紧上前敬礼，将来者领上了二楼山下的会客室。

来人向山下立正敬礼："大日本帝国陆军中将武藤章，此次被任命为第十四方面军参谋长，特向司令官报到。"

两人是多年的老相识了，彼此见面用不着过多客气。在从苏门答腊前来赴任的路上，武藤经停巴拉望岛时遭到美军空袭，他在满是泥泞的机场卧倒，弄得满身污泥。"辛苦了，武藤君，我们等你好久了。"看到武藤一身狼狈的样子，山下又好气又好笑，"我看，参谋长还是先去洗个澡为好。"

山下站起身来，从自己行李中取出一件衬衫递给武藤："你穿着可能有点儿大，先洗个澡换上吧。"

绰号"步兵炮"的山下体形壮硕，而武藤却又瘦又小，"哈哈，几乎能装下一个半我了，"武藤抖开衬衫自嘲说。随后他话锋一转说到了正题，"听说，美国人已经在莱特岛登陆？"

"是呀，我们刚打算庆祝一下台湾海空战的胜利，美国人就在莱特岛登陆了，实在太奇怪了。一线部队没有发来任何报告，海军也不知道是怎么回事。我现在只知道，最近在莱特湾一带可能会打一场大海战。我刚到这里时也是大吃一惊，陆上几乎没什么防御。总之，今后一切全拜托武藤君了。"

作战参谋因为美军突然登陆忙于处理前方敌情迟到。在向参谋长表达歉意之后，田中向武藤介绍了前线的有关情况。"登陆吗？那实在有趣。"武藤故意装出一副满不在乎的样子，"那么，莱特岛在哪里呢？"

"是，在这个位置。"田中举起竹教鞭指向墙壁，在军用地图上指出了莱特岛的具体位置。旁边几位参谋都忍住不敢笑出声来。参谋长离开后，这些年轻人才捧腹大笑。"参谋长不知道莱特岛"的消息不胫而走，很快传遍了樱兵营。

事实上，黑田被调离之后，寺内逐步调走了第十四方面军原有的参谋人员。现在武藤手下的 15 名参谋中，只有 3 人是黑田以前的部下。其余 12 人都是最近从中国东北和其他地区调来的，大部分人员几乎与山下同一时间到达菲律宾，他们和司令官、参谋长一样不熟悉岛上的事务。这使山下、武藤及其属下在试图熟悉菲律宾情况时，付出了宝贵的时间代价。

次日一大早，南方军作战参谋甲斐崎三就来到了樱兵营。甲斐解释说，"捷一号"作战计划中，原定菲律宾中南部地区的作战由海、空军负责，陆上决战仅局限于吕宋。现在看来，敌军有大举进攻莱特岛的迹象，是否可以考虑在吕宋地面战打响之前，增派兵力在莱特岛与美军进行决战呢？

尽管对甲斐的意见感到吃惊，但山下和武藤并未多加注意。第十四方面军上下一致认为，在莱特岛进行决战，不但违反了之前确定的战略，也缺乏向那里运送增援必需的船只。武藤表示对此不感兴趣，山下认为那不过是甲斐小伙子的个人意见而已。

但就在第二天，10 月 22 日，南方军寺内总司令官的正式命令到了：

一、歼敌良机已经到来。

二、第十四方面军应与海、空军协同，以优势兵力歼灭莱特来犯之敌。

山下和武藤对这个所谓的"良机命令"大惑不解，原来甲斐参谋头天所说的话并不是开玩笑呀！武藤在日记中将这一命令喻为"晴天霹雳之南方军命令"，并立即派副参谋长西村前往南方军司令部核实。没多大会儿，西村就回来了："寺内元帅说，反正就是让你们干！"

原计划"地面决战仅限于吕宋"怎么突然转移到莱特啦？东京大本营"莱特决战"的想法来源于荒唐的"台湾海空战大捷"。根据海军部19日晚发布的显赫战果，大本营陆军部迅速做出如下判断：

一、我军在台湾海空战中击溃了美军舰队主力，如今遭遇重创的敌人又在莱特展开新的作战是一个严重错误，我军应集中兵力歼灭敌人。

二、丧失航空母舰主力之敌，在莱特航空作战中势必重视运用基地航空兵力。但帕劳、莫罗泰距离较远，航空作战对敌不利。

三、因我海军航空兵在台湾海空战中损失惨重，在即将展开的莱特决战中，必须由陆军航空兵充当主角儿。

当初之所以将陆上决战地点确定为吕宋，是因为陆军担心海军无法取得作战地区的制空权和制海权，向中南部各岛输送兵力非常困难。现在既然美军舰队主力已不复存在，再坚持决战吕宋未免太死板了。大本营陆军部决定改变原来的决战方针，不仅海军和航空兵要参加莱特决战，地面部队也要积极参与："举全军兵力，力求歼灭莱特登陆之敌。"换句话说，陆军被海军编造的"大捷"蒙蔽了，最终做出了大错特错的决定。20日，陆军部将在莱特进行决战的新意图电告南方军总司令部，要求按新命令立即组织实施。

海军向陆军隐瞒了台湾海空战的实情，陆军方面真就没人怀疑吗？事实绝非如此。台湾海空战爆发时，陆军参谋本部情报部欧美课参谋少佐堀荣三恰好奉命去菲律宾授课。据说他就是那套"放弃滩头，布置纵深防御"的倡导者之一，现在要到菲律宾实地考察防御的部署情况。小小一介少佐参谋出行肯定没有专机，堀荣三只好到海军基地找顺路飞机。空战爆发当天，当时就在鹿屋机场的堀荣三把战场情况看了个一清二楚。虽然并非航空兵出身，但堀荣三他爹堀丈夫曾担任过陆军航空总监，接任者就是山下奉文，接下来才轮到东条英机。他家左边邻居是土肥原贤二，右边就是第四航空军司令官寺本熊市。耳濡目染，堀荣三对航空战还是知道一些的。

日军对情报工作历来不够重视，出色的情报人员少之又少，其中就有堀荣三。平时，那些作战课参谋时常找到堀荣三，向他询问美军下一步的进攻方向，堀荣三还真能说个八九不离十。他能从各种公开信息中推算出美军的动态，诸如从美国广播的股价中推算出疟疾药品、食品罐头的准备情况，测算他们在疟疾多发地区可能投入的兵力和时间。由于对美军西南太平洋战区"蛙跳"作战地点、时间、兵力预判极为精准，堀荣三获得了一个唬人的绰号——"麦克阿瑟的作战参谋"。

后来应山下的要求，堀荣三曾经对美军下一步进攻方向做过如下预测："1945年 1 月上旬最后几天，敌人将在吕宋岛林加延湾登陆，兵力起初有 5 至 6 个师，后期再补充 3 至 4 个师。"实际上，美军 7 个师在林加延湾登陆的时间是 1945 年 1 月 9 日，堀荣三的预测非常准确。后来关于美军登陆日本本土的地点与时间，堀荣三的预测是"1945 年 11 月南九州志布志湾"。在美军进攻日本本土的"奥林匹克计划"中，登陆南九州的时间被确定为 11 月 1 日。只是后来日本提前投降，该计划未投入实施而已。堀荣三的预测如此准确，美军情报部门一度认为自己人中出了内鬼。美军占领日本之后，堀荣三被关起来审问了很久，让他供出臆测中的所谓"内鬼"。实际上，"内鬼"并不存在，并无秘密情报来源的堀荣三所做的预测完全来自个人的严密推算。受审期间，堀荣三向美军情报官员详细重复了推演过程，才让美国人相信内部并无自己人泄密。

开战以来，堀荣三曾多次到前线视察，如新几内亚、所罗门群岛等战场他都去过。堀荣三目睹过美军防空炮火的恐怖，日军飞行员只能凭借出色的技术和上天保佑才有可能侥幸穿越。在韦瓦克，寺本熊市向他详细介绍过美军航空兵的厉害。在拉包尔，今村均更是鼻涕一把泪一把地向他控诉，海军是如何谎报战果，害得他将精锐第六师团派往布干维尔岛送死。在鹿屋机场目睹了那些菜鸟飞行员起飞攻敌的场景之后，堀荣三对他们上报的战果严重怀疑。当时基地指挥部里人来人往，一众海军参谋个个欢天喜地，争相在黑板上标出被击沉敌舰及获得该战果的飞行员的名字，甚至连在珍珠港被击沉的"亚利桑那"号都出现在黑板上。堀荣三非常清楚，海军精英飞行员经过数次航母大战后早已损耗殆尽，眼前都是一些没多少实战经验的新手。那些老鸟拼尽老命都不一定能击沉一两艘，凭这些菜鸟短短一两天内就能击沉两位数的航母？简直不可思议。

堀荣三多了个心眼儿，他将几名飞行员拉到一边，详细询问他们的飞行速度、高度及投弹角度，当时周围的能见度、美军炮火密集程度及云量等，没有一个人能准确回答出来。最后堀荣三得出了一个令人沮丧的结论："这些可怜的年轻人能挣扎活着回来就已经耗尽全力了，他们没有时间瞄准，也没有时间观察战果，因此上报的战果绝对不能相信。"换句话说，所谓的"大捷"根本就不存在。堀荣三当即返回新田原基地，打电话向顶头上司、参谋本部情报部长有末精三做了详细汇报。据说有末将相关内容报告了次长秦彦三郎，结果不明。此外，堀荣三还将同样的内容发电报告知了大本营陆军部。

这封至关重要的电报被作战课参谋濑岛龙三私自截留。据当时和濑岛一起值班的参谋回忆说，见到这份电报的濑岛脸色非常难看，好像感到异常震惊，最终并未将电报上报。非但如此，濑岛索性一不做，二不休，干脆把堀荣三赶到菲律宾，去当第十四方面军参谋。也就是说，你在那里讲完课就不要回来了，跟着山下一起干吧！

昭和三大参谋之一濑岛一直活到 2007 年才死。在战后漫长的岁月里，濑岛对这段往事一直三缄其口。日本纪实作家保阪正康在《参谋的昭和史——濑岛龙三》一书中指出，正是濑岛擅自截留了堀荣三的电报，才使大本营陆军部对美军舰队实力做出了错误判断，进而做出了变更决战地点的错误决策。

但是保阪同时指出，将日军在莱特岛的失利完全归罪于濑岛也有失公允。报喜不报忧是日军长期养成的"良好习惯"，况且在当时的严峻形势下，大本营太需要这样一次胜利来提升日益低迷的士气了。大部分高级将领认为"大捷"的确存在，对重创美军航母舰队这样的显赫战果，任何人都不能也不允许产生丝毫怀疑。濑岛即使把堀荣三的电报如实上报，高层就一定相信吗？次长秦和情报部长有末不就得到了信息吗？凭什么要轻易相信一个后方情报参谋的个人推测——堀荣三的确无法提供有说服力的证据——而对广大飞行员上报的战绩置若罔闻呢？退一步讲，即使大本营相信了堀的判断，按原计划和美军决战吕宋，也不过将失败稍稍退后一点儿而已，日本最终战败的结局是永远无法改变的。

1945 年 7 月，濑岛奉调中国东北，接替皇族成员竹田宫出任关东军作战参谋。当时苏联出兵东北的迹象已经非常明显，总不能让皇族去当苏联人的俘虏。

果不其然，濑岛最终被苏军俘虏，在西伯利亚干了11年苦工。1958年获释回国后，濑岛曾找到堀荣三，当面承认自己截留电报的事并赔礼道歉。

在向有末和大本营做出提醒之后，堀荣三经中国台北于15日到达马尼拉，立即向南方军、第十四方面军、第四航空军和西南方面舰队报告了自己在鹿屋基地的所见所闻，以及他本人对"台湾海空战"的怀疑。几乎没人理会一个小小少佐参谋的善意提醒，理由非常简单：为什么我们就不能打胜仗？你到底和日本人有什么仇？你怎么就那么不爱国呢？难道东京大本营还没你权威？

相信堀荣三的只有山下和武藤两人。山下是真相信，武藤只是因为司令官信了，他就也跟着信了。山下与堀荣三渊源颇深。当年他出任陆军航空总监时，接的就是堀荣三他爹堀丈夫的班。由于经常去堀丈夫家，山下就认识了当时刚进入陆大学习的毛头小伙堀荣三。堀丈夫和山下同属皇道派。当年参加"二二六事件"的叛乱官兵大都来自第一师团，这个师团的师团长就是堀丈夫。事件平息之后，由此得势的统制派开始对皇道派军官进行整肃。堀丈夫被打入预备役，山下也被发配到中国东北赋闲。今天面对故人之子，山下凭空多出了几分亲切感。况且人家堀荣三的分析丝丝入扣，不容置疑。

10月18日上午，当第十六师团那封"待查"电报发到方面军司令部时，15日已到达现场的堀荣三立即提出疑问：前一天苏禄安岛守备队发出"天皇陛下万岁"的电报后杳无音信，最终结果只能是"玉碎"。这充分说明苏禄安岛已经失守，同时说明美军登陆莱特岛的行动已迫在眉睫。堀荣三建议，立即向第十六师团追问以下三个问题：莱特湾内云量多少？侦察员是谁，使用的是何种飞机？飞行员有无识别美军舰种的能力？

恰在此时，陆军宪兵队的消息到了。被俘美军飞行员抗击打能力实在太弱，日本人并未使用特别手段就撬开了他们的嘴，套出了至少12艘航母的名字。海军侦察机随后发回的消息证实，参战美军航母远在此数之上。也就是说，所谓的"台湾海空战大捷"根本就不存在，美军大部分航母依然健在。

本来山下就对台湾海空战的"辉煌"战绩感到怀疑，堀荣三的分析更加强了他的这一想法。山下清醒认识到：财大气粗的美国人绝不会打无把握之仗。基于这一观点，他强烈反对修改既定决战计划，向莱特岛派出大队增援。山下提出，在吕宋防御尚未完善之时，就贸然向莱特增兵谋求决战，将使第十四方面军在菲律宾其他地区特别是吕宋的兵力更加分散，势必被美军各个击破。况且此前日军并无在莱特与敌决战的准备，更无详细作战计划，取得胜利谈何容易？一旦莱特作战失败，原定的吕宋决战也将随之化为泡影。

山下试图说服寺内，一起抗议东京的莱特决战命令，理由是援军无法突破美军的空中拦截和潜艇封锁，很可能在足够的增援部队和物资抵达之前，莱特岛仗已打完了。况且莱特岛究竟是不是麦克阿瑟的主攻目标？也许这不过是美军大举进攻吕宋前的一次佯攻而已。

第十四方面军对莱特决战持有异议的消息很快传到了南方军司令部。23 日，寺内向山下发出邀请："我想跟你好好谈谈作战计划变更事宜，请带上参谋长来我官邸详谈。"

山下叫来参谋长商议对策。武藤刚到菲律宾 3 天，对现场很多情况还不熟悉，建议由副参谋长西村陪山下同去。这当然只是表面现象，武藤的真实用意是害怕自己当面和寺内干起架来。武藤对南方军司令部非常反感，他曾公开对身边人说，"南方军已经完全衰老，动脉硬化了，他们只要不碍事就谢天谢地了"。况且西村和寺内都是长州人，还同是陆军大将田中义一的养子，彼此非常熟悉，不至于当面顶起牛来。

当天傍晚，山下带西村和副官桦泽来到了南方军司令部，接待他们的是寺内和参谋长饭村穰。四人围着一张桌子坐定，西村率先发言："我们和山下司令官进行了认真研究，怎么都不能认为在莱特与美军决战的时机已经来临。"

饭村探着身子问："那就是说，你们不相信台湾海空战的战果？"

"是的。"西村的回答毫不避讳，"如果美军损失惨重，肯定不会在莱特岛强行登陆，他们 18 日、19 日轰炸菲律宾的飞机超过了千架。我们不赞成将决战线路推进到莱特岛。如果可能的话，还可以把第三十五军主力撤回吕宋与美军决战。那样我们至少能在菲律宾多挡住美国人一段时间，为中国台湾、冲绳和本土的防御争取宝贵的时间。我们希望南方军能够向东京提出上述建议。"

饭村端正坐姿，大声说道："我觉得你是因为不相信台湾海空战结果，才会对莱特决战提出异议。美军在台湾海空战中损失惨重，他们的残部只是想在菲律宾找到一席之地苟延残喘而已，这不是天赐良机又是什么？如果让美国人占领了莱特岛，陆军还有什么脸面去见海军？如果运力不足，南方军会向东京提出申请。希望你们全力以赴，在莱特歼灭敌人登陆部队。"

西村还想分辩，一直闭目养神的山下用胳膊肘碰了碰他，示意他不要再反驳。山下清楚如果继续争辩，就会被南方军冠以"抗命"的罪名，英帕尔战役中的佐藤幸德就是活生生的例子。

西村还不愿就此罢休："可是，总参谋长……"西村刚探出身子，一直盯着天花板出神的寺内突然拍桌子叫道："好了！够了！既然命令已经下达，就必须按照命令不折不扣地去执行！"

"是！"西村立即起身立正敬礼。

"山下君，"寺内将头转向了山下，"你看这样可以吗？"

山下点点头，自始至终一言不发。

回到樱兵营后，西村向参谋长介绍了会见情况。武藤皱着眉头说："果真是动脉硬化了，南方军司令部根本没有任何用处。"

10月25日，参谋次长秦彦三郎在作战课长服部卓四郎、作战参谋杉田一次的陪同下冒险飞抵马尼拉，给寺内带来了大本营的最新命令："目前，以莱特岛为中心的决战战场乃是帝国战争之道上的重大转机，其结局深为全国全军所关注。务期军政一致，以非常之决心做到必胜。"秦还介绍了国内的情况，首相小矶已经公开向民众喊出了"莱特决战乃天王山之战"。言外之意，莱特决战板上钉钉，你们只有尽最大努力去执行了。

当得知"决战莱特"是东京的决定时，山下绝望了。既然已没有任何商榷余地，山下也只好硬着头皮向第三十五军下达了歼敌于莱特的电令，同时答应向岛上派出增援。山下在命令中特意指出，联合舰队主力已经倾巢而出，有望在"10月24日或25日"抵达战场，与美国人争夺制海权和制空权。

此时莱特岛上只有牧野四郎的第十六师团，兵力不到两万人。为贯彻东京决战莱特的方针，山下命令第三十师团两个步兵联队从棉兰老岛、第一〇二师团主力从宿务岛火速增援莱特。奉命增援的还有远在上海的第一师团，驻吕宋第二十六师团、第六十八独立混成旅团和第八师团一个步兵联队。

大量兵员前往增援，吕宋岛兵力和物资出现严重不足，山下和武藤为此备感头疼。两人商议，在接受决战莱特命令的同时，还应通过南方军向东京施压，给吕宋增派更多兵员和物资，弥补调走部队留下的空缺。

在山下和武藤授意下，田中参谋通过南方军司令部向参谋本部提出如下请求：每天至少向菲律宾调拨 30 架以上飞机，提供运兵船舶 30 万吨，向吕宋增派3 个师团以上兵力。上述请求提出后始终未见答复。

战后，侥幸活下来的田中曾就上述请求向作战课长服部提出质问。服部的答复是："南方军总司令部前来联系时，并未附有上述条件。"事实并非如此，南方军确实将上述要求提交了东京，参谋本部也竭尽全力拟订了调兵计划，从本土、中国台湾、朝鲜、中国东北和关内抽调兵力增援吕宋。但随着联合舰队在莱特湾海战中惨败而归，日军完全失去了菲律宾地区的制空权和制海权，上述调兵计划也就无从谈起了。

和山下的忧心忡忡相反，负责镇守菲律宾中南部诸岛的铃木却显得比以往任何时候都更有信心。10 月 25 日上午，没有一架美军战机飞临宿务岛上空。其实那不过是美军正在全力应对联合舰队的挑战，暂时顾不上他们罢了。中午时分，零星传来栗田舰队在萨马岛海域取得"大捷"的消息。据传，有不少美军航母被击沉，帝国海军的骄傲"大和"号正在炮击塔克洛班美军滩头阵地。

"友近君，"铃木告诉参谋长，"我们即将走上舞台中心，这对我第三十五军来说是莫大的荣誉。我们甚至不需要他们正在派来的援军。"自信满满的铃木狂妄地宣布："我们必须要求麦克阿瑟下令让他的部队投降，除登上莱特岛的部队之外，还要包括新几内亚和其他地方的所有部队。"

铃木判断美军登陆部队约两个师，他们在巩固塔克洛班和杜拉格滩头阵地后一定会向内陆继续挺进。他命令第十六师团和增援的第一〇二师团务必死守布鲁恩、达加米至哈罗一线，掩护第一师团、第三十师团、独立混成第六十八旅团等增援部队在岛西侧的奥尔莫克港及岛北的卡里加拉湾登陆。随后上述各部将在卡里加拉平原集结，一举歼灭塔克洛班和杜拉格附近的美军部队。

岛上局势远没有铃木想象的那么乐观。美军登陆之后，第十六师团很快失去了部署在岸边的部队——5 个步兵大队和 2 个炮兵中队，残余力量被分割包围在塔克洛班西侧、帕罗和杜拉格附近。10 月 23 日，第三十三步兵联队联队长铃木辰之助率 40 名敢死队员在夜色掩护下冲入帕罗，最终一个人也没能出来，联队军旗被焚毁。同日，第二十步兵联队联队长铧田庆次郎被美军舰炮炮弹炸死。在美军登陆短短几天时间里，第十六师团两个主力联队损失殆尽，仅神谷保孝的

第九联队尚存部分战力。牧野率师团司令部从塔克洛班向达加米转移，准备在那里建立新指挥部。这样一来，局势更糟，他不仅与在滩头作战的部队失去联系，和第三十五军司令部的通信也中断了。日军各部完全陷入一片混乱。

美军正朝横亘岛中间地带的"中央山脉"缓慢推进。牧野只能把部队分成南北两股，拼命迟滞美军的进攻。虽然下达命令的措辞咄咄逼人，但牧野私下里希望，自己的部队不至于在援军抵达之前被彻底击溃。

之前无数次战例表明，仅凭地面部队是绝对无法守住岛屿的。莱特岛究竟鹿死谁手，就看联合舰队在莱特湾海战中如何表演了。

第四章

莱特湾大海战

## 四路出击

对莱特湾突然出现的敌情，联合舰队保持着足够警觉。究其原因在于，除基地航空部队之外，参加"捷一号"作战的第一主力栗田舰队远在南方林加锚地，执行诱敌任务的小泽舰队尚在内海锚泊，他们距未来主战场莱特湾都超过 20 个纬度，需要数天航行方能抵达。即使暂时在马公待命的志摩舰队距战场最近，赶到莱特湾也至少需要两天时间。对美军突然发起的进攻行动，联合舰队必须适时做出快速反应。10 月 17 日上午 8 时，身处高雄的联合舰队司令官丰田第一时间收到了美军舰船驶入莱特湾的消息。8 时 55 分，丰田向参战各部发出了《联合舰队电令作特第 14 号》"捷一号"警戒命令。好像事先商量过似的，远在东京郊外日吉台地下室的参谋长草鹿同一时间发出了相同内容的命令，只是编号有所不同——《联合舰队电令作第 351 号》。

17 日 9 时 08 分，草鹿向小泽发出《联合舰队机密第 170908 番电》："今晨 8 时，美军开始登陆苏禄安岛，下一步很可能在菲律宾中南部诸岛大举登陆。此等情况下，为策应第一游击部队之突入，机动部队须牵制敌航母舰队于北方海域。鉴于上述判断，望贵部为全力出击做好充分准备。"这封电令同时抄送第一游击部队司令官栗田健男、第二游击部队司令官志摩清英和第二航空舰队司令官福留繁。

接令之后，小泽于 13 时 50 分发布《机动部队本队电令作第 7 号》："各部务必迅速完成出击准备，向八岛泊地集结；第三航空战队收容第六五三航空队留守大分、鹿儿岛机场之余部及第六〇一航空队可在航母起降之兵力。"16 时 40 分，小泽再次以《机动部队本队电令作第 11 号》发布如下指示："第一航空战队所有舰载机由'瑞鹤'号搭载，第四航空战队所有舰载机由第三航空战队 4 艘航母收容。"

10 月 18 日 11 时 10 分，丰田发出作战预令《联合舰队机密第 181110 番电》：

一、虽未能全面把握敌之作战意图，然鉴于敌实施登陆苏禄安岛、空袭苏里高海峡及马尼拉、宿务等状况，判断敌极有可能在莱特岛塔克洛班方向登陆。

二、栗田第一游击部队自圣贝纳迪诺海峡出击，全歼敌军攻略部队。

三、小泽机动部队策应第一游击部队之突入，牵制敌航母舰队于北方，并相机歼灭溃败之敌。

四、志摩第二游击部队暂时编入西南方面舰队，作为海上机动反击战骨干，坚决进行反登陆作战。

五、基地航空部队向菲律宾地区集结，彻底消灭敌航空母舰。

六、先遣部队（潜艇部队）全力攻击敌受伤舰艇，并歼灭敌登陆部队。

七、第一游击部队突入莱特湾的时间暂定为 24 日，机动部队前出至吕宋岛以东海面时间为 22 日至 23 日。


因尚未与陆军沟通，上述命令中虽要求第二游击部队实施反登陆作战，但并未列出具体参战的陆军部队番号。

这无疑是一个"毕其功于一役"的方案，不但遭到海军内部人员的质疑，连一向与海军唱反调的陆军同样感到了不安。在 18 日上午关于发动"捷一号"作战的陆海军联席会议上，军令部作战部长中泽佑首次向陆军公开了海军的作战方案：出动一切可以动用的力量，向在莱特湾登陆的美军发起进攻。

陆军参谋本部还是头一次听到海军要把所有残余舰船投入战斗的计划。刚从台湾返回的丰田竭力争辩说，进行一次孤注一掷的大赌博是必要的，这是"摧毁拥有巨大物质力量的敌人的最后机会"。丰田解释说，如果任由美军在菲律宾登陆，本土至南洋资源区的交通线将被完全切断，届时联合舰队将失去再行决战的可能，日本只有战败一条路可走。与其坐视战败，不如倾力一搏，或许能搏出一线生机。

海军的态度让陆军省军务局长佐藤贤了甚感忧虑。如果联合舰队在即将到来的海战中败北，陆军在"决战"中还能有多大取胜把握？东条大弟子佐藤虽然位居"四愚"之列，但老酒以为他一点儿都不愚。佐藤充满大局观的话颇有些语重心长的味道："联合舰队不仅仅属于海军，更属于我们的国家，它的毁灭将使本土无法防止敌人的入侵。只要舰队存在，敌人就不敢轻举妄动。所以，请诸位慎重。"

"我们非常感激！"中泽的声音带着颤抖，"我今天方才知道，原来陆军是如此器重联合舰队！"中泽的话显然发自肺腑，但他请求"死得其所"："菲律宾是我们最后的机会。请给联合舰队一次机会开出死亡之花，这是海军真诚的请求！"这种"真诚请求"也可以理解为，帝国海军不想重蹈 1918 年德意志海军和 1943 年意大利海军那样的覆辙。在场所有人无不落泪。佐藤哽咽着说不出话，只好点头表示同意。散会时窗外响起了空袭警报，佐藤在心里默默祈祷，"联合舰队能有一个英勇的终结"。

当日午后，陆军参谋总长梅津与海军军令部总长及川进宫面圣，奏请发起"捷一号"作战，裕仁允诺。17 时 32 分，联合舰队司令部下达《电令作第 360 号》："发起'捷一号'作战。"

就在上述命令下达的差不多时间，小泽机动部队所属舰艇已分别抵达大分和八岛，并于次日在吴军港完成集结。机动部队主力第三航空战队下属 4 艘航母搭载飞机数量如下。

"瑞鹤"号：零式战斗机 28 架、零式战斗轰炸机 16 架、"彗星"侦察机 7 架、"天山"鱼雷机 13 架，合计 64 架。

"瑞凤"号：零式战斗机 8 架、零式战斗轰炸机 4 架、"天山"鱼雷机 5 架，合计 17 架。

"千岁"号：零式战斗机 8 架、零式战斗轰炸机 4 架、"天山"鱼雷机 6 架，合计 18 架。

"千代田"号：零式战斗机 8 架、零式战斗轰炸机 4 架、"天山"鱼雷机 4 架，合计 16 架。

日军以上 4 艘航母共搭载战机 115 架。值得特别指出的是，上述 4 艘航母标准载机量分别为 72 架、27 架、30 架和 30 架。此外，"瑞鹤"号和"瑞凤"号还可以分别搭载 12 架和 3 架预备机。也就是说，第三航空战队可以携带 174 架战机。之所以仅搭载 115 架飞机，是因为机动部队抽调相当数量的飞机参加了台湾海空战，大部分未能返回。现在这 115 架飞机还是小泽四处搜集，临时拼凑出来的。

既然连 4 艘标准航母都无法达到满编，第四航空战队航空战列舰"日向"号和"伊势"号只能裸身出击了。它们经过改造的后部飞行甲板上没有 1 架飞机，只见缝插针地加装了 6 座防空炮，以至于后世日本历史学家羞答答地称为"裸体航母"。早知如此，还不如当初不做变性手术把后主炮拆除呢！还有一点，在集结过程中，参战飞机大部分采用起重机吊装方式上舰。飞行员技术实在太差，让他们驾机直接在航母上降落，势必造成巨大损失。这样的一支航空力量，能打胜仗那才叫怪事呢！开战不到 3 年，昔日威镇寰宇，人挡杀人佛挡杀佛的机动部队竟然已堕落到这种地步！

派以往的第一主力机动部队作为诱饵，丰田可谓煞费苦心。他对形势的判断基本正确，也对美军指挥官的性格及用兵方式进行了深入研究。丰田认为斯普鲁恩斯用兵谨慎，但猛将哈尔西易于冲动，小泽的航母一定能把他的舰队诱向北方，为栗田舰队的突入创造机会，即使牺牲整支机动部队也在所不惜。在日本，人们通常把捕鸟人用来诱捕同类鸟的活鸟称为囮子。小泽舰队因此有了一个不太雅观的名字叫"囮舰队"。

10 月 19 日 13 时，小泽召集下属各战队司令官、参谋长及各舰舰长，在旗舰"瑞鹤"号上召开专题作战会议，确定了参加"捷一号"作战的指导方针：

一、在友军协助下明察敌情，赌本部之存亡，发扬旺盛之牺牲精神，自北至东北方向牵制、引诱敌机动部队至菲律宾、西南诸岛以东海面，以期我游击部队对敌登陆场突入作战之完全成功，抓住一切机会，捕捉、歼灭敌舰队并借机击灭敌部分兵力。

二、严加警戒，南下至西南诸岛以东海面，于吕宋岛至中国台湾以东海面抵近、捕捉敌机动部队，先依靠昼间航空战对敌机动部队实施打击，之后不顾己方损失极力诱敌至吕宋岛东北方向。

三、而后，大致与敌机动部队维持在航空作战距离内外，即昼间接敌，夜间则远之，以期诱敌至预定海面，捕捉良机与敌部分兵力决战。

吸取以往历次航空战的经验教训，小泽将舰队分为本队和前卫部队——以前前卫部队的角色往往由栗田的第二舰队出任。本队包括"瑞鹤"号等 4 艘航母，由"大淀"号、"多摩"号、"五十铃"号 3 艘轻巡洋舰和"桑"号等 4 艘驱逐舰护航，在小泽本人的亲自指挥下实施航空作战。前卫部队以航空战列舰"伊势"号、"日向"号为核心，"初月"号等4艘驱逐舰护航，在第四航空战队司令官松田指挥下，执行牵制和引诱美军舰队的任务。

配合小泽作战的还有"仁荣丸"号等3艘油轮，由第二十二号、第四十三号、第三十三号、第一三二号4艘海防舰护航。以前油轮的护航任务往往由驱逐舰承担，4个月前的马里亚纳海战还是如此。但在今天，联合舰队实在派不出驱逐舰为油轮护航了。

10月20日17时35分，小泽率机动部队隐秘驶出丰后水道，以140度航向、20节速度在细雨中驶向东南，走向了宿命的自杀现场。

舰队刚驶出丰后水道不久，17时54分，佐伯航空队一架巡逻机报告小泽，"瑞鹤"号170度、15公里外发现疑似美军潜艇。与此同时，"瑞鹤"号、"千岁"号也侦听到敌潜艇之间的无线电通信。虽然小泽的根本任务就是诱敌，但如果舰队过早暴露行踪，美军主力舰队就可以率先北上，敲掉机动部队后快速南下阻击中路的栗田舰队。小泽担负的任务异常艰巨，他必须竭力隐藏行踪，直到栗田舰队接近战场时才适时被敌人发现。这一时机无疑是极难把握的。

为避开美军潜艇，18时48分，小泽下令舰队转向正东航行，19时50分转为140度方向。10月21日0时开始，舰队开始按计划以180度向南航行，航速18节，黎明时分抵达足摺岬南方540公里海域。

小泽舰队上述机动不经意间规避了一次巨大风险。20日当天，在丰后水道东侧执行巡逻任务的是美军潜艇"牛鼻鲼"号，在西侧设伏的是"金线鱼"号和"深海鲼"号。"金线鱼"号艇长托马斯·沃根中校早在18日就已经得到洛克伍德中将的明确指示，一旦发现日军舰队，可自主发起攻击。但洛克伍德担心日军舰队可能经过纪伊水道出航，决定将"牛鼻鲼"号调往那里封堵。"金线鱼"号和"深海鲼"号奉命向西，"牛鼻鲼"号则向东航行。美军的错误判断和频繁调动，导致丰后水道东侧无人值守，小泽舰队趁隙有惊无险地经丰后水道驶入浩瀚的太平洋。

当天，机动部队开始出动舰载机实施搜索和反潜巡逻。即使执行如此简单的例行任务，飞行事故依然频频。裹板节二的鱼雷机在奄美大岛以东海面迫降，所幸机组成员被成功救起。22日的搜索和巡逻导致2架飞机失踪、2架坠毁、1

架迫降。真不知道未来战斗一旦打响，这些菜鸟该如何应对。

同日，裕仁下旨勉励参战陆海军部队："唯战局越发紧迫，望汝等协心勠力，以不负朕之信任。"丰田于 22 日 12 时 05 分致电参战各部："'捷号'作战开始，陛下恩威足壮首战。今陛下特赐诏书，宠命优渥，职诚惶诚恐，不胜感激。'捷号'决战之时机迫在眉睫，职与陆军紧密协作，指挥全舰队。众将士定当万死不辞。望诸将士奉旨舍身奋战，誓歼狂敌，以报圣恩。职深信皇国兴废之时，定有神灵庇护吾人。"

随后小泽接到的指令在人类海战史上实属罕见："为与友舰协同作战，贵舰队目的在于冒生命危险，以自我牺牲精神转移吕宋岛东部敌航母舰队注意力，把它们引向北方或西北方向。这样即可保证第一、第二游击部队成功突入敌军发动两栖登陆的相关海面。"

作为"捷一号"作战第一主力，栗田舰队的出击时间要早于小泽机动部队。17 日上午 9 时 28 分接到联合舰队司令部迅速从林加锚地前出至文莱湾的命令时，栗田正在等待油轮。为保证作战必需的燃油，第一游击部队要与油轮一起前往婆罗洲，完成油料补给后奔赴最后作战海域。根据联合舰队 16 日 15 时 35 分下达的电令，将有 6 艘油轮编入栗田舰队。但这些船只平时主要执行向本土运输燃料的任务，一时无法完成集结。尽管如此，栗田还是在 11 时 25 分断然下令，正在向新加坡返航的 2 艘油轮装载油料后先行开往婆罗洲，其他油轮视情况而定。12 时 03 分，栗田下令舰队于次日凌晨 1 时从林加启航，预定到达文莱时间为 20 日上午 10 时。

12 时，栗田接到联合舰队司令部发来的紧急电令："第一游击部队务必于 22 日天亮之前推进到菲律宾以东海面。"经与参谋长小柳紧急磋商，栗田于当天 21 时 03 分做出回复："上述任务无法完成。"栗田给出的理由是：第一游击部队将于 20 日 10 时抵达文莱，补给船队 21 日清晨才能到达，加油作业至少 22 日下午才能完成。如果舰队取道圣贝纳迪诺海峡，那么从文莱到莱特湾需要航行 2600 公里。战列舰和重巡洋舰保有足够燃油，它们在长时间维持经济航速的情况下仍可应付高机动性的作战。但轻巡洋舰和驱逐舰没有这种本事。夕云级驱逐舰能够以 18 节航速行驶 5000 海里，表面上看，从文莱到莱特湾的距离尚在其有效航程之内。但若从实际出发，考虑到与敌作战时需要以最快速度机动，萨马岛和莱特岛已是舰队航程极限。如果舰队要在 10 月 24 日入夜前抵达莱特湾，航速至少不能低于 16 节，那么抵达战场时驱逐舰只剩下 3/5 燃油，将大大制约舰队的机动性。但如果要在 24 日清晨抵达莱特湾，舰队必须以 20 节以上航行，抵达时只能剩下不到一半燃油。那么在返航途中，舰队必须在科伦湾或乌卢甘湾——位于巴拉望岛中部——进行一次补给。从最后一句话看出，栗田并未将莱特湾当成最后的墓地，他还希望能带着大部分舰船回来。

一个不争的事实是，油轮数量捉襟见肘、油料补给能力不足，正在不断加剧日本海军的颓势。早在偷袭珍珠港之时，由南云领军的机动部队已经具备了海上加油作业的能力，但并未普及所有部队。到 1944 年秋天，帝国海军或多或少已经丧失了这种能力。这种结果是战争进行到目前阶段由四种不同状态交织而成的。其一，日本永远缺少油轮，现存油轮数量远远无法同时满足舰队作战和国内维持经济正常运行的双重需要。其二，随着美军潜艇日益活跃，油轮损失数量不断增加，海军不得不启用更多的民用油轮。这些在 1941 年以前建造的油轮根本无法适应海上机动补给的环境。其三，即使海军主力舰只不断损失，驱逐舰数量仍远远不够，无法为油轮提供充足的海上护航。其四，随着美军空中力量不断增强，无论是陆基航空兵还是航母舰载机，其实力快速上升使日本海军不敢将宝贵的油轮部署到战斗前沿，导致舰艇油料补给通常只能在港内进行。

1944 年 5 月以来，美军潜艇的疯狂猎杀导致日军油轮数量急剧减少。5 月当月，日军损失 2 艘大型油轮。6 月，损失 2 艘大型油轮和 4 艘小型油轮。7 月，损失大型和小型油轮各 1 艘，8 月损失的 2 艘是所有油轮中吨位最大的，9 月又损失了 2 艘油轮。就是说在短短 5 个月时间里，日军损失大小油轮 14 艘，总计吨位 167976 吨。要知道，1941 年开战时日本的油轮总共才 49 艘。短时间内的巨大损失是日军绝对无法承受的。

面对即将到来的决战，联合舰队为栗田指派了 6 艘油轮，分别是"严岛丸"号、"日荣丸"号、"御室山丸"号、"良荣丸"号、"万荣丸"号和"雄凤丸"号。经与陆军多次交涉，原属陆军的"八纮丸"号、"日邦丸"号暂时划归海军指挥，这在以前根本是不可能的。战争到了这个阶段，日本陆海军终于学会了相互配合，而不是拆台。除位于海南的"日荣丸"号和位于马公的"良荣丸"号外，其他油轮在栗田受命出发前都在新加坡。10 月 17 日 11 时 25 分，栗田命令"八纮丸"

号和"雄凤丸"号在"满潮"号和"野分"号驱逐舰的护航下前往文莱，为即将赶往那里的主力舰队提供油料。其余 4 艘油轮分成两队，分别于 19 日和 20 日出发前往文莱，它们仅能保证战斗结束后给舰队加油。事实上，当它们 22 日到达文莱湾时，栗田舰队当天早上已经出发了。

10 月 18 日凌晨 1 时，第一游击部队所属 7 艘战列舰、15 艘巡洋舰和 20 艘驱逐舰开始起锚。铁链在锚链孔里发出的咔嗒咔嗒声，在林加群岛寂静的港湾内回荡。那些钢铁怪兽的肚子里，年轻的水兵烧着锅炉，转动巨大阀门控制燃油的流量。位于最高处的瞭望哨严密窥视着黑暗中的一切——他们都接受过特别训练，眼睛更能适应黑暗。首先出港的是铃木义尾的第二部队，随后是西村祥治第三部队，最后出发的才是栗田亲自领军的第一部队，战列舰巨塔般的桅楼在黑暗中闪烁着诡异的寒光。开战之初，联合舰队共有 12 艘战列舰。除了在瓜岛战沉的"比叡"号和"雾岛"号，头一年因意外事故沉没的"陆奥"号和改造为航空战列舰的"日向"号和"伊势"号外，剩下 7 艘全在这里了。

"摩耶"号重巡洋舰上，有一位毕业于海兵第七十二期的中尉军官叫东乡良一。当年在军校学习时，他因酗酒玩女人差点被开除，可能是校长井上成美看在他爷爷的面子上，才只给出了留校察看的处分。出征之前，"摩耶"号舰长大江览治忽然想起了这个人，准备将他作为留守人员调下军舰。不想此人勃然大怒："八嘎，你哪来这么大胆子？不知道本人是谁啊？本人是东乡平八郎元帅的孙子，你竟敢赶我下舰？"大江只好让他随舰出行。

随舰队一起出航的还有隶属西南方面舰队的第十六战队，包括重巡洋舰"青叶"号、轻巡洋舰"鬼怒"号和驱逐舰"浦波"号。由左近允尚正领军的这支舰队将前往执行为陆军运输船护航的任务，并未真正参加莱特湾海战。

一众水兵在温湿得令人难以忍受的赤道海域进行了数月严酷训练，美国人现在杀上门来，他们即将出海去和敌人决一死战，舰队上下士气颇高。航行中的舰队严格实行灯火管制。"大和"号司令官舱室里，宇垣借助手电筒的微弱灯光在《战藻录》里写下这样一段话："即使敌人有 100 万兵力，有 1000 艘航空母舰，我们也丝毫不会惧怕。因为我们整个舰队已经做到了一心一意！来吧，美国人，我们要与你们血战到底！"

19 日上午，行驶至中国南海的栗田舰队遇上了"好事"。一只雏鹰舒展着翅膀从低空掠过，迎着热带气流在"大和"号周围盘旋，最后在巨舰一面低悬的旗帜上栖息下来。宇垣在舰桥上凝视着它。几名水手小心翼翼接近并抓住了小鹰，把它装进一只笼子里，希望它能给舰队带来好运。

远远望到这一幕，宇垣脸上露出了一丝不易察觉的笑容。他将目光转向平静的水面，海上似乎漂浮着一层神秘的色彩。在《战藻录》中，他将它形容成"一层祥和的微光"。象征吉祥的雏鹰来了，美丽的色彩也出现了，宇垣认为这是吉兆，未来的胜利肯定属于日本人。

10月18日和19日，美军继续空袭莱特岛东岸日军阵地，预示着一场大规模登陆战已迫在眉睫。根据联合舰队司令部的最初设想，第一游击部队突入莱特湾的时机应该在美军发起登陆行动两天之内。一旦攻击推迟，美军登陆部队巩固了登陆场，突入作战就完全失去了现实意义。鉴于美军很可能在20日或21日发起登陆，经慎重考虑，联合舰队司令部于19日14时53分致电栗田："能否可以先派出一部，排除万难，于24日黎明时分突入登陆场？"

在前一封电报中，栗田已经进行过详细说明，舰队抵达莱特湾的最早时间是24日晚上。他极不礼貌地回电说"这是一项无理要求"，继而请求将突入登陆场的时间再推迟一天。鉴于栗田的理由非常充分，联合舰队司令部于20日早上8时13分复电："第一游击部队于25日黎明突入塔克洛班登陆场，先歼灭附近敌军海上主力舰队，再歼灭其登陆部队。"值得注意的是，电报最后一句话似乎是对小柳在作战会议上提出问题的正式回答。这为后来栗田放弃突入莱特湾，转而掉头北上寻敌航母舰队主力决战提供了充分依据。

20日10时06分，参谋长草鹿再次发来电令："根据图上军演结果，建议第一游击部队采取两路出击、分进合击策略。"众所周知，栗田舰队几乎毫无空中保护，兵分两路表面上是为了形成南北夹击之势，实际上也是为分散美军的空中打击力量。从最坏处打算，至少能保证一支舰队突破美军拦截冲入莱特湾。事实上如果没有哈尔西的失误，日军闯入莱特湾的可能性是完全不存在的。

鉴于栗田舰队担负的主力地位，20日18时02分，联合舰队司令部颁布舰队改组命令：第一游击部队脱离第一机动舰队序列，改由联合舰队直接指挥。这就等于赋予栗田充分的自主权。自1944年3月组建第一机动舰队以来，第二舰队一直处在小泽的直接指挥之下。但在"捷一号"作战中，小泽舰队只是充当诱饵，栗田舰队才是不折不扣的第一主力，联合舰队做出上述变更是十分及时和必要的，小泽本人早就向丰田提出过类似建议。

一路无话。10月20日11时，铃木第二部队率先入泊文莱锚地。一小时后，栗田第一部队也进港了，最后抵达的是西村的第三部队。虽然抵达文莱的时间比原计划晚了两个小时，但此时距离战场尚远，这点儿时间无碍大局。但进港后的栗田很快遇到麻烦，湾内一艘油轮都没有。

除栗田预先布置的两艘油轮从新加坡出发、预计21日11时抵达文莱之外，其余油轮不是躲避美军空袭无法出航，就是在其他运输线上无法赶到。一脸无奈的栗田只能以只有两艘油轮的最坏条件为基础，亲自制订加油方案。为节约时间，栗田命令战列舰向每艘重巡洋舰输送五六百吨燃油，重巡洋舰向驱逐舰提供200吨左右燃油，等油轮来了直接给重型舰只加油。盼星星盼月亮，21日清晨7时，舰队终于盼来了"八纮丸"号和"雄凤丸"号。谢天谢地，两艘油轮进港时间比栗田的预计提前了4个小时。

虽然两艘油轮只带了16000吨燃油，但毕竟来了。加油工作立即按预定计划通宵达旦进行。"八纮丸"号先给"武藏"号加油，然后再照顾"最上"号。"雄凤丸"号先给"大和"号补充燃料，然后轮到"利根"号。舰队加油22日5时暂时告一段落，总计完成了15800吨油料的补给工作。平均每艘驱逐舰加油200吨，重巡洋舰450吨到650吨。大约3小时后，栗田舰队就要从文莱拔锚启航了。

就在加油作业紧锣密鼓进行的同时，参谋军官已经在研究下一步的出击方案。方案制订者是第二舰队作战参谋大谷藤之助。从文莱出发突入莱特湾的航线有四条。

一、自文莱出发后向西北航行，绕过南沙群岛（日本称新南群岛），在民都洛岛西南穿越民都洛海峡和塔布拉斯海峡进入锡布延海，之后穿越圣贝纳迪诺海峡抵达萨马岛，沿岛东海岸南下从东口突入莱特湾。这条航线长2300公里，不但能有效避开美军潜艇的威胁，暴露在敌航母部队侦察和攻击范围内的时间也最短。

二、自文莱出发向东北航行，经南沙群岛与巴拉望岛之间的巴拉望水道抵达民都洛岛西南，以下同航线一。这条航线长1900公里，相比第一条航线的缺点是巴拉望水道乃美军潜艇肆虐之地，反潜压力巨大。

三、第三条航线最初与第一条航线一致，但不到巴拉望水道就朝东穿越巴拉巴克海峡进入苏禄海，然后北上抵达塔布拉斯海峡，以下航线同一、二。这条航线长1700公里，潜艇威胁也不大，但会过早进入美军舰载机的侦察和攻击范围。

四、第四条航线起初与第三条航线一致，但进入苏禄海后不北上，而是直接向东进入保和海，向北穿越苏里高海峡杀入莱特湾。这条最短的航线只有1300公里，遭到潜艇威胁也不大。但舰队将过早进入美军航母的侦察和攻击范围。东南方向，从莫罗泰岛起飞的美军远程侦察机也会很容易发现它们。

栗田舰队清一色的水面舰艇，空中保护几乎为零，唯一能指靠的就是离开本土前匆忙加装的那些防空炮。如此庞大一支舰队，在海上航行数千公里不被发现的可能性几乎为零，因此第三、第四两条航线因过早暴露在美军舰载机的打击之下被否定了。接下来就是第一和第二航线的选择。从安全角度来说，舰队当然选择第一航线最好。但这条航线最长，无法按照联合舰队的命令于25日之前到达莱特湾，栗田舰队只能选择第二条航线。

考虑到老式战列舰"山城"号和"扶桑"号航速太慢，如果随主力舰队一起行动，舰队绝对无法在25日突入莱特湾。根据20日草鹿"两路出击，分进合击"的指示，栗田决定由西村率第三部队单独出击，取道最便捷的第四条航线。此举不但可以分散美军的注意力和攻击力，给主力舰队——由栗田第一部队和铃木第二部队组成——的行动提供间接掩护，理论上两支舰队还可以对莱特湾形成南北夹击之势。至于这种结果最终实现的可能性有多大，也只能走一步说一步了。

主力舰队选择的第二条航线沿途有许多绝佳的潜艇伏击点，诸如文莱湾出口、巴拉望水道、塔布拉斯海峡、锡布延海、圣贝纳迪诺海峡等。为保证舰队安全，同时完成25日突入莱特湾的艰巨任务，栗田决定采用高速突破方案：白昼航速18～20节，夜晚16～18节，同时伴随Z字形机动。重型舰船的水上飞机在舰队前方和两翼展开，实施严密的反潜巡逻，完成任务后飞往民都洛岛陆上基地，继续为舰队提供侦察支持。

21日17时，栗田在旗舰"爱宕"号上召集了战前最后一次作战会议。舰队司令部成员、各战队司令官、参谋长、首席参谋、作战参谋及各舰舰长悉数到会。会议宣布：

一、栗田亲率第一、第二部队于 10 月 22 日 8 时从文莱出发，10 月 24 日日落前突破圣贝纳迪诺海峡，通过夜战在萨马岛以东海域歼灭美军主力舰队，10 月 25 日黎明突入塔克洛班，炮击并歼灭敌运输船队和已登岸的部队。

二、西村率领第三部队稍后自文莱出发，单独行动，10 月 25 日黎明时分突入苏里高海峡，策应主力舰队歼灭敌运输船队和已上岸的部队。

对大谷公布的作战方案，众人纷纷提出疑问。有人指出，经历过残酷夜战训练的游击部队竟然要在白昼发起进攻，简直不可思议。有人发牢骚说，如果这次行动真的像领导说的那么重要，联合舰队司令长官丰田就应该亲临前线坐镇指挥，而不是躲在后方的地下室里乱发电报。这话显得多少对栗田有些不敬，好像他官不够大，军衔不够高似的。但大家都是将死之人，也就没那么多顾忌了。更多人依然对打击美军运输船而不是主力舰队耿耿于怀，认为这样有损帝国海军的尊严。一些相对理智者指出，美军登陆行动 20 号清晨已经发起，如果我们 25 日才抵达莱特湾，美军运输船很可能早已卸载完了。帝国海军最精锐的战列舰费尽千辛万苦冲进莱特湾，仅仅为了去打敌人的空运输船。这事要让九泉之下的山本知道了，肯定会气得坐起来的。会议简直吵成了一锅粥。

不言而喻，航速较低的西村舰队所走航线被美军发现的可能性最大，何况舰队中还有著名的祥瑞舰"时雨"号，擅长将身边伙伴"克死"。事实上，西村舰队的悲惨命运在本次会议上已被敲定。席间，西村曾对突入苏里高海峡的方案提出疑问，但计划最终没有更改。

让人颇感意外的是，列席会议的第十四方面军的一名陆军参谋信誓旦旦地提出：守卫莱特岛的是我精锐第十六师团，我们有充分自信，他们能够阻止美军扩大战果并消灭敌军登陆部队。请海军歼灭美军运输船队即可，以免在炮击滩头时误伤兄弟部队。这种盲目的自信不知来自何处，简直令人啼笑皆非。山下或莱特岛上的牧野如果听到上述一番话，不知道会是什么样的表情。

突入莱特湾的战斗无疑凶险异常，栗田已经做好了最少损失半数舰船的思想准备。看到大家怪话连篇，平时沉默寡言的栗田一反常态，以严肃的口吻告诉大家："诸君，听我一言。我知道，你们中的很多人反对这种部署。但战事之紧急，远远超出你我的认知。当我们的国家面临分崩离析之时，我们的舰队却完好无损，这难道不是我们的耻辱吗？我相信，这是东京给予我们一次光荣的作战机会，我知道战况有多么严峻，因此我才愿意接受这项使命，即使最终方案是直入莱特湾。"

栗田稍做停顿后继续侃侃而谈："你们必须铭记，在这世上存在着奇迹。谁说我们失去了通过'决战'卷土重来的机会？我们必须创造与敌接触的机会，打击他们的特混舰队。我希望你们不要轻视自己的职责。我知道，你们一定会忠实于自己的责任，最终得胜归来！"栗田沉着有力的演讲消除了大家的顾虑，博得了一片"万岁"呼声。

会后，"爱宕"号上举行了最后的壮行冷餐酒会。栗田取出离开新加坡时第一南遣舰队司令官田结穣特意送他的香槟酒，一一倒进7个战队司令官的酒杯，祈祷未来作战成功。大部分人心里清楚，即使突袭行动能够获得成功，也无法改变舰队最终覆灭的命运。既然有去无回的结果早已注定，也没人再去讨论什么作战细节，大家谈论的大都是当年在海兵和海大时期的往事。不能喝的人也要强喝，喝醉了就唱歌跳舞耍酒疯。在被烈日烤得发烫的舱室内，一众醉醺醺的海军将佐似乎觉得，胜利离自己仅咫尺之遥，唾手可得。

所有人中，南路舰队指挥官西村的表现尤为突出。在场者后来回忆说，头发斑白的西村高举盛满冷酒的玻璃杯，微笑着向所有与会者敬酒，仿佛面临着生离死别，"其坚毅而平静的神情令人动容"。西村可谓死心已定。他的三个儿子两人早夭。11天前，他唯一活下来的儿子，一名很有前途的年轻海军军官，海兵第六十五期首席毕业生西村祯治在菲律宾战死。根据时间推算，祯治应该属于基地航空部队。之前曾经有人看见，西村怀着依恋之情对儿子的亡灵轻轻地说："好吧，你走了，我也要光荣战死在沙场上！"细心的参谋长小柳从中看出了端倪："西村这简直是去求死的节奏哇！"

宇垣素来看不起吊床号比自己低的同期或后任，对这些人从来绷脸不笑，因此获得"黄金假面"的"美名"。今天他却一反常态，面带微笑和其他人频频碰杯，阴阳怪气地调侃小柳："参谋长，一定要好好地走哇！"宇垣不愧为预言家，小柳在随后的战斗中两次负伤，真的差点没能回来。

短暂而癫狂的酒会之后，其他军官各回各舰，为第二天的出发做最后准备或继续和部下喝酒。栗田依然不能休息，他于 20 时 53 分致电联合舰队司令部：

> 一、第一游击部队主力第一、第二部队将于 22 日 8 时从文莱启航，航速 16 节，从巴拉望向北，24 日抵达民都洛岛西南，取 20 节至 24 节，于当日日落时分抵达圣贝纳迪诺海峡西口。25 日 4 时左右抵达苏禄安岛附近，一举突入登陆场。

> 二、西村率第三部队 22 日午后出发，经苏禄海于 24 日抵达棉兰老海西口，经苏里高海峡策应主力舰队，于 25 日黎明突入登陆场。

> 三、两路舰队的分工是：主力舰队将力争歼灭敌水面舰队，西村支队则着眼于消灭敌军运输船和登陆部队。

10 月 22 日上午 8 时 05 分，栗田亲自领军的第一游击部队主力从文莱港拔锚启航。负责反潜的驱逐舰出港摆开阵形之后，栗田旗舰"爱宕"号一马当先，"高雄"号、"鸟海"号、"长门"号等大舰紧随其后，鱼贯而出，按照第一、第二部队的顺序依次出港。第三部队 7 小时后才能踏上征程，能够暂时离开岗位的水兵立于舷侧，挥舞手臂或战斗帽为主力舰队的出征送行。"山城"号和"扶桑"号古怪的塔式桅楼渐渐模糊，最终消失在远方，这是日本最早的超弩战列舰留给栗田舰队官兵的最后影像。

当天天气晴朗，海上波澜不惊，似乎预示着未来航途一帆风顺。栗田舰队共有 5 艘战列舰、10 艘重巡洋舰、2 艘轻巡洋舰和 15 艘驱逐舰，总计排水量超过 30 万吨。所有舰船共有 460 毫米巨炮 18 门、410 毫米炮 8 门、356 毫米炮 16 门、203 毫米炮 94 门、155 毫米炮 24 门，另有 610 毫米鱼雷发射管 240 具。放在以前，这绝对是一支令人望而生畏的打击力量。之后的战斗进程表明，在航空母舰主宰海洋的今天，缺乏空中保护的栗田舰队连自保都非常困难。

由于预计美军潜艇很可能在湾口设伏，各舰都保持着足够警惕。"爱宕"号的桅杆上，高高飘扬着栗田的中将将旗。舰队分成第一、第二部队两群，分别以"大和"号和"金刚"号为中心，彼此相距 6000 米，以 18 节航速作 Z 字形航行向东北驶去。

14 时 31 分和 15 时 35 分，"能代"号和"高雄"号瞭望哨相继报告，发现了伸出水面的潜望镜。驱逐舰奉命前往攻击，最后发现是虚惊一场。过度紧张的瞭望哨错将海面上的浮木当成潜望镜了。

16 时 51 分，参谋长草鹿再次发来警戒电报。当天凌晨 1 时，联合舰队电信部门截获的一封紧急电文虽然无法解密，但判断是一艘敌潜艇发出，大致位于北纬 12 度 45 分、东经 122 度 50 分海域。草鹿特意提醒栗田，美军很可能已在前进航线上部署了大量潜艇，必须高度注意反潜。

栗田刚把草鹿的指示传达下去，从 17 时 52 分开始，各舰又陆续上报发现美军潜艇。21 时，"矢矧"号一度报告说，声呐探测到鱼雷发射的声音。舰队顿时一片混乱，表示潜艇警报的红色信号弹在夜空中显得格外醒目，所有舰船一起左转规避可能存在的鱼雷。事实上，这又是一场虚惊。23 时，舰队接近巴拉望水道的狭窄入口处。紧张了一天的栗田下令舰队减速至 16 节，停止 Z 字形规避，正是这一命令最终酿成大祸。

主力舰队出发 7 小时后，10 月 22 日 15 时，西村领军的南路舰队驶出了文莱湾。之所以做出推迟出发的安排，除了因为西村舰队前往莱特湾的航程较短，需要调整时间实现同时抵达战场的目的之外，还因为这支偏师反潜、防空能力更弱，比主力舰队更需要夜幕保护。23 日 10 时 20 分，西村舰队顺利通过婆罗洲以北的巴拉巴克海峡进入苏禄海。随后舰队转向东北，朝苏里高海峡迤逦而行。最危险的南部航线不但没有美军潜艇出现，连巡逻机也没看到 1 架。西村舰队得以平静航行，但表面平静往往预示着更大的风暴。

早在栗田和西村从文莱出发的前一天，10 月 21 日 16 时，由志摩清英领军的第二游击部队已经从马公港启航，23 日平安驶抵科伦湾。今天的科伦湾是著名旅游胜地，因沉船太多格外受潜水爱好者青睐。菲律宾人很认真地标出了日军沉船的位置，便于爱好者潜水寻找观摩。当日，志摩接到西南方面舰队司令官三川军一发来的《西南方面舰队电令作第 687 号》："完成补给后迅速从科伦湾出击，25 日黎明穿越苏里高海峡突入莱特湾，策应第一游击部队击灭位于该方面的敌攻略部队。"鉴于栗田舰队护航驱逐舰严重不足，结合志摩舰队后来在苏里高海峡的蹩脚表现，老酒以为这支舰队还是配属给栗田更容易发挥作用。

让志摩感到无奈的是，"日荣丸"号油轮远在乌卢甘湾，卡拉棉群岛附近没有一艘油轮。志摩只好下令重巡洋舰给驱逐舰补油。24 日凌晨 2 时，志摩舰队从科伦湾启航，前往苏禄海追赶前方的西村舰队。

至此，日军四支参战舰队都已在航途中了。前面恭候它们的，是哈尔西亲自领军的第三舰队和金凯德业已扩大了很多的第七舰队。

## 锡布延海海战

除了在海面上游弋的第三舰队和第七舰队，美军参加菲律宾战役的还有一支特殊队伍，就是在之前多次重大战役中立下不朽功勋的潜艇部队。司令部设在澳大利亚弗里曼特尔的西南太平洋潜艇部队——正式番号为第七十一特混舰队——将为地面部队登陆作战提供掩护和侦察支援；司令部设在珍珠港的中太平洋潜艇部队——正式番号为第十七特混舰队——负责日本本土各港口及海上航线的覆盖巡逻。有趣的是，美军两支潜艇部队的番号数字正好掉了个个儿。

根据分工，拉尔夫·克里斯蒂少将向菲律宾群岛周边海区派出了多达 14 艘潜艇。"海鲫"号、"鲦鱼"号、"青鲈"号、"银花鲈鱼"号在巴拉望水道设伏，"黑鳍鱼"号驻守巴拉望岛以北，"鲂鱼"号部署在婆罗洲重要油港文莱附近，"海鲡"号负责望加锡海峡北端巡逻，"蝙蝠鱼"号在苏禄海一带监视苏里高海峡内侧，"梨头鳐"号和"安康鱼"号在马尼拉外海巡逻，"铜盆鱼"号、"鹦鹉螺"号等 4 艘潜艇则沿吕宋岛西北海岸机动，准备迎接从日本本土出发、途经这里的不速之客。上述力量和查尔斯·洛克伍德中将派往日本和菲律宾之间海域的 26 艘潜艇，组成了几乎密不透风的海上封锁力量。日军 4 支出击舰队的航途危机四伏。

美军登陆莱特岛后，菲律宾战事迅速进入新高潮。10 月 21 日，戴维·麦克林托克中校的"海鲫"号和布莱登·克拉盖特中校的"鲦鱼"号开始协同，在巴拉望岛以东海域执行战斗巡逻任务。巴拉望水道宽 40 公里、长 500 公里，是日军舰队北上进入锡布延海，继而穿越圣贝纳迪诺海峡前往莱特湾的重要通道。这片水域在海图上被标注为"危险地带"，其东侧狭长的巴拉望岛上，关押有大量美军战俘。

自 9 月初出航以来，两艘美军潜艇一直在婆罗洲一带海域活动。"海鲫"号运气还算不错，相继击沉日军 7000 吨的"永享丸"号和 6000 吨的"日铁丸"号。

"鲦鱼"号也先后击沉了日军 1 艘油轮和 1 艘运输船。10 月 18 日，"鲦鱼"号曾尝试对 1 艘日军驱逐舰发起攻击，未能得手。日舰投出的深水炸弹攻击也被潜艇成功避开，双方也算打个平手。21 日是"鲦鱼"号执行任务的最后一天，次日将驶往相对安全的海域。领航员在地图上寻找返回澳大利亚的航线，枯燥而漫长的航行终于快结束了。中午时分，克拉盖特被告知，一支日军船队可能正在朝他驶来。好不容易有了猎物的消息，克拉盖特决定推迟返航，"做一票"再走。

当天下午，在收听过麦克阿瑟"我回来了"的演说之后，克拉盖特知道美军已在莱特岛登陆。他推测来自南方林加锚地或文莱湾的日军舰队很可能取道巴拉巴克海峡前往莱特湾，于是决定改变航线向南实施拦截。果然，就在午夜前几分钟，潜艇与 3 艘高速航行的大型战舰发生了雷达接触。在向司令部发回接敌报告之后，"鲦鱼"号持续跟踪了几个小时，却因敌舰始终处于高速行驶状态无法进入攻击阵位。克拉盖特发现的是由重巡洋舰"青叶"号、轻巡洋舰"鬼怒"号和驱逐舰"浦波"号组成的日军第十六战队，在左近允尚正的带领下前往执行为陆军运输船护航的任务。

高速行驶的敌舰渐渐消失在远方。22 日白天，沮丧的克拉盖特决定放弃追击，转而寻找下一个拦截点。23 日午夜前后，"海鲫"号和"鲦鱼"号在巴拉望水道碰面。暗夜的海面上响起了抛绳枪的枪声，两位艇长开始交流各自获得的情报，以免因疏忽漏掉了什么。之后他们回到舱室阅读电报，瞭望哨在两艘靠得很近的潜艇上通过扩音器对话。对这些习惯长时间栖身于狭窄空间的寂寞者来说，能找人说说话实在太幸福了。

23 日 0 时 16 分，"海鲫"号雷达观测员突然发现屏幕上出现了异常情况。起初他以为那不过是远方飘来的一块浮云："雷达发现目标，方位 131 度，距离 3 万码，目标不明，可能是雨云。"但是很快，"鲦鱼"号观测员也在屏幕上发现了可疑目标。模糊的图像逐渐变得清晰，毫无疑问，那是海上行驶的船，而且绝对不止两三艘。麦克林托克立即把新发现的情况告知了同伴。"我们上去干掉它们！"克拉盖特回话说。两艘美军潜艇立刻幽灵般紧急下潜，"海鲫"号在前，"鲦鱼"号在后，小心翼翼跟踪目标并寻找战机。

潜艇上传出了美军水兵的欢呼声——终于捕捉到可以出手的目标了。天色很暗，美军潜艇可以浮出水面以最快速度航行。几小时后，猎物已经在前方不远处了。经验丰富的麦克林托克接连发出了 3 份电报，通知弗里曼特尔的克里斯蒂少将："在巴拉望水道发现一支日军大型舰队，至少包括 11 艘巡洋舰以上大舰和 6 艘驱逐舰。"23 日早晨 6 点 20 分，尼米兹、哈尔西和金凯德同时收到了克里斯蒂转发来的敌情报告。

麦克林托克认真研究了地形，希望能抢占最佳攻击阵位——不仅要有攻击角度，还要提防敌舰突然改变航向。如此庞大一支舰队，其中肯定有天敌驱逐舰存在。水兵已经由最初的兴奋变为紧张，都在评估未来战斗的各种可能性，当然也包括最坏打算。日军舰队航速仅为 16 节，美军潜艇得以以最快 19 节航速追上并赶超，在黎明时分抢占了最佳攻击阵位。

美军潜艇发现的，正是从文莱湾出航急匆匆赶往莱特湾的日军第一游击部队。"爱宕"号舰桥上，栗田不时用望远镜观察行驶中的舰队，显得异常凝重，眉宇间不时流露出一丝忧愁。在航空母舰称霸海上的今天，率领这样一支全部由水面舰艇组成的庞大舰队，在几乎没有任何空中掩护的情况下长途奔袭上千公里，栗田又怎能不战战兢兢，如履薄冰？

栗田当然知道未来的航途危机四伏，突如其来的打击可能来自天上，也可能来自水下。23 日 0 时，舰队驶入巴拉望水道，栗田再次收到了东京发来的提醒电报，"22 日 17 时 18 分，北纬 10 度、东经 11 度，巴拉望岛西北一带海域疑似有美军潜艇在发送电文，敌人很可能已在巴拉望水道设伏"。进入水道之后，"爱宕"号 2 时 50 分准确捕捉到美军潜艇发送的电波，那正是"海鲫"号发出的。栗田预感到敌潜艇的攻击随时可能发起。但出人预料，接下来的 3 小时里非常平静，美军潜艇此时正在快速抢位。按照计划，舰队将在日出前一个半小时的 5 时 56 分开始 Z 字形运动。为提高警戒，5 时 15 分，"爱宕"号下达了全员上岗、实施早晨反潜训练的命令。

当时栗田舰队的队形存在明显缺陷。15 艘驱逐舰中，至少 5 艘不在外围，而是处在战列舰和巡洋舰的夹缝地带，舰队前方也没有驱逐舰引导航行。实事求是讲，日本海军长期以来缺乏足够的驱逐舰。按照美英海军的标准，栗田至少还需要 10 艘以上驱逐舰，才能确保舰队的安全。栗田当然想要更多驱逐舰，但是没有。两年以来，日军损失的驱逐舰已经够多了。除此之外，栗田还有一个很不理智的举动，他把旗舰"爱宕"号摆在了舰队最前端。在塔萨法隆加角海战中，虽然田中赖三取得了绝对称得上辉煌的胜利，却因旗舰"长波"号排在舰队中部"并未积极参加战斗"而被解职。对此栗田是非常清楚的。

23日清晨5时17分，"海鲫"号从日军重型舰只西侧纵队的前方潜入水下，寻找合适发射阵位。在这次水下机动中，日军舰队一次小范围Z字形规避帮了美国人的忙。麦克林托克准确判断出，行驶在纵队前方的是4艘重巡洋舰，第五艘可能是战列舰。迎面驶来的灰色舰船越来越大，舰首掀起巨浪。那景色真是美不胜收，麦克林托克希望那是敌舰队旗舰。

双方距离只剩900米时，日舰队向西转向，为美军潜艇提供了绝佳的攻击角度。5时32分，麦克林托克下令向领头的日军巡洋舰射出艇首的6条鱼雷。最后一条鱼雷跃入水中后，他立即下令满舵转向，将艇尾对准了第二艘巡洋舰。大约1分钟后，潜艇再次射出了艇尾的4条鱼雷，随后快速下潜，逃离现场。就在此时，首轮射出的鱼雷已经准确命中目标。

不远处传来五声惊天动地的巨响！在潜艇航海日志上，麦克林托克如此记述潜望镜中看到的那令人欣喜的一幕："我快速移动潜望镜，对准较早射击的目标，我见到了一生中难以再见到的情景。那艘巡洋舰太近了，我只能在潜望镜中看到它的一部分。它从第一炮塔一直到舰尾都冒着浓烟。舰上的结构都消失了，从舰首到舰尾炮塔之间的主甲板上燃烧着橘黄色的烈火。巡洋舰舰首已经下沉，第一炮塔靠近水面。它肯定完蛋了，它中了5条鱼雷，起火下沉了。我估计舰上不会有幸存者。"

麦克林托克猜得真准，首先中雷者正是栗田的旗舰"爱宕"号。5时30分，该舰一个Z字形转向刚到终点，航向由35度变为10度。3分钟后，当它刚刚完成转向，舰首就中雷了，紧接着第二、第三、第四条鱼雷相继炸响。当被第一条鱼雷击中时，经验丰富的舰长荒木传下令右满舵，试图减少侧面中雷的面积以规避打击，但显然已经太晚了。4条鱼雷接连炸响使"爱宕"号右倾瞬间超过8度，在海面上缓缓停了下来。尽管损管部门快速出动，向左舷部分舱室注水，企图挽救战舰，但"爱宕"号右倾很快加大到23度，局面已经无可挽救。

舰长荒木向右侧护航的驱逐舰"岸波"号和"朝霜"号发出了救援信号。"岸波"号本想靠上去直接将人接走，但"爱宕"号倾斜太过严重，驱逐舰根本无法靠近。"长官，转乘小艇困难，请游泳离开吧！"参谋长小柳高声喊道。沮丧的栗田挥了挥手，带领众幕僚从左舷纵身入水。一时间，海上30多位中将、少将、大佐、中佐个个舒展双臂，奋力向"岸波"号游去，那一幕就像奥运会开阔水域游泳鸣枪开赛了一般。虽然这些高级军官都已不再年轻，但常年征战海上的人，游出200米距离还不算很难的事情。小柳跳水时右腿被舰底的金属件挂伤，游在队伍的最后边。当他一瘸一拐登上驱逐舰回头望时，海上已经没有了"爱宕"号的身影。

其间，天皇御像已由荒木舰长安排最强壮的水兵以最平稳的游泳方式送上了"岸波"号。"爱宕"号右倾达54度，二号炮塔顶盖距水面不到1米，荒木下令弃舰。在中雷仅20分钟之后，5时53分，"爱宕"号向右翻滚没入水中。由于沉没太过迅速，舰体内部的动力部门极少有人幸存，有19名军官和341名水兵随舰沉没，44名军官和669名士兵被"岸波"号和"朝霜"号救起。

5时33分，"爱宕"号身后的"高雄"号注意到前方姊妹舰被鱼雷击中，舰长小野田舍次郎立即下令左满舵，避开可能射向自己的鱼雷。巡洋舰转向时，水兵观察到舰首100米和200米开外两条未击中"爱宕"号的鱼雷一掠而过。他们还未来得及庆幸，5时34分，一条鱼雷准确命中"高雄"号右舷舰桥下部，紧接着第二条鱼雷在右舷后部炸响。重巡洋舰右倾迅速超过10度，主机停止运行，令人意外的是竟没有起火。损控人员向左舷舱室紧急注水，舰体倾斜逐渐得到恢复。军舰的舵和两个推进器被炸飞，三个锅炉舱灌满海水。剧烈爆炸导致舰上水兵33人死亡、31人受伤。位于其左后方的"长波"号迅速驶上前去，实施贴身保护。

"大和"号上，宇垣突然看到舰首左舷方向不远处的海面上爆发出一股类似火焰的东西，随后一条水柱腾空而起，他知道美国人先开火了。瞭望哨报告说，有战舰被击中。宇垣匆忙赶往左舷欲看个究竟，他暗自希望被击中的不过是一艘驱逐舰。在渐渐明亮的晨曦中，他看到有两艘战舰被击中，它们都是大块头的重巡洋舰。宇垣认出其中一艘是"高雄"号，另一艘似乎就要沉没的军舰让他痛彻心扉，那正是舰队旗舰"爱宕"号。栗田已经失去联系，第一顺位的宇垣毅然接过了舰队指挥权，果断下令所有舰只紧急右舵90度，航行6分钟后于5时40分恢复原来航向。5时42分，他再次下令所有舰船右舵70度向东躲避，到5时48分恢复35度航向，并在3分钟后恢复Z字形运动。宇垣一系列动作都为规避已发现的那艘美军潜艇，他万万没有料到，航线另一侧还潜伏着美军的第二艘潜艇。

5时17分，"鲦鱼"号在日军编队东侧纵队前方转入水下航行状态。听到友艇鱼雷击中目标的爆炸声，克拉盖特通过潜望镜看着海上的混乱场面惊呼道："我的天！一艘大舰起火了，舰上的日本佬乱成一团，他们在盲目开火。热闹极了！就像7月4日（美国国庆日）的烟花典礼似的。"

"海鲫"号的攻击使日军编队陷入混乱。在昏暗的晨光中，克拉盖特发现两艘舰在不断逼近，"放它们过去，那不过是两艘重巡洋舰"。克拉盖特如此挑肥拣瘦的确实令人嫉妒，事实证明他略有浮夸。在他眼中，出现在巡洋舰身后的庞大身影肯定是一艘金刚级战列舰。"鲦鱼"号艇尾的鱼雷已经用完，只能发起一轮攻击。克拉盖特非常有耐心，静静等待那艘"战列舰"靠近，他的眼睛好像黏在潜望镜上似的。5时54分，他下令在1650米距离向那艘战列舰射出了艇首的6条鱼雷。

克拉盖特的判断出现了失误，他眼中的"战列舰"不过是重巡洋舰"摩耶"号而已。该舰声呐员听到了来自右舷后方的奇怪声音，似乎有鱼雷在不断逼近，但他显然判断错了方向。很快，舰上瞭望哨在左80度、800米距离上发现了不断接近的白色雷迹。舰长大江览治急令"左满舵"，但航海长井上团平认为舰长的指挥有误，自作主张将命令更改为"右满舵，全速前进"。还没等军舰转过身来，美军射出的4条鱼雷就在短短一分钟内接连命中目标。

"摩耶"号中雷部位分别位于左舷锚链库、一号炮塔下方、七号锅炉舱和后部轮机舱。尽管损管队员奋力抢救，但由于进水实在太快，短短8分钟后，6时05分，几乎断为两截的"摩耶"号向左翻转没入海中。包括舰长大江在内的16名军官、320名水兵毙命，其中也包括东乡平八郎的孙子东乡良一。副舰长以下769名官兵被邻近的"秋霜"号救起。此前，位于"摩耶"号前方的"妙高"号和"羽黑"号在左侧舰尾方向发现了鱼雷航迹，"羽黑"号转舵轻松将之避开。

射出鱼雷之后，克拉盖特命令立即下潜。在潜艇下沉的过程中，前方传来两次剧烈的爆炸声，艇上所有人都听到了。声呐员报告说："爆炸就像海底炸开了似的。"克拉盖特后来在航海日志中写道："只有弹药库爆炸才能产生如此大的爆炸力。"不久，他听到了嘈杂的船体破裂声响。由于声音似乎很近，克拉盖特下令全面检查各舱室，发现潜艇自身状况良好，听起来被击中的目标恰好位于潜艇头顶。航海员高喊道："我们最好尽快逃离这个鬼地方。"如果潜艇被敌舰残骸砸出一个大窟窿，可不是一件让人高兴的事情。克拉盖特采纳了这一建议，"鲦鱼"号以最快速度疯狂撤离，日舰残骸发出的声音仍在四周作响。最后，那些恐怖的声音被甩在身后，克拉盖特和水兵们都松了一口大气。

日军第一部队完全陷入一片混乱。6时11分，宇垣下令整理编队，各舰以24节高速直接突破危险水域。其间，各舰不断发出发现潜望镜的警报，恐惧和慌乱笼罩着整支舰队，直到6时36分才惊魂稍定。宇垣下令继续实施Z字形运动，7时27分，舰队变为第23号警戒序列继续前进。

其间6时，栗田在"岸波"号上升起了将旗，告诉大家他像自己的名字一样还是个"健康的男人"。驱逐舰装备过于简陋，缺乏必要的通信设施，完全无法承担如此一支庞大舰队指挥的艰巨任务。栗田下令"大和"号代行旗舰通信职能。6时36分，他发出信号，说明自己将在合适时间将司令部转移至"大和"号上，第四巡洋舰战队唯一幸存的"鸟海"号划归第五巡洋舰战队桥本信太郎指挥。7时30分，栗田再次发出通知，自己登上"大和"号之前，舰队暂由宇垣指挥。之前宇垣已主动履行了司令官职能。

6时55分，"岸波"号将救援"爱宕"号落水人员的任务留给"朝霜"号，自己快速追赶主力部队。在救起剩余幸存人员之后，"朝霜"号与"长波"号一同护卫重伤的"高雄"号向文莱湾返航。宇垣同时致电西南方面舰队司令官三川军一，请求他派出舰艇接应救援"高雄"号。

在不断拉响的警报声中，第一部队后方6000米的第二部队侥幸冲过了危险水域。8时15分，栗田通知各部，舰队将于12时驶出巴拉望水道。但10时水道出口遥遥在望时，接连又有发现美军潜艇的警报发出。10时13分，"妙高"号在80度方向、5000米处发现了疑似美军潜艇的潜望镜。13时09分，"能代"号在340度方向再次探测到美军潜艇的行踪，编队无奈再次恢复Z字形航行。栗田不得不将转移旗舰的时间推迟至下午。事实上，上述警报均属子虚乌有。

15时23分，栗田终于率参谋长小柳及众幕僚登上了"大和"号，旗舰更改的消息很快通知到各舰。转移工作一直持续到15时45分才结束。从林加锚地启航时，栗田的登革热还未痊愈，现在下海游了几百米泳，病情无疑更重了。面对前来迎接的宇垣，栗田只能苦笑着自嘲："呵呵，被敌人漂亮地做了一记。"

宇垣也难得关心一次人："长官，没关系，战斗刚刚开始。您的病情好些了吗？"

"可能在水里游了一下，觉得好多了，好像也不发烧了。"出师未捷身先"湿"的栗田摇着头苦笑说。

由栗田亲自兼任司令官的第四巡洋舰战队3艘重巡洋舰2艘沉没，1艘受伤。受伤的"高雄"号还带走了2艘奇缺的驱逐舰。但是栗田舰队损失的不仅仅是战力和士气。美军潜艇的攻击表明，舰队行踪已完全暴露，同时意味着在通往莱特湾的航途上，舰队还将遭受敌人的更多打击。还有一个容易被忽略的因素："爱宕"号被击沉，导致舰队司令部包括通信长在内的大部分通信人员落水，他们随后戏剧性地被驱逐舰救起拉回文莱基地。虽然"大和"号通信设备完全可以满足需要，但随栗田登上战列舰的通信人员只有小岛清文等两名预备役海军少尉。为应对未来的战斗，"大和"号必须分出至少一半通信人员承担起整支舰队的通信联络任务。一方面由于人员不足，另一方面舰队通信兵素质往往高于单艘舰的通信兵，这为栗田舰队后来出现一系列电报迟延、误传、遗漏、错译埋下了伏笔。

23日当天日军的损失远不止此。早些时候，美军潜艇"鲷鱼"号在马尼拉外海发现了由2艘巡洋舰和1艘驱逐舰组成的一支日军舰队。这正是21日"鲦鱼"号发现并跟丢的那支队伍，由"青叶"号重巡洋舰、"鬼怒"号轻巡洋舰和"浦波"号驱逐舰组成。凌晨3时45分，在民都洛西北方卡拉维提角附近海域，北纬14度05分、东经119度43分，"鲷鱼"号艇长查普勒中校下令向队列中央的重巡洋舰射出6条鱼雷，其中一条准确命中"青叶"号二号引擎室，导致巡洋舰出现13度右倾。倾斜状态下的"青叶"号被"鬼怒"号艰难拖曳至甲米地海军基地。尽管美军很快控制了菲律宾水域，但在甲米地完成简单维修之后，"青叶"号仍于12月12日平安返回本土吴港。此后它没有进行大修，而被降级到预备队当作防空巡洋舰使用，直到1945年7月28日遭美军空袭沉在港内。战后，"青叶"号被打捞解体当废铁处理。

为"青叶"号护航的两艘日舰最终命运更惨。10月26日，"鬼怒"号在马斯巴特岛附近海域被美军舰载机击沉。"浦波"号先是在24日的空袭中受伤。26日，它护航2000名陆军士兵登陆奥尔莫克港后，在班乃岛以西海域被美军护航航母的舰载机炸沉。

开战以来近 3 年时间，日本海军总共才损失 4 艘重巡洋舰——"三隈"号在中途岛海战中战沉，"加古"号、"古鹰"号、"衣笠"号损失于瓜岛战役期间。如今短短一天时间内重巡洋舰竟两沉两伤，对联合舰队不啻为重大打击。对这一结果，宇垣沮丧地在《战藻录》中写道："倒霉的一天，是向终点前进了一天的倒霉。"

虽然遭受了重大损失，但栗田舰队远远称不上伤筋动骨。栗田对本次行动的凶险有清醒的认识，已经做好了损失一半以上舰艇甚至是全军覆没的思想准备。他面临的真正难题是能否将舰队带到莱特湾，且仍保有足够力量去打击或消灭敌人。既然包括"大和"号和"武藏"号在内的 5 艘战列舰仍在，栗田也只有"擦干泪，不要怕，至少我们还有梦"，继续率队向莱特湾勇敢前行。夜幕降临，舰队向东驶入民都洛海峡。第二天，他们将穿越锡布延海，进入美军舰载机的攻击范围。那里将有更严酷的战斗在等着他们。

当天 19 时 34 分，栗田收到参谋长草鹿 16 时 10 分发出的电报，从内容看显然是发给参战各部队的：联合舰队司令部判断，美军对我兵力集结的情况应该十分清楚——事实的确如此——推测敌军会采取以下三种对策。

一、在圣贝纳迪诺海峡和苏里高海峡进出口部署潜艇群。

二、24 日一早出动航母舰队和远程轰炸机对我南北两路舰队实施空袭。

三、24 日午后在圣贝纳迪诺海峡东口至塔克洛班一带集结兵力与我决战。

联合舰队司令部提醒各部：小泽机动部队应尽全力吸引敌军主力至北方海域；加强反潜防空；水面舰队遭敌空袭时，基地航空部队要把握时机，摧毁敌军航空母舰。

23 日当天，小泽率机动部队继续南下。清晨 5 时 30 分，小泽放飞 11 架舰载机——其中"瑞鹤"号 9 架、"瑞凤"号 2 架——对 135 度到 252 度水域实施搜索，毫无发现。14 时整，小泽接到宇垣发来的《第一战列舰战队 231026 电》，惊悉第一游击部队在巴拉望水道遭潜艇伏击，损失惨重。15 时之后，小泽又连续接到栗田发来的两封密电，得知因"爱宕"号战沉，栗田已将司令部转移到"大和"号上。

当天18时整，小泽机动部队航行至吕宋岛恩加诺角东北780公里处，随后以220度航向继续向西南方向机动，准备前往次日清晨放飞侦察机的预定地点——北纬19度10分、东经126度40分。22时10分，小泽接到草鹿参谋长发来的《联合舰队机密第231710番电》，除强调"继续断然实施既定作战"之外，还命令机动部队"极力吸引攻击之敌，以弥补我水面兵力之劣势"。

栗田率主力舰队绝尘而去，巴拉望水道的战斗还未完全结束。在躲过日军驱逐舰的数轮深水炸弹攻击后，潜往远海的"鲦鱼"号再次伸出了潜望镜，发现海面上早已空空如也。克拉盖特决定向北航行回归最初的战斗路线。在航行了两三小时后，没有发现任何敌情。14时45分，克拉盖特发现海面上出现了舰船桅杆。"鲦鱼"号渐渐靠近，半小时后，他辨认出那是一艘受伤的巡洋舰静静停在水面上，附近有两艘高度警戒的驱逐舰。克拉盖特决定等天黑后再下手。

"海鲫"号也在不断逼近，麦克林托克同样发现了重伤的"高雄"号。但它在距目标6400米时被日军发现，1艘驱逐舰冲了过来，麦克林托克下令紧急下潜。他和克拉盖特想法一致，想到天黑后再发起进攻。附近有两艘潜艇窥伺，自己想跑又跑不快，"高雄"号似乎在劫难逃了。

19时15分，海上渐渐暗了下来，两艘美军潜艇浮上水面。"鲦鱼"号转向目标南侧，"海鲫"号则采取相应的北侧位置。这种布局可以保证无论猎物朝哪个方向移动，其中至少一艘能够发起进攻。麦克林托克原以为日军驱逐舰会拖曳重巡洋舰航行，但"高雄"号舰长小野田组织损管人员迅速修复了辅助排气管，临时安装了应急舵，于22时开始依靠自身动力以5节速度缓缓向南航行。很显然，它试图返回文莱或林加锚地。麦克林托克告诉克拉盖特，自己打算从目标右舷方向发起攻击。但他很快发现，日军雷达正在朝自己所在方位扫描。如继续保持水面巡航状态，潜艇会很快被日军发现。麦克林托克决定暂时中止进攻，完成一次大范围转向后潜入水下。

午夜时分，"海鲫"号距理想攻击位置只剩一小时航程，潜艇速度17节。这里是世界上危险的海区之一。几个世纪以来，它的名字在海图上一直被标为"危险海滩"，数百块暗礁和浅滩散落在位于中国南海的这片海域，其中许多暗礁正是以在那里遇难的船只命名。果不其然，24日0时5分，航行中的"海鲫"号狠狠撞上了孟买浅滩，当时艇首的水深还不到 3 米。

指望海水涨潮脱困短时间内是不现实的，日军 1 艘驱逐舰从 16500 米外不断逼近。麦克林托克下令烧毁重要文件，毁坏机密火控设备，向水兵分发武器，同时向友艇发出了求援信号。令人感到意外的是，那艘日军驱逐舰在接近至 11000 米距离时突然转身离开。由于美军主动放弃攻击并展开救援行动，"高雄"号在"长波"号和"朝霜"号的护卫下脱离险境，10 月 25 日 17 时 14 分安全驶入文莱湾。

欣慰之余，"海鲫"号水兵开始把所有能移动的物品都扔出去以减轻重量。凌晨 1 时 40 分，接到求援信号的"鲦鱼"号逐渐靠了过来。不久，海水开始涨潮，但水兵借机使搁浅潜艇离开浅滩的所有努力最终都以失败告终。

"海鲫"号就这样像灯塔一样竖立在浅滩上。这样看来，救援工作至少需要几个星期来疏浚水道并派拖船来才能完成，这显然很不现实。"鲦鱼"号接走了友艇的所有官兵，并在"海鲫"号上安放了自爆炸药。清晨 4 时 35 分，麦克林托克最后一个离开"海鲫"号。大家希望爆破能引起艇内鱼雷的殉爆，这样破坏将更加彻底。但是殉爆并未发生，克拉盖特将"鲦鱼"号剩下的几条鱼雷设定到最小深度，试图补雷以彻底摧毁"海鲫"号。

但这样的努力也失败了。鱼雷击中礁石，在潜艇附近爆炸。"海鲫"号离开水面的位置太高，鱼雷根本炸不到它。"鲦鱼"号只好动用甲板炮向友舰打出 30 发 100 毫米炮弹。5 时 58 分，1 架日机突然飞临上空，"鲦鱼"号甲板上还有 25 名水兵。但这架日机显然误判了海上情况，竟然帮美国人向搁浅的"海鲫"号投下了炸弹，之后扬长而去。

"日军飞行员简直是头蠢驴，"潜艇上的一名水兵说，"他竟然将炸弹投向了'海鲫'号。"虽然日机投下的炸弹爆炸了，但倔强的"海鲫"号依然直挺挺地横在浅滩上。日军飞行员把炸弹投偏了，没能帮上美国人的忙。"鲦鱼"号只好把自己艇上的炸药再次装进"海鲫"号实施引爆，仍未彻底摧毁这艘潜艇——美国人的潜艇实在太结实了。

经过一天的努力，美国人最终选择离开，向澳大利亚弗里曼特尔基地返航。潜艇上本来就空间狭小，现在又多出来一倍的人，食品、按人头分配的其他资源和睡觉的地方都变得异常珍贵。有的人待在同一块地方几天不能动弹，只有点名报到或睡觉时才能稍微动一动。进餐时，食物只能直接配送至这些长期蹲坐着不动的人的面前，而且只有花生酱三明治和蘑菇汤。虽然条件非常艰苦，但对习惯了这种环境的潜艇兵来说并非不能忍受，他们最终平安返回了基地。

"海鲫"号就这样被抛弃在浅滩上，成为这场海战的永久纪念碑。艇上水兵并未遣散，而是整体分配到另一艘潜艇"鲱鱼"号上。该艇是威斯康星州马尼托瓦克港口建造的最后一艘潜艇，一直到1945年7月22日才下水服役。当它9月1日离开西海岸前往珍珠港时，战争已结束半个月了。

值得一提的是，战后从缴获的文件中得知，日军随后赶到现场，从"海鲫"号上获取了不少有价值的文件。这些资料主要是关于潜艇发动机和电机的图纸。还没等日本人彻底消化进行仿造，战争结束了。

虽然有人对"海鲫"号的损失感到遗憾，但考虑到用一艘潜艇换来敌军两艘重巡洋舰沉没、一艘重巡洋舰受伤和两艘驱逐舰不能参加随后的战斗，且敌损失水兵829人而己方人员安全撤离，这样的结果完全可以坦然接受。毫无疑问，美国人赢得了莱特湾大海战的第一回合。除去给日本人造成了重大损失，哈尔西和金凯德还由此得知日军舰队已经出动和大致航行方向，栗田舰队的攻击完全丧失了突然性。虽然栗田对隐蔽行踪不抱任何希望，但这么早就被发现还是大大出乎他的预料。

前方等待栗田的是美军第七舰队和第三舰队。金凯德第三舰队位置相对固定，主力位于莱特湾内。运输船和登陆艇正忙着把部队和物资送上岸去。众多老式战列舰、巡洋舰和驱逐舰环伺四周，不时应要求向岛上打炮，它们归奥尔登多夫少将指挥。在莱特湾外稍偏东的海面上，配置有第七舰队所属3个护航航母支队，以及为它们护航的驱逐舰。它们隶属托马斯·斯普拉格少将的第七十七特混舰队第四大队。18艘护航航母被分成3组，每组6艘航母、3艘驱逐舰、4艘护航驱逐舰，编号分别为"塔菲一""塔菲二""塔菲三"。斯普拉格兼任"塔菲一"指挥官，由舰队司令官兼任下属一支分舰队的指挥官是美日海军的习惯做法。"塔菲二"由菲利克斯·斯普顿少将指挥，"塔菲三"指挥官是克利夫顿·斯普拉格少将。此人和上司同姓，但彼此并无血缘关系。护航航母的任务是向登陆部队提供空中火力支援，同时进行反潜巡逻。莱特湾内舰船众多，一旦日军潜艇寻隙潜入，闭上眼睛随便发射几条鱼雷都能取得不俗的命中率。由于第三十八特混舰队只有戴维森少将第四大队距莱特湾较近，护航航母上的战斗机还要阻击日军陆基航空兵的突击，担子不轻。

相对于位置相对固定的第七舰队而言，哈尔西第三舰队走位飘忽，在菲律宾群岛以东海域到处游弋。栗田郁闷无比，他的对手哈尔西同样不太开心。自10月初出海以来，舰队大部分时间只是对地面目标进行空袭或参与空战，并未与日军水面舰艇有过近距离接触。其间，他精心策划的诱敌行动只勾引出日军一支小型巡洋舰编队，他们尚未接敌就仓皇逃跑了。太平洋舰队司令部的参谋据此认为，从这次软弱胆小的行动以及美军地面部队登岛日军舰队未能做出积极反应来看，联合舰队不大可能主动出击了。哈尔西认同珍珠港的判断，同时也觉得有些意兴索然。照此下去，如何才能完成尼米兹歼灭敌军主力舰队的艰巨任务呢？

日本海军主力龟缩不出，对第三十八特混舰队的水兵和飞行员来说倒真算是好消息。米切尔很累，他的身体一向虚弱。战争结束不久，1947年2月3日，年仅60岁的米切尔不幸病逝就是最佳的例证。自1月中旬离开珍珠港以来，第三十八特混舰队东挡西杀，南征北战，几乎没上岸歇过脚。他们支援过进攻马绍尔、马里亚纳和帕劳群岛的战斗，空袭过包括特鲁克、硫黄岛、琉球群岛和中国台湾岛等众多目标，还是马里亚纳海战的第一主角儿。正如米切尔在战斗报告中所说的那样："在这个世界上，还没有哪支部队像他们一样如此长时间连续征战，几乎没有经过休整。在长达10个月时间里，从未上过岸的水兵超过了10000人。这种连续作战的精神值得褒扬，但部队的反应速度在不断降低也是不争的事实。其结果是面对袭击，他们将不能像以往那样完全在状态。"

哈尔西同样感到疲劳，但还一如既往斗志昂扬。战争已进入收官阶段，他非常渴望能够亲自指挥一场海战。他不知道日军航母究竟在哪里，根据潜艇和侦察机发回的报告，联合舰队水面舰艇主力曾经在文莱和新加坡海域出现过。哈尔西估计它们很可能会进入中国南海，以科伦湾为基地支援莱特岛上的日军部队。如果日军不主动出击，那自己就主动上门找。10月22日，哈尔西致电金凯德，穿越菲律宾群岛的两大航道苏里高海峡和圣贝纳迪诺海峡是否已完成扫雷，他想率舰队穿越其中一个进入中国南海主动寻战。这封电报同时抄送了珍珠港。

太平洋舰队司令部收到电报后非常惊讶。尼米兹知道哈尔西是个好战分子，他还时刻惦记着摧毁敌军主力舰队的指示。登陆作战刚刚打响，莱特岛陆上机场短时间无法投入使用，现在由第三舰队继续提供空中支援是非常必要的。颇具大局观的尼米兹第一时间复电哈尔西，根据太平洋战区"8-44 作战计划"，第三舰队仍须执行"掩护和支援西南太平洋部队登陆作战的艰巨任务"。在电报最后，他特意强调，"没有太平洋舰队总司令的命令，第三舰队不得穿越苏里高海峡或圣贝纳迪诺海峡进入中国南海"。

领导禁止主动寻敌决战，日本人又一直高挂免战牌，心情极度不爽的哈尔西做出了一项令人遗憾的决定：让 4 个航母大队轮换前往乌利西环礁，进行补给、武备器材维修和人员休整。22 日 20 时 30 分，麦凯恩中将第一大队奉命撤往乌利西环礁。23 日，戴维森少将第四大队将执行同样的任务。上述两个大队在 10 月 29 日返回之后，博根少将第二大队和谢尔曼少将第三大队将前往乌利西环礁休整后再返回。

哈尔西安排第一大队最先回港休整并不明智。麦凯恩大队在 4 个大队中实力最强，拥有 3 艘重型航母和 2 艘轻型航母。老酒认为，即使对多路日军舰队前来挑战的消息一无所知，哈尔西最少也应让所有航母原地待命，直到有确凿情报表明日军舰队不会干扰莱特湾的登陆行动，再做出下一步行动安排。

23 日清晨 6 时 20 分，哈尔西接到了克里斯蒂少将转来的"海鲫"号的报告，巴拉望水道发现日军主力舰队。稍后接到的补充报告说明，这支舰队至少有 11 艘舰船，其中有为数可观的战列舰和重巡洋舰，航向东北。敌人终于露头了，哈尔西按捺住心头的兴奋，迅速在海图上标出了敌舰队的位置。毫无疑问，这就是早先报告出现在文莱和新加坡水域的那批舰船。可以肯定，它们将前往科伦湾或马尼拉湾进行补给，之后前往莱特湾攻击美军登陆部队。哈尔西迅速取消了第四大队前往乌利西环礁休整的命令，但并未下令让尚未走远的麦凯恩大队掉头返回。

非但如此，当天 10 时 35 分，哈尔西下令以"邦克山"号重型航母和驱逐舰"斯蒂芬·波特"号、"本纳姆"号临时编成第三十特混舰队第四大队，以 125 度航向、19 节速度撤往马努斯港，任务是运回更多备用战机。事实上，10 月 17 日至 23 日期间，美军只损失舰载机 36 架，其中 17 日和 18 日损失 25 架。将上述损失均摊到 17 艘航母身上，每艘不过 2 架而已。再说，阿库上校补给大队的护航航母上载有相当数量的战斗机和鱼雷机，可以随时进行补充，根本不需要让"邦克山"号跑那么远去搭载飞机。"邦克山"号抵达马努斯港是 10 月 27 日，莱特湾海战已结束了，相当于这艘重型航母缺席了最主要的战斗。

如果说之前放走第一大队源于对日军舰队不敢出击的错误判断尚情有可原。但是现在，栗田舰队已经露出行踪，再放走"邦克山"号就让人难以理解了。这相当于在莱特湾海战打响之前，美军主动减弱了自己的攻击力量——4 艘重型航母和 2 艘轻型航母。虽然美军舰队对敌人具有压倒性优势，但大战之前主动削弱自己的攻击力量确非明智之举。此举间接促成哈尔西两天后率所有航母北上迎击小泽舰队，导致圣贝纳迪诺海峡门户洞开。哈尔西显然有些轻敌了。

结合后来实战进程，我们假设，如果美军 4 个大队 17 艘航母在 24 日、25 日都在原地待命，哈尔西在北上迎击小泽诱饵舰队时，就可以留下一个航母大队配合第三十四特混舰队扼守圣贝纳迪诺海峡，我们就可能看到双方最新式战列舰的巅峰对决了。另一个假设，如果美军撤出战场的 6 艘航母全部投入对栗田舰队的进攻，美军就会在锡布延海取得更加显赫的战果，栗田最终是否会再次折返也就不得而知了。

23 日当天，美军 3 个航母大队完成海上补给，入夜后在菲律宾以东海域从南到北依次排开。到 24 日拂晓，3 个大队之前各拉开 200 公里距离。位于最北方的是谢尔曼少将的第三大队，正对着吕宋岛中部，距波利略岛约 110 公里。米切尔中将旗舰"列克星敦"号属于这个大队。由于"邦克山"号奉命返航，只剩下 1 艘重型航母和 2 艘轻型航母的博根少将第二大队位于中央，正对着圣贝纳迪诺海峡，哈尔西坐镇的"新泽西"号同样属于这个大队。戴维森少将的第四大队位于最南方，大致位于萨马岛以东海域。

参加"捷一号"作战的四路日军中，除小泽舰队拥有孱弱的航空兵力之外，栗田、西村、志摩 3 支舰队几乎毫无空中力量。为配合水面舰艇作战，前一阶段损失惨重的基地航空部队必须有所作为。根据 10 月 18 日 11 时 10 分丰田发布的《联合舰队机密第 181110 番电》，日军加紧了航空兵力的集结。因前段作战指挥不力，驻菲律宾第一航空舰队司令官寺冈谨平被战场免职，次月出任负责本土防御的第三航空舰队司令官。10 月 19 日，新任第一航空舰队司令官大西泷治郎抵达菲律宾。21 日，远驻中国台湾的第二航空舰队司令官福留繁飞抵马尼拉，与大西会商联合作战事宜。两支海军航空舰队被统编为第一联合基地航空队，福留繁任司令官，刚刚来到菲律宾的大西出任参谋长。

走马换将相对容易得多，派一架飞机将人拉过来就 OK 了，但从各地抽调航空兵力向菲律宾紧急集中就困难许多。大本营高参搜肠刮肚，先后抽调九州第十二飞行团、台湾第二十五飞行团及由明野陆军飞行学校等单位改编的第三十战斗飞行团等陆军航空兵开赴菲律宾。驻中国台湾海军航空部队也派出近 200 架战机到菲律宾参战。由于近期美军航母舰载机一直对菲律宾各机场实施不间断轰炸，奉命集结的日军飞机只能利用黄昏或拂晓时分悄悄降落在吕宋岛机场，集结速度相当缓慢。

截至 10 月 22 日，福留在克拉克、马巴拉卡特、达邦板牙等机场集结了各型海军战机 155 架。截至 23 日，陆军第四航空军在菲律宾一带仍有约 232 架战机可以升空作战。除对美军登陆船队实施打击之外，他们还将配合小泽、栗田、西村、志摩等部的海上作战。根据联合舰队司令部发布的命令，水面舰艇部队突入莱特湾的时间是 25 日黎明，基地航空部队必须在总攻前一天也就是 24 日发起航空总攻击，为水面舰艇的突入创造有利条件。

根据福留下达的侦察命令，23 日 22 时 13 分至 23 时 13 分，驻马尼拉第九〇一航空队相继放飞了 3 架九七式大艇，对吕宋岛以东海域实施扇形搜索。道口俊夫的大艇负责 105 度方向。该机于 23 时 13 分起飞，23 时 45 分与基地失去联系。木多行的大艇 23 时整起飞，沿 65 度向东北方向飞行，24 日 1 时因发动机故障提前返航，10 时降落在台湾东港机场。

唯一有所斩获的是 22 时 13 分起飞的香田四郎的大艇。24 日 0 时 50 分，该机雷达在黑暗中探测到一支美军舰队，电信员小松千寻迅速发回接敌电报。3 时 35 分，香田机被美军"独立"号战斗机飞行员杰克·贝克海默少尉的"地狱猫"击落。此前在 2 时 15 分，贝克海默还击落了日军一架川西二式大艇。

香田发现的正是位于最北侧的谢尔曼少将第三大队。根据小松发回的电报，福留在 24 日 1 时 37 分下达了《第二航空舰队电令作第 94 号》："侦察机已探测到敌舰队位于马尼拉 91 度方向，距离 250 海里。第二攻击集团第一、第二攻击队完成准备后依次出击，务必于黎明前断然发起攻击。"

10 月 24 日破晓之后，美军 3 个航母大队相继派出了搜索机群。为进一步提高搜索效率和信息传送的及时性，一向高度重视侦察的美国人进一步改善了搜索方法。每个侦察小组分成两个小队。第一小队由俯冲轰炸机和战斗机组成，执行负责区域的搜索任务。第二小队全部由"地狱猫"组成，在第一小队身后100公里至200公里空域盘旋，负责侦察结果的二次无线电传送。考虑到侦察小组距舰队较远，无线电通信很可能出于种种原因出现意外，这种做法是为了确保航母能够及时收到侦察结果而加装的双保险。

清晨6时07分，谢尔曼少将放飞了"列克星敦"号11架"地狱猫"和18架"地狱俯冲者"——其中战斗机挂载227公斤炸弹、轰炸机挂载454公斤炸弹——对245度到295度区域实施搜索。此外，詹姆斯·基斯纳上尉率4架"地狱猫"前往舰队以西370公里的马尼拉以南空域，负责向舰队传送侦察机发现的敌情。

美机在侦察过程中与执行同样任务的日机发生了零星空战。除威廉·马丁少尉的"地狱猫"在格斗中受伤迫降海上被"普雷斯顿"号驱逐舰救起之外，其余各机11时09分前全部安全返回母舰。

7时30分，"埃塞克斯"号放飞9架战斗机和8架俯冲轰炸机，对225度至245度区域实施560公里至610公里极限搜索，声称在空战中击落日机7架，还对八打雁附近1艘日军轻巡洋舰进行扫射和水平轰炸。各机11时30分前安全返回母舰。

在南方，戴维森少将第四大队5时45分开始转向逆风航行。6时12分，16架"地狱猫"和12架"地狱俯冲者"从"富兰克林"号起飞，对250度到270度方位实施半径600公里的极限搜索。虽然侦察毫无结果，但飞行员并未空手而归。上午8时，他们在波纳佩岛以西发现了由石井汞率领的日军第二十一驱逐舰分队，包括"若叶"号、"初春"号和"初霜"号3艘驱逐舰。他们原隶属志摩第二游击部队，在完成将中国台湾基地航空部队人员器材送往马尼拉的任务后，正急匆匆赶往苏禄海与主力会合。美机断然发起攻击，一举炸沉"若叶"号、炸伤"初春"号。"初霜"号救起"若叶"号落水水兵，护卫"初春"号直接向马尼拉返航。

清晨6时，功勋战舰"企业"号同样放飞了16架战斗机和12架俯冲轰炸机——挂载2颗227公斤炸弹——对230度到250度区域实施搜索。为了能搜索更远距离，"地狱俯冲者"在机翼下方加挂了副油箱。上午8时20分，在内格罗斯岛西南海域，北纬8度55分、东经125度50分，雷蒙德·摩尔上尉的搜索机组有了重大发现。飞行员准确定位了海上正以15节速度向北航行的一支舰队，其中包括"扶桑级"战列舰 2 艘，"最上"级重巡洋舰 1 艘，由 4 艘驱逐舰提供护航。摩尔发现的正是急匆匆赶往苏里高海峡的西村舰队。

由于栗田舰队成功将美军"鲦鱼"号和"海鲫"号潜艇引开，推迟 7 小时出发的西村舰队得以在 23 日 10 时 20 分顺利通过巴拉巴克海峡，进入苏禄海。被认为风险最大的南路航线不但未发现美军潜艇，连巡逻机的影子都没看见一个。苏禄海位于莫罗泰岛美军陆基航空兵的搜索半径之内。为防止被敌侦察机过早发现，24 日 0 时，谨慎的西村下令舰队转向东南，取苏禄海中部以民都洛海西口为目标的航线隐秘前进。

24 日凌晨 2 时，西村下令"最上"号放飞 1 架零式水上侦察机，前往莱特湾上空察看敌情。6 时 50 分，日侦察机发现莱特湾内泊有美军 4 艘战列舰、2 艘巡洋舰、2 艘驱逐舰和多达 80 艘运输船。杜拉格以南 36 公里，停有 15 架水上飞机和 1 艘水上飞机供应舰，再往南 36 公里有 10 多艘鱼雷艇和 4 艘驱逐舰。日军飞行员迅速向"山城"号上的西村及菲律宾南部各航空基地发出了敌情通报。12 时，该机返回舰队上空，向"山城"号和"最上"号投下了有敌舰分布的报告球，然后飞往民都洛岛圣何塞机场降落。

日军飞行员发回的信息并不准确，当时莱特湾内停有金凯德的老式战列舰 6 艘、巡洋舰 6 艘和驱逐舰 30 多艘。不过这已经是整个战役过程中，日军获得的有关莱特湾美军实力的唯一情报。

接到发现日军南路舰队的消息，戴维森少将立即下令，早先执行搜索的战机变更任务，立即攻击新发现的日军舰队。虽然俯冲轰炸机挂载的 227 公斤炸弹无法对拥有重装甲的战列舰造成致命伤害，但美军显然不会轻易放弃难得的攻击机会。在 4500 米高空完成集结之后，俯冲轰炸机中队中队长罗伯特·里埃拉少校向大家分配了作战任务：他亲自率领一组轰炸机攻击领头的"山城"号，摩尔带另一组进攻"扶桑"号，战斗机中队中队长弗雷德里克·巴库提斯少校率"地狱猫"向下俯冲，用机关炮和火箭炮压制敌舰防空火力，为轰炸机投弹创造更好的机会。

根据"最上"号的战斗记录，该舰 8 时 55 分发现 27 架美机快速逼近，"我舰在敌接近至 20 公里时以 203 毫米主炮对空射击"。西村舰队所有舰船纷纷开火。9 时 40 分，"企业"号机群对"最上"号投下的炸弹 3 颗取得近失，机枪扫射造成舰上 2 名水兵阵亡、6 人负伤。

1 颗炸弹准确命中"扶桑"号舰尾，2 架停放在弹射器上的水上飞机起火。即使诱发的更大火势持续一小时才被扑灭，但"扶桑"号的机动能力丝毫未受影响。西村旗舰"山城"号舰体中部挨了 1 颗近失弹，右舷进水导致舰体倾斜 5 度，在左舷舱室注水后才恢复平衡。美军"地狱猫"给日军留下了深刻印象，舰上一名军官回忆说："敌人的子弹雨点般射向舰桥，到处飞溅，约有 20 人中弹身亡。"虽然离他不远处的一名军官受伤倒地，但舰桥上的西村纹丝不动，一脸冷峻。

"时雨"号记录 8 时 23 分开始与 30 架敌机交战。该舰一号炮塔顶部被 1 颗炸弹命中，战后防卫厅公布的官方战史记载，"爆炸导致炮塔内 6 人受伤、5 人阵亡"。侥幸活到战后的"时雨"号舰长西野繁对此持否定态度，"这肯定是哪里搞错了，炸弹是擦着炮塔边在舷外海面爆炸的。没人战死，只有一名水兵受伤，还是无关紧要的擦伤"。即使被命中 1 颗炸弹，"时雨"号的适航性未受任何影响，仍保持原来航向高速航行。三大祥瑞之一"时雨"号果真名不虚传。美军的空袭仅持续 5 分钟就匆匆结束。他们原本在执行侦察任务，进攻只是放羊拾柴火——捎带的。攻击机群中并无鱼雷机存在，美机俯冲投下的 227 公斤炸弹无法对皮糙肉厚的"扶桑"号和"山城"号构成致命伤害。

在 300 米低空俯冲扫射 1 艘驱逐舰时，"企业"号战斗机中队中队长巴库提斯的座机引擎中弹，少校不得不在日军舰队以东海域迫降。"飞机降落在海面上，非常平稳，"他后来回忆说，"不比在航母上更颠簸。"那里的海水是这么清澈，以至于巴库提斯可以清楚看到自己的飞机缓缓沉入海底。

几架"地狱猫"在空中盘旋，为中队长提供掩护。约 16 公里外，日军战列舰主炮仍在朝这边炮击。1 架"地狱俯冲者"飞来，向少校投下一个橡皮救生筏，但飞行员所能提供的帮助仅限于此。很快，巴库提斯就必须独享那份孤独了。

第一个晚上还好，半个月亮照亮了大海，救生筏底部异常冰冷，让他几乎无法入睡。次日天气突然变坏，大浪打得救生筏如风中枯叶，即使最强壮的人也会吐个不停。巴库提斯落水后只吃了点儿麦乳精和糖果，已经没什么可吐的了。他吃了半个苹果，抿了一小口有限的淡水。当晚有雨，巴库提斯试图收集雨水，效果不大。第三天，空中有几架美军 B-24 飞过，他们并未发现漂在水上的巴库提斯。大浪使救生筏里灌满了水，他的手和屁股被泡得很白，很疼。傍晚时分，一只海鸟落在他头上，巴库提斯伸手抓住了它。他用刀把海鸟脑袋切掉，喝了点儿鸟血，然后切开它的肚子，发现里边有一条小鱼还未消化，于是把它吞了下去。

第七天后，10月30日天快黑时，美军潜艇"鲂鱼"号发现1000米外，海上一个不明物体在缓缓移动。当听到有人朝自己喊"喂"时，巴库提斯知道磨难就要结束了。此时他饥肠辘辘，严重脱水，浑身都是水泡。但幸运的是他还活着。潜艇报告上写着这样的记录："考虑到他已经在窄小的救生筏上漂泊了7天，他的身体状况还算不错。"

次日，巴库提斯被转移到潜艇"安康鱼"号上。巧合的是，该艇艇长富兰克林·赫斯中校是他海军学院的同班同学。两人一个在天上，一个在水下，却以这样的方式在海面重逢，的确令人惊叹不已。老同学把他带回澳大利亚。12月5日，巴库提斯重返前线，此时他的飞行中队已经转往"列克星敦"号。他后来又击落了几架日机，1969年以少将军衔从海军退役。

美军机群从视野中消失之后，西村下令排出防空阵形，准备迎接第二轮空袭。西村觉悟似乎不低，他认为自己多遭受一些攻击，就能为栗田主力舰队突入莱特湾创造更多、更好的机会。但让西村纳闷的是，预计很快将会来临的第二轮空袭迟迟未到。西村于是率部继续向西航行。14时，航行至苏禄海内格罗斯岛南端的西村向主力舰队发去电报："第三部队将按预定计划突入苏里高海峡，目前舰队航向140度、航速18节。"西村还将水上飞机发回的莱特湾内美军舰艇的分布情况发给了栗田。尽管信息并不准确，但参谋长小柳还是感慨地说："这是整个作战过程中，我们收到的关于敌情的唯一一份情报。"

未对西村舰队发起持续攻击并非戴维森少将忽然发了善心，而在于第二大队的侦察机在锡布延海有了新的发现。那里出现了一支更庞大的日军舰队，吃肉当然要挑肥的。早于戴维森和谢尔曼，清晨6时05分，第二大队博根少将下令放飞了"无畏"号18架"地狱猫"和6架"地狱俯冲者"，对230度到290度区域实施560公里带弹搜索。搜索队在执行任务过程中与零星日机进行了格斗。第六搜索小组收获颇丰，7时45分，他们在科雷希多岛和巴丹半岛之间发现轻巡洋舰和驱逐舰各一艘，于是断然发起进攻。两艘日舰均受到中等程度伤害：轻巡洋舰"鬼怒"号伤亡水兵47人，驱逐舰"浦波"号伤亡25人。

第三搜索组在飞至民都洛岛以南56公里时有了重大发现。俯冲轰炸机飞行员马克斯·亚当斯中尉报称雷达在 90 度方位、46 公里外发现可疑目标,当即呼叫护航的两架"地狱猫"一起加速向南飞去。7 时 46 分,他们在 2700 米高空发现海上出现了 6 条白色航迹。战斗机飞行员比尔·米勒中尉忍不住惊呼道:"敌军舰队正在民都洛海峡东进,全是大家伙!"

8 时 15 分,亚当斯的副驾驶马克·埃斯利克少尉发出了简洁明了的接敌报告:"民都洛海峡南端发现敌 4 艘战列舰、8 艘重巡洋舰、13 艘驱逐舰,航速 12 节,航向 50 度,舰队中无油轮和运输船。"第四搜索小组飞抵科伦湾后一无所获,返航途中同样发现了这支舰队。从舰队构成就能看出,两个美军搜索小组发现的正是栗田亲自领军的主力舰队。

第三舰队参谋长卡尼少将高度评价飞行员发回的报告:"非常好!在以往历次海战中,从没有一份侦察报告像今天这样准确、详细,而且如此迅速,真要好好感谢飞行员们如此完美地完成了任务。"虽然栗田舰队的实际构成是战列舰 5 艘、重巡洋舰 7 艘、轻巡洋舰 2 艘和驱逐舰 13 艘,很显然美军飞行员将 1 艘战列舰看成重巡洋舰,将 2 艘轻巡洋舰看成了重巡洋舰。但是瑕不掩瑜,这份报告的准确性是空前的。本次搜索的确属于太平洋战争中出色的侦察之一。但老酒以为,它的重要性远远比不上中途岛海战时"卡塔琳娜"飞行员霍华德·艾迪中尉发回的那封发现南云机动部队的电报。栗田舰队并无航母,无法发起远距离打击,在前往莱特湾的漫长航途中迟早会被发现。

日军主力舰队终于露出行踪。好消息传到"新泽西"号上,一直郁郁寡欢的哈尔西忽地从椅子上跳了起来。敌舰队位置、航速、航向被迅速标注在海图上。根据航向判断,他们只能前往圣贝纳迪诺海峡,最终目的地无疑正是莱特湾。哈尔西认为,金凯德的第七舰队已足够强大,足以应对莱特湾一带出现的任何情况,同时担负起支援陆上战斗的"轻松"任务。"至于我的第三舰队,它的任务是进攻,"哈尔西后来回忆说,"它在大海上劈波斩浪,带着它的新型航母和战列舰,随心所欲对敌军舰队发起进攻。"

8 时 22 分,哈尔西发出命令:位于南北两个方向的第三、第四大队立即向居中的第二大队靠拢,集中力量形成拳头,向栗田舰队发出致命一击。8 时 37 分,兴奋异常的哈尔西向全舰队下达了进攻命令。分布在菲律宾以东海域上百艘美舰的扩音器,都响起了哈尔西通过高频无线电对讲机发出的号令:"攻击!重复一遍，攻击！祝你们好运！"这道命令和两年前圣克鲁斯海战时他下达的那道命令毫无二致。但毫无疑问，现在哈尔西的底气更足了，腰杆更硬了。

此前判断日军主力舰队不敢出战，很显然日本人不是孬种，他们竟然冒死出击了。此时此刻，哈尔西可能觉得放走麦凯恩第一大队有些可惜。8时46分，他致电麦凯恩，取消补给休整计划，立即与第三十特混舰队第八大队会合，完成海上加油后，以最快速度向北返回战场。

兴奋过头的哈尔西显然忽略了一个问题，也可能他本身就是蓄意的。按照正常的指挥程序，他应该将上述命令下达给第三十八特混舰队司令官米切尔中将，再由后者向各大队下达。但哈尔西跳过米切尔，直接对他的下属下令。哈尔西这么做是为了节约时间，避免因层层传达出现延误，还是由于个人的疏忽，已经不得而知。但有一个人对此肯定非常在乎，那就是本应该发出命令的米切尔，至少出动舰载机的命令应该由他发出。之前哈尔西明确，航空作战由他全权负责。哈尔西用这种方式将米切尔排除在外，至少是不太礼貌的。

9时刚过，戴维森第四大队发来了新消息："苏禄海发现一支日军舰队。"戴维森正根据命令在向博根靠拢，他的舰载机已经够不到这支舰队了，这正是西村纳闷敌军空袭迟迟不到的原因。西村舰队位置很快被标注在海图上，他们显然也是前往莱特湾的，不过选择的航道是南方的苏里高海峡。

12时05分，从莫罗泰岛基地起飞的1架陆军B-24轰炸机在苏禄海发现了另一支日军舰队，距戴维森3小时前发现的那支舰队仅75公里，由3艘巡洋舰和数艘驱逐舰组成。陆军飞行员发现的正是志摩第二游击部队。由于西村和志摩距离很近，哈尔西和金凯德都把它们看成同一支舰队的两部分。幸好这一"误判"并未对之后的作战产生不利影响。

"新泽西"号作战室闪闪发亮的甲基丙烯酸板上，标出了3支日军舰队的准确位置。敌情已经明朗，两支——其实是3支——日军舰队分别沿南北两条水道，试图对莱特湾实施南北夹击。这两路日军都无须过多担心，让哈尔西纠结的恰恰是至今仍杳无音信的日军航母舰队。谢尔曼拂晓时分向北派出的侦察机飞得不够远，未能及时发现日军北路舰队。实际上，作为诱饵的小泽舰队正在吕宋岛东北320公里海面上缓缓行驶。小泽命令各舰频频释放烟幕，使用各种频率进行无线电通信，等待被美军发现后及时掉头，将敌主力舰队引到更北的地方去。

哈尔西一直忧心忡忡，美军必须尽快找到日军航空母舰。不然，它们随时可能向他的舰队猛扑过来。它们到底在哪儿呢？难道目前发现的两路日舰都是佯攻？当断不断，必受其乱，哈尔西迅速做出决定，先集合第三十八特混舰队所有力量，迎击锡布延海的敌军舰队。至于苏禄海出现的那支偏师——哈尔西估计其作用很可能只是牵制——就交给金凯德第七舰队去应付好了。

哈尔西并未将自己的想法告诉金凯德，两人之间并未建立顺畅的通信联络。麦克阿瑟坚持要将第七舰队置于自己的指挥之下，禁止金凯德直接和哈尔西沟通。如果金凯德需要和哈尔西联系，他必须将加密电报发往位于马努斯港的通信站，列入广播清单等待转发。这种转发是所有美军参战舰艇都可以接听到的，但发报者希望内容只发给指定呼号的舰船或部队。

马努斯港美军基地的通信任务相当繁重。大多数电文被认为是紧急的，根本不允许有特殊照顾。工作人员手头堆积了厚厚的电报，工作量剧增导致他们不堪重负，"加急"在他们眼中完全失去了意义。他们只能按照收到顺序依次发出，或者拍脑袋决定哪一个应该最先发出。其结果是，哈尔西和金凯德之间的无线电通信有可能滞后几个小时，甚至在收到时已经失去了实际意义。况且那些电报经常是次序颠倒的，很难在短时间内做出准确判断。这还算好的，有些电报根本就收不到。为确保能够及时跟踪事态进展情况，第七舰队参谋部安排专人收听哈尔西的通信电报并翻译收到的所有电文，不管是不是发给他们的。

糟糕的通信——大部分是人为设置——再加上电报词句组织不当造成的误解误译，偶尔还夹杂着通信中断，导致金凯德和哈尔西必须在不完整情报的基础上做出分析判断。对瞬息万变的战场来说，这种蹩脚通信实在太耽误事了。两支美军舰队指挥官不能及时、清晰地沟通情报，再加上缺乏统一上级，必然导致两支实力都足够强大的舰队不能最大效率协同作战，为接下来的战斗带来了一系列不利影响。

考虑到航母舰队不一定能将日军中路舰队的舰船全部击沉，当晚仍有发生水面夜战的可能——尽管这种可能性很小，15 时 12 分，哈尔西给米切尔中将、战列舰舰队指挥官威利斯·李中将及各特混大队司令官发出了一份名为"作战方案"的电报：从第二大队和第四大队抽调部分水面舰艇，临时组建第三十四特混舰队，兵力包括新式战列舰"新泽西"号、"衣阿华"号、"华盛顿"号和"阿拉巴马"号，重巡洋舰"新奥尔良"号、"威基塔"号，轻巡洋舰"迈阿密"号、"文森斯"号、"比洛克西"号，第五十二、第一〇〇分队的14艘驱逐舰，在李中将的指挥下实施远程水面打击。第二、第四大队剩余舰船单独行动。

关于这道在后来引发无数争议的命令，战后哈尔西在自传中这样写道："这份电报对第二天的战斗起到了关键作用。当时我只是想要各舰注意，如果有水面大战机会，我将从第三十八特混舰队把指定舰只抽出来组建第三十四特混舰队，并作为战列舰队前出作战。可以确定这不是一份执行电报，而是一份战斗方案，而且我也是这么标识的。为确保我属下的指挥官不会误解，我通过无线电告诉他们，'如果敌人从圣贝纳迪诺海峡出击，接我命令后成立第三十四特混舰队'。这条说明性电文只有博根和戴维森两支特混大队收到，因为需要抽调的舰船要从他们那里派出。"

对哈尔西这道命令，第一高兴的当数凭瓜岛海战一战成名的神枪手李中将。战列舰逐渐沦为海上新贵航空母舰的贴身保镖，李已经很难捞到单独出手的机会。现在战列舰对决的可能性依然存在，怎能不让李精神抖擞、豪情满怀？如果李和栗田——两人名字念上去都有李——各由4艘战列舰（后来"武藏"号在锡布延海战沉）担纲的两支舰队在海上对掐起来，那将是多么激动人心的壮观场面呀！栗田在巡洋舰上稍占优势，李在驱逐舰方面稳占上风，这绝对是一场势均力敌的殊死较量。可惜的是，这样的场面被哈尔西活活搅黄了，痛心呀！

第二高兴的无疑是金凯德。虽然不太合规，但第七舰队通信人员广泛应用从别人频道上截听的办法，获取了哈尔西15时12分发出的电报。金凯德据此认为，奥尔登多夫的火力支援编队只要守住苏里高海峡就可以了。他希望攻击力更强的第三舰队可以击退来自日本本土或通过圣贝纳迪诺海峡前来进攻的所有日军舰队。哈尔西这一分兵举措，无疑正是为了同时兼顾以上两个方向。也就是说，金凯德认为已经有一支强大的水面舰队在固守圣贝纳迪诺海峡。他告诉身边的参谋："哈尔西怎么会放弃执行这个周密的战斗计划呢？这是不可理解的。"由于麦克阿瑟不许他和哈尔西直接联系，金凯德对哈尔西命令的真正含义只能是猜测。两人本就心存芥蒂，从个人情感上来说，金凯德也不大愿意主动去联系哈尔西。

第三高兴的当数远在珍珠港的尼米兹和他的幕僚。夏威夷和华盛顿同样高度关注着前线战况。尼米兹和他的参谋人员认为，哈尔西这种战术安排非常适合当时的战场情况——把航母部分护航力量抽出来对付敌人水面舰艇，同时在隐蔽位置雪藏空中打击力量。虽然未能收听到"执行"该计划的详细命令，但他们推断"执行"信号可能已通过 TBS 发出，只是珍珠港无法收到而已。坐镇华盛顿的金上将和尼米兹判断基本一致。在金、尼米兹和金凯德的脑袋里，第三十四特混舰队已经成立了，非常适合对付已被发现的日军中路舰队。

虽然远在数千公里外的大后方，但凭借出色的战略眼光，尼米兹还是觉得日军行动有些诡异：除非日军要动用航空母舰，否则，他们不会把这么多水面舰艇派往有大量美军航母驻守的海域。有确切情报显示，日军航空母舰此前正在本土训练。尼米兹判断，它们将在小泽治三郎的率领下从北方开来，配合已被发现的中路舰队和南路舰队，对莱特湾实施三面夹击。出于对好友的信任以及自己一贯不干预前线指挥的做法，尼米兹并未发出提醒电报，他知道哈尔西一定会注意到这点的。

尼米兹的判断一点儿没错，同一问题同样令哈尔西感到困惑，日本人的航母到底哪里去啦？按以往惯例，日军航母肯定会出来打头阵的，或者至少会全力支援水面舰艇对莱特岛滩头的进攻行动。但不管是潜艇还是从中国大陆和新几内亚出发的侦察飞机，都没报告过在新加坡或文莱一带发现日军航母，它们显然仍在日本本土。如果它们要参加战斗，势必从北方直接南下。13 时 34 分，哈尔西命令米切尔："敌航空母舰位置不明，务必高度关注北方状况。"

让哈尔西气恼的是，偏偏位于北方的第三大队无法执行米切尔的命令，他们正在抵抗日军战机的疯狂攻击。由于应对持续不断的空袭和营救中弹起火的"普林斯顿"号，谢尔曼迟迟无法向北方派出搜索力量。时间到了下午，日军航母依然踪影皆无。第三舰队航空参谋道格拉斯·莫尔顿中校按捺不住心中愤懑，不停用拳头擂击海图："该死的日军航母到底在哪里？！"在北方数百公里外的海面上，"瑞鹤"号上的小泽可能有类似的挫败感："一向精明的美国人怎么还没发现我们呢？！"

鉴于美军航母就在菲律宾群岛以东活动，栗田从未奢望在前往莱特湾的漫长航途中免遭敌人的空袭。让他郁闷无比的是，24 日天气晴朗，海上波澜不惊，对他这支几乎毫无空中掩护的庞大舰队极端不利。7 时 02 分，栗田下令出动 7 架水上飞机——"矢矧"号和"金刚"号各 2 架，"鸟海"号、"铃谷"号、"能代"号各 1 架，对美军航母舰队最可能出现的圣贝纳迪诺海峡以东海域实施搜索。令人无比沮丧的是，侦察行动并非为了发现敌人并率先进攻，而是为了尽量避免挨打。

清晨 7 时 30 分，"大和"号率先发出"发现敌机"的警报，不过很快被证实不过是瞭望哨的过度反应而已。栗田对前一天在巴拉望水道的损失还心有余悸，他知道手中这支已被美军发现的舰队正在向敌舰载机的攻击范围内前进。舰队如此庞大，想躲过美军空中侦察绝无可能，空袭来临只是一个时间问题。7 时 47 分，未雨绸缪的栗田下令进入塔布拉斯海峡的第一部队展开环形防空阵形。内环直径 4000 米，由战列舰和巡洋舰组成，外环直径 7000 米，由驱逐舰组成，旗舰"大和"号位于圆心，被两个环团团拱卫。7 时 59 分，随后进入海峡的铃木第二部队照此运作，核心是"金刚"号快速战列舰。栗田和铃木之间相距 12 公里。

果不其然，8 时 10 分，"大和"号瞭望哨在 5 万米距离发现了 3 架美机。这回不是草木皆兵，狼真来了。栗田下令舰队加速至 24 节，同时向 60 度方向转向试图欺骗敌人。但直到美军攻击机群出现之前，那 3 架飞机一直在附近空域盘旋，时刻窥视着日军舰队。9 时 30 分，1 架美机试图接近第二部队的轮形阵，"金刚"号和"筑摩"号同时开炮将之驱走。鉴于美机频频对外发出接敌电报，栗田命令"武藏"号实施电子干扰，效果不明。空袭随时可能来临，10 时 18 分，第七巡洋舰战队司令官白石万隆下令剩余 5 架水上飞机——"熊野"号 1 架、"利根"号和"筑摩"号各 2 架——全部起飞，前往圣何塞机场避难。如此，栗田舰队就只剩下"大和"号 3 架用于执行校射任务的水上飞机了。

10 时 08 分，"能代"号雷达探测到 90 度方位、110 公里外有大批美机飞来。5 分钟后，"大和"号在 85 公里外、130 度方位同样发现了来袭机群。10 分钟后，"羽黑"号在 130 度方位发现敌机。10 时 25 分，"大和"号和"武藏"号瞭望哨同时捕捉到 30 公里外的美机编队。此时栗田舰队刚刚驶出塔布拉斯海峡，进入锡布延海仅半小时。看到最担心的事情还是发生了，栗田立刻传令："敌军空袭临近，全体官兵各就各位！"他同时致电马尼拉基地航空部队司令部，速派战斗机前来增援。日军水兵纷纷奔向各自战斗岗位，无数高炮和防空机枪齐刷刷昂起了头，一起指向美机来袭方向，甲板上的所有易燃物被提前推入大海。

来袭美机全都来自博根少将的第二大队，位于圣贝纳迪诺海峡东出口之外，与栗田舰队距离最近。美军第一拨攻击有 21 架战斗机、12 架俯冲轰炸机和 12 架鱼雷机，分别来自重型航母"无畏"号和轻型航母"卡波特"号。美军机群在距敌 20 公里处分成三组，背阳朝日军第一部队猛扑过来。"大和"号 10 时 26 分率先开火，1 分钟后，"长门"号高炮也打响了。仅十几秒钟之后，第一轮形阵所有日舰全部开始对空射击，锡布延海海战在隆隆炮声中正式拉开序幕。

大部分美军飞行员还是头一回看到日军声名显赫的战列舰队。要打肯定挑块头大的，两组美机分别选择了"大和"号和"武藏"号，第三组则将"长门"号和"妙高"号作为进攻目标。10 时 29 分，美军俯冲轰炸机从云层中突然蹿出，从"武藏"号右舷舰首、舰尾两个方向突入投弹。1 颗 60 公斤炸弹准确命中一号炮塔顶盖，这颗哑弹被战列舰坚固的炮塔顶盖弹开。3 颗炸弹分别在舰首和舰体中部两舷取得近失，舰首部位的近失弹造成水下舰体破裂进水。为了给轰炸机俯冲创造条件，3 架"地狱猫"使用机枪对准战列舰上层建筑肆意扫射，第一机炮群指挥官星周藏中弹倒毙。"武藏"号和"大和"号像两头笨拙的大象，扭动着巨大的身躯左冲右突，竭力躲闪纷纷落下的炸弹。

俯冲轰炸机投弹完毕，掉头返航，轮到鱼雷机闪亮登场。10 时 33 分，美军 3 架"复仇者"向"武藏"号右舷投雷。虽然两条从舰底穿过，但最后一条鱼雷准确命中战列舰右舷后部 130 号肋骨部位。剧烈爆炸导致"武藏"号出现 5.5 度右倾，舰体右侧隔壁受损，七号、十一号锅炉舱侧板损坏，海水汹涌灌入，导致巨舰航速骤减。爆炸产生的剧烈震动造成前主炮方位盘卡死，炮长越野下令切换后部方位盘瞄准。

"武藏"号上，信号兵细谷四郎危险地蹲在第二舰桥一个露天信号台上对空眺望。一旦战斗打响，他就没多少事儿可做了。细谷看到美机冲破高炮编织的密集火网，向"大和"号猛扑过去，巨舰周围立即升起了 6 条水柱，几乎看不见那艘舰了。接着便传来消息说，它正在下沉。细谷绝不相信这样的谣传，"大和"号是永远不会沉没的。他恐惧地透过正在落下的水柱观察，直到再次看见它劈波斩浪向前航行，就像以往演习时那样威武雄壮。细谷和大多数同伴坚信，自己脚下的"武藏"号比它的姊妹舰还要坚固，它同样是永不沉没的。

猛然间，细谷正前方升起一条 30 米高的冲天水柱，甲板上的水兵都被淋成了落汤鸡。"武藏"号舰身抖动了两下，细谷所在的信号台也跟着摇晃起来。他想吐，却吐不出来。"武藏"号照样若无其事地继续前行，它的确是坚不可摧的。"武藏"号与"大和"号基本设计一样，但它比"大和"号结构更好，舰上有豪华的长官起居舱，并因此获得了一个很酷的外号叫"宫殿"，前两任司令长官山本五十六、古贺峰一都曾将它作为旗舰。让细谷等人气愤的是，为什么在"捷一号"这样的重要作战中，栗田不选择它作为旗舰。这些年轻人当然不知道，栗田为选择"大和"号作为旗舰曾付出过多少努力，最终因座舰被击沉才戏剧性地登上了"大和"号。

发现美机来袭时，炮长越野曾向猪口敏平申请发射对空三式弹，遭舰长严词拒绝。日军战列舰、航空母舰、巡洋舰舰长通常由海军大佐出任，但参加莱特湾海战的四路舰队中，却出现了为数不少的少将舰长。他们包括"瑞鹤"号舰长贝塚武男，"伊势"号舰长中濑泝，"武藏"号舰长猪口敏平，"扶桑"号舰长阪匡身，"山城"号舰长篠田胜清。他们都是在10月15日刚刚获得晋升的。按照惯例，他们应该离开舰长位置履新。但大战在即，时间太仓促，无法换人，这才出现了海军史上少见的数位少将舰长。除中濑之外，其余4人都在本次海战中丧命，不过也清一色被追晋海军中将。

"武藏"号舰长猪口1896年8月11日出生于鸟取县，1918年11月从海兵第四十六期毕业后曾在横须贺海军炮术学校深造并担任炮术教官，之后历任"日向"号分队长、"鬼怒"号炮术长、第二驱逐舰战队炮术参谋、"扶桑"号炮术长、联合舰队炮术参谋、"球磨"号副舰长等职，1939年11月晋升大佐。太平洋战争爆发时，猪口是海军炮术学校教务主任。此后相继出任"妙高"号、"高雄"号舰长，1944年8月15日接替朝仓丰次出任"武藏"号第四任舰长。从以上履历可以看出，猪口职业生涯的大部分时间与"炮术"有关。他的弟弟猪口力平也在海军服役，很快将在后文中出现。

作为海军首屈一指的炮术专家，猪口清楚三式弹对炮膛有巨大的磨损作用：为将这种"大烟花"一样的霰弹射入万米高空，需要使用更大分量的发射药包，大大增加对炮管的磨损和烧灼，导致射击精度下降。猪口念念不忘此行目的是突入莱特湾，用主炮攻击敌登陆船队。虽然"武藏"号已经受伤，但猪口依然禁止越野用主炮发射三式弹。

第五巡洋舰战队旗舰"妙高"号运气欠佳。美军3架"复仇者"分别从舰首和舰尾方位实施雷击，舰长石原丰虽竭力避开了来自舰首的两条鱼雷，但第三条鱼雷还是准确命中重巡洋舰右舷第 232 号至第 256 号肋骨之间区域。剧烈爆炸造成水兵 25 人死亡、3 人受伤，后部发电机室、轮机室、内外轴室进水。10 时 35 分，"妙高"号右倾达到 12.5 度，航速骤减至 15 节，逐渐从大队列中脱离。坐镇"妙高"号的战队司令官桥本信太郎无奈于 11 时 38 分转移到"羽黑"号上继续指挥。11 时 25 分，栗田命令重伤的"妙高"号向科伦湾返航。鉴于舰队驱逐舰严重不足，栗田决定不再派驱逐舰为之护送。13 时 16 分，栗田电令为"高雄"号护航的"长波"号舰长飞田清掉头，执行护航"妙高"号的任务。

返航中的"妙高"号曾经遭到美军第二拨攻击机群袭扰，所幸没有再次受伤。经损管队员不懈努力，13 时 12 分，巡洋舰右倾减小到 6.5 度，航速提高到 18 节，随后与前来护航的"长波"号会合。两舰于 10 月 25 日 7 时 43 分顺利驶入科伦湾。

块头不小的"长门"号同样是美机重点关照的对象。它机敏地躲开了从舰首右前方落下的炸弹，只挨了两颗近失弹。"大和"号更幸运，除舰首挨了一颗近失弹外，它避开了美军的所有攻击。

美军第一拨攻击 10 时 40 分戛然而止，仅持续了 11 分钟。攻击导致日军 2 艘战列舰轻伤，1 艘重巡洋舰重伤退出战斗。10 时 46 分，栗田下令舰队减速到 18 节。为规避美军潜艇的偷袭，10 时 53 分，栗田下令舰队改为 Z 字形行进。严格来说，美军第一轮空袭给日军造成的损失并不算太大。但是栗田清楚，既然舰队行踪已经暴露，此时仅仅是上午时分，肯定还有数轮更猛烈的空袭会接踵而来。

美军首轮攻击付出的代价是雷蒙德·斯凯利中尉和威拉德·弗莱彻少尉 2 架鱼雷机被高炮击落，机组成员全部失踪。另有 2 架俯冲轰炸机受伤，其余飞机在 12 时 45 分顺利返回母舰。以往日军高炮打下 1 架美机都算不俗的战绩，这回一下子打下 2 架，证明舰队在本土加装那么多高炮还是有点用处的。

11 时 24 分，"大和"号瞭望哨报称舰队右前方疑似出现了潜望镜。11 时 33 分开始，各舰又 3 次报称发现了事实上并不存在的雷迹——日军瞭望哨快被美军潜艇折磨成神经病了。其间，栗田收到西村发来的电报，"第三部队遭美军舰载机空袭，损失轻微"。

果然不出栗田所料，美军第一拨攻击结束仅一小时后，11 时 54 分，"武藏"

号率先发出了空袭警报，"290度方位、81公里外出现不明身份机群"。12时整，"羽黑"号发现敌机已逼近至150度方位、40公里之外。3分钟后，来袭机群出现在各舰瞭望哨视野之中。栗田下令舰队加速至24节以应对空袭。12时06分，"长门"号高炮率先打响。

由于戴维森少将第四大队奉命向北靠拢，谢尔曼少将第三大队正在拼命抵挡日军陆基航空兵和航母舰载机的联合攻击，美军第二拨攻击机群——10架"地狱猫"、12架"地狱俯冲者"和9架"复仇者"全部来自博根少将的旗舰"无畏"号。美军本次进攻的目标为块头最大的"大和"号和"武藏"号。

但这天似乎是"大和"号的幸运日，从12时07分到15分的8分钟里，该舰仅被命中2颗近失弹，可谓吉星高照。值得一提的是，与猪口绰号"炮术之神"类似，"大和"号舰长森下信卫被称作日本海军"操舰第一人"，在规避打击方面果然有好几把刷子。

更多美机选择群殴已经受伤的"武藏"号。首先投入进攻的是8架"地狱俯冲者"，它们借助云层掩护从舰首和舰尾方向突入，朝"武藏"号发起俯冲投弹。第一颗命中弹落在左舷第15号肋骨附近，从舰首甲板贯穿而入，剧烈爆炸将左侧甲板炸得翻卷起来。第二颗命中弹在左舷第138号肋骨附近穿透两层甲板，在中层甲板10号水兵舱炸响。爆炸引发的大火迅速蔓延至2号轮机舱和10号、12号锅炉舱，剧震导致2号轮机舱蒸汽管道破裂，炽热的高压蒸汽奔涌而出。"武藏"号动力只能依靠1号、3号、4号轮机舱。由于10号锅炉舱隔离门无法关闭，12号锅炉舱通风管道破裂，此处水兵只好关闭锅炉后撤离。另外，还有5颗炸弹对"武藏"号取得近失。

来自高空的"地狱俯冲者"刚刚飞走，6架"复仇者"的低空掠海攻击就接踵而来。虽然"武藏"号左右摇摆，竭力规避，1条和2条鱼雷分别从舰首和舰尾之外掠过，但是剩余3条鱼雷仍然准确命中巨舰左舷第80号、第110号、第145号肋骨部位。三声惊天动地的巨响之后，昔日不可一世的"武藏"号左倾5度，舰首下沉2米有余。看到战舰在美军的轮番攻击下摇摇欲坠，炮长越野再次请示舰长，准许用三式弹迎击敌机。越野的意见得到副舰长加藤健吉的支持，沮丧的猪口只好表示赞同。这一决定明显太晚了，在抵御本轮空袭中，"武藏"号只发射了9发三式弹。部分动力丧失加之舰首下沉导致阻力大增，"武藏"号航速逐渐降低到 22 节，被快速行进的大部队甩在后边。经损管人员奋力抢救，舰体倾斜被纠正到 1 度左右。

美军第二拨攻击仅持续了 8 分钟，为加重"武藏"号伤势同样付出了一定代价。3 架俯冲轰炸机被高炮击落，威尔逊·麦克奈尔上尉、约翰·博伊尔少尉两个机组成员悉数阵亡。乔治·赖利上尉的鱼雷机因伤重迫降海上，机组成员集体失踪。越野声称在防空战中击落美机 7 架，显然含有浮夸成分。

13 时整，"大和"号收到猪口的报告："我舰最高航速仅能维持 22 节。"看着被打得面目全非的"武藏"号一瘸一拐跟在队伍最后面，栗田心如刀绞。他开始痛苦地思考，是否让重伤的巨舰继续随队前行。如果"武藏"号继续跟随主队前进，这艘"不沉战舰"很可能在即将到来的不止一轮空袭中被敌机击沉。如果现在让其返航，将大大减弱舰队随后参加炮战的攻击力。思忖片刻，栗田毅然下令舰队减速至 22 节，等待"武藏"号一起前进。虽说降低航速将使舰队更易遭到敌机打击，但出于责任感，栗田实在不愿意把"武藏"号独自丢在后面。

在做出以上无奈安排的同时，栗田心中升起了一股无名之火："受命为舰队提供空中掩护的陆基航空部队都死到哪里去了，任由老子在这里挨炸？"进入锡布延海以来，栗田盼星星盼月亮，连护航飞机的毛都没盼来一根。战后，日军第二航空队司令官山口森吉在接受审讯时承认，曾经派出 10 架战斗机前往为栗田舰队护航，但栗田的记忆是根本没看到哪怕 1 架友机，它们很可能在途中就被击落了。

如果得不到空中保护，栗田不知道舰队还能顶住几轮空袭。13 时 15 分，他愤怒地发电请求空中支援："我舰队正在遭受敌舰载机的反复攻击，请贵方立即与敌接触及对敌进攻。"求援电报除发往马尼拉外，还发给了东京和老上司小泽。事实上，早在栗田发出电报之前，基地航空部队和机动部队均已采取了相应行动。

基地航空部队当然也有自己的苦衷。此前，前出至马尼拉的福留繁已经接到东京的命令，10 月 24 日发动航空总攻击，摧毁敌军航母舰队，同时为水面舰队冲入莱特湾提供空中掩护。刚刚现场指挥过台湾海空战的福留知道，凭自己手下那些"菜鸟"，根本无力与美军精锐舰载航空兵对抗，大西对此深表赞同。与其徒劳无功前往护航，不如直接向美军航母发起攻击，此乃"围魏救赵"之计也！

对福留提出的常规航空攻击，参谋长大西提出了异议。大西指出，面对数量和质量均占绝对优势的美军，凭日军现有战机和飞行员的技术水平，只能实施"特攻"方能奏效。两人争论了半个晚上，大西最终做出让步，24日投入进攻的所有日机仍使用以往常规投弹、投雷方式。

根据福留24日1时37分下达的命令，日军驻菲律宾各大机场立即陷入一片忙碌之中。6时35分，小林实率26架零战率先起飞。7时整，大渊珪三领军的6架"彗星"从马巴拉卡特机场升空。同一时间，江间保率领的38架九九式俯冲轰炸机也起飞了。10分钟后，鸳渊孝率领的16架零战从安赫莱斯机场起飞。日军攻击目标正是早些时间被水上飞机定位的谢尔曼少将第三大队。

福留并非一个人在战斗。24日凌晨，小泽机动部队以220度航向前往恩加诺角以东，北纬19度10分、东经126度40分预定海域。在西班牙语中，"恩加诺"本身就是"引诱、骗局"之意，正好与小泽舰队的使命吻合，也算冥冥中的天意。1时整，轻巡洋舰"多摩"号在280度方位侦听到疑似潜艇发动机的噪声。驱逐舰"初月"号立即猛扑过去，投放了数轮深水炸弹，战果不明。美军并无潜艇在该水域遭攻击的记录。

清晨5时45分，小泽命令"瑞鹤"号和"瑞凤"号依次放飞了7架"天山"和3架"彗星"，对185度、105度到227度区域实施565公里至685公里搜索。6时整，"大淀"号弹射了1架水上飞机，索敌线为105度。

7架执行搜索任务的"天山"均未发现美军舰队。其中4架于12时30分前陆续返回"瑞鹤"号。田宫和雄的飞机被"列克星敦"号战斗机飞行员查尔斯·菲利普斯中尉击落。"瑞凤"号2架"天山"返回后未能发现母舰，负责10号线的飞曹长狩谷谦治只好飞往马尼拉陆上机场，途中因天气恶劣在阿拉巴特岛迫降。樫尾繁太郎的飞机在11时45分迫降在阿帕里机场。此外，"大淀"号水上飞机的搜索行动同样无果，12时被巡洋舰回收。

10时48分，小泽收到马克坦岛——当年大航海家麦哲伦丧命之地——陆上机场发来的电报，"马尼拉70度方向，330公里海域发现包含至少两艘航母在内的敌机动部队"。尽管派出搜索机的情报尚未全部收回，小泽还是以陆上机场提供的位置为依据，于11时14分发出攻击命令："第三航空战队所有舰载机于11时45分出击攻敌，航向215度，进击距离440公里。"

命令发出仅 1 分钟后，负责 9 号线搜索的"彗星"飞行员伊藤直忠就发回了接敌报告："发现敌舰队，航母行踪不明，北纬 15 度 35 分、东经 124 度 10 分，马尼拉 70 度方向 350 公里。敌舰队航向正北，附近海域能见度 36 公里，云高 3000 米。"

陆上机场和伊藤发回的敌情基本吻合——方位相同，距离仅相差 20 公里。小泽从海图上看出，目前机动部队与敌舰队之间距离为 330 公里，处于绝佳的攻击位置。11 时 38 分，小泽电告丰田："我机动部队将于 11 时 45 分抵达恩加诺角 97 度、350 公里处，将派出零战 40 架、轰炸机 28 架、侦察机 2 架、鱼雷机 6 架，对位于马尼拉 70 度方位的敌机动部队发起攻击。我部航向偏西，航速 20 节。"

为鼓舞士气，11 时 45 分，小泽下令在旗舰"瑞鹤"号桅杆上升起了象征最后决战的"Z"字战旗。马里亚纳海战以来，这面旗帜已不再是胜利的象征，变成了飞行员的催命符。毫无例外，两次海战中升起这面旗子的"大凤"号和"瑞鹤"号全部葬身海底。

小泽舰队 4 艘航母全部转为逆风方向，陆续放出攻击机队。11 时 45 分开始，首先从 3 艘轻型航母上起飞了 20 架零战、9 架战斗轰炸机和 4 架"天山"。12 时 05 分，10 架零战、11 架战斗轰炸机、6 架"天山"和 2 架"彗星"也从"瑞鹤"号上起飞了。并不庞大的日军机群朝美军舰队所在海域隆隆飞去。派出的 62 架战机几乎是小泽的全部家当，他只留下 20 架零战为多达 4 艘航母护航。可以说在放飞攻击机群之后，小泽舰队同时丧失了进攻和防御的能力。

出击飞行员得到指令，完成攻击任务后不必再返回母舰，直接就近飞往吕宋岛陆上机场降落。小泽此举并非像马里亚纳海战时那样欲实施所谓的"穿梭轰炸"，而在于他认为大部分飞行员都不可能在战斗中幸存。即使有少数人能够返航，他们的技术也不足以在航母甲板上安全降落。与其如此，还不如让他们加入基地航空部队算了，眼不见，心不烦！

小泽急于放飞攻击机群，还有另一个令人哭笑不得的苦衷。此前，他已多次打破无线电静默频频发报，希望能引起美国人注意，毫无效果。他希望投入进攻的舰载机能尽快被美军发现，从而让哈尔西知道"我的航母来了，就在北方等着你呢"。对小泽来说，这无疑是一个痛苦的决定。但诱敌任务早一点儿实现，就能尽早缓解栗田舰队的压力。小泽知道，栗田舰队正在锡布延海遭受美军舰载机的无情打击。小泽是个尽职尽责的海军将领，他明白自己的任务就是尽早暴露行踪，即使全军覆灭也在所不惜，这是为最终取胜必须付出的代价。虽然并未经过商量，小泽和福留选择的却是同一个攻击目标，那就是位于最北侧的谢尔曼少将的第三大队。

对舰队 24 日上午可能遭到日军攻击，谢尔曼少将早有预料。23 日夜间，第三大队周围不断出现日军侦察机的身影。虽然夜航战斗机击落了其中 1 架，但仍有多架日机一直在舰队周围窥视，不断对外发出接敌电报。"埃塞克斯"号雷达屏幕上一度有不少于 5 架敌机——事实上并没那么多，其中很可能包含自己的飞机。谢尔曼少将断定，位置暴露的第三大队已经被日军准确定位。如果不是黑夜的话，说不定日军攻击机群已经现身了。

果然从清晨 7 时 50 分开始，各舰纷纷报告雷达屏幕上出现了众多回波光点，那无疑正是不断逼近的日军机群。"列克星敦"号甲板上，11 架"地狱猫"依次排开准备起飞。飞行员纷纷冲出待命室，快速向飞机奔去。经历了一整年战斗的高炮手挥舞着双手为他们壮行，"那些飞行员好像不是去开自己的飞机，而是在进行橄榄球比赛"。对那些即将上天的人来说，也许没有比这些炮手更出色的啦啦队了。虽然职责并不相同，但他们将联手摧毁敌机的攻势。

罗杰·博尔斯上尉率领一个 4 机小队朝 215 度方位爬升。飞出 32 公里后，他们最先与几架日机遭遇，格斗中击落敌机 3 架，博尔斯本人击落 1 架。亨利·邦扎尼上尉第二小队发现前方出现一大队日机，一些零战位于高空，掩护九九式俯冲轰炸机向第三大队快速逼近。邦扎尼小队 4 架飞机对零战完全视而不见，直接向位于中高空的俯冲轰炸机发起攻击。接连击落 3 架敌机之后，邦扎尼的高度从 5200 米降到 2400 米。他的 3 名同伴击落敌机 4 架，还与"兰利"号 1 架"地狱猫"分享了另一个战果。第三小队有 3 架飞机，他们只击落了 1 架"天山"。弗朗西斯·哈巴赫少尉追击一架敌机时发动机出现故障，最终不知所终。"列克星敦"号战斗机中队以损失 1 机为代价取得 11.5 个战绩。

"普林斯顿"号战斗机中队比他们更早投入战斗。在紧急起飞令下达之前，他们已有 3 个小队在执行空中巡逻任务。有"大红"呼号的詹姆斯·薛利少尉收到了两次方位引导，带队前往击落日军侦察机 2 架。稍后，位于 6100 米高空的薛利小队和 3050 米高空的卡尔·布朗上尉小队同时收到了战斗机引导官发出的指示。布朗立即率队爬升并多次询问引导官，前方到底有多少敌人。前几次询问没有回音。最后一次，引导官显然被布朗的啰唆激怒了，在无线电中大吼道："很多！很多！很多！"

布朗一点儿都没生气，反而感到非常兴奋，他知道刷数据的机会到了。当爬升到 5500 米高度时，薛利小队已击落了 2 架敌机。两个小队会合后，布朗发现迎面飞来一支庞大的日军机队，高度从 6100 米一直延伸到 7000 米。布朗向引导官汇报说："估计前方至少有 80 架敌机。"他只得到一个"明白，祝好运"的回复。他听到薛利在无线电中狂呼："成百架敌机，高空有，低空有，中间也有。我们要一直打到子弹耗尽为止！"

在接下来的几分钟里，日机以惊人的频率向海中坠落，尽管它们在数量上占据绝对优势。薛利不愧为杀手中的顶尖杀手，他打光了所有弹药，一举击落敌机 5 架。在最近 3 场空战中，他的个人战绩达到了 12 架。美军第三小队的加入使空战规模进一步扩大，天空中到处都是嗒嗒嗒的射击声。薛利小队的托马斯·康罗伊少尉声称击落 6 架敌机，吉恩·汤森德上尉声称击落 5 架。拉尔夫·泰勒上尉的飞机被日弹击中，腿部受伤的上尉仍然顽强飞回了母舰。并非所有人都有他这样的好运气，奥利弗·斯科特少尉在战斗中机毁人亡。此外，布朗上尉声称击落 5 架敌机，还有 2 个疑似击落。布朗小队的保罗·德鲁里少尉经过当天的战斗成功晋升王牌。

清晨 5 时 30 分，"埃塞克斯"号航空大队长戴维·麦坎贝尔中校早早起床到军官室用餐，然后喝了点儿咖啡和橙汁。在接下来的两小时里，他前往飞行员待命室，察看当天天气预报和晨飞情况。当最后一架执行任务的飞机离开甲板时，他知道航母上只剩 7 架战斗机了。值得一提的是，在 20 日带队执行扫荡民都洛岛圣何塞机场的行动中，在和僚机飞行员罗伊·拉欣少尉各击落了 1 架日军教练机后，麦坎贝尔又单独击落了 1 架侦察机。两个战果使他的总战绩提高到 21 架，成为海航第一王牌和首位战果超过 20 的人。麦坎贝尔想不到的是，他坐上这一位置后从未遭受到强有力的挑战。

此前，在马里亚纳海战中风头出尽的亚历山大·弗拉丘中尉一直和大队长共享海航第一王牌的荣光。在得到被大队长超越的消息后，弗拉丘评论说："我们其实并不清楚其他人做得如何。你起飞，出去转几圈，可能打掉一些飞机，再飞回来。在晚秋重新回到'列克星敦'号之前，我都不知道戴维已经超过我了。"争夺第一不仅需要过硬的技术，还需要相当好的运气。

随着座舱侧面太阳旗的数量越来越多，麦坎贝尔遇到了很多盟军顶尖飞行员都不愿面对的尴尬：上级开始有意识地保护他，限制他升空作战，认为他作为大队长应该更多留在舰上指挥，保存他的经验比让他击落更多敌机更重要。还有一点领导没有明说，就是担心他遭遇不测影响部队的士气。在 10 月 24 日战斗渐入佳境之际，麦坎贝尔却没被列入出击人员名单，在飞行员待机室坐上了冷板凳。

看看实在没事可做，麦坎贝尔回到了自己的舱室，准备撰写他最讨厌的作战报告。恰在此时，舰上拉响了空袭警报，广播里传出了急促的呼叫声："所有飞行员统统上机！"麦坎贝尔快速冲上甲板，跳入那架名叫"敏西三姐"的"地狱猫"座舱，系好安全带。飞机名字来自他生活在密尔沃基市的女友玛丽·布拉茨。麦坎贝尔曾驾驶过 4 架"地狱猫"：第一架"季风处女"在南鸟岛上空被防空炮火击伤退役；第二架"敏西"帮他取得了 10.5 个战果，其中第一个战果是6 月 11 日取得的；第三架"敏西二姐"未能取得战绩；现在这架"敏西三姐"是麦坎贝尔最得意的座驾，为他赢得了 23.5 个战果。

突如其来的紧急命令使飞机无法加满燃油。当他检查油量时，甲板下方飞行控制中心的广播中喊道："如果飞行大队长的飞机还没有准备完毕，就把它拖下甲板！"飞机副油箱是满的，但主油箱只加了一半燃油。麦坎贝尔挥手示意地勤人员取下加油管，表示已做好了起飞准备。弹射器把"地狱猫"猛地拉入飞行甲板，飞机咆哮着飞上天空。升空后，麦坎贝尔试射了几发机关炮，一切正常。

飞机爬升到 1800 米高度后，麦坎贝尔接到指令"前往北方 60 公里处"，雷达显示那个方向出现大量日机。因为一个小队的领队机出现故障无法起飞，包括麦坎贝尔在内，美军这个小机群只有 7 架"地狱猫"。向前飞行 3 分钟后，麦坎贝尔看到前方 40 公里外出现了一个大编队，大约有日机 60 架，其中"耗子、老鹰和鱼都有"——美军飞行员通常用这三种动物比喻日军战斗机、轰炸机和鱼雷机。

麦坎贝尔准备命令第二小队进攻位于低空的鱼雷机和轰炸机，自己率第一小队迎击零战。恰在此时，他的无线电设备出现故障，作战命令无法发出。他看到乔治·克里腾登上尉率 5 架"地狱猫"冲向低空的轰炸机和鱼雷机。由于大部分日机掉头返航，他们中只有 4 人击落敌机 6 架。这样，对付日军大队零战的艰巨任务就落在了麦坎贝尔和拉欣两个人头上。

今天对麦坎贝尔和拉欣来说，绝对属于"正确的人在正确的时间出现在正确的位置上"，他们对面有超过 40 架零战。这些零战大部分携带着炸弹，此时它们无疑是最脆弱的。众多日机组成一个巨大有序的防御圈，每架飞机保护前方飞机的机尾，这种"鲁夫贝里环形阵"是一战时期法国著名飞行员劳尔·鲁夫贝里创造的，可以确保短时间内最大限度地保存实力。这种阵形一旦被打乱，落单飞机很容易被对手击落。

麦坎贝尔和拉欣几次试图寻找突破口，均无效果。两人各点燃一支雪茄，开始悠闲地抽起烟来。前文说过，麦坎贝尔是个地道的大烟鬼。作为航空大队长，他经常带头在待命室抽烟。即使在执行任务时，他还免不了要忙里偷闲抽上几口。地勤人员特意为他制作了一个小型铝制容器，放在"敏西三姐"上供大队长存放香烟。许多年以后，麦坎贝尔曾绘声绘色地向大家介绍，他是怎样在"地狱猫"机舱内抽烟的：先将氧气面罩解开，点燃雪茄后再戴上，将座舱开一个缝，使多余烟雾随空气散出。此后就时不时拉开面罩过一口瘾，最后将烟头扔出舱外，连烟灰缸都省了——原来现在的大气污染就源于这位美军王牌飞行员。

麦坎贝尔认为，经过长途奔袭的日机不可能有太多燃油，他们这样一直转圈也不是个事儿。日本人迟早会解散编队，由此产生的混乱将成为自己刷新数据的最佳机会——他的驾驶舱盖下边，印有 21 面太阳旗，显示他迄今为止击落的日机数。在接下来的时间里，两名美军飞行员一边抽烟，一边懒洋洋地在日机上方盘旋等待机会。日军飞行员显得毫无血性，并未解散编队，向区区 2 架美机主动发起进攻。麦坎贝尔认为，那是日军飞行员缺乏训练的结果，也可能他们根本不知道到底来了多少美机。

经过长时间的耐心等待之后，日机终于解散了编队，掉头向马尼拉方向返航。他们这样做很可能是缺少燃油，也可能厌倦了这种尴尬处境。机会来了！两架美机立即向日军机群侧翼发起攻击。一架日机落后于编队，就像狮子总是集中精力扑向掉队猎物一样，麦坎贝尔向敌机俯冲过去。距离越来越近，他已经可以清晰看到敌机上硕大的旭日标记。麦坎贝尔放松驾驶杆，使飞机俯冲角度更小，将目标放在瞄准镜中央扣动了扳机。一条黑线钻入目标，几秒钟后，日机机翼根部油箱起火，吐出黄灿灿的火焰和恐怖的黑烟一头栽向水面，空中并没有出现降落伞。空战完全按照美国人的设想进行，麦坎贝尔预计这一过程会很漫长，"直到我们击落 5 架敌机后，我才开始觉得顺手，于是决定用铅笔在仪表盘上记下击落的日机数目"。

附近敌机实在太多，麦坎贝尔呼叫支援至少花费了 30 分钟，才联系上"埃塞克斯"号战斗机引导官约翰·康纳利。这位海军上尉当时虽然名不见经传，战后却是大大有名。他曾任肯尼迪总统的海军部长和尼克松总统的财政部长。肯尼迪遇刺身亡时，当时连任三届得克萨斯州州长的康纳利就坐在总统前面，左肩、手臂和大腿受伤。1979 年，康纳利竞争共和党总统候选人失败。1990 年海湾战争爆发时，他曾亲赴巴格达劝说萨达姆释放被关押的西方人质，也算是见过很多大场面的人物了。

康纳利派出的援军姗姗来迟，只有阿尔伯特·斯莱克上尉 1 架飞机。麦坎贝尔有点失望，但有 1 架总比没有强。在发起两轮攻击之后，他和拉欣各击落了 3 架敌机。斯莱克击落 4 架日机后弹药耗尽，只好返航。麦坎贝尔和拉欣来回攻击了 18 次到 20 次，直到弹药耗尽，油料不足才悻悻返航。此时日军编队只剩下大约 18 架飞机。麦坎贝尔共击落敌机 9 架，疑似击落 2 架。拉欣战绩是击落 6 架，击伤 3 架。两架"地狱猫"只有少许表面凹痕和擦伤，它们显然来自被击落的敌机碎片。

麦坎贝尔本次出击创造了一项新纪录：单次飞行击落敌机 9 架。这使他的总战绩飙升到 30 架，暂时与陆军航空兵理查德·邦少校并列首位。拉欣的战绩经过本次战斗翻倍，从 6 架一举上升到 12 架——最终战绩为 13 架，他入选了阿肯色航空博物馆名人堂。麦坎贝尔发现有几门炮已没有弹药，拉欣则用光了所有弹药。由于出发前没能加满燃油，他的油表低得让人揪心，现在该是返航的时候了。

两人一起采用最省油的模式飞回舰队，拉欣紧紧跟在大队长身后。经过几次紧张试探之后，麦坎贝尔终于收到了"埃塞克斯"号回复的糟糕呼叫："甲板上排满了准备起飞的飞机，它们至少 15 分钟才能起飞完毕，暂时无法降落。"麻烦还远不止这些，一艘美军驱逐舰竟然把它们当成日机猛烈开火，127 毫米炮弹在飞机旁边砰砰炸响。两人只好下降高度掠海飞行，以免被自家炮火击中。虽然那艘驱逐舰停止了炮击，但又有几架"地狱猫"前来阻截。幸运的是，在最后时刻，他们终于发现前方来的是自己人。几分钟后，麦坎贝尔看到了甲板上排满飞机的"埃塞克斯"号，绝望了。环视四周，他看到了不远处的"列克星敦"号，于是向那个诱人的避难所飞行。不幸的事情再次发生，"列克星敦"号甲板上同样排满了准备前往进攻栗田舰队的飞机。

得知上述情况后，谢尔曼少将亲自下令，"兰利"号立即放飞 9 架俯冲轰炸机，为麦坎贝尔和拉欣腾空甲板。就在麦坎贝尔绝望地准备在海上迫降时，"兰利"号发来了令人欣喜的消息，几分钟后就能为他们的降落腾出空间。麦坎贝尔想尽办法延长滑翔时间，终于等来了降落信号。他的飞机在"兰利"号甲板上停住轮子，发动机在他按下开关前已经气喘吁吁地熄火了。地勤人员发现，"敏西三姐"只有一挺机炮中还有 6 发航弹。

在"兰利"号上，麦坎贝尔吃了几片三明治，喝了咖啡。随后他驾驶加完油的"敏西三姐"继续升空巡逻。下午晚些时候，当他回到"埃塞克斯"号上时，一名执勤军官告诉他，舰长卡洛斯·威伯上校让他立即去舰桥报到。登上舰桥的麦坎贝尔还没等到舰长开口，谢尔曼少将就冲他咆哮道："该死的家伙！我告诉你多少次了，不许你再去参加混战。"麦坎贝尔张张嘴试图争辩，谢尔曼用手势打断了他："该死的，你今后绝对不能这么干了。"

在持续 90 分钟的空中格斗中，麦坎贝尔和拉欣共击落敌机 15 架，麦坎贝尔独自包办 9 架，包括 7 架零战和 2 架"隼式"！此举创造了美国海军历史上单日空战及单次出击的个人纪录。麦坎贝尔的战绩因此一举飙升至 30 架，将所有竞争对手远远抛在身后，稳稳坐上了海航头号王牌的金交椅。

在创造单日九杀的奇迹之后，麦坎贝尔于 1944 年 11 月又取得 4 个战果，将个人成绩提升到 34 架。他的最后一个战果是 11 月 14 日取得的，马尼拉湾上空的 1 架日军战斗机成为他的收官之作。麦坎贝尔因此成为二战美国海航头号王牌。除公认的 34 架战果之外，还有未经确认的 7 架。此外，他还在对地攻击中摧毁敌机 21 架。如果加上曾经谦让给部下的一些零星战果，他的个人战果将更加可观！上述战果的取得仅发生在 1944 年 6 月至 11 月的半年时间内。

麦坎贝尔很快接到了回国命令，理由令他难以拒绝，罗斯福总统要亲手授予他荣誉勋章。早在马里亚纳海战之后，麦坎贝尔就被推荐获得这一美国军人的最高荣誉，这项殊荣他当之无愧。提前回国使他失去了向理查德·邦少校做最后挑战的机会，他最终成为二战美军的第三号空战王牌。人们对他的评价是："他是一位有着娴熟空战技巧与旺盛斗志的理想的基层飞行指挥官。"

美国陆军航空队的邦少校最终战绩为 40 架，托马斯·麦奎尔少校战绩为 38 架，他们使用的主要机型均为 P-38。1945 年 8 月 6 日，就在美国向广岛投下第一颗原子弹的那一天，邦驾驶最新式 P-80 流星喷气式战斗机试飞时，因发动机故障坠机。年仅 24 岁的邦跳伞，却因降落伞未能打开不幸罹难。1945 年 1 月 7 日，麦奎尔的飞机在莱特岛上空被日军飞行员杉本明击落，少校不幸阵亡。相比而言，麦坎贝尔够幸运的了。

麦坎贝尔因此成为海航获得荣誉勋章的第二人。第一人是另一位传奇飞行员爱德华·奥黑尔少校，他已于 1943 年 11 月 27 日在吉尔伯特战役中阵亡，最终战绩是 12 架。战后麦坎贝尔晋升上校，1955 年出任航母"好人理查德"号舰长。遗憾的是，麦坎贝尔最终未能叩开将官之门，1964 年以上校军衔退役。1988 年，佛罗里达州棕榈滩国际机场候机楼以他的名字命名。1996 年 6 月 30 日麦坎贝尔病逝，终年 86 岁，葬于阿灵顿国家公墓。2000 年 7 月 2 日，美国海军将新建的一艘伯克级导弹驱逐舰命名为"麦坎贝尔"号，舷号 DDG-85。

授予麦坎贝尔荣誉勋章的嘉奖书上这样写道："在 10 月 24 日的关键性舰队作战中，指挥官麦坎贝尔在另一架战机的协助下，拦截了来犯的由 60 架敌机组成的编队，并击落了 9 架敌机，彻底打乱了敌人阵形，迫使敌人放弃攻击，没有让任何一架敌机得逞，发动针对我们舰队的攻击。"

毫无疑问，上述说法是完全错误的。尽管"地狱猫"奋力挡住了大部分日机的进攻，仍难免有漏网之鱼。当时第三大队 4 艘航母、2 艘战列舰、4 艘轻巡洋舰、13 艘驱逐舰正排成轮形阵向东北航行。8 时 40 分，"科腾"号驱逐舰率先向 1 架迎面飞来的日机开火。两分钟后，"普林斯顿"号驱逐舰发现 1 架"彗星"于 160 度方位开始下滑，立即开炮进行阻击。另外，该舰在 11 时 11 分发现 1 架"地狱猫"迫降在不远处的海面上，立即上前将"列克星敦"号飞行员马丁少尉救起。

8 时 46 分，米切尔通过 TBS 告诉谢尔曼，第二大队侦察机在北纬 12 度 15 分、东经 121 度 32 分发现一支日军舰队，其中包含 4 艘战列舰、8 艘重巡洋舰和 13 艘驱逐舰，航向 15 度，航速 15～18 节，那无疑正是锡布延海上的栗田舰队。8

时51分，谢尔曼命令各航母舰长："根据跟踪报告立即组织攻击队，准备就绪后向我汇报。"

8时57分，又一架日机突破"地狱猫"的拦截，朝"希利"号驱逐舰投弹，获得近失。该机随即被"圣达菲"号轻巡洋舰的高射炮火击中，拖着浓烟消失在远方云层之中。8时58分，一架零战突入第三大队轮形阵，从左后舷向"朗格肖"号发起俯冲，炸弹在驱逐舰右舷15米外激起一条不很高的水柱。"朗格肖"号20毫米高炮打得日机左翼和发动机起火冒烟，这架挣扎着试图逃跑的日机在轮形阵外围被一架执行巡逻任务的"地狱猫"击落。

9时左右，第三大队转向65度逆风航行，逐渐加速至24节，准备回收执行战斗巡逻的战斗机。为清空飞行甲板，"普林斯顿"号地勤人员将6架完成加油挂雷的"复仇者"转移至机库左后侧。随后"普林斯顿"号回收了10架战斗机，准备回收另2架准备降落的"地狱猫"。9时10分，地勤人员开始为降落的战斗机加油挂弹。2分钟后，"埃塞克斯"号报告发现1架疑似敌机和1架友机，方位310度，距离11公里。

危机就在此时突然出现。9时38分，日军第六三四航空队1架"彗星"从云层中突然蹿出，向"普林斯顿"号俯冲投弹，这颗250公斤炸弹准确命中。那架拉起试图逃离的日机先是遭"波特菲尔德"号40毫米高炮猛烈射击，继而在9时43分被沃德尔中校的"地狱猫"击落。

初看上去，"普林斯顿"号伤势似乎并不重，仍可以24节速度航行。舰长威廉·布莱克上校在战争早期曾担任哈尔西的作战参谋，他感到不必过于担心，因为他从舰桥上看到了甲板上的损伤情况："我看到了一个洞，一个小小的洞，可以快速打个补丁，恢复作战。"布莱克通过TBS向谢尔曼少将汇报："我舰中一弹，我将持续向你汇报随后的情况。"

"普林斯顿"号伤势远比布莱克的估计要严重得多。日军250公斤炸弹落在航母后部升降机前方约22米处，穿透飞行甲板和机库甲板钻进面包房，炸死在那里工作的所有人。剧烈爆炸撕开了机库甲板，火焰迅速包围了6架刚刚完成加油挂雷的"复仇者"，它们都挂载了副油箱。航空燃油助长火势，那些威力巨大的航空鱼雷很快接连炸响。损管队员前往机库甲板左舷第62号肋骨之后区域奋力灭火。但由于大火的迅速蔓延，"普林斯顿"号9时48分开始减速并最终失去动力。二次爆炸摧毁了液压系统，意味着部分喷水装置和水管处于不可使用状态。

保罗·特鲁里少尉是炸弹击中航母前一刻降落在甲板上的最后一名飞行员。连环爆炸发生时，他和同伴接到命令，必须站在自己的飞机旁边，他们的飞机已被转移到飞行甲板前部。他感到不远处爆炸连连，灾难随时可能降临，但他只能按照命令绝望地站在飞机旁边。"我知道，在这样的情况下我们无法起飞，"特鲁里说，"但我认为，此时此刻没有人会偷我们的飞机，守在这里毫无意义。"消防队员无法有效控制住火势，一连串大爆炸将航母飞行甲板完全撕开。后部升降机被顶到甲板上，前部升降机轨道被吹到空中，接着坠下来回归本位，以一种奇怪的姿势躺在甲板上。特鲁里被眼前的恐怖一幕惊呆了。

10时10分，布莱克上校下令全舰1570名水兵除470名消防、损控和高炮手外全部撤离。消防队员负责灭火，损控队员将尽最大努力抢救严重受损的航母，炮手则要应对日军随时可能发起的空袭。

谢尔曼命令轻巡洋舰"雷诺"号、驱逐舰"卡辛·杨"号、"埃尔文"号和"加特林"号前往协助救援。9时45分，"雷诺"号开始向"普林斯顿"号靠拢，11时17分在航母右后舷方向停靠帮助灭火，5分钟后因火势太大被迫离开。12时34分，该舰救起航母的5名水兵。对救援船只来说，最大困难不是来自落水舰员，而是航母不断变化的摇摆幅度。航母上突出的炮台无情冲撞友舰，救援舰只始终处于逆风方向，水柱喷发非常困难，灭火作业效果极不理想。

9时59分，"卡辛·杨"号在航母左后方停下，开始营救落水人员，到15时15分共救起118人。9时52分，"埃尔文"号奉命抵前营救。由于烟雾和火势渐弱，10时01分，该舰索性靠近航母左舷救走水兵663人。"加特林"号也于15时24分加入救援队伍，共救走水兵316人。10时02分和10时05分，"普林斯顿"号上连续发生了两次大爆炸。

当航母弹药库开始爆炸时，布莱克上校下令所有炮手撤离。约翰·霍普金斯上校原计划几天后接替布莱克出任"普林斯顿"号舰长，他决定留下来加入消防队，保住这艘不久后就属于自己的战舰。

保罗·特鲁里本想跳到一艘驱逐舰上去，但很快改变了主意，因为他看到另一个人跳过去时腿摔断了。他来到舰首，想从锚链爬下去，但前面一个正在爬锚链的人脚被卡住。舰体在海浪中上下浮动，那个可怜的人怎么也拔不出陷在锚链中的脚，海水在周期性地淹没他。特鲁里只好再往前走，他发现几根已经悬挂在那里的绳索，就抓住其中一根滑向汹涌澎湃的海面，向远方游去。

眼看"普林斯顿"号伤势渐重，10时04分，谢尔曼少将命令轻巡洋舰"伯明翰"号、驱逐舰"莫里森"号加入救援队伍，后者共救起341人。"伯明翰"号10时46分驶抵航母左舷全力灭火，并于10时55分放下了装卸网，派轮机人员登舰，协助查明是否能够恢复动力。14时59分，"伯明翰"号提出由"雷诺"号对航母执行拖曳作业，因无拖缆无法进行。此时"伯明翰"号甲板上非常拥挤，到处都是牵引和灭火设备。更危险的是，多达数百名水兵毫无遮拦地站在甲板上。

正当各舰奋力营救之际，没有任何预兆的悲剧发生了。15时23分，"普林斯顿"号舰体后部弹药库突然爆发出一连串惊天动地的巨响。城门失火，殃及池鱼，爆炸产生的金属碎片榴霰弹一样席卷"伯明翰"号甲板。仅几秒钟时间，巡洋舰甲板上的排水孔里全是鲜红的血液，它们是从数以千计的奇异伤口中喷射出来的。放眼望去，到处都是阵亡水兵的尸体和残肢断臂。在事故中受伤的"伯明翰"号舰长托马斯·英格利斯上校后来这样描述当时那触目惊心的一幕："我简直无法用语言描述我们英勇的战士，无论是受伤的或者是没有受伤的，他们的行为实在光彩夺目。有的人腿断了，有的胳膊掉了，有的身上伤口裂着，有的头部被弹片划伤。无论他们伤在何处，但都坚持说'不要管我，去救救那边的伤员吧'，或者说'不要浪费吗啡了，长官，给我脑袋上来一枪算了'。那真是一种骇人的破坏性。但这种骇人的破坏性又能使人感到另外一种极度的满足，因为我们从中看到了同船战友高度的勇气和忘我的牺牲精神。"

突如其来的灾难造成229人阵亡、4人失踪、412人受伤，伤者中8人在两日内伤重不治身亡。虽然舰体右舷被击穿了数百个窟窿，但巡洋舰还能依靠自身动力航行。"伯明翰"号只能暂时驶离，救援任务由"雷诺"号临时顶替，后者16时30分开始从航母上接走剩余人员。

"普林斯顿"号的伤亡人数甚至没有"伯明翰"号多——阵亡108人、伤190人。几天后准备接任舰长的霍普金斯上校也在重伤者之列，他发现脚和小腿之间只有几根筋和少许肉相连。为防止伤口大出血，他拿出一条绳索当止血带。

军医匆匆赶来帮忙，看到上校被炸断的脚已无法保住，他用匕首割断剩余的筋和肉，向残肢上撒了些磺胺粉，打了一针吗啡。两名士兵抬着上校穿越大火来到前部甲板，霍普金斯看到了忙得满头大汗的布莱克上校。他立即在担架上向舰长敬礼："长官，您允许我离开这艘船吗？"布莱克的回答是肯定的，他本人也于 16 时 53 分最后一个离舰。

飞行员特鲁里少尉在波涛汹涌的海面上费力地游向离他最近的驱逐舰。虽然曾经是宾夕法尼亚大学最出色的游泳运动员，但当他游近"埃尔文"号时，还是累得筋疲力尽。一名水手爬下装卸网，伸手将他拉上甲板。因为在海里喝下了过多苦涩的海水，加之远距离游泳几乎耗尽了体力，特鲁里爬上甲板就开始呕吐。他并非唯一有这种症状的人，许多从航母上游过来的人都吐了。一些水手开始用消防水龙头冲洗被呕吐物弄脏的甲板。

16 时 04 分，人们发现"航母上的火势已经取得了完全胜利"。之前在 16 时，米切尔已经向哈尔西报告了"普林斯顿"号的情况，说明在它旁边救火的"伯明翰"号上出现了重大人员伤亡。噩耗迅速传到珍珠港，尼米兹感到极为痛心。他不明白，谢尔曼为什么要派一艘巡洋舰去做驱逐舰就能完成的工作。

傍晚时分，米切尔再次与哈尔西通话，说明谢尔曼的侦察机已经在吕宋岛北端以东 330 公里处发现了日军机动部队。他建议放弃重伤的"普林斯顿"号，全力应对来自北方的危机，同时避免大火肆虐的"普林斯顿"号为敌机可能的夜袭导航。哈尔西授权米切尔酌情自主处理受伤航母。

鉴于日军机动部队已经现身，而"普林斯顿"号看上去已经无法挽救，17 时 05 分，谢尔曼少将下令发射鱼雷或以舰炮将"普林斯顿"号击沉。负责行刑的是"埃尔文"号驱逐舰。接下来发生的一幕为紧张的救援现场添加了些许笑料。"埃尔文"号甲板上挤满了航母幸存水兵，导致机动性大大降低。由于之前执行救援任务时距航母太近，驱逐舰鱼雷发射管被撞坏。这导致"埃尔文"号 17 时 17 分在 2280 米距离射出的第一条鱼雷严重跑偏，差点没能命中航母左前舷。1 分钟后，驱逐舰射出的第二条鱼雷跑偏了。更令人匪夷所思的是，17 时 20 分射出的第三条鱼雷在航行 1400 米后突然跃出水面，掉头向"埃尔文"号飞奔而来。舰长丹尼尔·米勒中校紧急规避，鱼雷从舰尾 9 米外一掠而过。刚刚呕吐完的特鲁里少尉目睹了诡异的一幕。

17时28分，"埃尔文"号再次射出两条鱼雷，毫无例外，均未命中。4分钟后，驱逐舰向航母打出27发127毫米炮弹。17时34分，"埃尔文"号射出的最后一条鱼雷再次跑偏，吓得附近友舰纷纷规避，比见到日本人还手忙脚乱。看到驱逐舰实在太不给力，谢尔曼命令"雷诺"号轻巡洋舰代为执行死刑。17时46分和47分，"雷诺"号亲自出马向航母射出两条鱼雷。第一条准确击中航母前部航空燃油槽低端，其结果是约10万加仑航空燃油引发了一次剧烈爆炸，直接将航母撕成了碎片。

17时50分，倔强的"普林斯顿"号恋恋不舍地沉入北纬15度12分、东经123度35分的冰冷海底。这一天距离它下水服役3年零6天，距美军在圣克鲁斯海战损失上一艘航母"大黄蜂"号差两天整两年。"普林斯顿"号因此成为美军二战中损失的最后一艘快速航母。

当天晚上，特鲁里只能睡在"埃尔文"号军官室的餐桌上。一艘小小的驱逐舰一下子挤上来663人——几乎是驱逐舰编制人数的三倍——能找到这样一个栖身之所已经很不错了。次日，特鲁里被送上"伯明翰"号，随这艘倒霉的军舰一起向珍珠港返航。航途之中，他在巡洋舰甲板上走来走去，看到右舷布满了大小不一的窟窿。虽然水兵已对舰体进行了清洗，但他仍能从钢板缝中依稀发现一些血迹和人肉碎片。"这种情境让任何人都感到惭愧，"特鲁里说，"从这一天起，每当我感到自满的时候，'伯明翰'号的记忆就能让我清醒，并迅速回到现实中来。"

"普林斯顿"号不幸战沉，霍普金斯上校不但失去了出任舰长的机会，还失去了一只脚。虽然后来安上了一个假脚，但他仍因残废被勒令从海军退役。自海军进入蒸汽机时代以来，还从未出现过一位独脚舰长。霍普金斯不是那种愿意轻易退缩的人，他强烈请求海军让他继续服役。后来，当听说一艘新建埃塞克斯级航母将被命名为"普林斯顿"号时，他强烈请求由自己出任舰长，因为"我比其他申请人都更先一步"。他的理由也许并不充分，但精神可嘉。可能考虑到战争接近尾声，这艘新航母已不可能参加战斗，海军部还真接受了他的请求，由他出任新"普林斯顿"号首任舰长。不过那已经是战后，1945年11月18日的事情了。

虽然"普林斯顿"号意外受伤吸引了美军一部分注意力，但在安排舰船执行救援任务之后，10 时 50 分，谢尔曼少将仍然派出了第一拨攻击机群——对栗田来说是第三拨。"列克星敦"号 8 架战斗机、10 架俯冲轰炸机和 16 架鱼雷机在大队长西奥多·温特斯中校率领下朝锡布延海隆隆飞去。由于敌舰队中出现了大量战列舰和重巡洋舰，攻击机群鱼雷机比例大大提高。3 分钟后，10 时 53 分，"埃塞克斯"号 8 架"地狱猫"、10 架"地狱俯冲者"和 16 架"复仇者"也起飞了。

栗田早料到，美军第三拨空袭的到来只是一个时间问题。就在他犹豫是否让受伤的"武藏"号返航之时，12 时 54 分，驱逐舰"岛风"号报告"240 度方位发现敌军机群"。栗田刚刚下达舰队加速至 24 节的命令，第五巡洋舰战队司令官桥本又报告 240 度方位、20000 米距离发现美军潜艇。栗田命令第一部队减速至 18 节。13 时 12 分，第二部队下属第十驱逐舰战队司令官木村进再次报告发现敌机，栗田重新下令加速至 24 节。2 分钟后"武藏"号报告只能维持 22 节航速。为照顾受伤的巨舰，栗田又下令舰队变航速 22 节。估计一众日军舰长都不知道到底该减速还是加速了。

"列克星敦"号美军机群分成两队，对相距约 12 公里的日第一、第二部队发起攻击。24 日对处于后方的第二部队来说可谓吉星高照。在遭受美机 27 分钟的进攻中，第二部队损伤轻微。仅"矢矧"号在 13 时 28 分遭到 3 架俯冲轰炸机攻击，舰首右舷挨了一颗近失弹，扬锚机室起火，水线以上被炸开一个 3 米长的大口子，进水导致该舰航速降低到 22 节。此外，美机 14 时到 14 时 05 分对第二部队的进攻被成功逼退，没有出现任何损失。

大多数美机选择栗田第一部队作为攻击目标，它们似乎对大块头的"大和"号和"武藏"号格外感兴趣。命中"大和"号右舷前部的一颗炸弹引发火灾，所幸 10 分钟后就被扑灭。另一颗炸弹在右舷外侧取得近失，造成损害对皮糙肉厚的"大和"号几乎可以忽略不计。在锡布延海海战中，"大和"号运气似乎一直很好。

更多美机将目标锁定了步履蹒跚的"武藏"号。当那些 460 毫米巨炮缓缓抬头指向东方时，全舰官兵都异常兴奋。美机从远方快速袭来，"武藏"号 9 门主炮一起发出震耳欲聋的怒吼，战列舰巨大的舰体都像在震颤。满怀希望的越野失望地发现，没有 1 架敌机中弹坠海。它们只是暂时散开，然后继续快速飞来。

5 架"地狱俯冲者"利用云层掩护从舰尾方向切入，投下的炸弹 3 颗取得近失。2 颗炸弹落在第 180 号肋骨附近，第三颗在舰尾爆炸的炸弹不但破坏了吊车支柱，掀起的气浪还将两名水上飞机机枪手抛到 6 米外的甲板上，其中一人竟奇迹般幸免于难。美军轰炸机发起俯冲的同时，8 架"复仇者"从右舷发起了鱼雷攻击，幸好只有一条鱼雷命中右舷第 60 号肋骨部位，导致航程测量仪室和水深探测仪室遭到破坏。剧烈爆炸造成二氧化碳泄漏，前部战时医疗室中的部分医护人员因缺氧昏厥。

接下来投入进攻的"地狱俯冲者"获得了极高命中率。4 颗炸弹分别命中"武藏"号左舷第 45 号、第 65 号、第 70 号肋骨和右舷第 130 号肋骨部位。前 3 颗炸弹造成附近甲板设施和上层建筑严重受损，周围人员非死即伤。第四颗炸弹在厨房炸响。不过从随后进程看，这个厨房也不会再使用了。4 架"复仇者"向右舷投出鱼雷，两条从舰首和舰尾不远处掠过，其余两条获得命中。又有 4 架"复仇者"从左舷发起夹击，投出的 4 条鱼雷有 2 条从舰底穿过，其余 2 条命中目标。来自两舷的 2 条鱼雷同时命中第 70 号肋骨部位，使进水范围进一步扩大。命中左舷第 110 号肋骨的鱼雷造成隔壁严重受创。美军最后一条鱼雷命中右舷第 138号肋骨附近，与先前第一拨空袭中的中雷部位很近，导致创伤进一步扩大。"武藏"号由左倾 1 度改为向右倾斜，损管人员立即将原来为修正左倾向右舷紧急注入的水排出，使右倾减小到 1 度。不过舰首进水严重的状况无法改善，航速大减的"武藏"号离大队伍越来越远了。

14 时 28 分，"长门"号瞭望哨报告 25 公里外出现了另一个美军机群。3 分钟后，12 度方位 25 公里外又一个美军机群出现了。"埃塞克斯"号舰载机大队将"大和"号和"长门"号选为进攻目标。第一机群在 20 公里外分成两个分队。第一分队 14 时 26 分向"长门"号舰首左舷投下炸弹，其中 3 颗获得近失。第二分队攻击"大和"号的第一架鱼雷机被防空炮火击落。美军轰炸机向舰首右舷发起俯冲，1 颗命中前甲板左锚链库的炸弹先后穿透三层甲板，在左舷水线以下炸出两个 2 平方米和 8 平方米的大洞，"大和"号进水超过了 3000 吨，左倾达 5.3 度，舰首下沉 3 米。经损管队员紧急排水抢修，"大和"号左倾减小到 1.3 度，舰首下沉 0.8 米。舰长森下的操舰水平果真名不虚传，美军向"大和"号射出的鱼雷被他一一避开。14 时 36 分，美军第二机群对"长门"号的攻击颗粒无收。

到 14 时 40 分，美军第三拨攻击暂时告一段落。栗田重整编队，以 22 节航速继续向东航行。鉴于"武藏"号越拉越远，14时52分栗田痛下决心，命令驱逐舰"清霜"号护卫它向文莱湾返航，但显然已经来不及了。仅3分钟后，14时55分，"武藏"号在130度方向、70公里外再度发现美军机群。与此同时，第二部队"榛名"号和"利根"号发现145度、155度方向出现了约30架敌机。

为了对栗田舰队实施持续空中打击，中午时分，美军第二、第四大队陆续派出了攻击机群。接到哈尔西集结命令之后，戴维森少将置南路西村舰队于不顾率队兼程北上，中午时分已将栗田舰队置于自己的攻击范围之内。13时30分，"富兰克林"号率先起飞了12架战斗机、12架俯冲轰炸机和10架鱼雷机，与"企业"号航空大队长丹尼尔·史密斯中校率领的16架战斗机、8架俯冲轰炸机和8架鱼雷机组成了当天最大一个攻击机群。其间从13时45分开始，博根少将第二大队"无畏"号出动了15架战斗机、12架俯冲轰炸机和3架鱼雷机。14时整，从"卡波特"号起飞8架"地狱猫"和9架"复仇者"加入了这一攻击队列。

面对空中蝗虫一般的来袭者，栗田下令右舵180度，全队掉头以迷惑敌人。14时58分，"金刚"号再次报告发现新的美机编队。14时59分，"榛名"号率先打响了第一炮，随后日军第二部队各舰纷纷开火。为应对美军当天规模最大的一轮空袭，栗田决定不再受"武藏"号拖累，下令舰队加速至24节全力防空。

其间14时45分，目睹"武藏"号渐渐落单的"利根"号舰长黛治夫向司令官铃木提议，第二部队是否向"武藏"号靠拢，为巨舰提供更多空中掩护，遭到铃木断然拒绝。15时07分，铃木命令"利根"号驶出大队，与"朝霜"号一道为"武藏"号护航。美军新一轮空袭发起时，"利根"号位于"武藏"号北方2000米处。

看到有人胆敢前来救援，"企业"号8架战斗机、"无畏"号5架轰炸机和1架鱼雷机立即向"利根"号发起攻击。15时17分，"利根"号舰首左舷和右舷中部各挨了1颗近失弹。1分钟后，又有两颗小炸弹连续命中舰长室和右舷第一、二号高炮弹药室。所幸爆炸引发的火灾被很快扑灭，并未诱发新的灾难。"朝霜"号同样遭到攻击，15时15分被命中1颗炸弹和5颗近失弹，一号鱼雷管被砸坏，无线电设备受损导致通信能力丧失，二号锅炉停转使驱逐舰航速骤降至21节，舰上水兵18人死亡、29人受伤。

相比保护对象"武藏"号，"利根"号和"朝霜"号遭遇的攻击不过是毛毛雨而已。与刺猬一样戒备森严的栗田第一部队相比，形单影孤、火力稀薄的"武藏"号成为大部分美机最好的攻击目标，它完全被冲天的水柱笼罩了。美机此轮攻击共投下454公斤炸弹23颗、227公斤炸弹6颗和45公斤小炸弹14颗，至少10颗炸弹获得命中，6颗炸弹取得近失。

"武藏"号只剩6门大炮还能开火，前部炮塔陷入沉寂：其中一门炮炮弹卡壳，另外两门无法将炮口提至45度角以上。美军第一颗命中弹彻底炸毁了第一舰桥和作战室，防空指挥所右舷一侧也被炸飞，在第一舰桥附近诱发大火。正在防空指挥所门口指挥作战的舰长猪口肩部负伤，高射炮长广濑荣助、测距长山田武男、航海长仮屋实、"摩耶"号副舰长永井贞三——他是刚从沉没的"摩耶"号上被救起来的——全部毙命，信号兵细谷受到冲击跪倒在地。大量军官非死即伤，"武藏"号瞬间失去了防空指挥和操舰能力，全舰所有25毫米防空炮仅1/4处于作战状态。军舰似乎失去了指挥，直到播音器中发出新的命令："第一舰桥人员全体牺牲，舰长将从第二舰桥指挥。"观察台很快传来有气无力的声音："舰长负伤，副舰长代行指挥。"

第二、第三、第四颗命中弹几乎同时命中左舷第105号、第115号、第120号肋骨部位，不但将上层甲板完全撕开，通信指挥室、第一接收室和电话室也遭到严重破坏，单管第二号、第四号高炮和特设第二号双联装高炮被一扫而空，爆炸诱发的大火迅速蔓延至8号锅炉舱一带。第五、第六颗命中弹落在右舷第115号肋骨附近，不但摧毁了单管第一号、第三号高炮和特设第一号双联装高炮，还将7号锅炉舱入口前舱壁压坏，导致大门无法开关。第七颗准确命中第127号肋骨附近的炸弹，不但将中央高炮人员准备室炸得不知去向，还将信号旗甲板以下前桅后部全部破坏。第八颗命中左舷第62号肋骨的炸弹将上层甲板5号士兵舱和中层甲板病员室破坏。第九颗炸弹击中一号炮塔顶盖，最后一颗命中右舷第75号肋骨的炸弹损坏了军官室，还导致上层甲板第70号到第95号肋骨段迸裂出一条大口子，一些水兵竟然从这里抄近路自由出入。

如果换成其他战舰，挨了这么多炸弹，早钻进海底喂王八去了！真正给"武藏"号带来致命伤害的还是那为数众多的航空鱼雷。在最后一拨攻击来临之前，"武藏"号左舷和右舷中雷比例为4∶5，还能勉强维持平衡。美军将最后进攻的重点转移到舰身一侧，这样更容易使巨舰倾覆——后来这一战术在空袭"大和"

号的战斗中得到推广应用，取得了良好效果。当然这种战术是具有压倒性优势的一方才能使用。

美军大部分鱼雷机对准"武藏"号左舷投雷，导致巨舰左舷第40号、第60号、第70号、第125号、第140号、第145号、第165号肋骨，右舷第80号、第105号肋骨附近均有鱼雷命中。左舷第140号肋骨部位竟然被三条鱼雷命中：第一条将装甲压凹，所幸接下来两条均未爆炸，只是撞进了25毫米高炮弹药舱，导致创口扩大，进水加速。弹药库幸存人员得以机警地从鱼雷撞出的大洞逃出。右舷爆炸的两条鱼雷激起的水柱甚至超过了最上层甲板，同时造成装甲板内凹，舰体外侧破坏和舰首下沉加剧。命中左舷第125号肋骨的鱼雷造成8号锅炉舱侧壁板松动漏水，命中第145号肋骨的鱼雷造成在第二轮空袭中受创凸出的4号轮机舱侧壁约10米长部分被破坏，超过40%的轮机舱空间被海水淹没。剧烈爆炸还导致2号轮机舱供水泵下部破口漏水，舱室渐渐被淹没，失去工作能力，"武藏"号只能依靠两轴推进。命中左舷第165号肋骨附近的鱼雷贯穿第三号炮塔弹药库左侧，通风管进水导致弹药库水深过膝，第6号高炮弹药库左舷中部侧壁进水，该库及后部运转罗针仪室浸泡水中，左推进轴室出现渗漏。

美军机群飞走之后，"武藏"号伤势越发严重。巨舰左倾超过10度，虽经注水纠正到6度，但舰首下沉的状况越来越严重，从下沉4米增加到8米，1号炮塔左舷最上层甲板已经没入水中。15时30分，电源忽然中断导致主舵被卡死在左舵15度位置上，半小时后应急舵才投入使用。舰上人员伤亡惨重，舰长受伤、航海长毙命，位于第二舰桥的副舰长加藤宪吉临时接过了指挥权，通信长三浦德四郎代理航海长。肩部受伤的猪口经简单包扎也来到了第二舰桥。

加藤命令灌压舱水恢复平衡，毫无效果。他跳上信号台，交给细谷一封电报，让他发给正迅速拉开距离的"大和"号。由于电力中断，细谷只好使用旗语发出信号："'武藏'号只能以15节速度航行，第一舰桥中弹，全员牺牲。我舰共被命中5颗炸弹、12条鱼雷，舰长尚存。"

在战斗结束后的可怕沉寂中，甲板上忽然传出一阵"万岁"欢呼声。

"干吗喊'万岁'？"加藤从第二舰桥探出头，向下喊道。

"敌舰队被消灭了！"一名水兵回答说。

"谁告诉你的？"

"炮长越野中佐说的。"

对此加藤哭笑不得，到底谁被谁消灭了呀？但他并未纠正这种错误说法。很显然，越野的话一定程度上是为了鼓舞士气，于是敌舰队被消灭的说法迅速传遍全舰。尽管"武藏"号挨了无数鱼雷和炸弹，但水兵的斗志依然昂扬。加藤本人闷闷不乐，他告诉从观察台走下来的胳膊上吊着绷带的猪口："舰长，我们再也顶不住下一轮攻击了。"细谷奉命再次用旗语联系渐行渐远的栗田："航速6节，尚能作战。战舰创伤沉重，怎么办？"

在美军最后一轮攻击中，第二部队"滨风"号挨了一颗近失弹，2号锅炉舱损坏，航速下降到28节。第一部队"藤波"号15时15分被炸弹命中前部右舷和炮塔附近，所幸受伤轻微，不影响继续航行。大块头的"长门"号同样受到美军飞行员的重点关照，15时20分，美军俯冲轰炸机从其右后方投出的炸弹2颗命中、3颗近失。其中1颗炸弹命中"长门"号一号锅炉舱左舷进气口，一号锅炉暂停运作，最大航速降至21节。另一颗炸弹穿过厨房在通信指挥室后部爆炸，炸死通信兵14人。经损管队员紧急抢修，一号锅炉恢复运转，"长门"号航速逐渐恢复到23节。

从8时50分"无畏"号出动第一架战斗机，到17时30分最后一架飞机返回"企业"号，美军第三十八特混舰队对栗田舰队的五轮攻击共出动舰载机258架次——其中战斗机97架次、俯冲轰炸机88架次、鱼雷机73架次——取得战果是击沉"武藏"号战列舰，重创"妙高"号重巡洋舰，击伤"大和"号、"长门"号、"利根"号、"矢矧"号、"清霜"号、"滨风"号、"藤波"号等舰。美军付出的代价是俯冲轰炸机和鱼雷机各9架未能返航，另有5架战斗机、2架俯冲轰炸机和16架鱼雷机受伤，15名飞行员和23名机组成员阵亡或失踪。

试想，如果哈尔西不提前放走麦凯恩第一大队和第二大队"邦克山"号——重型和轻型航母各3艘——这6艘航母的舰载机全部投入进攻，日军中路舰队遭受的损失无疑更大，甚至可能是毁灭性的。栗田随后是否还会反转，尚未可知，也就不存在后来那些戏剧性场面了。

另外，美军派出如此多的舰载机——鱼雷机多达73架次——只击沉了一艘敌舰，迫使另一艘敌舰掉头，表现只能算一般。如果最后一轮空袭中美军放弃被打成"植物舰"的"武藏"号，而将"大和"号、"长门"号、"金刚"号或"榛名"号作为攻击目标，将有更多日舰缺席随后的战斗。集结起狼群去进攻穷途末路的猎物，而不是将其他毫发无损的野兽作为打击对象，这种"对死人捅刀"的做法不能被认为是高明的。换句话说，"武藏"号沉没前的几个小时出色地扮演了诱饵角色，间接维护了舰队其他舰船的安全，也算死得其所。

迄今为止，栗田舰队共遭到美军五轮空袭。虽然尚无一舰沉没，但此时距天黑尚有3个小时，美军再发起两三轮空袭绰绰有余。随着美机攻击频率越来越高，战机数量也越来越多，出现舰船沉没只是一个时间问题。栗田认为，现在是自己一个人在独撑危局，没有收到基地航空部队和小泽舰队发来的任何消息。

事实上，当天12时41分和14时29分，小泽曾两次致电栗田，告知机动部队已经出动舰载机对美军航母发起进攻。由于电信员忙于处理有优先权的"大和"号本舰的电报，导致这两封至关重要的电报一直未能及时译出并送达栗田手中。次日11时，当小泽离开即将沉没的"瑞鹤"号向"大淀"号转移时，诱敌成功的电报再次被发往"大和"号通信室，出于同样原因一直被搁置到第二天中午。通信不畅严重影响了栗田对战局的判断。有人提出，是小泽旗舰"瑞鹤"号的远程发报机出现故障，才导致电报未能发出。栗田本人也持这种意见。但"大和"号返回基地后，曾将航海日志和电信接收记录等文件送往岸上存放。后经海军史研究人员检索，电信接收记录中确实有收到上述电报的记录。

栗田据此认为，如果舰队继续前进，那就不是去战斗，而是找死了。别说遥远的莱特湾，面前的锡布延海很可能就是第二游击部队的葬身之所。此前作战参谋大谷曾数次向参谋长建议，继续强行突入只有死路一条，舰队应该掉头向西机动，拉开与美军航母之间的距离以规避空袭。

15时30分，栗田终于下定决心，下令舰队一起向左转向，掉头西撤暂避美军锋芒。16时整，栗田致电联合舰队司令部同时抄送小泽、福留："自8时30分到15时30分，我部遭遇敌舰载机250架次轮番攻击，敌机来袭频率及飞机数量不断增加。迄今航空索敌攻击成功难期，而我逐次被害累增。此时突入莱特湾，徒为敌增以好饵，而成算难期。故暂时向敌空袭圈外退避，以待友军之成果确认后再行策应进击，当否？"栗田不愧为著名汉学家的孙子和儿子，电文写得有板有眼，颇有韵味。他把电报同时抄送福留和小泽，一定程度上是在提醒，基地航空部队并未尽到应尽的护航责任，机动部队也未将美军航母舰队引到尽可能远的地方去。

这是莱特湾海战中栗田舰队第一次掉头，战后遭到多人诟病。反对者认为，栗田本人就是一个胆小怕死之辈。但与随后引发更大争议的第二次掉头相比，这次返航更具有战术意义。从某种意义上说，栗田此举是日军在莱特湾海战中最有效的行动之一。当然也离不开哈尔西的"密切配合"，如果换成斯普鲁恩斯指挥航母舰队，断不至此。

所有日军舰船一起掉头，掉队的"武藏"号渐渐出现在视野之中。此时巨舰左倾越发严重，前部甲板完全没入水中，只有"利根"号和"清霜"号左右护卫。"武藏"号曾经是前两任联合舰队司令官山本和古贺的旗舰，作为山本参谋长的宇垣曾经长期在舰上驻扎，对"武藏"号有着难以割舍的特殊情感。宇垣眼含热泪，恳求栗田，能否再派一艘驱逐舰前往护卫。栗田同意调"岛风"号前往执行救护任务。

看到"岛风"号慢慢驶过来，"利根"号以为它是来接替自己执行护卫任务的，便离开"武藏"号准备回到原队列。第七战队司令官白石命令它继续执行救护任务，"利根"号只好再次掉头，返回"武藏"号身边。

护卫"武藏"号的任务并不像想象中那么轻松。15时52分，"清霜"号发现海面上出现了疑似美军潜艇的潜望镜，急忙冲过去投下深水炸弹，最后发现那不过是被海浪吹起的一根竹竿。16时21分，经紧急抢修的"武藏"号开始缓慢向北航行。3分钟后，"大和"号上的宇垣充满希望地向"武藏"号发出信号："尽全力保全战舰。"之后第一部队各舰从"武藏"号身边依次驶过，仿佛向遗体告别一般。此时"清霜"号再次发出发现美军潜艇的信号，引起一阵不小的骚动。看到身处险境的"武藏"号无法脱身，宇垣17时05分再次向猪口发出命令："如果航行或曳航无法远行，可在附近岛屿选择适当深度水域，采用曳航方式使舰首搁浅的应急办法处置。"世界第一战列舰竟然沦落到欲成为"陆上固定炮台"的尴尬境地——就连这也已经不可能了，因为它不具备足够的动力。

让人感到纳闷的是，日军舰队掉头西撤后，预料中的美军空袭竟戛然而止。难道哈尔西为"武藏"号的惨状起了恻隐之心，放下屠刀立地成佛啦？面对这种状况，17时14分，一直沉默不语的栗田突然将头转向小柳："参谋长，我们回头吧！"

小柳感到非常惊讶，这种建议本应由他提出，然后由司令官做出最终决断。他回答道："现在掉头，是不是早了点儿？联合舰队司令部对我们16时的电报还未做出指示。"

"没有关系，我们干我们的，"栗田一脸淡定，"再不掉头，我们就没有时间了。"

舰队于是再次掉头向东航行。17时34分，"大和"号瞭望哨在230度方位发现7架敌机。栗田并未惊慌，这种小机群不可能对舰队构成致命伤害，况且黄昏就快到了。他下令舰队加速至22节，以规避可能的空袭。那些美机并未如往常那样前来投雷投弹，在远处盘旋一阵后悻悻飞走。颇觉纳闷的栗田下令，舰队减速至20节，继续向圣贝纳迪诺海峡而行。

舰队转向东行，重伤的"武藏"号再次出现在视野之中。看到巨舰舰首没入水中，菊纹章勉强露出水面，上层建筑破烂不堪的狼狈模样，宇垣心如刀绞。18时整，他再次向"武藏"号发出信号："还能自己航行吗？"舰上很快给出答复："右舷内侧轴可用，操舵可以实施。"这竟然是宇垣和"武藏"号的最后一次对话。宇垣很清楚"武藏"号已经毫无指望，他在《战藻录》中这样写道："它已为'大和'号牺牲了自己，我预计'大和'号将来有一天也会遭遇相同的命运，我决定让'大和'号成为我的葬身之所。"

鉴于护航驱逐舰严重不足，18时20分，栗田命令战斗中负伤的"滨风"号接替完好无损的"岛风"号继续执行救援任务。舰长猪口显得有些信心不足，他先让"岛风"号接走了"摩耶"号的幸存水兵。看见主力舰队掉头返回，"利根"号再次驶离"武藏"号试图返回大队。栗田命令该舰停下，归猪口直接指挥，继续率2艘驱逐舰执行救援任务。"利根"号不得不再次回到"武藏"号身边。

18时30分，第二部队司令官铃木、第七巡洋舰战队司令官白石同时发信号给栗田，提出让1艘完好无损的重巡洋舰留在"武藏"号身边用处不大，不如让它重回编队参加随后的战斗。两分钟后，栗田下令解除"利根"号救援任务，离开"武藏"号与主队会合。

时间在一分一秒过去，"武藏"号情况仍在不断恶化，舰体左倾已加大到10度。为了保持舰体平衡，水兵把所有能搬动的物品全部移往右舷，左舷不能移动的东西如左主锚被直接丢入大海，全体能走动的船员也都集中到右舷，最后又把用毛毯裹着的大量尸体也堆放在右舷一角。猪口命令向右侧3号、7号、11号锅炉舱和3号轮机舱注水，企图以牺牲动力来换得平衡，上述努力根本无济于事。

18时50分，"武藏"号舰首已完全没入水中，只有前部两座炮塔还像山尖似的浮在水面上。看到巨舰已无法挽救，猪口开始用铅笔在一个小笔记本上写下了遗嘱："我本人曾经是大舰巨炮主义的忠实信奉者，然而在事实面前，我承认自己大错特错了。我现在诚心向天皇陛下及全体国民请罪。"

猪口召集高级军官和几名水兵在第二舰桥集合，把笔记本和铅笔递给了副舰长："加藤君，拜托了，请把它交给联合舰队丰田司令长官。"加藤知道舰长准备殉舰了。猪口的遗书后来由加藤带回并转抄了一份，一份交给西南方面舰队司令官三川军一，另一份交给了猪口家人。遗书原件由江田岛海军兵学校教育参考馆收藏，战后下落不明。

猪口环顾众人一周，开口说道："感谢诸君的奋斗，望各位好自为之，善始善终。"加藤请求与舰长同生共死。"笨蛋！"猪口怒斥道，"我的责任是如此之大，虽万死不足以赎罪。我必须与军舰共存亡！副舰长的职责是把水兵带到安全地点，送他们上第二艘或第三艘'武藏'号，为今日之战报仇雪恨。"他把军刀交给一名年轻少尉，然后把头转向细谷："谢谢你，辛苦了，信号兵！"细谷走上前去，以为舰长又要他发信号。猪口只递给他一个公文包，里面装着少许日元和7块羊羹："谢谢你，辛苦了，务请坚持到底。"

猪口命令细谷发信号，通知两艘护卫驱逐舰前来接走伤员。但那两艘舰都没过来。"他们为什么不来？"副舰长加藤坐立不安，愤怒地在细谷头上打了一下，"再发信号！"

细谷把信号发了好几遍，毫无回应。天色渐暗，"武藏"号的最后时刻就要到了。猪口命令全体人员到后甲板集合。通信长下山福次郎带领30多名手下从甲板下钻了出来，他们被甲板上遍布的尸体和残肢断臂吓得面如土色。下山带着部下给密码本浇上汽油，用火点燃。由于烧得太慢，下山将烧焦的密码本塞进帆布口袋，捆上机枪抛入大海。这样它们就会很快沉入海底，而不会落到美军手里。

猪口下达的最后一道命令是取下天皇御像，降下国旗，然后把自己反绑在倾斜的舰桥上。19时15分，细谷降下了国旗，旁边一名水兵用小号吹响了《君之代》。国旗被一名擅长游泳的水兵自告奋勇地系在腰上。"全体弃舰，"副舰长加藤喊道，"各自逃生！"一些水兵把鞋子和绑腿整齐地摆放在甲板上，好像很快就会回来似的。

19时30分，"武藏"号左倾突然加大到30度，凡能移动的东西全部向一侧翻滚。还没等大家反应过来，巨舰已开始向左倾覆，舰内爆发出两声巨响，炽热的火柱冲天而起——估计主炮弹药库被引爆了。呼叫声、哭喊声和怒吼声交织在一起，人们纷纷争相逃生的那一幕令人不寒而栗。密集的人群爬上了浮出水面的右舷舰腹，一名幸存者如此描述当时的恐怖一幕："舰员开始跳入水中。它的舰尾如同在海面上矗立的高塔一般。舰员入水之前，他们中间充斥着恐怖的尖叫声。他们中的大部分人跳海前撞到了'武藏'号的巨大桨叶。有些人沿着舰体奔跑，还有一些人从旁边跳了下去，却被鱼雷爆炸造成的大洞困住了。"

"武藏"号入水前发出震耳欲聋的呼啸，形成的巨大漩涡不知吞噬了多少水兵的生命。5分钟后，这艘倾日本全国之力精心打造的巨型战列舰向左翻转，沉入长满海藻的锡布延海海底，位置是北纬13度07分、东经122度32分。舰长猪口随舰同沉。由于事发仓促，转移中的天皇御像也一同随舰沉没。

锡布延海决斗就像是一场终极审判。在巨型战列舰与航母舰载机堂堂正正的对决中，大舰巨炮最后也是最杰出的代表"武藏"号完败，它被飞机投下的鱼雷和炸弹凄惨虐杀，毁灭于自天而降的火焰之中。巨舰大炮称霸大洋的时代一去不复返了，人类海战史翻开了一个新的篇章。

在把最后一包密码本推入大海之后，少尉下山抓住了一根缆绳。舰身突然向左一歪，站在他旁边的人连忙抱住他的腰，第三个人抱住第二人，就这样一个抱一个结成了一条10多个人的长链。经不起重量的绳子突然断裂，一串人都跌倒在舱口。很快第二条人链形成了，头昏眼花的下山放弃了求生念头。"天皇陛下万岁！"他高喊道。当他再次醒来时，发现自己已经在水里了，而且未穿救生衣。他竭力挣扎着将头露出水面，舰身被吸入海底的可怕响声吓得他魂不附体。"武藏"号巨大的舰体朝他压了下来，他被吸进了漩涡，但很快又被甩了出来。被呛得半死的下山吐出了一大口海水，却又喝进去一大口油。他拼命抓住了一块木头，拼命呕吐起来。

细谷光着脚朝船底跑去，虽然双脚被刺得鲜血淋漓，但他一点儿都不觉得痛。他看见一个大黑洞，满是泡沫的海水汹涌灌入，把附近的人吸回舰内。"鱼雷洞！跟我来！"他一边喊着，一边沿陡峭的斜面朝舰首爬去，掉入水中。细谷看见了"武藏"号竖立起来的最后景象——在落日余晖中显出一个巨大黑影,他同样被巨舰沉没形成的漩涡吞进去又吐出来。细谷拼命向上游,头露出水面后,他开始猛吸美不可言的新鲜空气。

细谷以为,自己是舰上唯一的幸存者。但是很快,周围海面上冒出了一个又一个人头。他看到了同样满脸油污的副舰长加藤,海面上漂浮的燃油足有50毫米厚。大家都竭力寻找一切能漂浮的东西。细谷和加藤发现了一个大木箱,两人游过去抱着它漂了一个多小时。疲惫的加藤开始打瞌睡,细谷用拳头捶醒了他。即使到了这种时候,他们仍然有心情开玩笑。周围的水兵戏说:细谷竟敢揍长官,不想活啦?一些人在海面上引吭高歌,他们唱的是《君之代》《海军进行曲》,或者诸如《上海卖花姑娘》那样的流行歌曲。

即使场面如此惨烈,"滨风"号和"清霜"号却拒绝施以援手达3小时之久。有人说,当这两艘驱逐舰尝试前去救援时,它们的螺旋桨夺走了更多水兵的生命。大约4小时后,探照灯照亮了海面,驱逐舰开始抢救还活着的人。救援作业一直持续到次日凌晨2时15分。"武藏"号2399名官兵中,1376人被"滨风"号和"清霜"号捞起向文莱返航。从"武藏"号受创的程度来看,能救出这么多人似乎值得肯定。但从时间跨度看来,救援工作本应该做得更好。值得一提的是,有一个人拒绝接受救援,他直接向"武藏"号沉没的地方游去,很快消失在黑暗之中。这个人就是炮长越野。

顺带一提,2015年3月3日,微软公司创始人之一保罗·艾伦团队乘"章鱼"号来到了锡布延海,用深海探测器在1200米海底发现了"武藏"号的残骸。艾伦生前曾说:"受父亲在美国陆军服役的启发与鼓舞,我从小便着迷二战史。'武藏'号是一个真正的工程奇迹。作为一名工程师,我特别欣赏这艘战舰的建造技术。非常荣幸,我能参与发现这艘军舰史上最重要的战列舰,并且铭记在'武藏'号上服役的那些战士无所畏惧的勇敢精神。"

保罗·艾伦有"最富豪军迷"的雅称,"章鱼"号造价高达2.5亿美元。它是当今十大豪华游艇之一,拥有两个直升机升降坪,游泳池、棒球场、医院和视听影院各一座。2004年,艾伦还成立了"飞行遗产与战车博物馆",许多二战和冷战时期不同型号的飞机和战车在这里得到了妥善保存和修复。作为艾伦财富方面的对立面,老酒这样的穷酸军迷只能写书聊以自慰了。

栗田 16 时发出的"舰队暂时西撤"的电报，不啻向日吉台地下室里投下了一颗重磅炸弹。此前，联合舰队司令部已经数次接到第二游击部队遭到美军空袭的电报，此时栗田突然提出西撤，确实让一众大腕儿感到棘手。作为第一主力的栗田舰队一旦放弃攻击，北方小泽舰队诱敌、南路西村和志摩舰队的联合突入以及基地航空部队的航空总攻击都将变得毫无意义。若因此导致"捷一号"作战彻底泡汤，海军还有何颜面去面对陆军、天皇乃至国内的广大民众？

丰田认为，即使第二游击部队向西撤退，也不可能脱离美军舰载机的攻击范围。何况栗田舰队一旦选择退却，将再也无法觅到战机。当务之急，是舰队必须冒死突进，方能博得一线生机。18 时 13 分，丰田向栗田及参战各部发出了日本海军史上非常著名的一封电报《联合舰队电令作第 372 号》："确信天佑，全军突击！"这封看似严厉的电报实际上并无多大现实意义。实际上，在丰田发出电报之前，栗田已经掉头东进了。

"武藏"号的沉没对栗田舰队无疑是沉重打击，但现在显然不是悲伤的时候，栗田必须化悲痛为力量擦干眼泪继续前行。"捷一号"作战要求中路和南路舰队25 日黎明突入莱特湾，摧毁美军登陆船队。由于当天应对美军空袭和两次折返消耗了数小时，中路舰队的进度明显滞后，这就意味着栗田舰队与西村舰队按计划实施协同作战的可能性已不复存在。栗田和参谋长小柳、作战参谋大谷对未来航程进行了预估，舰队将比原计划晚 5 小时即于次日 11 时抵达莱特湾。当初栗田舰队选择文莱而不是在科伦湾加油，意味着舰队无法通过提高航速来弥补失去的时间。战列舰和巡洋舰倒没问题，但莱特湾位于驱逐舰航程的极限，它们只能以耗油较少的经济航速航行，这同时意味着栗田舰队必须在白天走完最后一段最危险的航程。

18 时 55 分，当栗田收到联合舰队司令部发来的"天佑"电报时，舰队掉头东进已经快两小时了。此时中路舰队还有 4 艘战列舰、6 艘重巡洋舰、2 艘轻巡洋舰和 11 艘驱逐舰，其中 2 艘战列舰、1 艘重巡洋舰、1 艘轻巡洋舰和 1 艘驱逐舰带伤。"大和"号进水达到 5000 吨，相当于拖着一艘轻巡洋舰航行。夜幕降临，美军空袭至少次日清晨方能发起。但此去莱特湾航途遥远，前方势必面临无数艰难险阻。19 时 15 分，栗田下令排出第 24 号航行序列，硬着头皮向前挺进。24 分钟后，他致电民都洛岛圣何塞基地，请求派水上飞机对舰队将要通过的拉加斯皮群岛以东海域和莱特湾的情况实施侦察，及时通报侦察结果。

就在栗田舰队战战兢兢穿越锡布延海之时，日吉台地下室里的争论仍在持续。对栗田舰队擅自西撤的"荒唐行为"，以参谋长草鹿为首的少数人认为，应该对栗田的行为持宽容态度，容许他根据战场情况决定是否中止作战或做出战术变更。看来参加过珍珠港、中途岛等重要战役的草鹿对前线指挥官的难处有切身体会。但更多人认为，涉及作战问题应该由主管副参谋长负责，发给部队的作战电文除有司令官和参谋长签名之外，副参谋长也必须签署。出于对栗田可能违令的考虑，19 时 55 分，联合舰队司令部以副参谋长高田利种的名义再次致电栗田做出解释：

一、第一游击部队若就此返航，将彻底颠覆"捷一号"作战的基础，今后水面部队恐怕再无突入之机。

二、我基地航空部队和机动部队定于今夜至明日黎明对敌航母舰队发起攻击，期待可达成相当战果。

三、第一游击部队如继续挺进，将有助于南路西村和志摩舰队捕捉突入机会。

四、倘若贵部有机会突破圣贝纳迪诺海峡，即令推迟到明天白昼投入战斗，也要寻找与阻击我方行动的敌军水面舰队主力进行决战。

这封并无多大实际意义的电报 22 时 52 分被"大和"号接收到时，栗田舰队已突入圣贝纳迪诺海峡，联合舰队的指示连马后炮都算不上，且其中讲到的大道理栗田都懂。之前的 20 时 20 分，栗田接到西村发来的电报，"我部将于 25 日凌晨 4 时突入塔克洛班登陆场"。栗田、小柳和大谷等人一致认为，鉴于西村舰队实力太弱，还是让其与主力舰队会合后再发起进攻更为合适。21 时 45 分，栗田致电西村：

一、主力舰队将于 25 日 1 时穿越圣贝纳迪诺海峡，沿萨马岛东岸南下，11 时左右突入莱特湾锚地。

二、贵部按预定计划突入莱特湾后，于 9 时在苏禄安岛东北 18 公里海域与主力会合。

为保证突入行动成功，22时13分，栗田以严厉措辞致电福留和大西："第一游击部队准备赌上全军覆没的命运实施生死一搏，突入塔克洛班登陆场，歼灭敌军登陆部队。基地航空部队应全力强行攻击敌航母舰队，希望以此达成全军作战之目的。"

世事竟然如此无常！日军第一主力栗田舰队拼命隐蔽行踪，却最早被美军发现，连续遭遇潜艇伏击和五轮空袭，损失惨重。担负诱敌任务的小泽舰队竭力暴露自己，美军最靠北的第三大队却疲于应对日军陆基航空队和机动部队的联合进攻，谢尔曼少将迟迟派不出搜索机。当天美军参加防御战的飞行员汇报说，部分与他们交火的日机具备尾钩，它们只可能来自航母，而不是吕宋岛陆上机场。这无疑是个危险的信号，说明美军舰队至少谢尔曼第三大队已处在日军航母舰载机的攻击范围之内。

根据清晨拟订的侦察计划，谢尔曼本拟出动5个搜索小组，每组由1架"地狱俯冲者"和2架"地狱猫"组成，另有4架"地狱猫"在其后方执行信息传输任务。但面对小泽和福留的联合攻击，谢尔曼只好出动尽可能多的战斗机迎击，之前的侦察计划被暂时搁置。哈尔西和米切尔一再催促谢尔曼按计划对日军航母最可能出现的北方海域实施搜索。14时06分，日军攻势渐弱，忙里偷闲的谢尔曼这才下令出动了"列克星敦"号5架俯冲轰炸机，对350度到40度方位实施带弹搜索，每架飞机携带1颗454公斤炸弹。原计划执行护航和传递信息任务的"地狱猫"肯定没有了。

美国人的侦察效率的确惊人，5架飞机就有3架有所斩获。15时40分，负责20度到30度范围的赫伯特·沃尔特斯中尉在北纬18度10分、东经124度30分海域发现了日军"特混舰队"。借助云层掩护，赫伯特抵近实施低空观察，确认敌舰队中有4艘战列舰，其中1艘"外观为'伊势级'，后方有飞行甲板"，为其护航的有5艘至6艘巡洋舰和6艘驱逐舰。飞机钻出云层后，遭到日军防空炮火射击。因发出接敌电报后未见母舰发出"收到"信号，赫伯特放弃攻击直接返航。沃尔特斯发现的无疑正是松田的前卫舰队。

16时整，负责350度到0度搜索的诺曼·瑟蒙上尉在北纬19度40分、东经 123 度发现 2 艘敌驱逐舰，航向 240 度，航速 15 节。在向舰队发出接敌报告后，瑟蒙从 2600 米高度对日舰俯冲投弹，声称获得近失。

当天收获最大的当数负责 30 度到 40 度范围的斯图尔特·克拉普瑟中尉。16 时 40 分，他在北纬 18 度 25 分、东经 125 度 28 分发现一支航母舰队，随即发回了接敌电报："敌舰队中有 2 艘'翔鹤级'航母，1 艘舰级不明轻型航母，3 艘轻巡洋舰，可能有 1 艘重巡洋舰和 3 艘以上驱逐舰，航向 270 度，航速 15 节，距我舰队 350 公里。"在连续发出 5 次接敌报告之后，克拉普瑟驾机爬升至 2300 米高度向敌舰俯冲，但是未能成功投弹。克拉普瑟在爬高逃离时遭到 10 架零战围攻，电报员 J. 伯恩斯二等航空无线电军士操作机枪进行反击，声称击落敌机 1 架。两人发现的无疑正是小泽亲自领军的机动部队主力。到 18 时，美军 5 架轰炸机均安全返回"列克星敦"号。

从 11 时 24 分开始，小泽陆续收到栗田发出的数封电文，得知第一游击部队在锡布延海遭到美军舰载机的轮番攻击。小泽由此断定，机动部队仍未能被美军发现，诱敌目的并未达到。思忖再三，小泽毅然决定派前卫舰队向南行驶，尽快吸引美军舰队主力北上。14 时 39 分，小泽向军令部和联合舰队司令部发出了《机动部队本队机密第 241439 番电》："由'日向'号、'伊势'号及'初月'号、'霜月'号、'若月'号、'秋月'号组成前卫舰队，在松田少将的率领下向南方出击，务必借良机攻击消灭残敌。机动部队主力于 16 时回收飞机后向东南方向航行，继续进行明早之战斗。"

根据小泽的命令，松田率前卫舰队以 210 度航向驶向西南，小泽主力部队向西航行。16 时过后，机动部队主力接连遭到美军舰载机的跟踪，那正是克拉普瑟中尉的飞机。在高射炮火打响的同时，10 架零战——"瑞鹤"号 7 架、"千代田"号 3 架——在小林保平的率领下升空拦截，未果。通过截听敌机发出的电报，小泽知道舰队行踪终于被美国人发现——实在太好了！以前被敌发现带来的往往是沮丧，现在却变成了兴奋，这一幕实在太滑稽了。16 时 50 分，激动不已的小泽同时致电联合舰队司令部及各路友军："我部于 16 时 45 分遭敌舰载机跟踪，诱敌成功！"遗憾的是，由于"大和"号电信室的耽搁，栗田一直到三天后才看到这封至关重要的电报。彼时黄瓜菜不但凉了，而且馊了。

17 时，小泽命令燃油不足的驱逐舰"桐"号在"杉"号的护航下向高雄返航。19 时 10 分，小泽和栗田同样接到了丰田 18 时 13 分发出的"天佑"电报。小泽决定按命令行事，命令舰队以 140 度航向出击，次日 6 时以残存舰载机对美军发起最后的攻击，减轻栗田舰队的压力。20 时整，接到栗田舰队向西撤退的电文——事实上栗田此时已经反转——小泽认为第一游击部队已经撤出相当距离，机动部队继续南下完全失去现实意义。他于 20 时 10 分决定全体反转北上。21 时 27 分，小泽电令松田前卫部队"迅速向北脱离"。

就在机动部队掉头北上之际，小泽再次接到联合舰队司令部的最新电令《机密第 141959 番电》："各部需按照《电令作第 372 号》之要求实施突击。"第 372 号就是丰田那封"天佑"著名电令。小泽及众幕僚推测，美军很可能已经知晓了栗田舰队的作战意图，将在次日对他们发起更加猛烈的攻击。小泽决定"彻底赌上自身存亡策应栗田舰队之突击"。但要实现牵制美军主力舰队的目的，空中力量损耗殆尽的机动部队只有南下牺牲自己一条路可走。23 时 53 分，小泽向各部发出《机动部队本队电令作第 15 号》："机动部队本队取航向 140 度，航速 16 节，25 日 6 时与前卫部队及'杉'号会合；'桐'号独自前往奄美大岛补给后迅速返回与主力会合。"就在小泽发出南下命令的同时，哈尔西已率三个航母大队快速北上，20 世纪海战史上最后一场航母对决一触即发。

16 时 42 分，哈尔西收到米切尔发来的紧急电报，侦察机先后发现日军 3 支舰队：15 时 40 分发现的第一支舰队包含 4 艘战列舰、5 艘重巡洋舰和 6 艘驱逐舰，航向 210 度，航速 15 节，其中 1 艘战列舰后部有飞行甲板；16 时整发现敌 2 艘驱逐舰，航向 240 度，航速 12 节；16 时 40 分发现由 2 艘"翔鹤级"航母、1 艘轻型航母、3 艘轻巡洋舰和 3 艘驱逐舰组成的第三支舰队，航向 270 度，航速 15 节。米切尔建议击沉"普林斯顿"号，哈尔西授权他自主处理受伤航母。

敌北方舰队的位置被迅速标注在海图上。日本人的意图非常明显，早先发现的日军南路舰队（西村和志摩舰队在美国人眼中是同一支舰队）和中路舰队（栗田）正在赶往莱特湾，突袭美军登陆船队。参谋们推测，上述两支舰队很可能约定 10 月 25 日抵达莱特湾。现在看来，南路舰队很可能如期抵达，但中路舰队因遭到空袭返航肯定会爽约。即使他们以最快速度掉头东进，也不可能在 25 日 11 时前进入莱特湾。这样金凯德完全可以先派出舰队主力在苏里高海峡击溃日军南路舰队，然后移师北上，阻击试图从东部进入莱特湾的日军中路舰队。鉴于这支舰队在上午和中午的空袭中已经遭到极大削弱，虽然奥尔登多夫麾下那些老式战列舰速度不快，但在守株待兔式的防御战中，他们的 356 毫米和 406 毫米主炮完全可以击溃南北两路来犯之敌。况且，金凯德手中还有为数众多的护航航母，同样携带有相当数量的鱼雷机。

突然现身北方的小泽舰队对"蛮牛"哈尔西来说，不啻为斗牛士手中挥动的红布。哈尔西确信，"自己已经把所有拼板拼到一起了"。目前看来，只有北方这支日军舰队拥有航母，战斗半径比其余两支要大数百公里，他们无疑才是日军的第一主力。虽然侦察报告只发现了 3 艘航母，但哈尔西不相信这就是日军机动部队的全部兵力。日军一向擅长分兵，其余尚未被发现的航母肯定就在已发现的目标附近。虽然太平洋战争的最终胜利已毋庸置疑，但战争进程并不能完全令人满意。日本人在每次战役的收尾阶段都能成功逃脱，保证绝大多数舰船不受损害，在美国人大胜的中途岛海战和马里亚纳海战中也是如此。包括哈尔西在内的一众美军高级将领都急于改变这一点。

想起好友斯普鲁恩斯在马里亚纳海战中因用兵过于谨慎而备受指责，哈尔西决心紧紧抓住眼前的这次机会，取得一举全歼残存敌军航母的胜利。他努力克制自己，不要立即下令去进攻日军北路舰队。如果飞机立即出击攻敌，在返回航母时会是深夜，大多数美军飞行员并不具备夜间起降的能力，马里亚纳海战夜间降落损失惨重的教训犹在眼前。再者，眼下实际状况也与当时不同：马里亚纳海战时日军是在败退，如果不及时出击很可能导致敌军逃逸；现在日军迎面驶来，暂时不会掉头撤走。由于日军舰载机的攻击半径大于美机，现在最稳妥的办法是利用暗夜掩护缩短与敌人的距离，在次日拂晓时分发起突然攻击，一剑封喉。哈尔西面临以下三种战术选择。

一、使用手中的三个大队扼守圣贝纳迪诺海峡。这种选择将使第三舰队置于敌军航母舰队和陆基机场之间，敌人舰载机和陆基战机不但可以联合夹击美军，日军航母还可以待在美机航程之外实施穿梭轰炸。他们的飞机完成攻击后可以直接飞往吕宋岛陆上机场加油挂弹，返程时实施第二次轰炸。在马里亚纳海战中，米切尔的攻击机先发制人，基本瘫痪了塞班岛、关岛和提尼安岛机场，日军就无法实施"穿梭"轰炸了。但现在要摧毁菲律宾群岛所有 70 个日军机场显然不太现实。哈尔西认为："在日军水面舰艇编队和舰载航空兵部队能够协同作战之前，将舰队放在圣贝纳迪诺海峡守株待兔，是一种幼稚和愚蠢的行为！"

二、用实际上并不存在只是口头组建的第三十四特混舰队守卫圣贝纳迪诺海峡，这样就要至少留下一个特混大队掩护该舰队免遭日军陆基战机的攻击。麦凯恩第一大队实力最强，但现在距离太远，远水解不了近渴。由此看出，之前哈尔西放走第一大队和第二大队的"邦克山"号是多么不明智呀！这样哈尔西只能用两个大队去迎战实力尚不明确的日军机动部队，而且其中至少一个大队因抽调舰艇组建第三十四特混舰队，实力极大削弱。

三、放弃圣贝纳迪诺海峡，所有三个航母大队悉数北上，迎击并歼灭日军机动部队。哈尔西认为，这是眼下最现实也是最明智的选择。在他眼中，攻击距离最远、打击能力最强的航母舰队无疑才是"敌军第一主力"。哈尔西坚信，迎击并歼灭敌军航母舰队将会为美军走向胜利做出最大、最直接的贡献，也是目前第三舰队的第一要务。他希望身边的全部舰只能够统一行动，这样既可使用所有火炮加强航母的对空防御，也可集中使用舰载机加强舰队的空中掩护。

对实力明显并不弱小的日军中路舰队，哈尔西并不十分担心。航空参谋莫尔顿中校坚称，返航飞行员的汇报显示日军已经遭遇重创，舰炮和火控系统近乎失灵。哈尔西全盘接受了飞行员的报告，后来他解释说："虽然他们的报告实际上乐观得有些危险，但当时我们没有理由不相信他们。"哈尔西认为，日军严重受损的中路舰队即使能够侥幸穿越圣贝纳迪诺海峡，逼近莱特湾，也势必被第七舰队护航航母的舰载机击退。况且，还有奥尔登多夫火力支援大队的众多水面舰艇在等着他们。也就是说，日军中路舰队进入莱特湾的可能性几乎为零。有确切情报显示，这支舰队中并无运输船存在。即使最坏的情况出现，日本人突破所有防线进入莱特湾，也只能干些打了就跑的勾当，对岸上作战影响不大。既然如此，自己又何必像猫蹲在耗子洞口一样埋伏在圣贝纳迪诺海峡出口附近，错失消灭敌军航母的最佳机会呢？ 17 时左右，负责监视栗田舰队的最后一架侦察机发回报告说，日军舰队已经掉头仓皇西撤，哈尔西彻底放心了。

哈尔西清楚，全军北上必然要冒一定风险。不过，迄今为止所取得的所有胜利多半是冒了一定风险的，这是预料中的事。战争已到了收尾阶段，哈尔西竟然还未亲自指挥过一场像样的海战。最初在珊瑚海，他因带队空袭东京第一次失去了打击日军航母舰队的机会。在中途岛，他因患病再次坐失良机，变相促成了好友斯普鲁恩斯脱颖而出。现在，很可能是最后的机会出现了，哈尔西觉得无论如何也得抓住它。如果能借本次作战彻底消灭日军航空母舰，那么在今后的战斗中，美军就"不必惧怕来自海上的威胁"。在珍珠港等待接班乃至后来征战海上的几个月里，在起居室、待命室和军官俱乐部，哈尔西不断听到人们对斯普鲁恩斯用兵保守的议论甚至是尖锐批评。他可不想像好友在马里亚纳海战中那样，让日军最后的航母力量逃之夭夭，因此被人指责缺乏攻击性。

哈尔西试图为自己的行动寻找依据。他想起了尼米兹那句没有序号的特殊命令："尽一切可能，捕捉或创造机会摧毁敌军舰队。如果有这样的机会或者能够制造这样的机会，那么摧毁敌人舰队就是你们的首要任务。"哈尔西据此认为，第三舰队的根本任务就是进攻，而不是防御。后来他在回忆录中这样写道："我的职责是率领第三舰队摧毁日军舰队，而不是保护第七舰队。"哈尔西显然把尼米兹命令中最重要的第一句话给忘掉了："第三舰队的任务，是为在菲律宾中部登陆的西南太平洋战区部队提供支援和掩护，协助他们夺取计划中的所有目标，消灭该地区的日军海空力量。"

第三舰队司令部得出的结论依据两个致命误算：严重高估了北路小泽舰队的实力，同时低估了中路栗田舰队的战斗力。所有参会军官一致决定：弃守圣贝纳迪诺海峡，全军北上，进攻并歼灭日军航母舰队。"我们全速北上，"哈尔西一锤定音，"让日军那些航空母舰成为永久的回忆吧！"即使后来事实证明这是一个错误的决定，哈尔西依然不愿改口。"做出全力进攻北路舰队的决策是勉为其难的，"他在回忆录中这样写道，"即使今天，如果还是在同样的背景条件下，还是我当时获得的那些信息，我还是会做出同样的决策。"

天色渐暗，到了该采取行动的时候了。但过早行动可能被日军侦察机发现，打草惊蛇，敌军就可能及时北撤到有利的阵位。20时刚过，哈尔西来到旗舰海图室，用手指向最后报告显示日军北路舰队的所在位置，"这就是我们要去的地方，"他告诉卡尼少将，"米克，告诉所有人，立即北上。"和栗田一样，哈尔西已经48个小时没合眼了。在发出上述指令之后，他回到司令官舱室，准备利用战斗打响前的时间打个盹儿。

戴维森和博根很快收到了参谋长卡尼以哈尔西名义发出的命令："麦凯恩第一大队以最快速度向主力靠拢；戴维森第四大队和博根第二大队以25节北上，

午夜时分与谢尔曼第三大队会合，25日清晨对日军航母舰队发起攻击。"

20时24分，卡尼同时向金凯德、尼米兹和华盛顿的金上将发出《第三舰队242024电》："当地时间19时25分，锡布延海敌军舰队位于北纬12度45分、东经122度40分海域，航向120度，航速12节。战报显示敌舰队已经遭受重创。我正率三个特混大队星夜北上，预计将在明日拂晓时分打击敌航母舰队。"

任何读过哈尔西15时12分电报的人，都会认为他手中现在有四支大队：谢尔曼、博根、戴维森三个航母大队，李中将以新式战列舰为核心的第三十四特混舰队。至少金、尼米兹、金凯德都是这样认为的。他们一致以为，哈尔西在电报中说率三个特混大队北上，预示着刚刚组建的第三十四特混舰队被留下来守卫圣贝纳迪诺海峡。后来金凯德在回忆录中这样写道："我相信被留下来的是第三十四特混舰队，因为无法相信哈尔西会留下其他舰队。从舰队组成来看，第三十四特混舰队也最适合留下。"

尼米兹和参谋与金凯德的判断一样。尼米兹只是担心：哈尔西只留下缺少空中保护的第三十四特混舰队，能否完成阻击日军中路舰队同时防御日军空袭的双重任务？出于对好友的信任以及早就养成的让一线指挥官自主决定战术的习惯，尼米兹并未采取干预措施。

斯普鲁恩斯恰好也在珍珠港，他正在组织第五舰队参谋班子制订进攻硫黄岛的作战计划。习惯做甩手掌柜的斯普鲁恩斯肯定不会干涉具体事务，他把计划制订统统交给了新任参谋长戴维斯少将。值此史上最大规模的海战即将打响之际，斯普鲁恩斯当然会给予高度关注。在得知前线相关情况之后，斯普鲁恩斯用手指向圣贝纳迪诺海峡东口，用他一贯的轻声细语说："如果是我，就会把兵力放在这个地方。"

所有人都忽略了这样一个事实。按照哈尔西15时12分的电报，他的旗舰"新泽西"号属于实际上并不存在的第三十四特混舰队。熟悉"蛮牛"脾性的人怎么会相信，他派出所有航母北上进攻敌军航母，而将自己留在海峡之外，等待一支业已遭受重创的水面舰队，那支舰队会不会来尚不确定。大家稍加留意就会发现，哈尔西电报中说"正在北上"，说明"新泽西"号也在北上之列，同时也意味着事实上并不存在的第三十四特混舰队根本不可能留下来扼守圣贝纳迪诺海峡。

如果哈尔西在电报中明确说明"所有特混大队",而不是"三个特混大队",上述误解就不会发生,莱特湾海战的最终结果很可能会迥然不同。在1959年5月的《海军学院学报》上,金凯德海军上将——他于1945年4月3日获得晋升——发表了一篇论述海军高级将领必须具备的基本素质的署名文章,文中写道:"军人应该能用英语清楚地、有效地表达自己的意思,他发出的命令应该是明确的。"参加过太平洋战争的人都应该清楚,金凯德的这段话影射的是谁。

谢尔曼少将完全赞同全军北上的决定,他正为损失"普林斯顿"号气愤难平。"北方敌军航母舰队已经是我们餐桌上的肉,"谢尔曼告诉参谋们,"它们的距离已经足够近了,这回它们是跑不了的。战场态势完全是我喜欢的那种,而且我感觉到现在我们有机会彻底消灭敌军舰队主力,包括宝贵的航母在内,这是日军无法承受的损失。"

支持哈尔西决定的人绝不在少数。即使在后来真相大白于天下的情况下,第三十八特混舰队作战参谋约翰·萨奇上校依然坚决赞成哈尔西的做法。"如果我是哈尔西将军,而且这件事情从头再来一遍,甚至是知道了那些书上所写的一切之后,"萨奇说这话时,战争已结束数年了,"我仍然会选择北上打击日军航母,我认为哈尔西将军的决策非常正确,虽然这确实有些冒险。"

并不是所有人都赞成上述观点。米切尔的参谋长阿利·伯克上校就相对冷静得多。伯克认为,既然日军舰载机白天参与了对谢尔曼大队的攻击,也就是说,他们的航母已经在第三十八特混舰队以北海域停留至少一天了。它们为什么不配合吕宋岛日军陆基战机进攻第三舰队,以彻底清除中路和南路舰队的障碍呢?另外据返航飞行员报告说,大量幸存日机并未飞向北方,而是飞向了吕宋岛方向。

伯克最终得出这样一个结论:日军之所以没那么做,不是因为他们不想,而是做不到。在马里亚纳海战中,伯克曾经亲眼看到日军飞机像"火鸡"那样被无情屠戮。之前的台湾海空战中,又有大量日军舰载机被击落。伯克认为,日军遭受惨重损失,已经不可能再有足够的受过充分训练的飞行员来组织一次像样的海空战。如果真是那样,他们为什么还会出现在北方呢?那就只有一种可能:即使不能将第三舰队从日军中路舰队前进之路上驱走,他们也完全可以牺牲自己,将第三舰队主力从中路舰队前方引开。也就是说,北方出现的日军航母很可能仅仅是诱饵。伯克的分析和判断与日军的意图完全吻合：这家伙战后能连任三届海军作战部长，果真不是浪得虚名呀！

伯克为自己的判断感到兴奋，他立即找到米切尔，要求司令官将上述分析转告哈尔西。米切尔认为这种做法并不可取。"我想，你很可能是对的！"但米切尔表示，再没有比下属插手批评一个已经在执行的作战方案更糟糕的事情了，"我认为，我们不应该再烦扰哈尔西将军，他已经够忙了，他心里装的事情实在太多了。"

之前哈尔西发布的一系列命令让米切尔觉得，自己已经被架空，成了战场上无所事事的人。毫无疑问，错过前4次航母大战的哈尔西，不想再错过可能是最后一次与日军航母交战的机会，他准备亲自指挥作战。米切尔已经构思了一个作战计划，就是第三十八特混舰队快速北上，航途中组建第三十四特混舰队，前出与日军北路舰队实施夜战。拂晓时分，航母再出动舰载机扫荡日军残存舰只。收拾完敌军北路舰队后，第三舰队就能高速南下，即使来不及阻止日军中路舰队进入莱特湾，至少也可以在其返航时予以歼灭。

众参谋认为，这是一个相对妥善的计划，并建议将它呈送哈尔西将军。米切尔没有采纳参谋们的建议，他怕因此打乱哈尔西的总体部署。他告诉伯克，按照上述思路将详细方案制订出来，一旦时机成熟即可投入实施。安排好上述事项之后，累得几乎散了架的米切尔转身回到司令官舱室，准备小憩。离开前他告诉大家："请记住，现在是哈尔西将军在亲自指挥。"

此前，"独立"号已经出动夜间鱼雷机中队的"复仇者"，对日军中路舰队实施跟踪。23时04分，飞行员连续发回报告，日军中路舰队呈纵队队形，正在布利亚斯和迪高之间航行，此处距离圣贝纳迪诺海峡只有70公里。海峡两岸的航标灯也打开了，这显然是一个危险的信号。作战参谋詹姆斯·弗拉特利中校在海图上做了标记，然后和参谋长伯克一起来到司令官舱室，叫醒了酣睡中的米切尔中将。面对日军舰队将很快通过圣贝纳迪诺海峡的现实状况，伯克和弗拉特利一致认为，应该立即派遣战列舰舰队到海峡出口，截击日军中路舰队。

"司令官，我们最好建议哈尔西将军掉头。"弗拉特利说。

"哈尔西将军收到日军舰队掉头的报告了吗？"米切尔翻过来身问。

"是的，他有。"弗拉特利回答说，他感到司令官非常忧虑，看上去足足超过 80 岁。

米切尔侧着身子，头枕着手臂想了一会儿。"哈尔西将军有我们有的所有情报，他也许有比我们更多的情报。他是个大忙人，正在计划作战的事情，指挥一次复杂的战役，任何不必要的建议反而会增加他的麻烦，不会对他有帮助的。"米切尔稍稍停顿了一下，继续补充道，"他如果需要我的建议，会来问我的。"说完，他翻过身，继续呼呼大睡。

接到日军中路舰队再次反转的消息后，博根少将同样感到了不安。他通过 TBS 与"独立"号舰长爱德华·尤恩上校讨论了当前局势。博根担心，哈尔西并没有收到日军中路舰队反转的消息，于是向"新泽西"号发出了一封提醒电文。第三舰队一名参谋回复说，侦察机的报告获悉，已经告知了哈尔西将军。当博根准备重复报告内容时，那名军官回应道："是的，是的，我们已经知道了。"

博根听出，对方是"一种非常不耐烦的口气"。依然放心不下的博根立即起草了一份作战计划：由李中将第三十四特混舰队与自己的第二大队携手南下，共同阻击日军中路舰队；谢尔曼第三大队和戴维森第四大队联手北上，攻击日军机动部队。上述想法发往"新泽西"号后，一直没有收到回音。有参谋指出，在任何情况下博根的请命都无法打动哈尔西，因为"新泽西"号本身就属于第二大队。此时哈尔西眼中只有小泽的航母，他绝对不会跟随第二大队南下去阻击栗田的。

"华盛顿"号战列舰上，李中将和参谋们也在讨论舰队北上可能带来的问题。他们担心，日军北路舰队的目的就是引诱美军主力北上远离莱特湾，为中路和南路舰队的突入扫清障碍。大家提议李中将向哈尔西汇报，说明完全放弃圣贝纳迪诺海峡是不慎重的。李认可众人的意见。他相信只要派遣一支战列舰分队，就可以堵住海峡出口，用"T"形阵压制敌人中路舰队，就像奥尔登多夫在苏里高海峡对付西村和志摩那样。李认为，凭借战列舰和护航舰只的高射炮火，舰队即使在白天也能应对敌军的空袭，条件是哈尔西能够派出 1 到 2 艘轻型航母和他随行。

李及时与"新泽西"号取得联系，讲述了自己的上述想法。和博根一样，他得到的答复还是那句"知道了"。一名参谋军官认为，做出上述答复的肯定不是哈尔西将军本人，很可能是他休息时指定的临时代理人。恰在此时，"独立"号夜间侦察机的报告到了，日军中路舰队已经掉头，向圣贝纳迪诺海峡快速驶来。感觉事态严重的李再次进行了试探，从"新泽西"号得到的答复还是那个不耐烦的"知道了"。

在接下来的时间里，大家评估了海军将领间的关系，最终达成共识：哈尔西将军是最不愿意接受不同意见的人。大家担心，如果李将军告诉哈尔西应该怎么做，他很可能反其道而行之。有时候最好的办法就是沉默，让哈尔西将军和他的参谋军官自己找到结论。李中将最后也放弃了。

历史从来不相信假设，但此时老酒忍不住还是要假设一番。如果李和博根的建议被哈尔西采纳，美军第三十四特混舰队南下封堵圣贝纳迪诺海峡，25日中午之前，一场战列舰之间势均力敌的巅峰对决——李的"华盛顿"号、"新泽西"号、"衣阿华"号、"阿拉巴马"号对轰栗田的"大和"号、"长门"号"金刚"号和"榛名"号——将在圣贝纳迪诺海峡东口海域隆重上演，苏里高海峡之战将因此黯然失色。

与李中将和博根少将的幕僚类似，第四大队的参谋班子同样对哈尔西的命令产生了质疑。戴维森少将和参谋长詹姆斯·罗素上校一致认为，现在舰队应该向南航行，而不是向北。戴维森告诉参谋长："詹姆斯，我们向莱特湾的两栖作战部队撒了个大谎。"罗素点头表示认可，接着反问道："你希望对哈尔西将军说点儿什么吗？"戴维森苦笑着摇了摇头："哈尔西将军拥有更多更全面的情报，他做出上述决定，很可能源于我们并不知道的原因。"从以上过程可以看出，当天晚上，第三十八特混舰队大多数高级军官对哈尔西及其参谋的做法表示了反感。

第三舰队的参谋粗暴拒绝了来自多方的建议，自然也有他们的理由。此前，他们已经和哈尔西充分讨论过日军北方舰队属于诱饵的可能性，最终认为事情太过荒唐被否决了。大家的结论是航母无价，日本人根本不可能用宝贵的航母充当沦为二线部队的战列舰的诱饵。作为一名"迟到的老哥"，哈尔西最早意识到航母将在未来的海战中占主导作用，这当然值得肯定。但也许正因为此，他忽略了另外一点，在某些特定场合，战列舰同样具有巨大威力。如果换成大舰巨炮派的斯普鲁恩斯在此，结论就可能有所不同。

23时45分，谢尔曼第三大队向东会入大部队，哈尔西终于聚拢了自己的打击力量。第三十八特混舰队减速为 16 节，航向正北。舰队突然减速让伯克有点蒙，他再次叫醒了米切尔："将军，舰队会合之后，我们有战术指挥权吗？"

"是的，我们一直是这样的，我们就是战术指挥官。你为什么问这个？"米切尔问。

"但是，哈尔西将军正在下达战术命令。"伯克回答。

"那么就把它接过来。"米切尔的语调依然不徐不疾。

于是伯克以第三十八特混舰队司令官的名义通过 TBS 发出指令，3 个大队以纵队前进，航向正北，航速 25 节。他希望通过高速航行，执行米切尔"夜间实施水面打击，拂晓发起空袭"的计划。

伯克的命令很快被第三舰队的参谋取消，他们通知各大队航速降回 16 节。哈尔西已经做出了降低航速的决定，他担心暗夜中与日军北路舰队擦肩而过。如果小泽向南航行，在第三舰队右翼占位，他们就可以利用吕宋岛陆上机场实施穿梭轰炸。小泽如果从左翼也就是第三舰队和吕宋岛之间寻隙南下，就可以高速前进和中路栗田舰队会合，最后与南路的西村和志摩舰队南北夹击莱特湾。

伯克不清楚"新泽西"号上的讨论内容。看到第三舰队的参谋军官以自己而不是以哈尔西将军的名义撤销加速命令，伯克再次通过 TBS 命令 3 个特混大队加速至 25 节。老酒估计，戴维森、谢尔曼和博根肯定都不知道该听谁的了。好在美国人有的是钱，不在乎频繁变换航速浪费的燃油。

25 日凌晨 1 时，哈尔西睡醒了。来到舰桥上的哈尔西发现舰队航速提了上来，于是再次下令降速到 16 节。他显然不知道是伯克在暗中捣鬼。哈尔西命令"独立"号派出夜航飞机实施搜索。伯克以米切尔的名义接令后，很恭敬地建议取消这道命令，因为日军很可能会发现侦察机，进而改变航向实施规避或转身逃跑。

"你有我们没有掌握的情报吗？"哈尔西问。

"没有。"伯克回答。

"那么，请立即派出搜索机。"哈尔西的口气不容置疑。

哈尔西全军北上的决定导致圣贝纳迪诺海峡门户洞开，陷入无兵把守的状态。战场上出现了戏剧性一幕：哈尔西率第三舰队气势汹汹扑向小泽诱饵舰队，在他身后，栗田、西村和志摩三支日军舰队却从南、北两个方向，向莱特湾美军登陆部队和金凯德的第七舰队发起了猛烈进攻！

# 战列舰的挽歌——苏里高海峡夜战

尽管在 10 月 24 日损失了超级战列舰"武藏"号，但丰田精心策划的"捷一号"作战正在按计划顺利展开。小泽成功将哈尔西诱向北方，圣贝纳迪诺海峡门户洞开，栗田主力舰队此去莱特湾已是一片坦途。在南方，西村、志摩两支几乎完好无损的舰队正向苏里高海峡悄然逼近。

24 日上午，西村舰队仅遭遇过一轮空袭，损失轻微。这种优厚待遇和中路栗田舰队相比，简直是天壤之别。究其原因，在于哈尔西对这支"迷你"舰队实在提不起多大兴趣，中路栗田舰队和随后出现的小泽舰队都比它要"肥得多"。即使加上跟在后边的志摩舰队，南路日军总共也不过 2 艘老式战列舰、3 艘重巡洋舰、1 艘轻巡洋舰和 8 艘驱逐舰。哈尔西的牛眼先是紧盯栗田，后来突然变成了小泽。他认为用无坚不摧的第三舰队攻击南路这样一支微不足道的偏师简直就是"贻误青春"，还是把它们扔给金凯德打发算了。哈尔西是这么想的，也是这么干的。

根据哈尔西的命令，24 日上午，戴维森少将率第四大队向北方博根少将第二大队靠拢，这样他虽然将中路的栗田舰队纳入自己的攻击范围，却再也够不到南路的西村舰队了。金凯德第七舰队并不强大的空中力量忙于支援岛上作战，正因为此，原本认为风险最大的西村舰队得以在苏禄海以 18 节速度平安航行，比预定计划早 3 小时进入棉兰老海。照此推算，舰队进入莱特湾的时间也会比原计划提前 1 小时，如果前方没有美军舰队拦截的话。

考虑到老迈的"山城"号和"扶桑"号最高航速只有 20 节，西村舰队可以说是在全速前进。值得一提的是，西村知道身后有一支友军，即志摩清英的第二游击部队。志摩也清楚西村就在前面不远处——两人之间实际距离为 60 公里——但他并未加速追上与西村会合。志摩舰队所有舰船都能轻松跑出 30 节以上的高速，想追上西村是分分钟的事儿。南路日军实际上是两支互不理睬、独立行进的舰队。这并非因为无线电静默——其间西村曾多次主动和栗田联系——或者通信不良，而是另有其他奥妙。

志摩和西村是海兵第三十九期同班同学，但谈不上交情深厚。在几十年的宦海沉浮中，两人各使心计，明争暗斗，以致产生了严重隔阂。毕业时吊床号高于西村的志摩为人圆滑，有长时间在海军省和军令部履职经历，和上峰关系相当融洽。志摩虽具有娴熟的管理技能，但实战经验远远称不上丰富。志摩之父志摩清直当年在"松岛"号上服役时，在19世纪末与大清北洋水师那场著名的黄海海战中战死，志摩头顶因此罩上了一层烈士遗属的光环。与之相反，西村职业生涯大部分时间都在海上打拼，他的荣誉大多是在战舰甲板上挣得的。西村缺少藩阀背景，绰号"岗哨之神"便是他多年以来勤勤恳恳、不喜逢迎的真实写照。一些日本史学家甚至戏称，西村是"一生从未踏过'红砖'大门的人"——"红砖"是海军省和军令部的别称。称得上船油子的西村常年征战海上，仅在海军大学进修时上岸过10个月时间。这种经历和他早一期的师兄，现在顶头上司栗田颇有几分相似。事实上，西村和栗田私交甚笃，平时一样沉默寡言。

综合以上诸多因素，志摩仕途要远远顺于西村。志摩于1939年11月晋升少将，比西村早了整整一年。志摩于1943年5月晋升中将，而西村晋升中将已经是1943年11月的事情了。按照日本海军惯例，志摩属于西村的先任。如果两人执行同一项任务，西村必须接受志摩的指挥，这让西村心里极度不爽。况且莱特湾海战打响时，志摩已是第五舰队堂堂司令官，西村指挥的不过是第二战列舰战队——日本海军舰队的级别远高于战队。南路日军两支舰队一旦会合，西村接受志摩指挥就显得天经地义，顺理成章。

从航途中西村多次发电报给栗田，而对近在咫尺的志摩不理不睬可以看出，西村不愿意接受所谓"通信专家"志摩的指挥。况且西村认为，自己舰队主力是2艘战列舰，志摩手中只有2艘重巡洋舰，凭什么我要主动和你会合并接受你的指挥？这可能正是西村加紧赶路，不愿主动减速等待志摩的主要原因。

西村不愿接受志摩指挥，志摩还真不大愿意指挥他。志摩清楚西村一向看不惯自己，他眼中的西村当然也好看不到哪里去。抛开两人私下不睦的因素，最近一段时期，志摩第五舰队被当作皮球一样踢来踢去，先是被要求配合小泽机动部队作战，后来受命前往扫荡"台湾海空战"逃脱的"残敌"，之后又稀里糊涂被划归西南方面舰队。虽然近期未经一战，但志摩舰队可真没少跑路，也凭空浪费了不少宝贵的燃油。从马公出发之前，志摩才被简单告知"捷一号"作战的内容。志摩手下舰船战力较弱，战列舰和航母一艘都没有，对美军部署也是一无所知。这种情况下，志摩认为自己就是想指挥西村也指挥不了。所以他也不想主动去联系西村，免得西村不听指挥，自讨没趣儿。

还有一点，虽然不知晓美军的具体部署，但敌人实力强大，精明过人的志摩还是非常清楚的。志摩本人对所谓的"捷一号"作战本就不太认同，认为这仗根本没有打赢的可能，不管是小泽的北路、栗田的中路，还是自己所在的南路。如果出任南路舰队总指挥，最终打败仗的黑锅肯定得自己来背。混惯了机关的志摩一向滑头，从之前他奉命出击扫荡残敌，稍有风吹草动转身溜之大吉就能看出端倪。现今状况，不如来个各人自扫门前雪，独自作战为妙。反正你西村的实力比我强，那你就在前面带路吧！万一西村舰队有所闪失，自己还可以及时掉头跑路。正因为此，志摩就这样不紧不慢地跟在西村身后，始终保持一定距离。两支执行相同任务、相距仅数十公里的舰队，居然彼此互不联系，自顾自埋头向莱特湾冲去。

不过有一点可以肯定，如果西村和志摩合兵一处，他们未来生还的可能性将大大提高。如此浅显的道理，难道长年征战海上的西村不明白吗？遗憾的是，除三大祥瑞之一"时雨"号侥幸逃脱之外，西村舰队其余舰只全部战沉在苏里高海峡。28名幸存水兵中，无一人来自西村舰队司令部，或是旗舰高级军官。因此，后人缺乏西村决策的权威性依据，只能凭主观进行推断。关于西村加速赶路的行动，相对合理的解释有三个。

其一，西村的三个儿子中，唯一活下来的祯治不久前在菲律宾战死。对西村来说，似乎人生已经失去意义。在接到率舰队穿越苏里高海峡突击莱特湾的命令时，西村可能认为，自己的死意味着赎罪和成就感。考虑到自杀仪式在日本伦理中占有崇高地位，这种解释看上去应该是合理的。

出征前西村的反常表现从侧面印证了这一点。当被指令参加"捷一号"作战时，西村简直就像武士得到了极为理想的死地一样，欣然率队奔赴林加。第二战队到达林加已是10月10日深夜，离舰队最后出击只剩12天时间了。匆忙赶到林加的西村并不重视战前训练，而是反复向官兵灌输"决死一战，玉碎报国"的思想。分兵前最后一次晚宴上，西村频频举杯向所有与会者敬酒，俨然一副"风萧萧兮易水寒，壮士一去兮不复还"的诀别姿态，连参谋长小柳都看出来了。

其二，西村清楚自己与栗田舰队同时抵达莱特湾的可能性几乎为零。如果其中一支舰队提前到达，就要等待另一支姗姗来迟的友军。清晨，"最上"号水上飞机发回的情报显示，美军在莱特湾拥有强大的水上力量，自己获胜的可能性微乎其微。西村执意快速赶路，可能因为他清楚战役胜负取决于栗田中路舰队，任何能帮助战局推动的行为都是正确的。换句话说，西村希望"丢炮保车"，将尽可能多的美军引向自己。苏禄海位于美军陆基航空兵的攻击范围之内，当初让西村舰队选择这条最危险的航线，本身就有吸引美军、减轻主力舰队压力的考虑，这一点西村无疑是心知肚明的：既然注定毫无生还希望，还不如死得更悲壮、更有价值一些。

其三，对西村和他的幕僚来说，舰队穿越苏里高海峡的最佳时间必定是午夜到拂晓之间。如果在白昼通过海峡，意味着舰队将遭受美军舰载机的无休止空袭，那里只有有限的机动空间。日本人对夜战素来自信，西村和参谋们可能认为，凭借夜色掩护穿越海峡，才是最现实、最明智的选择，也是成功的唯一希望。西村拒绝降低航速，是试图赶在天黑之前进入苏里高海峡。

幸存的"时雨"号舰长西野繁战后的叙述，为上述推测提供了佐证。西野坦承，自杀式行动是可以接受的，"西村将军是一位老派海军将领，喜欢夜间作战甚于昼间战斗"。西村就这样义无反顾，冲向了自己的最后坟场。

苏里高海峡长80公里，南部宽22公里，北部宽46公里，从南到北近乎垂直，易守难攻。对日本人尤其不利的是，海峡两岸遍布崎岖的悬崖，美军舰艇可以利用岛屿的掩护隐匿行踪，日军很难通过目视或雷达发现美军。日军舰队从海峡南端以纵队北上，给美军堵住海峡出口，占据"T"字头提供了绝佳机会。

戴维森少将第四大队北上之后，金凯德知道，守卫苏里高海峡的艰巨任务只能由第七舰队独立承担了。幸运的是，他手中有足够的兵力可供调配。金凯德认为，圣贝纳迪诺海峡方向无须担忧。有李中将第三十四特混舰队把守海峡出口，日军中路舰队是无法轻易穿越的。既然北方暂时无忧，自己就可以把第七舰队所有力量放心使用在苏里高海峡方向。

发现日军第二支来袭舰队之后，金凯德再没获得进一步信息。说实在话，既然肯尼第五航空队尚不具备进驻莱特岛支援地面作战的能力，就应该在搜索上投入更多力量，尤其是南方要地苏禄海和苏里高海峡。24日下午，他们更应该出动莫罗泰岛长腿的B-24攻击已被发现的西村舰队和志摩舰队。日军舰队企图通过苏禄海进而穿越苏里高海峡突袭莱特湾的战略意图昭然若揭，金凯德在24日上午已经开始准备迎击。就像他说的那样，"我们有几乎一整天时间思考如何部署兵力"。

金凯德不像哈尔西那样乐于和下属争夺指挥权。中午时分，他致电第七十七特混舰队第二大队司令官奥尔登多夫少将："准备夜战！估计敌军有 2 艘战列舰、4 艘重巡洋舰、4 艘轻巡洋舰和 10 艘以上驱逐舰。据报，该部上午 9 时之后在东苏禄海曾遭我航母舰载机的攻击。敌军可能于今晚到达莱特湾。"这封电报同时抄送哈尔西、尼米兹和华盛顿的金上将。从电报数据可以看出，金凯德显然把西村和志摩两支舰队看成了一支，它们之间距离实在太近了。

站着说话不腰疼的金凯德认为，日军舰队实力不强，派 2 艘战列舰、3 艘重巡洋舰、3 艘轻巡洋舰和 10 艘驱逐舰对付他们就足够了。但是负责具体战术指挥的奥尔登多夫却不这么想："我的理论是老赌徒的理论：永远不要给浑蛋一次均等的机会。如果我的对手愚蠢到以次等部队向我发起进攻，我肯定不会给他们喘息的机会。制订作战计划这项责任，我从来不交给下属去做。"

奥尔登多夫决定杀鸡用牛刀，在苏里高海峡集结所有能调集的舰船：老式战列舰 6 艘，重巡洋舰 4 艘，轻巡洋舰 4 艘和驱逐舰 28 艘，此外还有 39 艘鱼雷艇，几乎是金凯德计划的两倍以上。对奥尔登多夫的请求，金凯德慨然允诺。既然哈尔西控制了北方，李的舰队又牢牢守住了圣贝纳迪诺海峡，将大部分舰艇交给奥尔登多夫，当无大碍。随着一道道作战命令的发出，第七舰队几乎所有巡洋舰以上大舰及为数众多的驱逐舰迅速向苏里高海峡北口机动。莱特湾一带海域，金凯德留下的驱逐舰仅够勉强为护航航母编队提供基本反潜巡逻。这样在栗田舰队的战列舰和美军登陆船队之间，就只剩下托马斯·斯普拉格少将那些脆弱的护航航母了。

金凯德和奥尔登多夫一致认为，日军舰队通过开阔的苏禄海后，必将经内格罗斯岛和棉兰老岛之间狭窄的棉兰老海，转过帕纳翁岛向北驶入苏里高海峡。根据地形特点，奥尔登多夫决定采取"节节阻击，逐次消耗，最后在主防线展开对决"的战术，一举歼灭日军南路舰队。他做出了与一战西线战壕系统惊人相似的安排。

一、把守海峡南口的是鲍林上校麾下的 39 艘鱼雷艇。它们每 3 艘为一队分成 13 个小队：其中 3 个小队位于帕纳翁岛前方和海峡入口处；在它们前方约 90

公里处，另 5 个小队集结于宾尼特角、帕纳翁岛以南及棉兰老岛北端比拉角附近；其余 5 个小队部署在海峡之内。鱼雷艇队的任务是发现并随时报告日军舰队的行踪，并伺机发起鱼雷攻击。战术指挥官罗伯特·利森少校给 13 个小队长下令："一旦与敌相遇，立即报告，水面的要报告，空中的也要报告，可以用目测，也可以用雷达，然后独立发起攻击。"

二、第二道防线由 3 个驱逐舰中队共 20 艘驱逐舰组成。杰西·科沃德上校第五十四中队的 2 艘驱逐舰组成左翼，其余 3 艘驱逐舰和麦克·梅恩上校第二十四中队的 6 艘驱逐舰为右翼，共同组成第一条拦截线；罗兰·斯穆特上校第五十六中队 9 艘驱逐舰 3 艘在左、6 艘在右形成第二道拦截线。由驱逐舰担纲的第二道防线将充分利用海峡两侧岛礁掩护，对日军舰队实施鱼雷和舰炮打击。

三、第三道防线由两支部署在侧翼的巡洋舰编队组成。西侧编队部署在莱特岛一侧，下辖澳大利亚皇家海军重巡洋舰"什罗普郡"号，轻巡洋舰"博伊西"号、"菲尼克斯"号。东侧编队在战列舰部队前方巡航，掩护主航道和希布松岛之间海域及该岛与迪纳加特岛之间的东航道，防止日军从东侧迂回。该部下辖重巡洋舰"路易斯维尔"号（奥尔登多夫旗舰）、"波特兰"号、"明尼阿波利斯"号，轻巡洋舰"丹佛"号、"哥伦比亚"号，另有 4 艘驱逐舰护航。西侧编队比东侧编队靠前 2 公里。

四、巡洋舰编队以北 7 公里，是由战列舰组成的主防御阵线，由 6 艘老式战列舰"西弗吉尼亚"号、"马里兰"号、"加利福尼亚"号、"田纳西"号、"宾夕法尼亚"号、"密西西比"号组成。除"密西西比"号之外，其余 5 舰都是在珍珠港遭到重创，打捞维修后重新投入战斗的。当晚对他们来说，是地地道道的复仇之夜。值得指出的是，这些老式战列舰已经进行过多次现代化改装，配备了新型雷达、火控系统和高炮，可谓脱胎换骨。当初珍珠港遭袭的 8 艘战列舰中，除"内华达"号被派往欧洲参加诺曼底战役，"俄克拉荷马"号、"亚利桑纳"号因损伤太重直接报废之外，其余 5 艘都在这里了。

多年以来，抢占"T"字头一直是众多大舰巨炮派玩家梦寐以求的目标。如果能够占据"T"字一横，横贯在敌舰前方的重型舰只就可以用全部火力实施打击，迎面驶来的敌舰只能用舰首火炮进行还击。即使同等规模的舰队，占据有利"T"字头者相比对手也有一倍火力优势。抛开巡洋舰和驱逐舰暂且不提，美军在战列舰数量上本来就占有 6 : 2 的绝对优势，如此阵形相当于日军只能用"扶桑"号和"山城"号舰首 8 门 356 毫米主炮，与美舰 16 门 406 毫米（"马里兰"号和"西弗吉尼亚"号各 8 门）主炮、48 门（其余 4 舰各 12 门）356 毫米主炮对轰，形势对他们来说是绝望的。

除兵力居于绝对优势之外，美国人还有一个有利条件。苏里高海峡水域狭窄，不利于西村舰队灵活机动。但海峡出口之外水域开阔，便于美军战列舰编队从容排兵布阵，在炮战中实施有效规避。让金凯德更加放心的是，美军战列舰编队靠近莱特湾口，即使真有日军舰队从北方来袭，奥尔登多夫也可以快速掉头驰援。金凯德认为，哈尔西快速航母已经重创了日军中路舰队，现在正向北方迎击日军航母舰队，李中将强大的新式战列舰编队封锁了圣贝纳迪诺海峡，只要自己能够堵住苏里高海峡，日军突入莱特湾的可能性是根本不存在的。

但金凯德毕竟是小心谨慎之人，24 日日落之后，他下令放飞了水上飞机母舰"半月"号上的"卡塔琳娜"，前往苏里高海峡北端大卡布根岛实施搜索，毫无发现。其中 1 架"卡塔琳娜"在日舰到来前一小时飞过了圣贝纳迪诺海峡。金凯德命令托马斯·斯普拉格少将，出动护航航母上的舰载机，执行次日黎明的侦察任务。侦察范围从莱特湾开始，止于圣贝纳迪诺海峡。当时美军护航航母并未搭载夜航飞机，无法执行暗夜搜索任务。由于一系列令人惋惜的耽误，本应执行侦察任务的"奥曼尼湾"号直到日出前半小时才放飞侦察机，彼时栗田舰队已经近在咫尺了。

奥尔登多夫在苏里高海峡的纵深防御属于典型的前轻后重，越到后边实力越强。由南向北行进的日军舰队沿途不断遭遇鱼雷艇、驱逐舰和巡洋舰的阻击，势必受到极大削弱。即使他们能够侥幸穿越前三道防线，来到主防线以南 20000 米处——这是发挥战列舰大口径主炮穿甲弹威力的最佳距离——也将遭到压轴登场的美军战列舰排山倒海般的猛烈轰击。这的确算是一个无懈可击的完美计划。不过老酒可以觍着脸说，若有如此强大的兵力，这种布置俺也会。

当晚的战场看上去颇具戏剧性，北方哈尔西和小泽的航母剑拔弩张，南部战局逐渐演变成一场以战列舰为核心的海上对决，空中力量不再发挥决定性作用。太平洋战争始于航母对战列舰的偷袭，当时海军主流观点依然认为，战列舰是海上霸权的基石。随着战争的不断推进，战列舰并未发挥应有的主导作用，反而成为海上新贵航空母舰的贴身保镖。战争到了收尾阶段，1944 年 10 月 24 日晚到 25 日晨，一向无所事事的战列舰终于捞到了出手的机会，尽管参战的都是属于二线队伍的老式战列舰。

按道理说，作为最高战术指挥官，奥尔登多夫应该坐镇最后一道战列舰主防线——换成老酒肯定这样做。但奥尔登多夫认为，左翼巡洋舰编队同样重要，于是蹲在旗舰"路易斯维尔"号重巡洋舰上没挪窝，亲自指挥第三道防线左翼。右翼巡洋舰编队由"菲尼克斯"号上的罗素·伯基海军少将指挥。战列舰编队指挥权被交给了"密西西比"号上的乔治·韦勒海军少将。

尽管为当晚的战斗进行了精心准备，且在数量和地理上占据绝对优势，但美军必须在最短时间内结束战斗。海军舰艇使用的炮弹有多种，其中最常见的当数高爆弹和穿甲弹。前者适合攻击陆上目标或无装甲的战船，后者主要针对重巡洋舰以上大型舰艇——它可以穿透战列舰的装甲在舰内爆炸。在支援登陆作战时，水面支援舰艇一般使用高爆弹。如果与敌人大型战舰特别是战列舰对抗，使用穿甲弹效果最佳。不言而喻，第七舰队的主要任务是把登陆船队安全护送到莱特湾，继而对岛上战斗实施近距离炮火支援。金凯德曾经这样说："第七舰队的任务是遣送登陆部队上陆并支援其实施岸上战斗，总之，我们根本没有准备进行海战。"

在战役筹划过程中，虽然第七舰队几位富有远见的参谋提出了异议，但预计不会与日军战列舰交锋的人还是占了大多数。1944 年 9 月 26 日第七舰队下发的《13-44 号作战计划》中明确指出："不相信日本联合舰队主力会参加本次作战，他们的战列舰有可能不参加保卫菲律宾的作战。"这些假设给后勤供应带来的后果是，第七舰队仅携带了少量穿甲弹。特别是老式战列舰主炮炮弹中，3/4 是高爆弹，仅 1/4 为穿甲弹。经历了前段时期的对地炮火支援之后，部分战列舰高爆炮弹也只剩下 12%。美国大兵在炮弹使用上从来都是大手大脚，从不知道节约是个什么概念。当然，缺乏足够穿甲弹才是最要命的。让人啼笑皆非的是，10 月 24 日当天，美军大部分舰艇进行了弹药和油料补给，依然无法解决穿甲弹短缺的问题，因为补给舰上同样没有这种炮弹。

韦勒少将和伯基少将乘小艇相继登上"路易斯维尔"号，与奥尔登多夫一起商讨作战细节。两人对奥尔登多夫的部署并无异议，但都对缺乏足够的弹药特别是穿甲弹表示担忧。韦勒要求立即设法进行补给，至少保证战列舰主炮能够进行至少五轮穿甲弹齐射。另外高爆弹也要补充，因为对付没有装甲的驱逐舰要用上它们。对此奥尔登多夫爱莫能助。气势汹汹的日本人已经杀到大门口，别说后方补给舰上没有，就是有现在临时调拨也来不及了。

作战计划得到了两位主要下属的一致支持，奥尔登多夫需要把命令传达到所有参战舰艇。如果使用无线电通信，命令加密、解密都会浪费大量的时间。奥尔登多夫决定使用灯光信号。黄昏的夕阳下，苏里高海峡到处灯光闪烁，那情景实在蔚为壮观。所有重型舰只的水上飞机受命飞往后方或陆上机场，在未来炮战中它们是最容易被命中起火的。那些有经验的老兵由此判断，当晚应该有一次大规模的炮战发生。夜幕降临，看似波澜不惊的苏里高海峡到处弥漫着一种大战来临前的紧张气氛——20世纪最后一次战列舰对决，即将在这个夜晚隆重上演！

奥尔登多夫最初制订的计划中，是没有第五十四驱逐舰中队什么事的。他们隶属威尔金森中将第七十九特混舰队，任务是为众多运输船护航。和圣乔治亚角海战中的伯克和维拉湾海战中的弗雷德里克·穆斯布鲁格一样，渴望战斗的中队长杰西·科沃德上校也是一名出色的驱逐舰军官。他曾在北大西洋和地中海参加过多次战斗，又在太平洋上屡次与"东京快车"交锋。在穆斯布鲁格扬名立万的维拉湾海战中，科沃德当时就是参加战斗的驱逐舰"斯特莱特"号舰长。"驱逐舰除了不能飞，不能潜水和上岸之外，能够完成其他所有任务，而且在夜里发射鱼雷是我的最爱！"连续多日单调无味的巡逻，让科沃德都快患上抑郁症了。

当天上午，科沃德通过无线电监听得到一个重要信息，奥尔登多夫少将召开了一次重要会议，内容不得而知。综合其他渠道得到的信息，科沃德推断当晚可能有一场大战发生，地点就在南面海峡附近。虽然自己的任务是为运输船护航，但科沃德不愿错过这个千载难逢的机会。还有一个特殊情况，他的第五十四中队恰好巡逻至参加战斗最理想的位置。奥尔登多夫设定的防线和侧翼部队位置更靠北一些，科沃德中队占据了向穿越海峡而来的日军舰队发起攻击的完美位置。

"我们必须到战斗最激烈的地方去！"科沃德在日记中写道。他感到必须为荣誉而战，因为他的名字在英文中含有"懦夫"之义。20时01分，他通过TBS呼叫奥尔登多夫："将军，如果我们与南面来犯之敌接触，我计划用鱼雷发起攻击，然后为你闪开一条道路。如果你同意，我马上提交作战计划。"

在瓜岛与"东京快车"的多次交锋中，科沃德积累了丰富的鱼雷战经验。他清楚驱逐舰的127毫米主炮炮弹击中战列舰就像挠痒痒，舰炮射击产生的火焰还会暴露自己的位置，从而招致敌军的反击。他计划不使用舰炮而只使用鱼雷，只有鱼雷才能给战列舰造成致命伤害。况且夜间发起雷击更为隐蔽，不但能隐匿自己的行踪，鱼雷航迹也很难被敌人发现。

14分钟后，奥尔登多夫的回复到了，"你刚才传过来的东西被批准了"。在奥尔登多夫看来，部下主动请战的热情是不能轻易浇灭的。他认为既然莱特湾暂时无虞，那里多或少几艘驱逐舰都不是什么大问题。

参战申请获批之后，大喜过望的科沃德随即向领导汇报了自己的作战构想："我计划将5艘驱逐舰分成两组，第一组2艘舰，第二组3艘舰，分居东西两侧，这个计划您接受吗？"奥尔登多夫很快回电表示认可。事实上，他对鱼雷艇和驱逐舰的攻击并未抱多大希望，只希望它们能够准确探明敌舰的位置。至于终结敌舰，还必须由排在后边的巡洋舰和战列舰亲自出手。坐镇"里米"号的科沃德于是率"麦高文"号、"麦克德莫特"号、"蒙森"号、"梅尔文"号等5艘驱逐舰以30节高速南下，留下"麦克尼尔"号和"默茨"号在海峡北口霍蒙宏岛和德瑟莱申角一带继续执行巡逻任务。

渴望参加战斗的绝非只有科沃德一人。麦克阿瑟选择"纳什维尔"号为旗舰，让该舰舰长查尔斯·科尼上校郁闷无比，压力倍增。一旦麦克阿瑟有所闪失，他科尼肯定会"名扬天下"的。偏偏麦克阿瑟还不听话，天天在甲板上晃来晃去，到处给崇拜他的水兵签名。眼看战斗即将在苏里高海峡打响，急于参战的科尼硬着头皮找到了麦克阿瑟，婉转提出让他带司令部成员离开"纳什维尔"号，使自己能够轻装参加战斗。麦克阿瑟对此一口回绝："我不想离开你的战舰，上校先生。我这辈子还没见过一场海战呢！我想，这可能是我今生唯一一次机会，所以我不会离开你的战舰。你想什么时候上战场，都行。"

沮丧的科尼只好请金凯德帮忙。金凯德也认为麦克阿瑟不应待在一艘即将参战的轻巡洋舰上，于是盛情邀请他带肯尼和司令部成员一起到自己的旗舰"瓦萨奇"号上来，克鲁格的第六集团军司令部之前就在这艘舰上。麦克阿瑟闻言，怒不可遏："什么？把我从一艘战舰转移到一艘商船上？不去！坚决不去！"麦克阿瑟说的也是事实,"瓦萨奇"号的确是由一艘商船改造来的。虽然金凯德、科尼和麦克阿瑟的参谋都不想让最高指挥官去冒不必要的风险,但麦克阿瑟拒绝做出任何让步,死活赖着就是不走。左右为难的金凯德只好命令科尼"停在那里,不准起锚",然后带其他战舰向南方驶去。现在金凯德的家底足够殷实,土财主根本不在乎缺这么一艘轻巡洋舰。

在萨马岛以东海面上,第七十七特混舰队第四大队第二分队(代号"塔菲二")护航航母"马尼拉湾"号舰长菲茨休·李上校监听无线电通信整整一天了。他清楚南面一支日军舰队正试图穿越苏里高海峡,金凯德将军调集大批战列舰、巡洋舰、驱逐舰和鱼雷艇去迎接他们,莱特湾比以往空旷了许多。他还知道,北方发现了日军航母舰队,哈尔西将军正率领强大的第三舰队兼程北上,拦截不断逼近的威胁。但他万万没有料到,北方不远处的圣贝纳迪诺海峡竟然门户洞开,致命威胁正在不断向自己逼近。

经历了上午一轮空袭之后,西村舰队继续向苏里高海峡而行,下午航途一帆风顺。天色渐暗,18时15分,西村舰队到达内格罗斯岛南端,即将进入南北都有大岛的狭窄水域。19时,西村收到了丰田18时13分发出的"天佑"电报。和栗田一样,西村根本不需要丰田催促,毅然率舰队向前驶去。从他掌握的情况来看,中路舰队应该很难在约定的25日清晨突入莱特湾。20时13分,西村致电栗田:"我部将于25日凌晨4时到达达拉谷(莱特岛东部一处村庄)海域。"

20时20分,栗田收到了西村发来的电报。由于白天应对空袭及两次掉头浪费了大量时间,栗田预计,舰队抵达莱特湾可能比原计划晚5小时左右。鉴于西村舰队实力太弱,栗田决定让其与自己会合后再发起进攻。21时45分,参谋长小柳复电西村:"我部将于25日1时穿越圣贝纳迪诺海峡,之后沿萨马岛东岸南下,于11时左右突入莱特湾。贵部按预定计划突入莱特湾后,于25日9时在苏禄安岛东北18公里海域与主力会合。"

小柳电报原文如此。幸运活到战后的小柳从未对这封电报做过任何解释,难道他和栗田真的以为西村舰队能够突破苏里高海峡进入莱特湾,还能在那里等待几个小时和主力会合?可能栗田和小柳已经放弃了联合作战的想法,这封电报仅仅是对主力舰队的情况进行通报。也就是说,栗田舰队已经失去了指挥西村舰队的能力,大家各自谋生吧!

可以肯定，西村收到了小柳的电报。但他并未下令减速，而是毅然驱使麾下的这支小舰队向北方美军重兵设伏的苏里高海峡冲了过去。断定西村收到电报的证据是，战后幸存的"时雨"号舰长西野同样收听到了栗田的电报。但他注意到西村并未下令减速，仍然按计划快速挺进。作为一艘小小驱逐舰的少佐舰长，西野并不知道当时西村的真实想法。他猜测西村是惧怕白天穿越海峡遭遇美军空袭，试图利用暗夜掩护实施突破。但是西野清楚，这样下去，舰队生存的概率将不断减少。作为日本海军中有名的"祥瑞"舰，西野希望"时雨"号能在即将来临的考验中延续之前的好运气。

毫无疑问，西村的行动已经违背了原本南北夹击莱特湾的初衷。作为以服从命令为天职的职业军人，他没有理由那么做。后来有人曾经试图为西村辩解，诸如他也许并未得知栗田舰队和小泽舰队的具体动向，因此无法根据大部队的行动做出变更；或者西村得知栗田正在锡布延海苦战，决定提前突入以分散美军注意力，等等。这些说法也许有一定道理。在航路如此复杂、双方距离如此之远且有美军优势兵力强力阻击的情况下，即使西村做出调整，和栗田同时到达莱特湾的可能性也微乎其微。既然如此，还是毅然决然奔赴死地吧！

22 时 15 分，日军舰队驶入相对狭窄的海域。西村下令变队形为单纵列，驱逐舰"满潮"号为前卫，后方 1000 米处是"朝云"号，再后方 500 米是负责两翼警戒的"时雨"号和"山云"号。西村旗舰"山城"号在驱逐舰后方 1500 米，"扶桑"号在它身后 1000 米之外，负责殿后的是重巡洋舰"最上"号。作为一名参加过瓜岛一系列夜战的老将，西村上述部署并无太大问题。但仅由 4 艘驱逐舰展开的搜索面并不足以覆盖整个航线。

22 时 36 分，隐匿在保和岛附近的"PT-131"号鱼雷艇艇长彼德·伽德中尉发现，雷达屏幕上出现了大型水面舰艇的回波——预料中的日军舰队果然来了。随着分队长韦斯顿·普伦上尉一声令下，第一分队的 3 艘鱼雷艇以 24 节高速冲向敌舰。日军瞭望哨目力的确惊人，"时雨"号很快发现海面上有高速行驶的不明物在不断逼近，立即拉响战斗警报。苏里高海峡之战打响了！

西村下令发起攻击。西野第一时间打开探照灯，一道亮光刺破黑暗，"时雨"号的 127 毫米主炮随即向已逼近至 5500 米的鱼雷艇发射炮弹。为躲避日军炮火，美军鱼雷艇猛然转向，"就像骑在水柱上似的"，同时频频释放烟幕。日军 1 发炮弹准确命中"PT-131"号,所幸是颗哑弹。另一发炮弹在"PT-152"号上炸响,炸死1人、炸伤3人,艇身前部起火。颇具戏剧性的是,接下来"时雨"号1发近失弹激起了一道冲天水柱,落下后恰好把刚刚燃起的火焰浇灭。

"PT-131"号迅速上前,试图掩护友艇撤退,它很快被"时雨"号打出的1发炮弹命中。剧烈爆炸将艇上鱼雷发射管中一条鱼雷的弹头炸掉了一大块。幸运的是,这条鱼雷竟然未被引爆,"PT-131"号大难不死。25日0时26分,有关口军舰队的报告已传到奥尔登多夫手中:敌人果然如约而至了!

日本人的夜战水平还真不是吹出来的。"时雨"号的炮弹将"PT-131"号打得遍身都是窟窿。在炮火中穿梭的鱼雷艇自身难保,根本没机会释放鱼雷,只能向远方快速遁去。日本人赢得了第一回合,可惜无法成为笑到最后的人。

击退美军鱼雷艇的第一轮攻击之后,西村下令舰队一分为二,"最上"号率"满潮"号、"朝云"号、"山云"号组成"扫讨队"在前,"山城"号、"扶桑"号和"时雨"号为主队随后跟进。西村如此部署是欲让"扫讨队"开道,确保2艘主力战列舰的安全。23时30分,西村致电栗田:"我部正按计划前进,击毁敌军鱼雷艇。"此时栗田舰队已经进入圣贝纳迪诺海峡,志摩舰队在西村身后大约50公里处。西村高兴得显然太早了,美军鱼雷艇的攻击才刚刚开始。

10月24日悄然逝去,新的一天注定与众不同。25日是莱特湾海战最关键的一天,四场大战中的三场都会在这一天隆重开启。众所周知,这是日军陆基航空兵大规模采用特攻战术的第一天,当天也见证了最后一次战列舰对决,关上了这个持续400余年的海战模式的大门。容易被人忽略的是,这天同时也见证了20世纪最后一次航母对决。它们分别对应萨马岛海战、苏里高海峡之战和恩加诺角海战。在人类海战史上,1944年10月25日注定将成为和1941年12月7日、1942年6月4日、1944年6月19日同样重要的日子,"盛怒的大日子"即将闪亮登场。事实证明,"日本人对命运的审判束手无策"。

25日0时18分,大卫·欧文上尉率领第三鱼雷艇分队开始向日军"扫讨队"发起攻击。"PT-151"号和"PT-146"号寻隙向块头最大的"最上"号各射出一条鱼雷,无一命中。欧文第一时间向奥尔登多夫少将发回了接敌报告。但是出于技术原因,后者直到3时30分才收到报告。不过当时盟军战列舰和巡洋舰编队已经知晓了日军舰队的大致位置,这封电报能否收到已经不那么重要了。

　　接下来出现的是日军驱逐舰探照灯锁定、炮击，美军鱼雷艇快速迂回逃逸的重复场面。0时28分，西村认为驱逐敌军鱼雷艇的任务已基本完成，命令"扫讨队"与主队会合。令人哭笑不得的是，"最上"号在回归主队时竟然遭到"山城"号的误击，命中病员室的1发炮弹导致3名水兵毙命。1时整，西村致电栗田和志摩："我部将于1时30分绕过帕纳翁岛南端进入苏里高海峡，按预定计划突入莱特湾。发现敌鱼雷艇数艘，其他敌情不明。"

　　1时40分，日军舰队合兵一处。西村下令"满潮"号、"朝云"号在前，"山城"号、"扶桑"号、"最上"号各间隔1000米排成一字长蛇阵。旗舰"山城"号左右各1500米处，"时雨"号和"山云"号担负起两翼掩护任务。2时02分，绕过帕纳翁岛南端的西村舰队开始转舵正北，以20节航速向海峡入口驶去。攻击目标——集结于莱特湾的美军运输船队，就在北方90公里外。

　　月亮悄然落下，海面无风，暗夜中的苏里高海峡"如坟地一样幽静"。甲板上暖洋洋的，让人觉得非常舒适，但甲板下面热得如蒸笼一般。1521年3月16日，大航海家麦哲伦正是沿另一个方向驶过这些表面上水平如镜其实很危险的水域。天空偶尔闪过几道电光，似乎在发出不祥预报，令人无端感到恐惧。

　　2时整，终于轮到坐镇"PT-134"号的战术总指挥利森少校领军的第六分队出手了。此时日军舰队转向正北，由于海峡内部水域狭窄，西村命令变队形为一路纵队，位于侧翼的"山云"号和"时雨"号快速转到"朝云"号身后。就在日军变阵之际，利森少校分队已经快速驶来。"PT-134"号寻隙向敌舰射出一条鱼雷。几乎就在同一时间，约翰·麦克尔弗雷什上尉率第九小队的"PT-490"号、"PT-491"号、"PT-493"号从另一侧接近了敌人，连续射出4条鱼雷。与之前发生的情况类似，他们射出的5条鱼雷全部跑偏。在苏米隆岛南侧，弗朗西斯·塔潘少校第八分队射出6枚鱼雷，均被日军轻松避开。

　　日军当然不会坐以待毙，反击炮火异常凌厉。随着驱逐舰主炮和战列舰副炮炮口发出的闪光，美军鱼雷艇周围水柱林立。"PT-490"号艇率先中弹，紧接着"PT-493"号也被3发炮弹命中——它们是"山城"号副炮射出的——艇上水兵2人阵亡、5人受伤。1发炮弹将艇底炸出一个大窟窿，另一发炮弹将艇员全部掀出了驾驶舱，抛到艇尾鸭尾艄处。艇长理查德·布朗中尉抢回驾驶舱，驾艇向帕纳翁岛驶去，试图在鱼雷艇沉没之前抢滩搁浅。军士长布鲁内尔匍匐前进，将救生衣塞入炮弹打出的窟窿以减缓进水。他们终于到达海滩，所有幸存者爬上海岸并设置了警戒线。黎明时分海上涨潮，海水将受伤的鱼雷艇从岩石上托起，带入深海沉没。布朗中尉等人被随后赶来的"PT-491"号救走。

日军先后击退了美军鱼雷艇的7拨攻击，自身毫发无损。他们声称击伤、击沉鱼雷艇10艘，事实上美军当晚仅损失了"PT-493"号，但有9艘艇被击伤，日本人也算没有吹牛。战斗过程表明，日军夜战能力确实高出一筹。美军鱼雷艇射出的34条鱼雷全部落空，但将日军舰队的动向现场直播给后方，也算顺利完成了任务。奥尔登多夫是个整天乐呵呵的人，他对鱼雷艇的无功而返并没有生气。用不了多久，日舰就要品尝美军驱逐舰鱼雷和大型舰只巨炮的滋味了。

在驱逐舰"麦克德莫特"号上，鱼雷兵罗伊·维斯特下士正在给舰体中部的鱼雷管装填鱼雷。自接到科沃德上校日军正从南面而来、准备战斗的命令之后，舰上气氛变得越来越紧张。舰长卡特·詹宁斯中校通过广播告诉大家，"麦克德莫特"号将和其他4艘友舰一起向日本人发起鱼雷攻击。在简单向大家介绍了作战计划之后，中校鼓励每一名水兵在即将开始的战斗中竭尽全力，奋勇杀敌。

22时，"麦克德莫特"号受命进入"短暂的休息一级状态"。这意味着虽然所有战斗岗位必须有人，特定的门或窗可以暂时打开，但水兵可以稍为活动，比如上厕所、喝咖啡、吃三明治之类。一些人在默默祷告，希望在即将开始的战斗中得到上帝的保佑。也有人在大声说笑，甚至有人在预测这场夜战的结果。扑克、家信、女朋友或妻子的照片从水兵的粗布裤兜里被掏了出来，因为很可能以后就没机会看了。在没有弹药的船舱里，抽烟的人明显比平时多了很多。救生衣和钢盔在日常训练中似乎是累赘，维斯特觉得，现在穿上或戴上它们却是另外一种复杂感情。时间一分一秒过去，越来越感到不安的维斯特向远处黑魆魆的海上望去，日本人依然没有出现。

2时25分，卡尔·格利森上尉第十一鱼雷艇分队发现了西村舰队，战场形势从这一刻发生了根本变化。早在2时06分，科沃德的5艘驱逐舰已经拉响了战斗警报。他命令格利森的鱼雷艇闪开，为驱逐舰鱼雷攻击让开道路。2时25分，5艘驱逐舰——"里米"号、"麦高文"号、"梅尔文"号在海峡东侧，"麦克德莫特"号、"蒙森"号在西侧——开始以20节速度向南航行。2时40分，驱逐舰雷达准确捕捉到 35000 米外的目标。"时雨"号记录在 2 时 56 分发现敌军 3 艘驱逐舰。科沃德带 3 艘驱逐舰驶向东南，他命令"里米"号攻击"山城"号，"麦高文"号和"梅尔文"号分别攻击"扶桑"号和"最上"号——要打肯定挑块头大的。

"麦克德莫特"号的雷达屏幕出现了多个光点，雷达兵报告说敌人有 2 艘战列舰、1 艘巡洋舰和 4 艘驱逐舰。相对超过 40 节的速度使双方距离快速拉近，美军水兵开始大声呼叫，无线电对讲机里传出了急促的话语，没受过专业训练的人根本听不懂，就像第一次听歌剧似的。

"臭鼬方向 184，距离 15，结束。"
"准备发射，速度 4。水手和灰狗请回答。"
"这是水手，照办。"
"这是灰狗，照办。"
"这是蓝色警卫，我向左到 090 去发射鱼雷。"

从 3 时开始的 2 分钟内，3 艘美军驱逐舰在 7300 米至 8200 米距离连续射出 27 条鱼雷，随后以 35 节高速向迪纳加特岛和希布松岛之间水域快速驶去。3 时 08 分，理查德·菲利普斯中校率领"麦克德莫特"号和"蒙森"号迎击日军，两舰在 3 时 09 分和 3 时 10 分分别射出 10 条鱼雷。完成攻击的两舰迅速转向，沿莱特岛海岸撤至大卡布甘岛方向，以免和友军鱼雷艇相撞。科沃德的战术设计实在高明，一招制敌，转身就走，绝不恋战。由于并未进行舰炮射击，炮口自然没有火焰，岛屿掩护使日军雷达很难发挥作用。科沃德中队本轮攻击毫发无损，全身而退。

"里米"号水兵伦纳德·赫德森生动记述了鱼雷攻击的惊险场面："舰长詹宁斯中校通过无线电命令后面的舰只'跟我来'。接着他发布作战命令：'准备发射鱼雷！发射！鱼雷偏离了目标！'大约就在我们发射鱼雷的同时，日军雷达也发现了我们。他们迅速打开探照灯，一下子就锁定了目标。我仿佛感到一只巨大的闪光灯照相机在给我们拍照。我们离他们太近了，他们只好用高射炮向我们开火。我们遭到了前后左右的四面围攻，但我们还是冲出去了，连一块皮也没有擦破。我们整个第五十四中队都安全冲出去了。"

3时10分，"最上"号瞭望哨发现了右舷100度方向不断逼近的鱼雷航迹，舰长藤间良紧急右满舵试图规避，舰身因急转弯出现左倾，美军鱼雷从舰首五六米之外一掠而过。相对而言，笨重的战列舰想规避鱼雷就没那么容易了。"梅尔文"号射出的2条鱼雷——至少是1条——准确命中"扶桑"号右舷，这条老舰开始向右倾斜，迅速失去动力掉队，舰上燃起了熊熊大火。舰长阪匡身竭力将船驶离队列，防止因本舰失速与友舰撞上。

"最上"号默默驶过"扶桑"号满是火焰的残骸，跟在"山城"号身后1000米处继续前进。或许是无线电故障的原因，中雷后的"扶桑"号并未发出任何信息，以至于连西村本人都无法获知它的准确情况。30分钟后，"扶桑"号中央炮塔弹药库被引爆。一连串惊天动地的巨响之后，"扶桑"号巨大的舰体断为两截，继续在海上熊熊燃烧。远处美军战列舰"密西西比"号报告说，"敌舰燃起的火焰已经到达了桅杆高度"。由于"扶桑"号中雷时动静不算太大，西村一时没意识到姊妹舰的悲惨遭遇。"最上"号很快跟上来，西村错误以为"扶桑"号还跟着旗舰继续前进。

传统战史一般记录"扶桑"号被炸断的两截舰体仍各自漂浮了一两个小时才沉入大海，这些说法主要来自"最上"号的幸存者和志摩舰队的目击者。但"扶桑"号幸存水兵小川秀夫1945年在接受审讯时指出："25日凌晨4时之后，'扶桑'号慢慢向右翻覆，我和其他人都被海水冲走了。"美国战史专家莫里森少将在著作中这样写道，"扶桑"号船头半截后来遭"路易斯维尔"号重巡洋舰炮击沉没，尾部半截在5时20分沉没在卡尼翰岛外海。

3时16分，西村通过望远镜发现300度方向出现两个舰影，于是下令各舰一齐紧急向右转舵并开始炮击。由于夜间视线不良加上美舰施放烟幕的干扰，日军炮击毫无准头，仅几发炮弹对"蒙森"号、"麦高文"号和"梅尔文"号取得近失。日本人的新式雷达好像在夜间失灵了。"时雨"号舰长西野回忆说，周围岛屿给日军雷达造成了太多干扰。

随着美舰逐渐远去，西村以为已经避开了鱼雷群，于是下令再次转回正北航线。他的回正显然早了一点儿。当日军水兵惊恐地发现海上无数条白线不断逼近时，再规避已经来不及了。西野如此回忆当时那令人毛骨悚然的一幕："当

航向回复到 0 度时，左边莱特岛直角位置突然有鱼雷快速袭来，好像有 20 到 30
条吧。虽说是暗夜，但由于被鱼雷尾波搅起的夜光虫的光就如同忽然点起了灯，
海上啪地亮了起来。"

　　和之前鱼雷艇的攻击相比，美军驱逐舰的鱼雷攻击效率惊人。"麦克德莫特"
射出的一条鱼雷准确命中"山云"号，该舰在 3 时 17 分发生剧烈爆炸，"如同一
块烧红的铁块投入水中"，发出咝咝的声响并迅速下沉，火光照亮了整个西村舰
队。另一条鱼雷命中"满潮"号左舷机舱，该舰瞬间丧失机动能力。"朝云"号
前主炮下方也被一条鱼雷命中，舰首被切了下来，只能以 12 节低速航行。旗舰
"山城"号左舷后部也被命中一条鱼雷，诱发的大火迅速向弹药库蔓延。舰长篠
田胜清只好命令向两个弹药库注水，导致第五、第六号炮塔无法使用。到 3 时
22 分，日军没有中雷的只剩下"最上"号和"时雨"号两艘舰。

　　美军驱逐舰的攻击一浪高过一浪。3 时 02 分，肯莫尔·马克梅内斯上校第
二十四中队的 6 艘驱逐舰开始以 3 艘为一组向南快速航行。其中"阿伦塔人"
号——该舰隶属澳大利亚皇家海军——"基伦"号、"比尔"号从大卡布甘岛转移，
位置稍稍靠南的"哈钦斯"号、"戴利"号、"贝奇"号从步角启航。3 时 23 分
之后的 3 分钟内，艾尔弗雷德·布坎南中校下令"阿伦塔人"号、"基伦"号和"比
尔"号发射鱼雷。"基伦"号舰长霍华德·科里海军中校确认一条鱼雷准确命中
"山城"号左舷中部。这次鱼雷命中似乎比第一次命中带来的损害更大，西村旗
舰很快减速到 5 节。"最上"号和"时雨"号听到了无线电中西村发出的怒吼："我
舰遭受鱼雷袭击，你们必须前进，攻击敌军！"

　　与此同时，马克梅内斯上校亲自率领"哈钦斯"号、"戴利"号、"贝奇"号
从西村舰队前方穿过，3 时 29 分之后掉头射出 15 条鱼雷，无一命中。鱼雷发射
完毕后的 3 舰并未快速返航，而是改变航向，炮击漂在水上的"满潮"号和"朝
云"号。由于双方距离很近，美军右翼巡洋舰编队指挥官伯基少将不得不发来
命令，要求驱逐舰迅速撤离，为巡洋舰炮击腾开场地。3 时 50 分，"哈钦斯"号
向"朝云"号射出 5 条鱼雷，被正在转向的"朝云"号成功避开。位于"朝云"
号前方的"满潮"号显然缺乏足够的好运，它在 3 时 58 分中雷爆炸沉没。3 艘
美舰撤离战场时与"最上"号迎头相遇，用 127 毫米主炮与敌对轰一通后，方才
转舵撤走。

虽然舰队损失惨重且已陷入一片混乱，但一心求死的西村毫无退意，毅然指挥重伤的"山城"号蹒跚前行，跟在他身后的只有"最上"号和"时雨"号了。凭借损管队员的高超技艺，"山城"号在中雷后仅5分钟就恢复了18节航速。3时30分，西村向栗田和志摩发出了"250330番电"："我部在苏里高海峡北端两侧与敌鱼雷艇和驱逐舰遭遇，2艘驱逐舰中雷，'山城'号中一雷，但无碍战斗。"西村在电报中并未提及"扶桑"号和"山云"号的情况，他很可能将身后的"最上"号当成了"扶桑"号。这是西村战死之前发出的最后一封电报。

随后出场的是罗兰·斯穆特上校第五十六中队的9艘驱逐舰，同样以3艘为一组，从3时35分开始出击。东侧的"罗宾森"号、"哈尔福德"号、"布莱恩特"号从3时54分开始向希布松岛靠拢，西侧的"海伍德·爱德华兹"号、"洛伊策"号、"班宁"号从海峡南下，从3时57分开始发射鱼雷。第三组的"纽康姆"号、"理查德·利里"号和"艾伯特·格兰特"号从前两组之间南下，前出至海峡东侧，在4时04分开始发射鱼雷。可能好运气都被前两个中队用光了，虽然距敌舰只有8000米，但9艘驱逐舰射出的30条鱼雷没一条确认获得命中。

值得一提的是，虽然第五十六中队在鱼雷攻击中战绩不佳，但中队的两名年轻水兵战后平步青云，飞黄腾达，成为美国海军掌门人。他们分别是"罗宾森"号通信军官埃尔莫·朱姆沃尔特上尉和"班宁"号炮术军官詹姆斯·霍洛韦上尉。两人分别于1970年7月1日、1974年6月29日出任美国海军最高军职——第十九任、第二十任作战部长。

美军驱逐舰的惊艳表演至此告一段落，接下来轮到一众巡洋舰和战列舰登场了。可怜的西村只剩下3艘战舰：重伤的"山城"号、大难不死的"最上"号和三大祥瑞舰之一"时雨"号。

为实施最后的濒死反击，西村下令"山城"号由北向西转向，与美军战列舰平行但与之远离。此时日军幸存3舰已处于美军北方三大编队火力夹击之下。3时51分，奥尔登多夫少将下令巡洋舰编队开火，他的旗舰"路易斯维尔"号距最近目标约14300米。位于莱特岛海岸一侧的轻巡洋舰"博伊西"号、"菲尼克斯"号率先开火，澳大利亚皇家海军"什罗普郡"号于3时56分开始炮击。1分钟后，盟军3艘轻巡洋舰向西掉头暂停射击，4时重新开始发炮。

东侧美军巡洋舰编队位于日军舰队以北，"丹佛"号3时51分率先开炮，其余 4 艘巡洋舰主炮炮口在 1 分钟内先后闪出亮光，共打出 3100 发 203 毫米和 152 毫米炮弹。3 时 58 分，"波特兰"号转向"最上"号开炮。其间，日舰竭力向美舰发起反击，没有 1 发炮弹获得命中。眼见巡洋舰编队的炮击未能全歼敌舰，奥尔登多夫命令暂停射击，两支巡洋舰编队转弯向西航行，为战列舰的最后攻击让开道路。

完成雷击的美军驱逐舰正在快速撤离战场，很快将日军炮火抛在身后。"麦克德莫特"号一名水兵突然高声惊呼道："快看那边！快看那边！"他的声音里充斥着惊愕和赞叹。大家顺着他手势望去，远处水天相接处突然闪出几道闪烁着红色光芒的细线，像流星一样划过夜空飞向南方。几秒钟后，细线北端传出了沉闷的隆隆声响——美军战列舰开火了！

装备新型 MK-8 型火控雷达和 Mk-34 型射击指挥仪的"西弗吉尼亚"号、"田纳西"号、"加利福尼亚"号分别位于战列舰队列第一、第四、第五位，它们毫无疑问成为炮击的核心力量。在巡洋舰开炮仅 2 分钟后，急不可待的惠勒少将就下达了开火命令。"西弗吉尼亚"号 3 时 52 分开始炮击，16 轮齐射共打出 93 发 406 毫米炮弹。战列舰航海日志详细记述了战斗过程：

> 3 时 32 分：接到上级命令，向 28000 码外目标开火；
>
> 3 时 33 分：前进 4000 码，炮术长报告一个大目标距离约 39000 码；
>
> 3 时 51 分：右翼巡洋舰开火，炮术长报告瞄准一个大目标很长时间了，舰长赫伯特·威利上校下令开火；
>
> 3 时 52 分：8 门主炮开始齐射，距离 22800 码，穿甲弹；
>
> 3 时 53 分：听见炮术长大笑，他宣布第一轮齐射命中目标，正从望远镜里观察第二轮齐射效果；
>
> 3 时 54 分：两次齐射间隔 40 秒钟，主炮连续齐射，其他战舰也在我们第二次或第三次齐射时开火了；
>
> 3 时 58 分：炮术长报告目标停止运动，雷达报告目标回波在逐渐变小；
>
> 4 时 02 分：战列舰编队转向 130 度，接到停火命令，作战中心报告目标右转，仍在继续航行；
>
> 4 时 11 分：雷达报告目标回波突然变亮，逐渐熄灭；

**4 时 12 分：目标消失，看到一艘战舰燃烧起火。**

3 时 55 分，"田纳西"号和"加利福尼亚"号主炮几乎同时打响，前者齐射13 次共打出 69 发 356 毫米穿甲弹，后者齐射 9 次射出 63 发穿甲弹。只要能准确锁定目标，美舰火控系统就会迅速计算出目标航速、方位和预测弹着点，并将射击诸元数据持续不断送至炮塔，剩下的事情就是各炮塔士兵以最快速度装填、发射、再装填、再发射，海上炮击成了一种标准流水作业。

战列舰之间的炮战让所有参与者都大呼过瘾。"艾尔伯特·格兰特"号幸存水兵汤姆·汉耶如此回忆说："战列舰的齐射划过夜空，如同一道道来自地狱的彩虹。这是我有生以来从未看到过的美丽画面。黑暗中，曳光弹划着弧线一闪而过，接着就看到了远处的火光，然后听到爆炸声，显然有敌舰被击中了。"第五十六驱逐舰中队司令官罗兰·斯穆特上校显然是见过大世面的人，他同样被眼前的一幕惊呆了："头顶上那一串串令人睁不开眼的曳光弹弧线，就像一列又一列灯火通明的火车快速驶过夜幕下的山丘。"

在一个海军军官的职业生涯中，这无疑是最风光的时刻。"路易斯维尔"号上的奥尔登多夫少将后来津津有味地回顾起美军在战斗中的优势地位："开火命令一下，所有舰只似乎同时开火，半圆形的炮火准确地集中在一个目标上，这个目标就是行驶在最前头的日军战列舰。日本人显然被突如其来的炮火打蒙了，他们不知道该朝哪个目标开火。我记得确实有一两发炮弹向我的旗舰打来，但那时我太兴奋了，根本没注意到这些炮弹究竟落在了哪里。"

美军战列舰的表现远远称不上出色。由于装备的是落后的 MK-3 型火控雷达，另 3 艘战列舰根本无法捕捉到敌舰的行踪。主炮威力同样强大的"马里兰"号按照"西弗吉尼亚"号的射击标定在 3 时 59 分勉强开炮，6 次齐射共打出 48发 406 毫米炮弹。

美军战列舰和巡洋舰的炮火覆盖了日舰队所在海域，炮弹如雨点般落下。紧要关头，美军驱逐舰"艾尔伯特·格兰特"号掉了链子，因机械故障落在后边，孤零零处于双方交叉火力打击之下。4 时 07 分开始，它至少被 18 发炮弹命中——其中 11 发 152 毫米炮弹显然来自友舰"丹佛"号轻巡洋舰。击中舰首水线部位的 1 发炮弹导致"艾尔伯特·格兰特"号前舱大量进水，上层建筑被炸得面目全非，40 毫米弹药库也被引爆，炮击和连环爆炸造成水兵 34 人阵亡、94 人受伤，几乎达到了全体舰员的一半。

4 时 20 分，失去动力的"艾尔伯特·格兰特"号停在水面上团团打转。舰长特里尔·尼斯瓦纳少校率领幸存水兵竭力自救，他们救火、堵漏、用桌子支撑被破坏舱壁、手工舀水、在黑暗中摸索修理机器，使战舰不至于在黑暗中沉没。黎明时分，"纽康姆"号前来救援，这艘倒霉的驱逐舰才最终获救。该舰修复后还参加了冲绳岛战役。

4 时 09 分，奥登多夫接到报告，"艾尔伯特·格兰特"号遭到友军炮火误击。他下令全体停火，以使驱逐舰快速撤出。莫里森少将将这次停火形容为"好像是上帝给予他们和天皇的礼物"。恰在此时，"密西西比"号总算锁定了目标，以 12 门主炮打出了唯一一轮齐射。此后，海战史上再未出现过令老酒这样的巨舰大炮主义者血脉偾张的战列舰对决。谁会料到，"密西西比"号这轮窝囊无比的齐射，竟然成为战列舰迟暮而悠长的最终绝唱。莫里森少将对此发出慨叹曰："当苏里高海峡奥尔登多夫舰队的 14 英寸、16 英寸巨炮咆哮过之后，迎来的是宛如异界般的静谧。仿佛可以想象，那些伟大海将之英灵，正在对他们所熟知的海战模式已成往事肃立敬礼！"

最能沉住气的当数"宾夕法尼亚"号，它的雷达在战斗中未能锁定任何一艘敌舰，自始至终一炮未发。美国人宣称"老式战列舰在为珍珠港复仇"的说法对它来说并不存在。战役结束之后，该舰受到奥尔登多夫的严厉斥责，"宾夕法尼亚"号因此被讥讽为"最沉默的战列舰"。

3 时 52 分，遭到无数炮击的"山城"号速度锐减到 12 节，这艘顽强的爷爷舰仍然向能捕捉到的一切目标疯狂还击。它用主炮轰击美军巡洋舰，用副炮炮击驱逐舰。但由于没有火控雷达的指引，"山城"号的还击毫无准头，没能取得任何命中。"最上"号和"时雨"号位于其右舷，美舰火力基本集中在"山城"号上，无数炮弹命中了它。这艘老舰成了太平洋战争中被打得最惨的一艘战列舰。

西村发出的最后命令是要求"扶桑"号全速前进——他不知道该舰已提前中雷断为两截，在南方海面上烧成了两个大火炬。西村没有把正在遭受群殴的战况通报给志摩和栗田，或许他觉得已没这个必要了。4 时 04 分，"纽康姆"号、"理查德·利里"号和"艾尔伯特·格兰特"号向"山城"号射出鱼雷。4 时 11 分，

"纽康姆"号2条鱼雷分别击中"山城"号右舷机舱和一号主炮塔下方，战列舰庞大的舰体逐渐倾斜。

发现日舰反击火力越来越弱，美军巡洋舰索性抵近射击。数十门152毫米舰炮喷出的炮弹如同"机枪扫射"，以至于美军指挥官不得不下令放慢射击速度。"班尼"号驱逐舰冒险向敌舰突进，还鼓动友舰抵前发动鱼雷攻击。"最上"号3时53分在美舰炮击时已完成左转，3时56分开始加速。它采取这一机动时遇上了美军驱逐舰"哈钦斯"号、"戴利"号和"贝奇"号，双方开始互相对射。

"班尼"号炮术军官，后来成为海军作战部长的詹姆斯·霍洛韦上尉生动记述了当时的战斗："我可以清晰看见炮弹在日舰上炸开，迸发出的火焰将炮塔顶部撕去。当它们钻入重装甲板之时，则会喷射出炽热通红像熔化般了的钢块。"4时01分，"最上"号向美军驱逐舰射出4条鱼雷，无一命中。美军驱逐舰北撤时遭到"山城"号火力覆盖，"哈钦斯"号和"戴利"号挨了几发近失弹，但还是很快撤出了交火区域。

"山城"号上大火肆虐，眼见形势危急的"最上"号迅速掉头南撤。美军炮弹接连命中巡洋舰后桅，舰体周围升起了无数冲天水柱。1发炮弹命中"最上"号右舷第一、第三号高炮中间部位，紧接着舰桥前部三号主炮塔右侧又被命中一弹，整座炮塔飞上了天。命中左舷轮机舱的另一发炮弹导致该舰失去动力，"最上"号在海上缓缓停住了。

就在"最上"号失去动力那一刻，它3000米之后的海面上突然喷射出一团壮丽的火花，"山城"号弹药库爆炸了。巨舰倾斜迅速达到45度，高耸入云的塔式主桅崩塌下来，数十公里外都能看到它剧烈爆炸发出的火光。舰长篠田下令弃舰，但显然已经太晚了，包括他本人在内的绝大多数水兵已来不及逃生。仅2分钟后，"山城"号庞大的舰体慢慢倾覆，自舰尾开始缓缓没入水中，时间是1944年10月25日4时19分，详细位置北纬10度22分、东经125度21分。舰队司令官西村祥治、舰长篠田胜清以下1400名水兵随舰沉没，仅主计长江崎寿人以下10名乘员死里逃生，5时57分被美军驱逐舰"克拉克斯顿"号救起，1945年12月活着返回日本。对日军落水水兵，次日抵达现场的美军救援船只表达了救人意向，但浮在水面上的日军水兵拒绝接受援救，甘愿沉入水底喂鱼。

西方人视生命为第一要素，对西村这种明知不敌依然率队慷慨赴死的怪异行为，美国人完全无法理解。在评论日本海军高级将领时，以莫里森少将为首的大部分战史专家通常将打法理性的田中赖三称作"最有才华的海军军官"，而把莽撞赴死的西村描述为"最无能者"。但对悲剧人物西村来说，战死沙场也许是他的最好归宿。

4时18分，惠勒少将命令"密西西比"号、"马里兰"号和"西弗吉尼亚"号向北转向，远离敌舰，另3艘战列舰则向西驶去。4时19分，奥尔登多夫少将下令恢复炮击，此时日舰队已从雷达屏幕上完全消失。在"山城"号爆炸火光的照射下，经过轮机人员的奋力抢修，"最上"号右侧主机恢复动力，开始以10节速度缓慢向南航行。美军1发炮弹命中舰桥顶部的防空指挥所，所幸是颗哑弹。但接下来的几颗炮弹相继在飞行甲板炸响，诱发的大火席卷全舰。来自"波特兰"号的两发203毫米炮弹直接命中舰桥，包括舰长藤间良、副舰长桥本、航海长中野、水雷长山本及通信长在内的高级军官集体毙命。炮长荒井义一郎临时接过了指挥权。舵机被美军炮弹打坏，荒井和几名水兵临时切换为人工操舵，驾驶战舰向南逃窜，终于驶出了美战列舰的主炮射程。

日军"时雨"号驱逐舰同样被美军炮弹激起的无数水柱淹没了。战后西野如此回忆当时那恐怖的一幕："在海峡右手边，有一个叫希布松的小岛，敌军炮击大致从驶过该岛后开始。那样猛烈的炮击我平生还是第一次遇到。敌军近失弹不断咚咚落下来，掀起巨大的水柱，每次都能把军舰弹起一米多高，然后再砰的一下狠狠砸回海面上。水柱落下后四处迸溅形成的水花不断从天上往下落，我们就像在瀑布中穿行一般。驱逐舰磁罗经、各种计量仪器仪表在剧烈震动下全被从仪表盘甩了出来，飞得到处都是。它们全都坏掉了。"

三大祥瑞之一"时雨"号果真名不虚传，美军如此密集的炮弹竟无一发直接命中。舰桥上的西野还保持着难得的冷静，频繁下令"时雨"号采取大范围机动以躲避弹雨。美军1发203毫米炮弹准确击中"时雨"号燃油舱，竟然又是1发哑弹。这颗炸弹一旦爆炸，势必诱发无法控制的大火，"时雨"号能否活下去就难预料了。

炮长凑到西野耳边高声喊道："舰长，我方舰艇就剩我们这一艘了！"西野环顾四周，果然已看不到任何友舰。无线电故障使西野无法接收信息，也无法主动对外联络。前方海域已被美军炮弹覆盖，西野知道继续前行只有死路一条。

遵循"时雨"号逢战必败、逢败必逃的传统，西野果断下令战舰掉头，以 30 节高速向南撤出战场。

"时雨"号很快驶出美军舰炮的打击范围，熊熊燃烧的"最上"号出现在西野视野之中，它还在缓慢向南移动，显然并未完全失去动力。再往南走，西野看到了"扶桑"号烧得奇形怪状的两截舰体，依然倔强地停在水面上，"它看上去就像灼热的大铁块"。就在西野下令准备加速离开这片危险的水域时，意外发生了。"时雨"号舵机突然失灵，停在水面上动弹不得。急得满头大汗的西野只好耐住性子，亲自率领轮机人员全力抢修。身后美军炮声越来越近，他们很快就会追上来。孤零零的"时雨"号即将成为美国人案板上的一块熟肉。

屋漏偏逢连夜雨。恰在此时，舰上瞭望哨发出凄厉的呼叫声："前方敌舰正向我驶来！"南方海面上，几个暗影在快速逼近，那无疑是美军的生力军！前有堵截，后有追兵，习惯于逢凶化吉的"时雨"号瞬间陷入进退两难的绝境。一向沉着冷静的西野禁不住仰天长叹："我命休矣！"他下令停止检修，准备战斗，誓与美国人周旋到底。

此时战场出现了诡异的一幕。对面来舰并未开炮，而是接连打出一闪一亮的灯光信号："友舰！"西野立即发出询问信号："我是'时雨'，我舰舵机出现故障，正在修理。你是哪位？"对方很快给出了回答："我是'那智'。"暗夜中闪出的正是第二游击部队司令官志摩的旗舰"那智"号。

就在西村舰队遭美军驱逐舰鱼雷攻击的同时，25 日凌晨 3 时 05 分，一直隐秘跟进的志摩舰队悄然驶入苏里高海峡。在过去两小时里，志摩一直在不断调整航向并加速，试图缩短与西村的距离。当时美军巡洋舰和战列舰尚未投入进攻，但战列舰雷达屏幕上已经显示出，海峡南口又摸进来一支舰队，那无疑是日本人的船。当时志摩舰队的队形是："曙"号驱逐舰一马当先，"潮"号在其左侧警戒，居中行驶的是重巡洋舰"那智"号和"足柄"号，轻巡洋舰"阿武隈"号、驱逐舰"不知火"号、"霞"号紧随其后，形成了一条从北到南的单纵阵。

志摩的运气也没好到哪里去。舰队刚进入海峡不久，就与从战场上撤出的美军鱼雷艇队迎头相遇。3 时 20 分，"阿武隈"号突然发现左舷 130 度出现鱼雷的白色航迹。此处是帕纳翁岛南端比尼特角，罗伯特·利森少校第六分队的"T-132"号、"PT-134"号、"PT-137"号埋伏于此。麦克·科瓦尔中尉"PT-

137"号鱼雷艇利用暗夜掩护突前到 820 米距离，寻隙向日军 2 艘重巡洋舰身后的驱逐舰射出鱼雷，却误中了"阿武隈"号。美军鱼雷艇上的水手大多由新兵组成，小伙子们很好地履行了自己的职责。他们不但及时向主力部队传递情报，还不断对日本舰队进行骚扰。虽然此前在对西村舰队的战斗中未立寸功，这次他们终于抓住机会实现了开门红。好像仁慈的上帝也不愿辜负他们的辛勤努力。

颇具戏剧性的是，由于受到烟幕影响，美军鱼雷艇并未观察到敌舰中雷，以至于无法确认自己的成功。"PT-137"号射出的鱼雷准确命中"阿武隈"号舰桥下方，剧烈爆炸导致 30 名水兵毙命，舰首进水使巡洋舰航速骤降至 10 节以下。为避开美军鱼雷艇骚扰，志摩下令撇下重伤的"阿武隈"号，舰队主力以 28 节快速北上，同时下令剩余 6 艘战舰做好鱼雷攻击准备。由于西村为躲避攻击多次转向，两支日军舰队距离已拉近至 30 公里。

苏里高海峡北端激战正酣。"那智"号的通信室里，日军军官已经监听到美军的欢声笑语，这一切更让人心惊胆战。北方升入高空的照明弹此起彼伏，隆隆爆炸声不绝于耳。两支日军舰队之间的距离虽然仅需半小时全速航行，但这些时间已经足够美军打出一场漂亮的歼灭战！从某种意义上说，日军南路舰队的失败命运已经注定。

志摩并未收到西村最后发出的"紧急战报"。他命令舰队排开战斗队形，旗舰"那智"号领头，其后是重巡洋舰"足柄"号及 4 艘驱逐舰。暴雨初歇，淅淅沥沥的小雨仍然下个不停，海上能见度极差，志摩却要求各舰加速。"那智"号舰桥上，所有人都凝目注视着前方。远处突然闪出一团令人炫目的火光，几乎照亮了海峡两岸。一定是某一艘大舰爆炸了，志摩希望那是一艘美舰——其实那正是友舰"扶桑"号。

由于美军正全力攻击西村舰队，4 时前后，全速前进的志摩舰队顺利进入海峡中部。为鼓励西村，志摩在参谋长松本毅提议下于 4 时 05 分向友军发出"第二游击部队进入战场"的急电，没有得到任何应答，此时西村舰队已濒临覆灭。"那智"号舰桥上，志摩瞪大双眼，前方的悲惨一幕让他毛骨悚然。东侧 1000 米外，出现了两截剧烈燃烧的军舰残骸，好像"钢铁厂熔炉中的大火"。

从 3 时 40 分开始，"扶桑"号就像被判处死刑的人蹲在刑场上等候处决。志摩舰队出现时，断为两截的舰体不断发生剧烈殉爆，上层建筑在大火中倾倒。不明就里的志摩认为，那肯定是"山城"号和"扶桑"号的残骸，全然没意识到是一艘舰被腰斩了。志摩据此推测，西村舰队可能已经全军覆没。以友舰起火的残骸为背景航行极其不利，志摩下令将航线西移1000米。舰队小心翼翼从左侧绕过两段燃烧的舰体，紧贴海岸避开火光。前方出现了一艘几乎静止的军舰。"那智"号第一时间发出询问信号，对方迅疾回答说："我是'时雨'，舵机故障，正修理中。"

友军身份得到确认。但西野在发出上述回答后什么都没说。他本应该告诉志摩，前方美军设伏及西村舰队近乎覆没的实际情况。但是西野没有那么做。对这次"多年后变得臭名昭著"的相遇，战后西野解释说："我没有直接跟志摩将军交流，也没有报告我们的情况。这是因为我没有联系上他，并且不受他的节制。我认为志摩将军看到'扶桑'号和'最上'号着火以及我采用的撤退航向，就应该清楚战斗的大致情况了。"

"那智"号奋勇冲进浓烟。远方传来沉闷的大炮声，志摩判断西村残部必定在前方苦战。舰队从烟幕中出来，前方仍然是烟幕。4时20分，"那智"号捕捉到11度方位、11000米外疑似出现2艘敌舰。首席参谋森幸吉建议重巡洋舰从左舷发射鱼雷。志摩于是下令"那智"号和"足柄"号向右急转，4时24分距敌舰约8200米各射出8条鱼雷。这16条鱼雷成为志摩舰队对战斗的唯一贡献，且无一例外全部脱靶，其中2条搁浅在希布松岛岸边。很显然，日军雷达把岸边的巨石当作敌舰了。

就在两舰发射鱼雷的同时，"那智"号发现了不远处熊熊燃烧的"最上"号，它好像已瘫在水面上动弹不得。完成鱼雷发射的"那智"号快速驶离，欲躲到"最上"号火光后面。"那智"号舰长鹿冈圆平是海大第三十二期军刀组成员，之前的职务是首相海军秘书。东条内阁垮台之后，鹿冈被赶出东京，如愿当上了"那智"号舰长。虽然学习成绩优异且跟随东条见过不少大世面，但缺乏实战经验的鹿冈此时出现了严重误判。他认为"最上"号是静止不动的，实际上"最上"号仍以8节速度在缓慢航行。虽然"那智"号采取满舵规避并紧急停车，但"最上"号还是一头撞上了友舰舰尾。金属摩擦发出令人作呕的刺耳声响，两支在航途中互不理睬的舰队竟然用这样一种奇葩方式"胜利会师"了！

"我是'最上'号！"对面舰桥上不知是谁拿起话筒在喊，"我舰正副舰长阵亡，暂时由炮长代理指挥。方向舵毁坏，靠引擎操纵方向，给您添麻烦了。"这位不知名的日军水兵还挺讲礼貌的。很显然，发生事故的过错在"那智"号一方。

对"最上"号而言，这已经不是它第一次和友舰相撞了。中途岛海战期间，它就曾因躲避潜艇撞上"三隈"号，间接导致了姊妹舰的覆灭。这次撞击对"最上"号可谓雪上加霜，它"亲自牺牲"的时候终于到了。

两舰好像是锁在一起似的缓缓移动，"那智"号小心翼翼转向左边，两舰足足用了10分钟才彻底分开，4时43分双双向南驶去。"那智"号舰首左侧被撞掉一部分，机舱进水，轮机手报告最高速度将减到20节。舰队一名参谋回忆说，旗舰受损使志摩对后续战斗的胜利已经不抱任何幻想，但他仍然要求跟上驱逐舰实施攻击。"敌人必然在前方伸开双臂在等待我们，"作战参谋森提出了反对意见，"西村部队几乎全军覆没，很明显，第二游击部队如果继续前行，势必落入敌人的圈套，和西村将军的结果一样。我们根本不知道栗田将军的中路舰队在干什么，小泽将军北路舰队也毫无消息。不管如何，我们现在继续前进是非常愚蠢的。"

此前，志摩曾收到栗田的一份电报，告知中路舰队正在向西撤退，此后再无进一步消息。在此情况下，志摩认为森的意见是明智的，暂时撤退方为上策。短短思索几分钟，志摩断然下达了撤退命令。4时25分，他向西南方面舰队司令官三川军一发出《第二游击部队机密250425番电》："我队攻击终了，暂时脱离战场，以图后计。"驱逐舰被召回掉头南撤，舰队最后面跟着奄奄一息的"最上"号。重伤掉队的驱逐舰"朝云"号只能忍痛放弃，任其自生自灭了。掩护撤退的夜幕还能维持两个小时，志摩必须尽快收容残部，以最快速度脱离战场。对来也匆匆去也匆匆的志摩，美国人给了如此评价："他把第五舰队带进苏里高海峡，又带了出去，只不过进出口是同一个。"

美国人当然不会任由敌人从容逃逸。4时31分，奥尔登多夫下令巡洋舰和驱逐舰发起追击。美军动作实在太慢，一直到4时51分，西侧巡洋舰编队才开始沿海峡西侧南下，敌舰约在23000米之外。5时19分，美军东侧巡洋舰编队转变航向通过海峡，大致在日军两艘巡洋舰相撞之处向"最上"号猛烈开火。"哥伦比亚"号舰长莫里斯·柯特兹上校回忆说，美军巡洋舰的10分钟炮击导致"最上"号火势加大，"其惨状比在珍珠港被击沉的'亚利桑那'号更甚"。

美军表现实在蹩脚，竟不敢抵前炮击。日军损管人员的出色表现使"最上"号航速逐渐恢复到17节，于日出前30分钟左右与敌脱离接触。考虑到沿海岸航行的军舰如果冒险进入狭窄水域，有可能在白天与日舰遭遇，奥尔登多夫下达了停止追击的命令。他同时致电金凯德，请求日出前出动护航航母舰载机对日军舰队实施空中打击。美国人实在太求稳了，一定程度上是胆小怯懦。日出之后，奥尔登多夫再次命令舰队南下，重巡洋舰"路易斯维尔"号、"波特兰"号，轻巡洋舰"哥伦比亚"号、"丹佛"号，驱逐舰"克莱斯顿"号、"科尼"号、"索恩"号受命前往击沉日军掉队船只。

5时29分，美军开始向进入射程的日舰开火。"路易斯维尔"号选择"扶桑"号为目标，当时记录如下："无移动，速度0，火势很大。"5时31分，该舰在17300米距离向"扶桑"号的一部分开火——"看起来好像是舰首"。在18轮203毫米穿甲弹打击下，"扶桑"号舰首6分钟后沉入大海。驱逐舰"科尼"号5时08分的雷达记录显示，"扶桑"号舰影5时36分在屏幕上完全消失，"克拉克斯顿"号的记录则为5时40分。"扶桑"号舰首沉没地点大致位于北纬10度09分、东经125度24分。

"扶桑"号舰尾部分又坚持了一段时间才入水。美军鱼雷艇6时30分发现它还浮在水面上，记录显示6时52分在仅640米的距离上，"虽然火势依然很大，但我们已经不能在水面上看见舰体了"。这就说明"扶桑"号舰尾部分刚刚沉没，位置是北纬10度08分、东经125度24分。推测舰上死亡水兵人数为1400人至1600人，包括舰长阪匡身。少数水兵游水上岸，很快被岛上菲律宾游击队猎杀。

5时30分，志摩率舰队抵达海峡南口，看到了之前受伤离队维修的"阿武隈"号，该舰经紧急抢修航速已恢复到20节，其间还成功避开美军鱼雷艇的数次攻击。虽然"那智"号、"最上"号和"阿武隈"号都无法跑出全速，但志摩舰队还是平安通过了棉兰老海，然后沿棉兰老岛海岸向西航行，其间还击伤了2艘试图前来骚扰的美军鱼雷艇。鉴于"阿武隈"号速度太慢无法跟随主力行动，志摩命令它在"潮"号的护卫下前往棉兰老岛西北达皮丹港暂避。

26日清晨6时05分，行驶至内格罗斯岛东南海域的"阿武隈"号被美军侦察机发现。从9时18分开始，"阿武隈"号遭到来自诺埃姆富岛美军第五航空队44架B-24、来自比亚克岛第十三航空队数架B-25的连续三轮攻击。第一轮攻击命中的 1 颗炸弹导致"阿武隈"号起火，第二轮低空投弹恰似 18 个月前在俾斯麦海的跳弹攻击，2 颗炸弹导致"阿武隈"号舵机失灵并失速。虽然第三轮空袭并无炸弹命中，但烧成一团火炬的"阿武隈"号完全失去动力。11 时整，"潮"号开始靠前救援。11 时 28 分，舰长花田卓夫下令弃舰，"阿武隈"号 12 时 42 分沉入大海，成为莱特湾海战中唯一被陆基战机击沉的日舰。至此，参加过偷袭珍珠港之役的日舰只剩下"利根"号、"滨风"号和"霞"号。

大约 7 时 15 分，"丹佛"号和"哥伦比亚"号追上了失去舰首的"朝云"号，随后爆发的炮战仅仅持续了 3 分钟。被命中 5 发 152 毫米炮弹的"朝云"号航速骤减至 9 节。虽然曾经是势不两立的对手，但美国人对舰上日军水兵的勇敢精神仍然肃然起敬："'朝云'号在舰尾没入水中时仍以尾炮进行反击，直到 7 时 21 分炮塔被海水完全淹没。"舰长柴山一雄率 30 余名水兵奋力游上附近岛屿，很快被岛上游击队俘虏。海面作战至此宣告结束，老酒认为美军追击战的确不能算出彩。

但志摩还远远未能逃出美军舰载机的攻击范围。接下来的战斗由斯普拉格少将第七十七特混舰队第四大队承担。7 时 30 分左右，从"塔菲一"起飞的"复仇者"发现了掉队的"最上"号。1 颗炸弹准确命中轮机舱，"最上"号 9 时 10 分完全失去动力。13 时 07 分，"曙"号在接走舰上水兵后补雷将"最上"号击沉。

西村舰队仅有"时雨"号逃出生天。4 时 55 分，"时雨"号曾经遭到卡尔·格利森上尉第十一分队鱼雷艇的阻击，西野不但奋力将"PT-321"号击伤，还顺带救起了一些落水的水兵。联合舰队内部流传甚广的"吴港雪风，佐世保时雨"谁能活到最后的赌局还将持续，一直到 1945 年 1 月 24 日"时雨"号在新加坡以北海域被美军潜艇"黑鳍"号击沉为止。

苏里高海峡之战，日军南路舰队共损失战列舰 2 艘、重巡洋舰 1 艘、轻巡洋舰 1 艘和驱逐舰 3 艘，另有重巡洋舰和驱逐舰各 1 艘受伤，损失官兵逾 4000 人。美军仅损失 1 艘鱼雷艇，1 艘驱逐舰和 10 艘鱼雷艇受伤，阵亡官兵 39 人、伤 114 人，他们大都来自倒霉的"艾尔伯特·格兰特"号。

作为苏里高海峡之战的最高总指挥，金凯德认为这是一场"极为重要、极为高效的海战"。尼米兹对手下将领历来以表扬为主，尽管第七舰队归麦克阿瑟指挥，但他对苏里高海峡之战仍然不吝赞美之词："它也许是人类海战史上最伟大、最迅疾、最具摧毁性的炮战。"海战战术指挥者奥尔登多夫也说："这是一场梦想中的海战。"不太厚道的老酒认为，上述评论难逃王婆卖瓜之嫌。

规模并不算很大的苏里高海峡海战能名垂青史，更多来自象征意义。对5艘在珍珠港被打捞上来的战列舰来说，这是复仇。对长期称霸海上的战列舰来说，这是绝唱。至今海战史上再也没有出现过战列舰之间的生死对决。莫里森少将的描述可能更为贴切："1944年10月25日4时10分，'密西西比'号的齐射如同哀鸣的丧钟。此后，战列线战术如同古希腊方阵、西班牙长矛阵、英格兰长弓，以及萨拉米和勒班陀的桨帆船一样，在历史长河中永久湮灭了。"

2017年11月21日，继8月找到美军重巡洋舰"印第安纳波利斯"号残骸之后，微软公司创始人之一的保罗·艾伦率团队乘"海燕"号来到了苏里高海峡。11月23日，"海燕"号准确捕捉到"山城"号的残骸。25日，"扶桑"号两截舰体得到确认。29日艾伦宣布，所有沉没在苏里高海峡的日本军舰均已被找到。除上述两舰外，还有"满潮"号、"山云"号和"朝云"号。

由于将战术指挥权交给了奥尔登多夫，金凯德好像显得格外轻松。就在海战激烈进行之时，他竟有闲暇在旗舰上召集参谋开会。他希望大家一起谈谈，"我们是否还有其他疏忽的地方，或者是做错的地方"。凌晨4时会议临近结束时，作战参谋理查德·克鲁森上校用略带忧虑的口吻说："将军，我忽然想起了一件事。我们从来没有直接问过哈尔西将军，他的第三十四特混舰队是否在把守圣贝纳迪诺海峡。"经过短暂思索，金凯德同意向哈尔西发出一封询问电。

第七舰队位置相对固定，无须顾忌无线电静默。4时12分，一封电报被发往北方的第三舰队："当地时间凌晨2时，我鱼雷艇部队发现敌人。约3时，敌2艘战列舰、3艘巡洋舰和一些驱逐舰进入苏里高海峡。请问，第三十四特混舰队是否在驻守圣贝纳迪诺海峡？"由于人为设置的通信障碍，这封经马努斯港转交的电报送交哈尔西手中时，已经是两小时后的6时48分了。

会议结束之后，克鲁森和情报参谋亚特·麦科勒姆中校并未马上离开，两人都不认为哈尔西正在把守圣贝纳迪诺海峡。他们中的一人说："上帝呀，我们必须了解真相。"两人一起制订了一个名叫"黑猫"的侦察计划，2架"卡塔琳娜"水上飞机受命前往侦察。遗憾的是，它们都未发现快速逼近的栗田舰队。

利用哈尔西北上迎击小泽、金凯德在苏里高海峡大战西村和志摩的有利时机，栗田率中路主力舰队隐秘穿越圣贝纳迪诺海峡，正沿萨马岛东岸向莱特湾猛扑过来！

美国人的真正危机出现了。

## 萨马岛海战

10月24日22时许，掉头东进的日军中路舰队悄然来到圣贝纳迪诺海峡西口。上自栗田，下至每一名水兵，无不惴惴不安，如临干谷。在8节涌动的高速水流中，23艘战舰各相隔1000米以单纵队依次驶入狭窄海峡。两岸无一灯影，舰队严格实行灯火管制，到处是一片漆黑的世界。日军水兵个个屏住呼吸，目光炯炯。4个月前，参加"阿号作战"的栗田舰队曾经走过这条水路，不过彼时他们身后还有小泽机动部队，且已提前知晓敌军舰队就在塞班岛以西海域。今天的状况完全不同，一切迹象表明，哈尔西第三舰队就在菲律宾以东海域游弋。舰队越接近海峡东口，栗田就越是感到紧张。他的担心不无道理。假若美军战列舰以巨炮并辅以潜艇部队封锁海峡出口——就像金凯德和奥尔登多夫在苏里高海峡对付西村那样——加上拂晓后蜂拥而来的舰载机，他的舰队最终的结局很可能是全军覆没。栗田自己都不清楚，还能否看到明天的太阳。

让栗田意想不到的是，由于哈尔西第三舰队已成功被小泽诱向北方，圣贝纳迪诺海峡门户洞开，他的前方已是一片坦途。当舰队25日凌晨0时35分驶出海峡时，竟然连一艘美舰的影子都没有发现。海水在月光下散发出柔和的光芒，和南边沸腾的苏里高海峡形成了鲜明对比。此时哈尔西已向北驶出200公里，一整夜快速航行将使两支背道而驰的舰队迅速拉开500公里以上的距离。一向谨小慎微的栗田对海峡出口有无美军埋伏保持着足够警觉，他并未下令舰队立即沿萨马岛东岸南下，而是继续向东疾驰，但驶出30公里后依然平安无事，这美国人唱的是哪出空城计？作战参谋大谷整个夜晚都心神不宁，担心敌人炮弹随时从头顶落下。美军舰队并未出现让他稍稍安定了一些。但他猜测在抵达萨马岛南端之前，舰队很可能与美军遭遇。

凌晨1时45分，满腹狐疑的栗田下令舰队转航向95度向偏东航行，10分钟后改为第12号搜索航行序列，随时应对可能出现的美军潜艇或水面舰队。4时，海上依旧寂静无声，栗田这才下令舰队变航向为150度，以18节航速沿萨马岛东岸南下，准备按计划与西村会合后快速突入莱特湾。

清晨6时，栗田舰队抵达苏禄安岛358度、150公里处。按照计划，3小时后他们就可抵达与西村约定的会合地点。但栗田知道，南路的两支友军可能永远不会来了。此前他先后收到西村和志摩发来的多封电报，虽然无法准确判断南路舰队的战斗情况，但5时22分收到志摩"暂时脱离战场，以图后计"的最后一封电报之后，就再也没有了南路舰队的任何消息。虽然南路舰队已无可能穿越苏里高海峡与自己形成南北夹击之势，但栗田并不十分担心。西村舰队的任务本来就是吸引敌人的注意力，他们突破海峡的可能性微乎其微。令栗田最揪心的是，迄今为止，执行诱敌任务的小泽舰队依然音信皆无。

"1944年10月25日，星期三，6时27分，太阳升起来了。早晨有阵雨。今天是这场决定性战役的第二天。前夜，借着暗淡的月光和多云的天气，我们于凌晨顺利穿越了圣贝纳迪诺海峡，没有任何冲突发生。我们以第19号警戒队形向东行驶。"在做完上述客观描述之后，忙里偷闲的宇垣在《战藻录》中继续写道，"只要能够到达目的地，我们就有绝对信心打败敌人。"宇垣随后写出了自己的担心："我们害怕敌人今天晚上会发现我们的行踪，集中力量打击我们，时间就是黎明时分。"宇垣同时认为，获得充分的空中支援是突入行动成败的关键，"否则，我们的战斗力最终将会被削弱到零"。

时值雨季，天气恶劣，不时有倾盆大雨落下。6时23分，"大和"号雷达率先在130度方向、50公里外发现美军飞机。对此栗田早有预料。既然菲律宾群岛以东海域有大量敌航母存在，那无疑正是它们的侦察机——黎明时分出动侦察机进行搜索是航母舰队的一贯做法。6时39分，"鸟海"号和"能代"号的雷达在90度方位再次发现敌机。1分钟后，当栗田下令舰队调整航向时，第二部队"熊野"号的瞭望哨发现110度方向有2架美机正不断逼近，侧面的第十驱逐舰战队开炮射击，美机迅速掉头逃逸。预计不久将会有美军攻击机群出现，栗田下令舰队转换为防空阵形。

6时45分，"大和"号瞭望哨突然发现，115度方向、35000米出现了战舰的高大桅杆——那无疑正是美军！它们很快出现在其他舰船的视野之中。发现正有飞机起飞的瞭望哨发出了声嘶力竭的呼喊："发现敌军航空母舰！"栗田第一时间做出判断：前方出现的肯定是哈尔西的快速航母舰队！

在如此近距离与敌军航母邂近，对栗田和他的幕僚来说，无异于突然被打了一针兴奋剂。他们甚至怀疑眼前这一幕不是真的。水面舰艇在主炮射程之内发现敌军航母，类似情况之前仅仅发生过一次。1940年6月8日在挪威以西海域，英国皇家海军"光荣"号航空母舰及护航驱逐舰"热心"号、"阿卡斯塔"号被德国海军战列巡洋舰"沙恩霍斯特"号、"格奈森瑙"号近距离捕捉到。交战结果毫无悬念，英军航母恰似自己的名字那样"光荣"了，2艘护航驱逐舰陪葬海底。"光荣"号因此成为被水面舰艇舰炮击沉的第一艘航母。德军为此付出的代价仅仅是"沙恩霍斯特"号被命中一条鱼雷。

"大和"号舰桥上，参谋长小柳想："真乃天佑神助！"第二舰队的年轻军官在确认眼前的事实后无不欢呼雀跃，面颊上流淌出激动的泪水。一些人甚至哽咽着说："当年大东沟海战时，伊东祐亨元帅看到大清北洋水师'定远'号和'镇远'号时，可能就是这种心情吧？"一向矜持的栗田同样激动得无法自持，两腿颤抖。苍天有眼，竟然赐予他如此近距离攻击美军航母的机会，让他的水兵有机会展示林加"百日苦练"的成果，"大和"号460毫米巨炮终于捞到了一显身手的机会——千载难逢的战机到了。

既然前方出现的是美军快速航母，它们显然能轻松跑出30节以上的高速，而自己的战列舰和驱逐舰无力追赶——前者速度不够，后者燃料不足——栗田决定不浪费一丁点儿时间，立即以最快速度接近敌人并发起攻击。"大和"号第一时间发出了作战命令："捕捉天佑战机，以现有阵形全速逼近敌方。先封杀敌机起降能力，随后歼灭敌机动部队。"6时52分，栗田下令舰队提速到24节，1分钟后变航向为130度向美军舰队快速逼近。从文莱出航以来，一直霉运连连的栗田舰队终于等来了扬眉吐气的机会。

哈尔西第三舰队已经被小泽成功诱往北方，金凯德第七舰队几乎所有主力南下封锁苏里高海峡，25日清晨在萨马岛以东海域巡航的，就只剩下托马斯·斯普拉格少将的第七十七特混舰队第四大队，即护航航母大队。肯尼第五航空队尚未在岛上建立航空基地，那个带着快速航母到处跑的哈尔西又铁定指望不上，眼下第四大队承担的任务异常繁重。他们不但要为登岛部队地面作战提供空中支援，负责整个舰队的防空和反潜巡逻，还要对外围重要航道实施侦察，时刻监控日军的动向。

第七十七特混舰队第四大队下辖3个支队，每一支队均由6艘护航航母、3艘驱逐舰、4艘护航驱逐舰组成。第一支队代号"塔菲一"，由"桑加蒙"号上的托马斯·斯普拉格少将亲自指挥，此时它们位于迪纳加特岛东南海域。第二支队代号"塔菲二"，司令官是坐镇"马库斯岛"号的菲利克斯·斯普顿少将，此时位于苏禄安岛东北方向。代号"塔菲三"的第3支队下辖护航航母"范莎湾"号、"加里宁湾"号、"圣洛"号、"基昆湾"号、"甘比尔湾"号、"白平原"号，驱逐舰"赫尔"号、"约翰斯顿"号、"希尔曼"号及护航驱逐舰"丹尼斯"号、"约翰·巴特勒"号、"雷蒙德"号、"塞缪尔·罗伯茨"号，由"范莎湾"号上的克里夫顿·斯普拉格少将指挥——为方便叙述，下文不加特别说明就指这位"塔菲三"的斯普拉格。25日晨，美军三支护航航母编队的相对位置是："塔菲一"在最南面，"塔菲二"居中，最北的"塔菲三"位于萨马岛以东100公里，距离南下日军舰队最近——栗田刚刚发现的正是它们。

在美军整体作战计划中，莱特岛以南的苏里高海峡由金凯德第七舰队把守，守卫北面圣贝纳迪诺海峡是哈尔西第三舰队的任务。斯普拉格少将25日清晨得知，欲从北方入侵的日军中路舰队已经被哈尔西打得落花流水，仓皇后撤。前一晚上，奥尔登多夫的火力支援大队又在苏里高海峡击退并重创了来犯的日军南路舰队。他据此认为，自己的"塔菲三"无疑处在最安全的位置上。事实上，25日当天，斯普拉格简直倒霉到姥姥家了，他马上就将遭到世界上最大口径舰炮的打击，随后还要面对人类史上最疯狂的一支攻击部队。

25日拂晓日出前几小时，"塔菲三"几艘护航航母上的水兵已经开始忙碌了。斯普拉格早早来到"范莎湾"号作战指挥室，监听飞行员和航母以及飞行员之间的无线电通信。如果有必要的话，他会直接通过无线电和飞行员联系。当天早上，"塔菲三"将按计划在日出前后放飞12架"野猫"，为岛上部队提供空中掩护。另外4架"野猫"和8架"复仇者"将协助登岛部队攻击日军防御阵地。8架"野猫"将升空执行舰队的空中巡逻任务，另2架"野猫"和4架"复仇者"执行空中反潜巡逻。值得一提的是，即使是财大气粗的美国人，也无力为二线部队配备最先进的机型。除"塔菲一"载有为数寥寥的"地狱猫"外，美军护航航母上的战斗机大部分是落伍的"野猫"。斯普拉格看到，地勤人员的工作非常出色，上述任务仅半小时就顺利完成。结束了繁忙工作的水兵有的回到舱室休息，有的前往餐厅用餐，还有人悠闲地趴在船舷上，准备观看壮丽的日出。25日清晨看上去和往日并无不同，殊不知致命的威胁正在悄然逼近。

忙乎了好一阵子之后，斯普拉格回到指挥官舱室，端起了早晨的第二杯咖啡。执行任务的舰载机相继离舰，他终于可以坐下来喘口大气，享受一下短暂的清闲了。少将一边喝着咖啡，一边在想，昨晚苏里高海峡的炮声持续了大半夜，是否需要派出飞机前往搜索，攻击那些逃跑中的日舰呢？他不知道，此时"塔菲一"正在执行追击敌舰的任务。

清晨6时37分，"范莎湾"号作战指挥室里，一名负责监听飞行员通话的值班人员听到有人好像在用日语说话。他告诉身边的同伴："你听，这是什么？"第二个人听了后说："好像有人在开玩笑。"第一个人耸耸肩说："可能，或许是长途干扰。"

比尔·布鲁克斯少尉是"圣洛"号护航航母鱼雷机飞行员。5时45分，他驾驶"复仇者"起飞不久，就在舰队西北方向30多公里处发现了海面上高速行驶的10多艘军舰。布鲁克斯起初认为，那肯定是哈尔西将军的舰队。他身后的机枪手乔治·唐斯显然也看到了那些军舰，他的判断和布鲁克斯完全一致："谢天谢地，那是我们自己的舰队。"

但布鲁克斯心中很快犯起了嘀咕：哈尔西将军的舰队中怎么会没有航空母舰呢？据说，那支舰队的航母更大、更多哩！布鲁克斯使劲揉了揉眼睛，继续观察，那些军舰从轮廓上看也不太像友军，少尉此前受过严格的舰艇识别训练。布鲁克斯降低高度，想飞得更近些以看个清楚。他看到了巨大的塔式桅杆，那是日军战列舰独有的外部特征。毫无疑问，那些都是日本人的船！

布鲁克斯心猛地一沉！此时敌舰防空炮开始朝他猛烈开火，机身周围瞬间布满了炮弹炸开的黑色烟团——果然是敌舰！布鲁克斯猛踩油门，飞机骤然加速冲过了日军防空火网。由于执行的任务仅仅是反潜巡逻，他的"复仇者"只配备了深水炸弹，可以攻击潜艇却无法攻击水面舰艇。布鲁克斯非常睿智，他知道现在自己的首要任务不是攻敌，而是尽快把敌舰来袭的消息发回去。日军舰队距离"塔菲三"已经不到35公里了，这仅仅是水面舰艇1小时的航程！

布鲁克斯立即呼叫"圣洛"号："在我舰队西北方向35000米，发现日军水面舰艇编队，4艘战列舰，4艘重巡洋舰，2艘轻巡洋舰，10至12艘驱逐舰，航速20节，正朝我舰队高速驶来。"此时是10月25日6时47分。毫无疑问，布鲁克斯发现的正是栗田中路舰队。

虽然第一时间收到了布鲁克斯的报告，斯普拉格还是有点不太相信。青天白日，朗朗乾坤，从哪里钻出来这样一支日军舰队？从舰队构成来看，斯普拉格认为飞行员发现的很可能是哈尔西将军刚刚组建的第三十四特混舰队。这名飞行员一定是个新手，他愚蠢地打破了无线电静默，反而会暴露"塔菲三"的位置。念及此处，怒气冲冲的斯普拉格命令作战室："告诉那名飞行员，重新核实报告的目标。上报那名飞行员的名字！"

听到来自无线电另一端的讥讽和训斥，布鲁克斯觉得非常委屈。他不知道这些话出自一名海军少尉还是少将，但这些话真的刺激了他。他驾机再次接近日军舰队，自然又引来一阵更加猛烈的高射炮火。他索性打开无线电开关，将炮声一起传了回去："我清晰看到了敌舰的塔式桅杆，还有日本人的太阳旗。而且我看到的这艘战列舰，是我以前见过的所有战列舰中块头最大的。"此前布鲁克斯曾经见过诸如"衣阿华"号、"华盛顿"号等新型战列舰，现在前方那艘舰比它们的块头都大，那无疑正是"大和"号。因一系列阴差阳错，本来属于"二线部队"的"塔菲三"，就这样戏剧性地被拖入史上最大海战的中心战场。

"塞缪尔·罗伯茨"号是一艘小型护航驱逐舰，这是它第一次参加战斗。头一天晚上，舰长罗伯特·科普兰少校和副舰长鲍勃·罗伯特上尉彻夜未眠，通过无线电收听进出苏里高海峡船只的交谈情况。由于距离较远加之沿途岛屿的干扰，无线电信号时断时续。不过两人还是从零碎的信息中得出了这样的结论：日军南路舰队被击溃了，正处于大败退之中。科普兰离开作战室，准备去喝杯咖啡提提神。恰在此时，值班军官报告说，侦察机在舰队西北方向发现日军战列舰、巡洋舰和驱逐舰。舰上一名瞭望哨报告说："海上出现了不明身份的目标，方向250度，好像看到了船的桅杆。"经验丰富的炮长比尔·波顿上尉推测，它很可能来自日军重巡洋舰。

虽然是第一次近距离发现敌舰，但科普兰和罗伯特显得非常镇定。罗伯特对话筒高喊道："听着，所有想看逃跑残余日舰的人，都给我上甲板！"他和舰长一致认为，侦察机和瞭望哨发现的肯定是从苏里高海峡逃出来的南路日军残部。

两人谁都没料到，他们很快就会在鲨鱼遍布的菲律宾海上游泳逃生。

斯普拉格手中有 6 艘护航航母。听起来好像威风无比，但这种所谓的护航航母徒有航母之名，而无航母之实。顾名思义，护航航母就是执行运输船队护航任务的小型航母，它的诞生颇具实战意义。众所周知，驱逐舰虽然堪称潜艇的大敌，但数量毕竟有限，且极易遭到潜艇的鱼雷反击。要知道早在 1940 年 9 月，丘吉尔用 8 处重要军事基地，才向美国人换回 50 艘一战时期的老驱逐舰。相对而言，对潜艇具有全方位压倒优势的飞机属于最有效的反潜武器，且根本无须担心来自水下的反击。不过陆基飞机航程有限，不足以覆盖到大洋深处，因此最好能有可以伴随运输船队出行、及时出动舰载机的航空母舰实施反潜。但重型或轻型快速航母数量太少，使用成本太高，为运输船护航纯属大材小用，一旦损失，太过可惜，护航航母就在这样的条件下应运而生。

要说这英国人不愧为近现代海军的鼻祖。为应对大西洋上德国潜艇的威胁，英国皇家海军最先使用了护航航空母舰。1941 年 8 月，被俘获的德国商船"汉诺威"号被改造成第一艘护航航母"大胆"号，开始出海执行护航任务。虽然该舰 12 月 21 日在执行第四次护航任务时被德军潜艇"U-751"号击沉，但它在执行任务过程中的出色表现及性价比还是使英国海军精神为之一振，开始大力发展护航航空母舰。

由于可改造商船数量严重不足，丘吉尔只好再次向美国求援。罗斯福指示海事委员会全力研制护航航母。美军第一艘护航航母"长岛"号 1941 年 6 月下水服役，曾经执行向瓜达尔卡纳尔岛运送首批战机的艰巨任务，此节前文已有所述。凭借独步全球的强大工业能力，美国改造护航航母的速度不断加快，"阿德默勒尔蒂"号和"布干维尔"号曾经创下 76 天建成下水的惊人纪录。战争结束之前，美国海军共建成护航航母 124 艘，其中 38 艘支援给了英国人。

在太平洋战场，日军潜艇威胁远没有德国潜艇在大西洋那么大，美军为数众多的护航航母除执行反潜护航的老本行外，也经常担负起支援两栖登陆、攻击岸上目标及运送飞机等辅助活儿。护航航母存在诸多无法克服的天然缺陷。美军"埃塞克斯级"重型航母排水量 27000 万吨，航速 33 节，可搭载各型战机 90 架。使用轻巡洋舰舰体改造的"独立级"轻型航母排水量虽然只有 11000 吨，载机量仅仅 45 架，航速却高达 32 节，完全可以携手重型航母一起出海作战。相对而言，护航航母排水量一般在 8000 吨左右，速度不超过 18 节，载机量不到 30 架。因为飞行甲板太短——只有正规航母一半左右——它们仅能携带战斗机和鱼雷机，需要较长起飞距离的俯冲轰炸机无法装备。还有一点，这种用普通商船仓促改造的所谓"航母"没有装甲，不能有效保护易燃易爆的油舱、弹药库和鱼雷舱等关键部位，最大武备只有 1 门可怜的 127 毫米炮。

上述特性为孱弱的护航航母赢得了不少别致的绰号，诸如"易燃型航母""易损型航母""消耗型航母""吉普航母""番茄罐头"，不一而足。由于速度实在太慢，它们往往无法真正参加战斗，只能在"标椎"航母取得制空权和制海权的前提下，执行一些相对轻松的辅助任务。一个最佳例证是，不管哈尔西还是斯普鲁恩斯，都绝对不允许快速航母舰队中出现这种丢人现眼的东西。哈尔西第三舰队倒是有护航航母存在，它们隶属贾斯帕·阿库上校的后勤供应大队，正式番号是第三十特混舰队第八大队。但"夸贾林"号、"埃斯佩兰斯"号等 11 艘护航航母的任务仅仅是搭载不同型号战机，随时为主力舰队的战损提供补充。在金上将眼里，直接听命于麦克阿瑟的金凯德已经不能算自己人，第七舰队因此出现了多达 18 艘护航航母，而快速航母和新式战列舰一艘都没有。

眼前的情况让斯普拉格大吃一惊：日军舰队正快速逼近，这一点千真万确，毫无疑问，且敌舰队拥有为数众多的战列舰和巡洋舰。他的心一下子提到了嗓子眼，意识到自己"处境危险"，咖啡自然也顾不上喝了。斯普拉格清楚，即使"标准"航空母舰与战列舰对决也凶多吉少，何况自己手下这些易燃易碎品？还有一点，人家"标准"航母都能轻松跑出 30 节以上高速，打不过还可以掉头跑路，现在自己面临的是这样一种尴尬局面——打，打不过；跑，跑不了。"塔菲三" 13 艘舰船最大口径 127 毫米炮只有 29 门，它们打出的炮弹根本无法击穿战列舰的厚实装甲，而日军舰队 203 毫米以上火炮有 89 门之多——当时斯普拉格肯定没今天的老酒算得清楚，但敌舰有很多大口径炮是肯定的——与敌炮战毫无胜算。虽然驱逐舰上装备有可以对战列舰构成致命威胁的鱼雷，但发射它们必须接近到敌舰 10000 米内的有效距离。按现在双方 30000 米距离计算，它们至少需要冒着日舰猛烈炮火冲过 20000 米距离，这基本上属于自杀行为了。"赫尔"号舰长利昂·金特伯格中校曾这样说："一艘驱逐舰似乎很难在昼间抵近到距目标 6000 码至 10000 码，向一艘战列舰或巡洋舰发起鱼雷攻击，然后超过一个小时不被击沉。""塔菲三"的护航航母上虽然有舰载机，但它们之前主要承担对地攻击和反潜任务，装备的大多是高爆弹和深水炸弹，只携带了极少数量穿甲弹和9～12条鱼雷。由于执行任务不同，护航航母飞行员大多未接受过专业攻舰训练，即使有足够的穿甲弹和鱼雷，也很难取得令人满意的战果。

斯普拉格知道，现在敌舰队和莱特湾之间，除自己的6艘护航航母和7艘小型护航舰以外，已无任何友军。在如此悬殊的力量对比之下，"塔菲三"想单独抗衡日军是完全不可能的，他认为自己"甚至坚持不了一刻钟"。但此时莱特湾尚有50多运输船和油船，海滩上军用物资堆积如山，一旦日军舰队冲入湾内，运输船队及滩头物资势必遭到毁灭性打击。怎么办？斯普拉格认为自己目前唯一能做的就是"引火烧身"，不惜一切代价挡住或拖住这支由钢铁巨兽组成的舰队，延缓日军进入莱特湾的时间。自己多坚持一分钟，运输船队就能多一分钟时间准备，同时可以为援兵及时赶来多争取一分钟时间。事到如今，斯普拉格只能丢炮保车，豁出去了。后来他如此解释自己当时的想法："尽管这样做，我们的末日会来得更快，但我们已经别无选择。在被击沉之前，我们应该尽力狠狠地回敬他们。"

"塔菲三"的7200名官兵非常清楚自己的危险处境。"塞缪尔·罗伯茨"号舰长科普兰少校此时明显明白过来了，前方突然现身的并非所谓的南路日军"残部"，而是来自北方的另一支实力更强大的舰队。他迅疾向全舰水兵发出作战命令："我们遇到了一支极为强大的敌军舰队。他们和我们距离不到25000米，正朝我们猛扑过来。他们有4艘战列舰、8艘巡洋舰和两位数驱逐舰。这是一场敌众我寡、实力悬殊的决斗。所有人都不能抱活下来的希望，只有尽我们所能给敌人以最大打击。"

斯普拉格是一位头脑冷静、反应敏捷的海军军官。从6时50分开始，他通过TBS连续发出两道命令。第一，所有舰船以18节——这是护航航母所能跑出的最快航速——向东方一片雨区疾进，拉开与日舰距离的同时逆风放出舰载机。虽然用高爆弹对付皮糙肉厚的战列舰无异于小孩儿用弹弓打狗熊，但至少也能让日本人哆嗦一下。第二，驱逐舰和护航驱逐舰释放烟幕保护航母。美军驱逐舰释放烟幕通常采用以下方式：减少进气助燃产生白烟，通过烟囱释放黑色浓烟。菲律宾海空气潮湿异常，这意味着如果没有强风，烟幕很难被迅速吹散。烟幕会给日军准确锁定目标实施精准炮击带来更大难度。

向东转向仅 5 分钟后，斯普拉格就迫不及待下令航母放飞所有舰载机。即使到了这个时候，他还没忘记在命令的最后做出提醒："全体飞行员请注意，攻击前务必识别目标是否为我方军舰。"由此看来，斯普拉格对身后追击的舰队可能是友军仍抱有一丝幻想。另一道命令被同时发出，此前受命前往莱特岛的飞机全部火速返航，放弃对地支援任务，全力攻击身后紧追不舍的日军舰队。

发出上述命令之后，7 时 01 分，斯普拉格向邻近友军发出了紧急求援电报："'塔菲二'，'塔菲二'！听到请回答！请回答！我们遇到了拥有战列舰和巡洋舰的日军舰队，他们就在我们身后 25000 米处，正在快速追击我们，我们遭到了敌人的攻击！"

"塔菲三"南方有"塔菲一""塔菲二"两支友军。"瑞格（斯普拉格昵称），不要惊慌！"离他仅 55 公里的"塔菲二"司令官斯普顿少将高喊道，"请记住，我们在你身后。不要冲动，不要鲁莽行事！"当时听到斯普顿喊话的人，都觉得少将故意把声调提得很高。但说实话，这种声援起不了多大实际作用。

清晨 4 时 12 分向哈尔西发出询问电报之后，金凯德一直未能收到回音。由于人为设置的通信障碍，这封经马努斯港转发的电报一直到 6 时 48 分才交到哈尔西手中。哈尔西对这封电报产生了怀疑："金凯德是怎么知道第三十四特混舰队的？"哈尔西于 7 时 05 分直接致电金凯德："快速战列舰正在随航母一起行动，它们不在圣贝纳迪诺海峡。"

7 时 04 分，金凯德收到了斯普拉格发出的求救电报，紧接着哈尔西的电报就到了。原来圣贝纳迪诺海峡竟然无人防守！在 15 分钟之内，大惊失色的金凯德紧急采取了以下四项措施。

一、7 时 07 分电告哈尔西，莱特湾突然出现一支日军战列舰队，请求快速航母舰队火速南下增援。

二、奥尔登多夫放弃追击日军南路舰队残部，迅速北上在莱特湾入口组织防御。

三、护送运输船队前往马努斯港的所有驱逐舰立即掉头，与湾内作战舰艇一起支援奥尔登多夫战列舰部队。

四、三支护航航母编队所有舰载机立即起飞，集中攻击突然现身的栗田舰队。

第七十七特混舰队第四大队司令官托马斯·斯普拉格少将同样接到了"塔菲三"发来的求救电报。他在第一时间请示金凯德，出动第四大队所有战机前往支援"塔菲三"。这和金凯德发布的第四条命令内容一致，很快得到了司令官的批准。但对托马斯·斯普拉格火速调列舰部队北上增援的请求，金凯德谨慎表示了拒绝。在他看来，头天晚上遭遇重创的日军南路舰队很可能会像中路舰队那样卷土重来，战列舰部队必须确保莱特湾运输船队和登陆滩头的绝对安全。

事实上，此时西村舰队近乎全军覆没，脚底抹油的志摩舰队连逃跑都来不及，更不用提再次挥兵北上了。金凯德用兵一贯保守。当年瓜岛战役时，他谨慎地让"企业"号躲在日军陆基战机攻击范围之外，利用亨德森机场对日军运输船实施穿梭轰炸。这种做法尽管合理，却遭到包括哈尔西、斯普鲁恩斯、陶尔斯、菲奇等高级将领的一致指责，金凯德更因此被哈尔西解除了第十六特混舰队司令官的职务。但今天作为第七舰队最高指挥官，金凯德必须对全局负责，而不仅仅局限于一支护航航母支队的安全。他的做法也算无可厚非。

6 时 58 分，宇垣下令第一战列舰战队开炮。1 分钟后，"大和"号前主炮在 32000 米距离上发出怒吼，这竟是史上最大 460 毫米巨炮首次炮击海上目标。"大和"号第一轮炮击对"白平原"号形成跨射，所幸未能直接命中。此时宇垣肯定在想，如果和"大和"号拥有同等强大火力的"武藏"号还在，该多好呀！7 时 01 分，"长门"号主炮在 32800 米距离上也打响了。因为火炮射程较近且航速较快，第三战列舰战队"金刚"号和"榛名"号选择单独出列，向北航行，然后向东在更近距离上向美舰开火。关键时刻，"榛名"号轮机出现故障，三轴推进导致该舰航速仅 26 节，只好留下随第一战列舰战队一起行动。单独出击的"金刚"号很快接近美舰，7 时在 24000 米距离开炮。7 时 02 分，"榛名"号在 30800 米距离也开火了。日军 4 艘战列舰至此全部投入了战斗。

栗田下令"采用第十战斗序列，展开方向 120 度"，同时命令第五、第七巡洋舰战队逼近美军航母开火，暂不参与攻击的驱逐舰在战列舰后方占位。将美军护航航母误认为快速航母，使日军失去了本应有的心理优势。栗田认为，既然战列舰航速不够，驱逐舰又普遍缺油，那就只能由重巡洋舰快速出击了。一旦被击伤的美舰失速落单，就会被随后赶上的战列舰和驱逐舰逐一歼灭。

从上述命令可以看出，栗田并不像南路西村那样一味求死，他还想把尽可能多的舰船和水兵带回去。航行期间，栗田一直在计算燃料，他认为驱逐舰现存油料已经不够打进莱特湾再冲出来返回文莱了。战场危机四伏，美国人断不会容许他从容安排重型舰船为驱逐舰补充燃油。

接令之后，日军两支巡洋舰战队立即以最大航速取 70 度航向——第七战队 4 艘重巡洋舰打头、第五战队 2 艘重巡洋舰紧随其后——实施追击。7 时整，兴奋不已的栗田致电联合舰队司令部："天赐良机！我舰队正突进攻击敌航空母舰。第一目标破坏飞行甲板，然后粉碎敌机动部队。"3 分钟后，他又向战列舰和驱逐舰下达了"全速突击"的补充命令。

根据日军战斗记录，"长门"号一发炮弹 7 时 04 分准确命中目标，1 艘美军航母上很快冒出黑烟。1 分钟后，栗田发现美军航母试图转向逃跑，而且转向逆风航行——此举显然是欲放飞舰载机——遂命令第一战列舰战队转向 70 度，以炮火压制美军舰载机起飞。但日军这次机动使第一战列舰战队与左侧第十驱逐舰战队航线发生交错，后者只好掉头向北航行。第一战列舰战队与原在其右斜前方的第二驱逐舰战队之间距离越拉越远。

一颗颗重磅炮弹向美军护航航母倾泻过去，"塔菲三"立即被无数呼啸而至的炮弹包围了，周围海面上升起了无数条冲天水柱，溅起的浪花被阳光折射成淡红色、绿色、红色、黄色或紫色。为准确确认弹着点，日军在炮弹里装填了染料。各舰炮弹染料颜色不尽相同，以便区分。"范莎湾"号一名美军水兵对此惊恐万状："日本人用彩色炮弹打我们！"在斯普拉格眼中，这些五颜六色的炮弹带有某种"恐怖美"。

最靠近日军的"范莎湾"号和"白平原"号吸引了敌人大部分火力。"白平原"号在一连串近失弹的打击下左右摇晃，1 发近失弹导致它暂时失去操舵能力。斯普拉格清楚，他的舰船"再也禁不住五分钟目前受到的这种重炮打击了"。恰在此时，"塔菲三"被一阵暴雨吞没。这个短暂的喘息机会使斯普拉格做出了非常明智的决定：不分散力量，"把敌人引到别人能揍他们的地方去"。他下令舰队转头朝南，朝"塔菲二"所在海域驶去。7 时 16 分，他命令仅有的 3 艘驱逐舰出列阻击，试图牺牲它们换取宝贵的时间。

斯普拉格采取的措施非常有效，随着美军航母逃入雷雨区和烟幕遮挡，7 时

09 分，日军战列舰因丢失目标暂停炮击。"大和"号共进行了 5 次齐射，"长门"号进行了 4 次齐射。与此同时，日军两支巡洋舰战队已经逐渐逼近美舰。7 时 03 分，第五巡洋舰战队确认左舷 20 度、16800 米距离出现 1 艘美军航母——那不过是艘驱逐舰——桥本下令开炮，5 次齐射无法判明炮击效果。7 时 05 分和 10 分，"羽黑"号先后遭到两轮美机扫射。第七巡洋舰战队司令官白石在 7 时 05 分下令开炮，但两分钟后，美军驱逐舰释放的烟幕遮盖了目标，本轮急促的炮击仅持续了 30 秒钟。此时美军驱逐舰已从烟幕中快速冲出。

身材短粗、声如洪钟的"约翰斯顿"号舰长欧内斯特·埃文斯中校是一名切罗基族印第安人，很多人说他天生具备领袖气质。在海军学院学习期间，他就被同学戏称为"首领"。埃文斯对此严加制止，因为"首领"往往意味着很大的官儿。此刻的埃文斯非常清楚，"约翰斯顿"号的任务就是为保全航母竭尽全力，即使牺牲自己也在所不惜。他告诉水手们："'约翰斯顿'号是一艘战舰，我们绝对不会退缩。"接到出击命令之后，埃文斯率舰冒着弹雨以最快速度向敌舰冲去。

轮机军官爱德华·迪加德上尉知道，如果以 36 节最高速度行驶，舰上燃油最多只能维持 2 小时。但是目前形势危急，特事特办，他命令将分开储存用来启动发动机的柴油全部注入燃料舱。这种做法极易造成发动机油路阻塞，平时是严令禁止的，但现在完全顾不上了。在清晰听到舰长"左转舵，全速前进"的命令之后，站在舰桥下方的洗衣工比尔·默瑟默默系上了救生衣带子。此刻，包括埃文斯、迪加德、默瑟在内的所有人都没打算活着回来。

美军驱逐舰至少要全速行驶 5 分钟，才能进入发射鱼雷的有效距离。"约翰斯顿"号运气不错，在这段危险的时间里，穿梭在弹雨中的它竟然没被日军炮弹直接击中。1 颗近失弹落在舷侧，激起的红色水柱将驱逐舰的上层建筑都染红了。埃文斯命令战舰追逐水柱，这种战术在之前无数次战斗中被证明是有效的。一般来说，敌舰炮击后会迅速纠正偏差，那些炮弹刚刚落下的地方往往被认为是最安全的。通过超过 45 节的相对航速，"约翰斯顿"号在距"熊野"号 9100 米处占位，鱼雷军官杰克·贝克德尔上尉一口气射出 10 条鱼雷。

位置突出的"约翰斯顿"号立即遭到众多日舰的集中炮击。它采用最大速度返航，以寻求烟幕的保护。但 7 时 30 分左右，它连续被日军战列舰和轻巡洋舰各 1 发炮弹命中，它们很可能来自"金刚"号和"矢矧"号。"约翰斯顿"号罗经、轮机舱和1门主炮被炸毁，舵机、3门舰尾主炮动力全失。

驱逐舰甲板上，到处都是阵亡官兵的尸体。迪加德上尉双腿被炸断，四处飞溅的弹片削掉了埃文斯左手的两根手指，他的脖子和胸口到处是血。战后，美军一名幸存军官这样回忆当时那凄惨的一幕："我们就像一条小狗被大卡车轧过去一样。"万幸的是，附近一片雷雨区使"约翰斯顿"号能够快速藏身其中，利用宝贵的喘息时间进行抢修。

7时16分，"熊野"号发现舰首右舷海面上出现了鱼雷的白色航迹，想规避已经来不及了。"约翰斯顿"号射出的1条鱼雷准确命中重巡洋舰舰首，剧烈爆炸将"熊野"号舰首10号肋骨前的部分生生切断，同时导致该舰轮机失灵，电力顿失，航速骤减至14节。舰长人见铮一郎不得不操舰向左转舵，驶离队列。

7时24分，绕过"熊野"号的"铃谷"号遭到美军10架"复仇者"攻击，右舷后部挨了1发近失弹，左舷内侧推进轴无法使用，航速降低至23节。爆炸同时导致"铃谷"号舰体开裂，海水汹涌灌入后部燃油舱，造成800吨燃料无法使用。舰长寺冈正雄只好左转退出战列。

"熊野"号和"铃谷"号失速渐渐掉队，7时32分，位于"熊野"号上的第七巡洋舰战队司令官白石命令"筑摩"号舰长则满宰次临时代理司令官职务，指挥"筑摩"号和"利根"号继续追击。白石判断，伤势过重的"熊野"号无法随主力一起行动，"铃谷"号看上去情况尚好。他随即命令"铃谷"号向自己靠拢，率战队司令部成员登上去继续指挥战斗。白石等人撤离之后，重伤的"熊野"号直接掉头向北返航。

"约翰斯顿"号身后，很快闪出美军驱逐舰"赫尔"号和"希尔曼"号的身影。"赫尔"号选择16500米外的"金刚"号作为攻击目标。当它在烟幕中穿行接近到12800米时，"金刚"号356毫米主炮猛烈开火，炮口产生的焰火为"赫尔"号提供了绝佳的炮击指示。但"赫尔"号的远距离炮击同样暴露了自己位置，日军1发炮弹准确命中舰桥，无线电设备被当场摧毁。即使如此，"赫尔"号并未改变航向，7时25分在8200米距离向"金刚"号射出半数鱼雷，之后快速转向规避。"赫尔"号本次鱼雷攻击虽然未获命中，却成功迫使"金刚"号7时33分左转规避，丧失了良好的炮击位置。

当日军战舰在两舷出现时，"赫尔"号从容不迫开始炮击，先攻击东侧的战列舰，之后进攻西侧的重巡洋舰。"金刚"号的反击炮火端掉了"赫尔"号舰尾3门主炮，左舷轮机舱也被1发炮弹命中。"赫尔"号依然没有放弃战斗，直接冲向日军重巡洋舰编队，在5500米距离发射鱼雷。美国海军学院1968年的一份内部刊物曾这样描述"赫尔"号当时的出色表现："这艘无畏的驱逐舰已经抵近到距离敌编队先导重巡洋舰'羽黑'号6000码以内，射出了半个齐射的鱼雷。鱼雷航迹'笔直、正常'。这时一大群日舰发现了它并将其驱离。尽管日军记录否认这些鱼雷命中了巡洋舰，但没有证据能对那些间歇式的喷射场面做出另一种解释。"

伤痕累累的"赫尔"号立即陷入日舰重重包围之中：左侧"金刚"号距它仅7300米，左后方6400米便是日军巡洋舰编队。沉没前的最后一刻，"赫尔"号还在用仅存的2门主炮与敌展开炮战。短短20分钟时间里，"赫尔"号至少被40发不同口径炮弹命中，舰体向左严重倾斜。8时30分，"利根"号1发203毫米炮弹彻底摧毁轮机室，一号弹药库被引爆，随后诱发了熊熊大火。当"赫尔"号逐渐失去速度时，舰长利昂·金特伯格中校下达了弃舰命令。8时55分，遭日军持续炮击的"赫尔"号向左翻转沉入大海。

舰上252名水兵阵亡，包括舰长在内的86人得以生还。金特伯格中校在写给一名水兵的墓志铭中不吝赞美之词，高度赞扬部下肩负崇高使命时毫不畏惧的勇气："我们完全能够理解，面对敌人如此强大的火力，牺牲不可避免。但即使面对这样的命运，他们也毫不畏惧，依旧恪守职责战斗在岗位上，直至生命最后一刻。"

"希尔曼"号舰长阿马斯·哈撒韦中校身材纤细，但说出的话掷地有声："我们真的需要一名号手来吹响冲锋号！"接令之后，哈撒韦毅然操舰高速冲向敌舰。海面到处是烟幕，"希尔曼"号险些与"约翰斯顿"号和"塞缪尔·罗伯茨"号相撞。它在7时54分发起攻击，在用主炮射击"筑摩"号的同时，还寻隙向"羽黑"号射出2条鱼雷。它发现自己闯入了敌军战列舰群。"希尔曼"号先是向领头的"金刚"号射出3条鱼雷，又向其身后的"榛名"号发射了另外3条，然后释放烟幕快速撤退。

双方距离实在太近，日军战列舰主炮无法压低炮口反击，这艘勇敢的驱逐舰得以迅速转身，回到日军舰队和己方航母之间继续释放烟幕。这时它又闯入了日军巡洋舰群，与"筑摩"号展开炮战，之后在 8 时 03 分成功逃脱。这简直就是一个奇迹！除了被少数弹片打中之外，"希尔曼"号竟然未被一发炮弹直接命中。它射出的鱼雷虽然未能获得命中，却取得了意想不到的战术效果。

7 时 54 分，"大和"号瞭望哨发现右舷 100 度方向 6 道鱼雷的白色航迹在不断逼近。不知何故，栗田居然下令"大和"号掉头向北规避。这一莫名其妙的命令彻底激怒了宇垣。之前栗田不让驱逐舰率先出击已经让宇垣非常恼火，这次他又越过自己直接下达如此愚蠢的命令，简直让人无法忍受。面对美军鱼雷攻击，"大和"号可以选择向北或者向南规避，栗田偏偏选择了保守的向北方向，这就导致巨舰渐渐远离了战场。在宇垣看来，这是变相的消极避战。

栗田蹩脚的命令带来了另外一个不利影响。美军鱼雷速度很慢，左舷 4 条、右舷 2 条鱼雷将"大和"号夹在中间，使它在长达 10 分钟的时间里无法转向。等美军鱼雷从舷侧通过"大和"号掉头时，极其宝贵的 10 分钟时间已经失去了。以"大和"号并不很快的航速，反向行驶 10 分钟再掉头追击其他战舰无疑十分困难。宇垣对此义愤填膺，但官大一级压死人，对此他也只能发发牢骚："这 10分钟，对我来说简直比一个月时间还要漫长。"

倒霉的事情还不止这一件。因为同隶属第一战列舰战队，不明就里的"长门"号舰长兄部勇次也随旗舰一起行动，来了个北上转弯再折返。这就相当于战斗最激烈之时，日军火力最强的 2 艘战列舰主动撤出了战斗。

但第五、第七战队的重巡洋舰仍在拼命追击，与美舰距离不断拉近。美舰被迫从向南航行转向西南。此时双方距离已拉近至 20000 米，日军第五战队在东，第七战队在西侧更靠近航母的位置。由于逐渐离开了雷雨区和烟幕掩护的有利位置，美军航母逐渐暴露在日舰面前。

8 时 04 分，"利根"号在 213 度方位、15000 米距离发现 1 艘美军航母。5分钟后，"筑摩"号也发现了同一目标。暂时代理战队司令官的则满下令开炮。8 时 06 分之后的 4 分钟里，"利根"号打出 32 发炮弹，其中 1 发确认获得命中。那艘美军航母很快躲入烟幕之中，炮击只好暂时中止。但在 8 时 11 分到 15 分，"利根"号两度在烟幕中发现了那艘美军航母，立即打出 8 发炮弹。8 时 18 分，日军瞭望哨报告发现美军 1 艘"巴尔的摩级"重巡洋舰——其实是 1 艘驱逐舰——"利根"号立即转向与其并行，炮火随即转移到这艘"重巡洋舰"身上。8 时 32

分之后，"利根"号在 14 分钟内打出炮弹 94 发，声称 3 发获得命中。根据时间推算，"利根"号攻击的很可能是美军驱逐舰"赫尔"号。

形势万分危急！斯普拉格急令 4 艘护航驱逐舰快速出击。"约翰·巴特勒"号距日军最远，无法发起鱼雷攻击，只好用舰炮为友舰提供火力支援。"塞缪尔·罗伯茨"号的舰名来自瓜岛战役的一位英雄。塞缪尔·罗伯茨是海军一名登陆艇舵手。1942 年 9 月 27 日，罗伯茨参加了一次救援行动，试图用登陆艇撤回被日军包围的一个海军陆战队连。为吸引比自身火力强大数倍的日军，罗伯茨驾驶 11 米长，仅有两挺 7.62 毫米机枪的登陆艇向岸上冲去，吸引日军火力向自己射击。当友艇搭载陆战队员撤离之后，驾艇脱离日军火力网的罗伯茨不幸中弹重伤。尽管他很快被同船水手带回基地并被运输机送往战地医院，但是次日，年仅 21 岁的罗伯茨伤重身亡。罗伯茨后来被追授海军最高级别的十字勋章。美国海军特意将 1944 年 1 月下水的 1 艘"约翰·巴特勒级"护航驱逐舰命令为"塞缪尔·罗伯茨"号，以纪念小伙子在瓜岛的英勇行为。这艘承载着罗伯茨无限荣光的护航驱逐舰，今天再次站在了阻击日军的最前线。

相比海上巨无霸战列舰，如果将驱逐舰比喻为绵羊的话，排水量仅 1350 吨的"塞缪尔·罗伯茨"号只能算羊羔。因为平时主要担负护航和反潜等相对简单的任务，"塞缪尔·罗伯茨"号仅有 2 门 127 毫米主炮和一组三联装鱼雷发射管。7 时 35 分，快速驶出的"塞缪尔·罗伯茨"号将攻击目标锁定为"鸟海"号。科普兰少校通过广播发出攻击命令："我们将进行一次鱼雷攻击，虽然预计效果并不乐观，但我们仍然会恪尽职守。"

为占据有利发射阵位，"塞缪尔·罗伯茨"号以 28 节快速抵近至距敌舰4500 米处。日军炮弹在船身周围激起了无数冲天水柱，数不清的大口径炮弹从头顶呼啸而过。在距目标约 3600 米时，科普兰下令发射鱼雷。1 条鱼雷准确命中敌舰舰尾，"鸟海"号很快减速逐渐掉队。一击致命的"塞缪尔·罗伯茨"号迅速转向，藏身于烟幕之中。

完成鱼雷攻击之后，"塞缪尔·罗伯茨"号转向，向航母编队靠拢。日军重巡洋舰"筑摩"号从烟幕中突然闪出，向美军航母疯狂炮击。"塞缪尔·罗伯茨"号毫不犹豫向这艘比自己大得多的重巡洋舰发起冲锋，在 5000 米距离用全部火炮向敌舰开火。"筑摩"号被迫掉转炮口，集中火力炮击这艘令人讨厌的护航驱逐舰。"塞缪尔·罗伯茨"号充分发挥舰身小、机动性强的优势，与"筑摩"号周旋长达 35 分钟。科普兰命令使用所有火器、所有弹药向敌舰开火，穿甲弹、高爆弹甚至对空弹和照明弹都用上了。

在半个多小时里，"塞缪尔·罗伯茨"号 127 毫米主炮发射炮弹超过 600 发，几乎耗尽了所有储备，舰上 40 毫米高炮和 20 毫米机炮也对敌舰上层建筑疯狂扫射。表现最出色的当数炮手保罗·卡尔，他一直坚守在受损主炮旁边。当同伴最后看到他时，倚在炮架前的卡尔脸部被划开一个大口子，血流不止。临死之前，他让战友帮他把最后 1 发炮弹装入了炮膛。块头大许多的"筑摩"号竟然被打得伤痕累累，舰桥被毁，火炮指挥仪失灵，三号炮塔无法转动。

"塞缪尔·罗伯茨"号很快遭到周围多艘日舰的集中炮击。8 时 51 分，"筑摩"号 2 发 203 毫米炮弹摧毁了它的 127 毫米主炮，弹药殉爆造成大量人员伤亡。9 时整，"金刚"号和"榛名"号的几发 356 毫米炮弹相继命中"塞缪尔·罗伯茨"号，舰尾左舷被炸出一个长 12 米、宽 3 米的大口子，"简直就像被开膛破肚一般"。1 发炮弹摧毁了轮机舱，护航驱逐舰舰尾燃起熊熊大火。

看到战舰在徐徐下沉，科普兰少校无奈下达了弃舰命令。后来他这样回忆说："我爱自己的船，放弃它的确非常困难。我们在菲律宾海上，那里的海水有 7 英里深，海上经常有暴风雨，这就好像从滚烫的平底锅向火里跳似的。但是我们知道在平底锅里肯定会被烧死，只是不太清楚跳到火里会怎么样。"

水兵开始搀扶着伤员离舰，有人在销毁机密文件。科普兰巡查了全船，确认没有活人后最后离开。当路过已被毁坏的救生艇时，他停下脚步向上眺望，脑海里不知何故浮出这样一些想法："我站在甲板上，抬头向上看那小船的底部。我知道，此时我是这艘船上唯一活着的人。我的胸中涌起一种极度的孤独感，我被那种孤独感吓得发抖。甲板下躺着三个人，其中两个我能认出，另一个已分辨不出是谁了。他们都死了。"科普兰连走带爬来到舰首，纵身跃入大海。

10 时 05 分，"塞缪尔·罗伯茨"号完全没入水中。舰上 90 名水兵阵亡，科普兰等 120 名幸存者依靠 3 个救生筏，在海上漂流 50 个小时后被友军救起。战役结束后，炮手保罗·卡尔被追授银星勋章，美国海军后来将 1 艘导弹护卫舰命名为"卡尔"号，舰号 FFG-52。另一艘舰号 FFG-25 的导弹护卫舰被命名为"科普兰"号。英勇战沉的"塞缪尔·罗伯茨"号获得总统集体嘉奖，并获授"战斗之星"。它的名字在战后被屡屡提及。在美国海军学院，它被称作"像战列舰一样战斗的护卫驱逐舰"。1946 年和1986 年，美国海军分别将 1 艘基林级驱逐舰（舷号 DD-823）和佩里级导弹护卫舰（舷号 FFG-58）命名为"塞缪尔·罗伯茨"号。

根据美国海军官方记录，"雷蒙德"号舰长阿龙·拜尔少校曾经下令在距"羽黑"号 5500 米距离发射鱼雷，其中 3 条从敌舰舰尾后方通过。"丹尼斯"号在7300 米距离向"筑摩"号和"利根"号射出鱼雷，同样未能获得命中。

看到身材比自己还瘦小的护航驱逐舰都发起了敢死冲锋，埃文斯中校命令"约翰斯顿"号迅速跟上。此时"约翰斯顿"号已经伤痕累累，鱼雷耗尽，只剩一台轮机还在运转，17 节航速根本无法跟上友军。但临阵退缩绝不是埃文斯的风格："我们将跟随友舰，为它们提供炮火支援。""约翰斯顿"号依靠之字形机动规避日军炮火，一步步向敌舰逼近。

"约翰斯顿"号周围全是烟幕，连友舰位置都无法确认。为了防止意外发生，埃文斯下令："除非目视敌舰，否则不许随意开火。"8 时 20 分，左舷方向烟幕中冲出 1 艘巨舰，那正是日军快速战列舰"金刚"号，双方相距仅 6400 米。"我死都不会认错那高耸入云的塔式桅杆，我确定它肯定是一艘敌舰！"炮长罗伯特·哈根上尉下令开火。在短短 40 秒钟内，"约翰斯顿"号打出 30 发炮弹，竟有多发获得命中。"那艘战舰用主炮向我们打了几炮，"后来哈根回忆说，"感谢上帝，它们都没有命中。"

埃文斯很快发现，日军 1 艘巡洋舰和 4 艘驱逐舰正欲对航母实施雷击，那正是以"矢矧"号为首的第十驱逐舰战队。此时"约翰斯顿"号已经失去了大多数武器，无法同时攻击多个目标，只能以炮击敌军旗舰来吸引日军炮火。埃文斯指挥驱逐舰向"矢矧"号发起猛冲并频频开炮，接连命中敌舰 12 发炮弹。日军编队方寸大乱，匆忙中提前发射鱼雷，无一命中。"约翰斯顿"号拼尽最后一丝力气，使护航航母再次逃过一劫！但日本人兴高采烈地报告说："敌 3 艘航母及 1 艘巡洋舰为浓烟吞没，已目击到它们相继沉没。"

迫使敌舰提前射雷的埃文斯得意地在舰桥上来回踱步，高声喊道："我现在一切都看清楚了！"日军反击很快摧毁了"约翰斯顿"号两门前主炮中的一门，另一门也严重受损。舰内通信系统完全失灵，埃文斯只能通过喊话传递命令，船舵也只能人工操控。在仅剩的那门主炮旁边，一名来自得克萨斯州的小伙子不停高喊："装弹！快装弹！狠狠揍日本佬！"

9时30分，"约翰斯顿"号已经打光了所有弹药。几艘日舰绕着它来回转圈，就像鬣狗群准备撕扯重伤的狮子一般。1发炮弹彻底摧毁了轮机舱，"约翰斯顿"号动力全失，停在海面上动弹不得。9时45分，无奈的埃文斯下达了弃舰命令，那些幸存水兵爬过倾斜的甲板和战友遗体纵身跳入大海。10时10分，"约翰斯顿"号翻转倾覆。凭借超乎寻常的勇气和拼搏精神，"约翰斯顿"号获得总统集体嘉奖。

日军1艘驱逐舰奉命靠近，准备给予"约翰斯顿"号毫无必要的最后一击。一些幸存者害怕日军用机枪扫射，脱下救生衣潜入水下。另一些人惧怕日本人抛下深水炸弹，竭力将背部浮在水面，他们觉得这样受伤的可能性会小一些。所有人都惊恐万分，准备面对最坏的结果。恰在此时，令人不可思议的一幕出现了。一名站在舰桥外的日本军官整帽肃立，向徐徐入水的"约翰斯顿"号致以军礼。敬礼者乃日本海军三大祥瑞舰之首"雪风"号第五任舰长寺内正道，他目睹了传奇战舰"约翰斯顿"号的最后一刻。

看到舰长的特殊举动，那些急于大开杀戒的日军水兵纷纷放下机枪或深水炸弹，将水和食物抛向了漂在海上的敌人。看来，相比于历次战斗中抢先逃跑，连自己人都弃之不救的"时雨"号来说，"雪风"号能在最后生存竞赛中胜出也在情理之中，无可厚非。

与护航舰只一样，美军航空兵的表现同样英勇。从7时10分开始，众多舰载机就开始两三架一组零星飞来，对追击日舰进行轰炸或扫射。除"塔菲三"的飞机之外，还有来自东南方向"塔菲二"的飞机。从接到发现敌舰来袭消息后一个半小时里，斯普顿少将放飞了36架"野猫"和43架"复仇者"，它们共向日军投出49条鱼雷和133颗227公斤炸弹，其中12架鱼雷机和11架战斗机未能返航。

按照斯普顿少将的命令，这些飞机并未集中攻击某一艘日舰，而是尽量分散对日军各舰发起全面攻击。十万火急之中，这些飞机匆忙装上了所有能用上的武器，如高爆弹、鱼雷，甚至深水炸弹。一名鱼雷机飞行员感慨地说："我们用上了弹药库里的任何东西，甚至用门把手去打击日本人。"那些投光了炸弹的飞机用机枪扫射日舰，子弹打光后就在日舰上空兜圈子，不断俯冲干扰日军的进攻。这些装模作样的攻击迫使日舰频频改变航向，速度优势得不到充分发挥。保罗·加里森上尉共进行了 20 次扫射，其中 10 次根本没有子弹。美军战机的频繁袭扰对日军官兵造成了极大的心理威慑，他们不得不一边应对空袭，一边与美军舰艇周旋。

"塔菲三"的几艘航母正在遭受日军攻击，它们的舰载机在消耗完弹药和燃料后无法返回母舰降落。情急之下，"范莎湾"号鱼雷机飞行员托马斯·卢波中尉直接飞往塔克洛班简易机场。这个机场虽然已被美军占领，但跑道还未完全修复。卢波发现，机场已给即将进驻的陆军第五航空队准备了大量燃料和弹药，其中竟有为数不少的 227 公斤航空炸弹。欣喜若狂的卢波立即呼叫战友前来这里临时降落，加油挂弹后再次出击。

机场战斗机控制组军官爱德华·沃德陆军上尉和几天前被击落跳伞来到这里的"野猫"飞行员拉塞尔·福雷斯特海军上尉及机场地勤中队山姆·哈尔彭中士临时组成一个小组，用无线电引导舰载机起飞或降落。负责整修机场的陆军工兵和"海蜂"也紧急行动起来，用推土机和压路机开辟出一条临时跑道。那些本来无所事事的地勤人员全都忙碌起来了，纷纷上前为临时降落的飞机加油挂弹，使它们能够在最短时间内重新起飞投入战斗。不过跑道毕竟是在紧急情况下仓促建成，当天有多达 8 架飞机在起降过程中坠毁，所幸飞行员无一伤亡。当这些飞机在湿滑、多坑的跑道上撞击或翻滚时，远处的麦克阿瑟看在眼里，痛在心头。

还有一些"塔菲三"的飞行员直接飞往南方，降落在"塔菲二"几艘航母的甲板上。当天上午，仅"马尼拉湾"号就接纳了 11 批次飞机。除原属自己的飞机外，还有来自"桑加蒙"号、"基昆湾"号、"甘比尔湾"号和"白平原"号的飞机。遗憾的是，因为执行和"塔菲一"同样的任务，"塔菲二"同样缺少攻舰用的鱼雷和重磅航空炸弹。

美机首轮攻击尽管没有使用鱼雷，仍然取得了远超预期的效果。7 时 22 分，"金刚"号遭到美军战斗机扫射，主炮 10 米测距仪被打坏无法使用。7 时 24 分，挨了 1 颗近失弹的"铃谷"号因失速退出战列。7 时 44 分到 55 分的 11 分钟内，"利根"号和"筑摩"号先后遭到美机轰炸和扫射，所幸未造成重大损失。由于规避方式不同，"利根"号渐渐落在"筑摩"号身后 5000 米处。

8 时整，"羽黑"号二号炮塔被 1 颗炸弹命中，舰长杉浦嘉十下令向弹药库紧急注水，才未酿成更大灾祸。8时28分，1架"野猫"低空扫射"利根"号舰桥，舰长黛治夫腿部负伤。8时29分，"大和"号右舷后部挨了1颗近失弹，弹片对右舷小艇库附近建筑造成轻微伤害。8时12分到32分之间，"长门"号先后遭到4批美机攻击，因闪避得当仅右舷舰首部位挨了1颗近失弹，损伤不大。来袭飞机不断增多使栗田坚信，自己正在和强大的美军快速航母舰队较量。

日本人毕竟训练有素，反击同样无比犀利。8点07分，1发近失弹——日军记录为"大和"号发射——引发的进水淹没了"甘比尔湾"号前轮机舱，导致原本就不快的航速再度降低至11节。8时10分，"榛名"号发现并炮击了30公里外的"塔菲二"，随后与"金刚"号一起追击这支新出现的敌军舰队。斯普顿少将命令"塔菲二"全速后撤，很快逃出了日舰射程。虽然"金刚"号忙于追击新发现的敌人，但并不妨碍它宣称在8时25分左右击沉了先发现那支编队中的1艘"企业级"航母。大约同一时间，"大和"号也声称击沉1艘美军航母。"羽黑"号声称在8时42分到52分期间击沉了另外1艘航母："中弹后整艘航母都瓦解了。"

"范莎湾"号两度中弹，所幸并未伤及筋骨。"加里宁湾"号相继被4发203毫米炮弹命中，雷达和通信设备悉数被毁，机库甲板以下简直变成了屠宰场，到处都是阵亡水兵的尸体和残肢断臂。幸运的是飞行甲板无恙，仍可正常起降飞机。"白平原"号被几发203毫米炮弹命中，"基昆湾"号被多发近失弹炸伤。所有护航航母中，仅"圣洛"号洪福齐天，毫发无损。它很快将为"泰极否来"做出最准确的诠释。

让人啼笑皆非的是，美军护航航母能存活下来，竟然得益于它们没有装甲的孱弱舰体。由于日军将它们误认为哈尔西的快速航母，攻击中使用的大多是针对防护装甲的穿甲弹，很多炮弹击穿一侧船舷后，直接从另一侧飞出去了，只给舰身穿出一个大窟窿。正因为此，除被击中水线部位引发大量进水最终沉没的"甘比尔湾"号外，美军其余几艘航母虽被打得灰头土脸，一时并无沉没的危险。"塞缪尔·罗伯茨"号舰长科普兰少校这样形容遍体鳞伤的"甘比尔湾"号，"远看上去，那艘航母的舰体被打得像个过滤器"。

8时42分开始，美机开始集中力量发起反击，约30架飞机直扑日军先导重巡洋舰。8时51分，"鸟海"号右舷中部被1颗炸弹命中，轮机停摆。炸弹显然来自"基昆湾"号舰载机。"羽黑"号舰长杉浦看到"鸟海"号向左转向逐渐掉队，再也没有跟上来。9时前后，"鸟海"号再次被1颗227公斤炸弹命中前部轮机舱，彻底失速，渐渐在海上停了下来。在第一次中弹约40分钟后，9时30分，在萨沃岛海战中风头出尽的"鸟海"号翻转沉入大海，幸存者被"藤波"号救起。仅2天后，"藤波"号被美军舰载机击沉于民都洛岛外海。

"基昆湾"号4架"复仇者"向冲在最前方的"筑摩"号发起攻击。1条鱼雷准确命中重巡洋舰左舷舰尾，后甲板舰炮被炸飞。冲天水柱落下之后，"筑摩"号舰尾徐徐沉入水中。舰长则满报告舵机出现故障，"筑摩"号向左转向逐渐掉队。至此，穿越圣贝纳迪诺海峡而来的6艘日军重巡洋舰只剩2艘还在继续战斗。

对美军舰载机的殊死攻击，作战参谋大谷给予了高度评价："敌机虽然数量不多，但它们的攻击持续不断。轰炸机和鱼雷机的表现非常勇敢，而且技艺高超，各机之间协调很好。与我们过去经历过的美国人的大规模空中进攻相比，比如头一天的锡布延海之战，这次进攻具有更高的技巧。"大谷显然不知道这些飞机来自护航航母，属于地地道道的二线队伍。还有一点大谷说得肯定不对，美军护航航母上并无俯冲轰炸机，他看到的很可能是挂载炸弹的"野猫"。

尽管驱逐舰、护航驱逐舰和舰载机的顽强阻击有效迟滞了日军的追击，依然无法改变护航航母屡遭炮击的悲惨命运。8时45分，多次中弹的"甘比尔湾"号舵机失灵，轮机舱被毁，全舰多处起火，停在水面上动弹不得。5分钟后，舰长沃尔特·菲韦格上校下令弃舰，舰员开始各自跳水逃生。9时07分，烧成一团火炬的"甘比尔湾"号开始倾覆，4分钟后完全沉入大海。约770人最终获救，131名水兵阵亡或失踪。

战场乱成一锅夹生饭——你中有我，我中有你。到处是美军驱逐舰释放的烟幕，到处是受伤军舰在熊熊燃烧，到处是防空炮火及舰炮打击带来的团团硝烟，间或夹杂着电闪雷鸣。从清晨开始的追击战一直持续到上午9时，日军舰船已经分散在东西、南北各50公里的广阔水域。"大和"号在向东南航行，"长门"号紧随其后，"榛名"号在"大和"号东南约20公里处同样向东南航行，"金刚"号在"大和"号东南13公里处，航向西南。"羽黑"号和"利根"号在"大和"号西南18公里处向西南追击，驱逐舰战队向西追击，与重巡洋舰编队形成了夹击之势。受伤的"铃谷"号还在西北30多公里外缓缓向主队靠拢。

部队过于分散,"大和"号上的栗田无法看清战场全貌。空中美机像苍蝇一样嗡嗡作响,让人根本无法静心做出准确判断。为更好掌握战况,8时20分,栗田命令"大和"号放飞了1架水上飞机。这架飞机起飞后,只发回"美军航母舰队在向东南撤退"的报告后就销声匿迹了。第二架飞机在8时50分起飞,也仅仅发回"敌主力位于150度"的报告后就不知所终。

　　到上午9时,栗田认为,是到了停止追击、集结兵力的时候了。但是栗田并未立即下达集结命令。8时53分,"大和"号收到木村的报告,第十驱逐舰战队正欲对美军航母发起第二轮鱼雷攻击。栗田打算等本轮攻击完成后再下达集结命令。

　　8时56分,"矢矧"号上的木村率队向西南方向突进。8时59分,在与美军1艘驱逐舰进行炮战时,1发炮弹命中"矢矧"号右舷军官室。木村发现,前方出现1艘美军"企业级"航母,决定立即发起鱼雷攻击。9时04分,当"矢矧"号准备射出鱼雷时,1架美机突然飞来俯冲扫射,打坏了已装填好鱼雷的一号发射管,1名鱼雷军官负伤。9时05分,另7具鱼雷管成功发射。9时10分到13分,"矢矧"号连续两次遭到美机扫射,通信指挥室和航海长室受损,舰体前部起火。9时19分,"矢矧"号瞭望哨观察到1艘美军航母附近水柱升起,黑烟滚滚,很快倾斜没入水中。鉴于"甘比尔湾"号已在12分钟前沉没,只能说明日军观察哨一时眼花了。

　　9时15分,"浦风"号、"矶风"号、"雪风"号相继射出4条、8条、4条鱼雷。9时22分到29分,"浦风"号和"雪风"号报告说,雷击分别击沉1艘航母和1艘巡洋舰。木村认为,本轮攻击击沉航母2艘、巡洋舰1艘,战果可谓辉煌至极。第二驱逐舰战队并未发起鱼雷攻击,与美军1艘"大型巡洋舰"展开炮战,声称这艘"大型巡洋舰"中弹起火并爆炸沉没。

　　日军仅存的2艘重巡洋舰刚开始各自为战。9时01分,冲在前方的"利根"号在330度方向、11000米处发现1艘美军航母,在3分钟内打出24发炮弹,声称获得命中弹和近失弹各1发。9时05分,舰长黛向330度方向、12000米外的另一艘航母射出鱼雷,随后转舵边追击边打炮。此时黛看到了右舷70度、2000米外的"羽黑"号。

　　8时59分,坐镇"羽黑"号的桥本发现烟幕中依稀出现了3艘美军航母的影子，方位330度、距离13000米，于是下令"羽黑"号开炮，并于9时02分射出8条鱼雷。9时03分，他又发现了另外一艘美军航母，随后确认之前遭炮击的那艘航母已经沉没。在摆脱1艘美军驱逐舰的纠缠之后，"羽黑"号开始快速追击新发现的敌军航母。

当"羽黑"号和"利根"号会合时，彼此发现对方都仅剩孤零零一艘舰了。虽然归属不同战队，但顾全大局的黛决定与友舰协同作战，因为"羽黑"号上飘扬着桥本的将旗。黛指挥本位于前方的"利根"号机动到"羽黑"号身后600米处，同时打信号告诉对方，表示愿意接受指挥跟随行动。两舰一起追击之前"羽黑"号发现的那艘美军航母，"羽黑"号27轮齐射共打出163发炮弹，声称至少有6发取得命中。

按照栗田的命令，战列舰的任务是追击东南方向新出现的"塔菲二"。"金刚"号本来在追击西南方向的"塔菲三"，直到9时20分才完成转向。"榛名"号航速仅26节，与敌舰距离逐渐拉大到36000米，大大超出了主炮射程，这让舰长重永主计对追击完全失去信心。9时01分，该舰与美军驱逐舰之间距离拉近到28400米。在如此远距离炮击小巧灵活的驱逐舰，几乎不可能获得命中。9时12分和28分，"榛名"号先后成功避开美军"复仇者"的两次攻击。

"大和"号上，宇垣对栗田突然下令向东南追击非常不满。在他看来，应该先集中力量歼灭西南方向的"塔菲三"。现在让速度较慢的战列舰去追击更远距离的"塔菲二"，简直愚不可及。9时05分，木村发来了第二轮雷击的战果。6分钟后，栗田终于发出了各舰集结的命令："各部逐次向9时所在位置集合。"栗田这道命令成为莱特湾海战中最为人诟病的命令之一，日军就此与"塔菲三"脱离接触，斯普拉格幸运逃过一劫。

对栗田做出的决定，幸运活到战后的参谋长小柳在回忆录《栗田舰队》一书中这样解释道："我们放弃追击，差不多等于失去了到手的奖励。如果我们知道敌军的舰船类型、数量及航速，栗田将军永远不会下令停止追击，他会消灭这些敌人。由于缺乏这些至关重要的信息，我们得出的结论是敌人已经逃脱了。"

毫无疑问，栗田选择的集结点比各舰现有位置都更靠北。匆忙之中，他竟然忘记在命令中说明"大和"号的航速和航向，给不同方向、不同航速的舰船集合带来了混乱。在避开美机袭扰和几次调整航向之后，9时27分，最终醒悟过来的栗田发出了补充命令："我舰航向30度，航速20节。"

在美军水兵眼里，那些穷追不舍的日舰每一分钟都在变大。"白平原"号一名40毫米炮组军官告诉炮手："兄弟们，再等一分钟，我们正在把敌人吸引到40毫米炮射程之内。"大多数水兵感到了绝望，他们要么想求得早死，要么想拼命逃离这片恐怖的水域。恰在此时，"范莎湾"号一名瞭望哨突然高喊道："天啊！伙计们快看，他们跑了！"

对这个突如其来却又意想不到的结果，斯普拉格后来这样回忆说："9时25分，脑子仍被躲避炮弹困扰的我在舰桥附近听到了瞭望哨的高喊！我简直不敢相信自己的耳朵，但看上去日军舰队确实在撤退。空中盘旋的飞机发来一系列报告让我确信了这一事实。但我仍然无法将这一事实浸透到因为战斗而麻木的大脑中。我本来觉得，这个时候的最好情况是我们的船被敌人击沉，而我侥幸生还，在水里游泳。"

斯普拉格形容当时自己的心情，"就像一个被判了死刑的人，在临刑前几分钟突然听到刀下留人的消息，尽管不知道是死刑撤销还是暂缓执行"。对他的"塔菲三"来说，这一天的噩运还远未结束。仅一个多小时之后，一支人类历史上最臭名昭著的部队将给他带来新的劫难。

不管怎么说，日本人暂时退却了。望着逐渐远去的敌人，"塔菲三"的官兵爆发出一阵阵惊天动地的欢呼——他们确实有理由这样庆祝自己的胜利！在一场实力极其悬殊的生死较量中，他们顽强顶住了敌人的进攻，保全了大部分舰船，为自己赢得了生存的机会。"塔菲三"创造了奇迹，一个几乎不可能被复制的奇迹。就像一名幸存者战后所说的那样："在这场战役中，我们就像以色列人大卫对抗巨人哥利亚一样，不过这次'大卫'没有了他的投石机。"

对栗田舰队放弃即将到手的胜利掉头撤走的诡异行为，斯普拉格在战斗总结报告中这样写道："敌人没能彻底消灭我们这个特混大队，归功于我们成功实施了烟幕战术、鱼雷反击、不断的炸弹骚扰、不断的鱼雷骚扰、不断的空中机枪扫射以及及时出现的雷雨。不过，万能的上帝对我们的偏爱是非常明显的。"

正如美国战史专家莫里森少将所言："在萨马岛海域，10月25日早晨7时30分到9时30分的两个小时里，'塔菲三'表现出来的勇敢、胆识和魄力，在美国海军历史上是最为辉煌的！"造成这一后果的责任人哈尔西同样高度评价

"塔菲三"的战斗:"我希望你们能够认识到,在那一天,你们谱写了美国海军历史上最辉煌的篇章。"尼米兹这样高度评价萨马岛海战:"这是美国海军历史上最荣耀的两个小时,记录了美国海军的杀伐果断、英勇无畏和胜利成就!"

凭借 25 日的英勇战斗,"塔菲三"获得象征美国海军最高集休荣誉的总统集体嘉奖。不幸阵亡的"约翰斯顿"号舰长埃文斯中校被追授"荣誉勋章",并入选国家英雄名人堂。1957 年,美国海军特意将 1 艘迪利级护卫舰命名为"埃文斯"号,舷号 DE-1023。"塔菲三"指挥官斯普拉格少将、"赫尔"号舰长金特伯格中校、"希尔曼"号舰长哈撒韦中校、"塞缪尔·罗伯茨"号舰长科普兰少校,以及第一个发现日军舰队的布鲁克斯少尉等人获得海军最高级别的优异服役十字勋章。在圣地亚哥,美国海军特意为"塔菲三"竖立了纪念碑。

令人万分痛心的是,美军随后的救援工作只能用蹩脚来形容。由于稍后遭到日军神风特攻队的进攻,考虑到幸存几艘战舰均已受伤的斯普拉格不敢久留,率残余舰船匆匆撤离。他致电金凯德,希望尽快派救援船前往搭救落水官兵。因忙于应对日军特攻机及追击栗田舰队,金凯德并未及时派出救援力量。直到 13 时,他才命令托马斯·斯普拉格少将"塔菲一"护航舰只前往救援,未派出任何飞机给予协助。在茫茫大海上,仅靠几艘水面舰艇执行救援任务困难重重,况且此前他们从 1 架"复仇者"上获取的位置有误。一直到 23 时,海上救援工作一无所获。

有些幸存者趴在救生筏上,有些仅穿着救生衣或抱着能够找到的一切漂浮物在海上随波逐流。26 日上午,隶属第七十八特混舰队的"PC-623"号巡逻艇才救起了第一批幸存者。接报之后,巴比少将派出一支由 7 艘救援船组成的船队,以 250 米间距依次排开,按照 10 节航速自西向东沿萨马岛海岸实施地毯式搜索。救援行动一直持续到 27 日早上。最早来到的"PC-623"号因救人太多严重超载,不得不向海里倾泻了 5000 加仑燃油。

汇总结果,美军战沉 5 舰伤亡数字如下:"甘比尔湾"号被救起约 770 人,阵亡或失踪 131 人;"约翰斯顿"号被救起 145 人,阵亡或失踪 184 人;"塞缪尔·罗伯茨"号 134 人获救,失踪或阵亡 90 人;"赫尔"号阵亡或失踪 267 人,58 人获救;随后被神风特攻队撞沉的"圣洛"号阵亡或失踪 120 人,大约 780 人获救。4 名水兵奋勇游上了萨马岛,被当地菲律宾游击队救起送回美军营区。蹩脚的救援行动为这次英勇的战斗加上了一个永远无法抹去的污点。

与中途岛海战、马里亚纳海战后的高调宣传相比，美国国内对萨马岛海战的报道相对低调了许多，一些民众甚至不知道曾经有过这样一场实力悬殊、结果极具戏剧性的海战。在基本掌握了太平洋地区的制空权和制海权的1944年底，美国海军怎么会在一个局部战场出现这样处于绝对劣势的危局？其根本原因，在于高级将领之间协调的失误。认真追究起来，哈尔西、金凯德和麦克阿瑟难辞其咎，甚至连远在珍珠港的尼米兹、华盛顿的金都脱不了干系。如果再让民众知道因救援不力死了那么多人，肯定会引发更大的公愤。大家索性揣着明白装糊涂，低调处理了事。

除第一战列舰战队"大和"号和"长门"号之外，9时12分，最早接到集结命令的早川率第二驱逐舰战队向"大和"号靠拢，9时35分与旗舰会合。"利根"号、"羽黑"号、"金刚"号、"榛名"号和第十驱逐舰战队分别于9时14分、9时16分、9时25分、9时30分、9时30分接到了集结命令。

一时杀得兴起的"利根"号并未立即掉头返航，9时15分和9时17分向右舷120度、13000米外1艘敌轻巡洋舰——那显然是艘驱逐舰——打出15发炮弹。9时16分，舰长黛向战队司令官桥本请示发起鱼雷攻击，未获答复。1分钟后，黛发现烟幕中依稀出现4艘美军航母的身影，再度请求与"羽黑"号一起发起鱼雷攻击。但"羽黑"号已接到集结命令，开始左转返航。黛不愿轻言放弃，他发现烟幕中似乎还有美军第五艘航母，于是在9时20分将敌情报告给"羽黑"号，"我认为目前追击敌军航母才是正确的"。航海长对此提出异议，认为遵照命令与主力会合才更合理。思忖片刻，黛决定随"羽黑"号一起返航。掉头之前，黛心有不甘地对美军航母可能藏身处打去了几发炮弹。接到集结命令的"金刚"号和"榛名"号于9时40分北上。10时左右，以上4艘舰与主力部队顺利会合。

第十驱逐舰战队司令官木村最晚接到集结令，他同样没有立即掉头，而是命令驱逐舰去解决不远处的1艘美军驱逐舰。但5分钟之后木村改变了主意，下令各驱逐舰向旗舰"矢矧"号靠拢，9时40分掉头返航。10时20分，随着木村战队的到来，栗田终于聚齐了所有残余力量。

就在各舰纷纷向北寻找"大和"号之时，栗田和参谋长小柳匆忙中采取三项措施。第一项措施是以最快速度统计战果。战场极度混乱给统计工作带来了极大困难。小柳起初确定7时25分、7时36分分别击沉1艘敌巡洋舰和1艘航母，后来只能根据各舰汇报进行简单汇总。最终栗田向联合舰队司令部发去的战果是："击沉美军包括'企业级'在内的航母3～4艘，重巡洋舰1艘，驱逐舰2艘，确认击中另外1～2艘航母。我舰队正处于敌机反复来袭之中。以5～7艘航母为基干的残敌利用暴雨和烟幕掩护向东南方向逃遁。"

"捷报"迅速传到联合舰队司令部，司令官丰田和参谋长草鹿大喜过望，一众精英参谋纷纷击掌相庆，日吉台地下室里瞬间一片欢腾。

栗田采取的第二项措施是援救受伤掉队的舰只。9时18分、9时20分，"鸟海"号和"筑摩"号分别发来消息。前者说正在努力维修，后者报告只能使用单轴推进，最高航速18节。9时25分，"筑摩"号再次报告说"只能以9节速度航行"。10时06分，栗田命令"藤波"号负责救援"鸟海"号。由于未能收到"筑摩"号的进一步消息，直到11时40分，栗田才命令"野分"号前往寻找并实施营救。这道命令将三大祥瑞之一的"补枪王"——"野分"号彻底送入了鬼门关。

栗田第三项措施是了解南路舰队的战况。9时18分他致电志摩，询问西村舰队状况及莱特湾内的敌情。志摩于10时17分回电说，西村舰队遭遇重创近乎全军覆没。根据之前战况判断，托拉克一带海域有美军大量战列舰存在，因视野不清未得到确认。志摩当然不会说是因为自己主动逃跑才没有看清的。

集结期间，栗田舰队依然遭到美军舰载机的频繁袭扰。9时39分，位置靠南的"榛名"号发现一队美军鱼雷机。9时45分，"大和"号在150度方向发现敌机9架，随后确认和"榛名"号发现的是同一群敌机。10时05分，"榛名"号再次发现3架美军战斗机，2分钟后又发现左舷后方出现4架俯冲轰炸机——这显然不可能，美军护航航母并无装备这种机型——和12架鱼雷机，他们来自斯普顿少将的"塔菲二"。

美机正在快速逼近，10时14分，栗田下令已集结舰只以"大和"号为中心组成轮形防空阵。他突然发现，美军此次空袭与之前三三两两的零散攻击完全不同，而是以大编队发起进攻。栗田据此错误判断，美军航母舰队正在谋划大规模反击，锡布延海的惊悚一幕即将再次上演。

日军轮形阵刚刚摆开，25架美机已从180度方向气势汹汹杀了过来。栗田下令加速至26节规避空袭。10时17分，"大和"号率先对空开炮。2分钟后，2

颗近失弹在"大和"号舰侧炸响。"长门"号同样发现 190 度方向、22000 米有 14 架敌机不断逼近，10 时 21 分开始射击并右转规避，舰尾附近被相继命中 4 颗近失弹。10 时 28 分，舰长兄部勇次还成功躲开了射向右舷舰首方向的 2 条鱼雷。"金刚"号选择了美国人之前的办法，驶入雷雨区进行暂避。

10 时 25 分，早川发现 270 度方向出现 1 艘美军"巴尔的摩级"重巡洋舰，"金刚"号很快确认了这一发现。栗田正在专心应对美军的空袭，于是命令第三战列舰战队前往终结敌舰。铃木派"榛名"号快速西进。随着距离不断拉近，舰长重生发现那艘舰非常眼熟。揉揉眼睛再看，原来那正是之前受伤掉队的"铃谷"号。10 时 50 分，铃木命令"榛名"号掉头返航，成功避免了一次误击。

10 时 35 分，"大和"号巧妙避开 6 架"复仇者"三个方向射来的鱼雷。躲入雷雨区的"长门"号和"金刚"号同样避开了射来的鱼雷。遭到鱼雷和炸弹攻击的"榛名"号和"能代"号同样毫发无损。虽然成功避开了友舰的误击，但费尽九牛二虎之力才渐渐追上来的"铃谷"号似乎气数已尽，它在 10 时 50 分遭到约 30 架美机的群殴。右舷中部的 1 颗近失弹诱发火灾，一号鱼雷发射管中的 1 条氧气鱼雷被引爆，导致火势进一步扩大。灭火作业终归失败，11 时整，大火诱爆了其他发射管中的鱼雷，接二连三的剧烈爆炸导致巡洋舰舰体中部撕裂，右舷轮机室、七号和八号锅炉舱进水，"铃谷"号舰体右倾超过了 6 度。

不断加大的火势导致殉爆不断，"铃谷"号右倾不断加大。11 时 15 分，舰长寺冈正雄下令"准备弃舰"。11 时 30 分，天皇御像和白石的司令部成员被小艇送往"利根"号，这已是白石一天内第二次搬家了。看到"铃谷"号已无法挽救，白石劝告寺冈早下决心弃舰，之后乘小艇在"冲波"号护卫下登上"利根"号。

12 时在"利根"号上升起将旗之后，白石命令"冲波"号用"利根"号小艇继续执行救援任务，必要时以鱼雷终结"铃谷"号。寺冈不愿放弃战舰，率领水兵继续奋力展开自救，但左侧鱼雷管中的鱼雷和高炮弹药不断殉爆导致所有努力都无济于事。当"塔菲二"的舰载机从上空飞过寻找栗田舰队时，发现"铃谷"号向右严重倾斜，主甲板上站满了人。美机显然已经没有攻击它的必要了。13 时整，当栗田完成当天第二次也是最后一次转向时，"冲波"号奉命向"铃谷"号发射鱼雷，后者在 13 时 22 分沉没。这是日军当天损失的第三艘也是最后一艘重巡洋舰。受美军空袭影响,"冲波"号直到 17 时才完成幸存人员营救,快速追赶大部队。

10 时 54 分,栗田下令完成集结的所有舰只编成第 30 号警戒航行序列,以 22 节、航向 30 度整理队形。现在他手中还有 4 艘战列舰、2 艘重巡洋舰、2 艘轻巡洋舰和 7 艘驱逐舰。从林加出航至今,只有轻巡洋舰毫发无损。虽然除"雪风"号之外的大部分舰艇都有不同程度损伤,但栗田依然决定执行最初接受的任务:冲入莱特湾炮击美军运输船队和滩头阵地。11 时,栗田下令舰队于 11 时 20 分取 225 度航向,直扑莱特湾。

栗田取 225 度航向的行动显得颇为诡异,这显然不是前往莱特湾的最佳航线。栗田采取这一航线存在两种可能:一是特意留一手,准备视战场情况随机应变,选择南下或北上;二是忌惮美军舰载机攻击,故意选择了一条迂回路线。

11 时 13 分,"长门"号瞭望哨发现,右舷 25 度方向、35000 米外出现了疑似向右航行水面舰艇的桅杆,但很快就消失了。为确定北方可能出现的敌情,11 时 45 分,"大和"号上最后一架本属于"长门"号的水上飞机受命起飞,对北方海域实施搜索,之后南下侦察莱特湾内的敌情。11 时 51 分,"大和"号瞭望哨在左正横方向发现 5 根舰船桅杆,距离 38000 米。刚起飞的水上飞机尚未发回侦察报告。12 时 04 分,"大和"号瞭望哨初步确定,前方出现的是"1 艘'宾夕法尼亚级'战列舰和 4 艘驱逐舰"。

突然出现的敌情在"大和"号舰桥上引发了一阵骚乱。宇垣认为,那些舰船很可能是从苏里高海峡冲出的西村或志摩舰队残部。他的说法很快被第二舰队参谋们否定,因为 11 时 17 分志摩已经来电说明,西村舰队近乎全军覆没,他本人正率第二游击部队向苏禄海撤退,附近海域不可能存在友军。既然前方出现的肯定不是自己人,战意十足的宇垣提出快速冲上前去,通过炮战消灭敌人。栗田对此不予认可,他认为舰队已经遭到极度削弱,且志摩电报中显示莱特湾内有为数可观的敌军战列舰。如果与刚刚发现的敌舰纠缠,突入莱特湾的艰巨任务势必难以完成。宇垣对栗田的"怯战"极为不满,但官大一级压死人,他也只能服从命令。事实上,日军争论了半天的所谓"宾夕法尼亚级"战列舰在附近海域并不存在,高度紧张的日军瞭望哨很可能看花眼了。随着那些"桅杆"在海面上逐渐消失,"大和"号舰桥上的争论暂时告一段落。

争论结束并非仅因为敌舰"逃遁"，而在于"大和"号接到了一封诡异电报，是位于马尼拉的西南方面舰队司令部11时20分发出的："9时45分，在苏禄安岛灯塔5度、113海里处发现一支美军航母舰队。"在海图上标定之后，栗田发现这一位置距自己只有区区100公里。

战后核实的结果表明，上述海域并无美军航母存在。日本防卫厅官方编纂的《战史丛书》质疑这是11时03分由基地航空部队发出的电报，但内容显示位置与栗田收到位置向东南偏东存在74公里差异，这一错误很可能是"大和"号通信人员不足、工作超负荷运转所导致。一个不争的事实是，自离开文莱湾以来，栗田及幕僚甚至包括大部分水兵几乎没有合过眼，完全依靠意志力在强撑。参谋长小柳前一天在更换旗舰跳水时右腿刮伤，拄着拐杖勉力协助栗田指挥战斗。

有人对此提出疑问。基地航空部队11时03分发出的电报，栗田17分钟后就收到了，是不是效率有点太高啦？电文从加密、发送、接收到解密都需要花费不少时间，凭"大和"号通信人员在莱特湾海战中的拙劣表现，这种可能性似乎不大。最后一层窗户纸谁都没捅破，质疑者等于在说，是栗田授意参谋人员或与他们一起伪造了这封电报，为自己随后放弃突入莱特湾向北撤退寻找借口。

虽然这种可能性确实存在，但从10时30分到11时30分的一小时内，东京几个海军电台、西南方面舰队司令部均接收到不少莱特湾水域侦察机发出的类似电文。栗田独自造假的可能性虽然存在，但要那么多单位配合造假显然不太可能。至于电报内容找不到完全对应的电报，除译电原因外，还可能是无线电传输本身存在的问题。这类并非电台之间的呼叫能否收到完全凭运气，质量也无法保证，出现一些莫名其妙的错误当属正常。

既然有新敌情出现，一直渴望与美军主力决战的宇垣再次提出，立即北上消灭这支美军航母舰队。这显然与突入莱特湾的行动南辕北辙，他的建议被栗田当场否决。在莱特湾海战中，栗田和宇垣好像一直在唱反调。

随着时间不断推移，栗田、小柳及众幕僚越发觉得，继续向南突入属于不理智行为。第一，目前舰队对莱特湾美军部署情况并不清楚，只能根据西村和志摩的零星电报做出"湾内有美军主力舰队"的推测。第二，美军运输船队10月20日已经进入莱特湾，距今有5天之久。凭美国人强大的装卸能力，运输船上人员物资很可能已经上岸，至少卸载得差不多了。第三，早上持续数小时的追击战无疑已经惊动敌人，那些运输船很可能已转移到安全地带，至少也在转移之中。在缺乏充分空中侦察的前提下，很难在短时间内准确捕捉到其行踪，或者再打一场像刚才那样的艰难追击战。这种情况下，突入作战能够取得多大战果值得商榷。第四，除"雪风"号外，其他舰船无不伤痕累累，严重制约了机动能力。第五，仅存的几艘驱逐舰普遍缺油，突入作战势必因快速机动消耗更多油料。即使能够幸运折返，驱逐舰也绝无返回科伦湾的可能。还有更重要的一点，经历了锡布延海和萨马岛以东海域激战之后，各舰弹药特别是防空弹消耗极大。宇垣曾提出"羽黑"号在向南航行时弹药严重不足，这种情况并非个例。第六，栗田亲眼看到那些完成攻击的美军战机很多飞往了莱特湾方向，它们很可能是到岛上机场集结，等自己进入湾内再发动大规模的空袭。综合以上因素，栗田觉得继续执行突入任务是荒唐和不理智的。和一心求死的西村不同，栗田希望自己能活着，还能将大部分舰船和水兵带回去。

最关键的是，执行诱敌任务的小泽舰队至今音信皆无。哈尔西主力航母舰队很可能仍在菲律宾以东海域，早晨攻击的应该是其中一个大队。美军航母舰队至少由四个大队组成，这意味着附近海域还有其余三个以上大队存在。虽然尚不知晓其余几个美军大队的准确位置，但根据上午截获美军明码求救电报的内容来看，他们距离此地应该不远，说不定正在赶来的路上。美军一旦封锁圣贝纳迪诺海峡，第二游击部队除全军覆没外不会有第二种结局。

11时50分，栗田致电马尼拉，请求基地航空部队对"新发现的美军航母实施攻击"，为自己南下突入莱特湾的行动解除后顾之忧。但谁都清楚，基地航空部队是完全不值得信赖的，舰队进入锡布延海以来遭受过无数次空袭就是绝佳例证。念及此处，栗田的决心开始动摇。从内心讲，他同样希望同美军主力舰队交战，而不是去打那些毫无价值的空运输船。作为前线最高指挥官，栗田必须为违抗军令寻找一个合适的理由。就在此时，作战参谋大谷开口了："长官，我们应该立即北上，攻击新发现的美军航母，这对我们是最有利的选择。"大谷的意见立即得到首席参谋山本佑二的赞同。

栗田、小柳和大谷三人退出作战室，进行了一次小范围讨论。虽然讨论内容不得而知，但老酒猜测小柳肯定提到了8月10日那次作战会议。当时面对小柳"如果途中或在攻击运输船队过程中遭遇美军主力，我们是心无旁骛地攻击运输船队，还是先与美军舰队决战"的质问，神重德的回答是："当然是迎击美军主力舰队！"小柳和神说上述一番话时大谷也在场。几分钟后，栗田再次回到作战室，断然下达了那个一直争论至今的命令："舰队北上，攻击美军航母舰队！"

日本海军历来有"半途而废"的"光荣"传统，不管是大东沟海战时的伊东祐亨，还是黄海海战中的东乡平八郎，抑或是偷袭珍珠港的南云忠一和指挥萨沃岛海战的三川军一，无不如此。今天，栗田将把这种传统发挥到极致。不过当初南云和三川做出撤退决定时，现场都有人明确提出了反对意见。眼下的情况大大出乎栗田的预料，几乎没有人提出反对。与此相反，大多数人的脸上写满了兴奋，仿佛几天来透入骨髓的疲劳和意气消沉所带来的苦难考验瞬间消失了。明知道栗田的决定是在抗命，但在场大部分人都选择了沉默，也许栗田的话正好说出了他们的心声。

唯一表示异议的还是宇垣，但他也只是将手指向南方，说了句"长官，敌人在那边（指莱特湾）"。栗田的回答同样干脆，"行了，北上吧"。宇垣就再也没有吱声。后来他在《战藻录》中这样写道："在同一个舰桥上，我为他们缺乏战斗精神和策略而恼怒。"宇垣明显言不由衷，他之前曾数次力谏栗田北上与敌军航母作战。

看到"大和"号上升起了信号旗，先导舰"能代"号上响起了阵阵"万岁"呼喊声。其余各舰水兵迅速发声与之呼应，一时间海面上"万岁"声此起彼伏，好像已经打了胜仗一样。日军众多水兵同样认为，与炮击滩头和击沉那些慢吞吞的运输船相比，和敌军快速航母决战才是最佳选择。即使在一次"玉碎冲锋"中生还的希望不大，但至少也能死得更壮烈、更有血性一些。况且谁都清楚，向北航行意味着离来时的那条水路越来越近，杀出一条血路侥幸生还的可能性还是存在的。"大和"号共携带了460毫米炮弹1080发，至今仅使用了81发。剩余炮弹数量足以应付四五次大型海战，一定要让敌军航母尝尝这种炮弹的厉害！栗田舰队全体官兵向东北方向破浪疾驶。

12时36分，栗田下令舰队变航向为0度。10分钟后，他致电联合舰队司令部："第一游击部队终止莱特湾突入作战，改沿萨马岛东岸北上，与敌航母舰队决战，之后经圣贝纳迪诺海峡撤出。"

这一决定使日本海军以突袭莱特湾为目标的"捷一号"作战完全破产，也为后世无数战史专家和军迷所诟病。栗田一直活到 1977 年 12 月 19 日以 88 岁高龄去世。在之后长达 33 年的漫长岁月里，栗田一直三缄其口，从未完整、详细陈述过任何左右他做出上述判断的因素。他提供的任何解释都是零碎的、不连贯的，似乎只是为了让真相变得更加神秘，以迷惑或折磨战后的审讯者、历史学家和无数像老酒这样的军迷。

1954 年，当日本战史专家伊藤正德——他战后一直致力于为发小栗田翻案——亲自找上门来时，栗田才难得地张开了嘴："我热衷于再摧毁一支航母舰队，我成了这一愿望的牺牲品。我现在认为，我那时的判断也许并不正确。但那时候，那个决定好像是对的。我当时非常疲倦，也许应该把它称为'筋疲力尽的判断'吧。我的精神高度紧张，三天三夜没有合眼，无论体力还是脑力都已消耗殆尽。我并不知道，哈尔西已将他的舰队拉到北边去了。我只能依据用我自己的双眼能看到的情况采取行动。我根本没意识到，自己离胜利竟然如此之近。"当伊藤追问"北上未发现美军航母舰队之后，为什么不重新南下突入莱特湾，而选择了向圣贝纳迪诺海峡撤退"时，栗田回答："当时我的脑子里根本就没有莱特湾，我记得当时困扰我的最大问题是，第二天在锡布延海我们是否会出现燃料短缺，或者如何应对美军的空袭。"

当伊藤问他："根据掌握的情报召开参谋会议，然后舰队转向退却，事情真相是这样吗？"栗田将所有责任都大包大揽下来："当时没有考虑退却一事，也没有同参谋们商量，完全是我一个人做出的决定，责任全部由我来负。实际上当时根本没时间去分析情报是否准确。归根结底，相信敌机动部队就在前方不远处，这确实是一个严重错误。"事实上在做出北上决定之前，栗田和小柳、大谷是商议了的。

后来，当美国战史专家约翰·托兰专程飞往日本拜会栗田时，他拒绝会见，但同意让参谋长小柳出任他的代言人。小柳告诉托兰："我现在也认为，当时我们本应该进入莱特湾，栗田将军现在也是这样认为。那时我们认为那样做（指北撤）是最好不过的，但现在头脑冷静下来才明白，我们当时一心只想着敌人航母特混部队。只是因为我们得到了那份说附近有敌军航母的报告——结果证明是误报——我们就去追，我们本不应该去追的。"

假设栗田继续率队南下向莱特湾突进，他最先遭遇的可能是美军老式战列舰编队，奥尔登多夫已受命在湾口拉起一道防御线。即使能侥幸突破拦截，栗田也必须在湾内的狭窄水域接受一轮接一轮的空袭——美军3支护航航母编队飞机总数超过400架。当时湾内确实有美军23艘坦克登陆舰和28艘运输船，但真把它们全都击沉又能如何？后来麦克阿瑟声称，如果丧失这些舰只，就会"危及"整个进攻行动。修建简易机场急需的钢板尚在船上未能卸载，如果没有它们，他可能要暂时丧失局部的空中优势。如果日军炮击滩头，还会造成短暂的混乱。即使如此，也没人相信麦克阿瑟夸大其词的说法。正如栗田预测，美军大部分物资均已上岸，足够岛上部队作战一个月使用。麦克阿瑟明显在危言耸听，美军陆上进攻肯定会受到影响，但远不足以改变战局。

就在栗田艰难做出决定的同时，美军的空袭再次来临。12时07分，"榛名"号发现左160度27架敌机飞来，身后似乎有后续部队——它们都来自斯普顿少将的"塔菲二"。12时12分，栗田下令舰队加速到24节以规避空袭。看到美军机群正欲绕至舰队前方，他又下令舰队转向240度。美军攻击目标依然是块头大的战列舰和重巡洋舰。12时17分，"大和"号主炮率先开火，12时38分美机对它的攻击毫无结果。对"大和"号来说，25日的确算幸运的一天。

从12时40分开始，"长门"号相继遭到十余架美机攻击，多颗炸弹取得近失。唯一一颗命中弹穿透前甲板从舷侧穿出，并未造成致命伤害。避开美军鱼雷攻击之后，"长门"号顺利与"大和"号会合。美机分别在12时40分、12时42分、12时49分攻击"榛名"号、"能代"号和"金刚"号，投下的炸弹均被日舰成功避开。

1颗近失弹落在"羽黑"号左舷后部之外，造成舰体剧烈震动。另1颗250公斤炸弹命中"利根"号右舷后部，贯穿两层甲板在下层甲板第十七号士兵舱炸响。爆炸不但诱发大火，还在右舷水线上部炸出一个长6米、宽3米的大窟窿，剧烈震动导致舵机失灵，只能改用人工操舵。海水从水线之下的破洞灌入，下层甲板附近士兵舱水深达70厘米。受伤后的"利根"号拖着长长的油迹逐渐掉队。经损管人员拼命抢救，"利根"号一小时后恢复直接操舵。由于担心舰体后部的伤势，经验丰富的黛并未立即加速，而是缓缓提高到30节追赶大部队。

躲过美军空袭之后，栗田率舰队继续向北航行，寻找并不存在的美军航母舰队。上一轮空袭刚刚结束20分钟，13时11分，"大和"号瞭望哨在60度方位发现了新的来袭机群。3 分钟后，80 度方位再次出现超过 70 架飞机组成的大型编队。栗田心中一惊，美军航母舰队的大规模反击果然到了。

美军机群向左转向，朝"大和"号舰首方向猛扑过来。13 时 20 分，栗田下令舰队提速到 24 节，同时左转取 270 度航向，以舰尾方向指向敌机。这次栗田判断非常准确，美军护航航母编队不可能一次派出超过 70 架战机，前来攻击的美机全部来自麦凯恩中将的第一大队。5 艘快速航母上的飞行员个个训练有素，身经百战，攻舰水平远非护航航母上那些"菜鸟"可比。13 时 22 分，"大和"号主炮率先开炮！

25 日清晨 3 时 27 分，单独行动的第一大队以 355 度航向向西北偏北方向航行，前往指定海域加油。3 时 40 分，"汉考克"号放飞 3 架"地狱猫"，2 架执行夜间搜索任务，另一架负责信息传送。6 时整，麦凯恩下令派出执行战斗巡逻、反潜巡逻和搜索任务的飞机，后者搜索半径为 740 公里，方位 300 度至 20 度。6 时 30 分，第一大队与阿库上校的后勤补给大队顺利会合，海上加油作业立即展开。

7 时 24 分，麦凯恩接到米切尔中将发来的战情通报："目前第三十八特混舰队位于北纬 16 度 14 分、东经 126 度 04 分海域，航向偏北，航速 18 节。2 时 05 分夜间雷达发现两支日军舰队，位置北纬 16 度 43 分、东经 125 度 37 分，航向 110 度，航速 15 节。目前侦察机已经跟丢了敌人。请立即报告贵部搜索结果。"

9 时 40 分，麦凯恩收到第七十七特混舰队发出的紧急求援电报，"护航航母编队遭到日军主力舰队的猛烈攻击，请求邻近友军火速驰援"。9 时 45 分，麦凯恩下令第一大队取航向 245 度以 30 节高速南下。5 分钟后，"大黄蜂"号放飞 6 架"地狱猫"对 220 度到 240 度方位实施搜索。9 时 55 分，所有 5 艘航母均得到命令，10 时 30 分放飞第一攻击机群。10 时 01 分，麦凯恩收到米切尔发来的最新指示，"立即高速前往空袭日军中路舰队，以解友军燃眉之急"。

目前第一大队距战场尚有 540 公里之遥，几乎是"复仇者"的极限攻击距离。在放飞攻击机群之前，麦凯恩直接发电询问塔克洛班机场的情况，以及自己的舰载机能够在第七十七特混舰队第四大队哪艘护航航母上降落。如果上述条件可以满足，他就能够实施穿梭轰炸，为"复仇者"挂载鱼雷或重磅炸弹。可惜的是，麦凯恩并未在第一时间得到友军明确回复。受航程限制，"复仇者"无法挂载对战列舰威胁最大的鱼雷，只能挂载航空炸弹。2架已挂载鱼雷的"复仇者"机组积极请战，麦凯恩对此不予批准，他们只能停在甲板上等待双方距离进一步拉近。

10时30分开始，第一大队3艘重型航母陆续放飞了攻击机群。10时35分到41分，"黄蜂"号共出动舰载机29架——其中战斗机15架、俯冲轰炸机8架、鱼雷机6架。鱼雷机各挂载4颗227公斤炸弹，俯冲轰炸机挂载1颗454公斤炸弹，战斗机挂载1颗227公斤炸弹。"大黄蜂"号出动战机34架——其中战斗机16架、俯冲轰炸机12架、鱼雷机8架。"汉考克"号则出动了战斗机16架、俯冲轰炸机13架和鱼雷机5架。这样美军第一拨攻击共出动战机97架。

13时26分，长途跋涉的美军机群飞临栗田舰队上空开始投弹。"大和"号遭到来自舰首方向的攻击，13时28分右舷中部挨了2颗近失弹。遭到数十架美机围攻的"长门"号边反击边规避，最终仅右舷舰首附近挨了2颗近失弹。第一战列舰战队25日洪福齐天，似乎昨天"武藏"号走路时将所有霉运都带走了。13时25分至13时30分，"榛名"号右舷舰首及左舷相继落下了10颗近失弹。数字看上去真不算少，但这些小炸弹激起的水柱除了给战列舰清洗甲板之外，无法构成致命伤害。

运气最差的是"金刚"号。它在13时28分遭20架美机围攻，短短2分钟内挨了5颗近失弹。其中1颗炸弹给右舷108号到190号肋骨段造成严重破坏，舰侧装甲被炸开一道长15米、宽3米的裂痕，右舷15个油舱进水，307吨燃油损失。落在舰尾的2颗近失弹造成右舷内外轴螺旋桨桨叶弯曲，两舷外轴伸出轴覆钣上的铆钉悉数脱落。所幸上述伤害并未对"金刚"号机动能力造成太大影响，战列舰抗打击能力果真不同凡响。

美机数量实在太多！13时34分，"羽黑"号左右两舷分别挨了3颗和1颗近失弹，7分钟后又有几颗近失弹在舷侧炸响，所幸并未对舰体造成致命伤害。受伤掉队的"利根"号正在慢慢追赶主队，同样遭到了美机空袭。13时30分，1颗炸弹命中"利根"号一号高炮后部，所幸是颗哑弹。美军第一拨攻击13时40分结束，栗田下令舰队减速到20节继续北上。

美军4个航母特混大队中，麦凯恩第一大队实力最强。美军本轮攻击效果不佳除未携带鱼雷之外，还有另外两个原因。其一，攻击是仓促发起，三个飞行大队之间缺乏协同，导致攻击效率大大降低。其二，由于航程实在太远，受油料限制的美机发现目标后一哄而上，即使同一大队之内的战机也未实现战术协同。对栗田舰队来说，这不能不说是一种幸运。美机的大规模空袭虽未造成太大损毁，却更坚定了栗田不进入莱特湾的决心。

美军第一轮攻击收效甚微，却同样付出了不菲代价。"黄蜂"号阿瑟·唐少尉的"地狱猫"未能返航，俯冲轰炸机飞行员赫伯特·韦尔克上尉机组失踪，4架"地狱俯冲者"和1架"复仇者"在海上迫降。由于油料不足，"汉考克"号俯冲轰炸机中队中队长约翰·埃里克森少校、埃德蒙斯中尉、查尔斯·罗伯森中尉只好驾机飞往塔克洛班机场。前者在再次起飞时失速坠毁，机枪手阵亡；后者不幸坠毁海上。另外，有7架俯冲轰炸机和4架鱼雷机被日军高射炮火击伤。

莱特湾海战打响以来，一直游离在战场边缘的麦凯恩始终未捞到像样的出手机会。他已被钦定为米切尔的接班人。第三十八特混舰队目前仍由米切尔指挥，在于海军高层对麦凯恩的指挥能力还不完全放心，让他执掌最重要的第一大队名为过渡，实为考察。敏感时期的麦凯恩自然会竭尽全力展现自我。11时19分，他下令对栗田舰队发起第二轮空袭。12时45分，"大黄蜂"号28架飞机——其中战斗机11架、俯冲轰炸机9架、鱼雷机8架——携手"汉考克"号24架飞机——战斗机8架、俯冲轰炸机11架和鱼雷机5架——从甲板上腾空起飞，朝栗田舰队所在海域隆隆飞去。

栗田刚刚下令减速，13时52分，美军第二拨攻击机群已经出现在"大和"号30度方向、70公里之外。栗田只好下令舰队再次加速到24节。好在刚才速度还没降下来，再恢复高速相对容易多了。13时55分，"大和"号在同一方向发现了一支16机编队，5分钟开始炮击。14时03分，美机分成两队展开进攻。一队攻击"大和"号未果，另一队14时05分对"长门"号的攻击同样颗粒无收。几架携带炸弹的"复仇者"攻击了落单的"利根"号，仅1弹在左舷后部取得近失，并未造成致命损害。美军第二拨攻击到14时08分戛然而止，栗田再次下令舰队减速到22节。

美军第二拨空袭损失俯冲轰炸机、鱼雷机各2架，另有2架轰炸机受伤。在当天的救援活动中，驱逐舰"唐斯"号表现出色。除15时40分救起"大黄蜂"

号轰炸机飞行员施瓦勃上尉机组之后，该舰又在16时08分成功救起了"汉考克"号俯冲轰炸机里奇少尉机组。此外，"卡明斯"号17时24分救起阿姆斯特朗少尉机组，"考埃尔"号17时40分救起飞行员两人。美军前两轮空袭虽然出动了相当数量的飞机，取得的战果却远远不能令人满意。他们的表现甚至还不如之前护航航母上的那些"菜鸟"。

15时57分，麦凯恩和博根同时接到哈尔西发来的电令："第一、第四大队26日6时整在北纬12度、东经126度海域会合，第三十四特混舰队第五大队将在此处加入你们，他们在战斗中需要你们的空中支援。舰队会合后由麦凯恩统一指挥，从黎明时分出动战斗机扫荡米沙鄢地区，搜索并攻击可能位于民都洛岛、棉兰老岛和苏禄海一带的日军舰队。"

14时28分，栗田收到先行撤退的"熊野"号发来的电报："遭己方基地航空部队攻击，无损伤。"忙得一塌糊涂的栗田根本没有时间发电质问基地航空部队，就在同一时间，他终于收到了小泽发自北方的电报。虽然仅有电文前半部分，但栗田还是由此得知，小泽在25日上午8时30分到10时遭到超过100架美机的猛烈轰炸。虽然小泽远在北方720公里之外，但考虑到小泽舰队遭攻时间距今已过去4个多小时，栗田丝毫不怀疑美军主力航母舰队正朝自己猛扑过来，刚才连遭两轮大规模空袭就是最佳的例证。

栗田认为，现在即使对之前发现的美军航母舰队发起攻击，也并无多少胜算。如果上午收到的电报属实，那么美军舰队正处于自己东北方向。从30度方位吹来的风对美军极其有利。即使双方能够遭遇，美军航母也可以一边逃跑，一边逆风放出舰载机。美军快速航母可以轻松跑出30节以上高速，而自己舰队的最大速度只有24节，与敌人再打一场近距离遭遇战的可能性已经不复存在。战意十足的宇垣仍然不愿就此罢休，提议在下午尽可能向敌人逼近，当晚与美军航母展开一场夜战并歼灭之。栗田没有采纳宇垣的建议，认为发生夜间近战毫无可能。15时10分，栗田下令舰队减速到20节，视战场情况变化再做下一步决定。

其间14时25分，栗田收到了西村清晨3时30分发出的最后诀别电报，这封电报已经毫无实际意义了。14时40分，"大和"号收到一封令人啼笑皆非的电报，是司令官丰田从日吉台地下室里发出的："对第一游击部队今天上午取得的辉煌战果，予以嘉奖。"栗田苦笑着摇头，甚至懒得将这封意在鼓舞士气的电报传达下去。

15时30分，"大和"号雷达发现140度方向、100公里外再次出现美军机群。15时37分，栗田下令舰队变航向为310度，将舰尾指向美机来袭方向。15时50分，"长门"号雷达在210度、30公里外及255度、70公里外发现另两个美军机群。

远方飞来的美机由麦凯恩第一大队的47架飞机和斯普顿"塔菲二"的50架飞机组成。"大和"号发现的第一个机群率先从西侧迂回发起进攻。15时52分，美军从舰首方向攻击"大和"号未果，但16时投入进攻的另一批美机投下的2颗炸弹在"大和"号左舷中部取得近失。"长门"号15时57分、16时整、16时05分连续遭到三轮空袭，只挨了2颗近失弹。除"榛名"号舷侧落下5颗近失弹之外，"金刚"号、"利根"号、"能代"号和"矢矧"号均成功避开了美机投下的所有炸弹。16时16分，美军由快速航母和护航航母联袂发起的进攻宣告结束，日军舰队损失轻微。

已经三天三夜未合眼的栗田仍然保持着足够警觉，他发现美机返航与来袭航线向南偏移了约70度。栗田据此判断，美军航母很可能正在从东侧迂回南下，继续北进与敌遭遇的可能性越来越渺茫。护航驱逐舰纷纷报告燃料告急，14时12分，栗田断然做出决定，终止与美军航母舰队作战，沿萨马岛东岸北上，经圣贝纳迪诺海峡撤出战场。

就在栗田取310度航向返航途中的16时16分，舰队上空突然飞过一支日军机群，包括数十架九九式俯冲轰炸机和零式战斗机，扑向栗田之前电报中要求攻击的那一海域。这是自林加出航以来，栗田第一次看到头顶出现友军机群。疲惫不堪的日军水兵精神为之一振，默默祈祷它们此行攻击顺利。但是那一海域根本没有美军舰队存在，日军机群折腾了一趟后悻悻返航。

日军撤退行动同样危机四伏。16时28分，"利根"号雷达在200度方向、80公里外再次发现美军机群。2分钟后，"长门"号瞭望哨在190度方向、30公里外发现约30架敌机。鉴于麦凯恩第一大队当天仅发动过两拨攻击，这一机群显然来自斯普顿少将"塔菲二"，包括26架"复仇者"和24架"野猫"。

16时44分，美机全面展开攻击。"大和"号竭力规避成功躲开了所有炸弹。几架美机从"长门"号舰首方向突入，投下的炸弹4颗在左舷后部取得近失。16

时 43 分、16 时 49 分和 17 时 03 分，三批美机的俯冲使"榛名"号挨了两位数近失弹。近距离爆炸飞溅的弹片导致五号锅炉舱送风机油管裂开，送风机停止运作，一号烟囱周围浓烟滚滚。

日军护航舰船同样遭到轰炸。右舷 2 颗近失弹导致"矢矧"号舰体出现破口，一号鱼雷发射管起火，约 80 名水兵伤亡。"利根"号右舷三号高炮 5 米外挨了 1 颗近失弹。16 时 52 分，1 颗命中弹导致"早霜"号燃起大火。令人啼笑皆非的是，竟然有 2 架囗军九九式俯冲轰炸机加入美军攻击行列，对"早霜"号投下了炸弹。"羽黑"号同样遭到 1 架九九式俯冲轰炸机的攻击。17 时 10 分，栗田将舰队遭到友机误炸的情况电告马尼拉基地航空部队司令部，提出严正抗议。

随着美机 17 时 06 分隆隆远去，美军当天的空袭行动宣告结束。栗田下令舰队取 330 度航向沿萨马岛东岸北上，17 时 18 分改 279 度航向驶向圣贝纳迪诺海峡东口。此时他身边只剩 4 艘战列舰、2 艘重巡洋舰、2 艘轻巡洋舰和 6 艘驱逐舰。虽然舰船数量减少了一半，但 4 艘主力战列舰仍在。17 时 22 分，栗田下令按以下序列穿越海峡：第三战列舰战队配属第十驱逐舰战队 2 艘驱逐舰，第一战列舰战队配属第二驱逐舰战队 2 艘驱逐舰，第五巡洋舰战队、第七巡洋舰战队及配属的"矢矧"号和 1 艘驱逐舰，负责殿后的是"能代"号和 1 艘驱逐舰。栗田电告马尼拉西南方面舰队司令部，舰队通过海峡的大概时间为 25 日 23 时，同时电令驻圣何塞第一游击部队现存水上飞机及第九五四航空队出动飞机，为舰队提供反潜巡逻。

就在舰队即将进入海峡之时，17 时 44 分，160 度方位飞来友军 32 架俯冲轰炸机，从舰队上空一掠而过飞向西南。17 时 50 分，"大和"号 220 度方向、50 公里外再次出现一个由 9 架零战组成的小机群。栗田猜测，他们很可能准备利用夜色掩护对美军舰队发起偷袭。看到空中有友军机群飞过，栗田临时改变了主意。18 时，当舰队行驶至距海峡东口 90 公里处时，栗田下令舰队转往东方航行。他迫切希望跟美军航母打一场夜战，除掉几天来到处遭空袭的晦气。向东航行半小时后，夜幕降临，仍无任何新消息传来。18 时 30 分，栗田终于下定决心，下令舰队掉头直奔海峡东口。

撤退之前，栗田还须对善后工作做出安排。19 时 10 分，他电令离开主队执行救援任务或受伤掉队的"藤波"号、"野分"号、"冲波"号、"早霜"号、"秋霜"号报告现在位置及下一步行动计划。19时17分，他再次发出补充命令，对那些受伤过重的舰只，"尽量抢救使之依靠自身动力航行，不能航行者就地击沉，乘员由护航舰只收容后向科伦湾返航"。除救助"鸟海"号、"铃谷"号的"藤波"号和"冲波"号外，其余3舰很快做出了回复。

收到栗田放弃突入莱特湾转而向北寻找攻击美军航母舰队的电报，丰田、草鹿及众参谋面面相觑，一言不发，陷入长久沉默之中。他们显然也一筹莫展，无计可施。16时47分，草鹿同时致电栗田和小泽：

　　　　一、第一游击部队应于当晚寻找机会歼灭美军舰队，其余各部给予积极配合；

　　　　二、今晚夜战结束之后，机动部队本队、第一游击部队返回各指挥官指定的补给地点。

19时25分，"大和"号收到了草鹿发来的上述电令。栗田立即领会了其中的真实含义：同意他和小泽自行选择撤退，所谓歼灭美军舰队不过是个幌子而已。事实上在接到这封电令之前，栗田已经主动放弃了战斗。

20时07分，"大和"号收到联合舰队司令部转来的裕仁"表示嘉许"的激励电文。这在往日是比天都大的事情，但此刻天皇的电文已激不起大家多少热情。战后无论官方战史还是日军将领的个人回忆录，都甚少提及这封嘉奖电报。21时35分，舰队提前半小时到达海峡东口。栗田并未停下脚步等待掉队舰只，下令按之前下达的航行序列进入海峡，向预定补给地点科伦湾退却。

栗田在不经意间再次做出了正确决定。就在日军舰队进入海峡3个小时之后，连续接到救援电报的哈尔西就亲自率领新组建的第三十四特混舰队，在博根少将第二大队护卫下赶到了海峡东口。接下来的航路对栗田来说无比熟悉，只不过和来时方向相反。舰队远未脱离美军舰载机的攻击范围，栗田判断次日清晨必将遭到美机追杀，他希望能够利用夜色掩护向西航行尽可能远的距离。21时22分，栗田致电西南方面舰队司令部，说明美军"残存航母"很可能在跟踪自己，次日他们推进到拉加斯皮群岛以东或以北海域实施空袭的可能性极大，这对基地航空部队是先发制人的绝佳机会。栗田希望三川能够协调基地航空部队攻击美军航母舰队，掩护自己的撤退行动。电报发出后如泥牛入海，毫无反应。

狭窄水道限制了舰队行进速度，况且驱逐舰燃油情况也不足以支持全速航行。21时45分、21时55分和22时，"岛风"号、"羽黑"号、"能代"号相继发出潜艇警报，事实上海峡内部并无美军潜艇存在。22时35分，战战兢兢的栗田舰队顺利通过圣贝纳迪诺海峡，惊魂稍定。

22时40分，栗田向联合舰队司令部发出《第一游击部队252240番电》："我部自清晨击破敌军航母舰队之后，向北方另一支敌军航母舰队出击，其间遭到从我东部迂回南下的该敌的反复空袭。鉴于基地航空部队出击及燃料情况，我部于20时50分放弃夜战，经圣贝纳迪诺海峡向科伦湾航行。"

出于对三川协调能力的担忧，22时46分，栗田直接致电基地航空部队司令部，说明当天击沉了美军大量航母，势必有相当数量的舰载机因失去飞行甲板被迫转往塔克洛班机场。这正是基地航空部队发起突袭的绝佳机会。栗田真心希望，既然福留和大西不能为他的舰队提供必要空中掩护，那就通过"围魏救赵"为舰队撤退提供一些帮助吧！

栗田率队北上之后，斯普拉格和"塔菲三"的噩运并未结束。在萨马岛以东海域，人类历史上最臭名昭著的一支部队，将在这里掀起阵阵血雨腥风！

## "神风特攻队"

1944年10月6日晚，海军军令部总长及川大将在官邸设下豪宴，次长伊藤整一、作战部长中泽佑、军备部部长黑岛龟人、作战课长山本亲雄、航空参谋源田实等一众大腕儿齐聚一堂，欢送原军需省航空兵器总局局长，绰号"修罗外道""傲骨武人"的海军中将大西泷治郎前往菲律宾，履新第一航空舰队司令官一职。几杯清酒下肚，大西起身慷慨陈词："当前局势，除诉求于前线官兵殉国、牺牲的至诚，鼓励他们驾机冲撞敌舰之外，别无良策！"负有统帅职责的及川当场予以认可。翌日，在给海军大臣米内光政留下一句"实施特攻，将菲律宾当作最后战役"的话之后，大西乘专机从立川机场起飞，准备取道中国台湾前往马尼拉上任，挽救大日本帝国日薄西山的命运。

大西此次奔赴前线，还有另外一层原因。联合舰队兵败马里亚纳之后，对战局严重不满的大西向海军部呈上了一份意见书，声称战争如果再这样打下去，日本势必难逃失败的最终命运。在意见书最后大西提出，仗打成现在这个样子，海军现有高层应该集体辞职，向天皇和国民谢罪。

在日本海军中，大西一直属于争议很大的人物。一些人认为他冲动、直率、没有城府，是个不顾环境坚守自己信念的人。也有人认为他是个实干家，一个轻言论、重行动的人，能在行动之前精心拟订实施计划。胆大包天的大西极富战斗精神，他领导下属并非单纯依靠命令，而往往是以身作则，率先垂范。

大西争强好胜的性格使许多非航空界人士认为，他绝对属于不折不扣的危险分子。即使在航空界，也有人认为他专横跋扈，很难相处。在职业生涯早期，大西努力学习各种飞行技能，能熟练驾驶包括水上飞机在内的所有陆海军机型，甚至参加过伞兵培训。他对年轻人极为看重，称他们是"国家的财富"。和大多数政府高官和高级将领类似，大西书法很好，经常有人向他求赐墨宝。遇此场合，他写得最多的一句话就是"青春圣洁赴神风"。

大西的意见书在海军引起了轩然大波。大敌当前，正是需要大家精诚团结，合力抵御外敌之时，内部出现这种不和谐声音是绝对不能容许的。况且有充分证据表明，大西与不久前那场推翻东条内阁的行动有关。看不惯他的人趁机提出，大西已不适合在中央机关任职，必须尽快将他打发到前线去。海军部给大西挑选的新单位是西南方面舰队，职务是"部付"。恰在此时，负责菲律宾作战的第一航空舰队司令官寺冈瑾平接连捅出了不少娄子。于是海军部决定，让大西去接手寺冈留下的烂摊子。大西这一出山不打紧，人类历史上最臭名昭著的一支部队——注意，没有之一——"神风特攻队"就此诞生。

山本阵亡之后，一向自视甚高的大西俨然以海军首席航空战专家自居。令人诧异的是，战争已到了收官阶段，大西始终没有出任过舰队司令官，也没指挥过一艘航母。他更多时间里只是担任参谋军官或管理者。因为身处高层，他比前线将领更能清楚看到战争的暗淡前景，这可能正是他决定采用自杀式攻击的主要原因。

最早倡导特攻战术的并非大西，而是皇宫侍从武官城英一郎。城英曾担任日本驻美使馆海军武官，对美国的强大国力有着和山本类似的清醒认识。1943 年 6

月和 7 月间，城英曾两次拜访时任海军航空本部总务部长的大西，宣称没有其他任何方式能够挽救当前的不利局势，请"认真考虑有组织的航空特别攻击"，"依靠飞机肉弹攻击摧毁敌舰"。对城英的提议，大西一时拿不定主意，因为这种做法太过残忍，缺乏人性。考虑到当时战局尚能勉强维持，不需要用这种"玉碎"的办法去换取胜利，最后大西拒绝了城英的请求。后来在菲律宾，当大西钻进防空洞躲避美军空袭时，他告诉蹲在身边的首席参谋猪口力平："我当时并不理解，也未接受城英的想法。可是后来随着局势不断恶化，我得出了和他同样的结论，并将想法付诸了实施。"

1944 年 6 月马里亚纳海战之后，日本海军航空兵日渐式微。当时作为轻型航母"千代田"号舰长的城英亲自参加了"猎火鸡之役"。在综合分析双方战力之后，城英说服第三航空战队司令官大林末雄，一起向第三舰队司令官小泽进谏。城英提出："我们再不能指望通过常规战术去击沉敌人数量上占绝对优势的航空母舰。为此，我敦促尽快成立特别攻击队，实施冲撞攻击战术。请允许由我本人来指挥这支队伍。"

小泽在海军中一向以理性著称。日本投降之后，当时任联合舰队最后一任司令官的小泽下达的第一道命令，就是"严禁所有人自杀"。对城英和大林的疯狂想法，一向非常讲礼貌的小泽根本未加考虑，直接将两人轰了出去。颇具戏剧性的是，就在日军神风特攻队发起首次攻击的当天，1944 年 10 月 25 日，"千代田"号在恩加诺角海战中被美军水面舰艇击沉，舰长城英随舰沉没，未能听到由他首先倡导成立的那支部队的疯狂表演。

日本海军军官中，有城英类似想法的大有人在。山本战死布干维尔岛之后，他那位行事怪异的首席参谋黑岛龟人很快被调离联合舰队，出任海军军令部军备部部长。1943 年 8 月 11 日，在一次海军战备会议上，已经晋升少将的黑岛明确提出了"活用必死必杀战法，确立不败战备"主张，企图以最小损失换取最大的战果。在黑岛领导下，军备部成立了自杀兵器开发部，1944 年 3 月正式决定研制 9 种自杀式武器，最终"回天""樱花""震洋"等正式量产。黑岛煞有介事地提出了所谓十六字方针："隐蔽待敌，迅猛出击，群起攻之，同归于尽。"

黑岛的做法得到了作战部长中泽佑的全力支持。早在 1943 年 4 月，中泽就在日记中写道，"必须通过拼死作战方法，使用战斗机进行自杀式攻击"。另一位特攻战术的倡导者也是咱们的老熟人，军令部作战课航空参谋源田实。一些人甚至指出，身居幕后的源田才是特攻作战的理论家和始作俑者。日本陆军中同样不乏类似亡命之徒。即使到战后，昭和三大参谋之一、参谋本部作战课作战参谋濑岛龙三仍然在回忆录中这样写道："特攻行为是一种争取主动的攻击方式。"

在偷袭珍珠港战役中，日军飞行员板田房太郎曾驾机撞向美军机库，机毁人亡。中途岛海战中，美军飞行员赫伯特·梅耶斯上尉在飞机中弹后也曾驾B-26撞向南云的旗舰"赤城"号，未获命中。此后历次海战中，虽然不乏飞行员舍生忘死撞击敌舰的现象，但基本属于飞行员断定无法生还时所采取的自发行为。首次有组织的自杀式攻击发生在1944年5月27日的比亚克岛登陆作战中。陆军第五飞行战队高田胜重率4架飞机撞沉1艘美舰，成为"神风特攻战术"的先导。战死的高田获晋两级为海军大佐，其"英勇事迹"被通报全军。到1944年夏，日军一线部队尤其是航空部队中逐渐形成一种趋势，认为能阻止美军锐利锋芒的唯有"必死必杀"一种途径，别无他法。这种战法显然不符合国际公认的道德准则，一向以英国人为老师的日本海军非常清楚这一点。但对已输红了眼的日军高层来说，任何救命稻草都是必须抓住的，道德根本不在他们的考虑范围之内。

7月下旬，东京在下发"捷号作战准备纲要"时，正式提出航空特攻战法并提议建立特攻部队。参谋本部作战课长服部在三卷本回忆录《大东亚战争全史》中对此有详细的记录："大本营经过反复研究，结果为了在'捷号作战'中挽回局势，也不得不无可奈何地重视这种'特攻'战法的价值。于是为了对志愿'特攻'的勇士给予特殊待遇，便企图以志愿'特攻'的将士编成正规军队。然而，中央一部分人对此强烈表明了如下见解，即：'与其说用绝对不能避免死亡的方法，莫如说以死亡为完成任务不可缺少的手段正式编成攻击敌军的军队，是违反统帅之道的。是否要采用这种攻击方法，应该让承担任务的各位勇士来决定。'大本营采纳了这种意见，决定志愿特攻的将士以个人身份配备作战部队。作战部队将这些战士临时编成特攻队，附以相应的特别名称。"

大西的赴任之旅并不顺利。10月9日经停台湾时，他遇到了刚刚从马尼拉返回高雄的丰田。两人进行过一次长谈，谈话内容不得而知。战后丰田在回忆录《最后的帝国海军》中曾有这样的描述："参加台湾海空战的海军第一、第二航空舰队从10月10日参加莱特作战，连续作战达半个月。也就是说，联合舰队损失了大量飞机。这也正是神风特攻队诞生的原因。"我们因此推测，丰田和大西的谈话内容很可能涉及"神风特攻队"的组建。

持续数日的台湾海空战耽误了大西的行程，他因此有幸观摩了作战全过程。15日下午，第二十六航空战队司令官有马正文亲自率队出击，未能返航。有马曾经对随军记者发表过这样的言论："我海军航空队的攻击精神十分强烈，现有情况下，不可能使用通常手段争取到胜利，应当趁飞行员士气正高时采用特别攻击手段。"有马战死及日军飞行员的拙劣表现更坚定了大西组建特攻队的决心。

10月17日，大西抵达马尼拉当天，美军先头部队登陆苏禄安岛。18日，当从同学寺冈口中得知，整个菲律宾地区能升空作战的飞机还不到100架时，大西惊得目瞪口呆。几十架残破不全的飞机，远远不足以完成"打击敌军航母使之至少在一周内丧失战斗力"的命令。大西来菲律宾之前任职军需省，对国内飞机制造能力了如指掌。他清楚在短时间内，菲律宾绝无可能得到大规模飞机补充，战局对日军来说是绝望的。

寺冈向老同学阐述了只有"必死必杀"战术才能救国的理念，得到大西的高度认可。"寻常战法再也没有效果了。为了胜利，我们只有横起心肠了，"寺冈说，"关于决死志愿者，必须先向大本营报告他们的姓名，使他们的心境趋于坚定并安静下来。考虑到日后作战，我认为还是司令官亲自到场参加募集场面为好。"

第一航空舰队参谋长小田原俊彦曾担任航空本部第一部课长和军需省航空军需品部总务长，他从资源角度向大西阐述了实施特攻的必要性。"我和您一样曾经在军需省任职，国内重油和航空燃油仅供支撑半年。我们当然应该结束战争。但在现有条件下，实施特攻是没有办法的办法。"

三人就当前战局充分交换了意见，最后得出一致结论：常规战术已经不起作用，自杀战术可能是拯救国家的唯一希望。小田原告诉大西，现在所有战斗机被编成第二〇一航空队，轰炸机被编为第七六一航空队，夜间战斗机和侦察机被编为第一五三航空队。战斗机大部分部署在马巴拉卡特机场。

10月19日黄昏，在距马尼拉50公里的马巴拉卡特机场——它是庞大的克拉克空军基地的重要组成部分——第二〇一航空队作战指挥所里，第一航空舰队首席参谋猪口力平正在和航空队副队长玉井浅一商议次日的作战。猪口力平1921年毕业于海兵第四十九期，是"武藏"号舰长猪口敏平的亲弟弟，曾在多个巡洋舰战队任参谋之职，也曾在海兵担任过教官。1944 年 2 月出任第一五三航空队司令官后，猪口曾参加了在帝汶、新几内亚和贝里琉的作战。同年 7 月，他到肯达里出任第二十三航空战队参谋，次月来到马尼拉出任第一航空舰队首席参谋。猪口幸运活到了战后。1957 年 12 月，他和中岛正合著的《神风——二战中的日本特攻队》一书出版，非常畅销，成为后世史学家研究日本特攻战术的最原始文献。1958 年，美国安纳波利斯海军学院出版了该书的英文版。

美军来势凶猛，如何利用两位数残破不堪的战机，去对抗美军四位数的海航精锐呢？两位海兵同班同学绞尽脑汁，也找不到破解难局的办法。恰在此时，暮色中驶来一辆黑色小轿车。车首飘动的黄色长三角旗表明，车上至少有一位将官。轿车在指挥所门前停住，从车上跳下来一位身材矮壮，身着海军中将制服的军官。猪口立即认出来者是未来的顶头上司、新任第一航空舰队司令官大西。猪口和玉井迎上前去，立正敬礼后给大西搬来了椅子。两人感到有些纳闷，当天下午，队长山本荣和飞行长中岛正不是奉命到马尼拉去见司令官了吗，此时大西怎么突然跑到前线来啦？

一脸阴沉的大西静静坐了几分钟，然后用异常严肃的口吻告诉两人："我此次到这里来，是要和你们讨论一件非常重要的事。请带我去你们的司令部。"猪口和玉井上了大西的汽车，飞行队长和飞行员们则乘其他车辆尾随在后。

马巴拉卡特是吕宋岛上一个尘土飞扬的小镇，镇上两三幢漂亮的西式房子都被日军征用为军官宿舍。第二〇一航空队司令部就位于其中一幢有石头矮墙围着的房子里，原住户桑托斯夫妇早被赶到后院去了。房子外墙被刷成奶油色，带有绿色条纹，给人一种家的感觉。但屋内陈设完全是另一番景象。所有日常家具被搬走，取而代之的是满屋子的帆布折叠床。飞行服、毛巾、洗漱用具及其他个人物品到处散落着。这里居住着 30 多位日军军官，房内显得非常拥挤。

汽车在司令部门前停住，众人下车走进房间。此时有来自马尼拉的电话找大西，是第二〇一航空队队长山本打过来的。当天早上，山本和飞行长中岛接到新任司令官大西发来的电报，要求他们和第七六一航空队司令官前田孝成 13 时到司令部报到。当天上午马巴拉卡特机场遭到美机多轮空袭，山本和中岛一直到 14 时才乘车出发。当他们 16 时 30 分抵达马尼拉时，司令部参谋告知两人，等不及的司令官大西已经乘车前往马巴拉卡特了。看来双方路上不经意间错过了。

中岛认为，司令官刚刚到任就紧急召见，肯定有重要军情相告。两人紧急赶往邻近的尼科尔斯机场，准备乘一架零战返回马巴拉卡特。虽然仅有20分钟航程，但中岛驾驶的这架零战不但出现引擎故障而且漏油，他只好驾机迫降在一片稻田里。

脸部擦伤的中岛挣扎着来到附近公路上，拦住一辆陆军卡车，将左踝骨折的山本送到了司令部。从参谋长小田原口中两人得知，大西召唤他们来的目的，是欲建立一支特别攻击部队。山本立即打电话给已经在马巴拉卡特的大西，对迫降受伤表示遗憾，表明自己完全同意司令官组建特攻队的想法，同时委托玉井全权处理马巴拉卡特一切事务。大西进门接到的就是山本打来的电话。

利用大西接电话的时间，猪口叫来了第二十六航空战队作战参谋吉冈忠一，以及航空队两位中队长指宿正信和横山。在二楼的一个小房间里，6人围一张桌子坐定，个个神色凝重。大西用鹰隼一般的目光环视众人一周，然后用低沉的语调开始说话。

"我想大家都非常清楚，目前战争形势对我们极端不利。实力强大的美军舰队出现在莱特湾的消息已得到证实。帝国生死存亡将取决于'捷号'作战的结果。大本营启动这项计划的目的就是要打退敌人进攻，确保菲律宾。我们的水面舰队已经出动。栗田将军第二舰队有我们的主力战列舰，包括'大和'号和'武藏'号，他们将开往莱特湾消灭入侵的敌人。第二舰队没有航母，我们第一航空舰队的任务，就是为栗田舰队提供空中掩护，保证敌人的空袭无法阻止他们前往莱特湾。为达此目的，我们必须攻击美军航空母舰，使其飞行甲板至少瘫痪一个星期。"

参会其他人都面面相觑。大西讲的大道理几个人都懂。猪口认为，9月初第一航空舰队有超过300架飞机时，都不能阻止美军舰载机对菲律宾机场的连续空袭。如今第二〇一航空队只剩下战斗机约30架，差不多同样数量的轰炸机分散在从三宝颜到中吕宋的广袤区域，早已成为风中残烛。虽然东京决定调第二航空舰队前来增援，但他们刚刚经历了惨烈的台湾海空战，在得到有效补充之前根本指望不上。用几十架飞机去对抗美军上千架精锐舰载机，还要瘫痪其飞行甲板，简直就是做梦。但猪口知道，既然大西屈尊亲自来到前线，不仅仅为了向大家说清形势，他心中肯定已经有了克敌制胜的办法。

果不其然。看到众人沉默不语，大西再次张开了嘴："根据我们的现有力量，继续像以前那样让零式战斗机装上 60 公斤炸弹从空中投弹，根本不可能赢得胜利。在我看来，只有一个办法，可以将我们仅存的力量发挥到极致，取得最大战果。那就是组织自杀攻击队，驾驶载有 250 公斤炸弹的零式战斗机，每架飞机冲撞敌人一艘航母。你们认为如何？"这的确是以前闻所未闻的疯狂计划。猪口和玉井后来回忆，当他们听到大西上述一番话时，差点吓破了胆子。

几分钟没人开口，玉井最后打破了沉默："吉冈中佐，一架携带 250 公斤炸弹的零战撞毁在航空母舰飞行甲板上，破坏力有多大？"

"这一进攻方式命中机会比常规投弹要高得多。修复飞行甲板也许需要几天时间。与现在的常规战术相比，有计划撞击将有更多的成功机会。"吉冈回答。

对此玉井心知肚明。他提出问题，无非是为了缓和气氛，同时整理自己的思路。思忖片刻，玉井起身转向大西："将军，作为副队长，我无权决定如此重大事项。我必须请示山本大佐，由他做出最后决定。"

大西摆了摆手："我刚才已经和山本大佐通过电话。他在下午的一次飞行事故中摔断了脚踝，现在正躺在医院里。他说，我完全可以将你的意见看成是他本人的，他将这里的一切都交给你来决定。"

玉井深知，这是严峻形势下日军采取的一项极端措施，那些飞行员能接受吗？几分钟沉默之后，玉井请大西稍等几分钟，招手示意指宿一起离开了房间。

玉井和指宿一致认为，飞行员肯定会踊跃报名参加特攻队。20 分钟后，玉井再次回到房间："受本队指挥官全权委托，我完全同意大西将军的意见。第二〇一航空队将实施这一计划。现在，我可以根据您的要求组织攻击队伍吗？"

大西如释重负，脸上露出欣慰的表情，点头认可后起身离开，到隔壁的一个房间休息。

玉井立即投入了紧张的准备。在与中队长指宿和横山商议后，他召集第二〇一飞行队全体飞行员连夜开会。全部 23 名飞行员到齐后，玉井向大家陈述了当前的严峻形势，然后公布了大西的想法。果然不出玉井预料，到会飞行员均举手同意。对这些日军飞行员来说，特攻并非难以理解或极端疯狂的行为。在美军航母强大的舰载机力量和防空炮火面前，他们即使常规出击也九死一生。这些幸存者大都经历过"猎火鸡之役"。对他们来说，与其像同伴那样白白送命，还不如直接驾机撞向敌舰，"杀一个够本，杀两个赚一个"。玉井强调"严格保密"后宣布散会。

玉井回到军官宿舍时，已经是 20 日凌晨了。他向猪口介绍了飞行员的反应，"猪口君，他们都还那么年轻。虽然无法了解他们内心的真实想法，但我永远不会忘记他们脸上的坚毅表情。"两人很快确定了参加特攻的飞行员名单。

现在急需为这支队伍挑选一名堪当大任的指挥官。猪口曾担任过海兵教官，对海兵学员情有独钟，他提出指挥官最好由海兵学员出任。玉井赞同猪口的意见，提出了第一个候选人中尉菅野直。菅野是海航最具传奇色彩的飞行员，以行事癫狂、不怕死著称。当时在遭遇美军重型轰炸机诸如 B-17 或 B-24 时，日军零式战斗机几乎束手无策。1944 年夏天在雅浦岛一次空战中，菅野驾机与 1 架美军 B-24 交战。几次攻击未能得手，菅野竟然决定用零战的螺旋桨去切掉敌机的尾舵。两次尝试失败后，第三次他成功了。看到美机盘旋坠海，菅野驾驶重伤的零战飞回了雅浦岛机场。因为经常受命转战不同机场，日军飞行员随身携带物品极少，一个小背包内的换洗内衣、毛巾、飞行地图、铅笔和几件个人物品就是他们的全部行头，当然还会在背包上写上个人的名字。菅野背包上的字与众不同："已故海军大尉菅野直私人物品。"根据海军的惯例，战死者一般获晋一级军衔。就是说菅野已提前宣布了自己死刑。玉井认为，由菅野出任这支队伍的领队肯定是没有问题的。

但菅野此时恰巧不在菲律宾，他被以在国外连续执勤时间最长为由，派回国内接收新供应的飞机。菅野对上司安排他回国似乎还不满意，"菲律宾很快会有一场大战，如果我此时回国，就可能错过参战机会"。因国内生产远远落后进度，等菅野 10 月底再次返回菲律宾时，特攻队已经成立了。后来他气愤地告诉中岛："中佐，我真希望，我在关行男的位置上！"后来菅野被调往本土的第三四三航空队，冲绳战役时在九州以南屋久岛附近被击落阵亡。

在对其余几位具备领队资格的飞行员进行比较之后，大尉关行男进入玉井的视线。关原来是舰载轰炸机飞行员，一个月前刚刚从中国台湾调来菲律宾。尽管两人接触不多，但关每次见到玉井都强烈要求参加战斗。玉井因此觉得，虽然关来的时间不长，但完全可以胜任这项艰巨的任务。

1921 年 8 月 29 日，关行男出生在日本爱媛县西条市。他的父母经营着当地一家古董商店，家境还算殷实。中学毕业后关进入海兵第七十期。其间他父亲不幸故去，只留下他和母亲两人。1941年服役之后，关曾参加过中途岛战役，之后成为一名舰载轰炸机飞行员。1944年1月，关到航空学校出任飞行教官。一次在和同事一起饮酒时，大家慨叹战事纷乱，戏称如果能在同一天结婚就好了。说者无心，听者有意。关立即前往镰仓市，当着未来岳母的面向青梅竹马的女伴满里子求婚，两人在1944年5月31日正式结婚。关身高1.75米，配上一副冷峻的面孔，堪称青年人中的翘楚。

猪口曾担任过关的教官，对玉井的提议欣然表示赞同。传令兵被派了出去，外边很快传来了急促上楼的脚步声，一个高个子海军军官出现在门口。匆忙赶来的关连上衣扣子都没扣好。他向玉井立正敬礼："您叫我，长官？"

猪口示意关在对面椅子上坐下。为缓和紧张气氛，玉井站起来走到关身旁，拍了拍他的肩膀："关，大西司令官亲临第二〇一航空队，提出一个对我们国家极其重要的计划。用载有250公斤炸弹的零式战斗机冲撞敌军航空母舰，确保'捷号'作战成功。我们考虑，由你来担任这支特别攻击队的指挥官，你意下如何？"

关并未立即做出回答。他将双肘支在桌上，双手抱头，双眼紧闭，一动不动地陷入了沉思。这是玉井意料中的事情。关刚刚结婚4个月，家里有新婚的妻子和寡母，却要受命带队去执行有去无回的必死任务，压力之大可想而知。一秒、两秒、三秒、四秒……关终于动了。他用手指慢慢梳过长发，缓缓抬头，言语中似乎没有犹豫："你一定要让我去干。"

"谢谢！"玉井的回答言简意赅。到这时候，似乎一切语言都是多余的了。

关离开后，猪口告诉玉井："这是一项特殊使命，我们应该给这支队伍起个特殊的名字。我提议，叫'神风队'如何？"

猪口所说的"神风"另有一层特殊含义，它源于忽必烈的征日战争。1274年和1281年，忽必烈曾两次东征日本，皆因海上突如其来的台风半途而废。日本人据此认为，是神武天皇魂魄掀起的"神风"击退了强大的蒙古军队，使日本免遭灭国的命运。以"神风"为这支队伍命名，正是日本人在必败的战争局面下为自己打气的心态写照。

"很好！"玉井显然知道这一来由，"反正我们就是要用它来掀起一股神风。

一架飞机击沉一艘军舰，有这样的决心，连神灵也会帮助咱们吧！"

时间紧迫，也许天一亮这支队伍就必须出击。猪口连夜敲响了大西的房门。屋内没有点灯，透过窗户洒进来的点点星光，猪口看见门边的帆布床上躺着一个人。看到猪口进来，大西下床站了起来。

"执行特别任务的飞行员共23人，"猪口汇报说，"海兵学员关行男大尉被确定为指挥官。由于其任务的特殊性，我们希望您为这支攻击队伍命名。玉井中佐和我建议称它为'神风队'。"

大西欣然接受了这一想法，并立即口授命令："这支'神风特攻队'暂时由'敷岛''大和''朝日''山樱'四支分队组成。"上述名字取自日本江户时代国学大师本居宣长的两句诗："人和敷岛大和心，朝日烂漫山樱花。"

大西脱口就说出一大串名字，使猪口确信他事先早就准备好了。事实上，早在10月13日经停台湾时，大西就接到军令部发来的紧急电报："特攻队的发表关系到全军士气及国民战意的振作，各队在实施攻击时要考虑在适当时期发表纯忠至诚的队名，比如'敷岛'队、'朝日'队等。"发报者是作战课航空参谋源田实。

此时已是1944年10月20日了。一份通知被连夜起草出来，经大西签字后于清晨张贴。通知内容如下：

一、第一航空舰队第二〇一航空队将组建一支特别攻击队，拟于近期出击，摧毁位于菲律宾以东海域的敌军航母舰队。

二、攻击队命名为"神风特攻队"，共由26架战斗机组成。其中一半飞机执行冲撞任务，另一半执行掩护。全队分为4个分队，分别命名："敷岛""大和""朝日""山樱"。

三、攻击队由关行男海军大尉统一指挥。

早饭之后，猪口和玉井命令所有飞行员集合，听取大西做重要指示。4支分队24名队员列队完毕，关站在队列前一步远的地方。大西一脸肃穆注视着这支队伍，面色苍白，语速很慢："大日本帝国正处在巨大危险之中。拯救国家的神圣使命，已经不是那些大臣或总长，或者像我这样年迈的指挥官力所能及的事了，只能依靠像你们这样充满激情的空中骄子！所以，我以千百万同胞的名义，要求你们做出牺牲，并为你们的胜利祈祷。你们的血肉之躯定会使你们留名青史。去吧，勇士们！愿大照大神保佑你们实现自己的誓言：一机换一舰，英名传千秋！"后来猪口在回忆录中这样写道："我从来没听到过如此感人的讲话！"

大西的声音因激动而略显颤抖。稍为停顿之后，他继续说："诸君，你们已经成为国人敬仰的军神。正因为此，你们才不会留恋这个污浊而可悲的尘世。你们要知道，你们的冲撞不是徒劳的。如果说各位还有什么愿望的话，我想肯定是想知道自己攻击换取的相应战果，你们唯一的遗憾就是这个吧！请诸位放心，我虽然无法通知各位，但我会如实呈报天皇陛下和全体国民。你们的战功将传遍全世界，诸君的灵魂将得以安息。我要求你们竭尽全力。祝愿你们马到成功！"

言毕，大西泣不成声。他转过身去，平静了大约半分钟，然后走上前和包括关在内的每一名队员握手。这些未见过多少世面的年轻人个个激动得浑身颤抖，牙齿咬得咯咯直响。之后大西为"神风特攻队"题词："昔日繁花满枝头，而今落英遍渠沟。残蕊纷纷成泥处，余香幽幽长存留。"

当天下午，一封紧急电报被发往海军省、军令部及联合舰队司令部，标志着"神风特攻队"正式成立。傍晚时分，赶回马尼拉的大西兴奋地告诉寺冈："飞行员士气很高，我们顺利编成了'神风特攻队'。"当天 20 时，大西正式接替寺冈出任第一航空舰队司令官，开始全面实施自己主导的特攻计划。

20 日上午，脸部擦伤的中岛从马尼拉回到马巴拉卡特机场，奉命于下午率"大和队"进驻宿务。除玉井座机之外，另外 7 架零战中有 4 架将执行特攻任务，其余 3 架护航。

18 时整，中岛召集驻宿务所有飞行员，宣布大西司令官成立"神风特攻队"的命令："该队 4 支分队组建完毕，随时准备投入战斗，名称分别为'敷岛''大和''朝日''山樱'。和我一起来到这里的飞机中，4 架就属于'大和'队。我来这里的目的，就是组建一个新特攻分队。希望加入者，请将姓名和军阶写在纸上，不愿加入的只交白纸。每张纸装入一个信封，今天 21 时前交给我。"

中岛解释说："我并不指望你们每个人都自愿报名。我知道，你们都愿意为保卫我们的国家而死。但我们也理解，你们中的有些人由于家庭而不愿轻易选择死亡。你们应该明白，我们所需要的志愿者是有限的，因为可用飞机资源有限。

请大家放心，谁报名谁未报名只有我一人知道。在接下来的 3 小时里，我要求你们每个人完全根据个人情况做出决定。特攻作战需要高度保密，所有人不许互相议论。"

21 时，中岛剪开了副官交上来的 20 多个信封，其中只有 2 张白纸。后来他了解到，两个交白纸的飞行员是在医院卧床不起的病号。"神风特攻队"的"经营业务"至此成功扩展到了宿务。

为发挥有限战机的最大效能，猪口、玉井和中岛等人精心策划了特攻战术。一个标准突击小组由 3 架特攻机和 2 架护航机组成。这种小型编队容易避开美军雷达，遭遇恶劣天气时也能保持密集队形，防止失散。选择 3 机特攻还有另外一层原因，一架飞机很难对航母之类的大型舰船构成致命伤害。这一组织形式并非一成不变。根据敌情、天气状况和可调配飞机数量，上述组成可以随时进行调节。

一个特攻小组中，2 架护航机的作用至关重要，必须缠住美军战斗机，直到特攻机发起俯冲为止。猪口等人特意规定，与敌战斗机的格斗必须是防御性的，护航飞行员不得主动发起进攻，必须时刻待在特攻机身旁。护航飞行员要善于灵活躲闪并虚张声势，目的是吸引敌人而不是一定要将其击落，其首要职责是保护特攻机，为此即使牺牲自己也在所不惜。飞行技能最好的飞行员被选出来执行护航任务，王牌飞行员要求驾驶特攻机的申请被全部驳回，西泽广义、菅野直就是其中的代表。

10 月 20 日前后，小泽、栗田、西村、志摩四路舰队相继出动，分别执行诱敌和突击莱特湾的艰巨任务。与海上行动相呼应，大西精心策划的特攻战术也将投入使用。当晚侦察机发回的报告显示，美军舰队远在特攻机航程之外。21 日 13 时 15 分，1 架陆军侦察机发回报告，莱特岛以东海域发现一支美军特混舰队。"敷岛"和"朝日"队飞行员纷纷留下遗书，围上白头巾准备实施第一次特攻。出击之前，玉井向所有队员强调："敌航空母舰为首要攻击目标，大型、中型、轻型依次攻击，然后是战列舰、巡洋舰和驱逐舰。"

以关行男为首的飞行员整齐列队，从大西留下的一个酒瓶里倒出水来，代酒壮行。一众地勤人员肃立旁边，齐声唱起一首古歌："若余赴海兮，大潮裹尸还；若余赴山兮，青草满墓前；若为事君故，耻于颐天年。"

起飞命令下达。飞行员纷纷向停在跑道上的飞机跑去。关脸色阴沉，他疲惫的面容是近几天严重腹泻引起的。"请为我保管好这个，中佐，"关递给玉井一片折叠起来的纸，然后转身跑向飞机。玉井打开一看，里面夹着关的一绺头发。这是日本军人出征前留下的传统纪念物，是要在阵亡后寄给家人的。

16时25分，驻马巴拉卡特机场的"敷岛"和"朝日"队相继起飞，向菲律宾以东海域隆隆飞去。但寻遍了陆军飞机报告的周边水域，连美军航母的毛都没有发现一根，关只好率队悻悻返航。

南面700公里外，同日出击的"大和"队同样颗粒无收。15时，宿务机场作战室里响起了急促的电话铃声。侦察机发回报告说："苏禄岛以东60海里发现一支包括6艘航母在内的美军舰队。"根据数量和位置判断，侦察机发现的肯定是美军的一支护航航母编队。

飞机被从隐蔽处推了出来，中岛迅速下达了出击命令。恰在此时，美军战斗机飞临机场上空扫射，接踵而来的鱼雷机投下无数炸弹。美机终于飞走时，准备出击的几架零战已被烧成了几团火球。中岛命令火速再准备3架飞机。16时25分，2架特攻机和1架护航机在久野嘉康的带领下起飞。他们遭遇了恶劣天气，未能发现美军舰队。负责掩护的零战及大坪一男的二号机返回宿务，带队的久野神秘失踪。

中岛想起头一天晚上久野曾经找过他，提出因为飞机极度短缺，不需要为特攻队派出护航。"我们并不想出名，我们只想为国尽忠，为天皇而死，"久野说，"请不要再为护航浪费宝贵的飞机。"

中岛纠正了久野的错误认识："派出护航机并不是充当仪仗队，我们需要他们观察战果和收集资料，这对今后作战非常有用。"

"那将我们飞机上的机枪拆下来怎么样？"久野说，"反正我们要撞击敌舰，机枪没有什么用处。"

"机枪还是要有的，以防在半路上遇到敌机，"中岛解释说，"如果没有发现目标被迫返航，你也需要用它自卫对付追击者。没有机枪，你的飞机很容易被敌机击落。"

久野表示理解，但临走前还是撂下一句狠话："如果在海上没有发现目标，那我就直接飞往莱特湾，那儿肯定有敌人许多舰船。"

久野最终未能返航。中岛认为，他肯定按照前一天的说法飞往莱特湾了。中岛在战斗报告中这样写道:"根据久野对特攻的热情和个人性格判断,他应当是冒着恶劣天气向莱特湾内的敌舰进行了攻击。"

如果久野果真去了莱特湾,也并未撞上任何盟军战舰。21日当天遭日机撞击的只有"澳大利亚"号重巡洋舰。不过据附近澳军"什罗普郡"号重巡洋舰和美军"博伊西"号轻巡洋舰报告说,撞击者为1架九九式俯冲轰炸机,撞击时间是清晨6时前后。久野驾驶的是1架零战,起飞时间是当天下午,他不可能穿越时空在清晨撞上敌舰。由此断定久野的特攻未能取得任何战果。撞击"澳大利亚"号的那架日机并非"特攻机",应该是攻击任务失败时飞行员临时做出的自我决断。

从22日开始,日军侦察机连续3天搜索都未发现美军航母舰队。23日,栗田舰队接近锡布延海,逐渐进入美军舰载机的攻击范围。当天"大和"队再次向莱特湾出击,一等飞曹佐藤馨座机被"地狱猫"击落,僚机侥幸飞回,仍未取得任何战果。

当天晚些时候,大西得知,栗田舰队在巴拉望水道遭潜艇伏击,重巡洋舰"爱宕"号、"摩耶"号战沉,"高雄"号受伤。当这些灾难发生时,特攻队还未实施一次像样的攻击,怎能不让大西心急如焚?对栗田多次要求基地航空部队提供空中掩护的请求,大西实在爱莫能助。他致电联合舰队司令部:"必须派出战斗机为栗田舰队提供空中掩护。鉴于现有战机数量太少,立即补充又来不及,因此请求将突入莱特湾的时间推迟两到三天,期待我特攻队取得辉煌战果。"此时参加"捷号"作战的四支舰队都已在路上,开弓没有回头箭,丰田不可能因此等待大西特攻而变更全盘作战计划。

23日黄昏时分,福留率第二航空舰队司令部飞抵马尼拉。菲律宾是福留的耻辱之地,半年前他曾在这里被游击队俘虏,老脸丢尽。大西第一时间找到了老同学:"第一航空舰队在近期作战中遭受重大损失,现在只剩下不到50架飞机可以升空作战。对我们来说,用如此少飞机是不可能使用传统战术继续作战的,那样只会将我们的残存力量消耗殆尽。通过对各种可能性进行详细调查研究,第一航空舰队决定实施特攻,这是目前挽回局势的唯一办法。我们希望,第二航空舰队也能够采用这一战术。"

大西碰了钉子,福留仍坚持使用常规战术和美军作战。即使蒙受了被俘虏的耻辱,福留都不愿轻易切腹,让他实施自杀式特攻显然是不现实的。当晚晚些时候，大西再次找到福留："我并不否定你所坚持的大机群战术的价值，但它在目前形势下所能取得的效果是值得怀疑的。我们坚信，第一航空舰队采用特攻战术将会取得显赫战果。我们的飞机实在太少，即使你不同意参加特攻，也请将你们的战斗机分一些给我们。"

福留依然不为所动，他担心采用自杀式攻击会让飞行员丧失斗志。两人是海兵第四十期的同班同学，但人家福留学习成绩优异，吊床号在144名学员中排第八位，更是海大第二十四期首席。大西在海兵的吊床号老酒没有查到，但从他连考两年都没考上海大的经历来看，他在海兵的成绩也不会好到哪里去。按照日本海军惯例，两人一起联合作战时，大西要接受福留的指挥——就像西村一旦和志摩会合就要接受志摩的指挥那样。争论持续了几乎整整一晚，最后以大西做出让步告终。

10月24日，福留按常规战术发起的航空总攻击以失败告终，仅击沉美军轻型航母"普林斯顿"号。美军迅速还以颜色，出动舰载机击沉超级战列舰"武藏"号。按照"捷一号"作战计划，25日是栗田、西村、志摩三支舰队冲入莱特湾的日子。大西告诉福留："如果水面舰艇采取这种极端手段，我们必须与之同步，特攻部队将在明天发起孤注一掷的进攻！"当天23时，第一航空舰队司令部下达了次日清晨全军出击的命令。

25日清晨，苏里高海峡夜战接近尾声。根据金凯德的命令，托马斯·斯普拉格少将5时45分放飞了11架"复仇者"和17架挂载227公斤炸弹的"野猫"，对仓皇逃跑的日军残部实施追击。由于"切南戈"号、"萨吉诺湾"号前往执行运送战机的任务，此时"塔菲一"只剩4艘护航航母。6时58分托马斯接到报告，北方120公里"塔菲三"突然遭到日军一支水面舰队的猛烈攻击。托马斯·斯普拉格命令回收舰载机，补充油弹，准备对"塔菲三"进行增援。7时36分，"桑提"号放飞了5架"复仇者"号8架"野猫"，危机就在此刻突然出现。

清晨6时30分，一等飞曹上野敬一率领6架日机从达沃起飞，从南方逐渐接近战场。7时30分左右，日机准确定位了棉兰老岛以东160公里的"塔菲一"。尽管雷达及时发现了这些不速之客并迅速发出预警，但天空厚厚的积云还是掩护日机顺利到达美军航母上空。

上野驾驶零战呼啸着撞向"桑提"号。五号炮位炮长约翰·米歇尔下士被日机的举动吓呆了。飞机在他眼中越来越大，丝毫没有拉起的意思。米歇尔扯起嗓子高喊："拉起来，你这个狗娘养的！拉起来！"上野显然不会听他的话，毅然驾机撞了下来，将飞行甲板撞出一个长10米、宽5米的大洞，被引爆的航空燃油形成一个覆盖全舰的巨大橙色火球。米歇尔被爆炸产生的气浪抛入空中，重重地落在炮池里。幸运的是，上野机仅携带了1颗63公斤炸弹。爆炸虽然诱发了火灾，但大火并未引爆附近一堆454公斤航空炸弹。7点51分，大火被消防和损控队员奋力扑灭。

7时56分，"桑提"号下方又发生了一次爆炸，舰体开裂导致海水汹涌灌入，航母迅速出现了5度右倾。在返回船坞进行第一次维修时，人们普遍认为"桑提"号是被慌乱掉入水中的深水炸弹所伤，这颗炸弹是敌机撞击时掉进水里的。直到战争结束，美国人才从日本人口中得知，"桑提"号遭到日军潜艇"伊-56"号的鱼雷攻击。艇长森永正彦射出的鱼雷在距航母仅数米远处炸响。日军两次攻击造成舰上水兵16人阵亡、27人受伤。"桑提"号在9时35分完成紧急维修，随队继续参加战斗。

另2架日机试图撞击其他美军航母。"桑加蒙"号和"彼得罗夫湾"号运气颇好，以密集炮火将尝试撞击的日机击落海中。"苏万尼"号运气稍差，高炮手击落了2架日机并击中第三架，但一等飞曹宫川正的飞机还是拖着长长的黑烟利箭一般撞上航母升降梯，在甲板上撕开一个直径3米的大洞，挂载的炸弹穿透甲板在机库炸响。幸好爆炸点附近没有易燃物，加上损管得力，"苏万尼"号侥幸逃过一劫。本次袭击导致"苏万尼"号水兵阵亡71人、受伤82人。

8时20分，托马斯·斯普拉格少将接到"苏万尼"号舰长威廉·约翰逊上校的报告：机库和飞行甲板被撞出一个大洞，控制电路没出问题，升降机可以继续使用。经过两小时紧急抢修，"苏万尼"号奇迹般地恢复了战斗力，随后还派出两拨飞机前往支援"塔菲三"。攻击"塔菲一"的日机并非来自"神风特攻队"，只是一队可充当特攻机的飞机进行的一次"即兴表演"而已。

25日清晨7时25分，在留下"弟子哟，凋谢吧，像这山樱花一般"的俳句之后，关行男准备率"敷岛队"的5架零战从马巴拉卡特机场向东出击。关的遗言既无叫器为天皇尽忠的疯狂，亦无报效国家之类的豪言壮语，字里行间充斥着即将为战争殉葬的悲凉心情。之前关曾私下告诉一位海军记者："凭我的技术，不用玩命去撞，也能将 500 公斤炸弹投中敌军飞行甲板。如果就这样让我们这些优秀飞行员去白白送死，日本的未来将很灰暗。我不是为了天皇，也不是为了日本，而是为了妻子和最心爱的人去死。"

他们都是 20 岁左右的年轻人，生命之花开得正艳，却要去执行有去无回的"必死必杀"任务。在吃完用竹叶包裹的饭团和出征前才特供的加菜之后，他们把姓名写在准备送回家乡的包袱上，在指挥官面前写下绝命书后准备出发。一些人没有勒头白布，就从医务室讨来绷带临时充当。他们平静地讨论如何才能击沉敌舰的战术。"这种谈话，"一名地勤人员回忆说，"看起来更像是一个关于好的钓鱼场所的讨论，而不像是一个与死亡约会的分析。"所有特攻队员被告知："不要太急于去死，如果找不到目标就转回来。下次你也许会找到更加有利的机会，选择一次可以换来最大战果的死亡。"

关的任务是在菲律宾以东海域搜索并攻击美军航母舰队，如果未能发现敌人，就直接前往莱特湾攻击美军运输船队。海航第一王牌西泽广义、佐川美佐雄、本田新吾、马场良治等 4 架零战为特攻队护航。10 时 10 分，关看到了北撤中的栗田舰队。半小时后，关在萨马岛以东发现了一支"由 4 艘航母、6 艘'巡洋舰'和驱逐舰组成"的美军舰队。

出现在关视野中的是"塔菲三"。10 月 25 日的斯普拉格简直倒霉到姥姥家了。本处于大后方的他们竟然阴差阳错被扯入一场空前绝后大海战的中心战场。"塔菲三"刚刚经历了史上最大战列舰的炮击，仅仅因为栗田的戏剧性命令才侥幸逃生。惊魂未定的斯普拉格还没顾上喘口大气，舰队就再次被日军一支更疯狂的部队盯上。

"甘比尔湾"号已经沉没。"塔菲三"剩余 5 艘航母中，除"圣洛"号外无不遍体鳞伤。"约翰斯顿"号、"赫尔"号、"塞缪尔·罗伯茨"号在之前的阻击战中战沉，"希尔曼"号遭到重创，"约翰·巴特勒"号、"丹尼斯"号、"雷蒙德"号正在四处打捞海面上挣扎的幸存者，几艘航母几乎没有任何护卫力量。日机几乎是掠海飞行，等美军发现敌机来袭时，已经太晚了。

关发出了"全军突击"的号令。根据斯普拉格的战后报告，日机先是从极低高度逐渐接近，而后急速爬升到 1500 米高空，朝美舰直接俯冲下来。因为从未见过零战采用这种攻击方式，美军起初将来袭者全部判断为俯冲轰炸机。1 架零战边扫射边朝"基昆湾"号舰桥直冲下来，美军水兵原以为日军飞行员最终会将飞机拉起，不料它一头撞向航母左舷狭窄通道。飞机上携带的炸弹轰然炸响，当场炸伤18名水兵。2架日机朝"范莎湾"号俯冲，美军防空炮火及时打响，在敌机撞上航母之前将之打得凌空解体。1架撞上"加里宁湾"号的零战使航母燃起了熊熊大火，第119号至第132号肋骨间飞行甲板被悉数破坏。

最后1架零战向"白平原"号发起俯冲，被舰上高射炮火逐开。这架受伤日机拖着黑烟一个急转，一头撞上了之前毫发无损的"圣洛"号。10时51分，零战携带的250公斤炸弹穿透飞行甲板在机库中爆炸。随后接连发生的7次殉爆不但炸开了飞行甲板，还将甲板、升降机和舰载机抛入数十米高的空中。整艘航母都被烈火吞噬，接二连三的爆炸将"圣洛"号底部彻底炸开。航母先是左倾，然后迅速向右倾斜超过30度。舰长弗兰克斯·麦克纳上校无奈下达了弃舰命令。30分钟后，"圣洛"号从舰尾方向徐徐沉入水中，"留下一团黑色的浓烟标志着水下墓地的准确位置"——北纬11度10分、东经126度05分，成就了"神风特攻队"的第一个战果。舰上860名水兵中，有754人成功获救。

"圣洛"号幸存者给这名日军飞行员起了个绰号叫"恶魔俯冲者"，他正是关行男。毙命的关被追晋两级为海军中佐。

由温哥华凯萨造船厂承建的"圣洛"号1943年1月23日开工建造，原拟命名"沙宾湾"号。为纪念1942年6月的那次辉煌胜利，1943年4月3日美军将它更名为"中途岛"号。同年8月17日，护航航母"中途岛"号下水，10月23日加入现役。美国海军可能觉得用"中途岛"命名一艘慢吞吞的护航航母实在可惜，于是决定将这个名字用在1艘新建的重型航母身上。1944年10月10日，护航航母"中途岛"号更名为"圣洛"号，用来纪念7月18日美军攻克圣洛市的那次战斗，这也是美国海军首次用一座法国城市为舰艇命名。可惜仅15天后，命运多舛的"圣洛"号就葬身大海。由此看来，频频更换名字似乎是不太吉利的。

2019年5月，微软公司创始人之一保罗·艾伦率团队乘"海燕"号科学考察船来到菲律宾海。当月25日，他们成功在4763米水深处发现"圣洛"号残骸，并拍摄了视频和大量照片。当年10月30日，"海燕"号在附近6200米水深处发现了1艘驱逐舰的遗体。经确认，它正是在萨马岛海战中表现神勇的"约翰斯顿"号。

日军护航零战快速遁去，"塔菲三"的噩运还远未结束。就在"圣洛"号遭撞击起火掉队的同时，日军15架"彗星"轰炸机已悄然而至。它们并不隶属"神风特攻队"，而是来自福留繁的第二航空舰队。虽然大部分日机被空中巡逻的"野猫"驱走，但仍有5架日机突破拦截向"塔菲三"发起攻击。1架日机被击落在"基昆湾"号旁边，部分残骸掉在前甲板之外。2架日机直接撞向"加里宁湾"号，1架撞在飞行甲板左舷并诱发火灾，好在火势5分钟后得到有效控制。另一架日机直接撞上后部烟囱，虽然造成了一定破坏，但并不影响航母继续作战。两次撞击导致舰上水兵5人阵亡、55人受伤。斯普拉格沮丧地说："我们被打得狼狈不堪，当时觉得即使有护航舰只担任警戒，我们还是难免要挨打的。"

傍晚时分，南下的"塔菲三"与"塔菲一"会合。金凯德命令当天遭遇三轮打击的"塔菲三"撤出战斗，第二天向马努斯返航，只留下2艘护航驱逐舰打捞落水人员。11月1日，斯普拉格率"塔菲三"抵达马努斯。"范莎湾"号、"加里宁湾"号、"白平原"号经珍珠港回到圣迭戈海军船厂大修，后两者直到战争结束都未能重返前线。

25日中午时分，日军宿务机场上空突然飞来3架零战。这种事情近期经常发生，因为距离主战场莱特岛很近，宿务机场成为飞行员执行完任务后一个主要落脚地。机场伙食非常不错，司务长曾经夸口，说他做出的饭菜是全菲律宾最好的。正由于此，很多日军飞行员常常借故在这里降落，目的仅为蹭一顿可口的饭菜。当监视哨报告"3架零战飞来"时，中岛以为他们又是来赶中午饭点的。

第一架飞机在跑道上降落。机身上的累累伤痕表明，这名飞行员并非简单前来混饭的。中岛认出，跳出飞机匆匆向指挥所跑来的是好朋友西泽广义。两年前在拉包尔时，两人曾在同一支飞行队共事。当天的特攻作战中，除损失5架特攻机外，另有1架护航零战被美军战斗机击落。西泽声称战斗中击落美军2架"野猫"，使个人战绩达到87架，列海航首位。因战后坂井三郎战绩被修正，排在第二和第三位的是岩本彻三和杉田庄一。

所有人哗的一声围上来，听西泽讲述对第一次"神风特攻"的观测结果。西泽说，目睹关的飞机直接撞上1艘航母，紧随其后的第二架飞机撞上了同一艘航母，而且几乎在同一位置。两次爆炸引起的烈火和浓烟足足超过了1000米，那艘航母最终沉没。第三架特攻机使另一艘航母起火，第四架撞上 1 艘轻巡洋舰。遗憾的是，第五架飞机未能撞上敌舰。对照美军战损记录，西泽记录的战果有些夸大，但也不算太离谱。

所有人无不欢欣鼓舞。之前中岛曾经担心，在飞机全速俯冲撞上目标的瞬间，飞行员会本能地闭上眼睛，这样可能降低攻击命中率。听过西泽讲述之后，中岛觉得这种担心已经不复存在。他立即将这一重大战果报告了马尼拉。

突如其来的好消息，让大西的精神为之一振：区区 5 架飞机，换来数艘美军航母沉没和遭受重创，如此辉煌的战果可谓前所未有。大西立即将上述"喜讯"电告东京的海军省、军令部和联合舰队司令部。

傍晚，东京广播电台播发了一条重要公告："今日上午 10 时 45 分，我'神风特攻队'之'敷岛'队于苏禄岛东北 55 公里处，对一支包括 4 艘航空母舰在内的敌特混舰队发起突袭。我 2 架飞机命中同一艘航母，该舰无疑已被击沉。第三架飞机命中另一艘航母并使之起火。第四架飞机命中 1 艘巡洋舰，当即将其击沉。"

次日，"神风特攻队"的"英勇事迹"占据了东京各大报纸的头版头条。《每日新闻》评论说，"我们所有人都应当学习这些年轻人的高贵精神"。小矶首相号召军工领域的工人"以特攻队勇士为榜样，在生产领域展示出犹胜于此的必胜精神"。NHK广播电台发表评论说："战争结束已为时不远，美国人已经输掉了战争。日本军队在莱特岛及其周围占有了彻底的空中和海上优势，而强大的我军增援部队正在发动进攻。所有日本人在未来作战中所要做的，就是向敌人展示我们的不屈精神，敌人便会心惊胆寒，不战而败。当然，这些西方人是不会理解这种强大的东方力量的。"

西泽向中岛提出，由自己亲自驾机参加 26 日的特攻行动。后来中岛对另一名王牌飞行员坂井三郎这样描述道："这实在太奇怪了，但西泽坚持他有一种不久于人世的不祥预感。他感到已没几天好活了。对他的请求，我当然不会答应。一个像他那样的卓越飞行员对国家来说太宝贵了。他应该驾驶一架战机，而不是像他自己要求的那样，作为一颗炸弹冲向一艘军舰。"由于当天驻宿务的"大和队"损失了 6 架零战，西泽答应将自己和两名队友的 3 架飞机留在宿务，作为特攻机使用。

26 日清晨，西泽和几名飞行员搭乘 1 架轰炸机离开宿务，前往克拉克基地接受新战机。在民都洛岛周边海域，这架从事运输任务的轰炸机遭到美军"黄蜂"号 2 架"地狱猫"的攻击，起火坠海，机上乘员无一幸存。西泽广义，这个不仅自认且被公认不会在空战中失败的王牌飞行员，空有一身出色本领，却作为一名普通乘员绝望地死去，年仅 24 岁。击毙西泽等人的很可能是哈罗德·内维尔中尉，他报告 26 日早上在民都洛岛东北海域击落 1 架日军轰炸机。接到西泽的死讯之后，丰田命令给予通报全军的嘉奖，并追晋两级军衔为海军中尉。由于当时战事繁忙，西泽葬礼一直到 1947 年 12 月 2 日才举行。

25 日晚，日军两位海军中将再次碰面。这回大西腰杆子明显硬朗了许多："事实令人信服地证明，特攻战术是我们唯一的取胜机会。在当前形势下，我们绝不能丧失宝贵的时间。第二航空舰队必须接受特攻战术，这一点毋庸置疑。"

现在福留对自杀攻击战术的高效能没有任何怀疑了。但他还是担心，这种战术会影响飞行员的士气。大西再次向他保证，绝对不会有任何问题。有参谋参加的讨论一直持续到 26 日凌晨 2 时，与会人员一致决定：全面采用特攻战术，以第七〇一航空队为主组建第二支特攻队。

两支航空舰队在战术问题上达成一致。东京随即颁布命令，两队合一成立基地航空部队联合司令部，福留任司令官，大西任参谋长，猪口为特攻作战负责人，中岛任飞行教官。由于同日小泽机动部队在恩加诺角海战中损失了所有 4 艘航母，从此，日本海军航空兵逐渐落入仅存特攻的尴尬境地。

10 月 26 日，军令部总长及川进宫，将"神风特攻队"创造的"辉煌战果"向天皇当面做了专题汇报。裕仁发问："有必要采取这样的极端措施吗？但是，他们的确完成了一项伟业。"裕仁的话很快传到菲律宾，中岛向特攻队员宣读了天皇电文以示嘉奖。但是猪口告诉中岛："大西将军听到天皇的话时极为沮丧。我想，他把陛下的言辞理解为对推出这一战术的指挥官的指责。"

当天晚上，猪口的司令部里来了一位全身披挂的年轻军官。"我是多田，长官。大西将军在这里吗？"来人是中尉多田圭太，海兵第七十二期学员，刚满 20 岁，现隶属第二航空舰队第二五二航空队。

"很高兴见到你，多田中尉。"猪口说，"这么晚了，你来这里干什么？"

"我想见见大西将军。"

"那好。他就在楼上，我带你去他的房间。"

两人来到大西门口，多田叫道："你好，叔叔！"大西开门，将多田迎了进去。

多田的父亲中将多田武雄现任海军省军务局长——后来出任海军次官，和大西是海兵同班同学，两人私交很深。大西和特纳一样膝下无嗣，对待圭太就像对自己的孩子。22时之后，猪口看到两人走了出来。大西祝年轻人好运，多田向叔叔鞠躬道别，戴上军帽转身离去。第二天多田被调入一支特攻分队，11月19日对莱特湾内的美军舰队实施特攻后就再也没了消息。

几天后一个晚上，猪口在宿务迎来了6架新到的战斗机。带队队长向猪口敬礼，年轻人竟然是侄子中尉猪口智，他和几天前来找大西的多田圭太是海兵同班同学。常年在外征战的猪口已经好几年没见过侄子了。年轻人问叔叔："您有关于我父亲的消息吗？"

猪口告诉侄子："据我所知，他已经随船沉没了。"

11月2日下午，猪口组织了一次对美军塔克洛班机场的突袭。当参加突袭任务的12架飞机准备起飞时，披挂整齐的猪口智窜上了一架本不属于自己的飞机。日军机群被美军雷达提前发现，在飞越一道山岭时遭到伏击。唯一返航的那名飞行员满脸是血。猪口向他问起侄子的下落，飞行员脸上的表情已经回答了他的问题。他的父亲随"武藏"号沉没仅仅过去10天，现在儿子也跟着去了，就在父亲安息的不远处。

10月30日，裕仁告诉海军大臣米内光政："非常遗憾，我们只能这样做。神风特攻队做得很好，我对队员的阵亡感到悲伤。"


## 恩加诺角海战


10月25日午夜时分，哈尔西和米切尔率三个航母特混大队向北疾驰，以期缩短与小泽舰队之间的距离。0时28分，载有夜航侦察机的"独立"号接到了第三十八特混舰队参谋长伯克上校的命令："请尽快派出你的搜索机。"0时58分，舰长爱德华·尤恩上校出动了5架"复仇者"，1时26分又放飞了第六架。2时09分，呼号为"84V79"的鱼雷机发回报告："2时05分，北纬16度43分、东经125度37分水域发现敌舰6艘，其中3艘大型舰只，航向110度，航速15节。"3时31分，尤恩再次出动3架战斗机和1架鱼雷机前往执行搜索任务。

飞行员发回的接敌报告让伯克和刚刚睡醒的米切尔兴奋异常。日军舰队就在北方约 150 公里处，之前米切尔提出的方案可以付诸实施了。伯克迅速致电第三舰队司令部，提议立即组建第三十四特混舰队先行北上，"现阶段推测，该部可能在 4 时 30 分左右接敌"。事实上，美军飞行员发回的位置有误，此时交战双方之间的距离约为 360 公里。

2 时 41 分，哈尔西回电批准了伯克的提议："临时编成第三十四特混舰队，在主力舰队以北 19 公里处领航。确认航向。维持舰队的战术指挥。"很显然，哈尔西和米切尔都不愿让航母冒卷入夜战的风险。值得一提的是，两位司令官之间几乎很少通话，他们通常经过参谋长卡尼和伯克或其他参谋传达口头命令或建议。尽管 TBS 非常好用，而且在之前的使用中被充分证明没有被日军窃听的可能。

对伯克做出回复之后，哈尔西打破无线电静默，同时致电金、尼米兹、麦克阿瑟和金凯德："再次发现日军北路舰队，正率舰队高速接敌。我的部队集中了 3 个大队的全部兵力。"这一电报等于告诉所有接收者，第三十四特混舰队——包括他的旗舰"新泽西"号——并不在圣贝纳迪诺海峡外海。

随着米切尔命令的发出，美军 3 支航母大队开始快速机动。舰船调入或调出看似热闹非凡，却井然有序，这是一支舰队训练有素的标志。2 时 53 分，无数人翘首以盼的第三十四特混舰队终于在北纬 15 度 22 分、东经 126 度 01 分海域宣告成立，众望所归的李中将出任舰队司令官。第三十四特混舰队编成如下。

第一大队：新式战列舰"衣阿华"号、"新泽西"号、"马萨诸塞"号、"华盛顿"号、"南达科他"号、"阿拉巴马"号，指挥官由李中将兼任。

第二大队即右翼队：轻巡洋舰"文森斯"号、"迈阿密"号、"比洛克西"号，驱逐舰"廷吉"号、"米勒"号、"欧文"号、"沙利文兄弟"号、"斯蒂芬·波特"号、"希克考斯"号、"亨特"号、"刘易斯·汉考克"号、"马歇尔"号，指挥官第十四巡洋舰分队司令官怀尔德·巴克海军少将。

第三大队即中央队：重巡洋舰"威基塔"号、"新奥尔良"号，驱逐舰"科格斯维尔"号、"卡帕顿"号、"英格索尔"号、"纳普"号，指挥官第六巡洋舰分队司令官查尔斯·乔伊海军少将。

第四大队即左翼队：轻巡洋舰"圣达菲"号、"莫比尔"号，驱逐舰"克拉伦斯·布朗森"号、"科腾"号、"多奇"号、"希利"号、"巴格利"号、"帕特森"号，指挥官第十三巡洋舰分队司令官劳伦斯·杜博斯海军少将。

新组建舰队中的战列舰并非原来确定的 4 艘，而是包括所有 6 艘。李中将受命率舰队前出，在谢尔曼第三大队以北 19 公里占位，由"马萨诸塞"号任先导舰以 25 节航速向北高速接敌。

那些对哈尔西前一天行动持有异议的海军军官惊喜地发现，李中将正在集结部队，他们为此感到欣慰。但让他们更加吃惊的事情还在后边，这支舰队不是快速南下去扼守圣贝纳迪诺海峡，而是向北前出在航母舰队前方占位。哈尔西将军唱的到底是哪出戏？

做出上述部署之后，3 时 41 分，米切尔命令 3 个航母大队："请立即装备第一拨攻击机群，黎明时分派出战斗空中巡逻、搜索及攻击波。上述任务完成之后，尽快准备好第二拨攻击部队。"

6 时整，"列克星敦"号放飞 4 组战机执行搜索任务，每组各 1 架战斗机和 1 架俯冲轰炸机，其中 1 架"地狱俯冲者"因发动机故障提前返航。8 时 02 分，负责 290 度到 300 度范围搜索的约翰·巴茨上尉在吕宋岛北方甘米银岛西海岸发现 2 艘日军"照月级"驱逐舰，立即呼叫护航的布鲁斯·威廉姆斯上尉一起发起攻击。巴茨发现的正是因燃油不足前往高雄补给的驱逐舰"桐"号和"杉"号。威廉姆斯扫射了"桐"号，声称造成敌舰后甲板起火。巴茨也对该舰投下了炸弹。日军记录"桐"号左舷挨了 2 颗近失弹，2 名水兵毙命。"杉"号向小泽发回接敌报告后，护卫"桐"号继续向高雄返航。

8 时 20 分，负责 310 度到 320 度区域的伦纳德·斯旺森上尉与护航的保罗·加特兰中尉发现并攻击了一支"由 6 到 7 艘大型运输船、6 到 7 艘货船和 5 艘护航舰艇"组成的大型船队，斯旺森投下的炸弹取得近失，加特兰声称将最大那艘运输舰打得前甲板起火。美军另外两个小组均无发现。上述各机 12 时 05 分前全部安全返回母舰。

和"列克星敦"号类似，功勋战舰"企业"号也在清晨 6 时放飞了 10 架"地狱猫"和 7 架"复仇者"，向北执行索敌任务。除弗兰克·加拉赫中尉和肖尔茨少尉各击落 1 架日机之外，一无所获。

日军显然潜伏在北方水域，肯定也会在黎明时分放飞侦察机。米切尔早已急不可待，他不愿失去先发制人的机会。早在侦察机起飞前的5时45分，博根、戴维森、谢尔曼已经接到了米切尔的命令："无有关目标的最新消息，请如期派出攻击波。攻击机在舰队以北93公里处集合。他们将在飞行途中收到敌军的最新情况。"出击飞行员被告知，让尽可能多的敌舰丧失航行能力，击沉它们的任务留给李中将战列舰上的巨炮。这对飞行员来说显然很难把握：怎么才能把敌人打成半身不遂而不打死呢？

接到米切尔的命令，从5时54分开始，第二大队"无畏"号，第三大队"列克星敦"号、"埃塞克斯"号，第四大队"企业"号、"富兰克林"号、"贝露森林"号和"圣贾辛托"号7艘航母相继放飞打击机群。美军第一拨攻击共出动战机201架——其中战斗机69架、俯冲轰炸机68架、鱼雷机64架。"贝露森林"号詹姆斯·威尔逊上尉的"地狱猫"因燃油泄漏中途折返迫降海上，8时12分被驱逐舰"克拉伦斯·布朗森"号救起。

米切尔尚未准确定位敌舰队位置就提前出动打击机群，旨在尽量缩短从接敌到攻敌的时间，还可以避免飞机尚未起飞就遭到敌人突然袭击，就像美国人在中途岛对付南云那样。米切尔当然不会知道，小泽已完全丧失攻击能力。此外，因为在前一天损失了"普林斯顿"号，心里憋闷的米切尔和谢尔曼一样急于复仇。

6时48分，哈尔西询问米切尔："鉴于目前事态的发展情况，你的侦察机搜索了哪些海域？"米切尔在6时50分做出答复："轰炸机负责70度到250度，战斗机负责0度到30度。"5分钟后，他再次命令3个大队的司令官："暂不派出第二拨攻击机群，直到接到新命令为止。"做出上述安排之后，精疲力竭的米切尔回到自己舱室喘气，其他事务都由参谋长伯克去处理了。

米切尔的判断非常准确。在他们北方并不遥远的海域，小泽和他的同僚也干着类似的事情。5时45分，"千代田"号放飞了区区2架九七式鱼雷机，执行舰队反潜巡逻。由于在前一天对谢尔曼第三大队的攻击中损失了大部分航空力量，小泽实在派不出更多飞机了。5时55分——对阵双方侦察机起飞时间仅相差5分钟——"瑞鹤"号出动4架"天山"执行侦察任务，搜索方位24度到193度，半径546公里到611公里。飞行员受命在完成任务后不必返回，直接前往吕宋岛机场降落。除1架飞机因机械故障7时返回"瑞凤"号外，其余3架飞机在搜索过程中毫无发现，直接飞往吕宋岛北端陆上机场。

小泽知道美军的攻击已迫在眉睫,自己为数寥寥的攻击机突破美机和防空炮火的双重拦截取得战绩的可能性几乎为零,他们势必成为彪悍"地狱猫"的口中之食。既然如此,索性放飞行员一条生路吧,如今保存任何一点儿力量都是十分必要的。6时10分,小泽下令8架战斗轰炸机和1架"彗星"起飞,前往吕宋岛尼克尔斯机场加入基地航空部队,仅仅留下18架零战用于自卫。当9架飞机颤颤巍巍扇动着翅膀向航母发出"再见"信号时,小泽眼泪都快掉下来了:"来吧,美国人!我就在这里等着你们,要杀要剐随你们便。"

6时整,机动部队本队抵达北纬18度39分、东经126度海域。1小时后,松田率前卫部队前来会合。小泽下令将所有舰船编成两个战斗群:他亲自指挥的第五群以航母"瑞鹤"号和"瑞凤"号为核心,辅以航空战列舰"伊势"号,轻巡洋舰"大淀"号,驱逐舰"秋月"号、"初月"号、"若月"号、"桑"号。松田率第六群在第五群以南8公里占位,核心是航母"千岁"号、"千代田"号,护航舰只包括航空战列舰"日向"号,轻巡洋舰"五十铃"号、"多摩"号,驱逐舰"霜月"号和"槙"号。18架零战护卫多达15艘舰船显然是远远不够的,抵御空袭的重担就落在了各舰防空火力身上。

7时07分,"伊势"号雷达最早发现180度方位出现美机。5分钟后,位于最南方的"日向"号发现4架美机出现在130度方位、28公里之外。他们发现的是"埃塞克斯"号约翰·科林斯上尉率领的一个4机分队。当天清晨,科林斯接受的任务是执行第三大队空中巡逻。由于"企业"号和"列克星敦"号的搜索毫无结果,科林斯受命向北飞行,搜索日军舰队的行踪。7时10分,当科林斯分队准备掉头返航时,他的僚机飞行员沃里斯特中尉突然发现,北方33公里海面上出现了一支日军舰队。科林斯迅速向"埃塞克斯"号发回接敌报告:"发现敌军航空母舰4艘,战列舰2艘,护航舰只11艘,位于我舰队以北240公里处。"由于米切尔提前出动了第一拨攻击,美军攻击机群与日军舰队的距离只有93公里。

空中敌机频频出现,小泽意识到自己的行踪肯定已被美军发现,诱敌任务大功告成!7时32分,兴奋的小泽向联合舰队司令部及栗田、西村、志摩、福留发出《机动部队本队机密第250732番电》:"机动部队本队遭敌舰载机跟踪,恩加诺角以东454公里。"可惜的是,这封至关重要的电报同样被遗忘在"大和"

号电讯室里，而海底的西村已经永远收不到小泽的电报了。

　　小泽对栗田舰队的印象还停留在他们第一次反转的时候。他判断即使中路舰队接到"天佑"命令后立即掉头，也必须再次穿越锡布延海和圣贝纳迪诺海峡。即使接下来航程一路顺利，他们抵达莱特湾至少也到25日中午时分了。北路舰队必须拖住美军航母舰队至少半天，为栗田留下充足的作战时间，越长越好。

　　7时39分到8时11分之间，"伊势"号、"瑞鹤"号、"大淀"号在几个方向均发现了不断逼近的美军机群，出现在"瑞鹤"号左舷160度、高度6000米的那一机群数量高达3位数。8时11分，小泽下令在旗舰桅杆上升起战斗旗，命令各舰准备战斗。面对气势汹汹杀将过来的庞大机群，小泽倾其所有出动了18架零战——"瑞鹤"号13架、"千代田"号3架、"千岁"号2架——起飞迎战。飞行员中，大尉小林保平、少尉南义美、飞曹长松村百人都身经百战。

　　"埃塞克斯"号战斗机飞行员约翰·斯特兰恩上尉先后与4架零战展开格斗，确认击落3架，疑似击落1架。他的"地狱猫"也被日机击伤，斯特兰恩只好在760米高度跳伞逃生，后被己方驱逐舰"科腾"号救起。他的僚机飞行员卡尔顿·怀特中尉击落2架零战。在距日军第五群22公里时，约瑟夫·劳勒少校率领的一支"企业"号战斗机分队发现了日军航母上升空的零战，于是率队180度转向迎击对手。"瑞鹤"号和"企业"号称得上多年的老对手了，这是两舰之间的第四次对决。开战以来，这只"吉祥的仙鹤"用它那破坏性的翅膀一路横扫印度洋和太平洋，在珊瑚海海战中击沉第一代"列克星敦"号，在东所罗门群岛海战中差点终结"企业"号，在圣克鲁斯海战中击沉了"大黄蜂"号。今天，他们终于到了一决生死的时候了！

　　明知双拳难抵"十手"，但日机依然毫不畏惧迎头而上，与美机捉对展开厮杀。劳勒和僚机飞行员G.登比少尉遭到3架零战围攻，登比在飞机中弹起火后跳伞，当天下午被"科腾"号驱逐舰救起。劳勒飞机机翼被打出25个弹孔，襟翼、起落架被打坏，左副翼失灵，速度计也被打没了。10时33分，他的飞机在"马格福德"号附近迫降，很快被驱逐舰的水兵救起。"企业"号返航飞行员说："这些对手比起扫荡菲律宾机场遇到的那些人，展现出更高超的技术和更大的决心。"

　　8时35分，"列克星敦"号战斗机中队开始与零战交战，声称击落日机1架，击伤2架。"无畏"号战斗机中队理查德·切沃利上尉8时45分疑似击落1架零战。"贝露森林"号罗伯特·托马斯少尉在 1200 米高空击落 1 架零战。日机数量实在太少，如此惨淡战绩回去都不好意思向战友吹牛。几架零战阻击了进入攻击线路的"富兰克林"号鱼雷机中队。美军"复仇者"合力击落和重创零战各 1 架，托马斯·布鲁克斯少尉的鱼雷机被日机击落，3 名机组成员全部失踪。

综合各中队上报战绩，美军声称击落零战 13 架，疑似击落 4 架，击伤 4 架。实际上第六〇一航空队只有 5 架零战在混战中被击落，另有 5 架下落不明。美军损失战斗机 3 架、鱼雷机 1 架。短暂的空战结束之后，天空中几乎看不到日本人的飞机了，一路畅通无阻的轰炸机和鱼雷机可以甩开膀子大开杀戒了。

看到空中蝗虫一般的美军机群，小泽确认机动部队诱敌任务顺利完成，接下来就看能够保存多少有生力量了。8 时 15 分，他再次向联合舰队司令部及参战各部发出急电："约 80 架敌机来袭，我部正在与之激战，交战地点位于恩加诺角 85 度、444 公里。"和 7 时 32 分发出的那封电报一样，这封电文同样未被正在猛烈进攻"塔菲三"的栗田收到。小泽历尽千辛万苦，以牺牲自己为代价换取的绝佳机会，就这样被白白浪费掉了。

美军前两拨攻击总指挥是"埃塞克斯"号飞行大队长麦坎贝尔中校，这家伙又违抗命令跑出来刷战绩了。麦坎贝尔电令第三大队舰载机由东侧向松田第六群发起攻击，第二大队"无畏"号飞行大队将攻击目标锁定了小泽第五群。第四大队攻击机在"企业"号飞行大队长丹尼尔·史密斯中校的带领下向北迂回，之后从东北方向切入，向小泽第五群猛扑过去！

美军机群在不断逼近，8 时 20 分，日舰高射炮纷纷打响。4 架"地狱猫"向位于"瑞凤"号左前方的"秋月"号扫射同时射出 12 枚火箭弹，驱逐舰舰体中部发生爆炸并诱发大火，锅炉舱喷发出大量蒸汽。"企业"号 1 名战斗机飞行员称："当飞机还在敌舰上空时，它已经被大团大团的烟幕笼罩。"

水雷长河原崎勇正在舰桥后部指挥炮群射击，突然发现驱逐舰中部中弹，鱼雷很快发生殉爆。"那一瞬间，爆炸气浪迎面扑来，使我在一瞬间失去了意识。"河原后来这样回忆说，"当我再次醒来时，发现头盔和防火服已不知去向，半边脸也被熏得乌黑，耳膜破裂，听不到任何声音了。""秋月"号因轮机停摆而失速。河原跑向舰桥下方，那里到处都是尸体，一些人因严重烧伤无法辨认。驱逐舰烟囱到鱼雷发射管之间区域出现一个大破口，两舷各剩一块铁板连接前后舰体。

"秋月"号从舰体中部断裂处开始徐徐下沉。在炮长冈田一吕和航海长坂本利秀的一致请求下，舰长绪方友兄无奈下达了弃舰命令。但他本人拒绝离开，试图留在舰桥上与战舰共存亡，被几名水兵强行拖走。

发现"秋月"号爆炸沉没，松田9时命令"槙"号前往打捞幸存水兵。该舰9时33分抵达"秋月"号沉没位置，舰长石塚荣亲自到后甲板抛下绳索，以使落水者能够攀缘而上。在石塚的亲自指挥下，包括绪方、河原、坂本等军官在内的154名水兵获救。由于舰上发生剧烈殉爆且沉没时间实在太快，包括轮机长柿田德在内的179名官兵毙命。

关于"秋月"号沉没的准确时间，不远处的"大淀"号、"桑"号、"五十铃"号记录都不相同。10月26日，被救上来的舰长绪方在发给第十驱逐舰战队司令部的电文中确认："我舰于8时30分中弹，8时40分沉没。"这应该是相对准确的数字。

唯一一艘大型航母"瑞鹤"号自然成为美机关照的重点对象。在之前的历次作战中，"瑞鹤"号总有姊妹舰"翔鹤"号为它挡枪。参加过除中途岛海战之外所有航母大战的"瑞鹤"号还真未受到过致命伤害，这不能不说是一个奇迹。"翔鹤"号已在马里亚纳海战中驾鹤西去，而今"瑞鹤"号也只能独撑危局了。

美军机群在不断逼近。8时21分，"瑞鹤"号开始对空射击，8时28分加速到24节。仅1分钟后，美机的持续攻击拉开序幕。在"企业"号航空大队长史密斯中校指挥下，"富兰克林"号俯冲轰炸机中队中队长查尔斯·斯金纳上尉率队从4600米高空下滑至3900米俯冲点，2架零战阻击未果后转向后方的鱼雷机队。美军轰炸机以210度方向发起俯冲投弹，继而以45度航向改出。发起俯冲的12架飞机中，斯金纳、保罗·霍尔斯特罗姆中尉等8人声称投出的炸弹命中敌舰，赫伯特·巴鲁克中尉等4人的炸弹取得近失。"无畏"号5架鱼雷机中有4架向"瑞鹤"号射出鱼雷，弗农·西斯特伦克少尉声称自己的鱼雷取得命中。

"企业"号13架俯冲轰炸机在中队长罗伯特·列拉少校率领下向北进至第五群东北方向的俯冲点，随后由东向西朝"瑞鹤"号俯冲投弹，其中5架轰炸机还扫射了日军1艘轻巡洋舰。鱼雷机中队中队长塞缪尔·普里克特中校将手下7架"复仇者"分成两组，3架从左舷、4架从右舷对"瑞鹤"号实施夹击。其中2架鱼雷机被日军高射炮火击伤，弗朗西斯·萨维奇上尉勉强飞回了"企业"号，飞机因伤势过重被推入大海。

值得一提的是，到1944年3月军工生产巅峰时刻，美国国内飞机工厂每295秒就能生产出一架战机，其中包括B-17、B-24和B-29等超大机型。对战场上受伤过重的飞机，财大气粗的美国人根本懒得回收修理，而是直接做报废处理。

在中队长唐纳德·梅尔文少校带领下，"圣贾辛托"号鱼雷机中队从东南方向高速接敌。发现已有足够数量友机攻击"瑞鹤"号后，梅尔文决定将攻击目标改为1艘"重巡洋舰"，其实那是联合舰队前旗舰轻巡洋舰"大淀"号。虽然由他亲自率领的3机分队攻击了"大淀"号，但莱加内·霍尔上尉未能及时接到命令，率3架"复仇者"依然向"瑞鹤"号投出2条鱼雷。完成攻击的"圣贾辛托"号鱼雷机中队避开日军防空炮火，向北飞行到距攻击位置20公里的集结点。

根据日军的战斗记录，8时35分，两条鱼雷分别从"瑞鹤"号右舷和左后舷一掠而过。几乎就在同一时间，3颗炸弹准确命中"瑞鹤"号。其中2颗击穿飞行甲板左后部，穿透第八锅炉舱输气管道后轰然炸响。剧烈爆炸导致第八锅炉舱因送风机被毁停止送风，第六锅炉舱蒸汽压力骤减，周围舱室也遭到严重破坏。所幸8时50分第二机库诱发的火灾在4分钟后被迅速扑灭，才未酿成更大灾难。美军第三颗炸弹在下层第二号备用机翼仓库爆炸，上甲板通道严重损毁。

8时37分，1条鱼雷准确命中"瑞鹤"号左舷第95号肋骨附近4号发电机室下方，海水顺鱼雷撕开的大洞汹涌灌入，4号发电机室、左舷后部轮机舱第9、第10、第23、第25号兵员舱等被海水淹没。灌入的2000吨海水导致"瑞鹤"号左倾达到9.5度。经损管人员奋力抢救，倾斜在8时45分减小到6度。8时40分，仅剩右舷两轴传动的"瑞鹤"号航速降至23节，只能使用人工操舵，规避美军下一轮攻击的能力大大减弱。第二电报室被淹，使旗舰丧失了电报发送能力，第一电报室也在8时47分断电。8时48分，舰队指挥中枢"瑞鹤"号完全失去通信能力。小泽只能使用信号旗将命令下达给"大淀"号，再由后者向舰队其他舰船转发，形势对日军来说越发绝望。

美机数量是如此之多，肯定不会轻易放过与"瑞鹤"号同处第五群的"瑞凤"号。由于空中并无几架零战，无所事事的"无畏"号战斗机中队从4900米高度发起俯冲——美军"地狱猫"大多携带了227公斤炸弹——其中3架轰炸了"瑞凤"号，另2架分别对准"瑞鹤"号和"伊势"号投弹。查尔斯·安默曼中尉、理查德·切沃利上尉声称自己投下的炸弹命中"瑞凤"号，弗雷德里克·特雷西少尉则称炸弹命中"瑞鹤"号飞行甲板后端。查尔斯·沃茨上尉的炸弹命中1艘轻型航母，还扫射了1艘轻巡洋舰。

在中队长乔治·盖斯基耶尔少校带领下，"无畏"号10架轰炸机从3400米高度发起施俯冲，下降至760米开始投弹。盖斯基耶尔的5机小队声称4颗炸弹命中1艘轻型航母。詹姆斯·沙姆韦上尉的5机小队有3架轰炸了另一艘轻型航母，其余2架分别向1艘战列舰和巡洋舰投弹。沙姆韦认为自己投下的炸弹命中了那艘航母尾部。"无畏"号鱼雷机中队中队长劳埃德·安特卫普少校同样率队攻击了"瑞凤"号，声称有鱼雷取得命中。

"埃塞克斯"号2架"复仇者"在820米距离向"瑞凤"号投射鱼雷。"富兰克林"号6架携带炸弹的鱼雷机在诺曼·钱普林上尉带领下从东北突入，向"瑞凤"号下滑投弹，声称4颗炸弹命中目标。

得到这么多美军飞行员的"垂青"，"瑞凤"号注定在劫难逃了。8时35分，2颗炸弹几乎同时命中"瑞凤"号。第一颗炸弹落在升降机后端，将飞行甲板撞出一个直径半米的大洞，然后在下层机库后方油罐室爆炸，造成飞行甲板中部第115号至第150号肋骨部位拱起，油罐室严重损坏。所幸击中飞行甲板右后端的第二颗炸弹是颗哑弹，没有造成实质性损坏。从8时36分之后的3分钟里，接连3颗近失弹导致"瑞凤"号舵机失灵，只能改用人工操舵。8时52分，"瑞凤"号因进水出现3度左倾，落在左舷之外的1颗近失弹损坏了飞行指挥所。经过损管人员奋力扑救，8时45分机库诱发的大火11分钟后被成功扑灭。为避免引发更大火灾，停放在飞行甲板后部的1架"天山"被推入大海。因"瑞鹤"号和"瑞凤"号遭到持续攻击飞行甲板无法开放，之前升空拦截的几架零战只好在海上迫降。小林保平、峰善辉等人先后被"初月"号等驱逐舰救起。

派驻"瑞凤"号的海军报道员竹内广之好像比战斗人员还忙，他跑前跑后拍摄防空战斗、救火等惊险场面。舰队从本土出发前，竹内和饭岛昌一、村岸正雄、西本良之助、大鹿荣太郎、山根等6人被派往机动部队各舰，火线拍摄战时宣传报道素材。战斗结束后，跟小泽一起回去的只有竹内和派驻"大淀"号的山根两人。他们拍摄的资料被剪辑成《日本新闻第232》号在国内播放，为机动部队最后一战留下了宝贵影像。今天我们看到的一些照片就来自他们的拍摄。

除"瑞鹤"号和"瑞凤"号外，日军其他护航舰船同样遭到攻击。"企业"号12架"地狱猫"向"大淀"号发射44枚火箭弹，被舰长牟田口格郎成功避开。"富兰克林"号1架鱼雷机向"大淀"号投下2颗454公斤炸弹，未获命中。"圣贾辛托"号梅尔文少校放弃攻击"瑞鹤"号后，率3架鱼雷机攻击了"大淀"号，战果不明。8时32分，"大淀"号挨了两颗近失弹。8时48分，3架美机从左30度进行俯冲投弹扫射，"大淀"号四号高炮附近被1颗炸弹命中，另外2弹取得近失。虽然右前舷接着又挨了2颗近失弹，但"大淀"号成功避开了所有射来的鱼雷。

"圣贾辛托"号霍华德·博伦中尉的鱼雷机在进入攻击航路时被高炮击伤，一度失控。等他竭力恢复控制时，发现前方1艘驱逐舰正迎面驶来，于是转向360度向敌舰投下鱼雷，被"桑"号舰长山下正伦成功避开。"伊势"号8时40分避开左前舷射来的一条鱼雷后，又在8时56分成功避开了来自右前舷方向6架轰炸机的投弹。在8时56分避开另外2条鱼雷后，"伊势"号终于在8时58分挨了1颗近失弹。掉在左前舷200米外的那颗炸弹肯定无法对战列舰的厚重装甲造成太大伤害。

第四大队美军战机主要攻击了处于北方的第五群，麦坎贝尔中校指挥的第三大队机群则群殴了小泽南方8公里的松田部队。"埃塞克斯"号俯冲轰炸机中队以1艘轻型航母为目标——那显然是"千岁"号——从东北方向发起俯冲，在460米高度投弹。约翰·布利杰斯上尉等7名飞行员声称自己的炸弹命中目标。根据麦坎贝尔的命令，"埃塞克斯"号鱼雷机中队在中队长瓦尔德马尔·兰伯特少校率领下从西面高速接敌，在轰炸机投弹时进入攻击阵位。当时"千岁"号已被数颗炸弹命中起火，动力丧失。麦坎贝尔命令兰伯特放弃进攻航母，转向"千岁"号左后方的"日向"号发起进攻。出于通信不畅等原因，美军11架鱼雷机散开队形各自寻找攻击目标。除8架攻击"千代田"号、"日向"号和"瑞凤"号外，其余4架仍然向"千岁"号投射了鱼雷：3架攻击左舷，1架攻击右舷。美机在拔高飞离时，发现那艘航母发生了两次剧烈爆炸。

"千岁"号8时28分被2颗炸弹直接命中，两舷外多颗近失弹飞溅的弹片将雷达天线凌空切断。8时30分，另一颗炸弹命中后升降机之后部位，从飞行甲板一直穿透至第三兵员室，最后在第十七兵员室内轰然炸响。剧烈爆炸导致舷壁开裂，大量海水灌入，第三、第十六兵员室及军官室燃起熊熊大火。除舷侧高达两位数的近失弹外，又有一颗炸弹在8时34分击中弹药库，随后诱发了一系列爆炸。为防止殉爆进一步扩大，损管队员开始向前部高炮弹药库注水。第三锅炉舱燃起大火并冒出滚滚黑烟，附近人员被迫撤离。浓烟蹿入第二电报室，该处人员被迫撤向第一电报室。第二、第四锅炉舱被海水淹没导致"千岁"号出现7度左倾，水兵被迫排放67吨燃油来恢复平衡，但航母左倾还是在8时40分迅速扩大到15度，12分钟后加大到26度。

9时整，"千岁"号准备执行拖曳作业，水兵为右前部轮机舱注水试图减小左倾。幸存人员开始向飞行甲板右侧集结。眼看航母已无法挽救，9时25分，舰长岸良幸发信号给松田，指出航母已处于极度困难之中："当前仅以内火机航行，两舷轮机无法使用，推算可航行5小时。"松田命令"五十铃"号近前执行拖曳任务，"霜月"号向航母靠近。因伤势太重，"千岁"号9时37分沉入大海。当"五十铃"号9时40分掉头南下准备执行拖曳任务时，9时49分却发现海上已没有那艘航母的踪迹了。9时42分，首先来到航母沉没位置的"霜月"号放下了2艘救生艇。但仅2分钟后美机来袭，营救行动被迫中止。

对"千岁"号幸存人员的打捞因美军的持续空袭时断时续。截至13时20分，"五十铃"号、"霜月"号共救起601人，包括舰长岸、副舰长矢野宽二、轮机长德永已法、航海长冈村幸雄、通信长柊原市藏，包括参加过偷袭珍珠港之役的第二六三飞行队队长林亲博在内的468人毙命。

"列克星敦"号俯冲轰炸机飞行员罗伯特·邓肯中尉向"日向"号投下炸弹，未能确认命中。"埃塞克斯"号3架鱼雷机向"日向"号射出鱼雷，均被日舰成功避开。"列克星敦"号鱼雷机飞行员约瑟夫·布莱克上尉和约翰·麦克唐纳中尉声称，自己射出的鱼雷分别击中"日向"号舰体中部和舰尾，事实上该舰在抗击美军第一轮空袭中毫发无损，还确认击落了1架美机。

"埃塞克斯"号鱼雷机中队中队长兰伯特少校及僚机塞缪尔·霍拉迪中尉原拟攻击"伊势"号，后发现位于南侧的"千代田"号因为右转右舷暴露，遂转向对"千代田"号投出鱼雷。"列克星敦"号伦纳德·马赛厄斯上尉率4架"复仇者"从"千代田"号左舷发起攻击，声称4条鱼雷全部命中，事实上却恰恰相反。

"列克星敦"号鱼雷机飞行员戈登·惠尔普利上尉和詹姆斯·塞普雷尔中尉攻击了轻巡洋舰"多摩"号，其中1条鱼雷8时30分获得命中，轮机受损的"多摩"号航速大减，逐渐掉队。9时36分，松田命令"五十铃"号脱离第六群，南下为失速的"多摩"号护航。

　　美军第一拨攻击共投入战机181架，取得战果为击沉轻型航母"千岁"号和驱逐舰"秋月"号，击伤"瑞鹤"号、"瑞凤"号和"多摩"号。3架"地狱猫"和1架"复仇者"被击落，2架"复仇者"被高炮击伤返航后报废，另有13架飞机受伤，1架"地狱猫"返航途中因燃油泄漏在海上迫降。

　　美军返航飞行员报告说，日军航母基本未组织像样的防御，天空几乎全是我们的天下。包括李中将和伯克在内的一大批军官得出结论，日军航母因缺乏空中力量已经失去了战斗力，其使命仅仅是佯动引诱第三舰队北上，为南方两路日军的突击创造条件。

　　接到科林斯上尉发回的接敌报告，几乎累散了架的米切尔瞬间来了精神。7时45分，他急不可待地向谢尔曼、博根和戴维森下达命令："8时放飞第二拨打击机群。"由于参加第一拨攻击的飞机尚未返回，第三大队仅"列克星敦"号和"兰利"号出动了飞机。前者派出鱼雷机9架，后者派出战斗机4架和鱼雷机5架。第四大队"企业"号在第一波攻击中出动了39架飞机，未能参加第二拨攻击；"富兰克林"号出动俯冲轰炸机和鱼雷机各6架，后者挂载454公斤炸弹；"贝露森林"号、"圣贾辛托"号各出动战斗机4架为攻击机群护航。美军第二拨攻击机群只有36架飞机，是当天最小的一个机群，指挥官是"富兰克林"号鱼雷机中队中队长劳伦斯·弗伦奇少校。

　　美军第一轮攻击结束之后，小泽下令舰队继续向北航行，试图将美军引向更远海域，为栗田和西村的突入争取尽可能多的时间。小泽亲自领军的第五群此时尚能勉强维持阵形，松田率领的第六群已溃不成军：掉队的"多摩"号不知去向，"槙"号离队前往救援"秋月"号的幸存者。鉴于第六群已无足够的力量防空，9时26分，松田命令"千代田"号离开本群，向北加入第五群一起行动。

　　通信能力全失、左倾6度、速度仅剩18节的"瑞鹤"号显然已不具备指挥功能，机动部队必须尽快更换旗舰。最初小泽想继续留在"瑞鹤"号上。在他看来，"囮舰队"每一艘船都不可能在战役中幸存。在参谋长大林末雄等人的劝说下，小泽最终决定对整支舰队而非 1 艘单舰负责。9 时 44 分，小泽发出"变更旗舰为'大淀'号、使用贵舰小艇"的旗语，后者 9 时 57 分开始向"瑞鹤"号靠拢。恰在此时，美军第二拨攻击机群出现在视野之中，变更旗舰的行动只好暂时中止。

美军 7 架轰炸机从"瑞鹤"号右后方突入，另 3 架从右前方俯冲。与此同时，2～4 架鱼雷机从左前方突入，另 9 架鱼雷机从左后侧发起鱼雷攻击。"瑞鹤"号舰长贝塚武男左冲右突，竭力避开了所有炸弹和鱼雷，仅第十一号机炮瞄准器被 1 颗近失弹炸坏。10 时 05 分，"伊势"号两舷挨了 8 颗近失弹，3 分钟后 1 颗炸弹命中二号炮塔上方机炮，所幸被引爆的两份应急弹药并未造成太大损害。"大淀"号声称在反击中击落 2 架美机。由于尚能保持稳定阵形且位于北方，第五群在防御美军第二拨空袭中损失不大。

美军第二拨空袭降临时，松田第六群已无法维持防空阵形。受命北上加入第五群的"千代田"号恰好处于两群之间，处境尴尬。弗伦奇少校命令肯尼斯·米勒上尉率"富兰克林"号 6 架轰炸机沿"千代田"号右舷外飞行，继而从东北方向对该舰发起俯冲。米勒和僚机罗伯特·赖利中尉的炸弹击中航母右后部，约翰·科尔中尉的炸弹命中航母中前部，理查德·哈丁中尉等 3 人的炸弹取得近失。弗伦奇亲自率鱼雷机队迂回至"千代田"号东北方向，继而从 3000 米高度下滑投弹，声称有 2 弹取得命中。

10 时整，左舷后部被命中 1 弹的"千代田"号起火，几颗近失弹使航母右倾达到 13 度。10 时 16 分，"千代田"号轮机停车。10 时 25 分、30 分，松田分别命令"槙"号和"霜月"号向"千代田"号靠近。其间"槙"号一号锅炉舱被 1 颗炸弹命中，当场死亡 31 人、受伤 36 人，其中 4 名死者是刚刚从"秋月"号上打捞上来的幸存者。爆炸同时导致"槙"号一号重油箱、蒸汽管道、鱼雷发射管损坏，航速降至 20 节。

10 时 50 分之后，"千代田"号舰长城英一郎陆续对外发出信号，"我舰开始以左舷轮机航行""正往弹药库注水""我信号灯全部故障""右舷轮机舱进水、左舷轮机舱无法使用"等。11 时 15 分，该舰直接挂出"我舰无法航行"的信号旗。

美军第二拨攻击损失 1 架"地狱猫"，1 架"复仇者"受伤严重返航后被推入大海。因出动战机数量较少，美军第二轮攻击未能击沉 1 艘敌舰。攻击结束之后，松田第六群轮形阵彻底瓦解："千代田"号停在海上动弹不得，"日向"号、"霜月"号、"槙"号在其周边护卫，随后"霜月"号和"五十铃"号奉命南下营救"千岁"号的幸存者。松田和小泽之间的距离逐渐拉大，彼此已经无法目视。

小泽变更旗舰的行动一直到美军第二拨空袭结束后才开始进行。10时26分，"大淀"号在"瑞鹤"号左舷外停车，10时31分放下救生艇。在马里亚纳海战中，曾不得不被人从负伤"大凤"号上拉走的小泽，这次一声不响地选择了放弃"瑞鹤"号。此举不涉及荣誉问题，诱敌任务已顺利完成，小泽现在的首要任务是把尽可能多的人和舰船带回去。10时51分，小泽率司令部成员登上小艇前往"大淀"号。11时整，将旗在轻巡洋舰上徐徐升起——"大淀"号现在是机动部队的新旗舰了。

11时36分，小泽电令松田"向330度方位退避"。12时21分，他再次向军令部、联合舰队司令部及栗田、福留拍发了战斗速报："从上午8时30分到10时，约百架敌机来袭，我战果为击落敌机数十架。我部损失如下：'秋月'号沉没，'千岁'号、'多摩'号受伤掉队。其他舰艇虽受损害，然我部大致仍以18节速度航行。'瑞鹤'号失去通信能力，已更换旗舰为'大淀'号。"

美军第二拨攻击并未出动第二大队的舰载机，并非因为博根少将战意不足——谁都想在这种收获荣誉且风险不大的战斗中建功——而是另有其他原因。此前，"新泽西"号上的哈尔西已经跟随第三十四特混舰队向北前出。看着米切尔的庞大机群从头顶隆隆飞过，遮天蔽日，哈尔西的大嘴都快咧到耳道门了。接下来出现的是令人心悸的安静。6时48分，哈尔西突然收到金凯德4时12分发出的一封电文，称第七舰队的鱼雷艇发现日军一支舰队进入苏里高海峡，随后询问"第三十四特混舰队是否在驻守圣贝纳迪诺海峡"，电报中似乎充满了期待。

哈尔西对此非常纳闷：自己组建第三十四特混舰队的事，金凯德怎么知道的？ 7时05分，他直接回电金凯德："没有。第三十四特混舰队同航母舰队在一起，现正同敌军航母激烈交火。"前文提到，这封电报让金凯德立刻蒙了。

7时10分，科林斯上尉的接敌报告打破了黎明的寂静。报告显示，日军机动部队由17艘舰船组成，其中航母4艘，战列舰2艘。即使不算正在快速赶来的麦凯恩第一大队，哈尔西的手中也有64艘舰艇，其中航空母舰10艘——重型、轻型各5艘——新式战列舰6艘，还有多达两位数的巡洋舰和驱逐舰。对日军形成的压倒优势让哈尔西兴奋无比，他坚信自己可以在最短时间内全歼日军北路舰队，然后挥戈南下应对在圣贝纳迪诺海峡或莱特湾出现的任何突发情况。

8时02分，哈尔西收到金凯德6时23分发出的第二封电报："敌人在苏里高海峡的舰艇正在撤退，我们的轻型舰只开始追击。"接下来是金凯德的简要通报，称第七舰队已经"抵近消灭了敌军至少4艘受损舰只"。很显然，第七舰队干净利索地击退甚至重创了日军南路舰队。哈尔西对金凯德取得的战绩不以为意，他相信自己很快会取得更大更辉煌的胜利。

8时22分，哈尔西接到金凯德发出的第三封电报，称日军战列舰和巡洋舰正在"'塔菲三'15英里处朝它们猛烈开火"。哈尔西认为，这些敌舰显然属于日军中路舰队的一部分，它们肯定是在当晚偷偷穿越圣贝纳迪诺海峡的。哈尔西感到震惊，日本人果真顽强呀！但他并不十分担心。"那支舰队在前一天已得到极大削弱，"他后来在回忆录中这样写道，"我若有18艘护航航母的话，在奥尔登多夫的大型舰只赶到之前，用自己的舰载机就足以自卫。"

令哈尔西感到气愤的是，金凯德和斯普拉格手里有那么多飞机，怎么会让"塔菲三"在毫无征兆的情况下遭到日军战列舰的近距离打击呢？说实在话，金凯德的夜间侦察安排确实存在不妥之处，但哈尔西未将"独立"号夜航侦察机发现日军中路舰队反转的重大敌情及时传递给第七舰队，属于更严重的错误。老酒推测，如果是米切尔或李中将把守南方，哈尔西肯定会第一时间向他们发出提醒电报的。

8时30分，哈尔西收到金凯德的第四封电报："特急！需要快速战列舰立即前来莱特湾。"哈尔西对此非常惊讶，金凯德的说法实在荒唐，为第七舰队提供保护并非自己的职责，他自己正在加速进攻一支可以同时威胁到第三和第七舰队的日军舰队。现在发生的这些事儿老在分散自己精力，哈尔西感到非常恼火。金凯德为什么不早点儿把这些情况通知他呢？但人家金凯德毕竟也是美国人，撒手不管有点说不过去。哈尔西命令正在东面海域加油的麦凯恩，率第一大队以"最佳航速"前往攻击位于莱特岛东北方向的敌军舰队。这一命令同时抄送了金凯德。

8时50分，就在给麦凯恩和金凯德发出电报后不久，哈尔西终于收到了令人开心的消息："惊天动地的爆炸声之后，1艘日军航母沉没，另2艘航母和1艘巡洋舰遭到重创。正在寻找并攻击其他航母。"美军飞行员报告说，敌军防空炮火很猛，但几乎没有飞机起飞迎战。对此哈尔西并未多想，他认为正是美军的攻击突然降临，才导致日军飞机根本来不及起飞迎战。

米切尔报告说，敌军舰队正在朝正北方向逃遁，航速不超过 16 节，第二拨攻击业已出动。哈尔西命令李将航速提高到 25 节，快速追击并击沉发现的所有受伤日舰。如果日军北路舰队维持现有航速，那么最多到中午时分，美军新式战列舰的巨炮就可以大开杀戒了。哈尔西热切盼望这一时刻的到来，在他丰富多彩的职业生涯里，就差这一出——水面舰队之间的海上炮战了。至于金凯德，自己已经为他做出了那么多牺牲，派出实力最强的第一大队前往支援，算是很够哥儿们了。哈尔西衷心希望，刚才那封电报"是金凯德在这个季度里发给我的最后一封电文"。

怕什么就来什么。9 时整，哈尔西接到了金凯德发出的第五封电报："我的护航航母正在遭到日军 4 艘战列舰、8 艘巡洋舰及其他舰艇的攻击。请求李中将率部以最快速度前来莱特湾，请求快速航母立即发起攻击。"对这一连串请求，哈尔西实在爱莫能助，这只能让他更加揪心，更加愤怒。

9 时 22 分，哈尔西收到了金凯德发来的第六封电报："7 时整，'塔菲三'遭到敌战列舰和巡洋舰攻击，位置北纬 11 度 40 分、东经 126 度 25 分，来犯之敌肯定是夜间从圣贝纳迪诺海峡过来的。请求立即展开航空攻击，请求大型战列舰前来支援。我的老式战列舰弹药不足。"奥尔登多夫缺乏炮弹不言而喻，他的舰队此前已连续执行了四天对岸炮击任务，又在苏里高海峡和西村舰队打了大半夜，炮弹消耗得差不多了。

金凯德最后那句话让哈尔西感到异常震惊。如果奥尔登多夫的老式战列舰缺少保卫莱特湾的必要手段，那么形势就远比他预想的要严重许多，为什么金凯德之前不告知此事？他扫了一眼电报发出的时间，7 时 25 分，其间已经又收到好几封电报了。哈尔西永远都没搞明白，到底是什么导致了这种延误。问题毫无疑问出在马努斯，那里的报务员实在太忙，很多重要信息都被忽略或搁置了。

调动全身最后一点儿积极性，哈尔西在 5 分钟后回复金凯德："我部正在同日军航母舰队交战。麦凯恩第一大队 5 艘航母、4 艘重巡洋舰正在火速前往支援你。我同其他 3 个大队的位置是北纬 17 度 18 分、东经 126 度 11 分。"哈尔西最后一句话隐含另外一层含义：第三十八特混舰队与"塔菲三"相距 720 公里，鞭长莫及，就是想救援也救援不了。

10 月 25 日是莱特湾海战最关键的一天，美军太平洋上实力最强的两支舰队——第三舰队和第七舰队将在 3 个不同方向与日军展开激战。珍珠港的尼米兹和华盛顿的金上将同样在高度关注着前方战事的进展情况。拂晓时分，太平洋舰队司令部几乎同时收到两封电报。一封是哈尔西从"新泽西"号发出的，报告美军侦察机发现了北方日军航母舰队。这让尼米兹非常开心，说明哈尔西通过夜间高速机动拉近了与敌人的距离，将日军航母成功纳入美军舰载机的攻击范围，抵消了敌机腿长的优势。

第二封电报是从第七舰队旗舰"瓦萨奇"号上发出的。金凯德在莱特湾的位置相对固定，无须保持无线电静默，他在电报中陆续汇报了南线战况。很显然，第七舰队在苏里高海峡对日军南路舰队取得了一次辉煌胜利。这固然令人欣喜，但尼米兹依然无法完全放心，他一直在思索另一个问题。按照哈尔西 24 日晚 20时 24 分电报中所述的航速航向，日军中路舰队午夜之后应该会进入圣贝纳迪诺海峡。如果第三十四特混舰队在海峡东口待机，那么当晚就会有一场夜战发生。尼米兹知道在瓜达尔卡纳尔海战之后，李中将对夜战极端厌恶，他或许会设法等到天亮，再以优势兵力和日军交战。但时间已过去了这么久，李那边依然音信皆无。日军中路舰队如果利用夜色掩护寻隙绕过李的话，就可以沿萨马岛东岸快速南下直逼莱特湾。前方唯一可以阻挡日军的就只剩那 3 支孱弱的护航航母舰队了。凭借 3 支"塔菲"编队的小小身板，是绝对挡不住拥有战列舰的敌军中路舰队的。

尼米兹性格矜持内敛，一向以能沉得住气著称。但是现在，连他都有些坐不住了。他开始怀疑，哈尔西到底有没有组建第三十四特混舰队，或者组建后在 24 日晚北上接敌时有没有将他们留在后边。哈尔西在计划中把旗舰"新泽西"号配属给那支部队，他在 24 日 20 时 24 分曾来电说："我正带领 3 个特混大队星夜北上，预计将在明日拂晓时分打击敌军航母舰队。"这封电报说明，哈尔西本人和航母舰队在一起，那他的旗舰"新泽西"号呢？是随航母北上，还是仍隶属第三十四特混舰队留在圣贝纳迪诺海峡东口？不得而知。尼米兹知道，想了解第三十四特混舰队情况的人绝非只有自己，金凯德不是也在询问这支舰队的去向吗？远在华盛顿的金上将尽管没有吱声，但他肯定也在时刻关注着这支舰队的动向。圣贝纳迪诺海峡实在太重要了，现在急需把相关情况搞清楚。

尼米兹叫来了助理参谋长伯纳德·奥斯汀上校，问他是否漏看了有关菲律宾战局的电报。奥斯汀明确回答"没有"。他知道司令官叫自己来的意思，就问道："您想知道哪方面的情况？"

尼米兹说出了自己的担心："迄今为止，我还没有看到哈尔西将军留在圣贝纳迪诺海峡阻击日军中路舰队的那支舰队的消息。日军已经逼近莱特湾，要把我们的船赶走了。现在莱特岛登陆场有遭到敌军炮击的危险。"

"是的，将军！"奥斯汀说，"这是所有电报都未明确的一点，很多人都在担心此事。"

"如果有新消息，你立即拿来给我看。"尼米兹说。

"当然，长官！"奥斯汀说完离开了司令官办公室。

当天上午，尼米兹不断叫人来询问前线最新情况。当他第三次叫来奥斯汀时，助理参谋长鼓起勇气向司令官建议，能否发个电报问问哈尔西将军，看他是否留下部队在防守圣贝纳迪诺海峡。"这是您想知道的事情，"奥斯汀解释说，"我们为什么不问问他呢？"

尼米兹思索了一会儿，他之后的回答完全在奥斯汀预料之中："我不想发报，直接或间接影响前线将领指挥自己的部队。"

但随着金凯德和斯普拉格一封封求援电报的到来——他们甚至使用了明码电报——尼米兹实在坐不住了，开始起身在办公室里来回踱步。华盛顿的金上将同样坐立不安，他可没有尼米兹那么好的涵养，脾气暴躁的金开始骂人了。

莱特湾前线突如其来的危机甚至惊动了罗斯福。尽管不清楚那些电报究竟出自谁手，但总统的海军参谋猜测，它们很可能是第七十八特混舰队司令官巴比少将或者第七十九特混舰队司令官威尔金森中将发出的，只有他们的运输船才最需要保护。罗斯福要求参谋人员，有新情况必须第一时间呈报。

随后珍珠港陆续收到了金凯德和哈尔西之间的数封电文。哈尔西说明，麦凯恩第一大队正火速驰援莱特湾，而他自己距离太远爱莫能助。哈尔西给麦凯恩的复电解开了尼米兹心中的谜团。如果第三十四特混舰队就在萨马岛附近，哈尔西一定会第一时间命令李向袭击"塔菲三"的日军舰队发起攻击。尼米兹坚信哈尔西组建了第三十四特混舰队，但并未将他们留在南面，而是随米切尔一起北上打击日军航母舰队了。

看到司令官愁眉不展的样子，奥斯汀认为尼米兹还在思索第三十四特混舰队的具体位置。他建议说："将军，我们可否问哈尔西将军一个简单问题：第三十四特混舰队现在何处？"

尼米兹想了一想，然后说："这的确是个好主意，你快去起草电报吧！"

事实上奥斯汀和尼米兹的内心想法完全不同。前者认为这只是一种简单的询问，而后者把它当作一种暗示。尼米兹的真实含意是："第三十四特混舰队应在何处，它是不是最好尽快赶往南方去？"尼米兹认为，哈尔西一定能够领会其中的含意，并做出相应安排。虽然现在出现了特殊情况，太平洋舰队总司令有充分理由干预前线的作战，但尼米兹还是想把后方的影响降到最低限度。

奥斯汀回到办公室，把电报内容口授给文书："第三十四特混舰队现在何处？发报人，尼米兹，收报人，哈尔西；抄送金上将、金凯德。"

电报正文为："Where is Task Force Thirty Four？"奥斯汀说话时故意把"Where is"读得很重，文书从中察觉到一种强调的语气，认为应该在电报中强调这些内容，就在这几个字的后面加上了"重复，在何处"的字样。随后文书来到报务部门，将电报交给了约翰·雷德曼上校——他已接替柯茨中校出任太平洋舰队通信官——手下值班少尉约翰·卡斯特。卡斯特曾在重巡洋舰"北安普敦"号上担任译电兵。在塔萨法隆加角海战中，"北安普敦"号不幸战沉。即使已经听到了舰长下达的弃舰命令，卡斯特依然沉着销毁了密码本和解码器之后方才离开。这一举动使他从士兵晋升为军官，同时得到了到珍珠港总部工作的机会。

卡斯特进行了一些例行准备，如把尼米兹的名字改为太平洋舰队总司令，金改为美国舰队总司令，哈尔西和金凯德分别改为第三、第七舰队司令官，之外还加了一些添加语，最后注明发报时间"250044"，即25日凌晨0时44分（菲律宾时间上午9点44分）。

10月25日的确是个适合打仗的日子。1415年的这一天，英王亨利五世指挥英格兰弓箭手在阿让库尔击败了法国部队，法兰西骑士之花几乎全部在此役凋零，从而使阿让库尔战役成为百年英法战争以少胜多的经典战例。据说著名的 V 字手势就是自这场战斗开始的。由于法国人极度鄙视英军弓箭手，战前宣称一旦抓住俘虏，就会剃去两个手指，让他们一辈子不能射箭。战斗结束后，英国弓箭手纷纷叉开双指向对方炫耀自己的手指仍然完好，这一手势从此成为胜利的标志。不过这种手势不能乱用，必须手背向内，手心向外。丘吉尔最初比出 V 字时手背是向外的。有人提醒他，这种手势代表"见鬼去"，表示蔑视和侮辱，只有手心向外的 V 字手势才表示胜利。丘吉尔虚心采纳了。

1854 年的同一天，在克里米亚半岛巴拉克拉瓦，英国轻骑兵旅 600 名勇士向俄国野战炮兵阵地发起了著名的"轻骑兵冲锋"，在俄军炮火阻击下伤亡惨重，以至于目睹了这场血腥战斗的法国将军博凯斯说出这样一句话："这是壮观的，但不是战争。"在《冲锋的轻骑兵》一诗中，英国著名诗人艾尔弗雷德·坦尼森曾用这样的诗句赞美轻骑兵的英勇无畏：

> 他们的荣耀怎能消失？
> 啊！他们的冲杀多么猛烈！
> 全世界都想知道。
> 光荣属于英勇的战斗，
> 光荣属于轻骑兵，
> 杰出的六百壮士！

按照美国海军惯例，为增加敌人的破译难度，大多数电报都要在正文前后加上一些毫无关联的词语。这些添加语的使用有具体规定，不能用常见语或引语，内容要用重复的辅音字母隔开，译电时不至于被误认为是正文。卡斯特电报开头的添加语"火鸡跑向水里"没有任何问题，但末尾添加语用了一句似是而非的语言——全世界都想知道。

此刻年轻人是否想到了坦尼森的那几行诗？美国很多年轻人喜欢阅读英国诗歌，这是众所周知的事情。如果卡斯特确实想到了"轻骑兵旅"，他必然是把当天早晨办公桌上那几份电报所叙述的"塔菲三"同日军战列舰的顽强战斗，与当年轻步兵旅冒着俄国人的炮火英勇冲锋这两件事联系到一起了。后来当雷德曼上校询问他时，卡斯特坦承："当时，那句诗突然从我脑海里跳了出来。"

由于错误解读，尼米兹这封电报一举成名，成为美国海军史上的名言之一，而且从那时开始就从来没有被遗忘过。这封后来名闻天下的电报在金凯德的明电之后不久抵达哈尔西旗舰"新泽西"号。通信部门把电报译出后，　名文书从密码机上将字条撕下来，递给伯顿·戈尔茨坦少尉。少尉看了一眼，认为应该马上送给哈尔西看。他看出电文开头"火鸡跑向水里"是添加语，就将它删掉了。但末尾那句添加语使他感到为难。那句话虽然有两个辅音字母相隔，但读起来好像很通顺，很像是正文的一部分。戈尔茨坦拿电报请示了上司查尔斯·福克斯海军上尉，后者也认为最后一句是电报正文，指示他将连同这句话的电文送到舰桥上去。

电报原稿就这样被送了上去。看到是要求第三舰队司令官亲自接收的电报，参谋军官立即把它交给了哈尔西，此时是 25 日上午 10 时整。电报上这样写着：

发文：太平洋舰队总司令

收文：第三舰队司令官

抄送：美国舰队总司令、第七舰队司令官

第三十四特混舰队现在何处，重复，在何处 RR 全世界都想知道。

看到"全世界都想知道"一句话，哈尔西好像当头挨了一棒，整个脑袋都嗡嗡作响。他的总司令和好朋友尼米兹竟然这样肆意嘲弄他，还叫上金和金凯德一起来看这出好戏。战后，哈尔西在回忆录中如此描述自己看到电报时的情景：

尼米兹的电报让我不再存任何幻想。时至今日，即使我闭上双眼，那份电报依然会立刻浮现在我的眼前。

我整个人都惊呆了，像是被人迎面一击。我一手拿着电报，一手摘下帽子，狠狠甩到甲板上，喊叫着一些让我自己都不想重提的难听话。卡尼跑了过来，抓住我的手臂高喊道："别这样，比尔！你究竟怎么了？要镇定！"

我把电报递给他看，然后转身。我气得一声不吭。我完全不相信切斯特会这样侮辱我。当然，他没有这样做，但我也是过了好几个星期才知道真相的。这里要解释海军的程序。为了增加敌军破译的难度，大多数电报都带有乱码，解码人员辨别出来并在转发时删掉。但太平洋舰队总司令的电报员要么昏昏欲睡，要么自作聪明，而且他的乱码"全世界都想知道"听起来是那么合理，以至于我的破译人员将这句当成了有用信息。当我后来把这件事告诉切斯特时，他肺都要气炸了。他查出了那个自以为很了不起的小鬼，把他狠狠臭骂了一顿。但可惜为时已晚，伤害已经无法挽回。

哈尔西的描述略显夸张，一向儒雅的尼米兹是不会轻易对一名年轻士兵发火的。后来在听了哈尔西的叙述之后，尼米兹让雷德曼调查此事。当了解到那个喜欢读诗的小伙子只是一名普通海军少尉军官且之前有过非常出色的表现时，他告诉雷德曼："如果那个年轻少尉在处理作战电报时总喜欢胡思乱想的话，你还是把他调到一个不那么敏感的岗位为好。"也就是说，卡斯特没有挨骂，只是换了个新岗位，仅此而已。

就在哈尔西盛怒难息之际，10时03分，"新泽西"号收到了金凯德的第七封电文："已接到贵部242205号电。我的情况相当严重。得到空中支援的快速战列舰或许可以使护航航母免遭摧毁，同时阻止敌人进入莱特湾。"

这封明码电报透露出一丝绝望，显然金凯德不愿放弃任何一根救命稻草，试图动用所有资源来挽回面目全非的局势。金凯德情急之下发出的明码电文收到了一个意想不到的效果：同样截收到上述电文的栗田认为美军援兵就在附近或已在赶来的路上，最终做出了放弃突入莱特湾的错误决定。

连续收到的两封电文大大刺激了哈尔西。即使没有最后那句话，尼米兹的电文也以不容置疑的口吻要求他必须立即采取行动。10时07分，哈尔西命令米切尔及3个航母大队司令官："命令所有出击飞机先攻击未受损敌舰，受伤敌舰随后处理。"10时47分，他单独指示博根："第二大队舰载机暂不出动，在甲板上等候命令。"

看来已无其他选择。10时55分，即在接到尼米兹电报差不多一小时后，哈尔西命令第三十四特混舰队航向11时15分由正北转向正南——早知道这样之前不加速了，跑得越快，回头路越远。一直到舰队调整航向之时，哈尔西还认为自己已经站在辉煌胜利的门槛上了。"我将大好机会甩在了身后，而且是从我还在海军学院学习时就一直梦想的机会。"他后来这样抱怨说，"对我来讲，这次战役中最大的一场战斗机会被放弃了，还被冠上了'蛮牛大奔袭之战'的称谓。"哈尔西余生中永不承认北上攻击小泽是个错误——中敌人的调虎离山计毕竟不是光彩的事情——却一直哀叹自己不该迫于尼米兹的压力率队南下，"我屈服压力做出了南下的错误决定，我认为，这是我在莱特湾海战中犯下的最严重的错误"。

博根第二大队奉命掉头南下，为哈尔西和李的战列舰队提供空中掩护。谢尔曼和戴维森在米切尔的指挥下继续北上，追逐并攻击小泽舰队。鉴于所有新式战列舰南下救急，而日军舰队中好像有2艘战列舰，哈尔西临时从第三十四特混舰队中抽调重巡洋舰"新奥尔良"号、"威基塔"号，轻巡洋舰"莫比尔"号、"圣达菲"号及驱逐舰10艘，为留在北方的两个航母大队护航，提高米切尔的水面作战能力。

做出上述安排之后，哈尔西向尼米兹汇报了自己的最新部署："250044电悉。第三十四特混舰队及我部正在与敌航母舰队交战。第三十八特混舰队第二大队及全部快速战列舰现正前往支援金凯德。已击沉1艘敌军航母，另外2艘航母瘫在海上。我部无舰艇损失。此前已令第三十八特混舰队第一大队前往支援金凯德。"随后他气呼呼地致电金凯德："我正率第三十八特混舰队第二大队和6艘新式战列舰赶往莱特湾，我的位置、航向和航速随后告知。我部在明晨8时之前不能到达。"

11时15分，美军第三十四特混舰队掉头南下。哈尔西花了两个多小时，才重新回到尼米兹发电报时舰队所在位置。南下途中，那些战列舰还必须减速到12节，为"油耗子"驱逐舰补充燃油。海上补给从13时45分开始，一直持续到16时22分。就是说从接到尼米兹电报的那一刻起，第三十四特混舰队出现了2小时浪费和近3小时缓慢航行。哈尔西如果接到电令立即率李和博根以25节向南推进，就可以在黄昏时分赶到圣贝纳迪诺海峡东口，挡住栗田舰队的西撤之路——又一次战列舰之间的交锋被贻误了。

13时18分，哈尔西接到金凯德发来的第八封电报，发报时间为10时46分。哈尔西被告知，"南方战场形势似乎正在好转，攻击护航航母编队的敌军正在向东北方向撤退。他们可能是转向。我能够守住苏里高海峡，但圣贝纳迪诺海峡仍需空中力量覆盖。这是第三十八特混舰队第一大队扫荡敌军水面舰艇和降低莱特岛登陆场风险的绝佳机会"。

　　金凯德的电文说明，日军中路舰队很可能正在向圣贝纳迪诺海峡方向撤退。为封堵海峡东口，哈尔西下令临时编成第三十四特混舰队第五大队，由第七战列舰分队"衣阿华"号、"新泽西"号，第十四巡洋舰分队"文森斯"号、"迈阿密"号、"比洛克西"号，第五十二驱逐舰中队"廷吉"号、"米勒"号、"欧文"号、"沙利文兄弟"号、"希克考斯"号、"亨特"号、"刘易斯·汉考克"号、"马歇尔"号组成，指挥官为第七战列舰分队司令官奥斯卡·巴杰少将。由上述舰艇组成的第五大队可以比李的4艘战列舰多跑出6节航速。17时01分，哈尔西亲自随第五大队以28节高速南下。在这个阶段，博根第二大队位于他们东侧。令人无比惋惜的是，当他们午夜时分抵达海峡东口时，栗田舰队3小时前已经进入了圣贝纳迪诺海峡。

　　假如双方狭路相逢，即使博根的3艘航母在暗夜里无法出动舰载机，即使"衣阿华"号、"新泽西"号无法在对4艘日军战列舰的夜战中取胜，他们也一定能利用速度和雷达优势拖住精疲力竭的对手，为李的4艘战列舰及时赶到争取到宝贵的时间。一旦黎明来临，李和巴杰的6艘战列舰与博根3艘航母的舰载机合力，一定能将栗田舰队大部分船只干净利索地送入海底。若非"野分"号为处置"筑摩"号并打捞其幸存者落在了最后，哈尔西这次真的要空手而归了。

　　哈尔西率战列舰队南下快速驰援。尽管手中只剩下两个航母大队，但摆脱了"婆婆"束缚的"小媳妇"米切尔终于可以放开手脚，对实力远不如己的小泽舰队大打出手。从9时24分开始，美军陆续回收了第一拨攻击机群。10时35分，完成前两拨攻击指挥的麦坎贝尔中校返回"埃塞克斯"号。米切尔命令谢尔曼和戴维森继续快速北进接敌。11时45分到12时之间，美军两个大队的7艘航母陆续放出由168架飞机组成的第三拨打击机群——战斗机60架、俯冲轰炸机60架和鱼雷机48架，其中3/4的人或机组参加了第一拨攻击。本轮攻击总指挥是"列克星敦"号航空大队长西奥多·温特斯中校，他因此成为当天极少数见证日军3艘航母沉没的海军军官。

　　12时40分，"瑞凤"号雷达率先发现来袭美军机群，很快日军各舰纷纷报告发现了空中不断逼近的敌机。12时58分，小泽下令第六群向正北航行，将美军引诱到更北的地方去。根据第三拨来袭美机数量和来袭方向，小泽判断，"机动部队已成功牵制住美军两支航母舰队"。尽管已无一架飞机可以升空迎战，小泽仍然决定"彻底执行牵制诱敌任务"。经受两轮猛烈打击之后，松田的第六群已溃不成军，小泽第五群只能孤军奋战。

12时45分，温特斯中校飞抵小泽第五群上空。为进一步观察日舰的受损情况，温特斯降低飞行高度到1500米。日军防空炮火依然猛烈，1块127毫米炮弹弹片击中了他的座机，所幸这架"皮糙肉厚"的"地狱猫"并无大碍。这正是从马里亚纳海战开始，美军各航母航空大队长统统选择抗打击性能卓越的"地狱猫"为座驾的原因。重新提升高度之后，温特斯下令"列克星敦"号和"埃塞克斯"号飞行大队攻击"瑞鹤"号，"兰利"号飞机大队攻击"瑞凤"号。

已严重受伤的"瑞鹤"号从13时09分开始对空射击，并逐渐加速到24节最高航速以规避空袭。13时12分，这艘日军仅存的重型航母迎来了当天最猛烈的轰炸。"列克星敦"号俯冲轰炸机中队12架飞机从2600米高度向北逼近第五群，而后自东向西进入俯冲。他们投下的炸弹至少8颗形成近失，另外2弹落点不明。与此同时，"列克星敦"号鱼雷机中队8架飞机以2900米高度快速逼近第五群，分成两队分别以210米和120米高度对"瑞鹤"号实施两舷夹击。弗雷德里克·多尔上尉等5人声称自己的鱼雷准确命中了目标。

尽管已经完全失去空中掩护，但"瑞鹤"号犀利的防空炮火还是给美军鱼雷机造成了极大杀伤。约翰·米德尔顿中尉的飞机被击落，3名机组成员失踪。马克斯·格雷格上尉的飞机严重受伤，返航后被推入大海，身受重伤的格雷格旋即被送往医疗船抢救。包括头部受伤的爱德华·舒尔克中尉在内，另有4架"复仇者"被高炮击伤。

13时05分，乔治·邓肯少校领军的"埃塞克斯"号攻击队同样逼近了第五群。邓肯率领战斗机群对"瑞鹤"号实施扫射，继而在910米到460米高度投下炸弹。罗伯特·法什中尉声称自己的227公斤炸弹准确命中"瑞鹤"号飞行甲板中后部，另一名队员投下的炸弹形成近失。

理查德·米尔斯上尉率"埃塞克斯"号俯冲轰炸机从西北方向高速接敌。虽然付出了两机被击伤的代价，但包括米尔斯在内的7人声称炸弹命中"瑞鹤"号。来自"埃塞克斯"号的5架鱼雷机同样轰炸了"瑞鹤"号，声称2弹命中，2弹近失，2架飞机被日军高射炮火击伤。

13时20分，"贝露森林"号鱼雷机中队8架飞机在中队长罗伯特·肯纳德少校率领下对"瑞鹤"号实施下滑投弹。其中7架飞机各携带4颗227公斤炸弹，声称取得7弹命中、3弹近失的佳绩。查尔斯·胡珀中尉在射出唯一一条鱼雷后并未离开，而是试图贴近日军航母进行拍照。飞机右机翼被高炮击中，拍照未果的胡珀只好悻悻返航。

美军飞行员汇报的战绩虽然略显浮夸，但仍有为数众多的炸弹和鱼雷击中"瑞鹤"号。两条鱼雷命中航母左舷水线以下部位，"瑞鹤"号左倾达到14度。又有4条鱼雷相继命中两舷，位置分别为尾舵、左前轮机舱、二号及四号锅炉舱和兵员厕所。最后两条鱼雷命中鱼雷调试场和一号、三号锅炉舱，此外还有4颗炸弹获得命中。

剧烈爆炸导致"瑞鹤"号主舵和轮机受损无法使用，海水从鱼雷撕开的大洞汹涌灌入。13时23分，"瑞鹤"号左倾达到20度。4分钟后，舰长贝塚武男下令全体舰员到飞行甲板集合，当时航母倾斜已经超过21度。13时30分，天皇御像被转移至舰桥。13时39分至13时42分，"瑞鹤"号进行了最后一轮对空射击。

眼看航母已经无法挽救，贝塚召集部下做出了最后训示："诸位听着！本舰现已弹尽粮绝。机械和轮舵都停止运转。诸位要坚持下去，继续为天皇和帝国作战。作为舰长，我将与陛下托付的军舰共存亡。现在我命令全员离舰，降下舰旗！"13时58分，"瑞鹤"号战旗从桅杆上徐徐落下。即便航母左倾已达到23度，一众日军水兵仍然站在飞行甲板右舷一侧敬礼，山呼"万岁"后纵身跃入大海。

第五分队长高井太郎冲上舰桥，请求舰长尽快离开。贝塚挥挥手告诉他："我没事，你早点儿下去吧！"跳海逃生的高井一度被航母沉没时产生的巨大漩涡卷走，几经挣扎才游上水面。后来他这样回忆说："感觉航母已临近沉没时刻，我听从舰长和航海长的指示，从右舷救生艇吊架那里跳入大海，海水已经漫到了这里。就在我跳进海里时，母舰加快了下沉速度，我被航母沉没时的漩涡吸了过去。'危险！'我无意识地与母舰保持直角方向，不停在水里划。感到在水中非常憋气，水面还在遥远的上方。水渐渐变深并映入眼帘，渐渐昏暗起来，这是水压的缘故。我无意识地以手脚拼命向下蹬水，好让自己浮上去。感觉时间变得相当漫长。就在我觉得头上的水逐渐变得明亮时，我终于浮出了水面。水上漂着厚厚一层重油，再也看不到航母的影子了。"

在经受了 7 颗炸弹、7 条鱼雷和多达两位数近失弹打击之后，身经百战的"瑞鹤"号终于迎来了最后一刻。14 时 07 分，"瑞凤"号水兵发现"瑞鹤"号飞行甲板左舷一侧浸入水中。14 时 14 分，航母开始徐徐下沉，14 时 22 分完全消失在北纬 19 度 57 分、东经 126 度 24 分的海面上。不远处的"大淀"号、"初月"号、"若月"号目睹了巨舰沉没的全过程。

除舰长贝塚之外，内务长田村健太郎、通信长高木政一、航海长矢野房雄等 843 名水兵殉舰。"若月"号和"初月"号冒着美军的空袭驶向前去，营救漂在海上的大量幸存者，包括机关长高田满在内的 819 人最终获救，负责保护天皇御像的足立喜次最先被救上"若月"号。

营救期间，"初月"号曾放下一艘内火艇，该艇救起了数十名"瑞鹤"号舰员。"初月"号随后南下迎战被杜博斯舰队击沉，那艘内火艇被遗弃在战场上。由于发动机被美军机枪弹打坏且没有任何食物，艇上的 48 人只能绝望地在海上漂流。他们通过衣物吸收和空罐收集的方式储存雨水，捕捞鱼虾以果腹。10 天之后，水兵们架起简易风帆操艇，最终在 11 月 14 日抵达台湾以南的红头屿，此时艇上还剩 25 名活人。

至此，参加偷袭珍珠港之战的 6 艘日军航母悉数战沉。值得一提的是，1941年 12 月 7 日清晨 7 时 55 分，向瓦胡岛惠勒机场投下"太平洋战争第一弹"的正是"瑞鹤"号俯冲轰炸机飞行员坂本明。

天空已无一架日机，美机的攻击显得更加肆无忌惮。"列克星敦"号威廉·赖特上尉率 7 架号俯冲轰炸机向"瑞凤"号投弹，所有飞行员均称自己的炸弹命中目标。同样来自"列克星敦"号的欧文·克雷默中尉连续两次未能投出鱼雷，但华莱士·利克少尉声称自己的鱼雷准确命中了目标。

"埃塞克斯"号邓肯少校率领一个 3 机"地狱猫"小队对"瑞凤"号扫射投弹，邓肯声称炸弹命中敌舰飞行甲板中部，温德尔·特维尔夫斯中尉判断自己的炸弹命中航母左舷通道，沃尔夫则记录自己的炸弹命中飞行甲板右后侧。罗杰·诺伊斯率"埃塞克斯"号 15 架"地狱俯冲者"从南方高速逼近第五群，他本人率其中 6 机从西侧俯冲投弹，声称有 4 弹获得命中。诺伊斯的飞机在爬升时机翼中弹起火，他顽强扑灭火灾以 230 公里时速返航，最后在不放下襟翼的状态下成功着舰。严重受损的飞机被地勤人员推入大海。

"富兰克林"号飞行大队长理查德·基比中校驾驶"地狱猫"在日军舰队上空盘旋，协调第四大队战机向敌舰发起攻击。杰伊·苏利文上尉的4机分队朝日军1艘驱逐舰发射火箭弹，威廉·戈夫上尉的4机分队则攻击了"瑞凤"号。约翰·芬罗上尉率15架俯冲轰炸机从第五群东侧迂回至东北角，然后向"瑞凤"号俯冲投弹，声称8弹获得命中，另有5弹取得近失。遗憾的是，曾在头一天对"武藏"号投弹的芬罗上尉这次未能投下炸弹，他的飞机中弹起火，芬罗和亨利·波尔扎一等航空无线电军士随机坠海。最后一个发出俯冲的是唐纳德·麦克菲中尉，他的飞机也被击落，麦克菲和罗伯特·钱德勒二等无线电军士阵亡。

借助云层掩护，"企业"号俯冲轰炸机队背阳向第五群投弹。云层遮挡了飞行员视线，他们估计只有4~6颗炸弹获得近失。"企业"号鱼雷机中队——3机携雷、2机各带弹3颗——钻过云层高速接敌，随后对"瑞凤"号实施鱼雷攻击和下滑投弹，确认至少1条鱼雷和2颗炸弹命中目标。发射完鱼雷之后，托马斯·阿穆尔中尉驾机沿"瑞凤"号右舷外侧低飞，电报员弗雷德里克·兰特二等航空无线电军士为伤痕累累的"瑞凤"号拍下了此生最后一张照片。

"圣贾辛托"号的8架鱼雷机在梅尔文少校率领下从左舷攻击"瑞凤"号，声称2条鱼雷取得命中，1颗炸弹击中飞行甲板后部。理查德·普莱斯特德中尉的"复仇者"在脱离战场时被高射炮火击中，迫降在"瑞鹤"号以东15公里的海面上。3名机组成员当天下午被"卡帕顿"号驱逐舰救起。

虽然挨的鱼雷和炸弹远低于美军飞行员的声称数，但这足够"瑞凤"号单薄的小身板受了。13时17分，1条鱼雷命中航母右舷40号至60号肋骨中间部位。仅1分钟后，1颗航空炸弹落在后部升降机后方，穿透至中甲板通道附近爆炸。随后除1条鱼雷击中180号肋骨部位、1颗炸弹穿透X光室爆炸之外，"瑞凤"号还挨了至少7颗近失弹。

接二连三的打击使"瑞凤"号遍体鳞伤。第一号到第四号127毫米高炮因故障或航母严重倾斜无法使用。前配电室进水，第二号到第四号发电机停摆，电源故障导致信号灯无法使用。右轮机舱因高压蒸汽管道被切断及近失弹造成的进水无法使用，"瑞凤"号从13时34分开始改为人工操舵。虽然近失弹造成的进水淹没了二号锅炉舱，但倔强的"瑞凤"号仍然保持着12节航速。

"兰利"号3架鱼雷机穿过云层时错过了"瑞鹤"号，于是朝正前方的"伊势"

号投射鱼雷。理查德·史密斯少尉的飞机被高射炮火击中，坠毁在战列舰前方150米的海面上，3名机组成员失踪。"企业"号航空大队长史密斯中校率6架战斗机和"圣贾辛托"号的8架"地狱猫"向"大淀"号和"桑"号进行扫射并发射火箭弹，"贝露森林"号8架战斗机攻击了1艘"青叶级重巡洋舰"，均未获得明显战果。

美军第三拨攻击彻底击沉"瑞鹤"号，同时加重了"瑞凤"号的伤势。付出的代价是2架俯冲轰炸机和4架鱼雷机被击落，1架俯冲轰炸机伤重报废，1架鱼雷机迫降，另有11架飞机受伤。

13时15分，在空中观摩战斗的温特斯中校发回电报："1艘日军航母在非常漂亮地燃烧，另一艘也燃起了熊熊大火。我们已经完成了一半攻击任务。"他很快得到了"列克星敦"号舰长欧内斯特·里奇上校的最新指示："给我全部击沉它们！"

从11时58分开始，美军航母开始回收第二拨攻击机群。米切尔绝不会就此刀枪入库，马放南山，而是誓把追击战进行到底！13时05分开始，"列克星敦"号、"富兰克林"号、"圣贾辛托"号相继放飞了第四拨攻击机群，共出动"地狱猫"18架、"地狱俯冲者"9架和"复仇者"12架。

"兰利"号在放飞战机的过程中出现两起意外事故。战斗机飞行员罗伯特·海迪少尉机上那颗227公斤炸弹意外脱落，掉在飞行甲板上。所幸这颗炸弹并未爆炸，地勤人员冒着生命危险冲上前将之推入海中。威廉·费尔塔格上尉的鱼雷机因液压系统故障返航，在航母上空盘旋3小时45分钟也无法扔掉那条鱼雷，3名机组成员只好在17时跳伞逃生，20分钟后被"卡辛·扬"号驱逐舰救起。

13时23分，米切尔致电珍珠港的第十七特混舰队司令官洛克伍德中将，希望他协调附近海域的潜艇参与剿灭日军残部的战斗："13时整，我第三十八特混舰队位于北纬18度、东经126度40分。我部正在追击的敌舰如下：2艘舰名不明的航母，1艘战列舰和3艘驱逐舰，位置北纬19度25分、东经126度30分，航向340度，航速22节；1艘状态良好的战列舰，3艘负伤轻巡洋舰和1艘遭重创的航母，位置北纬19度、东经126度30分，航向偏北，航速5～10节。你可以给予我很大帮助，同时为我们提供警戒。我们将于下午击沉落单的敌舰。"

洛克伍德在回忆录《击沉一切》中的记述有所不同："米切尔的舰载机正在

恩加诺角附近海域同日军特混舰队交战，我们的潜艇甚至可以听到远处炸弹的爆炸声，偶尔还能看到爆炸产生的火光。这样静静作壁上观让我的小伙子们非常恼火。在取得尼米兹上将的同意之后，我向米切尔将军发出了一封紧急电报，问我们的潜艇是否也能参加战斗。米切尔将军一直是我们潜艇部队的好朋友，他很快用无线电回复'那就来吧'。"不管应邀参战还是主动请缨，反正洛克伍德的潜艇最后去了。

接到米切尔的电令——或回复——之后，洛克伍德立即命令距战场最近的两个"狼群战术组"向作战海域移动，伺机攻敌。第一群由"黑线鳕"号、"大比目鱼"号和"金枪鱼"号组成，指挥官是"黑线鳕"号上的罗奇中校，因此被称为"罗奇袭击队"。第二群由"大西洋马鲛"号、"仿石鲈"号、"游鳍叶鲹"号组成，指挥官为"大西洋马鲛"号上的伯纳德·克拉雷中校，因此被称作"克拉雷碾碎者"。空中打击已使小泽手忙脚乱，海底又杀过来一群瘟神，形势对日军来说越发绝望。

作为机动部队唯一仍具备航行能力的航母，"瑞凤"号自然成为美军第四拨攻击的首选目标。由于"初月"号和"若月"号受命前往营救"瑞鹤"号幸存者，为航速大减的"瑞凤"号护航的仅剩下"桑"号驱逐舰。14时32分，"列克星敦"号飞行大队率先发起进攻。埃尔文·林赛上尉率4架"地狱猫"向"瑞凤"号扫射投弹。参加过第一拨攻击的威廉·麦克布莱德上尉率3架"地狱俯冲者"以4300米高度从东北方向朝"瑞凤"号俯冲投弹，麦克布莱德的炸弹在航母左前舷形成近失，激起一条冲天的水柱。韦伯斯特·沃德尔中尉声称自己的炸弹命中飞行甲板中间偏左区域。阿尔文·艾米格中尉向"瑞凤"号投弹失败，于是就近向"五十铃"号下滑投弹，取得近失。

在"兰利"号机队对"瑞凤"号取得3颗近失弹后，轮到"富兰克林"号机队出列攻击。为分散日军防空火力，中队长威尔逊·科尔曼中校率8架"地狱猫"抵近扫射，约翰·基欧中尉6架俯冲轰炸机对"瑞凤"号的攻击取得1弹命中、2弹近失。最后出场的4架鱼雷机声称有2～3颗炸弹命中了"瑞凤"号。

由于燃油已告不足，15时整，温特斯中校将空中指挥权交给"兰利"号飞行大队长马尔科姆·沃德尔中校，率领部下径直返航，他在敌舰上空逗留时间超过6个小时。战争已经接近尾声，美国人终于建立起空中统一指挥制度——摸着枕头天快亮了。早在偷袭珍珠港时，日军已经建立起这一制度。在今天最后一次航母交战中，除麦坎贝尔、温特斯、沃德尔之外，"富兰克林"号飞行大队长基比中校也短时间负责过空中指挥工作。

"瑞凤"号战斗记录表明在美军第四拨攻击中没有被鱼雷和炸弹命中，但数不清的近失弹还是使航母右倾在14时37分达到13度，8分钟后加剧到16度。左轮机舱进水导致轮机停止运转。损管队员向四号锅炉舱注水试图恢复平衡，他们的所有努力均无济于事。"瑞凤"号右倾在15时加大到23度。指挥抢险的内务长首藤唯夫满脸是血跑上舰桥，报告舰长杉浦矩郎："航母已经被彻底破坏，毫无挽救希望了。"

舰长杉浦下达了弃舰命令。全体水兵集中在飞行甲板上举手敬礼，军旗在信号兵的号声中徐徐降下。杉浦和山根真树生——他负责保护天皇御像——率重伤者登上了左舷一艘小艇，准备下降到海面逃生。但是吊绳在中途断裂，所有人都被抛入水中游泳。在被命中4颗炸弹、2条鱼雷和多达89颗近失弹后，"瑞凤"号15时26分沉入北纬20度40分、东经126度40分水域。值得一提的是，"瑞鹤"号和"瑞凤"号都是在未起火或爆炸的情况下平静入水的。

瞭望哨桂理平目睹了航母沉没的全过程："在大尉渡边正大的指挥下，我们瞭望分队将所有可以漂浮的物品投入海中，然后保留身上衣物，脱掉绑腿和鞋子从右舷跳向平静的水面。我抱着漂浮物游泳，希望能离开航母更远一点儿。我担心留在附近会被航母沉没产生的漩涡卷走。厚厚的重油漂浮在海面上，那是一片黑色的大海。游开大约50米后，我们的'瑞凤'号从右舷后方缓缓消失在海中，预期的漩涡并未出现。"

"伊势"号和"桑"号迅速靠近，开始打捞落水人员。15时28分到17时20分，"桑"号共救起包括舰长杉浦在内的847人，"伊势"号救起98人。副舰长江口穗积、内务长首藤以下216名水兵毙命。

美军第四轮攻击仅仅击沉了已经重伤的"瑞凤"号，对"伊势"号等舰的攻击并未取得明显效果。所幸参加本轮攻击的飞机无一损失，悉数返航。

14时27分，谢尔曼通过TBS请示"继续北上发起第五轮攻击"，米切尔回复"同意"。但在出动第五拨攻击机群之前，谢尔曼必须回收第三拨攻击机队。14时30分开始，参加第三波空袭的飞机纷纷寻找母舰降落。回收作业持续了大约一个半小时，15 时 57 分全部结束。第三拨飞机着舰之后，第五拨攻击队从 16 时 10 分开始升空。根据时间计算，这很可能是美军当天发起的最后一轮攻击。本次攻击共出动舰载机 97 架——其中战斗机 52 架、俯冲轰炸机 32 架和鱼雷机 13 架。它们分别来自第三大队"埃塞克斯"号、"列克星敦"号、"兰利"号和第四大队的"企业"号。攻击队隆隆飞走之后，美军航母开始回收第四拨攻击机群。日军虽然被打得狼狈不堪，但也把美国人累得够呛。

美军最后一轮空中打击来临之前，交战水域的小泽舰队一片狼藉。第五群"初月"号、"若月"号、"桑"号来往穿梭，到处打捞"瑞鹤"号和"瑞凤"号幸存者。"伊势"号和"大淀"号留在沉没航母附近实施警戒。第六群仅剩"日向"号、"霜月"号和"槙"号跟在第五群的南面。脱离第六群北上的"五十铃"号因美军的频繁空袭已经放弃对"千代田"号的营救，动力全失的"千代田"号只好静静停在海上等死。16 时 15 分，受伤的"多摩"号出现在"日向"号视野之中，松田命令它脱离战场自行向吴港返航。

17 时 05 分，"伊势"号率先发现美军来袭机群，并在 2 分钟后对空开炮。"列克星敦"号布鲁斯·林赛上尉率 3 架"地狱猫"从 4600 米高空对"伊势"号俯冲投弹，另有 6 架战斗机扫射了 1 艘轻巡洋舰。俯冲轰炸机在唐纳德·邦克上尉率领下从西北方向下滑至 3700 米向"伊势"号俯冲投弹，包括邦克在内的 9 名飞行员声称投下的炸弹准确命中敌舰，另有 4 颗炸弹取得近失。罗伯特·尼迈耶上尉的飞机俯冲拉起时被高射炮火击中，发动机故障，一条供油管被切断。尼迈耶顽强驾机在"克拉伦斯·布朗森"号前方海面上迫降，被驱逐舰成功救起。

接下来轮到"埃塞克斯"号飞行大队登场。在中队长詹姆斯·里格少校带领下，15 架"地狱猫"依次对"伊势"号扫射并投弹，3 名飞行员声称获得命中。约翰·布罗德海德上尉率 15 架"地狱俯冲者"迂回至日军舰队西侧，背阳向"伊势"号发起俯冲。包括布罗德海德在内有 8 人声称投下的炸弹获得了命中。

"企业"号飞行大队长史密斯中校率 16 架"地狱猫"攻击了"伊势"号和"大淀"号，声称 3 弹取得命中。史密斯僚机飞行员罗伯特·纳尔逊少尉的飞机在俯冲时发动机和整流罩被高炮击中，只好掉头在杜博斯少将的追击部队附近迫降，18 时 28 分被驱逐舰"克拉伦斯·布朗森"号救起。

美军飞行员上报的战绩显然略有浮夸。"伊势"号作战记录表明，该舰先后遭到 85 架美机攻击，其中 4 条鱼雷从左前舷一掠而过。从 17 时 26 分开始，该舰共挨了多达 25 颗近失弹。日本人的吹牛水平绝对不逊对手，"伊势"号声称在当天战斗中击落美机 44 架，疑似击落 12 架，水兵 5 人死亡、7 人受伤。"大淀"号同样遭到两位数美机的进攻，声称当日共消耗 155 毫米炮弹 238 发，100 毫米炮弹 964 发，25 毫米炮弹 32426 发，击落美机 27 架，舰上水兵 8 人死亡、17 人受伤。

17 时 30 分到 41 分，满载"瑞凤"号幸存者的"桑"号躲过了 10 多架美军俯冲轰炸机的攻击，随后取 10 度航向、24 节向冲绳岛的中城湾撤退。19 时 50 分，舰长山下正伦致电小泽，称自己在战斗中击落敌机 3 架，因燃油不足且舰上装载着多达 453 名"瑞凤"号的幸存者，只能暂时返回奄美大岛补给。之前 17 时 51 分，"槙"号舰长石塚荣向"五十铃"号舰长松田源吾发出信号，驱逐舰所剩燃油不足 90 吨，无法执行前往营救"千代田"号幸存者的任务，只能返航。

日军所有航母非沉即伤，松田的旗舰"日向"号因此成为美军第五轮攻击的重点关照对象。"埃塞克斯"号鱼雷机中队中队长兰伯特少校率 10 架"复仇者"对"日向"号投下 10 颗 907 公斤重磅炸弹，声称 2 弹获得命中。"兰利"号路易斯·盖伊上尉率"地狱猫"分队向"日向"号扫射投弹后撤出。最后出场的是赫尔曼·克拉雷上尉带领的"兰利"号 3 架鱼雷机，他们声称 1 条鱼雷命中"日向"号左前舷。

在当天的防空战中，"日向"号共消耗 356 毫米弹 112 发，127 毫米弹 659 发，25 毫米弹 28970 发，多达两位数的近失弹造成舰上 1 人阵亡、7 人受伤。还是松田实在一点儿，仅上报击落美机 6 架。18 时 20 分，形影孤单的"日向"号与小泽的第五群会合。

事实上，美军第五轮空袭中仅损失战斗机 2 架和轰炸机 1 架，未能击沉 1 艘敌舰。飞行员已经连续战斗了两天。他们中的大部分人当天出击两次，少数人甚至三次。小伙子们实在太累了。小泽的首席参谋大前敏一对美军攻击评价不高："我看到了空袭全过程，我认为美军飞行员的表现远远称不上出色。"

日军防空作战给美军飞行员留下了深刻印象。"富兰克林"号在战斗报告中这样写道："敌舰高炮火力猛烈、准确，所有口径火器均开火，战列舰甚至以主炮射击，白磷弹被频繁使用，制造类似爆炸产生的白色烟柱。在遭到即时攻击期间，敌战列舰紧随航母规避。不管航母转向那里，战列舰必亦步亦趋。外围巡洋舰、驱逐舰各自转向，并且像是在转圈子。""企业"号飞行大队长史密斯中校感慨地说："日舰规避机动由高速向右猛烈转向组成，其主要舰艇高炮火力的猛烈程度令人极不愉快。"

一直向北快速航行使美军两个航母大队与日军距离不断拉近。13时30分，双方距离已拉近至110公里。水面近战不是航母的强项，精于此道的快速战列舰已被哈尔西带往南方，米切尔认为，与拥有战列舰的敌人保持适当距离非常必要。13时28分，他命令谢尔曼和戴维森："不再向北追击。"谢尔曼在作战报告中夸张地说："当时感觉差点都能看到日军的落单舰艇了！"这家伙肯定使用了望远镜，要不这目力可以去充当瞭望哨了。

鉴于舰载机攻击不可能终结所有敌舰，夜幕降临将使它们完全失去攻击能力，在做出舰队不再北上决定的同时，米切尔下令抽调水面舰艇组成追击部队，向北出击歼灭被舰载机重创掉队的所有日舰。很明显，这支舰队在追击敌军战列舰时不会遇到危险，他们具有雷达和航速的双重优势。这支临时组建的舰队番号为第三十特混舰队第三大队，由第十三巡洋舰分队司令官劳伦斯·杜博斯少将指挥。该部包括以下作战舰艇。

第六巡洋舰分队：重巡洋舰"新奥尔良"号、"威基塔"号。

第十三巡洋舰分队：轻巡洋舰"圣达菲"号、"莫比尔"号。

第五十驱逐舰中队："克拉伦斯·布朗森"号、"科腾"号、"多奇"号、"希利"号、"科格斯维尔"号、"卡帕顿"号、"英格索尔"号、"纳普"号。

第十二驱逐舰分队："巴格利"号、"帕特森"号。

13时29分，米切尔命令杜博斯以340度航向向西北追击，航速25节，航母舰载机将为他们提供侦察和空中保护。追击途中，杜博斯下令"新奥尔良"号、"威基塔"号各弹射1架翠鸟式水上飞机，执行搜救落水飞行员的任务。14时29分，杜博斯接到米切尔发来的命令："带领你的巡洋舰和驱逐舰，向北追击日军落单舰艇。我们在收到目标上空观察员的报告后，将向你提供更多详细数据。"15时15分，第五十五驱逐舰中队"波特菲尔德"号、"卡拉汉"号受命脱离第三大队前往加入追击舰队。至此杜博斯舰队共有重巡洋舰、轻巡洋舰各2艘，驱逐舰12艘。

在第一拨攻击中被日军零战击落的斯特兰恩上尉发现了从南方驶来的杜博斯舰队。他用镜子朝舰队发射光线，成功引起 8200 米外"科腾"号的注意，15 时 05 分被驱逐舰救起。斯特兰恩无疑是非常幸运的，他有幸在驱逐舰的甲板上近距离观摩了己方舰船收拾日军残部的战斗，大饱眼福。为捞起尽可能多的飞行员，杜博斯下令 2 艘轻巡洋舰分别于 15 时 15 分、15 时 17 分各又弹射了 1 架水上飞机。

16 时 01 分，空中总指挥的沃德尔中校发现了不断逼近的杜博斯舰队，成功与之取得联络并告知了"千代田"号的准确位置。16 时 10 分之后 5 分钟里，几艘美军巡洋舰的雷达陆续在 28000 米距离发现水上目标。根据杜博斯提供的作战记录，"敌舰被发现时已瘫在海面上，舰首方向 120 度，左倾 6 ～ 8 度。敌舰仍在对空中美机不断射击，因为可以看见弹幕。随着距离不断拉近，可以看见敌舰虽然冒出浓烟，但结构并未受到明显损伤，甲板上还有人员来回跑动"。

此前"五十铃"号曾数次接近"千代田"号，试图执行拖曳作业或接走幸存者，均因美机的攻击未能成行。在驱逐舰的护卫下，杜博斯率 4 艘巡洋舰逼近敌舰。16 时 25 分，"威基塔"号在 17400 米距离率先开火，1 分钟后 1 发炮弹获得命中。"新奥尔良"号 16 时 27 分开始以主炮轰击。16 时 28 分和 16 时 30 分，"威基塔"号观察到又有 2 发炮弹命中敌舰。由于同行的 2 艘巡洋舰相继加入炮击行列，就搞不清楚到底有多少炮弹获得命中了。

在 4 艘美军巡洋舰的联合攻击之下，被多次命中的"千代田"号上火光冲天，浓烟滚滚。"圣达菲"号瞭望哨观察到，虽然"千代田"号飞行甲板上乱作一团，但日军水兵仍然冒着如雨般打来的炮弹，艰难操作 127 毫米高炮进行反击。16 时 39 分，杜博斯命令除"威基塔"号外的其余 3 舰停止射击，2 分钟后"威基塔"号受命停止开炮。其间美军 4 舰共打出 420 发 203 毫米炮弹、575 发 152 毫米炮弹和 73 发 127 毫米炮弹。杜博斯命令驱逐舰向目标逼近："如果目标有价值的话，可以使用部分鱼雷，不准浪费弹药！"

"千代田"号确实不需要美国人再浪费鱼雷和炮弹了。"威基塔"号瞭望哨清晰看到日军水兵开始向舰首集中，准备弃舰。16 时 55 分，千疮百孔的"千代田"号向左翻转沉入水中，位置为北纬 19 度 20 分、东经 126 度 20 分。"莫比尔"号水上飞机发现有 200 名至 250 名日军水兵赶在航母沉没之前跳入大海，"科腾"

号记录漂在海上的幸存者约有 500 人。美国人没有表达出救人意愿，杜博斯急于向北追击。由于小泽无暇也无力向如此靠南的危险水域派出救援舰只，包括舰长城英一郎、副舰长公文惠章、航海长浦边武夫在内的全体水兵无一生还。"千代田"号因此创下两项纪录：被水面舰艇击沉的唯一日军航母，也是没有一名幸存者的日军航母。

城英一郎是特攻作战的积极倡导者。可以断定，他没有收到当天上午"神风特攻队"在萨马岛以东海域取得"显赫"战果的消息，可谓死不瞑目也。

击沉"千代田"号后，杜博斯舰队继续向北航行。17 时 03 分，他接到米切尔发来的"继续追击更北方敌舰"的命令，这显然属于马后炮了。舰队继续北上收获了另一项成果，一些落水美军飞行员或机组陆续获救。16 时 02 分，"克拉伦斯·布朗森"号救起了"列克星敦"号俯冲轰炸机飞行员尼迈耶上尉的机组，18 分钟后又救起了"企业"号战斗机飞行员哈里·纳尔逊中尉，又能从航母飞行大队那里换回不少冰激凌了。

18 时 13 分，"埃塞克斯"号霍格中尉和罗伊克拉夫特少尉驾"地狱猫"前来支援，在杜博斯舰队前方 19 公里至 28 公里实施搜索。18 时 23 分和 25 分，两人分别告知在 340 度方位、44 公里和 335 度方位、41 公里外发现不明身份目标，那无疑是日本人的船，18 时 46 分距离已拉近到 25600 米。18 时 51 分，杜博斯下达命令："进入射程范围之后，各舰自主开火。轻巡洋舰对付近处目标，重巡洋舰射击较远目标。"

较远处目标是日军轻巡洋舰"五十铃"号和驱逐舰"若月"号，较近目标则是驱逐舰"初月"号。18 时 15 分，奉命南下寻找"千代田"号的"五十铃"号发现，"若月"号和"初月"号正在营救"瑞鹤"号幸存者。18 时 20 分，"五十铃"号与"若月"号取得了联络。

美舰正在快速逼近，19 时 05 分，"五十铃"号发现"初月"号开始向敌舰开火。19 时 10 分，"五十铃"号舰长松田源吾报告松田："我部正与敌水面部队交战之中。"19 时 25 分和 19 时 30 分，松田源吾分别致电松田和小泽："我舰放弃寻找'千代田'号，现正以 340 度撤退，视野内确认有我方 1 艘驱逐舰。"发出上述电文之后，松田率"五十铃"号和"若月"号快速北撤，将"初月"号独自留在了南方水域。

美国人很快发现，最远处的一号目标加速消失在夜幕之中，那显然是"五十铃"号。二号目标加速到 20 节向北逃跑，很快也在雷达屏幕上消失了——那无疑正是"若月"号。让美国人感到惊讶的是，距离最近的三号目标并未掉头逃走，而是直接朝南冲了过来。那正是试图以牺牲自己来挽救友舰的"初月"号。

此时已经谈不上什么狭路相逢勇者胜了。坐镇"初月"号的日军第六十一驱逐舰分队司令官天野重隆知道，美军占有压倒性优势，如果自己率舰夺路而逃，3 艘日舰很可能被强大的美军逐一赶上全部消灭。天野和"初月"号舰长桥本金松做出了一个令人钦佩的决定，南下接敌缠住对手，以牺牲自己为友舰逃生争取宝贵的时间。19 时 05 分，天野直接致电小泽，"初月"号与美军水面舰队正在激战当中。舰上有不少刚从"瑞鹤"号上打捞起来的飞行员和水兵，他们同样镇定自若，没有一个人私自跳水逃生。

杜博斯亲眼看到 1 艘日军驱逐舰冒着弹雨直冲过来。震惊之余，他也对日军的胆识和勇气表示钦佩。与当天早上萨马岛海面为保护护航航母冲向栗田舰队的美军驱逐舰相比，"初月"号的悲壮和胆气可谓毫不逊色。

18 时 52 分，"莫比尔"号在 17300 米距离以主炮向"初月"号开火。18 时 59 分，"圣达菲"号在确认"初月"号为较近目标后也开炮了。19 时整，"威基塔"号加入炮击行列，距离为 25800 米。19 时 05 分，第六巡洋舰队分队司令官查尔斯·乔伊少将请示杜博斯："远处目标已驶出射程范围，请允许我舰向最近目标射击。"杜博斯回电只同意"威基塔"号参与炮击，"新奥尔良"号暂时按兵不动，也许他还想有所保留。处于绝对劣势的"初月"号恰似"华雄战三英"，形势对它来说是绝望的。

19 时 13 分，双方距离已缩小到 12200 米。天野认为已到了发射鱼雷的最佳距离，于是下令向不断逼近的美军巡洋舰射出鱼雷，企图击伤部分美舰或迫使敌人转向，延缓美舰的追击速度。"初月"号加速到 26 节以上，接着急转弯进入鱼雷发射位置。随后它改航向正北，再次摆出发射鱼雷的架势。因两度采取规避动作，美军巡洋舰队丧失了大量宝贵时间。推断其间日舰很可能两次发射了鱼雷，无一中的。

"五十铃"号和"若月"号已经跑远，美军急于击沉"初月"号，继续追击或搜索其他目标。19 时 09 分，杜博斯焦急地询问第五十驱逐舰中队指挥官埃德温·威尔金森中校："能否用鱼雷解决问题？"威尔金森将任务交给了第一〇〇驱逐舰分队。19时30分，"新奥尔良"号也被杜博斯批准朝"初月"号射击。美军4艘巡洋舰18门203毫米主炮和24门152毫米主炮集中炮击1艘小驱逐舰，拼命还击的"初月"号迅速燃起大火，航速大减。

19时33分，第一〇〇驱逐舰分队指挥官华莱士·米勒中校率"科格斯维尔"号、"英格索尔"号、"卡帕顿"号抵近敌舰实施雷击，杜博斯命令巡洋舰为他们提供炮火掩护。20时11分，米勒下令向"初月"号射出5条鱼雷，无一命中。美军各舰继续炮击，杜博斯担心战斗这样进行下去再遇到其他日舰穿甲弹不够用了。他在19时44分询问"威基塔"号和"新奥尔良"号，回答是前者已消耗22%穿甲弹，后者是35%。看到"初月"号已经燃成一团火炬，杜博斯下达了巡洋舰停止炮击的命令。

20时50分，第五十五驱逐舰中队司令官卡尔顿·托德上校亲自率领"波特菲尔德"号抵近到3200米处，准备以鱼雷终结敌舰。还未等他发射鱼雷，"初月"号上突然发生剧烈爆炸，随后快速翻转入水，位置是北纬20度24分、东经126度18分。距它6000米远的"卡拉汉"号都感到了剧烈震动。包括天野、桥本在内的290名日军水兵无一幸存。上午被打捞上舰的"瑞鹤"号第一六一飞行队长小林保平等人随舰沉没，这种死法对飞行员来说简直窝囊到家了。为击沉"初月"号，美国人竟然费时近两个半小时，消耗203毫米炮弹282发、152毫米炮弹1731发、127毫米炮弹1421发、40毫米炮弹18发、20毫米炮弹144发和鱼雷15条。"初月"号以无一人幸存为代价，成功为友舰逃跑争取到宝贵的时间，死得其所。

夜航战斗机报告说，"五十铃"号和"若月"号已向北跑出74公里，正以20节速度向北航行。显然美国人很难在几小时内追上他们。考虑到驱逐舰燃油普遍不足，21时15分，杜博斯下令放弃追击，舰队变航向为170度以25节向南返航。22时52分，"卡帕顿"号发现海上出现了灯光，趋前救起"圣贾辛托"号鱼雷机飞行员理查德·普莱斯特德中尉的机组。一夜无话，26日9时15分，杜博斯舰队与主力舰队顺利会合。

普莱斯特德形象记述了几小时难忘的海上漂流经历："大约19时30分，从南方看到一些炮火，炮弹往北从我们头顶飞过，接着北方的敌人开始还击。南侧炮火更加猛烈，将敌人火力压制了。我希望南方的炮声来自我们的战列舰，后来证实那不过是巡洋舰。他们击沉了 1 艘敌舰。不一会儿，我们发现 3 艘驱逐舰向北追击，并从很近的距离经过我们。我们朝他们打灯示意。后来我们被告知，当时驱逐舰一名观察哨发现了闪光，但他误认是海面反射的月光。随后一切归于平静，随着舰艇不断远去，我们的希望落空了。但到 22 时，我貌似听到了一些声音，随后看见一艘船从北方接近我们。我相信它是我们的船，于是提醒机组继续打灯。驱逐舰接近我们绕了半圈，史密斯二等航空机械军士尝试用手枪朝天打照明弹，未能成功。他们听到我们在喊'圣贾辛托'，就通知我们游往舰桥下方，随后将我们成功救起。"

25 日 18 时整，小泽第五群和松田第六群顺利会合。6 分钟后，"日向"号在 240 度方向探测到疑似有敌军潜艇出现，立即展开反潜作战。日军发现的正是美军潜艇"大比目鱼"号。17 时 43 分，艇长伊格内修斯·加兰廷中校从潜望镜中发现了正前方 9700 米处的战列舰。随着距离不断拉近，加兰廷发现"日向"号周围有 2 艘驱逐舰。

18 时 42 分，"大比目鱼"号抵达"日向"号正前方 4600 米攻击阵位，加兰廷下令以艇首鱼雷管向敌舰射出 6 条鱼雷。3 分钟后，1 艘日军驱逐舰猛扑过来，加兰廷只好紧急下潜。18 时 47 分到 50 分，潜艇水兵陆续听到 5 次爆炸，随后又传来两声巨响。但等他们 19 时 50 分浮出水面时，海上早已空空如也。当天"日向"号没有遭到鱼雷攻击的记录，美国人的鱼雷显然打偏了。

19 时 25 分和 30 分，小泽先后接到"初月"号和"五十铃"号发来的"正与美军交战"的电文。夜幕将完全抵消美军的空中优势。虽然"伊势"号和"日向"号在白天防空战中被无数近失弹炸得遍体鳞伤，但那 16 门威力巨大的 356 毫米巨炮仍在，可以在夜战中充分发挥威力。尽管此时率部撤退方为明智选择，但小泽清楚如果那么做，散布各处的受伤舰只势必遭到毁灭性打击。虽然并不清楚美军追击舰队的实力，小泽仍决定放手一搏，南下救援。此时小泽手头仅有 4 艘舰，护航舰只严重不足。

20 时 05 分，小泽率舰队掉头南下，试图与美军展开夜战。他致电"五十铃"号舰长松田要求他报告美军的情况，未能得到任何应答。20 时 25 分，他再次向"初月"号发电询问敌情："现反转接敌，航向 185 度，告知敌舰位置。"当时"初月"号沉没在即，小泽自然无法收到回复了。

20时35分，小泽电令各部："'初月'号正与敌交战中，我部现在反转，将击灭敌军。"6分钟后，小泽致电联合舰队司令部："接'初月'号交战中之电文，职亲率'日向'号、'伊势'号、'大淀'号、'霜月'号反转，将击灭敌军。我部20时位置为北纬20度35分、东经126度32分。"

21时53分，舰队前方20公里出现2艘不明身份舰只，瞭望哨很快认出那正是死里逃生的"五十铃"号和"若月"号。小泽命令"若月"号随主力南下，油料不足的"五十铃"号独自向奄美大岛返航，后因燃料即将告罄就近驶入中城湾。

"若月"号舰长铃木保厚报告小泽，19时前后"初月"号遭到美军水面舰艇攻击，敌舰多达10余艘。向南航行一小时后，小泽未能发现敌人，于是下令22时55分改航向215度向西南搜索。随后小泽3次调整航向，依然没有任何发现——杜博斯早已掉头南返了。

26日0时整，松田发信号给小泽："因敌除处理我受伤舰艇外已避免今晚之夜战，故判断其企图于明晨发起航空攻击。"眼看与敌夜战无望，如继续南下势必在黎明之后遭美军舰载机再次打击，小泽只好下令舰队掉头北撤。

因护航驱逐舰严重不足，受伤的"多摩"号只好独自向吴港返航，很快进入"克拉雷碾碎者"的伏击圈。当天20时04分，美军潜艇"仿石鲈"号发现24700米外出现不明身份目标，航向35度，航速16节。艇长约瑟夫·艾森豪威尔中校认为那是1艘敌战列舰。他一边向"大西洋马鲛"号上的克拉雷中校发报，一边悄悄逼近目标。随着双方距离不断拉近，艾森豪威尔认出那不过是1艘巡洋舰。

克拉雷命令艾森豪威尔可以自行发起攻击，并率"大西洋马鲛"号快速驶向交战海域，同时呼叫"游鳍叶鲹"号艇长约翰·莫勒中校前来增援。跑不快的"多摩"号瞬间陷入美军3艘潜艇合围之中，舰上日军水兵已嗅到了浓烈的死亡味道。

22时42分，美军潜艇逼近至距"多摩"号3700米位置。遗憾的是，此时"仿石鲈"号鱼雷发射管舱门出现故障。23时01分，艾森豪威尔通过舰首发射管在1100米距离射出3条鱼雷，其中1条提前爆炸。"多摩"号以最快速度驶向爆炸之处，那里无疑要安全一些。"仿石鲈"号迅速急转，以艇尾发射管进行瞄准。

双方相距 640 米时"多摩"号开始转向，美军潜艇获得了绝佳发射机会，"仿石鲈"号再次射出 3 条鱼雷。

据艾森豪威尔观察，第一条鱼雷命中巡洋舰舰体中部，第二条命中桅杆之后部位，第三条击中舰桥前侧。"多摩"号上立刻浓烟滚滚，火光冲天。美军潜艇快速下潜，准备装填鱼雷继续发起攻击。就在水兵手忙脚乱装填之时，艾森豪威尔听到海面传来了接二连三的爆炸声。当"仿石鲈"号 23 时 28 分重新浮出水面时，海上已无敌舰的踪迹。

已经赶到现场的"游鳍叶鲹"号看到，"多摩"号中雷后断为两截，迅速没入水中，位置是北纬 21 度 23 分、东经 127 度 19 分。由于沉没速度太快，包括舰长山本岩多在内的 440 名水兵无一生还。"多摩"号成为恩加诺角海战中被潜艇击沉的唯一一艘日舰。

美军潜艇当天还取得了另一项战绩。凌晨 4 时 30 分，在北纬 30 度 05 分、东经 129 度 45 分水域，"小体鲟"号向日军第二补给船队"仁荣丸"号油轮射出 6 条鱼雷，3 条命中。"仁荣丸"号带着宝贵的 13000 吨燃油沉入海底。护航驱逐舰"秋风"号和第三十一号海防舰救起油轮上 119 人向奄美大岛返航。不过老酒一直纳闷：洛克伍德和克里斯蒂为什么不向至关重要的圣贝纳迪诺海峡东口派出巡逻潜艇呢？

26 日 1 时左右，小泽接到栗田发出的《第一游击部队第 252240 番电》，知道栗田已放弃夜战，经圣贝纳迪诺海峡向西撤出战场。小泽不由得黯然神伤，机动部队付出了损失所有 4 艘航母的惨重代价，栗田依然无法完成突入莱特湾的艰巨任务，这难道就是命运吗？

天亮之后，小泽率残部继续向冲绳撤退。他本来担心会继续遭到美军的空袭，但预料中的敌机始终没来。米切尔早已率队南下了。航途中多次接到发现敌潜艇的警报，但舰队还是顺利于 27 日 12 时驶入奄美大岛萨川湾。根据联合舰队司令部的命令，小泽率队 29 日 22 时 41 分返回吴港。这支本拟全数牺牲的舰队，竟然有 2 艘航空战列舰、2 艘轻巡洋舰和 6 艘驱逐舰平安归来，完全出乎日本人的预料。

值得一提的是，虽然 4 艘参战航母全部战沉，但小泽舰队中 4 艘松型驱逐舰全部侥幸活了下来。除"桑"号 12 月 3 日被美军舰载机击沉于奥尔莫克湾之外，其余 3 舰竟然都熬到了战后。"桐"号于 1947 年 7 月 29 日被移交给苏联人,新名字叫"复活"号。1947 年 8 月 14 日移交给英国人的"槇"号惨遭解体。"杉"号 1947 年 7 月 30 日被移交国民政府,新名字叫"惠阳"号。

11 月 10 日,第一机动部队宣布解散,这支长期作为日军对外侵略急先锋的舰队至此走入历史。

## "这就是终结"

25 日下午,南下途中的哈尔西仔细查阅了几天来收到的所有电报,他得出这样一个结论:"美军已经打赢了本次战役。"21 时 26 分,他致电尼米兹:"第三舰队司令官可以充满自信地向您报告,由于本舰队的作战和第七舰队的杰出表现,我们已经取得了如下显赫战果:一、彻底粉碎了日本人试图阻止我们重返菲律宾的计划;二、决定性地打败了日军主力舰队;三、消除了未来数月之内的海军作战威胁,如果不想说是永远消除的话。"

尼米兹将上述电文转发华盛顿。金回电说,目前仍然不能放松,因为哈尔西还没有足够时间或机会对战局进行全面评估。海军部长弗雷斯特尔完全赞同金的意见,但他还是将电报呈送了总统。对前线战事极为关切的罗斯福已经催问好几回了。

但金凯德的第七舰队是在麦克阿瑟指挥下作战的。麦克阿瑟一贯擅长作秀,他以自己的名义擅自向路透社发表了胜利公告,这让海军非常被动。哈里·霍普金斯特意给弗雷斯特尔打去电话,建议海军将哈尔西的电报全文公布给新闻界。在没有收到确切战报之前,弗雷斯特尔对提前发布这样的好消息显得有些犹豫。影子总统认为,这次值得冒一下险。华盛顿时间 25 日 18 时,罗斯福在白宫召开新闻发布会,向记者宣读了哈尔西发给尼米兹的胜利电报。这封电报第二天一早就出现了几百份报纸上,美国人眼中的哈尔西形象更高大了。

25 日当晚,在尼米兹寓所举行的晚宴上,参与人员围绕当天战斗展开了激烈讨论。除参谋长麦克莫里斯、作战处长谢尔曼等高级军官之外,还有一位大家都觉面生的年轻军官。这位海军少校刚刚卸任潜艇艇长,准备经珍珠港回国度假。年轻人绝不会因为其他客人的年龄和身份不敢讲话,因为他是尼米兹上将的儿子。和父亲当年一样，1936年从海军学院毕业后，小切斯特一直在潜艇部队服役。

当得知上午父亲和司令部参谋人员都不知道第三十四特混舰队的下落，并为此空等了好几个小时后，小切斯特感到非常惊讶。他问父亲：为什么不直截了当地问哈尔西将军第三十四特混舰队的具体位置，然后命令他带舰队去它应该去的地方？尼米兹耐心解释说，他和参谋人员远在战场数千公里之外，自己的原则是尽量不干预现场指挥。有人提到，针对菲律宾作战的"8-44号计划"中明确指出，"如果哈尔西发现有消灭敌军主力舰队的机会，那么这就应当成为他的主要任务"。小切斯特对此感到吃惊，他指责父亲下达这样一项命令，实际上已经授权哈尔西放弃守护滩头阵地，"要哈尔西将军完成支援莱特岛登陆任务，同时又要去完成其他任务，这是一个严重错误"。他毫不客气地告诉父亲："这完全是你的过错。"

在场所有人都默不作声，他们从未见过有人敢这样当众指责司令官。室内一片寂静，气氛显得有点尴尬。尼米兹冷冷看了一眼傲慢的儿子："这只是你的个人看法而已。"晚宴就此不欢而散。

25日22时17分，哈尔西再次向尼米兹和金发出一份绝密电报，对自己两天来的举动做出进一步解释："10月24日下午，我的侦察机发现敌军航母舰队在北方现身，这样敌人所有海军兵力的部署图完整了。既然我静静待在那里扼守圣贝纳迪诺海峡是显得那么孩子气，于是晚间，我集中了当时手头的所有兵力向北进发，拂晓进攻敌人航母舰队。我认为，敌军中路舰队在锡布延海遭受重创，他们对第七舰队不会再构成什么致命威胁了。"

25日23时51分，第三十四特混舰队第五大队以207度航向、28节高速向南偏西水域搜索，距圣贝纳迪诺海峡东口75公里。哈尔西及麾下官兵的失望情绪不断增加，他们很可能要与日军中路舰队失之交臂了。在一天多时间里，美军战列舰编队向北疾驰560公里，然后掉头南下又行驶差不多相等的距离，难道耗费无数燃油最终换来的结果就是两手空空吗？

仅仅9分钟后，26日凌晨0时，前哨驱逐舰"刘易斯·汉考克"号拉响了战斗警报。0时28分，它在180度、27000米距离发现不明身份目标。从0时26分到35分，驱逐舰后方的轻巡洋舰"文森斯"号、"迈阿密"号、"比洛克西"

号陆续报告发现了这一目标。

他们发现的正是日本海军三大祥瑞中的"补枪王"——"野分"号驱逐舰。栗田率主力舰队北撤之后，"野分"号舰长守屋节司受命留下处置"筑摩"号。此刻，它正满载"筑摩"号幸存水兵沿萨马岛东岸北上，试图经圣贝纳迪诺海峡向西追赶主力舰队，却在海峡以东海域与美军强大的第五大队不期而遇。"野分"号上装满了"筑摩"号的幸存者，机动能力大大降低。在美军2艘最快速战列舰、3艘轻巡洋舰、8艘驱逐舰环伺之下，"野分"号逃生的可能性几乎为零。

对付这样一艘小小的驱逐舰，根本用不着战列舰出手。0时45分，第五大队指挥官奥斯卡·巴杰少将率2艘战列舰和第一〇四驱逐舰分队向东机动，观敌瞭阵。第十四巡洋舰分队司令官怀尔德·巴克少将率3艘轻巡洋舰和第一〇三驱逐舰分队南下接敌。0时54分，巴克下达了攻击命令，"文森斯"号、"迈阿密"号同时向"野分"号开火。1分钟后，"比洛克西"号上的"五英寸机关枪"也叫响了。仅仅4分钟后，"野分"号就中弹起火，速度锐减至15节。巴克命令巡洋舰停止炮击。1时整，"野分"号逐渐减速最终失去动力。1时01分，"迈阿密"号再度开火。1时05分，巴克再次下达停火命令，4分钟后率巡洋舰离开战场。

终结敌舰的任务留给了第一〇三驱逐舰分队。1时06分，"廷吉"号在10500米距离开始炮击。2分钟后，分队指挥官约翰·旺布尔中校下令停火，由"欧文"号和"米勒"号抵前用鱼雷击沉"野分"号。1时17分，"欧文"号向"野分"号射出5条鱼雷，全部脱靶。2舰再次抵近炮击。1时32分，"野分"号发生剧烈爆炸，舰体碎片被抛入数十米高空，熊熊大火照亮了整片海域。2舰继续炮击，1时35分，发生第二次剧烈爆炸的"野分"号沉没于北纬13度02分、东经124度52分水域。

"野分"号的命运与几小时前战沉的"初月"号毫无二致，后者同样救起了"瑞鹤"号上的数百名水兵。"野分"号有水兵近300人，从"筑摩"号救起的可能有1100人。在相距很远的两次战斗中，"初月"号和"野分"号均遭到美军水面舰艇的炮击，最终被炮弹撕成碎片。没人知道在沉没之前，这两艘舰上发生过多么可怕的事情。但这就是战争，是容不得丝毫怜悯的。

"新泽西"号舰桥上，哈尔西饶有兴致地观摩了"我43年职业生涯以来第一次也是唯一一次目睹的水面交战"。遗憾的是，他的新式战列舰南北穿梭1120公里，往返于日军两支舰队之间，却自始至终一炮未发。"老鼠在猫回来之前就躲到了洞里，"卡尼懊悔地总结说，"我们唯一能做的，只是在它溜过去时赶紧抓住它的尾巴。"

根据哈尔西 25 日 15 时 37 分的命令，麦凯恩中将于 26 日 3 时 17 分下令"汉考克"号出动 3 架"地狱猫"，执行黎明前的搜索任务。清晨 5 时，第一大队和博根的第二大队顺利会合。5 时 58 分，麦凯恩下令出动战斗机，执行空中巡逻和搜索任务。值得一提的是，"黄蜂"号 3 架"地狱猫"在执行任务过程中均有斩获。罗伯特·韦斯特中尉和雷·泰勒中尉在民都洛岛东海岸上空合力击落 1 架日军轰炸机，哈罗德·内维尔中尉在民都洛岛东北海域击落了另外 1 架。根据时间和位置判断，内维尔中尉击落的那架飞机上就有日本海航头号王牌西泽广义。

毫无疑问，头天晚上通过圣贝纳迪诺海峡的日军中路舰队此刻就在锡布延海。6 时到 6 时 15 分，麦凯恩和博根联手放飞了第一拨攻击机群——其中战斗机 52 架、俯冲轰炸机 37 架、鱼雷机 38 架。之前的战斗过程表明，日军中路舰队拥有为数众多的战列舰和重巡洋舰，因此这一拨攻击中出现了多达 38 架"复仇者"。

凭借暗夜掩护穿越圣贝纳迪诺海峡之后，栗田不敢有丝毫懈怠，继续率队快速西行。整个夜晚，他们在平静中反向驶过昨日的来路，穿越了留下无数痛苦回忆的锡布延海。6 时 44 分，西撤中的栗田舰队迎来了 26 日日出。他们此时已经进入塔布拉斯海峡，远未驶出美军舰载机的攻击范围。美国人的空中打击随时可能降临，栗田早早下令各舰加强对空警戒，舰队排成轮型阵快速向西航行。

栗田的判断非常正确。7 时 19 分，"大和"号瞭望哨率先发现 220 度方向有美机出现。之后半小时里，"大和"号、"榛名"号的雷达确认几个方向数量不等的美机在快速逼近。8 时 34 分，"大和"号率先对空开炮，拉开了新一轮防空战的序幕。

出现在栗田舰队上空的不是别人，正是麦凯恩和博根联手派出的第一拨攻击机群。美机 8 时 40 分开始攻击，目标集中对准了块头最大的"大和"号、"长门"号及位于轮形阵阵首的"能代"号。

8 时 43 分，"大和"号遭到来自右舷的俯冲轰炸，前部甲板连续被 2 颗炸弹命中。第一颗炸弹击中第 63 号肋骨位置舰体中央靠右 7 米处，贯穿上层甲板后爆炸，将附近居住舱室全部破坏。第二颗炮弹命中一号炮塔炮盾肩部，使其开裂。上述伤害对"大和"号来说不过是皮外伤而已。8 时 47 分之后的 10 分钟内，"大和"号先后避开了射来的 5 条鱼雷。

8 时 42 分，美机从"长门"号舰首左侧发起俯冲，2 颗炸弹获得近失。更改航向的"长门"号再次遭 6 架轰炸机俯冲投弹，2 颗炸弹在舰尾右舷附近爆炸。8 时 59 分，美军 3 架鱼雷机从左舷舰首、2 架轰炸机从右舷舰首、1 架轰炸机从舰尾方向对"长门"号实施三面夹击，均被舰长兄部勇次操舰成功避开。

块头不算大的"能代"号显然缺乏战列舰那样的好运气。8 时 45 分，4 架美军轰炸机从舰首方向突入，1 颗炸弹准确命中"能代"号高炮弹药库，所幸爆炸诱发的火灾被迅速扑灭。4 分钟后，9 架美军"复仇者"向"能代"号投射鱼雷，其中 1 条准确命中第一号和第三号锅炉舱中间部位，海水从鱼雷撕开的破口汹涌灌入，两个锅炉舱很快被海水淹没，其他锅炉舱也开始进水。锅炉停转使"能代"号逐渐失去速度，并出现了 16 度左倾。栗田命令"滨波"号靠上前去实施拖曳，希望将它拖到巴拉望岛的普林塞萨港。

栗田判断美军第二拨空袭会很快到来。科伦湾虽近在咫尺，但显然已非安全之所。况且舰队特别是几艘驱逐舰极度缺油，进港后的补给行动势必危险万分。思忖再三，栗田毅然做出决断，放弃原来在科伦湾的补给计划，直接率舰队向文莱返航。但目前驱逐舰的油料前往文莱远远不够。参谋们在海图上比画了半天，如果采用前文所述的第三条航线，理论上还是行得通的。如果航行中不实施 Z 字形反潜机动，驱逐舰的油料还能勉强维持到文莱。栗田在 9 时下达命令，舰队从巴拉望岛南侧经巴拉巴克海峡直接驶向文莱。鉴于美军的空袭铁定会来，10 时 12 分，栗田致电福留和大西，请求基地航空部队速速派战斗机前来护航。

此前栗田已得到消息，一支补给船队正穿越巴拉巴克海峡进入苏禄海，准备前往科伦湾为舰队提供急需的燃料，由 1 艘护卫舰护航的 2 艘油轮上装载着宝贵的 26000 吨燃油。10 时 29 分，栗田电令补给船队掉头火速向文莱返航。屋漏偏逢连夜雨，补给船队在再次穿越巴拉巴克海峡时遭美军潜艇伏击，"日本丸"号被当场击沉，严重受损的"严岛丸"号艰难驶入婆罗洲北部的万劳湾，4 天后伤重沉没。

既然科伦湾已经不再安全，已经撤往那里的舰船必须立即撤出。10 时 50 分，栗田命令已进入科伦湾的重巡洋舰"妙高"号，在驱逐舰"长波"号和"清霜"号的护航下立即出港向文莱撤退。由于"清霜"号已提前撤往马尼拉，11时15分，"长波"号护卫"妙高"号驶出科伦湾，取道巴拉望水道于19日10时30分平安抵达文莱。

果然不出栗田所料。10时刚过，远方出现了另一个庞大机群。美军34架战斗机、13架俯冲轰炸机和20架鱼雷机全部来自麦凯恩第一大队的3艘重型航母。在第一轮攻击中受重伤的"能代"号落在最后边，10时30分率先遭到攻击。经过损管队员的不懈努力，此时"能代"号的左倾已经减少到8度，并且做好了接受曳航的准备。美机再次光临使日军水兵的一切努力付之东流。在挨了几颗近失弹后，10时39分，1条鱼雷准确命中"能代"号右舷二号炮塔附近部位，剧烈爆炸诱发了大火。为避免弹药库被引爆，舰长梶原季义下令向前部弹药库注水，由此引发的恶果是舰首开始徐徐下沉。10时46分，海水漫上了前甲板。梶原认为军舰已经无法挽救，10时49分下达了弃舰命令。11时13分，"能代"号完全没入水中。匆匆赶到的"秋霜"号和准备执行拖曳作业的"滨波"号一起投入营救行动，最终救起328人，402人随舰沉没。被救上驱逐舰的早川干夫迅速在"滨波"号上升起了将旗。

海军舰载机在头顶嗡嗡作响，陆军航空兵趁机也来凑热闹。10时33分，"长门"号发现右舷40度方向出现另一个快速逼近的大机群，它们是来自陆军第五航空队的47架B-24重型轰炸机，是从莫罗泰岛机场起飞前来趁火打劫的。虽然陆军战机缺乏攻舰经验，但每架B-24携带的3颗454公斤重磅炸弹还是对栗田舰队构成了致命威胁。美机编队在西方射程之外向日军舰队前方迂回。10时39分，栗田下令舰队左转向60度应对空袭。"金刚"号和"榛名"号高炮早在10时33分已经打响。10时50分，飞临日舰上空的B-24一起右转，在3500米高度进入攻击路线。"大和"号和"长门"号分别于10时53分、10时55分开始对空射击。

美机编队分成两组，第一组11时开始向"大和"号投弹。10多颗近失弹落在"大和"号右舷外侧，飞溅的弹片和爆炸产生的气浪不但将舰体炸出10多个破口，右舷中部多门高炮也被破坏。在周围无数水柱的冲击下，"大和"号庞大的身躯就像地震中的建筑一样左右摇摆，涌上甲板的海水冲走了一切没拴牢的物品，甚至溅到了舰桥上的栗田身上。一枚弹片飞上舰桥，击中参谋长左腹部。小柳在24日的转移中右腿受伤，二次挂彩使他无法胜任指挥，参谋长职务只好暂时由首席参谋山本祐二代理。大约13架B-24朝"榛名"号发起攻击，舰长重生主计不断快速改变航向，成功避开了所有炸弹，但左舷后部还是挨了多达30颗近失弹。

"汉考克"号飞行大队发现并攻击了受伤单独返航的"熊野"号。该舰当天早晨先行通过了塔布拉斯海峡。为缩短航程，舰长人见铮一郎准备抄近道前往科伦湾。8时10分，该舰遭到美军14架"地狱猫"的攻击。8时45分，又有超过30架美军轰炸机和鱼雷机对它投雷或投弹。舰体中部被命中1颗炸弹后，只剩1台锅炉运转的"熊野"号停在水面上动弹不得。经过损管人员奋力抢修，9时30分"熊野"号恢复2节航速，但10时30分再度失去动力。12时整，接到科伦湾补给计划已经取消的舰长人见开始以5节航速前往维干湾。途中，他们幸运地和志摩第二游击部队相遇，随"足柄"号和"霞"号一起前往科伦湾。在得到主队"滨波"号的接应之后，上述各舰于16时27分驶入科伦湾。

12时35分之后，美军第一大队"黄蜂"号、"大黄蜂"号、"汉考克"号、"考彭斯"号出动了由38架战斗机、23架俯冲轰炸机和19架鱼雷机组成的第三拨攻击机群，继续对撤退中的栗田舰队实施打击。"大和"号接连被3颗炸弹命中，舰首进水3000吨。为使战舰保持平衡，水兵在舰体后部注水2000吨。进水5000吨的"大和"号等于拖着1艘轻巡洋舰航行。"长门"号挨了几发近失弹，所幸伤势不重并未影响航速。

当天美军两个航母大队对栗田舰队的攻击共出动舰载机267架次——其中战斗机126架次、轰炸机74架次、鱼雷机67架次，仅取得击沉"能代"号、击伤"大和"号的战绩，绝对不能算出彩。攻击中美军损失战斗机3架、鱼雷机1架，1架战斗机、4架俯冲轰炸机和3架鱼雷机受伤迫降海上，1架俯冲轰炸机因伤重被推入大海，另有8架飞机受伤。

日军各舰在抵御空袭的过程中出现了大量人员伤亡。"大和"号亡33人、伤95人，"长门"号亡52人、伤106人，"金刚"号亡12人、伤36人，"榛名"号亡14人、伤70人，"利根"号亡19人、伤81人，"能代"号亡87人、伤53人，"岸波"号亡5人、伤20人，"浦风"号亡12人、伤15人，"滨风"号亡1

人、伤18人，"矶风"号亡1人、伤6人。仅有一艘舰上无死亡，1名水兵受轻伤，它就是大名鼎鼎的"雪风"号。

相比尸骨无存的"野分"号，"冲波"号就幸运多了。在完成击沉"铃谷"号并打捞幸存者的任务之后，"冲波"号26日清晨抵达锡布延海西北海域。7时45分之后一小时里，这艘驱逐舰遭到40架舰载机的攻击，仅挨了1颗近失弹。这颗近失弹导致舵机故障，舰长牧野坦改用人工操舵于当天下午驶入科伦湾。

受命处置"鸟海"号并打捞幸存者的"藤波"号命运与"野分"号类似。该舰27日上午行驶至民都洛岛以南海域时，遭"富兰克林"号一队"地狱猫"的空袭沉没，舰上水兵连同救上来的"鸟海"号的幸存者无一人生还。

"秋霜"号护卫受伤掉队的"早霜"号穿越圣贝纳迪诺海峡后，于当天早上7时50分发现主力舰队。第二驱逐舰分队司令官白石长义命令"秋霜"号与主力会合。9时10分，栗田命令它再去护卫"早霜"号。后者27日撤至民都洛岛以南海域时再次遭到美机空袭，1颗炸弹彻底炸毁了轮机舱，"早霜"号坐沉于塞米拉拉岛附近浅海之中，接下来6周里成为美机练习投弹的靶舰。

栗田陷入进退两难的尴尬境地。舰队如果按现有航线行驶，势必遭到莫罗泰岛美军B-24的持续攻击，下次就不一定有这次的好运气了。如果选择新航线，油料严重不足的驱逐舰怎么办？如果让驱逐舰选择较短的航线，缺乏护航的战列舰和巡洋舰一旦遭遇美军潜艇，后果不堪设想。犹豫再三，栗田决定走一着险棋。让燃料不足的驱逐舰"秋霜"号、"滨波"号、"浦风"号、"岸波"号、"岛风"号进入科伦湾补给，然后全力追赶主力舰队。战列舰和巡洋舰在"雪风"号和"矶风"号——这2艘舰燃料尚可勉强维持航行——护航下避开巴拉望水道，绕过南沙群岛前往文莱。为保证航途的安全，栗田12时26分和12时34分分别致电圣何塞基地和马尼拉，舰队将在26日15时经科伦湾以南水道进入中国南海，请求派飞机执行引导、反潜和护航任务。

虽然航途中不断接到发现美军潜艇的消息，战战兢兢的栗田舰队还是安全驶入科伦湾以南航道。14时55分，舰队上空破天荒地出现了6架零式战斗机。这是自文莱出航以来，栗田舰队第一次得到战斗机的直接保护，官兵低迷的士气为之一振。15时15分，"大和"号上最后1架水上飞机受命起飞，对科伦湾以南航道实施反潜巡逻，之后直接飞往圣何塞基地降落。

17时，栗田舰队抵达科伦湾以南航道入口，半小时后以单纵队驶入航道。舰队以18节高速航行，19时07分驶入南海。"岛风"号、"岸波"号、"浦风"号16时40分脱离主队，20时50分进入科伦湾加油。"滨波"号、"秋霜"号受命从"能代"号救援现场直接前往补给地，当天21时15分驶入科伦湾。

科伦湾内的补给工作进行得极不顺利。相继进湾的5艘驱逐舰发现，仅有的1艘油轮"日荣丸"号正在为先期抵达的"熊野"号和"冲波"号加油，栗田的孩子个个缺奶。直到23时30分，油轮才开始为"岸波"号和"岛风"号加油。27日0时10分，轮到"浦风"号和"滨风"号接受补给。战列舰和重巡洋舰在前方眼巴巴等着护航呢，心急如焚的早川临时决定"秋霜"号从"那智"号上接受油料。1时15分，早川颁布命令，完成加油的"滨波"号、"岛风"号、"岸波"号于2时整先行出发，2时45分，"浦风"号和"秋霜"号高速跟进，在途中会合后一起追赶主力舰队。

27日中午时分，日军主力舰队完全驶出了美机的打击范围，栗田和代理参谋长山本惊魂稍定。新难题在5小时后就出现了，由于之前的计算出现了错误，仅有的2艘驱逐舰"雪风"号、"矶风"号油舱即将见底，怎么办？

栗田决定再冒一次险，下令舰队减速至12节，由"长门"号、"榛名"号临时为"矶风"号、"雪风"号补充油料。为了将风险降至最低，补给量仅为略高于警戒线的100吨。在进行补给作业的一个半小时中，舰队队形保持不变，驱逐舰位置分别由仅存的2艘重巡洋舰"羽黑"号和"利根"号取代。15时，舰队来到和驱逐舰约定的会合地点，但直到天黑都未等来进港补给的那5艘舰。栗田决定不再等待，率现有舰只直接向文莱返航，同时祈祷途中美军潜艇别再来找麻烦。

出人意料，接下来航途一帆风顺。28日清晨，惶恐不安的栗田舰队安全通过危险水域。清晨7时，栗田下令舰队转180度航向，航速20节，两小时后变航向135度驶向文莱。10时10分，"羽黑"号在右后方发现了疑似美军潜艇的潜望镜，舰队立即左转舵60度实施规避。18时28分，前方出现1艘驱逐舰的熟悉身影，那是文莱港特意派出前来迎接的"朝霜"号。20时，命运多舛的栗田舰队凭借暗夜掩护安全通过湾口，21时20分顺利入泊文莱。

日军其他幸存舰只纷纷赶来会合。主力舰队进港3小时后，早川率进入科伦湾加油的 5 艘驱逐舰匆匆赶来会合。29 日 10 时 30 分，"妙高"号在"长波"号的护航下冒险穿越巴拉望水道进入文莱港。

放眼望去，6 天前出征时那支拥有 7 艘战列舰、11 艘重巡洋舰、2 艘轻巡洋舰和 15 艘驱逐舰的庞大舰队，此时仅剩下伤痕累累的 4 艘战列舰、4 艘重巡洋舰、1 艘轻巡洋舰和 10 艘驱逐舰。锚机破损、舰首严重进水的"大和"号无法下锚固泊，只好与 7000 吨的油轮"雄凤丸"号并排靠在一起，活像一个两腿抽筋的壮汉，要靠别人扶持才能站立。这一幕对栗田来说，"怎一个'惨'字了得"！

西村舰队近乎全军覆没，志摩、小泽、栗田舰队相继逃离战场，基地航空部队被打成了"半身不遂"，菲律宾周边海域完全成为美国人的天下。就在栗田舰队仓皇西撤期间，战场仍有零星战斗发生。尽管在前一天遭到栗田舰队和"神风特攻队"的双重打击，美军护航航母大队司令官托马斯·斯普拉格少将还是在 26 日黎明时分出动了侦察机，希望找到从苏里高海峡撤退的志摩舰队并实施追杀。日出后不久，出现在美军侦察机视野中的却是从棉兰老岛卡加延出发的日军轻巡洋舰"鬼怒"号、驱逐舰"浦波"号和 4 艘运输船，船上运载着陆军第三十师团 2000 名士兵，准备前往奥尔莫克港卸载增援岛上的第十六师团。

中午时分，日军船队遭到来自"塔菲一""塔菲二"舰载机的攻击，"浦波"号挨了多颗近失弹后于 12 时 24 分沉没。"鬼怒"号 13 时左右被 1 颗炸弹命中，舵机失灵，于 17 时 30 分爆炸沉没。第一○二号运输船被击沉，其余 3 艘运输船趁乱逃脱，第十号运输船还趁隙捞起了"鬼怒"号和"浦波"号的部分幸存者。奉命前来打捞幸存者的"不知火"号驱逐舰并未找到"鬼怒"号，却在返航途中被"埃塞克斯"号的舰载机发现，被击沉于锡布延海塔比亚斯岛以东海域。

日军唯一具备反击能力的只剩下"神风特攻队"。26 日清晨，1 架日军侦察机在莱特岛以东海域发现了"塔菲一"的行踪。中岛命令驻宿务"大和"队立即出击。由 2 架特攻机和 1 架护航机组成的第一组 10 点 15 分起飞，包括 3 架特攻机和 2 架护航机的第二组 12 点 30 分出发。没人知晓第一组的最终下落，该组无一机返航。第二组返航飞机 1 架，飞行员报告在苏里高海峡以东 130 公里处发现一支包括 4 艘航母的美军舰队。3 架特攻机突破"野猫"的拦截，断然向航母发起俯冲。返航飞行员确认，2 架飞机撞上同一艘航母，那艘航母"确认沉没"。第三架飞机撞上另一艘航母，据说"敌舰起火"，没有沉没。

返航日军飞行员的观察明显有误。实际上只有 1 架零战撞上"苏万尼"号 1 架刚刚降落的"复仇者",引发的火灾烧毁了附近的 9 架飞机。虽然大火几小时后才被扑灭,但"苏万尼"号无疑是幸运的,大火竟然未能引爆附近堆放的深水炸弹。此次攻击造成"苏万尼"号的 245 名水兵阵亡、受伤或失踪,"苏万尼"号不得不暂时退出战场。连遭两轮特攻的"塔菲一"于 10 月 28 日撤至科索尔水道。经 5 天临时修理后,"苏万尼"号经珍珠港前往西海岸普吉特湾海军基地大修。

第三十八特混舰队在海上连续征战这么长时间,真该回去喘口气了。10 月 27 日清晨 7 时 24 分,哈尔西命令麦凯恩第一大队向乌利西返航。29 日,第三大队的谢尔曼接到了同样的命令。31 日,戴维森少将第四大队受命前往乌利西。这样留在菲律宾海域的只剩下博根少将第二大队了。恩加诺角海战结束之后,李中将第三十四特混舰队宣布解散,一众水面作战舰艇各回各家。

10 月 30 日,谢尔曼率第三大队抵达乌利西环礁。根据尼米兹上将 10 月 19 日颁发的命令,当天 19 时,麦凯恩从米切尔手中接过了第三十八特混舰队指挥权。第一大队司令官由第三航母分队指挥官阿尔弗雷德·蒙哥马利少将接任。

31 日清晨,米切尔悄悄离开"列克星敦"号,准备搭乘水上飞机前往珍珠港,重归斯普鲁恩斯麾下。航空大队长温特斯中校得知了这一消息,率部下提前在机库前甲板集合,准备为米切尔举行一个别开生面的告别仪式。4 时左右,当米切尔行至机库时,看到温特斯一行或穿飞行服,或穿睡衣,懒懒散散地在舷梯旁列成一队。

"这些人在干什么?"米切尔问参谋长。

"将军,我不知道。"伯克回答。

"将军,"温特斯机智地接过了话头,"他们就是想在您离开的时候站在这儿。"

米切尔一言未发,默默离开机库,沿舷梯登上了前往水上飞机的驳船。

从参战舰艇吨位、战斗时空跨度、胜利和失败规模等几个角度考量,莱特湾海战堪称人类历史上规模最大的海战。从 10 月 23 日到 26 日,美日双方 293 艘作战舰艇(其中澳军巡洋舰和驱逐舰各 1 艘,总吨位超过 200 万吨)、1996 架飞机卷入其中,海战覆盖面积超过 116.5 万平方公里,比法国、比利时、卢森堡、荷兰、德国、瑞士、奥地利加起来面积还大。换成我们熟悉的概念，几乎相当于河南、河北、山东、湖南、湖北、江苏、安徽七省总面积。经过 4 天激烈博弈，盟军赢得了决定性胜利。

日军在海战中共损失战列舰 3 艘、航空母舰 4 艘、重巡洋舰 6 艘、轻巡洋舰 4 艘和驱逐舰 11 艘，总吨位 305452 吨，占太平洋战争期间舰艇总损失的 13.22%，损失飞机 288 架，死亡官兵 7400 人半数以上来自西村舰队。

美军付出的代价是：损失轻型航母 1 艘、护航航母 2 艘、驱逐舰 2 艘、护航驱逐舰 1 艘，合计 38350 吨；损失飞机 162 架；伤亡官兵 2803 人，其中阵亡 473 人、失踪 1100 人、受伤 1230 人。这一数字，相当于苏联在 1941 年 6 月 22 日到 1945 年 5 月 12 日对德作战中每 212 分钟所承受的代价。

值得一提的是，就在莱特湾海战的几天时间里，美军有 3 艘驱逐舰、1 艘护卫舰、2 艘扫雷舰、1 艘潜艇、1 艘武装货船和 13 艘运输舰下水服役。10 月，仅太平洋舰队接纳的新舰就有：战列舰"威斯康星"号，轻巡洋舰"帕萨迪纳"号、"威尔克斯·巴里"号，护航航母"图拉吉"号，另外还有 8 艘驱逐舰、8 艘护航驱逐舰和 4 艘潜艇。美军在莱特湾海战中的战损对尼米兹来说连皮外伤都算不上。

站在历史角度，莱特湾海战具有以下显著特点。

一、它是二战中最后一次完整舰队间的行动，拉开了太平洋战争终章的序幕。它榨干了日本海军的剩余战力，曾经的世界第三大海军再也无法构成一支战略打击力量，沦为可悲的运输队和海岸防卫部队，完全失去战略机动能力。

二、它的名字非常特殊，海战包括的一系列相关联军事行动没有一次成为海战的最后名字，但所有行动都是围绕莱特湾展开。

三、战史上充斥着持续时间超过一天的陆上战斗，海战持续时间也可能超过 24 小时，但鲜有海战能够持续 2 天以上，这场海战却足足打了 4 天。

四、它是 20 世纪海战史上最后一次战列舰对决。苏里高海峡夜战之后，抢占 T 字头、战列舰对轰的古老海战模式完全成为历史。

五、它是 20 世纪最后一场航母之间的生死较量。可以预见，在未来相当长一段时期内，我们将很难看到如此规模的海空对决。

六、特别值得一提的是，日军 4 艘航母是在 25 日同一天内沉没的。如果加上美军 2 艘护航航母，6 艘航母在同一天战沉在海战史上是空前的。

七、25 日萨马岛外海，见证了日军第一次有组织的"神风特攻"，刷新了人类疯狂和绝望的底线。

八、海战堪称美国海军最高军职——作战部长的摇篮。1942 年到 1974 年的 12 位海军作战部长中，就有 9 位和本次海战密切相关。他们分别是第九任欧内斯特·金，第十任切斯特·尼米兹，第十二任福雷斯特·谢尔曼（时任太平洋舰队少将作战处长），第十三任威廉·费克特勒（时任第七舰队第七十八特混舰队第二大队少将司令官），第十四任罗伯特·卡尼（时任第三舰队少将参谋长），第十五任阿利·伯克上校（时任第三十八特混舰队上校参谋长），第十七任戴维·麦克唐纳（时任"埃塞克斯"号中校航空参谋），第十九任埃尔莫·朱姆沃尔特（时任驱逐舰"罗宾森"号上尉通信军官），第二十任詹姆斯·霍洛韦（时任驱逐舰"班宁"号上尉炮术军官）。之后的作战部长都由没参加过战争的年轻人来担任了。

九、与规模和情感上的意义不同，海战在战略上意义并不那么重大。太平洋战争胜负已见分晓，即使日本海军在本次海战中实现了自己的战术目的，其结果对整个战争走向都不会产生决定性影响。海战不过是在日本战败的棺材上再压上几块砖头而已。

十、海战诱发的一系列"狗血剧"一直持续到今天，精彩程度丝毫不逊于海战本身。

十一、海战一般被定义为发生在 1944 年 10 月 23 日至 26 日。将 23 日定义为起点显然是因为巴拉望水道战斗。另外 25 日通常被当作纪念日，因为这一天至关重要，四场大战中的三场在这一天发生。

10 月 28 日，尼米兹在给金的一封绝密亲启信中写道："我对上周舰队的作战情况除有两点遗憾外，都十分满意。其一是不派驱逐舰，而派'伯明翰'号这么好 1 艘巡洋舰去执行救援'普林斯顿'号的任务。其二是在了解到敌军航母进攻部队由战列舰 2 艘及巡洋舰和驱逐舰护航已经到达菲律宾海北端之后，第三十八特混舰队出发时，没有把快速战列舰留在萨马岛附近。我从不认为，哈尔西是在知道锡布延海日军兵力编成（即使说日军已遭受重创）的情况下扔下圣贝纳迪诺海峡不管。对此哈尔西认为，他处于守势的位置已在 251317 号电报中说清楚了。"

老酒以为，尼米兹把"伯明翰"号受损放在第一，一定程度上是为了分散领导的注意力。

尼米兹为人一向宽容豁达，他不愿公开批评好友哈尔西，也不许留下任何可能使这件事公之于世的现实记录。当看到太平洋舰队司令部战况分析组组长拉尔夫·帕克上校提交的正式报告中出现严厉批评哈尔西战术的字样时，尼米兹拒绝在上边签字。他把文件退回帕克，并在附去的一张字条上写道："帕克，你打算干什么？这样写会不会在海军中引起又一场类似桑普森和施莱那样的争论？你把调子降低，再修改一下。"

值得特别说明的是，威廉·桑普森和温菲尔德·施莱是 20 世纪初美国海军的著名将领。两人之争来源于美西战争期间的圣地亚哥海战，有关他俩战役中指挥问题的争论持续了很久，使两人形象都为之大大减色。

1945 年 1 月，当哈尔西见到金上将本人时，他开口的第一句话是："我在上次战斗中犯了错误。"

金挥挥手："不要再说了，那件事已经过去了。"

"我还是认为，在日军舰队已在我炮口下的情况掉头回撤，是个严重的错误。"

"不，这点没有错，"金说，"你没有其他选择。"

由于两位直接上司都选择了息事宁人，哈尔西的日子相对好过了许多。毫无疑问，华盛顿已经出现了让哈尔西"隐退"的言论，有些人甚至提出，"他的能力只适合指挥一个驱逐舰中队"。金拒绝采纳这样的建议，他的做法也算情有可原。美国人仍然要努力去打赢战争，作为海军最高军职的金，肯定不愿捡起芝麻丢了西瓜，在敏感时刻去追究哈尔西的过错。如果揪住哈尔西的小辫子不放，对哈尔西、尼米兹、他本人乃至整个海军，都是一件非常尴尬的事儿。

从金的态度中，我们还可以得出另外一条结论。战争发展到这一阶段，哈尔西的公众形象已经树立起来了，他不可能被开除或调至二线，像金之前对待戈姆利、弗莱彻和诺伊斯那样。从国内媒体和公众对他的褒扬来看，哈尔西的职位不可动摇。一个众人皆知的事实是，只有那些职业海军军官才知道斯普鲁恩斯，同样只有少数人知道尼米兹和金，就连那些刚入伍的新兵蛋子都知道"蛮牛"，都觉得在哈尔西指挥下出航作战既骄傲又安全。在瓜岛那些最黑暗的日子里，哈尔西一声简单的高呼"杀日本人"，就能使那些已经丧失斗志的士兵重新恢复战斗的勇气。从某种意义上讲，哈尔西这点和"好友"麦克阿瑟颇为相像。莱特湾海战结束之后，哈尔西很快获得了个人的第三枚优秀服役勋章。

但是战后，金在自传里对哈尔西和金凯德都提出了严厉批评。他认为，"在萨马岛海战中，敌人的突然袭击之所以能够得逞，不仅是因为哈尔西弃守圣贝纳迪诺海峡，还在于金凯德在关键时刻没有使用侦察机进行搜索"。

虽然哈尔西在莱特湾海战中的指挥引发了诸多争议，但在 1945 年 1 月 6 日的最后一次国情咨文中，罗斯福还是着意突出了他对菲律宾战役做出的突出贡献："去年 9 月，我们计划按四个阶段进军菲律宾。然而哈尔西海军上将报告说，似乎直接攻击莱特岛是可行的。仅在 24 小时之内，我们的作战计划就做出了大幅度调整，这次调整牵扯进来许多来自不同战场的陆军和海军军官。这次变化，加速了菲律宾的解放和战争的最终胜利。这次变化，降低了我们按原计划占领这些岛屿可能遭到的伤亡和损失。"

在战后漫长的岁月里，再没有比在莱特湾海战中使用战术遭到反复批评和质疑更让哈尔西闹心的了。大家争论的焦点是：哈尔西弃守圣贝纳迪诺海峡，北上打击日军北路舰队是否犯了错误，中了日本人的调虎离山之计？很多参与过那场战役的军官推测说，日军北路舰队肯定是为引诱第三舰队离开的佯动兵力。前文提到，24 日晚上现场对哈尔西采取战术提出疑问的人占压倒性的多数。不过在海军之外，接受这一观点的人并不多。

1945 年 10 月，美国战略轰炸调查团来到东京，提审了与莱特湾海战有关的人员，出版了两卷本《日本军官审讯录》，其中详细收录了日军北路舰队司令官小泽治三郎的陈述。小泽坦承，他承担的任务就是充当诱饵，"我在那两天派出自己的所有舰载机，作为你们的攻击目标，充当诱饵是我的主要任务。我的舰队自身非常羸弱，不能为栗田舰队提供直接的空中掩护，这样我试图尽可能攻击更多的美军航母，充当你们的攻击目标。我尝试让栗田舰队从你们的空袭中得到一些喘息。我的主要任务就是牺牲，一支弱旅的航空攻击带来飞机和舰艇的牺牲"。最后小泽无奈地说："对于充当诱饵，我并没有多大信心，但已经没有其他办法可以尝试。"

《审讯录》属于官方文件，阅读范围有限，并未在民众中产生太大影响，关注它的主要是海军高级军官和历史学家。但 1947 年初另外两本小册子的出版，终于在公众中引发了激烈论战。一本是詹姆斯·菲尔德的著作《日本人在莱特湾》，另一本是范恩·伍德沃德的《莱特湾海战》。菲尔德少校身份特殊，他既是莱特湾海战的亲历者——当时年仅 28 岁的菲尔德是"塔菲三"司令官斯普拉格的作战参谋——又是战略轰炸调查团正式成员，亲自参加了对众多日本高级军官的审讯。

战前菲尔德是文学博士，哈佛大学历史学讲师，文笔绝佳。在东京，他先后传唤了联合舰队司令官丰田、参谋长草鹿，机动部队司令官小泽、参谋长大林，第一游击部队司令官栗田、参谋长小柳、首席参谋山本等人。到底不愧是有知识有文化的人，深谙沟通之道的菲尔德的询问方式非常高明。他见到日军军官的开场白是："能在这里见到你们，真不容易。1944 年 10 月 25 日那天，你们追得好凶呀！我真不知道，我这条命到底是从什么地方捡回来的。我最纳闷的是，那天你们怎么没有把我整死？"简单几句话拉近了他和对方的距离。菲尔德不管问什么，被戴了高帽子的日本人都愿意倾其所有对他说出心里话。

1947 年退役之后，菲尔德继续回到大学教授美国现代史。他把作战经历和询问记录写成《日本人在莱特湾》一书。因为被称为"人类历史上最后的大海战"，描写莱特湾海战的书籍可谓汗牛充栋，但菲尔德的书是最早的一本。看过这本书的日本海军军官普遍反映说："因为身临其境，且拥有充分的第一手资料，这是描写莱特湾海战最好的一本书。"参谋长小柳甚至说："正是从这本书中，我才第一次了解到'捷号'作战和莱特湾海战的全貌。"日本海军战后销毁了一切能够销毁的资料，后来连他们的海军将领撰写回忆录谈及莱特湾海战时，都大量借鉴了菲尔德书中的内容。

菲尔德是站在日本人的角度写作的，他的主要依据来自那两本《审讯录》。但不管是菲尔德还是伍德沃德，都在书中多次提到小泽的证词，同时以其他询问记录作为佐证。这样两份公开读物使广大民众知道，原来他们心目中的大英雄哈尔西，竟然在菲律宾中了日本人的奸计，变相导致"塔菲三"蒙受巨大损失。对小泽的证词，哈尔西绝对不予认可，他认为那不过是小泽在受审时说的谎话而已："日本人在战争期间一直在说谎，为什么战争结束后，我们就要相信他们的每一句话呢？"

就在菲尔德和伍德沃德著书立说的同时，1946 年 5 月，美国《星期六晚间邮报》以 6 万美元价格买断了哈尔西自传的版权，麦格劳－希尔教育出版集团以 2 万美元买断了图书出版权，上述两项收益哈尔西占 60%。

令人不可思议的是，战后的哈尔西手头一直不太宽裕，尽管作为终身海军五星上将，他可以领取固定的薪水和每年 15750 美元的职务津贴。尼米兹上将一向节俭，娱乐方式非常简单，即使在战后他出任海军作战部长期间也是如此，正常薪水足够他花销了。如果用节俭来形容尼米兹，那么斯普鲁恩斯简直就是吝啬了。他连一顶 40 美元的上将帽子都舍不得买，一张纸巾都是撕开做两次使用。哈尔西与两人不同，夫人范恩高昂和经常性的医疗费用对他是个不小的负担。他为此特意出任宾夕法尼亚州卡莱尔轮胎橡胶公司董事。公司只要求他参加季度例会，就付给他每次 300 美元报酬。

《上将哈尔西亲述他的故事》共分九期，1947 年 6 月 14 日开始在《星期六晚间邮报》上连载。所有九期连载完后，麦格劳－希尔教育出版集团将出版《上将哈尔西的故事》一书。前六期内容波澜不惊，并未引起多少争论，他的众多崇拜者大呼过瘾。其中只有三件小事值得一提。

其一是哈尔西收到了前太平洋舰队司令官金梅尔的来信。在回忆录中，哈尔西特意用斜体字为老上司在珍珠港的失败辩解："在我的所有经历中，我再也没有碰到过美军舰队的司令官为了提高作战能力和做好战争准备，付出过比他更多的努力，所面对的环境比他更困难。可以这么说，就我所知的那个时候的司令官，可能没有谁做的工作有他多。"金梅尔余生一直在为被当作珍珠港灾难的替罪羊而苦恼，哈尔西的大胆辩解使他备感欣慰。他在写给哈尔西的信中说："非常感谢，你在文章里为我说了那么多好话。我相信，这将让公众可以更好地理解我的行为。对你所做的，我表示衷心的感激和由衷的欣赏。"

其二是哈尔西回忆录中的一段话引起了全美戒酒团体的抗议："作为一个总的原则，我从来不相信一个不抽烟、不喝酒的人会成为一名斗士。"这让人想起曾经有报道说，哈尔西命令"企业"号带上数百加仑威士忌烈酒，用于抚慰返航飞行员的紧张神经，这显然是不符合海军规定的。《星期六晚间邮报》为此发表专题评论为哈尔西打圆场，说没有明显证据表明，他在公众场合醉过酒，他在莱特湾海战中喝过的最刺激的饮料也不过是浓咖啡而已："我们确实知道，他所做的所有事都是和日本人斗智斗勇。"

其三是哈尔西打破传统，对菲律宾战役期间第五航空队司令官肯尼提出严厉批评："金凯德对肯尼提供的空中掩护很不满意。让我们错失机会的是，肯尼不能为莱特岛登陆部队提供有效的空中支援，我不得不待在那儿，为他编织空中掩护网。"对此，依然健在的肯尼本人包括陆军高层肯定不会太高兴。

比起后来发生的诸多变故，上述问题不过是毛毛雨而已。7月26日，《星期六晚间邮报》刊出第七期内容后风云突变，在海军内部引起了轩然大波。这部分内容开始涉及备受争议的莱特湾海战。哈尔西知道自己的指挥遭到各方质疑，试图利用这一机会为自己辩护。他认为全国性报纸是自我辩护的最佳平台，殊不知这种做法将一个本来在很狭窄的圈子里讨论的话题，变成了一个公众关注和参与的争议。如果他在文章中仅仅夸耀自己北上和南下的艰辛，或者简单承认是受了日军航母的吸引才率队北上，他犯下的错误很可能早就被人们忽略或遗忘了。高傲的人往往拒绝承认错误，哈尔西随后的过激做法掀起了一场全国性大辩论，并一直伴随他的余生。

在第七期开头和结尾部分，哈尔西将美军未在莱特湾海战中取得完胜的原因归结为第三、第七舰队没有实施统一指挥。这确实是一个老酒多次提到的大问题。哈尔西将矛头直接对准自己的上司，似乎是不明智和不厚道的，况且他们在关键时刻曾经出面包庇过他的过错。我们很快会提到，后来当第三舰队两次遭遇台风蒙受重大损失，有人提议对哈尔西进行军法审判时，是金和尼米兹联手压制了这种言论。

随后哈尔西话锋一转，将矛头转向金凯德："我很奇怪，他怎么会让斯普拉格遭此噩运？"这等于把"塔菲三"遭到栗田舰队打击的责任全部推到了金凯德头上。在讲到金凯德请求快速战列舰火速南下驰援一事时，哈尔西说："这让我感到非常惊讶。保护第七舰队不是我的职责，我的任务是进攻，带着第三舰队实施打击。"哈尔西认为，自己犯下的唯一错误，是不应该率战列舰匆忙返回南方，最终导致一事无成，他承认自己下达南下命令时处于愤怒状态。他把造成这一后果的责任推给尼米兹，认为是他发出的电报内容含混不清所致。尼米兹不愿插手现场指挥所做出的善意提醒，今天成为好友为自己错误辩解的"罪证"。

也许对自己这样严厉地指责金凯德觉得过分，哈尔西接着解释说："我试图尽量以我当时的想法和感觉,来描述莱特湾海战的情况。但是,在我重读了当时的所有记录之后,我发现我的这些说法总体来说对金凯德是不公平的。的确如此,在行动过程中,他的电报让我迷惑。后来在所有信息都完整了之后,我不但非常理解他的处境,而且坦白地说,如果当时我处在他的位置,也会采取和他一样的行动。"

尼米兹和哈尔西同为前线作战将领,在实施统一指挥问题上显然是没有责任的。况且他为人一向大度,不愿介入与下属和好友的争论。对哈尔西的批评,尼米兹采取的态度是沉默是金,一言不发。但金上将显然没有尼米兹那么好的涵养,他不想压制心头的怒火。文章见报仅4天后,哈尔西就收到了金一封措辞严厉的信件:

> 自从读了7月26日《星期六晚间邮报》刊出的你的新一期"故事"之后,我心中一直非常纠结,是否给你写信谈谈此事。事情主要有两点——你对金凯德的评述,和你所说的如果建立了统一指挥的话将会是另外一种局面。
>
> 你对金凯德的"指责"有点严重了,尽管你对自己的话做了"注解",表示如果你在他的位置也会那么做。事实上,从你对建立统一指挥的评述中,完全可以推断出你的意思是如果第七舰队归你指挥,应对日军中路舰队的准备工作将会非常充分,或者说敌人几乎没有任何机会。
>
> 就我个人而言,我必须要说的是,我不喜欢你这期内容的主旨,不管对金凯德,还是对建立统一指挥问题的言论。你再好好看看——最好重写——第七期的相关内容。

当初哈尔西遭到指责时,金曾经力排众议,公开对他表示支持。但今天涉及个人荣誉问题时,哈尔西已全然不顾老领导的面子了。8月12日,他给金回信说:"我已经对你的来信和我的文章做了多次反复阅读和研究,同时也征询了一些意见。非常抱歉,你的观点跟我不一致。"

1947年夏天,巴纳德·布罗迪在《弗吉尼亚评论季刊》上发表了一篇文章,公开称"哈尔西是在玩弄自己的部队",某种程度上是对菲尔德和伍德沃德作品的一种评述,同时意味着这场辩论开始从军官俱乐部、历史学家座谈会走向普通民众："除'干得不错'之外，说什么都可以。尽管伍德沃德先生至少还对哈尔西表示了同情，但他所披露的事实将一个美国将军的错误挖得更深，更加令人震惊。他在莱特湾海战之前的功绩无疑是辉煌的，但他的判断力要逊于他的胆气，而光有胆气是不能成就一个纳尔逊的。作为一名高级指挥官，真正需要的是老练的指挥技艺。同时如果需要总结的话，美国海军在莱特湾海战上了最大的一课，那就是高级指挥官的脑子是非常重要的。"

以哈尔西的火暴脾气，看到这样的文章，肺简直都要气炸了。他痛苦地向朋友们诉说这件事。大家劝他不要贸然发起反击，那样只会给那篇文章带来更多、更广泛的关注。

事情还远远不止于此。1947年11月14日，具有较大影响的《生活》杂志发表了吉尔伯特·坎特的署名文章：《"蛮牛"大奔袭——哈尔西将军在莱特湾海战中做得对吗？》文章标题上方，印着哈尔西和金凯德的大幅照片，两人怒目而视。下方有一行醒目的黑体字："日本人用大错误帮助美军避免了哈尔西的小错误？"文中写道："史上最大的海战，在哈尔西将军和金凯德将军的支持者之间重新干了起来。麦克阿瑟重返菲律宾和整个太平洋战争的进程都是一场冒险。真的是日本人的重大失误，将美国陆军部队和舰队从哈尔西的错误中挽救了出来？4天4场会战留下一个尚未回答的大问题：哈尔西匆匆去摧毁日军航空母舰，而不是战列舰，对吗？或者说真的是他导致另一位美国将军举步维艰？没有人能够否认哈尔西的卓越领导才能，但在'蛮牛'大奔袭这件事上，他的判断力就显得有问题了。即使是对他最为忠心耿耿的前下属之一，在为他做了极力辩护之后也承认，将所有战列舰都带走后，情况发展就成了这样，这确实是奇耻大辱。"

对坊间出现的激烈争论，金凯德一直保持沉默。他曾说过这样一句话："我的一生，都在与我的脾气做斗争。"1949年，坐了好几年轮椅的金上将中风卧床。在贝塞斯达海军医院，他写信给金凯德，询问莱特湾海战的有关情况，两人之间的通信持续长达数月。金提出一个敏感问题，想知道金凯德当时为什么不派出侦察机，去察看哈尔西是否在把守圣贝纳迪诺海峡。金凯德看出，金上将似乎想把护航航母遭到突袭并蒙受重大损失的部分责任推给自己。在写给金的最后一封信中，他说："我认为，哈尔西将军犯了一连串错误。他在书里不承认自己的错误，甚至影射到我身上，对此我感到非常遗憾。我不想介入这一争论，因为它永远不会有一个好的结果。"

1952 年，哈尔西在美国海军学院学报上撰文，解释他弃守圣贝纳迪诺海峡的理由："我可以派遣第三十四特混舰队去守护海峡，然后利用我的航母去打击日军北路舰队，这显然是行不通的。当天下午，第三大队损失了'普林斯顿'号，说明敌人仍然具有强大的空中实力。如果我们的战列舰缺乏空中掩护，处境将会非常危险。海战的基本原则是尽可能不分兵，防止被敌人各个击破。如果敌人的陆基航空兵和航母舰载机联合，他们有可能分别攻击我们分出的两支舰队，给这两支舰队造成严重伤害。其严重程度，肯定要超过敌人攻击我们完整的舰队可能造成的伤害程度。"

哈尔西的话好像很有道理，但说因为怕被敌人各个击破，就绝对不能分兵显然站不住脚。第三舰队为什么要分出那么多特混舰队、大队和中队呢？为什么要配属 1 名上将、3 名中将和 12 名少将呢？对哈尔西关键时刻遣走麦凯恩第一大队和第二大队"汉考克"号，老酒始终不能忘怀。况且李中将也提出，自己的战列舰只需一两艘航母提供空中保护就够了，这个很有价值的建议没有被哈尔西采纳。

争论持续了好几年，不时还掀起一两个小高潮。1953 年 10 月 31 日，《纽约先驱论坛报》发表了一篇名为"莱希海军上将在莱特湾问题上批评哈尔西"的文章。文章援引总统特别军事顾问、参谋长联席会议主席莱希说的有关哈尔西率队北上的话，"我们确实没有因为他的错误而失败，但我不知道，我们为什么竟然没有失败"。莱希的最后结论是："哈尔西是在为自己的小战争打仗。"这话等于在说哈尔西不顾全大局。由于身份特殊，莱希的话一定程度上代表了罗斯福的观点。对此哈尔西强压怒气，没有做出反击。

随着辩论的不断深入和扩大，作为主要当事人之一金凯德逐渐改变了态度。1955 年，汉森·鲍德温在撰写《海战与沉船》一书时，特意邀请哈尔西和金凯德为莱特湾海战写一篇附录，两人都答应了。不出所料，他们的观点完全对立。哈尔西依然在为自己辩护，但没有像以前那样，将责任全部推到金凯德身上。一晃 11 年已经过去，金凯德压抑已久的怒气终于像火山一样爆发了："哈尔西显然没有注意到，第三十八特混舰队弃守圣贝纳迪诺海峡，才导致栗田舰队没有被歼灭。况且，哈尔西也没有谈及美军的重大伤亡和护航航母舰队的巨大损失。"

争论不仅仅在哈尔西和金凯德两人之间展开，许多亲历者都加入了辩论队伍。约翰·萨奇中校——他当时任米切尔的航空参谋——公开宣称，"我完全赞同哈尔西将军北上攻击日军航母的决定。如果机会再来一次，如果像今天这样知道了当时的所有情报，如果由我出任指挥官，我也一定会做山和哈尔西将军一样的决定"。

不赞同萨奇观点的大有人在。第二大队指挥官博根少将——此时他已晋升海军上将——在参加海军学院一次口述历史的活动中接受了采访，"这个问题是有历史的，永远不会有个了断。但是我在这个问题上有清楚的看法，哈尔西将军犯了大错"。从 1944 年 10 月 24 日那个晚上第三十八特混舰队诸多高级军官的表现来看，老酒相信米切尔、李、戴维森、伯克应该持博根类似的观点，只是不愿意站出来公开参加辩论而已。

争论仍在持续。1951 年 1 月，罗斯福总统的御用文人、哈佛大学教授、著名战史专家莫里森少将在华盛顿海军历史基金会上发表了有关莱特湾海战的演讲，称"第三舰队北上追击小泽舰队是哈尔西犯下的大错"。莫里森很快收到哈尔西一封措辞严厉的信件："相关情况随后才明朗（指小泽缺少航空兵力），那时可供指挥官下决心的情报就是那些。要对当时的决策做出正确的评价，必须考虑到当时做决策的人在做出这个决策时他有什么样的条件。我仍然觉得，我犯下的唯一错误，就是没有继续我的北上打击行动，彻底摧毁敌北路舰队。如果当时不是因为尼米兹和金凯德的电报的话，我早就那么做了。"

从 1947 年开始，莫里森用长达 16 年时间写出了 15 卷巨著《第二次世界大战美国海军作战史》。1958 年，当系列丛书第十二卷《莱特岛：1944.7—1945.1》出版时，莫里森特意送了一本给哈尔西，试图讨好他，却取得了截然相反的效果。书中超过一半内容是有关莱特湾海战的。莫里森显然没把哈尔西 7 年前写给他的那封信当一回事，在重复自己原来观点的同时还加上了一句话："第三舰队北上追逐的是一支在水面和空中力量方面都要远弱于自己的日军舰队，这支舰队是专门派来执行自杀式使命，以引诱哈尔西离开圣贝纳迪诺海峡，为中路舰队自由进入莱特湾铺平道路。"

看到这些，哈尔西嘴都气歪了。盛怒之下，他写信给以前曾在自己身边服务过的海军军官，要他们找出反击莫里森的理由，证明他是个浅薄的、不负责任的历史学家，"我的想法是狠狠收拾这个狗娘养的，找他的麻烦"。像当初哈尔西摔帽子时及时制止他那样，在他身边辅佐多年的卡尼写信劝告哈尔西："尽管莫里森是迂腐的，同时他的观点的重要性常常也被夸大了，但他确实还是做了不少工作的。他撰写清晰可读历史的才华已经被广为传颂和认同。你的任何抨击尽管公正，但都无法改变这一事实，反倒可能伤及自身。"哈尔西只好作罢。

1959 年 3 月，海军学院一位教授在组织编纂《海权力量：一部海军史》一书时，写信请求哈尔西将军给予审查，他答应了。但当 7 月看到该书关于莱特湾海战的描述时，哈尔西再次出离愤怒了。书中关于第三舰队北上一节是这样描述的："哈尔西将军下了错误的决心。按照我们现在所知，这是毫无疑问的。"哈尔西对此怒不可遏："我认为，这个说法是我见过的最典型的马后炮的例子！"

哈尔西准备对莫里森和海军学院的观点发起反击，但他很快发现已没那个必要了。尼米兹上将同样受邀出任《海权力量》一书的顾问。尼米兹在阅读有关莱特湾海战的章节时，哈尔西也在阅读。尼米兹要求删除一些针对个人的段落，并提出一条原则性建议："尽可能准确、客观和公正地列出所有事实，但不要轻易做出结论，这项工作由读者来做，让事实自己说话。"莫里森和海军学院采纳了这条意见。莫里森后来在写给那位教授的信中说："我很高兴，同你一起被比尔·哈尔西将军打入冷宫。"

人类战争史上，很少有连续两次战斗像马里亚纳海战和莱特湾海战具有类似的战术特点，也很少见到有如此多的军官对战斗持截然不同的看法。尽管哈尔西至死都不承认自己中了日军的调虎离山之计，但他无意中说出的一句话还是表达了真正的悔意和心声："如果莱特湾海战由斯普鲁恩斯将军指挥，马里亚纳海战由我指挥，那就更好了。"由此看出，哈尔西对自己在莱特湾海战中犯下的错误还是心知肚明的。

为了更好总结经验，吸取教训，美国海军军事学院组织了由理查德·贝茨准将负责的一个专题项目，对莱特湾海战进行详细的战略、战术分析。该项目的前言部分解释了分析的必要性："由于盟军在莱特湾取得了具有特殊性的胜利，于是出现了有关战役的许多争论。"这一项目的分析结果足足超过 2000 页，指出其目的是激发"有前途的指挥官认真思考，改善他们进行指挥的职业判断"。遗憾的是，这个项目分析到苏里高海峡夜战就结束了。项目在最后第五卷的末尾做出以下解释：“由于一些海军军事学院无法控制的因素，海军作战部长决定，这一项目在分析完苏里高海峡夜战后立刻结束，并且停止后续各卷的写作。”这的确是个令人遗憾的决定。

作为哈尔西多年的好友，尼米兹从未公开责备过哈尔西，即使哈尔西明显说出对己不利的话时也是如此。战后的尼米兹尽量避免撰写有关二战的回忆文章，唯恐赞扬了这个军官或这支部队，使人们觉得别的军官和部队不值得表扬。他认为，盟军的胜利已经给大家带来了应得的荣誉，千秋功过还是留给后人评说为好。对哈尔西在报纸上公开发表文章，尼米兹内心是不赞同的，认为这种不慎重的做法会造成相当大的危害。老酒完全不赞成尼米兹的说法，那样多没意思呀！

作为二战时期美军最杰出的海军将领，尼米兹完全避开类似事情也不太可能。在参与编撰的两本著作中，他都表露出疏远哈尔西的格调。一本是刚提到的《海权力量》，一本是他的专著《伟大的海上战争——二战中的海战故事》。后者在中国通常被译为《大海战——第二次世界大战海战史》。值得特别指出的是，这两本书都是在哈尔西去世第二年也就是 1960 年出版的。尼米兹在书中写道：“当我把舰队交给斯普鲁恩斯时，我永远确信他会让舰艇叶落归根。但当我把舰队交给哈尔西时，我不太清楚未来会发生什么事情。”

1960 年，金凯德在接受一次采访时再次张开了嘴：“哈尔西花了十几年时间去证明自己的正确，有时把罪名放在我的身上。对此我不会介意，但我认为，他的逻辑不对。”金凯德的语气明显有所缓和，毕竟哈尔西 1959 年 8 月 16 日已经因为心脏病去世了。尼米兹代表总统艾森豪威尔参加了他的葬礼，哈尔西的老朋友、“炮术大师”沃尔登·安斯沃斯少将担任护灵队队长。哈尔西被葬在阿灵顿国家公墓父母的墓穴旁边。死者为大，金凯德再说得太难听，就显得缺乏风度了。

美国海军官方始终未站出来公开表态。反正仗打赢了，哈尔西和金凯德都是自己人，手心手背都是肉，站哪边都不太合适。但海军高层的某些做法一定程度上隐晦地表明了自己的立场。作为太平洋舰队三大巨头，尼米兹和斯普鲁恩斯的名字分别被命名航母和驱逐舰的一个级别，即尼米兹级航空母舰和斯普鲁恩斯级驱逐舰，甚至连伯克的名字都被命名一个舰级，哈尔西的名字仅被命名给单舰，分别为 1963 年服役的"哈尔西"号巡洋舰（舰号 CG-23）和 2005 年下水的阿利·伯克级驱逐舰"哈尔西"号（舰号 DDG-97）。

平心而论，作为第七舰队司令官，说金凯德完全没有责任显然也是不妥当的。他的第一个错误是相信假设，尽管这种假设是可以理解的。尼米兹和金同样相信了这种假设，但他们身处大后方，假设对错对实际作战危害不大。身处战场旋涡的金凯德这样做就不合适了，他必须考虑到可能出现的最坏情况。金凯德的第二个错误是未对假设进行核实，如及早发电报询问或者派出侦察机。事实上等他最终派出侦察机时，最佳时机已错过了。

相对而言，哈尔西错误更大一些。如果哈尔西不犯错，金凯德的错误也就不复存在，莱特湾海战的结果就将完全不同。我们很容易指出哈尔西的几处错误：错误理解参战使命，中了日本人的诱敌之计，通信模糊不清，选择战列舰而不是航空母舰作为旗舰，对尼米兹的电报反应过度，等等。如果哈尔西北上之前能够把他强大的兵力在圣贝纳迪诺海峡留下一部分，他的上述错误将自动消失。那样的话，无论他把自己的使命看作进攻或防守，就没多大区别了。

老酒以为很多人忽略了这样一个事实。就是在大战即将打响之前，哈尔西遣走了实力最强的第一大队和第二大队的"邦克山"号，相当于第三十八特混舰队近 2/5 的打击力量。如果这些力量都在——核心是 4 艘重型航母和 2 艘轻型航母——或者干脆将他们留下把守圣贝纳迪诺海峡，就不会有人再去关注小泽的行动是否属于阴谋了，之后无数"狗血剧"也就无法上演了。

尽管因为打赢了苏里高海峡夜战和恩加诺角海战被给予了极高赞誉，但老酒认为，奥尔登多夫和米切尔的指挥充其量只能算中规中矩，美国人有王婆卖瓜的嫌疑。拥有那么大的兵力优势，打赢了正常，打输了才叫丢人，况且还放跑了那么多日军舰只。其他诸如李、麦凯恩、谢尔曼、博根、戴维森、杜博斯等人也无更多亮点可言，只能算是尽职尽责。他们中的大部分人看穿了日本人的诡计，却未能成功阻止哈尔西的冒失行动，令人遗憾。可怜的李率一众新式战列舰南北穿梭，跑得最远，费油最多，始终未能向敌舰开上一炮。老酒这样的吃瓜群众也只能捶胸顿足，空自嗟叹，殊可惜也。

美军真正的英雄是骁将斯普拉格。他率"塔菲三"挫败了日军栗田的进攻，保全了哈尔西的声誉和麦克阿瑟的滩头。他使栗田耽误了决定性的 6 小时：2.5 小时追击战和 3.5 小时重整舰队。斯普拉格始终认为，正是他和兄弟们的浴血奋战，才使栗田最终放弃突入莱特湾的念头。过了中午，日军再想进入海湾就非常困难了。

1947 年在写给萨奇的一封信中，斯普拉格说："我曾经对尼米兹将军说过，栗田北撤的主要原因是他遭受了沉重打击，无法继续发动进攻。我一直是这样认为的，并且相信冷冰冰的数据分析也会说明这一点。"斯普拉格于 1951 年退役，1955 年 11 月去世。其间，除 1945 年 4 月为《美国人》杂志写过一篇关于萨马岛海战的文章，为伍德沃德《莱特湾海战》写过几条注释之外，他从未公开发表过其他言论，甚至对家人都很少提及那场让他刻骨铭心的战斗。正如他在写给朋友的一封信中所言："海军对此事从来只字不提，其中原因我很清楚，大概你也知道。但我相信总有一天，历史会揭开这场坚决果断的海战的真面目。可能是在 50 年后，也可能是在我去世很多年以后。"

斯普拉格说得一点没错儿。虽然"塔菲三"的很多战舰和人员后来得到了嘉奖，但他们的事迹远未像中途岛、马里亚纳海战那样在国内被广为宣传，为民众所熟知。直到 20 世纪 80 年代，美国人才开始宣传这场海战，并有几艘战舰以"塔菲三"的有关名称命名。

1981 年，1 艘佩里级护卫舰被命名为"克利夫顿·斯普拉格"号，舷号 FFG-16。

1982 年，1 艘佩里级护卫舰以"塞缪尔·罗伯茨"号舰长的名字命名为"鲍勃·科普兰"号，舷号 FFG-25。

1985 年，又一艘佩里级护卫舰以"塞缪尔·罗伯茨"号炮术军官的名字命名为"乔治·卡尔"号，舷号 FFG-52。

1987 年，在萨马岛以东海域战沉的"塞缪尔·罗伯茨"号舰名被另一艘佩里级护卫舰继承，舷号 FFG-58。

美国人的确打赢了莱特湾海战，但感觉赢得有点勉强，有点不太光鲜，有点缺乏艺术性，总感觉好像缺了什么似的。就像一个人能喝一斤白酒，你却只让人家喝半斤一样——很多时候没喝够比喝多了还难受。又像一条烤得嗞嗞冒油的羊腿，却忘了放辣椒和孜然一样，吃起来不是那么过瘾，那么痛快。这让我们再次想起了中途岛海战。虽然那次海战规模远远不如本次，时间也没有这么长，但美军的胜利依然显得那么荡气回肠，那样酣畅淋漓，那么让人无法忘怀。莱特湾海战在打响之前胜负已定，日本人充其量只能给美军找一些麻烦而已。一场完全可以 KO 对手的拳赛，最后却只能以点数取胜，这可能正是今天珍珠港、中途岛战役被屡屡拍成影视剧，而荧屏上鲜见莱特湾海战的一大原因。

美国人的"狗血连续剧"越演越长，时至今日好像仍未剧终。与之相反，打了败仗的日本人倒显得平静许多。参加莱特湾海战四路日军舰队的指挥官中，西村获得的评价最低。虽然抱定了必死之心——这倒和"捷号"作战的精神完全符合——但西村只知道一味猛冲，即使在得到栗田舰队受阻锡布延海的消息后仍不缓行，令人费解。他拒绝与志摩合作，使南路日军两支舰队均处于虚弱状态。明知美军已经布下了天罗地网，还是义无反顾地冲了过去，最终断送了整支舰队和数千水兵的性命，也使这种牺牲变得毫无价值。西方人历来以保存生命为第一要务，完全无法理解西村的行为，因此赠送他一个"最无能将军"的雅号。枉自送了性命的西村在自己人那里也没落好，他与陆军的牟田口廉也、富永恭次一起被国人称为"愚将中的愚将"。

说实在话，志摩的表现比西村也好不到哪里去。他本应承担起指挥南路两支舰队的职责，却因仗不可能打赢主动放弃了这一机会。老酒敢断言，如果类似情形发生在开战之初日本海军一路高歌猛进之时，志摩就是使出吃奶的力气，也会加速赶上西村担负起指挥权的。眼见前方是死路就脚底抹油，志摩放弃与西村同归于尽果断选择撤退，比他所做的任何事情都更加合理。志摩的表现只能用"不作为"来形容，他基本上不能算参加了莱特湾海战。没有打仗当然就谈不上功劳，无功无过的志摩仍然担任第五舰队司令官，一直到次年 5 月履任新职，后文详叙。

唯一值得肯定的是北路的小泽。不管日本人还是对手美国人，都对小泽在海战中的表现给予了高度评价。他不但成功完成了诱敌任务，还把为数不少的舰船带回了家。如果杜博斯不及时掉头南撤，25 日晚小泽的反转若再能击沉一两艘美艇那就更完美了。小泽唯一的瑕疵在于，未能将诱敌成功的消息及时传达给栗田，以至于付出重大牺牲换来的战机被白白浪费掉了。这样也好，栗田舰队因此免遭全军覆没的噩运。

值得一提的是，获得广泛赞誉的小泽可谓命运不济。他在马里亚纳和恩加诺角海战中共损失了 7 艘航母，却未能换来哪怕击沉 1 艘美军航母的战绩。可谓谋事在人，成事在天，心比天高，命比纸薄。莱特湾海战之后，日军第一机动部队的编制被很快撤销。小泽先是弃船登岸，出任军令部次长并兼任海军大学校长，之后接替丰田出任联合舰队末任司令官。小泽对本次战役有过这样的评价："莱特湾海战之后，日本水上力量成了绝对的辅助兵力。除某些特种性质舰艇之外，海面舰队再也派不上用场了。"

栗田无疑是日军参战将领中最具争议的人物，没有之一。虽然在锡布延海的两次反转分寸拿捏得恰到好处，但他在面对"塔菲三"和莱特湾时的后两次反转引发了无数嘴官司，并使"捷一号"作战最终归于失败。栗田的决定是在严重缺乏情报、观测条件不理想、舰队缺油、缺乏空中保护及自身生理心理等因素综合作用的结果。

前文提到，即使栗田一鼓作气冲入莱特湾炮击登陆场，取得的战果也不过将岛上作战推迟数天或者一周而已，不可能从根本上改变战局，最终换来的结果必然是第一游击部队全军覆没。为拖延美军几天进攻时间，赔上包括"大和"号在内的整支舰队，不能称得上是明智之举。从事后结果来看，栗田的决定还算一个比较正确的选择，虽然这个选择并不能改变日本最终失败的命运。纵观战役全过程，栗田的指挥还算中规中矩，至少也算"大节无过，小节有亏"。正如菲尔德少校在《日本人在莱特湾》一书中所言："栗田也只是一个为当时环境所困的囚徒而已。根据当时他所拥有的信息来看，他的决定确实算得上是合理的。"这可能正是出身文人世家的栗田思考问题相对理性的具体体现。

回国之后，栗田并未受到多少责备。对他放弃突入向北撤退提出严厉批评的反而是对手美国人和 20 世纪 80 年代之后的日本历史学家，那些喜欢唠唠叨叨的日本海军军人基本上都是栗田的支持者。大多数参加过莱特湾海战的海军军官诸如福留繁都认为，栗田的决定不能算是一个错误。多数日本历史学家包括研究海军的权威伊藤正德在内，都对栗田的行为表示理解。1945 年 1 月 10 日，栗田获准觐见天皇。裕仁对他着实温言抚慰了一番，这往往是胜利者才能享受的待遇。1 月 25 日，栗田调任海兵校长之职。前文提到，日本海军惩罚不称职者的主要手段就是"发配"去当海大或者海兵校长，但那往往是战争初期的行为。

到了联合舰队已没有几艘船的 1945 年，老酒认为，栗田能弄个海兵校长当当已经算不错的差事了，总比回家当军事参议官强。被大家一致表扬的小泽，不就去海大当了校长吗？

但栗田毕竟是打了败仗回来的，没人说几句风凉话肯定是不太现实的。第一个公开站出来批评栗田的，是第四航空战队司令官松田千秋。他指责正是栗田的优柔寡断使机动部队付出的巨大牺牲变得毫无意义。栗田履任新职之前，海军省教育局局长高木惣吉——就是之前积极谋划倒阁并组织刺杀东条的那位——公开发表言论："莱特湾的败将，怎么又成了海兵校长啦？"相对而言，小泽的首席参谋大前敏一的话就含蓄许多："栗田应该再勇敢些，他应该直接冲向莱特湾。"1966 年 9 月 9 日去世之前，小泽曾拉着去看望他的栗田的手说："给您添麻烦了。"不知道小泽所说的"麻烦"，是不是指没有及时把诱敌成功的消息发送给人家。

从战役实际进程来看，莱特湾海战日军总指挥既非小泽也非栗田，而是联合舰队司令官丰田副武。从他接任司令官时扭扭捏捏的姿态就能看出，丰田对打赢战争已经不抱任何希望。战后他在回忆录《最终的帝国海军》一书中曾发出这样的感慨："新内阁（指小矶内阁）成立之后，我第一时间拜访了米内海相。大臣问我，最关键的问题是对战局的看法以及海军今后一年还能否维持得住。从这些话中，可以看出米内是把结束战争作为第一任务来出任海军大臣的。对此我极其简单地答复说'非常困难'。但是作为联合舰队司令官，直截了当提出对未来战局没有信心，终究有些难以启齿。"丰田精心设计的"捷一号"作战计划只有理论上成功的可能性，正是哈尔西的密切配合，才使胜利一度成为可能，却又因为栗田缺乏足够勇气最终功亏一篑。可能正是由于大家对失败都心知肚明，所以再去指责栗田也就没多大意义了。从这点看，栗田运气比南云要好得多，但是南云本来是能够打赢的。

莱特湾海战之后，日本海军仅剩的大型舰艇有：战列舰"大和"号、"长门"号、"日向"号、"伊势"号、"榛名"号、"金刚"号；航空母舰"隼鹰"号、"信浓"号、"天城"号、"葛城"号、"云龙"号、"龙凤"号、"凤翔"号；护航航母"海鹰"号、"神鹰"号；重巡洋舰"青叶"号、"足柄"号、"羽黑"号、"妙高"号、"高雄"号、"熊野"号和"利根"号（其中"青叶"号、"妙高"号、"高雄"号已完全丧失战斗能力)；轻巡洋舰"北上"号、"木曾"号、"五十铃"号、"鹿岛"号、"香椎"号、"矢矧"号、"酒匂"号、"大淀"号和"八十岛"号，另外还有约20艘驱逐舰。昔日的世界第三大海军就只剩下这点儿骨血，完全丧失了和美军正面对抗的能力。在此之后，他们只能干点儿看家护院或运兵运粮的辅助工作，并逐渐被日益强大的敌人——蚕食。1872年成军以来的帷幕徐徐落下，日本海军逐渐淡出了历史舞台。

美军取得了莱特湾海战的胜利，日军已经完全丧失了菲律宾地区的制空权和制海权，美军取得岛上胜利已成为一个时间问题。在东京海相官邸，听完军令部总长及川和司令官丰田"联合舰队在'捷一号'作战中遭遇惨败"的汇报之后，海军大臣米内光政目光呆滞，沉吟良久后艰难吐出了几个字："这就是终结！"

第五章 / 决战吕宋

# 天王山之战

10月25日傍晚，麦克阿瑟回到普赖斯庄园与众参谋共进晚餐。司令部人员消息往往是最灵通的，他们已经知晓了两天来海上战斗的大致情况。大家边吃边谈，话题自然离不开已接近尾声的莱特湾海战。对当天早些时候险些遭到栗田舰队的巨炮打击，大部分人仍心有余悸。一些人开始公开抨击哈尔西擅自弃守圣贝纳迪诺海峡北上追击日军航母的事儿，个别人甚至高声大骂哈尔西是"狗娘养的"或"狗杂种"。

麦克阿瑟立即制止了上述言论。他拍着桌子怒吼道："统统给我闭嘴！不要再说'蛮牛'了，他还是我喜欢的一员战将！"不知道这话是否传到了哈尔西的耳朵里。1951年4月，当麦克阿瑟在朝鲜被战场解职回到国内时，哈尔西公开站在了他的一边，准备在纽约举行的欢迎麦克阿瑟荣归故里的五彩纸带大游行中走在队伍的最前列，以示对老朋友的尊敬和支持。遗憾的是，他在前往爱德怀尔德机场迎接麦克阿瑟专机的途中因为肺炎病倒了，只好派代表参加了那次游行。

麦克阿瑟认为，出现如此重大失误的根源在华盛顿。哈尔西第三舰队虽然参加了菲律宾战役，却要受远在珍珠港的尼米兹的节制，这简直是天大的笑话。如果由我麦克阿瑟直接指挥，自己肯定不会让哈尔西在紧要关头率军北上，将莱特湾和圣贝纳迪诺海峡置于极端危险的境地。但是现在，他还不愿与海军公然闹翻，莱特岛作战所需要的武器装备、弹药补给还必须由海军运到战区。况且在塔克洛班机场投入使用之前，他还必须依靠快速航母舰队的空中支援，此刻选择化解矛盾的做法才是最明智的。

海上炮声隆隆，岛上的战斗也在激烈进行之中。为配合联合舰队的海上决战，南方军总司令官寺内寿一严令富永恭次，集中第四航空军所有兵力发起航空总攻击，突击莱特湾内的美军舰船。10月24日，第二飞行师团率先发起攻击。

第十六飞行团 10 架战斗机清晨 5 时 30 分出击，在莱特湾上空遭到美军"野猫"和"地狱猫"的联手拦截，4 架飞机未能返航，攻击毫无效果。紧随其后出场的是第三飞行团，22 架轻型轰炸机在第三飞行战队木村修一的率领下，试图突袭莱特湾内的美军运输船。他们本来可以得到第十二飞行团 14 架战斗机的护航，却因为联络不畅失去了会合机会。孤军突入的木村机队遭到毁灭性打击，除难波享一的飞机因为机械故障中途返航之外，突入莱特湾上空的 19 架飞机被悉数击落，其中也包括木村的座机。第十二飞行战队同时出动的 4 架九七式重型轰炸机同样被全部击落。第六飞行团下属第六十五、第六十六飞行战队勉强凑出 8 架飞机前往突袭莱特湾，其中 5 架未能返航。返航日军飞行员声称，攻击取得击落美机"地狱猫" 1 架、击沉驱逐舰 1 艘的"辉煌"战绩。24 日当天，日军第四航空军共出动战机 150 架次，以损失 45 架为代价，声称击沉美军巡洋舰、驱逐舰、坦克登陆舰各 1 艘，击伤另 2 艘巡洋舰，另外 5 艘运输船中弹起火。

美军并未一味防守，同样出动战机对岛上日军机场进行轰炸，同时竭力拦截从台湾前来增援的日航空部队。受命从屏东机场转来的第二十二飞行战队、第六十飞行战队抵达目的地时突然遭到"地狱猫"袭击，5 架九七式重型轰炸机被当场击落，3 架迫降后伤重报废，另有 5 架战斗机在空战中损失。

10 月 25 日，第四航空军在攻击中损失飞机 25 架，取得的战果几乎可以忽略不计。两天的航空作战导致第四航空军损失惨重，主力第二飞行师团可升空作战的飞机只剩 60 架。别说进攻，连自保都非常困难。尽管如此，富永仍然高调对外宣称，"我航空总攻击大获全胜"。

显而易见，美军尚未完全取得作战区域的制空权。莱特湾海战之后，哈尔西第三舰队急需休整，金凯德手下的护航航母由 18 艘锐减到 11 艘，航空作战能力大大减弱。10 月 26 日上午，哈尔西接到了金凯德发来的请求，出动舰载机掩护莱特湾内的运输船队。彼时麦凯恩的第一大队和博根的第四大队正在追杀锡布延海上的栗田舰队，米切尔率领第二大队和第三大队在东北海域加油。尽管无法立即派出增援，但哈尔西还是致电米切尔，完成补给后立即向莱特湾方向航渡，"做好出动战斗机掩护莱特湾的准备"。

对金凯德一而再再而三的增援请求，哈尔西早已不胜其烦了。他认为在陆军登岛之前，第三舰队已经基本上摧毁了日军的空中力量，随后又领衔击退了日本海军主力舰队的进攻，所做的事情够多了。为什么时至今日陆军航空兵仍然无法上岛？26日晚，哈尔西直接致电麦克阿瑟："经过17天的连续战斗，我的快速航空母舰已经不能再为莱特岛提供更多支持了。明天我只剩下两个航母大队可用，飞行员个个精疲力竭，航母补给、炸弹和鱼雷也已不足。第五航空队何时才能接手莱特岛？"

由于海军让24艘运输船把它们运载的物资卸在陆军工兵原打算修建机场的地方，塔克洛班机场的修建受到严重影响。把这些东西搬开不但要浪费大量的时间，还会在地面留下很多车辙和坑洞。台风不时前来侵袭，好像永远都下不完的暴雨使地面积水接近90厘米，严重影响了施工进度。凯西少将背部伤势不断加重，只好送往医院治疗。斯维尔德鲁普准将从他手中接过了工兵部队指挥权，这位百万富翁被称作美国最好的土木工程师。但他也只能眼睁睁地看着宝贵的钢板和钢筋在雨中生锈，整卡车整卡车的沙石被雨水冲走或被泥泞吞没。与此同时，日本人却可以从中国台湾或本土不断调来新的飞机，利用吕宋岛的全天候机场起飞作战。

自巴布亚战役以来，麦克阿瑟还是头一次发现，他的地面部队必须在得不到强有力空中支援的情况下作战。受台风、暴雨和超远航程影响，驻莫罗泰岛的第五航空队无法随时为岛上作战提供充分支持。不管塔克洛班条件如何，麦克阿瑟急需一批陆基飞机。肯尼为第五航空队不能在关键时刻为地面部队提供支援感到羞愧，他几乎天天到麦克阿瑟身边晃悠几圈，希望他能训自己一顿，以减轻自己的愧疚之情。一天，再次来到普赖斯庄园的肯尼发现，麦克阿瑟正在阅读道格拉斯·弗里曼的著作《罗伯特·李将军传记》。看到肯尼进来，麦克阿瑟放下了手中的书："你知道，李和托马斯·杰克逊的临终遗言，都是要将希尔的步兵尽快调上来。如果我在今天、明天、明年或其他任何时候死去，我的临终遗言将是，'乔治，快把你的第五航空队调到前线来'。"

27日中午，正在用餐的麦克阿瑟忽然听到P-38战斗机熟悉的引擎轰鸣声。在未告知麦克阿瑟的情况下，肯尼从莫罗泰岛调来了第四十九战斗机大队的34架P-38。尽管不断受到大雨和空袭的困扰，经过工兵部队的彻夜奋战，斯维尔德鲁普终于铺完了跑道的最后一段。除1架飞机坠毁之外，其余33架均安全降落。

麦克阿瑟放下饭碗，跳上吉普车前往机场。飞机停在尚未竣工的跑道上，麦克阿瑟与最先从飞机上跳下来的 3 名飞行员亲切握手。他们中有陆航头号王牌理查德·邦少校，他目前的战绩是 28 个。麦克阿瑟告诉飞行员们："你们不知道，见到你们我心里有多高兴！"他把头转向簇拥在身边的记者们："我知道，第五航空队从来不会令我失望。"但在随后 24 小时里，日军突袭了塔克洛班简易机场，近一半 P-38 被摧毁在地面上。

10 月 29 日，博根少将的第二大队出动舰载机轰炸了吕宋日军机场，声称在空战中击落敌机 71 架，地面击毁 11 架。来自"忠勇队"的 5 架特攻机发起犀利反击。12 时 04 分，野野山尚驾驶特攻机向博根旗舰"无畏"号俯冲，一头撞上航母十号 20 毫米炮组。虽然舰体损伤不重，但剧烈爆炸当场造成 10 人阵亡、6 人受伤。

"新泽西"号舰桥上的哈尔西第一次目睹了日军的"神风特攻"。他和身边的参谋将此看成个案，因为这种处心积虑的自杀式攻击在美国人眼中完全不可理喻。哈尔西认为，自己的战士虽然勇敢，但也不会去执行这种完全没有生还可能的任务："我们认为，即使他们有切腹的传统，也很难招募到足够人员，去组建一支真正起作用的队伍。"哈尔西太看低日本人的疯狂了。

仅第二天，哈尔西就改变了自己的看法。来自"叶樱"队的 6 架特攻机攻击了戴维森少将第四大队。4 架零战巧妙避开"地狱猫"的拦截，14 时 26 分，日军长机一直保持 45 度角一头撞向戴维森旗舰"富兰克林"号。航母后部升降机和 33 架飞机被炸毁，舰尾瞬间火光冲天，浓烟滚滚，56 名水兵阵亡或失踪，60 人受伤，其中 22 人伤势严重。约 20 分钟后，堆放在机库的副油箱连续发生两次爆炸，诱发的火灾直到 18 时才被扑灭。

第二架日机在俯冲时中弹，转而撞向"贝露森林"号。尽管它最终被击落，可还是有部分残骸撞上飞行甲板，引爆了飞机上的弹药并烧毁 12 架战机，舰上大火直到 16 时才被扑灭。该舰 25 日攻击小泽舰队时拍摄了大量宝贵的照片，都在大火中被遗憾烧毁。航母上水兵 92 人阵亡或失踪，97 人受伤，其中 54 人重伤，数字甚至超过了"富兰克林"号。

第三架冲向"圣贾辛托"号的日机被高炮击中，坠落在舰首附近的海水之中。第四架日机瞄准了久经战阵的功勋战舰"企业"号，它滑过飞行甲板后在左后舷外 23 米坠海爆炸。遭到重创的"富兰克林"号和"贝露森林"号只好向乌利西环礁返航。伤势更重的"贝露森林"号被迫回到加利福尼亚船厂大修，1945 年 2 月才重返前线。

日军本次特攻效率极高，给美军造成了巨大损失。哈尔西只好解散第四大队，将剩余舰只充实到其他三个大队之中。3 日傍晚，日军潜艇"伊 -41"号射出的鱼雷击中了"雷诺"号轻巡洋舰。谢尔曼只好从乌利西环礁调来拖船"阻尼"号，派出 4 艘驱逐舰护航将它拖回乌利西基地。

11 月 1 日，轮到金凯德第七舰队遭殃了。日军"神风特攻队"攻击了位于苏里高海峡的美军驱逐舰。上午 9 时 50 分，1 架日机掠过"克拉克斯顿"号上空坠入海中。仅 2 分钟后，另一架日机击中了"阿门"号。所幸这架日机撞到舷侧反弹后爆炸，"阿门"号侥幸逃过一劫。"基伦"号同样被 1 颗炸弹命中，伤势不重。最倒霉的当数"阿布纳·里德"号，日军 1 颗炸弹在消防室内爆炸，另一架遭到攻击的"彗星"也袭击了它。席卷舰尾的火势诱发了一系列殉爆。13 时 58 分，舰长阿瑟·珀迪少校下令弃舰。17 分钟后，"阿布纳·里德"号沉入水中，187 名水兵被救起。该舰因此成为被日军特攻机击沉 13 艘驱逐舰中的第一艘。

11 月 5 日拂晓，第三十八特混舰队抵达吕宋岛中部以东 130 公里处。麦凯恩先出动战斗机进行扫荡，然后轰炸机和鱼雷机在战斗机护航下，从吕宋岛北端至民都洛岛一路轰炸日军机场和舰船，基本未遭遇多大抵抗。午后，日军神风特攻队发起反击。4 架特攻机突破"地狱猫"拦截向第三大队发起猛攻。1 架日机被直接击落，另两架被"提康德罗加"号——该舰刚刚于 10 月 29 日抵达乌利西环礁，加入谢尔曼第三大队——和麦凯恩旗舰"列克星敦"号侥幸躲过。但第四架日机依然撞上了"列克星敦"号指挥塔，当场造成 50 人死亡、132 人受伤。麦凯恩只好率司令部成员登上新旗舰"黄蜂"号。

美军空袭一浪高过一浪，停泊在甲米地的第五舰队旗舰"那智"号重巡洋舰无奈离开泊地，驶向开阔水域规避空袭。12 时 50 分，"那智"号遭到"列克星敦"号和"提康德罗加"号舰载机的联合攻击，被命中 5 颗炸弹和 2 条鱼雷后失去动力。驱逐舰"曙"号上前试图实施拖曳，但 14 时 45 分来自"列克星敦"号的另一拨攻击又有多达 5 条鱼雷击中了"那智"号左舷。躲在岸上的志摩清英目睹了旗舰被炸得四分五裂的全过程。14 时 50 分，"那智"号沉没于北纬 14 度 32 分、东经 120 度 45 分水域。驱逐舰"霞"号、"潮"号救起 220 人，包括舰长鹿冈元平在内的 807 名水兵随舰沉没，鹿冈后来被追晋海军少将。准备执行拖曳作业的"曙"号也被命中 2 弹起火，被"潮"号拖到岸边才免于沉没。美军空袭还击沉了海防舰第一〇七号。

美军岛上目标同样遭到日军攻击。虽然并不知道麦克阿瑟的准确住处，日军仍然对普赖斯庄园实施过 10 多次轰炸。一次，1 颗炸弹竟然落在麦克阿瑟办公室隔壁的卧室里，没有爆炸。另一次，美军反击的 1 颗高射炮弹落在麦克阿瑟卧室长沙发上，所幸又是 1 颗哑弹。当天傍晚，当高射炮兵指挥官威廉·马夸特少将回到庄园吃饭时，麦克阿瑟走到他跟前，将那颗小炮弹咣当一声丢在他面前的餐桌上："比尔，告诉你的炮手，瞄得再高一点儿。"

11 月 3 日晚上，日军 1 架战斗机从庄园上空飞过，扫射旁边的街道。当时麦克阿瑟正坐在办公桌前审阅文件，2 发 30 毫米航弹从敞开的窗口射入，打进他头顶以上仅半米的横梁之中。作战参谋莱尔巴斯中校旋风一般冲了进来，发现司令官安静地坐在那里办公，好像什么都没有发生过一样。麦克阿瑟抬起头问："拉里，有什么事？"

"谢天谢地，我还以为你已经被打死了呢！"莱尔巴斯上气不接下气地说。

"还没有，多谢你跑进来看我。"麦克阿瑟说完，低下头继续看文件。这件事立即登上了西南太平洋战区的一份战报，第二天就成为美国国内的头条新闻。

后来麦克阿瑟让人将那 2 颗弹头从横梁中挖了出来，包起来连同信件一起寄给了儿子："亲爱的亚瑟：爸爸送给你 2 颗大子弹，它们是对着爸爸发射的，但没有打中。爸爸很想念你和妈妈。爱你们！爸爸。"

在美军两个军的猛烈攻击下，抵挡不住的牧野中将被迫撤出沿海地区，向西一直退到达加米，美军穷追不舍。到 10 月 29 日，美军南路第二十四军已经攻占塔那恩、达加米、布鲁恩和杜拉格等要地，攻击正面扩大到 18 公里，纵深 15 公里。北路美军第十军同样不甘落后。到 11 月 2 日，第一骑兵师、第二十四步兵师已经占领斯皮兹、卡里加拉、吉洛和帕罗等地，攻击正面 28 公里，纵深 35 公里。

尽管日军第十六师团已溃不成军，但第三十五军司令官铃木和参谋长友近对莱特岛战局依然持盲目乐观态度。两人一致认为，只要牧野能够暂时稳住局面，一俟后续主力登岛，就可以与美军展开决战，让敌人海上来，海底里去。10 月

29 日，铃木与友近闭门造车，制订了下一步作战计划："以第十六师团主力确保达加米、布鲁恩一线，以一部确保塔克洛班以西高地，第一〇二师团掩护军主力集结于卡里加拉东南地区，在塔克洛班以西高地群一举歼灭登陆之敌。投入反击的主力部队包括第一、第二十六师团和第六十八旅团，第一〇二师团、第十六师团及第四十一步兵联队负责掩护主力展开。"此即"塔克洛班决战计划"。当务之急，是尽快将上述援兵送上莱特岛。

29 日下午，第十四方面军作战参谋朝枝繁春从马尼拉飞抵宿务，给铃木和友近带来了好消息：精锐第一师团将比原计划提前数天抵达奥尔莫克港，第二十六师团第十二联队随同登岛，预计登陆时间为 11 月 1 日。第二十六师团主力同样在奥尔莫克港登陆，第六十八旅团登陆地点视岛上战况而定。东京大本营已经恩准，必要时向岛上投入宝贵的空降部队。

10 月 30 日，当友近怀揣"决战计划"提前来到奥尔莫克港准备向牧野下达命令时，前方传来了令人沮丧的消息。原拟定反攻区域全部落入美军之手，第十六师团损失惨重，各部已经失去联系。这预示着"决战计划"尚未实施就已胎死腹中。友近毫不气馁，立即以原参战兵力为基干制订了"卡里加拉决战计划"。

在美国强大海空军的威胁下，运输船平安航渡马尼拉至莱特岛的 730 公里航程难度极大。但迫于陆军的压力，在莱特湾海战中损失惨重的海军也不得不强打精神，积极组织对莱特岛的增援输送，运输行动统称为"多号"作战。"多一号"作战由第十六巡洋舰战队担纲，负责将 5 艘运输船上两个大队 2000 名士兵送上莱特岛。由于重巡洋舰"青叶"号遭美军潜艇鱼雷攻击留在港内维修，轻巡洋舰"鬼怒"号、驱逐舰"浦波"号护航运输船前往。10 月 26 日凌晨，船队到达奥尔莫克港顺利卸货。返航途中，"鬼怒"号、"浦波"号、第一〇二号运输船被美军舰载机炸沉。

10 月 28 日，日军发起"多二号"作战。4 艘运输船不但安全将一个独立速射炮大队的装备和 340 名士兵送至岛上，完成卸载的第九号运输船还忙里偷闲转往宿务，将铃木和军司令部成员送上奥尔莫克港。2 日，登岛的铃木干脆利落地批准了参谋长友近制订的"卡里加拉决战计划"。

11 月 1 日，樱兵营突然接到了马尼拉的电话："明天上午 11 时，寺内元帅将亲自前去看望山下大将。"

"寺内要来？他来干什么？"由于山下和武藤一致反对莱特决战计划，方面军司令部对南方军普遍存在抵触情绪。

被称作"毒舌"的参谋长武藤难得地张开了嘴："他来能干什么？肯定是催促我们向莱特岛运兵呗。"

"那就是说，南方军认为咱们不够努力啦？"

"正是如此。他们根本不知道咱们的辛苦。联合舰队在海上打了败仗，他们竟然还在坚信什么'神机已经到来'。"

2日上午，一向养尊处优、不轻易挪窝的寺内破天荒莅临樱兵营。虽然心里不太情愿，山下、武藤还是率众幕僚列队迎接，必要的礼仪还是不能少的。寺内嘴里吐出的话让所有人都感到震惊："我此行目的是来告别，南方军司令部将于近期遣往越南西贡。"

开战之初，南方军司令部就设在西贡。山下攻克新加坡后，寺内将司令部搬到了更繁华的那里——它现在的名字叫昭南市。由于美军逐渐逼近菲律宾，在东京的强力干预下，寺内才不情愿地于5月将司令部遣至马尼拉。英国人和中国人正在谋划反攻缅甸，寺内不敢回新加坡，只好再次搬回西贡。一些人认为南方军搬家是因为马尼拉经常遭到空袭，寺内怕死才提前逃跑的。事实上，让寺内搬家是东京大本营的意思。年轻参谋没有山下和武藤那么含蓄，一些人甚至公开叫嚣："让人心烦的'婆婆'走了，我们终于可以放开手脚，与美国人大干一场了。"

前两次输送仅损失轻巡洋舰、驱逐舰、运输船各1艘，总体还算成功。10月31日，日军启动了更大规模的"多三号作战"。当天上午，精锐第一师团11000名官兵及第二十六师团今堀支队——以今堀铈作第十二步兵联队两个大队和一个炮兵大队为基干组成——在滂沱大雨中登上了大型运输船"能登丸"号、"金华丸"号、"香椎丸"号和"高津丸"号，在驱逐舰"霞"号、"曙"号、"冲波"号、"潮"号、"初春"号、"初霜"号，海防舰"冲绳"号、"占守"号、第十一号、第十三号护航下浩浩荡荡驶出马尼拉湾，向莱特岛方向而行。

番号第一的部队一般很牛。黄金有价玉无价，第一师团代号"玉兵团"更显示其尊贵和超凡脱俗。第一师团成立于1888年5月14日，是日本陆军历史最悠久的部队。师团主力第一步兵联队成立于1874年12月19日，乃木希典、东条英机、本间雅晴、牛岛满都曾担任该联队的联队长。参加过西南战争、甲午战争和日俄战争的"玉兵团"原作为"御林军"驻扎在东京地区，因下属官兵主导了血腥的"二二六事件"，后被贬到中国东北负责对苏联人的防御。随着太平洋战局不断恶化，这支部队奉命从冰天雪地的北方乘火车来到上海，展开了紧张的战前训练。训练科目是假设美军在冲绳登陆，该部实施逆登陆与岛上守军夹击美军。10月中旬，师团长片冈薰接到命令，率部开赴吕宋岛参加"捷一号"作战。

在参加"关特演"的鼎盛时期，第一师团有近3万名兵员。因为海运能力有限，此次前往菲律宾的只有13000名兵员，大多数重武器也未随队前往，炮兵仅有编制的一半左右。10月26日，第一师团刚在吕宋岛登陆，就接到了方面军发来的新命令。在得到一张地图之后，第一师团必须立即动身前往莱特岛。师团作战参谋须山宗吾问方面军参谋："这个地图尺寸是英尺还是米？"方面军参谋的回答非常含糊："这……可能是英尺吧！"

作战命令变更如此频繁，即使是身经百战者也会感到不安。长期驻扎北方寒冷地带的日军士兵，对菲律宾炎热潮湿的气候尚不适应，战斗力无疑会大打折扣。唯一值得欣慰的是，由于之前从未同美军交过手，第一师团上下战斗热情普遍很高。航途中的片冈进行了战前总动员："美国人已经在莱特岛登陆，他们的一个师正在向卡里加拉挺进。本师团的任务就是阻止他们，继而反攻将敌人逐出莱特岛。养兵千日，用兵一时，与美国人决一死战的时机到了。我希望全体官兵奋勇战斗，为天皇陛下效忠。拜托各位了！"

11月1日18时30分，"多三号"船队顺利抵达奥尔莫克港。挤在一层层卧铺上的日军士兵听到了铁链的铿锵声，锚被放下去了。军官高声吆喝下达命令，身穿肮脏军装的士兵开始带着满身虱子跳下卧铺，沿陡峭的铁梯爬上甲板，离开了闷热、充斥汗臭的船舱。海面上传来可怕而又令人兴奋的沉闷炮声。运输船在两侧放下绳梯，身上背负40公斤装备的士兵一个个笨拙地跨过栏杆，跳向下边的小船。船左右摇晃，很多人四仰八叉跌倒在甲板上。

早已等在岸边的参谋长友近快步迎上前去，指着军作战参谋大曾根时彦铺开的地图，向师团长片冈介绍了军司令部制订的活捉麦克阿瑟的作战计划："对第三十五军来说，能参加本次决战是无上的光荣。这次我们握有制空权，还有最彪悍的第一、第二十六师团和第六十八旅团，我们是在相同条件下与敌人作战。

决战主力肯定是你们，贵师团要以最快速度沿奥尔莫克—利蒙—卡里加拉的二号公路行军，在卡里加拉东南地区集结，准备发起攻击。"

骑兵出身的片冈对岛上情况一无所知，他是 8 月 3 日才从服部晓太郎的手中接过师团长职务的，对师团内部情况也知之不多。参谋长池田功一身患重病，但仍坚持随队来到莱特岛。片冈担心有意外情况发生，于是向参谋长提出："我明白了。可是如果敌人在我们之前从卡里加拉西进，我们就只能在利蒙山区与敌交战。第一师团是和第二十六师团联系变更作战，还是继续执行原来的计划？"

"把战场转移到利蒙山区？军司令部从未考虑过这个问题，美国人还在塔克洛班呢。"友近说，"朝卡里加拉前进！万一美国人真的转移到利蒙山区，我们也会毫不犹豫地发起攻击。战场主动权在我们手中。"

"是这样吗？"片冈说，语气中毫无讽刺之意，也没再提其他问题。

远方暗夜里传来飞机引擎的轰鸣声。有人高喊"隐蔽"，大家纷纷跃入刚刚挖好的"章鱼穴"。运输船还在卸载，从莫罗泰岛飞来的美军 B-24 就开始投弹。美军轰炸机上方闪出几架零战，但美机仍然镇静自若向前飞行。3 架零战被击落，像彗星一样坠落地面。

很快又飞来了第二批美机，当天参与攻击的 B-24 共 24 架。炸弹雨点般朝"能登丸"号落下，1 颗直接掉进了烟囱，接着就是一连串沉闷的爆炸声。第五十七联队联队长宫内良夫眼巴巴看着那艘运输船，手足无措。他的卡车、马匹和大部分弹药补给还在船上，而那艘船已开始熊熊燃烧。7191 吨的"能登丸"号最终沉入大海，带走了 32 匹马、172 名士兵和 10% 的物资。尽管蒙受了一定损失，但第一师团和今堀支队总算顺利登岸了，这是损失最小的一次输送。友近告诉茫然若失的宫内，尽快集合人马前往卡里加拉。他要追赶几小时前出发的今田义雄的搜索队，师团作战参谋须山陪同前往。

进军命令刚刚下达，前方就传来卡里加拉失守的消息。这意味着日军今后接受增援的通道只剩下岛西的奥尔莫克港。片冈只好更改命令，今田和宫内率部经奥尔莫克山谷穿越二号公路反攻卡里加拉。第四十九联队前往东侧 552 高地，第一联队则以右侧的皮纳山为目标。各联队目标一致，即穿插到美军后方再寻找地点会合。由于登陆时仅带了 20 天口粮，第一师团的渗透进攻一定程度是为了抢夺美军的物资。日军沿山谷前进的队伍前后绵延 10 公里，途中不时有美机前来袭扰，片冈因此损失了12辆汽车和1辆轻型坦克。但"玉兵团"毕竟是训练有素的王牌之师，他们的高炮击落美军P-47战斗机2架。

行军途中，片冈遇到了独立速射炮第二十六大队，50多岁的大队长岩本是他多年的老朋友。看到精锐第一师团到了，岩本脸上露出了欣慰的表情。他告诉片冈："这周围的居民全跟美国人是一伙，可以说都是间谍，千万不能大意。不管咱们藏在哪儿，他们都会向美军通风报信。另外，我们每发射1发炮弹，美国人就会在15分钟内连续回敬4000发。总之，这是很难打的仗。"

11月2日，美军第一骑兵师和第二十四步兵师胜利会师卡里加拉，开始转往西南向奥尔莫克攻击前进。11月3日，逼近卡里加拉的今田搜索队意外与反方向而来的美军第二十四师迎头相遇。今田搜索队只有200人。短暂交火之后，兵力不足的今田只好撤入二号公路以南山区，等待主力部队第五十七联队的到来。利蒙是个有几十间茅草屋的小村子，二号公路在那里沿陡峭的山坡向上，然后向右绕过山岭，再逐渐向下延伸到海岸和卡里加拉。片冈率司令部抵达利蒙以北高地时获悉前方发生遭遇战，他命令今田挡住前进的美军，同时命令宫内速率主力和野炮前来增援。

11月4日，宫内联队沿狭窄公路向利蒙走了一整天，途中不时遭到美机的扫射轰炸，超过200人被炸死炸伤，中暑倒地者达数十人。由于水土不服和给养不足，官兵在密林中每行军两公里就要休息10分钟，体力消耗极大。21时许，精疲力竭的士兵在公路两旁躺下。蚊虫黑压压飞过来，那些没盖好脸就睡着的人一觉醒来后发现，眼睛肿得无法睁开。5日清晨，利蒙方向传来密集的枪声，显然美军在不断逼近。10时30分，宫内下令占领山岭，至中午时分控制了利蒙山。宫内自己都没意识到，他的先发制人之举为第一师团抢占了绝佳的防御位置。

前方闪出鬼一样的白色人影，是第十六师团的一名伤兵，全身裹满白色绷带。他身后很快出现了更多相互搀扶的人，拄着棍子一瘸一拐地走着。他们来自第十六师团第三十三联队。坏消息迅速传开，牧野师团已经被敌人消灭了。

在山的另一侧，美军第六集团军司令官克鲁格中将认为，前卫第二十四师随时有被日军分割包围的危险。侦察机发回的情报显示，日军大队人马正在朝利蒙进发。如果另一股日军在卡里加拉实施两栖登陆，第二十四师将首尾不能相顾。克鲁格一向用兵谨慎，他命令第二十四师减缓行军速度，等待后续部队第一骑兵师的到来。

片冈命令宫内必须死守山岭。由于双方在此鏖战数十日，这座死尸枕藉的山岭后来被美军命名为"断颈岭"，日军则以一名战死中队长八寻峰敏的名字命名为"八寻岭"。另一边的美军侦察队也在不断向山顶逼近，围绕山岭的激战随即爆发。得到1门山炮支援的日军甚至用上了白刃格斗，终于将美军后续部队第二十四团第一、第三营赶下山去。当晚，美国人使出了日军惯用的夜袭战术，第二十一团第二营试图偷袭日军阵地，在付出伤亡78人的惨重代价后无果而退。

第二十四师登岛以来首尝败绩，埃尔文少将勃然大怒。11月7日8时，第二十一团在第十九团第三营配合下再次向山岭发起猛攻，2辆谢尔曼坦克受命协助步兵作战。但美军坦克在泥泞的斜坡上施展不开，大部分时间只能停在原地当固定炮台使用。只要它们开始活动，步兵就必须跟上近身保护。2辆坦克很快被从山洞中突然冲出的日军士兵炸断履带，美军攻击再次铩羽而归。

前线攻击受阻，第十军司令官赛伯特少将亲临前线，越过师长埃尔文直接将第二十一团团长维伯上校战场免职，由军情报官威廉·维尔贝克上校取而代之。赛伯特命令，立即空运来10门重炮抵前助战。战斗持续到下午，维尔贝克派出的两个连在日军的顽强阻击下未能前进半步。

11月8日，台风肆虐。维尔贝克下令顶风强攻，同时出动2辆坦克从侧后迂回。在得到第一骑兵师增援之后，付出惨重伤亡代价的美军终于攻占一号高地，日军依托二号高地死战不退。只要日军能够守住以"断颈岭"为核心的防线，山下的增援部队就可以从40公里外的奥尔莫克港登陆。暴风雨和泥泞山路使战斗逐渐演变成类似一战西线的堑壕战。

第十六师团被击溃，王牌第一师团在"断颈岭"进退维谷，当务之急是尽快向岛上派出新的增援。11月8日，日军启动"多四号作战"，两支船队相隔一天从马尼拉启航，目的地依然是奥尔莫克港。第一船队快速运输船"香椎丸"号、"金华丸"号、"高津丸"号负责运送山县栗花生中将第二十六师团主力，第六号、第九号、第十号运输舰运送第一师团余部。护航舰只包括"霞"号、"秋霜"号、"朝霜"号、"潮"号、"长波"号、"若月"号驱逐舰和"冲绳"号、"占守"号、第十一号、第十三号海防舰。

11月9日18时15分，日军第一船队顺利驶入奥尔莫克湾。由于提前预备好的 50 艘大发艇被台风掀起的沙子掩埋，只有 5 艘可以使用，导致大部分武器弹药无法快速卸载。美军舰载机和陆基战机前来攻击，胆小如鼠的运输船在卸载完人员后，满载物资匆匆向马尼拉返航。但运输船肯定跑不赢飞机，返航途中的日军船队遭 35 架 B-25 轮番空袭，5656 吨的"高津丸"号、8407 吨的"香椎丸"号被相继击沉，第十一号海防舰中弹失去动力，只好自沉。仅"金华丸"号侥幸逃回马尼拉。

由于恶劣天气耽误了出港，日军第二船队 9 日黎明才从马尼拉出发。两支船队间隔一天出发，是为了让第一船队的驱逐舰在返航途中加入后出发的第二船队，继续执行护航任务。"泰山丸"号等 5 艘运输船运载着 2000 名补充兵员、第二十六师团余部及 6000 吨弹药补给。第二驱逐舰战队司令官早川干夫亲自出马为船队护航。由于轻巡洋舰"能代"号在莱特湾海战中战沉，早川选择"岛风"号为新旗舰。其他护航舰只包括，驱逐舰"浜波"号、"初春"号、"竹"号及第三十号、第四十六号海防舰。

有"最强驱逐舰"之称"岛风"号堪称同行中的翘楚。该舰刷新了两项纪录：装有三座五联装鱼雷发射管，雷击能力冠绝天下；设计航速 39 节，试航时曾跑出 40.9 节惊人速度，创下除鱼雷艇之外大型舰船的最快速度。"岛风"号的缺点是防空和反潜能力较弱。日本海军原拟建造该型舰 16 艘，因资源不足最终只有"岛风"号下水服役。由于早川及司令部成员登舰，加上额外增加的防空炮组，舰上人员增加到 450 余人，大大超过了 267 人的额定编制。

10 日上午，1 艘运输船不慎触礁，第四十六号海防舰留下警戒。航途之中，迎头相遇的两支船队交换了部分护航舰只。"初春"号、"竹"号护送第一船队返航，"朝霜"号、"长波"号、"若月"号则掉头护送第二船队继续向南航行。当晚 21 时 25 分，"岛风"号雷达在 8000 米距离发现几艘鱼雷艇，舰长上井宏下令开炮射击，美军放弃攻击快速遁入暗夜之中。

美军鱼雷艇发回的情报显示，一支庞大的日军船队正在向莱特岛快速逼近。陆军战机的攻舰能力确实不能令人放心，忧心忡忡的麦克阿瑟只好亲自出面向哈尔西求援。此时第三十八特混舰队正在加油，哈尔西第一时间叫停了补给作业，率舰队以最快速度驶向菲律宾海域。11 日凌晨，在距圣贝纳迪诺海峡东口 360 公里处，美军出动了搜索飞机。飞行员很快发回接敌报告：一支日军大型运输船队正在驶向奥尔莫克港。从规模看，船队运送日军士兵不会少于5位数。黎明时分，随着麦凯恩中将一声令下，347架舰载机从13艘航母上依次起飞，黑压压地飞向日军船队所在海域。

11日11时，日军船队靠近奥尔莫克港。"岛风"号雷达发现空中有大机群自东而来，早川命令运输船以最快速度靠岸卸载，驱逐舰释放烟幕掩护并做好防空准备。美军轰炸机和鱼雷机炸沉了所有运输船，战斗机则瞄准水面上的无数人头肆意扫射。日军士兵超过3000人死亡，所有装备和物资沉入大海。

麦凯恩很快派出了第二拨打击机群，攻击日军护航舰只。块头最大的"岛风"号成为美军飞行员重点关照的对象。舰长上井亲自操舰规避，美机投下的炸弹居然无一命中。但是大量近失弹还是给"岛风"号舰体造成严重损伤。更要命的是，"地狱猫"低空射出的大口径航弹直接打进机舱切断蒸汽管道，丧失动力的"岛风"号像死鱼一样瘫在海上动弹不得。

机关长上村岚冲上了甲板，只见飞溅的海水和鲜血混在一起，到处是阵亡者的尸体和残肢断臂，惨叫声、呻吟声、呼救声不绝于耳。上村艰难穿过湿滑的甲板登上舰桥，看到包括早川干夫在内的大部分人员均已殒命，舰长上井身负重伤。看到"岛风"号已无可挽救，上村下达了弃舰命令。舰上的舟艇被打得跟马蜂窝一样，放入海中后很快沉没，只剩1艘救生艇在用毛毯碎片堵住弹孔后勉强浮起，包括舰长上井在内的21人上艇离舰。17时45分，"岛风"号舰体后部发生剧烈爆炸后沉入海底，结束了18个月的服役生涯。

救生艇上找不到一支完整的桨，众人只能用手划水向海岸前进。傍晚上岛的上井等人为救助可能的幸存者，决定向岛上陆军借用大发艇。他们遭到菲律宾游击队的伏击，参谋铃木安照被打死，其他人只好退回海上。12日凌晨3时再次登岸后，他们得到陆军救助。"岛风"号450余人仅20人生还，他们在岛上滞留到12月初才乘船返回马尼拉，加入海军特别陆战队。

美军以损失9架飞机为代价，击沉除驱逐舰"朝霜"号外所有运输舰和护航舰只。13到14日，完成加油的第三十八特混舰队重回菲律宾以东海域，对攻击范围内的日军机场和舰船发动一系列空袭。日军轻巡洋舰"木曾"号遭轰炸坐沉，只能当固定炮台使用。驱逐舰"曙"号、"秋霜"号、"冲波"号、"初春"号和7艘运输船被击沉，空中和地面被击毁飞机84架。美军仅损失飞机25架，他们大多数是被日军防空炮火击落的。

樱兵营中的山下知道铃木部队在利蒙地区陷入困境，他对实施莱特决战仍然持怀疑态度，认为把保卫吕宋迫切需要的人力物力投入莱特是蛮干的做法。11月9日，山下公开唱起了反调，武藤委托南方军参谋长饭村向寺内转告第十四方面军的意见："莱特作战即使再打下去也毫无获胜希望，反而只会给今后的吕宋作战带来更多困难，从而导致整个菲律宾作战的失败。"

11月10日，南方军和第十四方面军对莱特岛战局进行了研究。同日，东京大本营发来"第83号参电"，要求抓住机会进行决战。如果条件允许的话，驻台湾第十师团等精锐部队将陆续前来增援。寺内告诉饭村："莱特岛战斗必须坚持下去。"

11月11日，山下和武藤被召到南方军司令部。山下明白寺内也无法违抗东京的命令，只好违心地承诺："我们一定按命令执行，务求成功。"

11月17日，寺内率南方军司令部飞往西贡，山下、武藤众人到机场送行。参谋长饭村及部分人员留在马尼拉，协调陆军航空兵和海军组织海上运输，地面作战全部由山下担纲。饭村后来并未追随寺内前往西贡，他于12月26日飞往澳北，从阿南惟几手中接过了第二方面军司令官的职务。

和山下与武藤的忧心忡忡截然相反，作为第一当事人的铃木对打赢莱特决战信心十足："我们在莱特岛能够顶住美国人的进攻，关键是要得到源源不断的支援。"大本营发电询问："源源不断到底是多少？"铃木立即狮子大开口地开出了清单："最少还需要增援48000人，战马600匹，汽车210辆。"

"多四号作战"遭受重大损失的噩耗进一步坚定了山下的信念："莱特完了！"但他又不能公开违抗寺内和东京的命令，只好在11月15日致电铃木："第三十五军将尽力消灭莱特之敌，最低目标是阻止敌人使用岛上机场。如果发生不能再运出部队的情况，吕宋将成为菲律宾诸岛今后各战役的主要战场。"

对山下模棱两可的命令，铃木感到无所适从。但他知道，自己必须不惜一切代价守住"断颈岭"，否则美军将沿二号公路大举南下，威胁到大后方奥尔莫克港的安全。铃木命令第一师团发起反攻，片冈只能报以苦笑。美军攻势一浪高过一浪，片冈连守住现有阵地都异常困难，何谈反攻？11月19日，他命令扬田虎己大佐第一联队冒雨从皮纳山赶来，协助防守利蒙山主阵地。为对付美军坦克和火焰喷射器，日军将阵地周围草木用汽油点燃，化为火场阻挡美军前进，而后居高临下封锁穿过山脊的公路。美军集中250门火炮猛轰第一联队阵地，日军只能以仅有的36门炮发起还击。第一师团不愧为精锐之师，他们将小股美军放入阵地，然后凭借地形和精准火力拦截后续部队，最后以白刃战歼灭入瓮美军。虽然克鲁格连连下达催促命令，但美军进攻始终无法取得重大突破。

与死亡相比，更让守岭日军士兵难以忍受的是缺水缺粮。幸好近期经常下雨，他们才可以用头盔接水，滋润一下干渴的喉咙。登岛时带的少许干粮早已吃完，在洞里蹲守的安田中队8个人只能分吃一个米饭团。天黑之后，安田率三个分队长爬上山顶。山那边的半山腰里，美国人正在开饭，随风飘来的香味让人更加饥饿难耐。安田提议派两名士兵去干掉敌人，抢夺食物，得到了3个分队长的一致赞同。

两名士兵被派去执行这项危险任务，其他人整晚在焦急等待。他们听到远方传来手榴弹的爆炸声和机枪射击声，认为两个战友一定被打死了。但天亮时那两名士兵回来了，带回来一大包战利品。两人在黑暗中伏击了一个美军机枪阵地，把能找到的东西都兜了回来。可惜他们抢到的只是几箱自己武器无法使用的子弹和几罐香烟，急需的食物一点儿都没有。一名日军士兵点燃了一支美国香烟。"啊，我连烟是啥味道都忘记了，"他深深吸了一口说，"头发晕。"

分队长神子清——他入伍前是一名小学教师——所在中队只剩几个人，他已火线接替战死的八寻出任中队长。一次在扩大掩体时，神子发现一条蜥蜴，便立即纵身扑了过去。但那蜥蜴爬得很快，很快消失在石缝之中。几名同伴听说后异常兴奋，大家一起围追堵截，终于从石缝里抠出了那条蜥蜴。有人把它的皮剥掉，用匕首切成几段后装在饭盒里煮。大家一人分到一小段，吃完后都觉得身上又有了力气，好像吃了兴奋剂一般。

就在第一、第五十七联队血战"断颈岭"的同时，日军第四十九联队已于11月14日登上552高地。联队长小浦次郎决定执行原定的突袭计划，率部北上于18日突袭了卡里加拉后方的一处据点。美军没料到疲于应付的日军竟然会发动侧翼攻势，顿时陷入一片混乱。日军第一大队在卡博钦以西撕开了美军防线，在肉搏战中杀死100多名美军，还摧毁了一处炮兵阵地。大量美军士兵和后勤人员逃入丛林，有人甚至跳海逃生由驱逐舰接走。战至20日，美军公开承认损失兵力逾 400 人。看来克鲁格担心后路遭日军偷袭并非没有一点儿道理。

11 月 21 日，片冈命令小浦联队攻击利蒙山美军主力侧后，策应师团主力的正面作战。激战多日的第四十九联队已成强弩之末，很快遭到美军优势兵力的疯狂反扑，于 30 日丢失了 552 高地。小浦当夜发起夜袭重新夺回高地，但他很快接到片冈快速驰援的命令。在留下 130 名士兵迟滞美军进攻之后，小浦率联队主力迅速向师团司令部方向转移。当他们 12 月 7 日与片冈会合时，只剩官兵 353 人。

美军向"断颈岭"投入了更多坦克、重炮和火焰喷射器，日军颓势越发明显，第五十七联队已减员到不足 400 人。11 月 23 日，美军第三十二师——他们在 11 月 16 日替下了筋疲力尽的第二十四师——第一二八团突破天险进入利蒙，"断颈岭"血战以美军取胜而告终。此战美军伤亡超过 1500 人，日军损失约 5250 人。11 月 25 日，片冈率残部在利蒙以南二号公路附近集合，试图拖住美军，等待第二十六师团主力的到来。

就在"断颈岭"之战激烈进行的同时，南路美军第七步兵师通过那条日本人认为不可能穿越的小路，向日军大后方奥尔莫克港攻击前进。在布鲁恩地区，他们遭到日军第十六师团残部的顽强抵抗，进展缓慢。美国人的援军似乎永远用之不尽，握有制空权和制海权的他们可以任意选择地点登陆。11 月 22 日，麦克阿瑟在南线投入了第十一空降师两个团。牧野残部只有不到 3000 人，武器装备损毁殆尽，缺粮少弹，根本挡不住美军两个师的迅猛攻势，只好遁向布鲁恩以西山区展开游击战。

守岛部队压力日增，11 月 23 日，日军再次鼓足勇气发起"多五次作战"，向岛上运送补给弹药。第一〇一号、第一四一号、第一六〇号运输舰组成第一船队，在海防舰第四十六号护航下从马尼拉出发，次日遭到美机空袭，3 艘运输船全部沉没。第四十六号海防舰独自返航，25 日被美机炸沉。由第六号、第九号、第十号运输舰组成的第二船队在"竹"号驱逐舰护航下 24 日从马尼拉出航，25 日美军的空袭直接炸沉第六号和第十号，第九号和"竹"号受伤返航。日军"多五次作战"完全失败。

应麦克阿瑟和金凯德的强烈要求，11 月 25 日凌晨，哈尔西率第三十八特混舰队第二、第三大队再次回到菲律宾以东海域，放飞舰载机肆意打击吕宋岛周边日军目标。当天下午，在莱特湾海战中侥幸逃生的重巡洋舰"熊野"号被美军发现，很快遭到"提康德罗加"号飞行大队 8 架战斗机、3 架俯冲轰炸机和 9 架鱼雷机的联合攻击，在被命中 4 颗炸弹、5 条鱼雷后沉没于达索尔湾。

美军航母再次现身，由 8 架特攻机、6 架护航机组成的"吉野队"立即发起反击。博根少将的第二大队率先遭到攻击。1 架日机向"汉考克"号发起俯冲，航母防空炮火恰好在头顶将其击落，日机机翼残骸撞毁了 1 门 20 毫米炮。2 架特攻机向"独立"号发起攻击，其中 1 架一头扎在飞行甲板上，剧烈爆炸将甲板撕开一个大洞并诱发大火。另一架飞机几乎平行撞在甲板上，燃烧的碎片四处散落引发多处火灾，飞机携带的炸弹钻入机库后爆炸。最倒霉的当数"卡波特"号，2 架特攻机的联合撞击使这艘轻型航母甲板和舷侧都豁开了大口子，36 名水兵阵亡、16 人重伤。

谢尔曼少将的第三大队同样未能幸免。2 架特攻机冲向"埃塞克斯"号，虽然 1 架被凌空打成一团火球，但另 1 架撞上甲板的特攻机当场导致 9 名水兵阵亡、6 人失踪、44 人受伤，1 架"复仇者"被撞毁，连谢尔曼的住舱都燃起了大火。"无畏"号同样遭 2 架日机撞击起火，浓烟遮住了除舰首之外的后段舰体，燃烧的汽油沿船舷流溢，诱发一连串剧烈爆炸。由于飞行甲板和升降机严重受损，之前出击攻敌的 75 架飞机无法回收，只好飞往"埃塞克斯"号、"汉考克"号和"提康德罗加"号上临时降落，这些飞机加油后直接飞往塔克洛班简易机场。日军的特攻造成"无畏"号 17 架飞机受损，69 人死亡、35 人重伤。航母伤势之重连珍珠港都维修不了，只能回到西海岸旧金山大修，一直到 1945 年 3 月才重返前线。

10 月 29 日以来，日军神风特攻导致第三舰队至少 328 人死亡，约 90 架飞机被毁，至少 3 艘航母必须返回基地大修后才能重新投入战斗。损失之大，使哈尔西直接取消了第二天的攻击计划："我们只在有价值的目标出现和关键时刻才出击，这将保护快速航空母舰不要频繁暴露在敌人自杀机的面前，改变这一状况至少要等到防御技术完善之后。"得知航母舰队遭到日军自杀式攻击出现较大损失的消息，尼米兹特意给哈尔西发去一份电报，建议他非特殊情况不得再随意出击。

遭到日机自杀式攻击的并非只有哈尔西的第三舰队。11 月 27 日和 29 日，金凯德第七舰队战列舰编队连续两次遭到约 30 架神风机的攻击，轻巡洋舰"圣路易斯"号被 2 机撞上，战列舰"科罗拉多"号、"马里兰"号、轻巡洋舰"蒙彼利埃"号各挨了"1架特攻机",共造成66名水兵阵亡、156人受伤。此外还有3艘小型舰艇被撞,第七四四号猎潜艇被直接撞沉。

针对日军日益猖獗的特攻行动,哈尔西提议调海军陆战队飞机上岛参战,减轻第三舰队的压力。麦克阿瑟采纳了这一建议。到12月3日,从所罗门群岛调来的第十二空军大队85架"海盗"和12架海军B-25进驻塔克洛班机场。同日,一支海军陆战队夜战中队12架"地狱猫"从贝里琉赶到莱特岛,它们是麦克阿瑟用陆军战机同尼米兹交换来的。新到战机的首要任务是帮助第五航空队夺取制空权,阻止日军船队向莱特岛运送增援。在之后5个星期里,他们共击落日机63架,击沉各类舰船23艘。克鲁格认为:"他们这一出色表现是对莱特岛军事行动最终取得胜利所做出的杰出贡献。"

参与特攻作战的日机竟然如此之多,原因在于陆军航空部队也加入了特攻行动。在组建特攻队一事上,陆军与海军的做法截然不同。海军通常以现地航空队编组特攻队,陆军则先在本土、朝鲜或中国东北编组队伍,然后再配属给一线部队。继最初组建"富狱队""万朵队"之后,陆军部于1944年11月6日到30日相继编成12支特攻队,配属给驻菲律宾第四航空军。富永也以当地部队编成"旭光队""若樱队""黄华队"等,菲律宾地区日本陆军特攻队达到了惊人的20支。由于陆军战机型号五花八门,而且没有海军那些苛刻的规定和训练措施,特攻效率相对较低。

海军基地联合航空队在10月下旬的战斗中损失了几乎所有战机,参谋长大西11月初匆忙飞回东京,要求大本营海军部和联合舰队尽快向菲律宾增派300架特攻飞机。大西声称,如果能有这些飞机,预期中敌人向吕宋岛的推进就可以被成功遏制。东京赞成大西的观点,但到哪里去找300架飞机呢?海军部绞尽脑汁,最后勉强从大村、元山、筑波、鸿池飞行培训中心搜罗出150架飞机。但是驾驶这些飞机的飞行员大都是刚从飞行学校毕业的学生,飞行时间不足100小时。为了弥补人员的严重不足,连一些飞行教练都被编入了特攻队伍。大西命令他们立即飞往台湾进行特攻训练。

对这些菜鸟能否驾机安全飞到台湾,大西心里完全没底。早些时候的一次增援行动中,12架从鹿屋基地出发的飞机在经停冲绳岛小禄机场时2架坠毁,有2架在飞往台湾途中分别迫降宫古岛和石垣岛,在台湾降落的只有8架。在从台湾飞往吕宋途中又损失 3 架，最终在马尼拉尼科尔斯机场降落时又坠毁 2 架。等于 12 架增援飞机最终抵达目的地的只有 3 架，这还是在完全没有战斗的情况下损失的。让大西感到欣慰的是，这次调集的 150 架飞机竟然有 140 架和 148 名飞行员安全到达台湾，途中仅损失 10 架飞机和 2 名飞行员。

日军的"玉碎"作战并不仅仅局限于空中和陆地。1942 年到 1943 年，海军黑木博司、仁科关夫、铃川博合力研制出一种新兵器。它被命名"回天"，海军高层希望借此来扭转战局。这种人操鱼雷直径 1 米，长 14.75 米，装载 1 名乘员，可用小型潜望镜定位敌舰并操纵鱼雷撞击敌舰，提高命中率。"回天"炸药装载量是普通九三式氧气鱼雷的 3 倍，一旦命中目标具有更大杀伤力。日军在偷袭珍珠港作战中曾经使用过微型潜艇。但那些艇员毕竟理论上还有生还可能，但"回天"连理论上生还的可能性都不存在。1944 年 2 月，日军在大津岛设置了训练基地。9 月 6 日的一次训练中，发明者黑木的"回天"陷入淤泥。等被打捞上来之后，黑木和受训学员樋口孝已窒息死亡。

日军将"回天"首次攻击目标选定为集结有大量美军舰船的乌利西环礁，行动代号"玄号作战"。1944 年 11 月 8 日下午在大津岛基地，第六舰队司令官三轮茂义亲自主持了出征仪式。大型潜艇"伊 -36"号、"伊 -47"号、"伊 -37"号各搭载 4 条"回天"，前两艘潜艇攻击乌利西环礁，第三艘攻击帕劳水域的美军舰船。9 日 9 时，特攻队员分乘各艇出发。仁科的"回天"上带着黑木的骨灰盒，以便让战友分享成功的"喜悦"。为配合本次特攻行动，日军特意从特鲁克派出远程侦察机对乌利西环礁实施了侦察。

11 月 19 日下午，袭击帕劳水域美军舰船的"伊 -37"号潜艇在巴伯尔图阿普岛以北的科索尔航道被美军护航驱逐舰"康克林"号和"麦考·伊雷诺"号联手击沉，艇长神本信雄以下全体水兵无一幸存。11 月 20 日凌晨，"伊 -36"号和"伊 -47"号顺利抵达乌利西环礁外海。美军在锚地入口处设置了防潜网，并派巡逻艇严密警戒。两艘日军潜艇不敢过于靠近，只能在环礁外围放出"回天"。凌晨 3 时 30 分，在环礁东部穆盖水道东南 22 公里处，"伊 -47"号以 5 分钟间隔陆续释放 4 条"回天"，"伊 -36"号稍晚也在法拉洛普岛以东距锚地入口 17 公里处释放"回天"，但仅有 1 条成功离艇。这样两艘日军潜艇共放出了 5 条"回天"。

"伊–47"号放出的4条"回天"各自寻找入口，试图潜入锚地。其中一条在黑暗中触礁自爆，另一条在靠近穆盖水道时被美军驱逐舰"凯斯"号发现并击沉。第三条"回天"在礁盘外侧徘徊几小时后被美军飞机发现，11时30分被击沉。最后一条"回天"成功潜入锚地，清晨5时47分击中油轮"密西西比尼瓦"号。这艘25000吨的大型油轮于9时沉入海底，舰上63名水兵阵亡。沉睡水底的"密西西比尼瓦"号不断向外渗油污染环境，美国海军的清污行动一直到2003年2月才完成。

　　"伊–36"号释放的唯一一条"回天"侥幸潜入锚地，在寻找合适攻击目标时被护航驱逐舰"劳尔"号发现并击沉。"密西西比尼瓦"成为日军此次特攻行动的唯一战果。"伊–47"号水兵声称至少听到三声剧烈爆炸。11月30日，回到吴港的"伊–47"号艇长折田善次报告说，释放的四条"回天"至少击中美军3艘航母！战果竟然如此"辉煌"，大本营海军部随即下令大量生产"回天"。

　　莱特湾海战之后，栗田舰队残部一直在新加坡和文莱一带活动，以便就近获得燃油。11月16日，美军第五航空队出动40架B-24重型轰炸机在P-38战斗机的护航下轰炸了文莱。虽然日舰并未受到多大损失，但文莱港显然已非安全之地。联合舰队司令部致电栗田，趁哈尔西第三舰队彻底封锁中国南海航线之前，将第一、第三战列舰战队主力舰船撤回本土。莱特湾海战中受伤较重的"榛名"号尚未修理完毕，栗田决定将它和"足柄"号重巡洋舰、"大淀"号轻巡洋舰暂时留在文莱，自己亲自率领情况稍好的"大和"号、"长门"号、"金刚"号先行返回本土。

　　当天18时30分，栗田率3艘战列舰在轻巡洋舰"矢矧"号和6艘驱逐舰护航下悄然驶出文莱湾。20日舰队驶入台湾海峡，海况异常恶劣。体形瘦小的"桐"号、"梅"在狂风恶浪中保持航速相当困难，栗田命令它们就近开往马公港，率其余舰艇继续北上。2艘驱逐舰离队大大降低了舰队的反潜能力。

　　当晚栗田调整了航行次序，由原来"大和"号领头改为"金刚"号、"长门"号继而"大和"号的航行次序。战列舰前方是轻巡洋舰"矢矧"号，左侧是驱逐舰"滨风"号、"矶风"号，右侧是"浦风"号和"雪风"号。看到"雪风"号的名字出现在护航队列之中，我们应该预测到此行一定有意外发生。

　　当晚，美军潜艇"海狮"号正在中国台湾海峡北口一带巡逻。准确说，这艘潜艇应该叫"海狮二"号。1941年12月10日，开战后第三天，正在马尼拉湾维修的"海狮一"号被日军轰炸机投下的2颗炸弹炸沉。从那一刻起，复仇愿望就一直埋藏在艇上幸存军官艾力·莱特的心里。莱特后来曾跟随其他潜艇出海执行过几次作战任务，直到1943年10月1艘新下水的潜艇被重新命名为"海狮"号。已晋升中校的莱特找到司令官洛克伍德中将，询问自己能否指挥这艘还叫"海狮"的潜艇。洛克伍德慨然允诺。在之前3次执行任务过程中，"海狮"号已击沉日军舰船9艘，总计59839吨。

21日凌晨0时20分，莱特接到雷达兵报告，40000米超远距离出现4艘舰船的回波信号，其中2艘疑似为战列舰。当夜具备潜艇攻击的完美条件——阴天，无月，海面平静，能见度1500米。"海狮"号并未潜入水下，因航向东北的日舰航速保持在16节，潜艇潜航速度太慢很可能会跟丢目标。当时"海狮"号位于敌舰队左前方，属于绝佳的攻击阵位。

随着双方不断拉近，莱特将艇首指向1艘距离最近的驱逐舰。但他很快发现，目标距离不太理想，于是转舵将攻击目标锁定为正前方的1艘战列舰。莱特把鱼雷定深设置为2.5米，以防意外命中吃水较浅的驱逐舰。日军舰艇并未做出任何规避动作，迎面向"海狮"号快速驶来。莱特简直不相信，自己竟然会有这样的好运气。自1941年12月10日那个倒霉的日子起，他一直梦想着眼前出现这样的情景。21日2时26分，莱特竭力按捺心头兴奋，以艇首6具鱼雷发射管实施齐射。之后他下令右转舵，2时59分朝目标射出了艇尾的3条鱼雷。

莱特后来回忆说，首轮鱼雷齐射抵达目标的4分钟时间显得格外漫长。3时整，海面上低矮的云团突然被三次爆炸产生的火焰完全照亮。1分钟后，猛烈爆炸或火焰点燃了第二个目标。"海狮"号以最快速度向西驶去，艇上雷达观察到日军1艘驱逐舰冲向东面海域，投下一连串深水炸弹。这说明自己的行踪仍未被敌人发现，可见日军战舰上配备的雷达性能有多么糟糕。

"海狮"号第一次射出的鱼雷，其中2条命中"金刚"号舰体前部和中部。负责右翼警戒的"浦风"号同时被1条鱼雷击中，迅速沉没。因气候恶劣，坐镇该舰的第十七驱逐舰分队司令官谷井保、舰长横田保辉以下水兵无一幸存。

3时07分，中雷后大幅进水的"金刚"号出现15度左倾，但仍然维持16节航速，因为只有高速行驶才能尽可能规避潜艇的下一次攻击。舰长岛崎利雄和坐镇该舰的第三战列舰战队司令官铃木义尾——他6年前曾担任"金刚"号舰长——紧急商量如何处置。两人均认为战列舰虽然被命中2条鱼雷，但事发海域距基隆港只有90公里，如能设法控制进水，"金刚"号支撑到基隆港还是完全没有问题的。

4时50分，"金刚"号的航速已经下降到11节，重伤之下持续高速航行给年事已高的战列舰带来了巨大压力，舱壁破裂导致进水不断加剧。栗田知道美军潜艇通常结伴而行，如果不迅速做出决断，舰队很可能再次遭到敌军潜艇的鱼雷攻击。于是他留下"滨风"号和"矶风"号为"金刚"号护航，自己率"大和"号、"长门"号在"雪风"号的护卫下朝东北方向绝尘而去。

其间，"海狮"号一直在7300米外以17节最快航速与日军舰队并排航行，莱特命令利用追击时间重装鱼雷，寻隙发起第二次进攻。他清楚一旦黎明来临，日军驱逐舰很容易发现自己的行踪并发起反击，潜艇就不得不下潜规避从而丧失再次出手的机会。远远看到日军舰队一分为二，莱特决定留下来继续攻击那支航速较慢的编队——那支快速编队他也追不上。5时12分，"海狮"号抵达目标前方阵位，放慢速度准备进攻。5时20分，声呐兵报告目标完全停了下来。4分钟后，海上发生了一次惊天动地的爆炸，连天空都被照亮了。莱特后来这样告诉洛克伍德："当时那情景就像午夜里的夕阳。"

"金刚"号下沉过程中主弹药库发生殉爆，舰体中部甲板上聚集的上百名官兵被炸得血肉横飞。"金刚"号沉没时带走了包括铃木和岛崎舰长在内的1200名官兵，它也因此成为唯一一艘被美军潜艇击沉的战列舰。"滨风"号和"矶风"号打捞起237名幸存者后快速逃逸。东方已泛起鱼肚白，莱特胆子再大，也不敢在白昼追赶并攻击2艘天敌驱逐舰。

前方传来的好消息令洛克伍德兴奋不已，他立即将喜讯上报了潜艇兵出身的司令官。尼米兹对此心花怒放。此前，珍珠港曾多次收到潜艇击沉敌战列舰的报告，结果都被证明战果被高估了。但这次证据实在确凿，所有人都无法怀疑。之前"鳐鱼"号发射的鱼雷曾击中过"大和"号，"金枪鱼"号也曾命中过"武藏"号，但都只能眼睁睁地看着受伤敌舰快速逃脱。这次，"海狮"号水兵目睹了猎物的沉没。击沉"金刚"号的兴奋劲儿还没过去几天，前方就传来了更加令人振奋的消息。

1944 年 11 月，美军开始使用塞班岛和提尼安岛的新建机场，出动 B-29 超级空中堡垒空袭日本本土。横须贺海军船厂所在的东京湾是美军轰炸机重点关照的区域。恰在此时，1944 年 11 月 19 日，1 艘海军史上非常著名的超级航空母舰下水服役，它就是排水量高达 71890 吨的"信浓"号。

"信浓"号属于"大和级"战列舰的三号舰，后来根据战场需要被临时改建为航母。该型舰四号舰"纪伊"号于 1940 年 11 月 7 日在吴船厂开工，1942 年 3 月停建，日本海军已经没有能力建造第四艘超级战舰。就在"信浓"号下水当天，横须贺上空出现了 1 架美军超级空中堡垒。那架 B-29 并未投弹，只是简单拍照后掉头扬长而去。日本人据此认为，美军肯定知道了"信浓"号的秘密，巨舰待在横须贺已经不再安全了。

11 月 24 日，军令部作战参谋井泽丰来到横须贺，向"信浓"号舰长阿部俊雄通报了"捷一号"作战失利的消息。井泽说，帝国海军在恩加诺角海战损失了包括"瑞鹤"号在内的 4 艘航母，被寄予厚望的"信浓"号必须尽快投入作战。现在该舰被敌人发现，横须贺已非安全之地，必须尽快转移到相对安全的吴港接受舾装和舰员训练。阿部提出异议，指出"信浓"号 12 台锅炉只安装了 8 台，水密试验也未进行。即使这些工作都完成的话，也需要一段时间进行试航。但井泽说，我们没那么多时间了，他此行目的只是传达军令部的命令，对此阿部也只能违心接受。

为"信浓"号护航的是第十七驱逐舰分队"滨风"号、"矶风"号和我们熟悉无比的"雪风"号，刚随栗田舰队返回本土。在 27 日召开的研究出航时间和航线的专题会议上，阿部指出，舰队将在夜间启航，避开美军可能的空袭前往吴港。对此第十七驱逐舰分队提出了异议，他们刚刚在台湾海峡目睹了"金刚"号丧生美军潜艇鱼雷之下的全过程，还顺便搭上了分队旗舰"浦风"号。"雪风"号舰长寺内正道提出，近海美军潜艇出没频繁，驱逐舰上的许多设备在莱特湾海战中损坏还未来得及维修，反潜能力受到较大影响。寺内建议，希望舰队能够在白天出航，尽可能避开外海沿陆地边缘航行，这样不但可以出动陆基战机实施反潜巡逻，一旦航母航途之中出现意外还可以抢滩搁浅，派拖船拖曳也更方便。这寺内也真乌鸦嘴，还没出门呢光想着发生意外。时时不忘风险，可能正是"雪风"号能够活到战后的主要原因。

阿部不同意寺内的意见：一是近海航行太耗费燃料；二是"信浓"号块头实在太大，必须有一定深度的水道才能航行，近海航行容易触礁。阿部选择的航线是沿伊豆群岛南下，在北纬33度向西进入丰后水道，前往吴港。

1944年11月28日13时30分，"信浓"号在"滨风"号、"雪风"号、"矶风"号的簇拥下悄然驶出横须贺军港，18时30分驶入外海。海上刮起6级西北风，舰队严格实行灯光管制和无线电静默。谁也想不到，"信浓"号首次出航竟然也是最后一次。

19时15分，舰长阿部接到报告，发现疑似敌舰雷达发出的电波，"矶风"号同时报告发现了类似情况。此处距日本海岸不远，出现的敌舰不可能是水面舰船，只可能是1艘潜艇。阿部认为，美军潜艇如果在东京湾附近危险水域航行，按常识绝对不会随意用雷达对外发出电波。阿部据此推断，美军很可能已经知晓了"信浓"号的出行计划，提前集中了"狼群"试图偷袭。基于上述判断，阿部认为"矶风"号和"信浓"号先后探测到的雷达电波多半属于美国人的阴谋诡计，意在引开护航驱逐舰对航母发起攻击。念及此处，阿部下令舰队继续以20节高速前进以甩掉敌军潜艇，护航驱逐舰紧靠航母航行，发现敌舰不准擅自出击。为避免被美军潜艇准确定位，他下令各舰关闭雷达，联络改用灯光信号。

说来也巧。11月24日到28日，美军安排有B-29的轰炸任务。24日当天，埃米特·奥唐奈准将亲自率领110架超级空中堡垒从塞班岛伊斯利机场起飞，轰炸了中岛飞机引擎制造厂。潜艇"射水鱼"号接到一项特殊指令，在东京以南240公里的八丈岛附近海域巡逻。所有受命出击的B-29飞行员接到通知，如果飞机受伤或出现故障，在海上迫降或跳伞前都尽可能靠近这一水域，以便得到潜艇的及时营救。

"射水鱼"号艇长约瑟夫·恩莱特少校曾经长期在潜艇部队服役，后来因作战不够积极而被解职。近期美军下水潜艇实在太多，在陆上工作了一年多后，恩莱特再次幸运地获得了指挥潜艇出海、证明自己能力和战斗精神的机会。谁也想不到，他这次出海将创下一项世界纪录。

11月28日清晨，恩莱特接到命令，因天气恶劣，当天轰炸任务取消，他可以酌情自由安排活动。恩莱特认为，最有希望的狩猎场是东京湾之外海域。巧合的是，当时潜艇雷达出现故障。17时18分，"射水鱼"号在伊豆诸岛蔺滩波岛之外 19 公里浮出海面，一边给蓄电池充电，一边抢修雷达。20 时 30 时，信号官波扎尔中尉报告艇长雷达修好，已经进行过几次测试。正是其中一次测试被"信浓"号和"矶风"号同时捕捉到。20 时 34 分，舰桥上瞭望哨报告说，视线中出现"一座小岛"。20 时 48 分，波扎尔突然大叫起来："长官，雷达显示方位 28 度、距离 24700 码有目标出现，那座'小岛'正在移动！"原来那竟然是 1 艘船。

"射水鱼"号从未见过这么大块头的家伙，恩莱特起初以为是 1 艘油轮。22 分钟后，他通过望远镜判断那是 1 艘"隼鹰级"航母，航向西南，航速 20 节。恩莱特下令潜艇全速前进，试图抢到日军航母前方占位。他后来在战斗报告中这样写道："虽然我们速度只有 19 节，而敌人有 20 节，但那艘航母要实施 Z 字形航行以规避打击，实际上它的速度就比我们慢了。这样我们就有了赶到敌舰前方的机会。"

22 时 45 分，"信浓"号瞭望哨发现右舷远方出现 1 艘美军潜艇，同时发现这一目标的"矶风"号立即以 35 节高速向潜艇所在水域驶去。发现日军驱逐舰快速逼近，恩莱特命令潜艇紧急下潜。让他感到纳闷的是，那艘日军驱逐舰并未继续逼近，而是掉头离开了。原来阿部仍然认为美军潜艇是在诱敌，不应与之过多纠缠，下令"矶风"号放弃攻击返回编队。如果阿部不下达这道蹩脚的命令，任由"矶风"号向美军潜艇发起攻击，"射水鱼"号能否击沉"信浓"号尚未可知。

日舰以 25 节高速绝尘而去，美军潜艇追之不上。眼看猎物就要这样溜走，23 时 30 分，沮丧的恩莱特致电珍珠港的第十七特混舰队司令部："我们正在追踪 1 艘敌大型航母，该舰有 3 艘驱逐舰护航，位置北纬 32 度 30 分、东经 137 度 45 分，航速 20 节。希望能够协调友艇前来支援。"

接到前方发回的接敌报告，洛克伍德中将第一时间做出了回复："继续追踪，乔，希望你成功。"但恩莱特期待的协同攻击注定无法实现，"射水鱼"号周围 180 公里内没有其他友军潜艇。接到珍珠港的回复之后，恩莱特下令潜艇浮出水面，以最快速度进行追击，同时默默祈祷奇迹能够出现。

美国人的运气简直好得一塌糊涂。当天 24 时之前，经过几小时高速航行的"信浓"号 1 根主轴发生故障，航速逐渐下降到 15 节。全速追击的"射水鱼"号 29 日凌晨再次探测到了目标。恩莱特又一次向珍珠港发报，希望能得到友艇的支援。2时42分，这份电报被"信浓"号准确捕捉到。阿部当然不知道发出电报的还是之前的那艘潜艇，认为舰队已经进入美军"狼群"的伏击圈。

"升起潜望镜，"恩莱特紧紧抓住潜望镜柄把，开始聚精会神地观察，"看见敌舰，报告目标距离。"

"550码。"副艇长博布金斯基上尉回答。

"左舷全舵，向左至090，还需多长时间？"恩莱特问。

"两分钟。"副艇长回答。

恩莱特转动潜望镜观察周围情况。"放下潜望镜！"他高喊道，"护航驱逐舰只正从我们头顶驶过！"潜望镜刚刚入水，1艘驱逐舰就从头顶开过去了。3时16分，当恩莱特再次升起潜望镜时，"信浓"号正好位于潜艇正面1370米、70度方位，"射水鱼"号获得了绝佳攻击阵位。恩莱特命令以8秒间隔连续射出艇首的4条鱼雷，随后快速转向以25秒间隔又射出艇尾的2条。6条定深3米的鱼雷以46节速度向日军航母猛扑过去。

当时海面刮着大风，滔天白浪隐藏了不断逼近的鱼雷航迹。47秒钟之后，第一条鱼雷准确命中航母舰尾，紧接着又是三声巨响。"信浓"号航海记录上这样写道："3时17分航母连续中雷两条，10秒间隔后再中两条，位置在舰桥正下方之后。此时本舰位于潮岬东南80海里处。舰内部分停电，立即采取应急处理。"

射出第一条鱼雷57秒后，恩莱特再次升起了潜望镜："鱼雷击中那艘航母尾部，我看到舰体侧面腾起了爆炸的火球。10秒钟后，第二条鱼雷也命中了，弹着点比第一条靠前大约50码。接着我看到敌人的驱逐舰猛扑过来。"

恩莱特命令紧急下潜到40米深度规避攻击。下潜过程中，他接连又听到4声爆炸。声呐员报告说听到舰体开裂的声音，恩莱特据此判断6条鱼雷全部命中了目标。日军驱逐舰显然并未发现"射水鱼"号的准确位置，它投下的深水炸弹距离最近也在潜艇300米之外。清晨6时10分，当恩莱特上浮到潜望深度并伸出潜望镜时，海上空空如也。他判断那艘日军航母肯定已经被击沉了。

"射水鱼"号射出的6条鱼雷有4条准确命中目标，其中2条击中航母右舷后部188号至201号肋骨中间部位，另2条分别命中120号、104号肋骨位置。"信浓"号燃油舱、右舷外侧机械室、三号锅炉舱很快被汹涌而入的海水淹没，爆炸产生的冲击波导致舰体隔间开裂，邻近一号、七号锅炉舱进水，空气压缩机房受损。损控不力导致进水迅速扩大到后部冷却机房、注排水指挥所和第一发电机室，"信浓"号很快出现了9度右倾。

有人向阿部建议，尽快寻找一处浅滩使航母搁浅，这样至少还能救走更多的人。阿部对这种"没出息"的建议简直嗤之以鼻。一个月前，美国人用了无数鱼雷和炸弹才勉强将"武藏"号击沉，区区4条鱼雷能奈我何？由于担心降低速度可能遭到美军潜艇的再次攻击，阿部下令舰队依然以18节高速航行。这又是一个愚蠢无比的决定。匆匆下水的"信浓"号实际上仍处于未完工状态，舰内通道上堆放着大量未安装到位的缆线，导致防水闸门无法关闭或关严。排水系统同样尚未完工，仅靠手动排水泵无法排出因高速航行所带来的大量进水。

"信浓"号原本设计为战列舰，后来因为战场需要才临时改造为航母，舰体结构远比普通航母要复杂得多，那些登舰不久的年轻水兵如同进了迷宫一般，给救援作业带来了极大难度。起初他们还能在军官的统一指挥下组织排水，但危险一旦出现，他们很快会失去信心作鸟兽散。虽然损管人员向左侧舱室注水3000吨使舰体右倾稍有缓和，但由于受损范围不断扩大，注水开关和排水泵接连故障使排水效率大大降低。内务长三上治男下令关闭两层甲板间的升降口。令他无比惊讶的是，水密门关闭后边缘露出的缝隙竟然有2厘米多！看到这令人哭笑不得的一幕，三上马上意识到，这个舱室要么没经过水密试验，要么测试根本就不合格。他知道"信浓"号彻底完了。

凌晨4时，"信浓"号右倾增加到10度。随着一个个舱室接连被海水淹没，清晨5时，"信浓"号右倾达到了18度。右舷轮机停止运转，航母航速很快下降到11节。7时，航母右倾达到惊人的30度。7时45分，"信浓"号完全在海上停了下来。阿部命令"矶风"号和"滨风"号上前，准备执行拖曳作业，并亲自到舰首坐镇指挥。但是驱逐舰实在太小，让蚂蚁拉牛车注定是行不通的。进行拖曳的钢缆被数次拉断，曳航失败。

8时30分，海水淹没注排水指挥所，在那里抢险的水兵全部被淹死。10时25分，看到右倾已达35度的阿部下令降下舰旗，12分钟后正式下达了弃舰命令。10时55分，从未发过1炮、起降过1架飞机的"信浓"号沉没于潮岬东南50公里，北纬33度06分、东经136度46分海域。它创造的多项纪录空前也很可能绝后：被潜艇击沉的最大军舰；二战时期的最大航母；最短命的航空母舰——首次出海仅 17 小时就被击沉。

根据负责"信浓"号监造的横须贺船厂造船技师山内司郎的记录，在与内务长三上治男和注排水指挥官稻田文雄交换意见后，山内断言是损管人员失误最终导致了"信浓"号的沉没："从注排水指挥官到普通操作员，在右舷中雷时没有及时打开左舷全部排水口。等大家反应过来，开始向左舷注水时，军舰已经大幅倾斜，无力回天了。这是极为低级的错误，以至于有完好的设施却无法有效使用，实在遗憾。"说实在话，有第一祥瑞舰"雪风"号亲自出马护航，"信浓"号最终沉没也就没什么遗憾了。

14 时，位于日吉台地下室的联合舰队司令部收到了"滨风"号舰长前川万卫发来的电报："'信浓'号被敌潜艇击沉，2515 名舰员失踪 1435 人，救起 1080 人。"舰长阿部不在生还者之列，估计也觉着没脸回去见人了。特别值得一提的是，在两年前的瓜达尔卡纳尔海战中，损失第一艘战列舰"比叡"号的正是他二哥阿部弘毅。三兄弟中，只有大哥阿部一郎显得有些不太出名。

日本海军将"信浓"号被潜艇击沉称为"S 事件"。11 月 1 日，原西南方面舰队司令官三川军一奉调回国，职务由大川内传七接任。军令部指定暂时赋闲的三川担任"S 事件"调查组组长，彻查此事。三川最后出具的结果是，"信浓"号根本不具备出海条件，水兵缺乏特殊情况下紧急抢险的经验和能力，舰长的指挥并不妥当。鉴于阿部已随舰沉没，也就无法到海底去追究责任了。

恩莱特向珍珠港报告说，击沉 1 艘日军"隼鹰"级航母。东京严密封锁了"信浓"号损失的消息，以至于第十七特混舰队的参谋对"射水鱼"号上报的战绩半信半疑。恩莱特提交的战斗报告和他绘制的被击沉航母的外形图使洛克伍德确信，他的部下确实做到了这一点。根据洛克伍德的申请，1945 年 3 月，恩莱特被授予海军十字勋章。

至于美国人得到"信浓"号被击沉的确切消息，已经是战后的事情了。从日本人的口中，尼米兹和洛克伍德方才得知，原来日军竟有这样一艘超级航母，在处女航中就被自己的潜艇击沉，戴罪立功的恩莱特创下潜艇单次战斗击沉最高吨位的世界纪录。

海上噩耗频频，岛上日军同样濒临绝境。在铃木的一再催促下，日军 11 月 27 日启动了"多六号作战"。海防舰第四十五号、第五十三号、哨戒艇第一〇五号护卫运输船"神祥丸"号、"神悦丸"号从马尼拉出航，28日19时抵达奥尔莫克港。美军鱼雷艇队凭借暗夜掩护发起突袭，当晚击沉海防舰第五十三号和哨戒艇第一〇五号。29日，美军空袭导致"神祥丸"号中弹搁浅滩头。30日在向马尼拉返航途中，海防舰第四十五号、"神悦丸"号被美机击沉于宿务岛以东海域。

11月底的恶劣天气给空袭行动带来较大难度，美军适时改变策略，出动轻型水面舰艇对日军增援行动实施拦截。除出动布雷舰"追击"号、"复仇"号在奥尔莫克湾卡尼高水道布雷之外，罗伯特·史密斯中校率第二十二驱逐舰中队"沃勒"号、"普林格尔"号、"伦肖"号、"索夫利"号甚至冲进海湾，抵近炮轰奥尔莫克码头。11月28日凌晨1时27分，"沃勒"号发现并击沉日军潜艇"伊-46"号。

第六次输送船团全军覆没，不甘失败的日军随即发起"多七号作战"。第一船队3艘运输船在第二十号海防舰护航下28日从马尼拉出航，次日1艘运输船触礁沉没，其余2艘12月1日抵达奥尔莫克港，顺利卸下200名人员、510立方米粮食、60立方米弹药和45立方米卫生材料后返航，12月2日回到马尼拉。第二船队2艘运输船30日从马尼拉出航，12月1日到达奥尔莫克港，完成卸载后顺利返航。

第三船队3艘运输船在驱逐舰"竹"号、"桑"号护卫下12月1日驶出马尼拉湾，2日到达奥尔莫克港开始卸载。当天午后，美军侦察机发现日军船队。金凯德立即命令驱逐舰出击攻敌。当天18时29分，第一二〇中队3艘最新式驱逐舰"艾伦·萨姆纳"号、"莫尔"号、"库珀"号受命从莱特湾向奥尔莫克湾快速进击。航途并非一帆风顺，从23时08分开始，3艘美舰不断遭遇日机空袭。1颗近失弹导致"艾伦·萨姆纳"号船体破损，"库珀"号也遭到日机扫射，所幸两舰伤势不重，并不影响航行。

3日凌晨0时05分，突入奥尔莫克湾的3艘美舰与日军护航驱逐舰展开炮战。美军具有压倒性优势，3艘驱逐舰共装备18门127毫米主炮，日军2艘驱逐舰仅有6门127毫米火炮。加上雷达和火控系统大大优于对手，美军在炮战中稳稳占据上风。战斗进行仅9分钟，日军旗舰"桑"号就接连中弹起火，很快翻转没入海中，舰长山下正伦以下250人随舰沉没。在恩加诺角海战中死里逃生的"桑"

号至此寿终正寝。

趁美军驱逐舰集中攻击"桑"号之机，"竹"号寻隙射出 2 条鱼雷。该舰原有 4 条鱼雷，之前因事故损失 1 条，另有 1 条因发射管故障无法射出，最终仅仅发射了 2 条。其中 1 条鱼雷准确命中"库珀"号右舷，该舰发生剧烈爆炸后断为两截，1 分钟后在海面上完全消失。"库珀"号上共有 359 名水兵，包括舰长彼得森中校在内的 168 人获救，副舰长威廉·霍德奈特少校以下 191 人阵亡。2005 年 5 月 28 日，潜水员罗伯·拉鲁米耶尔发现了海底"库珀"号的残骸。同年，菲律宾人根据潜水经历结合舰上水兵的回忆，拍摄了纪录片《"库珀"号：重返奥尔莫克湾》。

击沉"库珀"号的"竹"号还没顾上高兴，就被"莫尔"号 1 发 127 毫米炮弹准确命中，大量进水导致舰体出现 30 度倾斜。发现"库珀"号神秘爆炸沉没，美军驱逐舰误以为周围海域埋伏有日军潜艇，于是放弃击沉"竹"号匆忙撤走。经紧急抢修，恢复航速的"竹"号护卫完成卸载的运输船向马尼拉返航。美国人称这次小型战斗为奥尔莫克湾海战。值得一提的是，击沉"库珀"号是日军九三式氧气鱼雷的最后绝唱。

日军虽然在岛上有了 4 个师团，但大名鼎鼎的"玉兵团"经断颈岭一战锐气尽失，兵员损失 3/4 以上，只能且战且退拖延美军沿二号公路快速南下的步伐。12 月 5 日，连师团参谋长池田功一也战死了。牧野第十六师团被推过沿海平原后支离破碎，连自保都非常困难，残部只能坚守达加米以西山区，靠吃昆虫、蜗牛、青蛙、蜥蜴、蜈蚣和树根过活。第一〇二师团一部在二号公路和西海岸保护第一师团侧翼，减员严重。只有丢失了大部分重武器的第二十六师团还保有一定战斗力。

他们对面的美军已经达到 6 个师——第一骑兵师、第十一空降师、第二十四步兵师、第七步兵师、第三十二步兵师、第九十六步兵师，预备队第七十七步兵师就在待命海上，随时可以投入战斗。尽管形势极端不利，日军仍然依据有利地形，顽强阻击美军的进攻。面对麦克阿瑟的一再催促，克鲁格只能慨叹道："我们即使只前进了一小步，都像是取得了什么了不起的成就。"

登岛美军陆续整修了 5 座简易机场：布鲁恩附近的巴尤哥、布里和圣巴勃罗，登陆滩头附近的塔克洛班和杜拉格。布鲁恩是个具有重要战略意义的小村子，位于杜拉格以西 16 公里。美军第十一空降师登陆之后，师长乔·斯温少将在缺乏运输机的情况下，使用炮兵部队的 11 架"幼狐"观测机给山区部队空投补给，建起了一条"饼干供应线"。从布鲁恩简易机场起飞的飞机平均每天往山区空投 21 吨物资，可以保障两个团 6 周使用，基本解决了丛林山地运输不便的难题。斯温仓促组建的空中补给队，引起了日军对布鲁恩及周边机场的高度关注。山下命令铃木和富永，不惜一切代价摧毁或压制美军机场。富永决定在进攻机场的战斗中投入宝贵的伞兵部队，并与铃木一起制订了布鲁恩会战计划。

11 月 27 日凌晨 2 时 30 分，日军 3 架运输机从南吕宋机场起飞，运送中重男所率 60 名伞兵组成的"薰空降队"，前往突袭布鲁恩附近机场。1 架运输机被美军防空炮火击中坠落，机上人员悉数毙命。另外 2 架运输机强行在布鲁恩地区着陆，但离机场都有很远一段距离。对美军来说，这一带绝对属于后方，他们错误判断降下来的是友军飞机。1 名美军士兵爬上其中 1 架飞机的机翼，试图给来者提供帮助。日军士兵边投掷手榴弹边从飞机里冲出，美军被迫仓促迎战。因为人数实在太少，除几名伞兵被打死之外，剩余大部分日军伞兵凭借黑暗的掩护逃走。另一架日机突破美军防空炮火形成的屏障降落之后，1 名美军士兵走上来喊道："你们需要帮助吗？"日军用英语高声回答"没有，一切还好"，然后冲出飞机遁入暗夜之中。日军第一次空降作战毫无结果。由于当天有暴风雨，奥尔莫克港上空没有 1 架美机出现。铃木和富永因此判断，第一次空降作战取得了圆满成功。

根据布鲁恩会战计划，第三十五军将出动地面部队，配合伞兵破坏机场的行动。但是在制订作战计划时，铃木过高估计了第十六师团和第二十六师团的实力。前者经过一个多月鏖战，兵力只剩不到 1500 人，其中仅 500 人具有战斗力。牧野将残部编成一个步兵大队，由他本人亲自指挥参加战斗。虽然在登陆过程中损失了几乎所有重武器，但第二十六师团还算一个整建制师团。12 月 1 日，铃木率军司令部人员进入山地，第二十六师团也沿阿尔布埃拉至布鲁恩的公路向东推进。途中，他们与向西开进的美军第十一空降师迎头相遇。混战之中，日军一个配备有工兵的联队隐蔽撤出战斗，继续艰难向布鲁恩推进。

斯温少将敏感察觉到即将到来的风险，认为日军很可能对布鲁恩机场群展开一次大规模攻势。在加强机场警戒的同时，他特意抽调一个步兵营强化机场周围的防御。

临近进攻发起日时，天降暴雨，部队行军极为困难。担任主攻任务的第二十六师团无法按时抵达出击位置。铃木向山下报告请求将行动推迟两天。山下的答复是形势危急，只能多给出一天准备时间。

由于通信联络不畅，第十六师团并未接到变更进攻时间的指示。12月6日凌晨6时30分，牧野按计划率部向布里机场发起攻击。一股日军闯进一个美军露宿营地，用刺刀刺向躺在地上睡觉的美军工兵和后勤人员。遭到突袭的美军士兵光着脚丫，穿着内衣抓起武器就投入战斗，他们中的大部分从未朝敌人开过枪。在日军的攻击面前，他们很快被击溃。只有1名炊事兵报告说，他杀死了5名冲入厨房试图抢劫食物的日军士兵。牧野率仅剩的300名残部拼死攻占布里简易机场。当天下午，美军第一八七伞兵团的一个营向机场发起反攻。战至傍晚18时，兵力越来越少的牧野渐渐不支，被迫率部退往机场北面树林，一边构筑防御工事，一边破口大骂没来支援的伞兵。

就在牧野率部苦战布里机场的同时，14时30分，运载日军伞兵第二旅团第三大队750人的运输机从吕宋岛南部的利帕和安费雷斯机场起飞，其中20架飞向布里，12架飞向圣巴勃罗，6架飞向巴尤哥，2架飞向塔克洛班，其余2架计划在杜拉格降落。大队长白井恒春向手下伞兵颁布如下命令："目标——布鲁恩！任务——炸毁设施并夺取机场！战术——突然袭击！口号——不准备生还！"富永亲口向众人许愿："执行本次任务者，一律晋升两级军衔。"

18时，日军轰炸机率先进入机场上空投弹，紧接着运输机从210米低空进入实施伞降。由于担任护航任务的战斗机提前返航，运输机伞降过程中遭到美军高炮的猛烈射击。突袭巴尤哥、杜拉格和塔克洛班机场的飞机全部被击落或提前迫降，仅60名伞兵降落在布里机场，主力300人降落在圣巴勃罗。

一时间机场周围到处都是日军伞兵。他们一面冲锋，一面用英语高喊："喂，你们的机枪到哪里去了？""投降吧！什么都扛不住！"驻机场美军大部分属于司令部人员或空军地勤人员，他们用手枪和步枪射击在黑暗中沿机场跑道运动的人影，不少日军伞兵被打死，但也有不少美军被自己人的子弹击中。枪炮声、喊叫声、爆炸声不绝于耳。白井在极短时间内集合起自己的部队，对机场设施及停放的美军飞机大肆破坏。美机一架接一架被引爆，火光将跑道照得通明。美军趁乱撤到机场南侧，临时构筑防御工事据守。圣巴勃罗机场落入日军之手。

为支援守卫机场的美军，斯温少将连夜从比托海滩调来卢卡斯·霍斯中校的野战炮营。第三十八步兵师刚刚登陆的一个营也被临时调来救急，斯温少将告诉他们："很高兴见到你们。我们正在这里经历一段地狱般的时间。昨天晚上，有大约75名日军伞兵在机场空降，离这里1500码是另一个像这个一样的简易机场。现在是14时，希望你们在黄昏之前夺回被日本人占领的跑道。"

斯温少将显然低估了日军的力量，攻入圣巴勃罗机场的日军至少有300人。他们不仅拥有自己的武器，还从美军手中缴获了大量卡宾枪、机枪和弹药。但随着美军援军和炮兵投入战斗，缺乏重武器的白井渐渐不支，被迫率部撤出机场，带着缴获的几门50毫米炮向3公里外的布里机场转移，最终与牧野残部会合。

第五航空队副司令官恩尼斯·怀特海德少将给克鲁格发去了紧急电报，说明布里机场正在遭受日本人的猛烈攻击，急需大批增援。克鲁格指示斯温尽快赶往布里，但斯温手头兵力和弹药严重不足，仅能守住现有阵地。一直到8日上午，斯温才抽调伞兵第一八七团和刚刚到达的第三十八师第一四九团向布里机场发起反攻。下午，美军两个团在向机场开进途中与20多名日军伞兵遭遇，交战延误了一些时间，直到天黑才赶到布里。由于机场日军的拼命抵抗，美军当天夺回机场的行动失败。当天午夜，150多名日军向美军发起夜袭，被兵力占绝对优势的美军轻松击退，日军第九联队联队长神谷保孝战死。

日军机枪火力压制了机场边上第三二团A连的火力。一等兵沃伦·帕金斯毫不在乎日军的子弹，他查明了日军机枪位置并呼叫迫击炮支援。一阵如雨的炮弹飞过之后，日军机枪阵地彻底哑火。奥瓦·凯里抓住机会冲上日军阵地，在受伤前消灭了8个日本兵。几小时后，当受伤的凯里藏在散兵坑等待撤离时，1发子弹夺走了他的生命。他后来被追授最高级别的荣誉勋章。

10日，美军两个团在炮兵支援下经过激战将日军包围。当天19时30分，日军发起最后一次反击，一度逼近了位于机场的第五航空队司令部。子弹穿过办公室的胶合板墙差点打中怀特海德少将。看到打进房间的竟然是美军子弹，怀特海德恼羞成怒。司令部一名参谋迅速拨通了第八独立飞行中队中队长保罗·凯斯纳中校的电话："中校，命令那些笨蛋停止向自己人射击！"

"可是长官，"凯斯纳中校回答道，"那是日本人……"

他的话很快被电话那头打断："什么日本人！那不可能是日本人。打进来的子弹是我们的，他们就在50米外朝我们开火。"

"这就对了，就是日本人在射击。"

"那他妈的日本人是怎么搞到我们的机枪和子弹的？"

"我他妈的怎么知道，长官？"

"我告诉你，现在子弹正在打进怀特海德将军的司令部。"

"请告诉将军，立即卧倒。如果你还搞不清状况，请竖起耳朵听听外边的'万岁'呼喊声。"怀特海德真的立即卧倒了。

经过整整一夜激战，人数越来越少的日军只好撤出机场。清剿日军残部的战斗又持续了整整一天，到11日，攻入布里机场的日军被全部肃清。大队长白井侥幸漏网，1945年1月逃回山区的第三十五军司令部。

布鲁恩之战是太平洋战场日军最后一次空降突击，虽然并未实现破坏机场的目标，但成功摧毁了美军飞机数十架和贮藏的大批物资，使第十一空降师两个先头团近一周没有得到任何弹药补给。令人大跌眼镜的是，日军伞兵苦苦等待的第二十六师团在翻山越岭的行军中形同龟步，最后仅一个大队抵达布鲁恩地区。他们奉命立即掉头，重新翻山越岭向西撤退。

从登岛那一天起，美军需要对付的敌人就有两个，一是打死都不投降的日本人，二是当地几十年不遇的坏天气，后者带来的麻烦甚至比前者还大。超强台风和令人烦躁的雨季几乎是与美国人一起携手入侵菲律宾的。无休止的降雨，将美军必须穿越的奥尔莫克山谷变成了一个浅水湖，进攻部队必须像在滩头登陆那样蹚水前进。塔克洛班和杜拉格积水过膝，工兵部队使出了吃奶力气，也无法修好被重型车辆和飞机碾轧得破烂不堪的机场跑道。

到11月中旬，10多万美军已经在烂泥里挣扎了3个星期。除登陆还算顺利之外，莱特岛作战的两大目标——占领全岛和建立机场体系一个都没达到。由于缺乏弹药、补给和必要的医药，官兵普遍士气低落，因战斗或疾病带来的减员日益增多。莱特岛胜利遥遥无期，进攻吕宋岛的时间只好一推再推，麦克阿瑟为此心急如焚，他必须尽快改变岛上的僵持局面。

一个多月以来，无论麦克阿瑟用多么难听的话语去讽刺甚至咒骂克鲁格，都无法使他的部下加快进军速度。思忖再三，老麦准备打出那张几个月前就在袖子里藏好的牌。美军攻占比亚克岛后，1944年6月10日，麦克阿瑟成立了以艾克尔伯格中将为司令官的第八集团军，从克鲁格手中接过了新几内亚岛、阿德默勒尔蒂群岛、新不列颠岛和莫罗泰岛的防务。麦克阿瑟威胁死猪不怕开水烫的克鲁格，如果第六集团军不能按期完成任务，他将把这项任务交给艾克尔伯格的第八集团军去完成。

麻烦事儿远不止此。这次捅娄子的是跟随他多年的参谋长。虽然萨瑟兰在美国有自己的家庭，但当初从菲律宾撤到澳大利亚时，他在一次宴会上认识了一个名叫伊莱恩·克拉克的据说是上流社会的女人，并鬼使神差地爱上了她。像萨瑟兰一样，克拉克已经结婚了，但她的丈夫并不会妨碍两人的交往。澳大利亚第八师在新加坡向日军投降时，克拉克的丈夫也是众多俘虏中的一员，在樟宜监狱度过了战争中的大部分时光。克拉克邂逅萨瑟兰时已经32岁，有一个3岁的儿子。她相貌平平，粗眉大眼，体形无可称道，从未参加过任何工作，也没有任何专业技能。当麦克阿瑟将司令部遣往布里斯班时，萨瑟兰将她也带去了。

俗话说，"鸡找鸡，鸭找鸭，乌龟专找老王八"。和萨瑟兰一样，飞扬跋扈、盛气凌人的克拉克赢得了几乎所有人的厌恶。1943年初，萨瑟兰创建了陆军女子部队，特意将克拉克征召入伍，任命她为司令部营务主任助理，还给了她许多特权。曾经因为想征用麦克阿瑟专机飞行员戈德曼少校的吉普车，克拉克就怂恿萨瑟兰，将戈德曼派往前线打仗。司令部里几乎每个人都憎恨他们。但迫于萨瑟兰一人之下很多人之上的权势，大家都敢怒不敢言。

1944年7月，麦克阿瑟偶然发现，萨瑟兰居然将克拉克接到了荷兰迪亚。麦克阿瑟因此勃然大怒，当场向萨瑟兰下达了书面命令："立即将克拉克上尉送回澳大利亚，并让她永远待在那儿。"当麦克阿瑟从莫罗泰岛前线再次回到荷兰迪亚时，那个女人不见了。在他看来，克拉克的问题已经圆满解决了。

但就在美军登陆莱特岛后不久，那个克拉克又来了。凯西少将受伤住院之后，岛上机场的建设任务由他的副手斯维尔德鲁普准将负责。两年前，凯西曾建议授予斯维尔德鲁普上校军衔，遭到萨瑟兰断然拒绝。凯西直接将报告呈送司令官，麦克阿瑟干脆利索地在报告上签上了"同意"二字。

萨瑟兰命令斯维尔德鲁普调用从千里之外船运过来的建设机场的宝贵物资，为自己的情人建一幢房屋，就在塔克洛班数公里之外。斯维尔德鲁普感到非常惊讶，但他又不愿主动告发萨瑟兰，认为那是埃格伯格和莱尔巴斯该干的事。但是这两个人也都不急于告诉麦克阿瑟，他们认为司令官迟早会发现这事。

12月中旬的一个晚上，晚饭后的麦克阿瑟同埃格伯格在普赖斯庄园走廊上散步。他突然问："医生，告诉我，那个女人怎么样啦？"

"女人？"埃格伯格明知故问，"哪个女人？"

"噢，你知道的，就是那个女人。"

"你是说克拉克上尉？"

"是的，她现在在哪儿？"

"她现在就住在8公里之外的地方。"

麦克阿瑟闻言一蹦三尺高，高声叫道："什么？！"当从医生口中得知详情后，气得浑身颤抖的麦克阿瑟冲进了参谋长办公室。"理查德·萨瑟兰，你给我听着！我给你下达过正式命令，你却没有服从，我要关你的监禁！让那个女人立刻离开塔克洛班！"麦克阿瑟怒吼道，"如果她在24小时之内不从这里滚开，我将向军事法庭起诉你违抗军令！"

就在麦克阿瑟向萨瑟兰发火的头一天，克拉克还让萨瑟兰开除了司令部的一名上尉，因为这名上尉竟然公开违抗克拉克的"命令"。这名不幸的上尉被立即招回司令部，麦克阿瑟特批晋升他陆军少校，这小了可谓因祸得福。麦克阿瑟并未撤萨瑟兰的职，但不可否认，两人之间再也不像以前那样亲密了，这种似乎有点尴尬的关系一直持续到战争结束。在那以后，麦克阿瑟将更多、更重要的工作交给副参谋长理查德·马歇尔少将去做，萨瑟兰明显被疏远了。

萨瑟兰和克鲁格让麦克阿瑟备感失望，他对金凯德是否忠诚也表示怀疑，这位第七舰队司令官总是和华盛顿的金和珍珠港的尼米兹眉来眼去，藕断丝连，让人实在放心不下。不过麦克阿瑟和肯尼的关系一如既往地好，即使第五航空队的表现远远不能让人满意。12月初的一天，肯尼拿着一份报告找到了他："将军，我想授予邦少校1枚荣誉勋章。"肯尼解释说，邦来到塔克洛班后已经击落了8架敌机，使他的个人总战绩达到36架。麦克阿瑟开心地在报告上签了字，陆军部很快批准了。

在肯尼的一再请求下，麦克阿瑟决定亲自为邦少校颁发勋章。12月12日，在塔克洛班机场泥泞的跑道上，邦走上前向麦克阿瑟敬礼。麦克阿瑟回礼后将手搭在邦的肩膀上，做了简短的精彩演讲："理查德·邦少校，你统治了从新几内亚到菲律宾的领空，我现在吸收你成为勇者中最勇敢的一员，成为美国荣誉勋章的获得者。"然后他将勋章别在邦的胸前。不久，麦克阿瑟同样获得了更高荣誉。

战争已经进入收官阶段，美国军事力量急剧膨胀，参战兵力超过了1200万人，甚至出现了数十万人的集团军和上百万人的集团军群，需要更高一级军衔的军官去指挥他们。另外，在与盟军的联合军事行动中，联军统帅主要依据军衔来确定地位和权力。众所周知，英军、苏军和德军中都有大量元帅存在，甚至日本人那里也有。经过一番曲折的立法程序之后，美国参议院于1944年12月11日通过一项法案，同意总统任命4名陆军五星上将和4名海军五星上将。罗斯福很快提名陆军将领马歇尔、麦克阿瑟、艾森豪威尔和阿诺德，海军将领莱希、金、尼米兹晋升五星上将，该提名于12月15日获得参议院审议通过。12月18日，罗斯福正式下达了7位五星上将的任命。

许多人——甚至包括一些国会议员——对未授予哈尔西为第四名海军五星上将感到惊讶。究其原因，在于金不愿意看到哈尔西获得了晋升，而斯普鲁恩斯没有晋升。在没有明确表达自己意向的情况下，金给海军部长弗雷斯特尔提交了一份备忘录，将哈尔西、斯普鲁恩斯和另4名高级军官一起列为海军五星上将的候选人。弗雷斯特尔同样不愿明确表达自己的意见，这样第四名海军上将的任命被暂时搁置。哈尔西被任命为海军五星上将，已是战后1946年5月13日的事情了。

书归正传。对麦克阿瑟第六集团军行动迟缓的严厉批评，克鲁格感到非常委屈。累死累活一个多月没落个好，现在还要把没什么战斗经验的第八集团军调来，这对他来说简直就是耻辱。麦克阿瑟告诉克鲁格，如果第六集团军没能力拿下奥尔莫克港，他将考虑让艾克尔伯格来统一指挥莱特岛战役。第八集团军将以6月刚参加过关岛作战的第七十七步兵师为前锋，直接迂回登陆奥尔莫克，一举切断日军接受外援的海上通道，同时配合第十军和第二十四军的正面攻势。此举等于从背后突然向日军屁股上捅了一刀。看到麦克阿瑟真的要调艾克尔伯格来，克鲁格妥协了。他请求麦克阿瑟再给他3周时间，说第六集团军同样欢迎第七十七步兵师的加入，并让他们剑走偏锋在奥尔莫克登陆。后来的战斗进程表明，麦克阿瑟这一妙招果真收到了奇效。

12月7日——日军偷袭珍珠港三周年纪念日——安德鲁·布鲁斯少将率美军第七十七步兵师突然出现在奥尔莫克湾。6时40分，12艘驱逐舰猛烈炮击奥尔莫克港以南5500米的伊皮尔海滩，一众美国大兵在隆隆炮声中开始换乘。7时07分，第一批登陆部队几乎未遭遇任何抵抗轻松上岸。当天确实是"七"的吉利日。在他们南面，美军第七步兵师穿越据认为是无法通过的山路横穿莱特岛中部，正沿海岸北上朝奥尔莫克港攻击前进，他们只遇到日军第二十六师团一个大队的顽强抵抗。

日军"神风特攻机"突破美军的防空火力，一举击沉驱逐舰"沃德"号和"马汉"号。值得一提的是，三年前这一天，正是"沃德"号首先发现并向日军微型潜艇发起攻击，打响了太平洋战争第一炮。不过此时"沃德"号已被改造为武装运输舰，舷号由DD-139变成了APD-16。令人哭笑不得的是，最后上前接走"沃德"号幸存者并补枪将之击沉的"奥布莱恩"号驱逐舰舰长，竟然正是3年前指挥它打响战争第一炮的老舰长威廉·奥特布里奇。从2017年12月到2018年1月，艾伦探险团队在奥尔莫克湾水底找到了6艘驱逐舰的残骸。它们包括美军的"沃德"号、"库珀"号，日军的"岛风"号、"若月"号、"长波"号和"滨波"号，奥尔莫克湾快成铁底湾第二了。

岸上日军的防务稀松平常，美军在抢滩登陆过程中几乎未遭遇多少抵抗。布鲁斯少将命令斯蒂芬·汉密尔顿上校第三〇七团沿西海岸向北朝奥莫尔克港攻击前进，第三〇五团则南下接应第七师。守卫奥尔莫克城的只有日军第三十师团的一个大队，以及由主管运输的三井指挥的由各种后勤人员拼凑起来的杂牌军。三井指挥部队在市区南方数公里高地上布防，希望能坚持到第二十六师团主力的到来。美军在奥尔莫克以南的道恩斯兵营遭到了顽强抵抗，日军甚至发动了数次反冲锋。8日和9日，美军一个个拔除日军火力点，在其中一处防御工事中竟然缴获了11挺重机枪、2门40毫米高射炮和3门75毫米山炮，可见日军火力之强劲。

在逐次粉碎多股日军小部队的抵抗之后，12月10日，美军第三〇六、三〇七团对奥尔莫克城发起最后总攻。上午9时，第七七六两栖坦克营率先攻入城内，肆意炮击日军踞守的所有建筑。第七十七师作战报告中这样写道，"奥尔莫克已经变成了由爆炸的白磷炮弹、着火的房子和爆炸的弹药供应处组成的一片燃烧的火海，在它上边是混合着因炮弹、迫击炮和火箭爆炸所毁坏的混凝土建筑的灰色尘土而产生的一种浓烟"。连海军登陆艇都驶入港内，炮击防御港口的日军，距离之近使部分水兵甚至用步枪和岸上的日军士兵对射。

为避免被美军包了饺子，守城日军残部抵抗至下午向城北撤出。17时30分，莱特岛日军最后一个接受外援的港口奥尔莫克落入美军之手。第七十七步兵师以123人阵亡、13人失踪、329人受伤为代价，击毙日军1506人，俘虏7人，彻底关上了莱特岛的"后门"，完成了第十军和第二十四军激战月余未能完成的任务。岛上日军就此陷入腹背受敌的尴尬境地。

当天下午，布鲁斯少将把攻克奥尔莫克的喜讯电告军司令官约翰·霍奇少将，提醒他部队出发前第五航空队司令官许下的承诺："肯尼将军曾经答应过的攻下奥尔莫克后请客的那箱威士忌在什么地方？本人不喝酒，但我的副师长和团长都要喝。"

几小时后，布鲁斯少将发出的第二封电报提及了正沿海岸杀来的第七步兵师和第十一空降师："两个'七'（指第七十七师）攻入奥尔莫克。'七'来，'十一'来。"

就在美军登陆奥尔莫克的前两天，12月5日，日军发起"多八号作战"，再次向莱特岛运送增援。"赤城山丸"号等5艘运输船运载第六十八旅团主力4000人及大量弹药补给，在驱逐舰"梅"号、"桃"号、"杉"号和海防舰第十八号、第三十八号护航下从马尼拉出航，预定7日夜晚在奥尔莫克港登陆。值得一提的是，这个第六十八旅团绝非等闲之辈，是关东军以陆军公主岭学校教导队为基干编成的精锐部队，参谋本部作战课长服部称这支部队"属于精锐中的精锐"。

美军第七十七步兵师突然占领了登陆地点，日军船队只好改在港口以北50公里圣伊西德罗抢滩上岸。美军30架B-24前来投弹，日军携带的100毫米榴弹炮等重装备大多损失，仅2门炮侥幸上岸。5艘运输船全部被炸沉，剩下护航舰孤独返航马尼拉。第六十八旅团上岛后多日无法与第三十五军司令部取得联系，在向东、向南转进中分别与美军第一骑兵师和第七十七步兵师展开激战，直到12月25日才与从利蒙撤下来的第一师团残部取得联络。

就在美军攻克奥尔莫克港当天，12月10日，日军发起"多九号"作战。"美浓丸"号等6艘运输船在驱逐舰"夕月"号、"卯月"号、"桐"号，海防舰第十七号、第三十七号护卫下，运送第八师团第五步兵联队主力3000人、伊藤正海军陆战队 400 人和 900 吨弹药物资从马尼拉出航，第四航空军特意出动 30 架战斗机为船队护航。12 月 11 日，日军船队遭到 50 架美军"海盗"群殴，1 艘运输船中弹沉没，1 艘搁浅。驱逐舰"卯月"号被美军"PT-490"号鱼雷艇射出的鱼雷击中沉没。

其余运输船继续前行，于 11 日 23 时 30 分靠近港口。美军一直保持沉默，直到敌军船只距码头仅 50 米时才枪炮齐发，日军第一艘驳船几乎被岸上打过来的炮弹包围。伊藤怒不可遏："笨蛋！奥尔莫克这帮浑蛋瞎了眼吗？连自己人也打！"一名军官站在甲板上高喊："别打，是自己人！"喊声换来的是更密集的炮火。伊藤定睛一看，港口飘扬的竟然是美国人的星条旗。

剩余日舰只好转往帕隆庞，给第三十五军卸下了最后一批援军和物资。卸载期间，美机又飞来炸沉了第一五九号运输舰，700 名兵员随舰沉没。当天 20 时27 分，"夕月"号遭到美军 46 架 P-38 战斗机群殴后沉没。至此，日军 12 艘"睦月级"驱逐舰全部战沉。13 日，幸存的"桐"号、海防舰第十七号、第三十七号、护卫"空知丸"号、第一四〇号运输舰向马尼拉凄凉返航。

奥尔莫克港失守的消息传到樱兵营，山下呆立原地，良久不语。莱特岛局势看来已经无法挽回，山下下令立即终止布鲁恩会战，第十六师团和第二十六师团转身撤出，拼死夺回奥尔莫克港。至于攻入机场的那些伞兵和陆军部队，只能任由美军分割包围逐一歼灭了。

为挽回莱特岛颓势，日军强行发起"多十号"作战。12 月 14 日，运输船"有马山丸"号、"和浦丸"号、"日昌丸"号运送第十师团一个步兵联队和第二十三师团一个步兵大队从马尼拉出航。船队出港不久，1 架日军侦察机发回了令人震惊的消息：一支足有上百艘舰船组成的庞大船队，正沿苏禄海和保和海破浪北上。山下据此判断，美军对吕宋岛的登陆作战已经迫在眉睫，再向莱特岛增兵毫无意义。他断然叫停了运输行动，最后一次"多十号"作战中途夭折。

12 月 15 日，美军登陆民都洛岛，下一步进攻吕宋岛的意图昭然若揭。海军仍不愿轻易认输，坚持在莱特岛与美军决战，但 12 月 18 日，大本营陆军部毅然作出"放弃莱特决战"的决定，指出"今后对吕宋岛实施攻势防御，在最坏的情况下确保中北部"。由此看出，东京对守住菲律宾已经完全失去信心，只希望山下能够拖住美国人，为加强本土的防御争取尽可能多的时间。

对前线战况,内阁首相小矶竟然一无所知。他是在进宫觐见天皇途中获悉放弃莱特岛消息的。裕仁问小矶:首相不久前把莱特岛作战誉为"天王山",现在陆军部却决定放弃,如何向广大国民解释?对此小矶诚惶诚恐,无言以对,只是模棱两可地表示将努力挽回颓势。从裕仁的口气中小矶听出,自己已完全失去天皇的信任,内阁倒台是迟早的事,只有出现某种奇迹才可能挽救他的内阁。

出宫之后,小矶怒冲冲地找到参谋总长梅津:"怎么搞的?向后退了一百步!从莱特转到吕宋,根本就没有进行决战?"被前线战事搞得焦头烂额的梅津根本懒得搭理小矶,任由他在那里吹胡子瞪眼。随后在公开场合,小矶也只好无可奈何地自嘲:"天王山之战已由莱特岛转移到吕宋。"听到这话,很多人差点笑出声来:"原来日本并没有战败,只是天王山转移了。"

12月21日,在奥尔莫克港以北16公里的利邦高,美军第七步兵师击溃日军第二十六师团第十二步兵联队,同向北攻击前进的第七十七步兵师胜利会师,开始分割、包围、围歼奥尔莫克山谷的日军。遭到前后夹击的日军残部不得不退向北部山区,分成小股部队展开游击作战。

接到东京的电令之后,山下于12月22日致电铃木:"请重新部署部队,以便在你选择的地区打一场持久牵制战,最好选择类似内格罗斯岛巴格洛这样的完全适合自我维持的地区。本电报解除曾经分配给你的所有任务。"言外之意是,不会再向莱特岛派出任何增援,第十四方面军将专注吕宋岛的作战,今后第三十五军只能像新几内亚岛东部安达二十三的第十八军那样自生自灭了。

因为在前线指挥作战,铃木三天后才接到山下的电报。他清楚,这预示着第三十五军已经被无情抛弃,于是命令散落各处的残部向帕隆庞一带集结。

铃木集结残部于帕隆庞地区的行动被布鲁斯少将圣诞节黎明的突袭挫败。铃木及幕僚不得不沿莱特岛西海岸向北逃往圣伊西德罗一带山区,他们是在美军第七十七师一个加强营乘登陆艇从海上接近帕隆庞前一刻撤离港口的。清晨7时20分,美军先头部队在未遭遇抵抗的情况下顺利上岸,中午时分攻占帕隆庞。布鲁斯少将电告军司令官:"第七十七步兵师圣诞节对莱特岛战役的贡献,是占领了敌军最后一个港口帕隆庞。值此佳节盛宴之际,我们全体官兵在上帝之子的诞辰敬致感谢。"

接到前线发回的捷报,急不可待的麦克阿瑟于当天下午发布特别公告:"山下奉文将军遭到日军历史上最惨重的失败。莱特—萨马之战现在可以说已经结束，只剩小规模扫荡尚待完成。"他这话说早了足足有 4 个月。

随后克鲁格的第六集团军将剑指吕宋，莱特岛"扫尾工作"留给了第八集团军。圣诞节当天，艾克尔伯格接到开赴莱特岛的命令。克鲁格拍胸脯告诉他，岛上给他留下的日本佬绝对不超过 5000 人。

事实证明"扫尾工作"完全名不副实，第八集团军在扫荡过程中付出了惨重代价。发疯一般的日军进行了长达 4 个月顽强抵抗，岛上战斗一直持续到 1945 年 4 月才告一段落。一个月后，艾克尔伯格在战区司令部的一次作战会议上愤愤不平地说："扫尾？妈的，我们足足杀了 27000 名日本兵。"美国陆军官方战史也承认，"莱特岛最后扫荡是艰苦激烈的战斗，是我们前所未有的最残酷的战斗"。

铃木选择帕隆庞和圣伊西德罗之间一座叫康圭坡的山作为新集结地，他还为这里起了一个新名字叫"欢喜峰"。此时岛上日军尚有近 3 万人，几乎每天都有第一师团或第六十八旅团的残兵精疲力竭来到康圭坡报到，但第十六师团和第二十六师团残部在二号公路附近被美军缠住，无法脱身前来会合。

圣诞之夜，神子带着 4 名手下来到了距军司令部仅几公里的一处海滩，他们依稀听到，对面山坡上美军士兵在唱圣诞颂歌。神子决定，逃离毫无希望的莱特岛。他们摸黑找到了一条小船。渔民出身的中村说，小船装不下 5 个人。伤兵户顷听到后一瘸一拐走开了，很快远处暗夜里传来了一声清脆的枪响。户顷不愿拖累大家，向自己开了枪。神子等人乘坐的小船在大海里颠簸，不远处驶过 1 艘美军巡逻艇，不知何故竟然没有理睬他们。前方出现了一座大岛，神子等人不知道那座岛叫宿务。

试图逃离莱特岛的并非只有神子这样的普通士兵。在奥尔莫克港以北二号公路和西海岸之间的大山里，福荣真平正在谋划率领第一〇二师团残部逃离莱特岛，他们在之前的作战中没出多大力气。12 月 29 日晚，铃木接到福荣一周前发来的电报："我第一〇二师团正在开赴海岸，将在那里乘小船前往宿务。"

这属于典型的临阵脱逃行为。"我要把福荣送上军事法庭，"铃木怒吼道，"电令第一〇二师团原地待命，福荣本人和参谋长立即到军司令部报到。"福荣回电与他先前的逃跑决定一样令人不可忍受："我们高度评价军司令部的努力，但是目前我们正忙于为撤退进行准备，本师团长和福田参谋长不能按要求到军司令部报到。"

福荣简直无耻到极点，他非但拒绝到军司令部报到，还厚着脸皮要求铃木给他逃跑提供方便："我们原来为撤退准备的船只 12 月 30 日被美机炸毁，因而耽搁了出发时间。军司令部是否派出 1 艘装甲大船，帮助师团长一行出发？"可能也猜到铃木肯定不会派船来，不等军司令部复电，福荣就带领参谋人员乘小船渡过了卡莫蒂斯海。

"八嘎，"铃木肺都要气炸了，"总有一天，我要亲手毙了这个王八蛋！"福荣刚刚踏上宿务，就被铃木一纸电令解除了师团长职务。不过铃木很快死在海上，没有机会去枪毙福荣了。1946 年 4 月 27 日，在新加坡樟宜基地，替铃木枪毙福荣的是英国人。

莱特岛上，日军正在作长期据守康圭坡的准备。他们从当地人手里购买了大量粮食——老酒觉得到底是买还是抢值得商榷——但即使加上青草和野菜，也不足以度过饥荒。盐是从海水里临时提取的。铃木原计划继续坚持下去，以牵制尽可能多的美军。现在他开始怀疑这种坚持是否还有价值。康圭坡能守多久呢？美军一次进攻就能将它攻克。铃木很快接到了山下要求第三十五军撤出莱特岛的命令。

铃木认为，第一师团和第二十六师团是前来增援第三十五军的"客人"。正是由于大本营和南方军叫嚣的所谓"莱特决战"，他们才被临时派到岛上来的。撤退首先应该安排他们。1945 年 1 月 12 日晚，片冈率师团司令部成员乘 3 艘小艇出海，天亮后不久到达宿务。之后一周里，精锐"玉师团"仅存的 743 人带着 4 挺重机枪、11 挺轻机枪、5 具掷弹筒逃往宿务。随着美军包围圈不断收紧，日军撤退行动变得越来越困难。

比美军围剿更难忍受的是无休止的饥饿。每天都有人因饥饿倒毙，很快成为蚂蚁的美食，它们只需几小时就能把尸体变成一具白骨。接踵而来的蜥蜴把骨头弄得支离破碎。野猪也跑来凑热闹，叼着骷髅头到处乱跑。一些饿极了的士兵开始与蚂蚁争食战友的尸体。士兵荻原长一回忆说，他曾到过一个岩洞，受到 3 名同伴的热情"款待"，给他吃一种味道独特的熏肉。荻原狼吞虎咽，吃完那些肉后，好奇地询问是什么肉。一名伍长淡淡地说："我们在同类相食呢！"

在康圭海滩，饥饿的日军士兵发明了一种捕食方法。他们将战友的骷髅头收集起来，反扣在沙滩上。第二天去翻开时，里边就会出现一些小虾小蟹。这种方法被很快普及推广，海滩上很快布满了令人心悸的骷髅头。

2月5日，第二十六师团师团长山县栗花生战死，他的职务由第六十八旅团旅团长栗栖猛夫接任。栗栖死于7月17日，之后再无接任者。第一二六联队联队长冲静夫大佐晋升少将，接替栗栖出任旅团长职务。该部5月后呈溃散之势，冲静夫7月3日战死后也无继任者。第三十师团第四十一联队联队长炭谷鹰义6月17日战死，余部不知所终。第八师团第五联队联队长高阶於菟雄曾经率余部在坎基波特山区打游击，6月20日之后就完全失去了联系。

3月13日，失踪多日的牧野突然率第十六师团80多名士兵前来会合。铃木这才知道，一直杳无音信的牧野原来还活着。

铃木决定按照山下的指示撤往宿务，继续指挥第三十五军在菲律宾南方驻岛的作战。宿务和莱特两岛最近处仅相距38公里，军司令部曾经长期在那里驻扎。岛上驻有原田觉第三十三特别根据地部队，加上1月逃过去的第一〇二师团和第一师团残部，总兵力尚有15000人。宿务市附近有近陆小岛马克坦，1521年4月27日大航海家麦哲伦命丧于此。

对并无多大战略价值的菲律宾中南部诸岛，麦克阿瑟依然采取了"一个都不放过"的策略。铃木一行3月25日刚刚乘船逃到宿务，26日清晨，美军巡洋舰就对宿务市区开始了登陆前的炮火准备。8时30分，美军第二十三步兵师第一三二团、第一八二团在宿务市以西7公里的塔里塞强行登陆。日军在海滩预先埋下的地雷炸毁了10艘登陆艇，但因缺乏足够的反击兵力，美军顺利在滩头站稳了脚跟。3月27日，美军开始向宿务市区攻击前进，28日占领被日军严重破坏的宿务市和东北机场。

宿务岛长220公里，最宽处30公里，宿务市处于岛中间点。在第七舰队水面舰艇、陆基和舰载机支援下，占领市区和机场的美军开始向南北两个方向攻击前进，伤亡惨重的日军完全阻挡不住美军的猛烈攻势。既然宿务和莱特一样并非久留之地，铃木决定冒险前往棉兰老岛，那里还有第三十、第一〇〇两个师团。4月10日，当他们登上5条小运煤船准备启程时，铃木告诉参谋长："友近君，万一我死于航途之中，你必须接替我出任军司令官职务。"

这支"小舰队"航途中屡遭风暴袭击，4月16日艰难抵达内格罗斯岛南部。

天黑之后，他们将踏上最后一段危险航途，渡过保和海前往棉兰老岛。小船在海上遭遇风暴，除铃木乘坐的那条船外，其余船都被卷进海里。小船再次漂回内格罗斯岛。19日早晨，1架执行巡逻任务的美军飞机在一座灯塔附近发现了那条小船。

"跳！"副官绵野德二高喊着纵身跃入水中。铃木仍然留在船上。当美机射出的子弹在小船旁边激起阵阵水花时，绵野回头望去，只见铃木手握短刀，曲身弯腰，好像在切腹。那把短刀是他去年10月27日前往莱特岛时，山下特意送给他的。怒目圆睁的铃木就这样被美军航弹打成了马蜂窝。1945年6月14日，东京追晋铃木为旧日本帝国倒数第二位陆军大将，倒数第一位是6月23日追晋的牛岛满。

铃木等人离去之后，宿务岛残存日军逐渐退往市北65公里一带山区开展游击战。5月，第四十九联队联队长小浦次郎战死。美军和岛上菲律宾游击队采取了围困封锁策略，并未发起大规模进攻，日本投降时走出丛林投降的日军竟然还有8000多人。

4月，从莱特岛逃出来的神子等人辗转来到内格罗斯岛。他们很快被当地驻军收编去对付新登陆的美国人。神子说服其他6人，跟他一起去婆罗洲寻找新的生活。4月30日，7人进入深山老林，朝西南岸走去。一个月来除蜗牛和螃蟹之外，他们没吃过任何食物，甚至会吃掉爬在身上吸血的水蛭。他们突然想起一件事，某支部队的炊事兵曾经割下被处决菲律宾人的肉，做成肉汤给士兵喝。"当一个人真正饿得慌时，"一个叫矢吹的士兵说，"他什么都吃。"

神子闻言大惊失色，他担心矢吹会找机会吃掉间山。害结核病的间山骨瘦如柴，连绑腿都直往下掉。一天晚上，从梦中醒来时，神子突然发现，矢吹和间山两人用树叶铺成的"床"都空了。神子赶紧跳起来去寻找，最后在一条小溪旁找到了两人。瘦得骷髅一样的间山刚刚洗完澡，矢吹弯着腰，蹲在一块岩石后面，手里攥着一把尖刀。神子冲上前去，将矢吹狠狠揍了一顿。几个人重新上路后，矢吹开始为自己的行为开脱："间山是个快死的人了，他又不能自杀，让他的身体白白烂掉太没意义了。知道自己的身体被用来拯救挨饿的战友，间山在天之灵也会非常高兴的。"

他们很快遭到菲律宾游击队的伏击。几人走投无路，只好跳入湍急的河水之中。间山挣扎一会儿就不见了，神子和其余几人游上了对岸，他们很快被300名游击队员包围在一处陡峭的山坡上。菲律宾人的机枪弹扫了过来，3人应声倒地。神子开枪打中了那个游击队长，一个身材魁梧、头戴巴拿马草帽的人。菲律宾人四散而去，神子趁机逃出游击队的包围圈，躲进山顶的一处沟壑。几乎要虚脱的神子很快就睡着了。

不知道睡了多长时间，神子醒了。他发现山下有块洋葱地。一连吃下十几颗洋葱之后，有气无力的神子开始沿着似乎是通往海边的公路走去。远处传来美军汽车声音，神子准备用最后一颗手榴弹伏击美军卡车来夺取食物，他还练习了用大脚趾扣动扳机自杀的方法。患有疟疾的神子最终昏倒在路边。他似乎听到有人说："是个日本兵，已经不省人事了。"再次醒来时，神子发现自己住在一座帐篷里。外边有人在说英语，神子知道，自己已成为美国人的俘虏。

铃木离开之后，残留莱特岛的日军由牧野统一指挥。7月4日22时，第十二联队联队长今堀集合了所有部下：副官东岛、旗手岛田、中尉尔玉、准尉德田。5人在密林中用最后一把糙米和白薯叶煮了一碗粥，举行了分别宴会。大家聊了大概3小时，最后今堀面对东北方向遥拜后自尽。5人中只有副官东岛逃了出来，他向大家介绍说，今堀最后一句话是"我要向战死的士兵道歉"。

8月10日，牧野自杀身亡。第十六师团三个步兵联队联队长早已战死，投降时该师团只剩下第二十步兵联队继任联队长山森友吉率领的620人。原属第十六师团的步兵第三十八联队在第二十九师团序列下覆灭于塞班岛，南京大屠杀头号元凶第十六师团至此灭亡，死有余辜。

牧野自杀5天后，岛上日军迎来终战。日军在莱特岛的死亡数字是：第三十五军直属部队10682人，第一师团12742人，第十六师团18028人（包括驻萨马岛一个大队），第二十六师团13318人，第六十八旅团6302人，第一〇二师团2822人，其他第八师团第五联队，第三十师团第四十一、第七十七联队，第三六四独立步兵大队，海军第三十六警备队共15527人，总计79511人，战死率高达95%。

美军伤亡15584人，其中阵亡3504人、失踪89人、受伤11991人。

战后神子回到日本，出版了《我没有死在莱特岛》一书。1965年，神子在东京街头巧遇当年沉入河中的间山，他竟然也没有死。看到神子活着出现在自己面前，间山吓得一连倒退了好几步。

"当年在内格罗斯岛，我从未担心会被你们吃掉，"间山告诉神子，"因为你是一名学校教员。"

## 决战吕宋

1944 年 11 月下旬，美军在莱特岛的战斗逐渐占据上风，普赖斯庄园里的麦克阿瑟终于有余暇谋划吕宋作战了。莱特岛属于蛮荒之地，吕宋才有他无比熟悉的马尼拉，才有给他留下无数痛苦回忆的巴丹和科雷希多。对麦克阿瑟来说，莱特不过是饕餮盛宴前的一道开胃小菜，吕宋才是他日思夜想的终极目标。不拿下吕宋，麦克阿瑟一定会憋屈而死的。

按原计划，美军将在 1944 年 12 月 20 日登陆吕宋。但克鲁格的部队在莱特岛每周仅 4 公里的推进速度令麦克阿瑟极度失望，他不得不将登陆日一再推迟。美军选择的登陆地点是马尼拉以北 160 公里的林加延湾，首批上岛部队为 4 个步兵师。在登陆船队从莱特湾航渡到林加延湾以及步兵登陆的过程中，绝对离不开战斗机的空中保护。日军在菲律宾有 70 个机场，支援这一西南太平洋战区规模最大的两栖作战，仅靠金凯德护航航母的"野猫"是远远不够的。美军虽然占据了莱特岛的大半部分，却未能获得支援吕宋作战急需的全天候机场。塔克洛班和杜拉格简易机场勉强可以使用，却无法容纳第五航空队庞大的空中力量。若将支援吕宋作战的航空基地按远、中、近模式配置并以马尼拉为目标的话，远有 1600 公里的莫罗泰，中有 600 公里的莱特，这样还须寻找一个吕宋的近岛作为跳板。

肯尼看中了吕宋岛以南仅 30 公里的民都洛岛。这个面积为 9626 平方公里的岛屿是菲律宾第七大岛，"民都洛"一词来自西班牙语，意为"金矿"。岛北端距马尼拉湾入口不到 100 公里，距预定登陆地点林加延湾 300 公里。该岛位于季风降雨带之外，美军工兵不用担心整天泡在烂泥里。肯尼夸口，他可以在最短时间里修建 3 座机场供战斗机使用，为登陆行动提供充分的空中支援。侦察机拍回的照片显示，岛上只有小股日军把守。麦克阿瑟立即同意了肯尼的建议。两人商议进攻行动 12 月 5 日发起，代号"守望者"。

攻打民都洛岛的行动遭到了金凯德的坚决反对。一个多月来，日军的"神风特攻"令金凯德头痛不已。第七舰队官兵寝食不安，精神高度紧张，时不时抬头眺望天空，担心日机突然从云层中钻出来。金凯德认为，掩护陆军登陆吕宋是第七舰队责无旁贷的任务，但在此之前，他可不愿把宝贵的舰船送到民都洛岛去冒险。莱特湾海战之后，尼米兹一直想把借给第七舰队的舰船调回去，以尽快发起硫黄岛战役。"借来"的东西一定要珍惜，金凯德可不愿让它们成为日军特攻的牺牲品："在民都洛岛登陆，并在数周后对吕宋发动第二次突袭，就像让我去玩俄罗斯轮盘赌，或者连续扣动两次扳机。"

普赖斯庄园里，激烈辩论持续了好几个小时。麦克阿瑟充分发挥自己的口才和肢体语言能力，只见他时而踱步，时而挥舞手臂怒吼，时而伫立不动俯身对金凯德轻声低语。他的脖子抻得如此之长，以至于金凯德只能不断后仰，几乎靠在了床架上。一向木讷且寡言少语的金凯德即使再长五张嘴，也不可能在与麦克阿瑟的辩论中取胜。最后，精疲力竭的他只好无奈地说："我要报告金上将，因为麦克阿瑟将军拒绝接受我的专业建议。"

这下可算捅了马蜂窝，一向对金深恶痛绝的麦克阿瑟更加怒不可遏："你口口声声，要像一个哭哭啼啼的孩子一样跑到金那里告状？这算什么忠诚？"金凯德辩解说"自己的确很忠诚"，但还是不能同意攻打民都洛岛的计划，因为那根本就行不通。

此时参谋长萨瑟兰走了进来，金凯德趁机溜号去和参谋商量对策。11月底，麦克阿瑟已经把12月5日进攻民都洛岛的计划电告了哈尔西，同时说明因为第五航空队尚未取得中菲律宾地区的制空权，快速航母的支援依然不可或缺。萨瑟兰刚刚收到第三舰队发来的电文，哈尔西说飞行员和水兵实在太累，况且压制日军吕宋和台湾的机场需要更多准备时间，想知道麦克阿瑟能否同意把登陆时间推迟10天。人家哈尔西属于友情客串，并不归麦克阿瑟直接指挥，麦克阿瑟极不情愿地接受了哈尔西的建议。

第七舰队的参谋告诉金凯德，拒绝麦克阿瑟使用护航航母掩护民都洛登陆行动是非常不明智的。晚上，当金凯德来到普赖斯庄园吃晚饭时，再次遭到麦克阿瑟的严厉训斥。金凯德这次改变了态度，说他最后还是决定派护航航母支援陆军登陆民都洛岛的行动，同时建议将开战时间向后推迟10天。麦克阿瑟当即慨然允诺，他刚刚已经答应了哈尔西，恰好做个顺水人情。麦克阿瑟张开双臂热情拥抱了金凯德，然后把手放在他肩膀上："托米，我仍然爱你，咱们吃饭夫！"

民都洛岛北部海滩登陆条件最为理想，但考虑到这里距吕宋南部日军机场太近，麦克阿瑟选择岛西南接近曼加林湾的圣何塞作为登陆地点。攻占民都洛岛的任务仍然由第六集团军承担，克鲁格决定动用罗斯科·伍德拉夫少将第二十四步兵师第十九团，伞兵第五〇三团将配合他们执行任务。由于航途和登陆过程面临较大的空中威胁，莫里森少将因此将本次作战称作"太平洋战争最大胆的行动之一"。老酒觉得莫里森明显言过其实，战争期间比这惊险的场面两只手都数不过来。

12月1日，未及时接到通知的哈尔西率第三舰队浩浩荡荡驶出乌利西环礁，准备为民都洛岛登陆作战提供空中支援。舰队刚刚出港，哈尔西就收到了登陆行动推迟10天至12月15日的好消息。所有人都如释重负，哈尔西立即下令舰队掉头返航，出港晃悠一圈，凭空浪费了不少燃油。

10月30日，麦凯恩从米切尔手中接过了第三十八特混舰队的指挥权。在乌利西环礁休整期间，他经常带领参谋人员前往"新泽西"号，和老朋友哈尔西和他的幕僚一起商讨今后的作战。和米切尔一样，满脸皱纹的麦凯恩瘦得只剩皮包骨头。在水兵眼里，他头上那顶帽子比米切尔的棒球帽还要寒碜。麦凯恩在头盔里衬了一个绿色里帽，夫人还在上边缝了一个帽舌——要是咱们，肯定该笑话麦凯恩戴绿帽子了。由于使用时间过长，里帽已经开始脱线，帽舌上也结了一层铜锈。"麦凯恩的帽子，"哈尔西取笑说，"是我见过的所有海军军官里最不体面的。"

但是在麦凯恩眼里，那顶夫人送的破帽子比什么东西都金贵。一次舰队在埃尼威托克环礁休整时，"大黄蜂"号一群水兵在岸上喝多了酒，互相打闹起来，很多人被抬起来扔进了潟湖里，其中包括飞行大队长哈罗德·比尔中校。比尔对此毫不介意，"不管怎么说，这就是找乐子，而且掉进水里能让喝了一下午的酒清醒过来"。刚刚游上岸的比尔惊讶地发现，一个白头发小个子也被抓住了双手和双脚，当他认出那竟然是一名三星中将时，麦凯恩已经被扔下去了。比尔赶紧带几个人跳下去，将司令官捞了上来。老头子气喘吁吁地说："找我的帽子，孩子们，快找我的帽子！"帽子找回来后，一点儿都没生气的麦凯恩还用自己的专用汽艇将水兵送回了航母。

麦凯恩和大多数水兵一样迷信，在战区向来帽不离头，出了战区从来不戴。麦凯恩虽然烟瘾很大，但只抽自己卷的喇叭筒烟。因为卷得不够紧，他走到哪里，烟丝就会跟着掉到哪里。一次，哈尔西派一名水兵拿着扫帚和簸箕跟在他的身后。"这搞的是什么鬼名堂？"麦凯恩对此大惑不解。"这样，你就不会我把整洁的战舰弄脏了！"哈尔西大笑道。

两人率众参谋重点研究了对付日军"神风特攻"的办法，这就是麦凯恩提出的"大蓝毯"战术。第一，将航母上的俯冲轰炸机减半，空出的地方补充战斗机。第二，加大战斗机载弹量，使其成为攻守兼备的双用途飞机，补充因减少俯冲轰炸机而损失的攻击力。第三，将原来4个航母大队缩编为3个，集中使用防空火力和空中巡逻战斗机。第四，在飞机出击攻敌时，派驱逐舰在舰队侧翼前出100公里充当警戒舰，提前预警敌机的到来，周围部署一定数量巡逻机。第五，所有执行完任务返航的飞机，必须在某一艘警戒舰上空绕行，这样巡逻战斗机就可以干掉那些混在其中试图定位并攻击航母的日军特攻机。麦凯恩叮嘱执行巡逻任务的飞行员，所有不按规定绕行试图靠近舰队的飞机，一经发现即被视作敌机，可以直接将其击落。

民都洛岛地理环境恶劣，至少日本人眼中是这样的。岛上丘陵起伏，泥浆遍地，只有沿海有少许平原。当年将美国人赶出菲律宾后，前第十四军司令官本间雅晴曾经试图在岛上修建机场，8次尝试均告失败。日本地质专家认为，该岛地质不适合修建机场。正因为此，日军认为美军不会大动干戈去攻占该岛。山下的目光紧盯着吕宋，他知道只要美国人愿意，他们可以集中兵力攻克像莱特岛那样的任何岛屿。在民都洛岛，他只象征性派驻了第一〇五师团第三五九独立大队的两个中队。加上那些因舰只沉没游水上岛的200人，岛上日军大约有1000人。

12月11日，哈尔西率第三舰队再次驶出乌利西环礁，前往执行瘫痪吕宋岛日军机场的任务。哈尔西和麦凯恩商定，12月14日到16日对吕宋空袭3天，17日舰队加油，19日到21日再轰炸3天。从14日开始，第三十八特混舰队出动舰载机，对吕宋岛日军机场连续实施了3天轰炸，声称在空中击落日机62架，地面摧毁208架，击沉日舰16艘，击伤37艘，日军油库、弹药库、营房等设施严重损毁。哈尔西的空袭一定程度上减轻了美军登陆行动的空中压力。

12 月 12 日清晨，一支运载地面部队 12000 人、航空兵和工兵部队 9500 人、后勤部队 9000 人的庞大船队驶出莱特湾，经苏里高海峡、保和海、苏禄海向 560 公里之外的民都洛岛徐徐进发，美军"守望者"行动正式拉开序幕。在 8 艘快速运输船周围，簇拥着轻巡洋舰 1 艘、坦克登陆舰 30 艘、中型登陆舰 12 艘、步兵登陆舰 31 艘、扫雷舰 10 艘、扫雷艇 7 艘、护卫舰 12 艘。它们不远处是近距离护航大队的 1 艘重巡洋舰、2 艘轻巡洋舰和 7 艘驱逐舰。为保证船队绝对安全，金凯德出动了 6 艘护航航母、3 艘老式战列舰、3 艘巡洋舰和 18 艘驱逐舰。此外，为登陆船队提供空中掩护的还有第五航空队驻莫罗泰岛和莱特岛的陆基战机。登陆行动总指挥是第七十八特混舰队第四大队司令官亚瑟·斯特鲁贝尔海军少将。麦克阿瑟本拟亲自率队前往，被参谋长萨瑟兰和众参谋劝止。

尽管航行中严格实行灯火管制，但这样一支绵延长达数十公里的船队在 560 公里航行中不被发现似乎是不太可能的。12 日傍晚，日军第十五飞行战队影山文武驾驶的 1 架侦察机发现了海上向西北航行的美军舰队，并立即发回接敌电报。第四航空军司令官富永决定迎战，集中所有 76 架各型战机——第四飞行师团 36 架、第二飞行师团 27 架和军直属机 13 架——实施决死突击，不惜一切代价消灭美军船队于海上。富永宣称，本次攻击能把美军登陆吕宋岛的时间至少向后推迟一个月。他甚至不顾第五飞行团小川小次郎的坚决反对，下令将仅剩的 9 架百式重型轰炸机全部投入特攻。

美军船队大举出动的消息被迅速通报海军基地航空部队，福留和大西立即下令，次日"神风特攻队"所有战机与陆军航空队联袂出击美军舰队。13 日天亮之后，美军船队遭到日机的疯狂进攻。LST-472 号坦克登陆舰首遭噩运，舰桥被 1 架特攻机撞得粉碎，很快翻转沉入大海，LST-733 号接着被撞沉，两舰官兵伤亡超过 1000 人。尽管美军战斗机拼命拦截，以最大射速射击的防空炮管都打成了红色，依然挡不住日军飞行员的拼命进攻。1 架零战扑向"西弗吉尼亚"号，被战列舰主炮打出的炮弹直接命中，机毁人亡。

轻巡洋舰"纳什维尔"号成为日机重点关照的对象。日军飞行员出击前被再三叮嘱，大名鼎鼎的麦克阿瑟可能就在那艘舰上，如果能够把它连同麦克阿瑟一同撞到海底里去，"功劳大大的"！实际上麦克阿瑟并未随队出行，"纳什维尔"号现在是斯特鲁贝尔少将的旗舰。15 时许，日军 1 架特攻机一头撞上"纳什维尔"

号左舷，爆炸引发的大火迅疾蔓延到弹药库，随后诱发的一系列殉爆导致舰桥、战斗情报中心和通信室被严重毁坏，官兵133人阵亡、190人受伤，伤者中还包括地面战斗总指挥、第二十四师副师长威廉·邓克尔准将。被炸得面目全非的"纳什维尔"号只好在驱逐舰"斯坦利"号护卫下向莱特湾返航，斯特鲁贝尔少将登上"达希尔"号驱逐舰指挥编队继续前进。下午被撞重伤返航的还有驱逐舰"哈拉顿"号。黄昏时分又有多架日机来攻，均被美军顽强击退。

15日凌晨，美军船队驶入民都洛岛西南曼加林湾，随后发起的登陆行动几乎未遭遇像样抵抗。虽然船队上空有战斗机实施24小时不间断巡逻，但在人员物资卸载期间，又有2艘坦克登陆舰被日机撞沉。驱逐舰"摩埃尔"号冒着到处飞溅的弹片，抵前救出LST-738号上的大部分水兵。登陆日傍晚，美军地面部队已向纵深推进11公里，日军稍为抵抗后遁入中部山区。虽然约300名日军曾在岛北警戒站一带与美军伞兵展开激战，但美国人仍然宣布48小时内占领全岛。日军毙命200人、受伤375人，美军阵亡18人、受伤81人。

前线战斗尚在进行，那些或叼着香烟或嚼着口香糖的美军工兵已经驾驶推土机开始修建跑道了。当年本间8次尝试修建机场未果，美国人完成这一任务只用了13天，还一下子修成两个。到12月下旬，民都洛机场已停放了92架战斗机和13架B-25中型轰炸机。

在对待美军登陆民都洛岛的问题上，南方军总司令官寺内和山下再次发生分歧。寺内严令山下立即组织反登陆作战，出动主力部队登岛把美国人赶下大海去。对莱特岛作战伤透了心的山下这次发了牛脾气，无论如何不同意派主力部队上岛送死，坚持要把手中宝贵的兵力用于今后的吕宋保卫战。但为了照顾寺内的面子，山下还是象征性地派出100多名"挺身队员"，企图潜入圣何塞地区破坏美军机场。12月下旬，这支不起眼的小部队刚一上岛就遭到美军和菲律宾游击队的联合围剿，无疾而终。

12月17日，完成第一阶段空袭任务的哈尔西率第三十八特混舰队向东撤出，准备按计划进行海上补给。10时，在吕宋岛以东800公里处，12艘油轮开始为众多作战舰艇依次加油。海上刮起20节至30节的大风，加油作业异常困难。正在餐厅喝咖啡的哈尔西惊讶地发现，不远处的驱逐舰"斯彭斯"号在风浪中几乎失控，差点撞上旗舰"新泽西"号。哈尔西后来回忆说："驱逐舰不断被冲上波峰，然后一头扎进浪里，如此周而往复。在汹涌海浪的影响下，它摇摆得非常厉害。"
鉴于多根连接油轮的输油管在加油过程中被扯断，根据气象参谋乔治·科斯克
中校的建议，哈尔西 12 时 51 分命令停止补给，次日清晨 6 时，在西北方向 320
公里处与补给船队会合后再加油。

1 小时后，哈尔西收到了从乌利西发来的一封电报，5 时从基地出发的 1 架
侦察机在"新泽西"号 14 时位置东南方向 360 公里处发现了一个风暴眼，预计
正以 12 节至 15 节速度向西北方向移动。据此推算，18 日清晨 6 时，风暴中心
将从新加油会合点的附近经过。哈尔西临时决定将会合点改为西南方向，但由
于油船编队在恶劣海况下不能及时赶到，哈尔西又确定了一个新的更近的加油
位置。对民都洛岛登陆行动的支援要求航母舰队 18 日上午必须完成加油，且加
油位置距离吕宋岛不能太远，以保证 19 日可以按计划发起第二阶段空袭。虽然
风暴预警提醒的危险依然存在，哈尔西还是决定冒一次险。

事实上，这一风险比哈尔西预想的要严重得多。乌利西环礁的侦察机只观察
到海上风暴，却没有辨别出实际上台风正在形成。17 日夜间，第三十八特混舰
队和油船编队在波涛汹涌的海面上艰难西进。午夜时分，试图找到一片安静水域
的哈尔西下令航向由正西改为正南，这就导致舰队与正在逼近的台风不期而遇。

海况越来越差，但 18 日黎明的加油作业必须进行。这不仅是支援陆上作战
的需要，也是为了舰队中那些小型船只的安全。之前的 3 天快速航行导致驱逐
舰油料即将耗尽，舰体上浮使得重心升高，适航能力变得更差。为应对可能来
临的危机，通常做法是往燃料舱中注入海水。但要将海水重新抽出来至少需要 6
个小时，一些心存侥幸的舰长轻易不愿采取这种变通措施。

18 日清晨 7 时开始的加油行动因大风和巨浪几乎无法进行，此时美军舰队
位于萨马岛以东 290 公里处。8 时过后，哈尔西叫停了加油行动。他致电麦克阿
瑟说"很抱歉"，当天无法按计划完成对登陆行动的航空支援了。此时不断有坏
消息传来，部分驱逐舰已经无法操舵，不断有水兵落入海中。补给船队的护航航
母和主力舰队的轻型航母出现险情，它们的飞机在甲板上来回移动。更糟糕的
是，机库内固定装置散架，飞机不断翻滚撞击舱壁引发了火灾。战列舰和巡洋舰
的水上飞机直接被吹进海里。连那些久经沙场的老兵都没见过如此狂暴的海洋，
他们竭力抓住一切能抓住的东西，默默祈祷。

情况还在不断恶化。10时过后，气压计读数快速下降，这是台风来临前的征兆——这次台风代号"眼镜蛇"，后来因本次事件被称作"哈尔西台风"。风速骤增至73节，掀起的巨浪淹没了驱逐舰的身影。哈尔西在回忆录中详细描述了当时恐怖的一幕："没到过台风中心的人，无论如何也想象不出它的凶狠的70英尺高巨浪从四面八方向你狂虐的情景。雨水混杂着狂风卷起的水雾使能见度急剧下降，眼前整个一片天昏地暗，你根本分不出哪里是天，哪里是海。中午时分，站在舰桥上根本看不清350英尺外的舰首。在这场风暴面前，硕大的'新泽西'号简直就像一叶独木舟！我在'新泽西'号上经历过遭5英寸炮弹击中的场景，那都没给我留下什么特别的印象。她的姊妹舰'密苏里'号的1架飞机砸在主甲板上，造成的损失也不过是重新刷刷油漆而已。我们的椅子、桌子和所有活动物品都必须双倍固定。我们自己也是在舱室内被晃得撞来撞去的。即使喊破了嗓子，也无法听清自己在说什么。"在海南工作过多年的老酒能够深深体会到哈尔西彼时的心情。

排水量45000吨的"新泽西"号尚且如此，那些吨位仅是它5%的驱逐舰就更不用说了。它们摆动的幅度是如此之大，以至于最后露出了舰底，烟囱和海面几乎平行。大风卷起的海水经过通风口和进气口等有洞的地方向舱内灌入，电线短路、发动机熄火，舵、照明、通信等需要电力支持的一切功能全部丧失，它们只能像无助的树叶那样随波逐流。"赫尔"号、"斯彭斯"号、"莫纳汉"号简直成了大风浪的玩物，像小孩儿的玩具一样被抛来抛去，短短几分钟内就消失得无影无踪。这还不像以往战斗中的倾覆，友舰还可以及时营救落水人员。虽然上百艘船就在遇难舰艇附近，但是风浪太大，友舰根本无法向落水者靠拢，只能眼睁睁看着他们在风浪中挣扎，一直到被巨浪吞没。同样缺乏油料的"西科克斯"号、"马多克斯"号由于采取了将海水灌入油舱的救急措施，最终幸免于难。

"波士顿"号重巡洋舰瞭望哨约瑟夫·普拉斯基目睹了1艘驱逐舰翻沉的情景："我独自一人承担着瞭望工作，在岗位上对抗着狂风和高达100英尺的巨浪。我看见1艘驱逐舰在左舷不远处出现。一个大浪打来，'波士顿'号剧烈向右倾斜了40度。我立刻面朝下紧紧抓住安全绳，并且不断祈祷自己能安然度过这场风暴。当船只姿态复原后，我联系了火控中心，询问刚才那艘驱逐舰到底上哪儿去了。他们冷冷地对我说：'乔，那艘船已经沉没了。'"

台风中的英雄属于1艘护航驱逐舰。"塔伯尔"号不顾自身天线受损的危险，奋力在51个小时内救起"赫尔"号41人和"斯彭斯"号14人。"蒙特利"号等3艘航母因舰载机撞到舱壁引发爆炸起火，经紧急处置才化险为夷。"蒙特利"号上一名参加抢险的水兵后来成为美国第三十八任总统，他的名字叫杰拉尔德·福特。"夸贾林"号一度失去转向能力，那些轻型航母纷纷掉队，特混舰队根本谈不上什么阵型。麦凯恩命令所有舰只可以无视舰队命令，按照各自手册上的安全建议自行处理一切事宜。

幸好台风来也匆匆去也匆匆。要这样刮上三天三夜，不用日本人来，第三十八特混舰队已经到海底去了。正午过后，风力渐减，那些体形硕大的战列舰和重型航母开始到处搜寻落水者。哈尔西放飞了众多飞机进行搜索，救援工作持续了整整三天。哈尔西称这是"海军史上最费劲的一次救援行动"。最终统计出的损失触目惊心：3艘舰沉没，全是没用海水压舱的驱逐舰，灾难中死亡和失踪人数达到790人。7艘舰船严重受损，一些舰载机因互相碰撞起火报废，不得不直接推入大海。加上直接被掀入海中的飞机，总损失达到186架。第三十八特混舰队遭遇重创，如刚刚经历了一场大战。战列舰"衣阿华"号传动轴在风暴中受损，它和"蒙特利"号、"塔伯尔"号等9艘舰艇不得不返回基地维修。

舰队遭遇台风袭击出现重大损失的消息传到珍珠港，尼米兹上将慨叹地说："这是自萨沃岛海战以来，我们在毫无战果的情况下在太平洋上遭受的最大损失。"

受台风和搜救行动影响，哈尔西取消了19日到20日轰炸吕宋的计划。21日空袭依然无法进行，台风正在侵袭菲律宾群岛。哈尔西索性率舰队直接返航，24日到达乌利西环礁。官兵借机进行休整，受损舰只立即开始维修维护。

1944年圣诞节，刚刚晋升不久的尼米兹飞抵乌利西环礁。"新泽西"号主桅上升起了五星上将将旗，这在美国海军史上还是首次。尼米兹在军乐声中登上战列舰。虽然已经成立了一个由约翰·胡佛中将主持的调查小组，但他还是想亲自了解航母舰队受台风袭击的原因和详细情况。

次日，尼米兹从乌利西飞往莱特岛，同麦克阿瑟会商第三舰队支援吕宋作战的相关问题。麦克阿瑟刚刚发布莱特岛日军有组织抵抗已经结束的公告，心情愉悦。但当他看到尼米兹肩上已出现了五颗星而自己还没有时，异常恼怒。当晚，他命令副官必须在第二天一早让他戴上第五颗星。

28日，尼米兹在返回珍珠港途中在乌利西做了短暂停留，向哈尔西传达了他同麦克阿瑟达成的协议：第三舰队仍将对西南太平洋战区进攻吕宋的行动提供必要支援。哈尔西请求司令官准许他率领第三十八特混舰队进入中国南海，攻击在恩加诺角海战中侥幸逃脱的"日向"号和"伊势"号。来自新加坡和西贡的情报显示，日军这两艘航空战列舰曾经在南海一带多次现身。哈尔西保证在完成上述任务的同时，将对麦克阿瑟的林加延湾滩头给予充分空中掩护，同时保证莱特湾向林加延湾的海上通道不受威胁。尼米兹表示赞同，但规定快速航母舰队在完成支援林加延湾登陆任务前，不得冒险袭击菲律宾以西地区。

其间，哈尔西提到了那封一直令他痛苦至今的电报——"第三十四特混舰队现在何处？"尼米兹感到震惊，承诺要查明是谁干的并采取必要措施。哈尔西在自传中说："当我把这事告诉切斯特时，他大为震怒。他查出了这个自以为很了不起的青年，并狠狠整了他一顿。"前文提到，尼米兹只是将卡斯特少尉调换了岗位而已。

胡佛小组很快出具了调查结果，认为舰队遭受台风袭击的大部分责任应当由哈尔西承担。报告在某种程度上证实了一些海军军官对哈尔西不太善意的评价——他缺乏指挥一支像第三舰队这样复杂舰群的才干，他的粗枝大叶和随意更改计划众所周知。1942年初，当他仅仅指挥一些小型航母编队时，这一缺点还不太突出。到1944年，他指挥的是一支拥有数百艘舰艇组成的庞大舰队，他习惯突然改变计划的做法必然会带来混乱。

胡佛主张对哈尔西进行军法审判。但是尼米兹和金认为，哈尔西因台风造成的损失受到了严厉谴责，这已经够了。尼米兹在胡佛提交的"调查记录"上批示："哈尔西的错误，是为实现自己掩护作战行动承诺的压力下所做出的错误判断，其出发点是为了尽可能满足军事需求。"金对尼米兹批示中的某些用词又做了改动，如把"良好愿望"改为"坚定决心"，在"判断"一词后边加上"由于信息不充分导致"，将"尽可能满足"改成"坚决满足"等。对两位领导的好心，哈尔西好像并不认可，他在总体来说还算坦率的自传中几乎没有提这件事儿。仅仅几个月后，一次更大的台风将再次邂逅哈尔西，届时详叙。

在重新审视了调查小组采集的证人证言和自己在乌利西的见闻之后，尼米兹向太平洋舰队所有部队发出命令："每一名指挥官在军舰处于危急关头时，应立即解除无线电静默，并上报太平洋舰队总部。认为之后证明是没有必要的预防措施就不屑于采用，这种做法对一个水兵来说，没有比这更危险的了。一千年来海上的安全靠的就是这种悲观哲学。"在指出"现在海军应对海上气象有更准确的预报"之后，尼米兹强调舰艇的安全"始终是舰长的第一职责，这一职责同时应由指挥作战的直接上级共同承担"。尼米兹上述命令隐含着对哈尔西的指责和批评。

山下向民都洛岛象征性派出的敢死队"挺身"未果，寺内只好向东京求援。大本营陆军部同样认为，民都洛岛落入美军之手乃心腹大患，力主海军断然实施反击。接到陆军"火速增援民都洛前线"的请求，联合舰队司令官丰田和参谋长草鹿颇感为难，两人手头并无多少舰艇和飞机可用。斟酌再三，丰田决定出动莱特湾海战中没怎么出力的第五舰队，对民都洛岛美军滩头阵地和圣何塞机场进行炮击，行动代号"礼号作战"。

第五舰队司令官志摩清英一向滑头，他并未亲自率队出击。西南方面舰队司令官大川内传七指派阿留申撤退作战"英雄"、第二驱逐舰战队司令官木村昌福出任"礼号作战"指挥官。大胡子木村以驱逐舰"霞"号为旗舰，随同出击的有重巡洋舰"足柄"号、轻巡洋舰"大淀"号，驱逐舰"清霜"号、"朝霜"号、"榧"号、"杉"号、"樫"号。这支舰队看上去略显寒碜，但已是莱特湾海战后日本海军所能集结的最大兵力了。大川曾考虑出动已到南海的"日向"号和"伊势"号参战，因两舰航速太慢只好作罢。说实在话，海军出动这支象征性舰队只是想敷衍一下陆军，并不指望能够取得多大战果。

木村接到的命令是：击沉曼加林湾一带所有美军舰船，炮击滩头和圣何塞机场。木村清楚，凭手中的孱弱力量，根本不可能完成如此艰巨的任务，一切只能依靠天神的保佑了。1944年平安夜，这支七拼八凑的舰队隐秘驶出了金兰湾。木村起初选择了前往马尼拉的伪装航线。日本人运气还算不错，凭借舰队上空的乌云和雷雨掩护，美军侦察机和潜舰竟未发现其行踪。26日中午时分，木村突然下令舰队航向转为正南，准备在当晚发动突袭后转身逃跑。

16时，从莱特岛起飞的1架"私掠者"远程巡逻机在圣何塞以西偏北290公里处发现了海上若隐若现的木村舰队。飞行员史蒂文斯上尉竟然把"足柄"号看成了"大和"号，迅速向圣何塞机场和第七舰队司令部发回接敌报告："圣何塞以西 180 英里发现敌舰'大和'号及巡洋舰 1 艘，驱逐舰 6 艘，航速 28 节，16 时 15 分。"这架美机随后降落在圣何塞机场。确认基地已经收到报告后，史蒂文斯要求地勤人员以最快速度给飞机加油并挂上 4 颗 227 公斤炸弹，再次起飞前往追踪日军舰队的动向，一直到次日凌晨 4 时才因油料不足返航。

史蒂文斯匆忙中使用了明码电报。木村旗舰"霞"号舰桥上气氛肃穆，舰队行踪显然已被美军发现，预料中的空袭将很快来临。一名参谋回忆说："突袭行动已被识破，我们不知道前方会遭遇什么，大家都很失望。"两个月前，栗田强大的战列舰队就因无法承受美军空袭，在进入莱特湾的前一刻选择后撤。现在这支舰队非常弱小，敌人却一如既往地强大，怎么办？所有人都默默无语，眼巴巴看着正举望远镜眺望远方的木村。就在众参谋忧心忡忡之时，木村放下望远镜，以平和的语调下达了作战命令："强行突入。"所有日舰开足马力朝目的地驶去，此时距预定突击时间还剩不到 6 小时。

突然杀出的日军舰队搞得美国人手足无措。为准备即将开始的吕宋作战，金凯德几天前把负责掩护民都洛作战的大型战舰全部撤回了莱特湾，曼加林湾一带只剩 20 艘鱼雷艇。圣何塞机场驻有第五航空队 13 架 B-25 和 92 架战斗机，但陆军战机明显缺乏海上攻舰的能力。

敌人正在不断逼近，麦克阿瑟越过肯尼，直接向岛上美军最高指挥官邓克尔准将下达命令："航空部队不必等到编队完成后再展开行动。以单机为单位，准备好一架起飞一架，尽快向日军舰队发动攻击！"位于莱特湾的金凯德迅速派出 3 架"私掠者"和 5 架"水手"前往增援。由重巡洋舰"路易斯维尔"号、"明尼阿波利斯"号，轻巡洋舰"菲尼克斯"号、"博伊西"号和第五十六中队 8 艘驱逐舰组成的临时编队在西奥多·钱德勒少将率领下火速出击，以 25 节高速前往拦截日军舰队。此时受台风侵袭的哈尔西舰队尚在乌利西环礁休整，远水解不了近渴。

圣何塞登陆场万分危急，戴维斯少校鱼雷艇队也被紧急动员起来：法戈少校率 4 艘艇前往当冈角外 18 公里处，负责通报日舰动向并伺机攻敌；斯蒂尔曼上尉率 3 艘艇在伊林岛以北 2 公里占位；斯瓦特上尉的 2 艘艇奉命快速返回，他们之前受命前往岛西北与岛上菲律宾游击队联络。9 艘鱼雷艇拉出一条长 3 公里的警戒线，艰难护卫着脆弱的滩头。

20 时 30 分，美军 B-25 在圣何塞西北 90 公里准确捕捉到木村舰队。飞行员纷纷上前投弹，众多战斗机也跟上去向敌舰扫射。"朝霜"号 20 时 45 分挨了 1 颗近失弹，所幸损伤不重，并不影响航行。21 时 01 分，"大淀"号相继被 2 颗 227 公斤炸弹命中，其中 1 颗竟然是哑弹，巡洋舰舰体只受到轻微损伤。21 时 15 分，被连续命中 2 颗炸弹的"清霜"号出现航行困难。21 时 24 分，1 颗 227 公斤炸弹在"足柄"号中部左舷甲板炸响，当场炸死 41 人。由于鱼雷发射管下方起火，舰长三浦速雄忍痛将装填好的鱼雷抛入大海。

20 时 48 分，法戈少校的鱼雷艇捕捉到了敌舰行踪。他一边将敌舰位置向斯瓦特通报，一边率队冲向敌舰。日军同样发现美军鱼雷艇在不断逼近，21 时 55 分，法戈在卡拉维特角遭到日舰炮击。美军鱼雷艇加速到 30 节，采取曲折航行同时释放烟雾，避开了打来的所有炮弹。令人啼笑皆非的是，黑暗中不辨敌我的美军战机竟然向友军鱼雷艇扫射投弹，22 时 05 分，"PT-77"号被 1 颗近失弹炸成重伤。法戈只好命令"PT-84"号护送友艇返回曼加林湾，其余 2 艘艇留在战场释放烟幕实施掩护。

一向冷静的木村非常清楚此行的目的，率队摆脱鱼雷艇纠缠沿海岸快速向南航行。22 时 15 分，斯蒂尔曼艇群在距伊林岛 9 公里处发现了"大淀"号，狡猾的木村命令所有舰只保持在鱼雷艇警戒线之外，同时不顾美机扫射断然开炮。"足柄"号 10 门 203 毫米主炮、"大淀"号 6 门 155 毫米主炮对圣何塞市区、机场和"红滩"足足打了 40 分钟炮。由于美机起飞攻敌，机场跑道上空空如也。日军炮弹仅对跑道构成轻微损坏，一座油库起火，但美军官兵无一伤亡。

日军巡洋舰和驱逐舰寻隙向附近的美军运输船射出 8 条鱼雷，击伤 1 艘，另 2 艘被炮火打伤。22 时 40 分，木村舰队转向曼加林湾方向，对斯蒂尔曼艇群发起三轮齐射，未获命中。在日舰发起攻击数小时前，4 艘美军运输船已经接到前往伊林岛避难的命令，其中 3 艘按要求离开，仅"布雷斯特德"号因惧怕攻击违命逃往曼加林湾深处。颇具讽刺意味的是，只有这艘运输船中弹起火被迫自沉。次日，美军在海滩上发现了 3 条未能引爆的九三式氧气鱼雷。

27 日 0 时 10 分，见好就收的木村下达了撤退命令。0 时 50 分，当舰队行驶至当冈角以北 15 公里处时，斯瓦特上尉的"PT-221"号和"PT-223"号赶到战场。"PT-221"号当即遭到日军探照灯照射和炮击，只好以25节速度向岸边撤退。"PT-223"号趁机抵前攻击，1时05分射出了右舷2条鱼雷，其中1条准确命中已受伤的"清霜"号舰体中部，该舰迅速在海面上消失。木村命令其他舰艇先行撤退，亲自率领旗舰"霞"号前往搭救"清霜"号的幸存者，之后以最快速度追上大队。12月29日，木村舰队顺利回到金兰湾，"礼号作战"宣告结束。

木村以损失1艘驱逐舰为代价，成功对美军登陆场和机场实施炮击，造成美机损失26架——它们大多是降落时坠毁的。这点儿损失对财大气粗的美国人来说根本无关痛痒。虽然木村早已遁去，但是有关日军已经登岛的恐怖消息在岛上流传了很久，美军在惶恐不安中迎来了1945年新年。相比两年前日军战列舰对亨德森机场的炮击，区区2艘巡洋舰根本不可能对圣何塞机场构成实质性破坏。日军的胜利更多属于心理层面。

"礼号作战"取得"圆满成功"。在美军完全握有制空权的情况下，木村再次展现出过人的冷静和决断，进退有度，对预定目标实施攻击后率大部分舰只全身而退，表现还算中规中矩。尽管取得战果几乎可以忽略不计，但在先后经历了马里亚纳、莱特湾海战惨败之后，联合舰队竟然能以如此小的代价完成突击行动，难能可贵。东京甚至将本次突袭吹嘘为"太平洋战争中日本帝国海军有组织战斗中的最后一次大胜"。和上层极度亢奋相反，一向圆滑的木村格外低调，再三强调"此战本应由领导亲自指挥，只是看我年龄大了，才给了木村一个面子"。这番话为木村赢得了更多赞誉。但事实正如他的老同学、联合舰队参谋长草鹿所言："本次作战对战局的影响，不过是一抹凉风吹过而已呀！"

27日14时，钱德勒少将率增援舰队抵达民都洛岛海域，木村已撤走12小时了。在西岸巡逻了一昼夜之后，钱德勒悻悻率队向莱特湾返航。日本人显然已不打算回来，也没有力量再回来了。日军对民都洛岛的海上威胁至此烟消云散，只剩特攻机不时前来骚扰了。不过这种令美国人心悸的袭击很快也停止了。随着美军大举登陆吕宋，小小的民都洛渐渐淡出了所有人的视线。

对美军采取的登陆行动，山下可谓心知肚明：麦克阿瑟醉翁之意不在民都洛，在乎吕宋和马尼拉也。民都洛岛不过是美军下一步大举进攻吕宋的跳板而已。送别寺内及南方军司令部后，山下立即命令参谋长武藤着手制订吕宋防御计划。为抗击美军登陆，山下还特意发明了一种被称作"山下地雷"的反坦克武器。

听说是司令官亲自发明的，试验当天，司令部和兵器部的人员都来围观。对此倾注了无数心血的山下站在队伍的最前面。一辆被飞机炸坏的坦克被充当试验品，当另一辆坦克靠近它时，由炮塔中探出身来的士兵把"山下地雷"扔过去——从使用方法看，应该叫"山下手雷"才合适。

报废坦克当即被炸裂，试验成功！爆炸产生的气浪将几名参观者掀翻在地，和山下并排站立的兵器部部长横尾纹太郎右脚被飞溅的弹片打伤。桦泽看到山下拖着左腿向汽车走去，于是快步跟了上去。山下低声告诉副官："只是稍微碰了一下，没什么大伤，对任何人都不准讲。"虽然伤势很轻，但这竟然是山下几十年军旅生涯中唯一一次负伤。

在堀荣三和朝枝繁春的协助下，武藤很快制定出"吕宋作战指导要领"。武藤建议将兵力分成三部分，分别部署于吕宋北部、克拉克机场以西和马尼拉以东山区，构筑坚固防御据点，形成"独立作战、永久抗战"之态势。

武藤指出，鉴于存在以下突出难题，东京大本营原来倡导的"吕宋决战"已不可能。第十四方面军只能依托山地构筑可以自给自足的据点，击退来犯之敌，才能尽量牵制美军，为本土加强防御争取宝贵的时间。武藤坦言，这是目前所能采取的唯一方案。

一、因为完全丧失了制空权，与优势美军在中部平原地区决战，势必被敌军的优势火力一举歼灭。

二、部队机动能力太差。目前运输只能靠分散全岛的3000辆卡车及马尼拉通往林加延的铁路，卡车数量一次不足以运送一个师团，燃料极度匮乏。铁路缺乏专人管理，火车头还是山下亲自派人督促修理，才具备15辆能够开动的能力。

三、粮食严重不足。吕宋岛无法实现自给自足，之前所需大米一直从法属印度支那、泰国和缅甸进口。由于制空权和制海权尽失，加上美军潜艇的严密封锁，海上交通已完全断绝。11月中旬开始，所有官兵粮食配给已减为每人每天400克，无法长久坚持下去。

四、当地人普遍亲美国人，菲律宾游击队遍布各地，无孔不入。自美军登陆莱特岛以来，他们变得更加活跃，连樱兵营军官俱乐部的地板下边都被埋上了炸药。一旦美军登陆吕宋，势必得到菲律宾人的全力支持。我军完全无法采用游击战术。

武藤推测，美军登陆吕宋的时间大致为 1945 年 1 月上旬，主力部队将在林加延湾登陆，另外一部可能在岛北端的阿帕里登陆，投入的兵力大约为 10 个步兵师。根据作战进展情况，美军很可能在马尼拉地区投入伞兵部队。武藤最后强调，时间紧迫，必须尽快做出决定并展开部署。

作为日本陆军屈指可数的名将，山下是个现实主义者，莱特岛惨败使他对守住吕宋不抱任何希望。到 12 月中旬，岛上只剩不到 200 架飞机。海军情况更糟，由于在莱特湾海战和随后的"多号作战"中损失了大量运输船和作战舰艇，西南方面舰队在菲律宾海域只剩 2 艘驱逐舰、10 艘小型潜艇和 19 艘鱼雷艇，稻田正纯第三船舶运输部队只剩 12 艘大发艇。山下能够依赖的只剩地面部队。尽管在莱特岛损失了 10 万精锐，但山下仍有 27.5 万人用来保卫吕宋。其中包括战车第二师团和第一挺进集团，他们都是日军在战争中唯一整建制投入的坦克和空降部队，之前布鲁恩会战中投入的伞兵就来自第一挺进集团。山下也曾考虑过像当年麦克阿瑟那样退守巴丹和科雷希多，但那里区域狭小，实在装不下几十万人的部队。因此对武藤提交的作战计划，山下当即予以批准。

东条下台后，他的第一心腹佐藤贤了越来越无法在东京立足。陆军大臣杉山元一纸电令将他发配到了南京，出任中国派遣军副参谋长。陆军省军务局长由原参谋本部作战部长真田穰一郎接任。12 月中旬，新任作战部长宫崎周一莅临菲律宾，与留守马尼拉的南方军参谋长饭村穰一起听取了武藤关于"改决战为持久战"的专题汇报。原本认为很扯皮的事情，仅仅一天就达成三方谅解。会议结束时，曾经任陆大教官的宫崎告诉弟子堀荣三："凡事都做悲观判断不好，我在陆大教过你们的。"

12 月 19 日，山下正式发布了第十四方面军固守吕宋的作战计划。新计划一改以往的决战思想，把兵力部署重点由海岸转向内陆，作战由"决战"转向"持久"。

一、方面军以主力确保吕宋北部重要地区，以一部兵力确保马尼拉东部与克拉克西部山地，各自确立自战自存的长期抗战态势，同时互相策应将敌军主力牵制在吕宋岛，以消灭和消耗敌之战斗力。

二、第四航空军与海军航空队联手，消灭进攻吕宋的美军船队，侦察敌之登陆意图，同时在卡加延河谷构筑新的航空基地。

三、以第八师团（其中第五步兵联队在莱特岛）、第一〇五师团、马尼拉防卫部队、海军第三十一特别根据地部队等部共计8万人编成振武集团，固守马尼拉以东山岳地带及东南方向比科尔半岛。马尼拉宣布为不设防城市。该集团由第八师团师团长横山静雄统一指挥。

四、以第一挺进集团、第四飞行师团、第十师团第三十九步兵联队等部3万人编成建武集团，驻守中央平原以西三描礼士山脉地区，防卫克拉克机场群、苏比克湾海军基地、巴丹半岛和科雷希多，击溃来自林加延湾方面的来犯之敌。以上各部由第一挺进集团集团长少将塚田理喜智——1945年3月晋升中将——统一指挥。

五、其余主力部队15.2万人编成尚武集团，固守北吕宋地区。以碧瑶为中心，确保从林加延湾到东岸巴莱尔湾以北广阔地区。其中第二十三师团和第五十八独立混成旅团驻守林加延湾执行反登陆作战，形势不利时转入山区。第十师团（缺第三十九步兵联队）驻守圣何塞以北地区，随时对第二十三师团提供支援。第一〇三师团驻守阿帕里，防止美军从岛北登陆，形势不利时固守土格加老附近地区，确保卡加延河谷北口。即将到达的第十九师团集结于拉基良一线。拥有200辆坦克的战车第二师团分散部署，执行反空降机动作战。以上部队由山下本人亲自指挥。

即使已到了这步田地，山下依然口出狂言："美国人必须为夺取每一座山头、每一条河谷付出惨重代价。吕宋岛地域广大，我们可以尽情地打。第十四方面军将在这里为大东亚战争写下光辉的篇章！"

作为日军南方战线重要的中继补给地，菲律宾首都储存有大量军需物资。既然马尼拉决定放弃，就必须尽快将宝贵的物资运往三大战略集团的集结区域。武藤特意制定了"吕宋地区兵站紧急处理要领"，在预计美军登陆的1月10日前，拟运往三大据点的物资如下：弹药3500吨、武器500吨、通信器材500吨、炸药 200 吨、汽车零部件 1500 吨、粮秣 4500 吨等，总计 12760 吨。这是武藤保守计算的最低数字。

值得一提的是，上述物资最后"其他项目"列有纸币 150 吨和硬币 50 吨，其中"硬币 50 吨"引起了人们的无限遐想。一度有人将之传为金条或金币，并在战后诱发了有关"山下宝藏"的美丽传说。尽管存在不同的版本，但传说的整体内容大同小异，都指山下在美军大举进攻之前将从东南亚掠夺的大量金银财宝从马尼拉转移，藏在了北部山区一处隐秘场所。事实上，这种被称为"福丸"的金币作为日本战争后期铸造的贵金属货币，确实具有一定的市场价值和收藏价值。2008 年前后，一枚"福丸"金币市值约为 20 万日元。在最后 8 个月作战中，区区 775 公斤黄金很可能早被山下的十几万大军消耗了。

即使到了今天，前往吕宋的寻宝者依然络绎不绝。鉴于来者实在太多，菲律宾政府甚至对寻宝者发售许可证，以此提升当地旅游业。坊间疯传连保罗·艾伦也抵挡不住黄金的诱惑，加入了寻宝者行列，探险船"章鱼"号就是为寻宝专门建造的。老酒以为，此言纯属无稽之谈，"章鱼"号的任务是探访海洋，山下是绝对不会将"宝藏"埋在海底的。况且按常理推论，以艾伦的身家，真不一定看得上那些可能根本就不存在的"宝藏"。

在美军到来之前，将这么多物资运到指定位置绝非易事。方面军直属卡车不过 260 辆，其中 60 辆被指定运送大米，铁路平均每天只能运行四列火车，即使开足马力，每天也只能从马尼拉运出 400 吨物资。这个数字还排除了美军空袭和游击队袭扰等不确定因素。要完成武藤计划的运输数字，至少需要一个月以上时间。从 12 月 17 日以来运输作业的情况来看，主要阻力竟然来自内部。

10 月初来到菲律宾后，山下一直居住在樱兵营。据副官桦泽回忆说，山下只去过两次马尼拉。一次是到任后的例行拜访，另一次是出席寺内的招待宴。山下对马尼拉并无多少留恋，但那些长久在此驻扎的军人特别是空军和海军部队，却对马尼拉繁华的都市生活流连忘返。凭借占领军权势和自己发放的军票，他们可以耀武扬威，频繁出入高档娱乐场所，住在日本国内只能站很远看看的好房子。现在让他们放弃城市到深山老林里风餐露宿，实在难以割舍。不愿撤离的代表人物当数第四航空军司令官富永和海军第三十二根据地部队司令官岩渊三次。正是这些人从中作祟，导致物资搬运工作一直进行得拖拖拉拉，武藤对此大发脾气。

对海军和空军的软磨硬泡，山下竟然无可奈何。富永归南方军司令部直接指挥，海军更不可能听他的。斟酌再三，山下和武藤决定率先垂范。1945 年 1 月 3 日，山下向东京皇宫方向遥拜后离开樱兵营，与海军西南方面舰队司令官大川等人动身前往碧瑶。大川在离开前命令马尼拉海军守备队指挥官岩渊三次："自 1 月 6 日零时起，你部地面军事行动接受振武集团司令官的指挥。"

"松之都"碧瑶是菲律宾著名的避暑胜地，山下将新司令部设在军医院的二层楼上。早在 12 月 22 日，菲律宾傀儡政府总统劳雷尔携家眷和主要阁员在日军的护送下已由马尼拉迁至此地。果不其然，山下和大川的离开使一些人不再抱有幻想，物资调运效率因此提高了许多。

武藤并未与山下一起同行，他顺便视察了留在南方的两大战略集团。武藤认为，振武集团准备工作总体还算合格，但部署在克拉克机场以西的建武集团情况糟糕。该部主要由空军地勤人员组成，3 万人中仅 8500 人属于作战部队。他们缺枪少弹，重武器极度缺乏。加上指挥官塚田刚刚到任，连最基本的防御阵地都还没开始修筑。

山下离开樱兵营当天，1 月 3 日，1 架日军侦察机发回了令人震惊的消息："民都洛岛以南海域发现敌舰 300 余艘，航向正北，航速 14 节。"随后发回的第二封电报说："在敌军第一支舰队以南，又发现了由数百艘舰艇组成的第二集群，航向正北，航速 12 节。"如此庞大的一支海上力量的目标毫无疑问正是吕宋。富永、福留立即命令所有特攻机准备出动，向美军船队发起攻击。

日军侦察机发现的正是美军吕宋岛攻略部队，登陆地点为马尼拉以北的林加延湾。3 年前，日军进攻吕宋就是从这里登陆的。美军首批登陆部队是克鲁格中将的第六集团军，下辖第六、第二十五、第三十七、第四十、第四十三步兵师，总计兵员 19.1 万人。负责运送登陆部队并提供护航的是金凯德第七舰队。考虑到吕宋岛日军航空兵力依然强大，仅凭护航航母为数寥寥的战机显然无法应对，必须动用哈尔西麾下第三舰队的舰载机。根据之前麦克阿瑟和尼米兹达成的协议，肯尼第五航空队驻莫罗泰、莱特和民都洛岛的陆基战机负责压制吕宋岛南部日军航空部队，哈尔西第三舰队的舰载机则负责扫荡吕宋岛北部日军机场。

1944 年 12 月 30 日，美军第三舰队再次驶出乌利西环礁。哈尔西和麦凯恩计划先轰炸吕宋岛北部机场，随后轮番攻击中国台湾和琉球群岛，阻止日军向菲律宾派出增援。1月3日，美军空袭中国台湾和冲绳的行动拉开了新一轮航空打击的序幕。天气条件极差，以至于美军机群根本找不到日军机场，也几乎没有日机升空迎战。尽管如此，哈尔西仍然声称在两天行动中摧毁超过100架停在地面的日机，自己损失22架。

1月5日完成海上加油之后，第三舰队和陆军第五航空队分别空袭了吕宋岛北部和南部机场。受恶劣天气影响，美军空袭效率不高。哈尔西损失了17架飞机，换来战果仅仅是击毁敌机32架。毫无疑问，日军依然具备发起特攻的能力。同样因天气，肯尼和麦凯恩都无法为金凯德的第七舰队提供充分的空中保护。

1月4日，日军1架九九式俯冲轰炸机首先撞中一艘油轮，拉开了持续数日疯狂特攻的序幕。尽管当天美军护航航母出动40架"野猫"配合陆军20架战斗机拼命拦截，并以水面舰艇编织了严密的防空火力网，但百密难免一疏，1架日机还是在黄昏时分撞上护航航母"奥曼尼湾"号舰桥右侧。除撞击引发的爆炸之外，日机挂载的2颗炸弹也在航母甲板上轰然炸响，舰载机、弹药库和航空燃料舱的连环爆炸造成93人当场阵亡、65人受伤。20分钟之内，"奥曼尼湾"号就被炸成一个空壳子。鉴于舰上残存弹药和燃油可能诱发新的殉爆，在接走舰上人员之后，驱逐舰"本斯"号受命出列发射鱼雷将"奥曼尼湾"号击沉。

虽然"奥曼尼湾"号最终沉没来自美军驱逐舰的"补刀"，但富永和福留都将击沉1艘美军航母列入自己的战功。海军坚称摧毁敌舰的是"旭日队"指挥官风间万年驾驶的1架"彗星"，陆军则提出风间在头一天的特攻中已经战死，击沉敌军航母的毫无疑问是陆军的1架九九式轻型轰炸机。当天被日机撞沉的还有弹药运输船"路易斯·戴奇"号，舰上69名水兵无一幸存。

1月5日，日军的特攻行动更加疯狂。17时刚过，1架日机撞上"路易斯维尔"号二号炮塔，当场造成60人伤亡。舰长雷克斯·希克斯上校也在伤者之列，副舰长威廉·麦卡蒂中校火线接过了指挥权。17时50分，2架日机分别撞上护航航母"马尼拉湾"号舰桥左后方和飞行甲板。损管队员吸取了"奥曼尼湾"号头一天被撞沉的教训，第一时间封锁起火的机库，然后分头控制住火源，"马尼拉湾"号仅24小时就恢复了战斗力。当天被撞伤的还有护航航母"萨沃岛"号，重巡洋舰"澳大利亚"号，驱逐舰"海尔姆"号，护航驱逐舰"斯塔福德"号，水上飞机供应舰"奥尔卡"号和远洋拖船"阿佩彻"号。

美方并非一味被动挨打。15时30分，从护航航母上起飞的舰载机攻击了马尼拉湾正西方向的日军驱逐舰"枞"号、"桧"号。前者当场沉没，后者受伤逃逸，两天后被以"查尔斯·奥斯木"号为首的4艘美军驱逐舰联手击沉。

1月6日，美军船队驶入林加延湾，奥尔登多夫下令炮击滩头。日军特攻行动至此达到最高潮。根据日军记录，当天有40架飞机投入了特攻。多达15艘盟军舰船遭到撞击。11时，扫雷舰"朗"号最先遭殃，被2机撞中后歪着身子没入水中。12时整，1架特攻机撞上战列舰"新墨西哥"号舰桥左侧，舰长罗伯特·弗莱明上校重伤身亡，英军特别军事代表赫伯特·拉姆斯登陆军中将、《时代周刊》战地记者威廉·查克林也在撞击引发的爆炸中阵亡，同样在这艘舰上的第三战列舰分队司令官乔治·韦勒少将、英国皇家海军太平洋舰队司令官布鲁斯·弗雷泽上将幸运逃过一劫。

17时20分，1架零战一头撞上奥尔登多夫的旗舰"加利福尼亚"号战列舰，导致45人阵亡、3人失踪。17时27分，"路易斯维尔"号发现6架日机来袭，立即开炮拦截。2架日机直接向"路易斯维尔"号俯冲，虽然防空炮奋力击落1架，但另一架还是撞上右舷驾驶舱和信号桥楼中间部位，剧烈爆炸造成84人伤亡。舰上第四巡洋舰分队司令官钱德勒少将肺部烧伤，次日下午伤重不治身亡，其职务暂时由"波特兰"号舰长托马斯·威廉姆斯上校代理。"路易斯维尔"号因伤重只好掉头向莱特湾返航。当天被撞伤的还有"澳大利亚"号，重巡洋舰"明尼阿波利斯"号，轻巡洋舰"哥伦比亚"号，驱逐舰"艾伦·萨姆纳"号、"沃尔克"号、"奥布伦"号，扫雷舰"苏萨德"号，运输船"布鲁克斯"号。

"纳什维尔"号在民都洛航渡中被撞伤之后，麦克阿瑟选择"博伊西"号轻巡洋舰为新旗舰。1架日机向"博伊西"号发起俯冲，未能命中。舰桥上的麦克阿瑟目睹了日机的疯狂进攻，心有余悸地告诉身边的埃格伯格："医生，好在他们的技术不如我们。但如果他们总是这样猛烈地攻击我们的军舰，我想我们就不得不打道回府了。"

7日之后，几乎耗光了所有飞机和飞行员的日军攻击力骤减，三天中仅撞中10艘舰船。值得一提的是"澳大利亚"号，这艘澳大利亚皇家海军的重巡洋舰好像格外受日本人青睐，在短短5天内竟然被撞中5次！早在10月21日，"澳大利亚"号就遭到日机撞击，连舰长埃米尔·德夏努上校都被撞没了。即使如此，澳大利亚人仍然谢绝了美军要求他们返航的好意，坚持"轻伤不下火线"。10日仅有2艘美舰遭到撞击，12日和13日日军取得12次命中，伤者包括护航航母"萨拉莫阿"号。13日的攻击成为日军"神风特攻队"在菲律宾战场的最后绝唱。当天大西撤出菲律宾，飞往中国台湾重建新的特攻队。综合10天战绩，日军特攻行动共造成盟军738名官兵死亡、1400人受伤。相对损失而言，美军受到的打击更多来自精神层面。

海军基地航空部队打光了几乎所有飞机，陆军第四航空军的情况也好不到哪里去。到1月9日，第三十飞行团连一架飞机都没有了，第四飞行师团只剩下4架联络飞机。作为陆军特攻作战的创始人，富永的表现可谓虎头蛇尾。此前每逢特攻队出发，富永总是摆出一副像煞有介事的样子，手握军刀亲自到机场为飞行员送行。他的讲话可谓慷慨激昂："你们现在都是神！你们不是一个人在战斗，本司令官将在最后一战中出击！"最让飞行员恶心的是，飞机因故障返航本是寻常之事，但富永对这种行为极不理解，时常加以严厉斥责。富永担任司令官期间，共下达特攻命令62次，超过400名飞行员战死。

眼看美军就要在吕宋登陆，富永不是像先前自己所说的那样亲自驾机投入特攻，反而两次向上级提出辞职，理由是"身心疲惫"，还羞答答地拿出了一张军医开具的"胃溃疡"证明。以中将军司令官之尊，富永要军医开出这样的证明应该不算难事。辞呈很快被南方军退回，富永索性一不做二不休：你不让我走，我自己走！

为隐匿自己的逃跑行动，富永装腔作势派出几百名地勤人员，在司令部周围挖掘反坦克壕，构筑机枪掩体。暗地里他却命令第七十五飞行战队指挥官土井勤安排逃跑事宜。1月7日凌晨，土井从马里基纳飞往台湾屏东机场，与航空补给厂交涉获得4架轻型轰炸机和1架运输机。1月16日，富永宣布将第四航空军地面部队交给第十四方面军统一指挥，然后带上大量威士忌和艺伎挤上1架轰炸机向台湾飞去。

富永的行为彻底激怒了南方军，寺内一纸诉状将他告到了大本营陆军部。考虑到前方战事正紧，东京也懒得再把富永派回菲律宾，干脆直接将第四航空军就地解散了事。富永留在菲律宾的数万部队除极少数人被遣返回国之外，大部分在随后的地面作战中命丧黄泉。

连日本国内都出现了嘲讽富永的诗歌："惜命如富永，飞将趋台湾。神国敌机临，藏身弹舱里。"富永也知道自己的行为不太光彩，于是向驻台湾第十方面军提出加入该军序列的申请。第十方面军司令官安藤利吉明确表示"你的申请我无法接受"，并当众痛斥了富永临阵脱逃的卑劣行为。1940 年 9 月，正是富永和佐藤贤了共同策划了武力进驻法属印度支那北部的行动，导致时任华南方面军司令官的安藤被东京解职。窝了一肚子火的安藤这回终于逮住了出气机会。在台湾赋闲期间，富永深居简出，因为很多看到他的士兵都拒绝向这位"逃跑将军"行礼。

按说富永的行为是要接受军法审判的，但日本陆军史上还从未出现过这样高级别军官的临阵脱逃。富永毕竟曾在高层摸爬滚打多年，东京最后网开一面，只是将他打入预备役就算了事。富永在日本人心中永远留下了一个"逃跑司令官"的印象。在《昭和之名将和愚将》一书中，史学家半藤一利和保阪正康直接将他和牟田口廉也并列，称为"愚将中的愚将"。

当年在东条手下担任陆军次官兼人事局局长时，仗势欺人的富永得罪了太多的人。有人趁机提出，这小子怕死临阵脱逃，把他转入预备役不就更安全啦？"贪生怕死之徒竟然可以通过转为预备役来逃避战争，岂不滑天下之大稽？"陆军高层仔细一想，还真是这么个道理。随着参谋本部一纸电令，1945 年 7 月 10 日，富永被派往中国吉林担任刚成立的第一三九师团师团长，一个月后作为苏联人的俘虏被押往西伯利亚战俘营。经过 10 年劳动改造，富永在 1955 年获释回国。1960 年 1 月 14 日，69 岁的富永死于心力衰竭。值得一提的是，1945 年 5 月的"菊水特攻"中，富永长子富永靖驾驶 1 架战斗机与美军同归于尽，比他爹有骨气多了。

日军的特攻并非仅仅来自天上。1 月 9 日是登陆日，随着美军舰船在林加延湾一字排开，凌晨 3 时 20 分，日本陆军"海上挺进队"第十二战队 78 名敢死队员在高桥功的带领下，驾驶 70 艘"四式肉搏攻击艇"，凭借暗夜掩护向美军登陆船队发起了自杀式攻击。一直在提防空中威胁的美军猝不及防，多达 9 艘舰艇被日艇击中，步兵登陆艇 LCI-974 号、LCI-365 号爆炸沉没，3 艘驱逐舰、3 艘坦克登陆舰、1 艘运输船受伤。日军自称取得击沉敌舰 20～30 艘的"显赫战果"。

9 日清晨 7 时，奥尔登多夫火力支援大队向预定登陆区域实施了两个半小时炮火准备。9 时 30 分，第六集团军下属第一军、第十四军在林加延湾南北相距 27 公里的两处滩头蜂拥上岸。第十四军由曾在新乔治亚岛、布干维尔岛战役中登场亮相的奥斯卡·格里斯伍德中将指挥，其下属第三十七、第四十步兵师登陆后将一路朝南，向吕宋中央平原快速挺进，兵锋直指菲律宾首都马尼拉。英尼斯·斯威夫特少将第一军下属第六、第四十三步兵师负责巩固滩头，之后向北攻击日军最强大的尚武集团，保护第十四军后方和侧翼的安全。

由于日军采取了放弃滩头的持久防御战策略，美军登陆几乎未遭多少抵抗，很多地方士兵几乎是跑步上岸的。9 日日落时分，美军滩头阵地向纵深扩大了 6 公里，5 万多名官兵和大批装备物资上岸，伤亡官兵不到 100 人。美军情报部门对前方战况大感不解，担心部队落入日本人精心设下的圈套。但 1 月 10 日同样轻轻松松过去，当晚先头部队已向纵深推进了 15 公里。

登陆行动之顺利大大出乎美军的预料。9 日午后，在发出"解放菲律宾的决定性战役已经打响"的公告之后，麦克阿瑟率萨瑟兰、埃格伯格、莱尔巴斯等参谋登上 1 艘登陆艇，前往圣法比安附近海岸。海军工兵用推土机提前推出一道沙堤，这样司令官上岸时就不会被海水打湿脚了。但麦克阿瑟对"海蜂"的好意视而不见，依然大步流星从登陆艇斜板上走了下来，重现了莱特湾涉水而进的一幕。几百名菲律宾人向他欢呼雀跃，齐声高喊"玛布海"！菲律宾语"玛布海"就是"欢迎"的意思。

在滩头巡视几小时后，麦克阿瑟转身返回了"博伊西"号，岛上的战斗都交给克鲁格负责了。麦克阿瑟清楚，根据之前和尼米兹达成的协议，哈尔西第三舰队一周后就将撤出。在此之前，工兵部队必须修好机场跑道。斯维尔德鲁普和肯尼赌上了一瓶威士忌酒，说他能在登陆后 7 天内让一条 1500 米长的跑道投入使用。从现场情况看，肯尼马上要赢了。

当斯维尔德鲁普乘吉普车前往林加延检查那里的简易机场时，美军一个坦克营正准备横穿跑道，谢尔曼坦克将在上边留下一道道极难恢复的深坑。气急败坏的斯维尔德鲁普跳下吉普车，冲上跑道挥舞着手枪高声叫喊让坦克后退。麦克阿瑟听到此事后非常高兴："我要提升斯维尔德鲁普，还要授予他 1 枚优异服役十字勋章。"他言出必行，斯维尔德鲁普不但得到了那枚勋章，几周后还成为二战期间美国陆军首位晋升少将的预备役工兵军官。他如愿地从肯尼手里赢得了那瓶威士忌酒：就在哈尔西率第三舰队撤出的当天，第五航空队一个中队的战斗机进驻林加延临时机场。次日，第三〇八轰炸机大队的B-24已经从这里起飞，前往日军的头顶投弹了。

登陆前三天的战斗美军仅55人阵亡、185人受伤，击毙日军不到200人。11日，后续部队第二十五步兵师、第一五八独立步兵团、第六游骑兵营等预备队顺利登陆。对完全握有制空权和制海权的美国人来说，登陆成功预示着岛上的胜利已成为一个时间问题。谁也不会想到，山下的顽强抵抗竟然一直持续到战争结束。

1月12日，负责北方作战的美军第一五八独立步兵团、第四十三步兵师开始对盘踞在达摩蒂斯—罗萨里奥山区的日军第五十八旅团、第二十三师团发起猛烈攻势。崎岖地形和日军精心构筑的防御阵地导致美军只能在炮火的支援下缓慢推进，师长莱昂纳多·温少将一怒之下战场解除了第六十三团团长霍勒迪上校的职务，由副团长梅森中校取而代之。但换人对战场形势丝毫无补。

山下命令西山福太郎的第二十三师团和佐藤文藏的独立第五十八旅团向美军滩头阵地发起反击。听到这个显然违背初衷的命令，武藤和众参谋频频摇头。但碍于山下的武断作风和暴躁脾气，谁也不敢站出来公开反对。武藤反而劝告不愿起草进攻命令的参谋田中："我们难道不应该照顾一下大将的面子吗？"结果不难想象，1月16日晚，日军向滩头发起的近乎绝望的反扑被轻松击退，损失惨重。

前线攻击进展缓慢，斯威夫特少将下令预备队第六师第六十三团投入战斗。美军5个团分别从西、南两个方向攻击踞守山区的日军，在滩头反击中损失惨重的第二十三师团随时有被美军分割包围的危险。看到硬拼毫无希望，山下这才下令他们撤往山区边缘的二线阵地。1月28日，美军艰难攻占达摩蒂斯镇，夺取了可以俯瞰三号、十一号公路交会处的重要高地，为第十四军南下进攻马尼拉解除了后顾之忧。

与此同时，格里斯伍德的前锋部队已推进至中央平原。长176公里、宽64公里的中央平原地势平坦，河网密布，只有沿铁路陆基才有一条狭窄道路，极大限制了美军机械化部队的行军速度。看到前线攻击顺利，"龙心大悦"的麦克阿瑟紧急召见了克鲁格："不要顾虑重重，山下放弃滩头阵地，就是准备打持久战。

快速向马尼拉进军吧，敌人不会有激烈抵抗。从第一次世界大战开始，我就在陆军打仗。我了解吕宋每一条田坎和山丘，我的判断肯定错不了。"他要求克鲁格在1月26日之前攻占马尼拉："别忘了，1月26日也是我的生日。"麦克阿瑟和克鲁格的生日是同一天。

克鲁格当然明白司令官的意思，他想把夺取马尼拉作为自己的生日礼物。用兵一向谨慎的克鲁格可没有麦克阿瑟那么浪漫，他现在满脑子都在想着如何巩固滩头，同时认为在更多增援到来之前，发动任何大规模进攻的行动都是极其危险的。当他提出第十四军快速南下可能遭到两翼日军建武集团和振武集团的夹击时，麦克阿瑟摇摇头说："你考虑得太多了！那里没有那么多日本人。"肯尼也在一旁敲边鼓，吵嚷着让克鲁格尽快夺取克拉克机场群，以使第五航空队能为地面部队提供更多、更及时、更充分的空中支持。萨瑟兰甚至私下向麦克阿瑟建议"应该把克鲁格打发回国"，由他接管第六集团军，战区参谋长毕竟没集团军司令官那么威风。

"可是我的情报大都来自您的司令部！"克鲁格不服气地辩驳说。

坐在一旁的情报处长威洛比少将忽地从椅子上跳了起来，高声叫道："你的情报根本不可能是从我这儿来的！"

会谈最终不欢而散。麦克阿瑟告诉威洛比："我想告诉你，我对情报军官的一些看法。美国历史上只有三位伟大的情报军官，但很可惜，我的情报军官不在其中。"老酒对麦克阿瑟最后一句话深表赞同，印象中这个威洛比提供的情报从来没有准确过，大多数情况下与事实恰好相反。

早在1944年10月前后，哈尔西就多次请求率快速航母舰队扫荡中国南海，都因莱特岛战事紧张未能成行。随着美军在吕宋岛牢牢站稳脚跟而日军"神风特攻队"日渐式微，尼米兹终于给哈尔西开了绿灯，同意他"在确实发现日军主力舰队时可以便宜从事"。哈尔西迫切希望至少可以指挥一场海上舰队的对决。战争已经进入第五个年头，这种机会似乎一直在有意躲着他。9日晚上，急不可待的哈尔西率领以14艘航母、900架舰载机、8艘战列舰、16艘巡洋舰、72艘驱逐舰组成的第三十八特混舰队快速经巴林塘海峡首次驶入中国南海，第三十特混舰队第七大队、第八大队的护航航母和油轮将为他们提供充足的后援支持。

哈尔西认为，既然第三舰队的主要使命是保障民都洛岛和林加延湾之间海上交通线的安全，那么最有效的办法就是摧毁敌人可能威胁这条水路的所有舰只。有确切情报显示，日本联合舰队将近一半残余兵力都部署在中国南海，据传恩加诺角海战中侥幸漏网的航空战列舰"伊势"号和"日向"号 12 月 14 日进入了法属印度支那的金兰湾。实际上在哈尔西发动本次攻击之前，两舰已转往新加坡了。

1 月 12 日一大早，哈尔西发出了"让他们下地狱，你们知道怎么做"的命令。当天，麦凯恩共出动舰载机 1437 架次，对法属印度支那半岛海岸发起大规模空袭。第三大队舰载机发现一支由 10 艘商船和 7 艘军舰组成的日军船队，立即实施俯冲轰炸，一举击沉 4 艘油轮、3 艘商船和 3 艘小型舰艇，训练巡洋舰"香椎"号也在归仁附近海域被炸沉，621 人水兵随舰沉没。日军另两支船队同样遭到空袭，4 艘油轮、2 艘商船、6 艘护卫舰艇和 1 艘登陆舰被击沉或受伤搁浅。

南下攻击金兰湾的美军机群错误击沉了停泊在港内的法国亚洲分舰队旗舰"拉莫特·皮克特"号轻巡洋舰（已被日军解除武装），同时击沉日军商船、油轮各 2 艘。攻击西贡的美军机群击沉 5 艘商船、2 艘油轮、3 艘登陆艇、2～4 艘护卫舰、1 艘扫雷舰、1 艘巡逻艇。"埃塞克斯"号飞行大队深入内陆，攻击了停泊在湄公河中的日军船只。西贡周边油库和机场遭到轰炸。当天，美军以损失 23 架飞机为代价，击沉日军舰船 44 艘，总计 132700 吨，其中包括 12 艘宝贵的油轮。飞行员声称空中击落日机 15 架，港内摧毁 20 架水上飞机，炸毁停在机场上的日机 77 架。

"大黄蜂"号战斗机飞行员布莱克·莫兰维尔中尉的飞机被高射炮火击伤，只好在西贡以南 120 公里处的一片稻田里迫降，被当地法军俘虏。莫兰维尔在战俘营里见到了"汉考克"号战斗机飞行员埃尔默·斯特拉顿中尉和"埃塞克斯"号、"圣贾辛托"号各 1 名飞行员。战争到了这个阶段，法属印度支那当局看出日本人的失败已不可避免，4 名美军飞行员与其说是俘虏，不如说是尊贵的客人。他们在战俘营里不但没有遭受虐待，还有烟抽、有酒喝。鉴于日军已觉察到西贡某处有美国人躲藏，4 人随后被法国人送往河内，28 日乘 1 架从昆明飞来的 C-47 运输机离开奠边府。莫兰维尔如此描述这段难忘的经历："我不会为它收 100 万美元，但是谁也不能付给我这么多钱让我重做一次。"

由于并未找到那 2 艘日军航空战列舰，哈尔西觉得意兴索然，于是率舰队北上前往台湾方向，于 1 月 15 日 7 时 30 分再次发动攻击。日军"旗风"号驱逐舰、第十四号登陆舰被击沉在高雄港内，1 艘油轮搁浅，"栂"号驱逐舰在马公港被击沉。美军飞行员声称击落 16 架日机、地面击毁 18 架，自身损失 12 架。

随后哈尔西掉头西进，前往扫荡香港、海南和广东的日军舰船。16 日上午和下午，麦凯恩分别出动 138 架和 158 架舰载机空袭香港，击沉日军 5 艘油轮、1 艘海军补给舰，启德机场遭到严重破坏，停在跑道上的日机大部分被摧毁。几乎没有日机起飞迎战，但日军防空部队的表现给美军飞行员留下了深刻印象，当天美军损失的 22 架飞机全部是被防空炮火击落的。值得一提的是，几架美机轰炸了当时处于中立地位的澳门，造成 2 名士兵和几名平民死亡。战后美国向葡萄牙赔偿了有关损失。

执行空中扫荡任务的"大黄蜂"号战斗机中队当天收获颇丰。在香港以东 80 公里处，中队长吉恩·费尔法克斯少校发现 1 架日军运输机，竟然有 4 架零战护航。他做出了运输机里很可能有日军大人物的判断，命令大家"不要管运输机，先把护航机敲掉"，因为速度很慢的运输机很难从"地狱猫"手中逃掉。

费尔法克斯如此回顾那场简短的空战："1 架零战转向我们，我顺势向他迎头射击，但没有命中。敌机飞得太高了，也可能我飞得太低了。日军其他护航机和运输机待在一起，于是我就从正后方攻击这个编队。护航机中的 1 架开始向左转向，这决定了他的命运。我切到他的内圈，在大约 45 度的高偏角下将它打起火。等我转回来时，所有护航机已经燃烧坠海。我们开始排队攻击那架运输机。我想这可能属于过度杀伤了。我和我的僚机飞行员杰克·萨德雷斯少尉都认为是自己先把敌机打起火的。最后我们用抛硬币的方法决定是谁击落了那架敌机，萨德雷斯赢了。"

"大黄蜂"号随舰记者基思·惠勒专门为这次战斗写了一篇报道，猜测日军很可能死了一位将军。他和费尔法克斯猜得都很准，日中国方面舰队副司令官畠山耕一郎在前往香港视察防务途中因座机被击落而毙命。

中国南海一带显然已无多少油水，天气突然恶化使哈尔西于 1 月 19 日率舰队离开。1 月 20 日，美机在吕宋岛和台湾岛之间正好截住了撤离菲律宾的日军陆航机群，当场击落 15 架。21 日，哈尔西再度对台湾发起空袭，当天共出动战机 1164 架次，击沉包括 5 艘油轮在内的 10 艘舰船。美军飞行员声称空中击落敌机 3 架，地面摧毁 104 架，后一数字明显存在夸大成分。

驻台日军显然仍具备反击能力。12 时，日军 4 架特攻机和 3 架护航机向美军舰队发起的反击异常犀利。1 颗炸弹准确命中"兰利"号，2 架特攻机撞上"提康德罗加"号，导致两舰水兵 143 人阵亡、202 人受伤。13 时 10 分，驱逐舰"马多克斯"号被 1 架特攻机撞上，所幸损伤不大。18 分钟后，1 架"天山"射出的鱼雷重创"汉考克"号，造成 52 人阵亡、105 人受伤。美军 3 艘受伤航母只好连夜返回乌利西接受维修。

哈尔西还不愿就此罢休。1 月 22 日凌晨 2 时，麦凯恩出动 7 架夜航"复仇者"突袭了冲绳岛，以损失 3 架为代价击沉日军 1 艘油轮，随后在昼间攻击中击毁 28 架停在机场上的日机。趁此机会，美机顺利完成对岛上日军防御部署的航空拍照。一系列空战打得看似非常热闹，但哈尔西希望打一场海战的愿望终究没有实现。虽然被打得灰头土脸不敢露头，但日本海军依然嘴硬，"东京玫瑰"的对外广播不但滑稽而且可笑："美军第三舰队被我围困在中国南海无法逃脱，已成瓮中之鳖。"

1 月 25 日，哈尔西率第三舰队回到乌利西环礁，斯普鲁恩斯、米切尔、特纳等人早就等在那里了。这支无敌舰队将更名为第五舰队，参加即将发起的硫黄岛战役。一众海军军官怀着复杂的心情观摩了哈尔西和斯普鲁恩斯的交接仪式。轻巡洋舰"阿斯托里亚"号舰长乔治·戴尔上校说："斯普鲁恩斯来到这里使我充满信心，而哈尔西在时我忧心忡忡。你在哈尔西手下工作时，从不知道下一步该干什么以及应该如何干，因为指示从不按时到达，他从来不按计划行事。而在斯普鲁恩斯手下就能按时收到指示，一切行动均有章可循。"

哈尔西从来不会忘记在离开一支部队或者结束一场战役后向自己的部属致谢或给予表扬，第三舰队所有官兵都收到了他发出的告别电文："我如此地为你们自豪，以至于我无法用语言表达出我的这种感情。这是一场硬仗，而且是在超出了你们忍耐力的情况下进行的。但这一切都是为了崇高的利益。因为敌人跟你们一样筋疲力尽。而且如果我们现在的工作做好了，就可以在以后的进攻作战中挽救许多美国人的生命。我们已经在海上击垮了敌人，使他们从此进入内线防卫状态。干得漂亮！"

1月27日，准备离开"新泽西"号乘机前往珍珠港的哈尔西收到了麦克阿瑟的一封电报："你的离开，将给这个战场留下一条缝，而且只有你的再次回来才能将它缝合。"两人不愧是美国陆海军的头号煽情高手呀！

1月12日，大本营驻第十四方面军特派参谋朝枝繁春奉命回京。动身之前，朝枝特意拜访了山下："将军，用不用我回东京时帮您带话？"此时美机已开始频繁空袭碧瑶，菲律宾和中国台湾之间的空中航线随时有被掐断的危险。

"那就请你帮我带封信吧。"山下沉吟良久后开始动笔。他在给夫人久子的信的结尾处这样写道：

一、替我向父母问好。父亲米寿（88岁）、母亲喜寿（77岁），特送上1400日元贺礼。

二、关于九三夫养子入籍一事，请跟姐姐商量吧。

美军已经登陆，我真的很忙。我必须和士兵一起奋勇抵抗，粉碎美军的进攻。很久不见，而且通信不便，请多原谅。

山下无嗣，所以想让久子收养姐姐的孩子，信中口气颇有交代后事的意味。这是山下来到菲律宾后写给家中的第二封信，也是最后一封。

朝枝走后，山下叫来了参谋长武藤，命令他到前线督促第二十三师团的反攻，尽力守住中央平原北部铁路枢纽圣何塞，为人员和物资向卡加延河谷调运争取宝贵的时间。27日晚，第二十三师团发起的夜袭被美军轻松击退，战车第二师团第三旅团旅团长重见伊三雄车毁人亡。

27日当天，第十四方面军司令部被美机投下的炸弹炸毁，山下率众幕僚进入一座长六七百米、高30米的防空洞。山下命令卫兵把防空洞入口的一棵松树移走。有参谋提出，这样入口不就轻易暴露给美国人了吗？山下认为，美机从空中能看清楚入口就会放松警惕，这样洞中的司令部反而更安全。"如果藏在美军不知道的地方，反而更危险，"山下说，"因为美军会觉得咱们就藏在那里。"

山下的瞒天过海之计果然奏效。1月下旬，避暑胜地碧瑶几乎变成一片废墟，到处都是倒塌的建筑和被连根拔起的树木，但美机始终没有向这处防空洞投下1颗炸弹。洞里没有电灯，日军只能使用乙炔气或松根油照明。时间久了，山下及众参谋的脸便被熏得乌黑。美军空袭间隙，洞里的人就会集中到洞口附近，如缺氧的金鱼一般大口大口呼吸外面的新鲜空气。一名年轻参谋感慨地说："从来没想过，原来空气是这么美味，这么重要。"

守卫圣何塞一线阵地的是冈本保之的第十师团和岩仲义治的战车第二帅团主力。29日，美军第二十五师第二十七团成功在乌明岸以西的佩米恩塔镇截住了向圣曼纽埃尔撤退的战车第二师团一部，日军在夜间突围时损失坦克8辆、105毫米榴弹炮8门。1月30日，日军战车第二师团主力占据了圣何塞以西和以南几处战术要点：市以南穆尼奥斯镇部署有第六战车联队52辆坦克和第一〇三师团第三五六联队2000名地面部队，市以西沿乌明岸、卢保和圣伊西德罗镇依次部署了46辆坦克和1000多名步兵。塞班岛作战表明日军的薄皮坦克在与美军谢尔曼坦克的正面交锋中毫无胜算，岩仲只好下令将坦克半埋在工事里充当固定炮台，导致机动性完全丧失。

1月31日，美军第二十五师、第六师分别从西边和南边逼近日军阵地，登陆以来一路高歌猛进的美军在乌明岸和穆尼奥斯遭到日军坦克火力的顽强阻击。2月1日，美军第六师第二十团正面进攻穆尼奥斯镇，激战3天才攻入镇西南角，付出15人阵亡、90人受伤的惨重代价。同日，美军第二十五师第二十七团对乌明岸的进攻也陷入停滞。日军坦克阵地异常隐蔽，缓慢推进的美军步兵只能使用火箭筒、反坦克炮逐个敲掉暴露出来的日军坦克。

正面强攻未果的美军使出迂回战术，第二十五师第三十五团于2月2日从南边迂回乌明岸后方，担心遭到包围的日军只好放弃阵地撤往卢保。跟踪而至的美军发现卢保一带道路两侧全是稻田，无法展开。日军防御工事异常坚固，单凭炮击根本无法摧毁工事内的日军坦克。投入进攻的3个团全部裹足不前，美军两位师长不约而同地改变战术，以未投入作战的3个团迂回直取圣何塞。由于日军第十师团提前撤出，4日，美军第一团的两个连几乎未遭多少抵抗就冲入圣何塞，日军第二战车师团主力被美军两个师包围在圣何塞以南的几个防御强点之中。

7日清晨，日军战车第六联队强行突围。前方道路已被对方完全控制，美军坦克、反坦克炮、火箭筒和后方榴弹炮封锁了所有通道，日军突围行动逐渐演变成一场屠杀。慌不择路的日军坦克纷纷陷入小路两边的渠沟，成为美军倾泻火力的活靶子。在穆尼奥斯和圣何塞一线战斗中，美军第六师以90人阵亡、250人受伤为代价摧毁日军坦克 52 辆、卡车 41 辆、反坦克炮 16 门、105 毫米榴弹炮 4 门，歼灭日军 1500 人。除少数步兵寻隙跳出包围圈外，战车第六联队几乎被全歼。在西边的卢保，日军损失 33 辆坦克、26 辆卡车和 3 门火炮，超过 900 人阵亡。美军第三十五团的损失是 95 人阵亡、270 人受伤。由于提前在 2 月 5 日撤出，日军在圣伊西德罗仅损失 100 名兵员，却丢下了 23 辆坦克、18 辆卡车和 2 门 75 毫米火炮。经此一战，日军战车第二师团 220 辆坦克损失殆尽，损失人员 2250 人，剩余残部撤入北部山区后被其他部队收编。

菲律宾战局江河日下。但在帝都东京，广大民众却被告知，"我们已经把敌人诱进吕宋进行决战"。不是所有人都那么好忽悠，面对国会议员的严厉质问，1 月 21 日首相小矶不得不承认，"太平洋战场的军事事态不容乐观"。随后小矶话锋一转，对未来前景进行了展望，"然而，敌人各条战线的供应线大大延长，很容易遭到我军的攻击。我认为，在这个事实中可以找到取得胜利的绝好机会。我一亿国民，发挥火热激情，踏着'特别攻击队'勇士的足迹前进，在生产领域发扬必胜精神的时机已经到来"。

虽然斯威夫特第一军暂时消除了来自北方尚武集团的威胁，但谨慎的克鲁格依然顾虑重重，并未向格里斯伍德的第十四军下达快速南进的命令。他不愿让格里斯伍德领先斯威夫特太多，更害怕日军在自己的两个军之间发起反攻。克鲁格用后勤补给不足来搪塞麦克阿瑟，抱怨部队没有足够的卡车、活动便桥或其他装备，为前进中的战士提供足够的物资供应。

麦克阿瑟拒绝接受克鲁格的任何借口。他使出新的一招，说自己刚刚接到参谋长马歇尔上将的一封电文，陆军部计划向总统上报一份晋升名单，询问西南太平洋战区需要推荐什么人。麦克阿瑟承诺，如果克鲁格能够在 2 月 5 日之前攻克马尼拉，就在推荐晋升四星上将那一栏填上他的名字。克鲁格果然动心了，下令第三十七师和第四十师向克拉克机场快速挺进。

麦克阿瑟的判断完全正确。此后南路美军的攻击就像推开了一扇没有上锁的门一样畅通无阻，部队沿三号公路以每天 16 公里的速度长驱直入，几乎未遭遇像样的抵抗。中央平原属于人口密集地区，美军所到之处，数不清的平民走出家门向他们欢呼，用菲律宾传统的鸡肉、香蕉、椰子和米饼款待他们。平时隐匿不出的游击队员纷纷现身，帮助美军到处追剿逃跑的日军。正如麦克阿瑟战前所言，这里完全是美军的主场，日本人必须为之前的残暴统治付出代价。

1月20日，当美军前锋部队接近林加延湾以南80公里的打拉镇时，麦克阿瑟乘吉普车视察了前线。在经过路旁一个巨大的水泥工事时，他忽然大叫一声"停车"，然后带埃格伯格等人从车上跳了下来。麦克阿瑟一脸戏谑地告诉埃格伯格："就在这个位置，医生，大约45年前，站在我父亲身边的副官被敌人打死了！"

埃格伯格对司令官的话一脸迷茫。不过他好像突然明白了什么，转身快速跑回车里，对司机狂吼道："他妈的，赶快离开这儿！"

由于麦克阿瑟经常在战场上跑前跑后，他实际上已变成一名战地指挥官了。一天下午，肯尼到打拉镇向他汇报工作，随后两人共进晚餐。看到麦克阿瑟几乎什么都没吃，肯尼问他怎么了，是不是不太舒服。麦克阿瑟回答道："乔治，我累极了，实在吃不下去。"次日黎明，当肯尼准备去向麦克阿瑟道别时，值班军官告诉他："两小时之前，麦克阿瑟将军已经上前线去了。"

距林加延湾仅100公里的克拉克机场群规模宏大，设施完善，因地处平原易攻难守，肯尼对之早已垂涎三尺。负责守卫机场群的是日军三大战略集团中实力最弱的建武集团。这支部队是美军登陆前匆忙拼凑出来的，30000名兵员中只有8500名作战部队。他们归属60多个作战单位，隶属关系复杂。除第一挺进集团的伞兵外，还有诸如第四飞行师团下属第十、第三十一、第三十三航空地区司令部，海军第二十六航空战队司令部，第一一四、第一五三、第三四一航空队，第三十七警备队，第三一八、第三三一、第三三二设营队等部，大部分属于平时吊儿郎当的海军基地工程人员、空军地勤人员，其余就有那些战舰或运输船被击沉后侥幸游泳上岸的水兵或步兵。很多人来的时候赤手空拳，连服装都破破烂烂。面对这样一支乌合之众，建武集团司令官塚田理喜智只能苦笑说，"我的部下几乎囊括了日本陆海军的全部兵种"。军官大多是临时抽调来的，连手下的士兵都认不全。各种武器普遍缺乏，重武器几乎看不到。这样一支部队，作战能力也就可想而知了。就在美军登陆前一天，1月8日，刚刚抵达克拉克机场的塚田向各部下达了命令："尽可能持久保住基地，必要时撤入西边高地，炮击阻挠美军使用机场。"

塚田深知，如果在克拉克机场跑道一带和美军交战，只有死路一条。他挑选战斗力最强的 6000 人编成一线部队，以三号公路的班班为中心构筑一线阵地：右翼由第十航空地区司令官江口清助指挥；中路是步兵混合部队，由步兵第二联队联队长高屋三郎指挥；左翼指挥官为机动步兵第二联队联队长高山好信。在他们后方山梁上，是由 15000 名海军士兵守卫的第二道防线。至于这些部队能够坚守机场多长时间，塚田连想都没敢想。

1 月 23 日，美军第四十师开始攻击机场东北方向山岭，第一六〇团、第一〇八团在南北两侧齐头并进。具有制空权和压倒火力优势的美军甫一遭到抵抗，就呼叫炮兵和飞机支援，然后在坦克带领下使用火焰喷射器将日军工事逐一攻克。25 日、26 日，美军第一〇八团、第一六〇团先后拿下日军第一道防线南北两端的 500 高地和 600 高地，以亡 35 人、伤 115 人的代价歼敌逾 1000 人。

就在美军第四十师突破日军第一道防线的同时，向南挺进的第三十七师于 1 月 26 日顺利占领机场一号跑道，机场上埋设的大量地雷减缓了坦克的进攻速度。29 日，日军独立战车第六中队仅有的 6 辆坦克悉数出动发起反击，企图切断三号公路，被美军及时调来的谢尔曼坦克当场击毁 4 辆。战至 2 月 1 日 13 时 30 分，美军完全控制了克拉克机场，付出的代价是 150 人阵亡、600 人受伤，歼灭日军超过 2500 人。尽管蒙受了不小损失，但盘踞在机场西部山区的建武集团主力仍在。躲藏在山洞和沟壑里的日军用炮火就可以轻易封锁跑道。美军必须进入山区，逐一把山洞中负隅顽抗的日军"抠出来"消灭掉，才能保证机场的安全使用。

占领克拉克机场之后，马尼拉对美军来说已近在咫尺。但克鲁格不愿轻易前进半步。他确信埋伏在中央平原以北和以东山区的日军会突袭三号公路，一举切断自己的后路，在后援部队——精锐第一骑兵师和第三十二步兵师从莱特岛调来之前，克鲁格拒绝采取新的进攻行动。

在马尼拉庆祝生日的美梦彻底泡汤！四星上将同样吸引不了克鲁格，他还是像蜗牛那样在慢慢蠕动。气急败坏的麦克阿瑟早忘了之前赞扬克鲁格时使用的肉麻语言，开始冲他大喊大叫："一刻也不能放松地冲向马尼拉！山下真敢出动，就把他揍得灵魂出窍！这是唯一的捷径，沃尔克！你难道还不明白吗？这是成功的捷径。不用怕，如果山下胆敢把部队派到平原地区来，就会被我们的坦克、飞机和大炮通通消灭掉。"

克鲁格确信，埋伏在中央平原以北的尚武集团和东侧的振武集团会突袭三号公路，威胁他的后方和左翼。麦克阿瑟认为克鲁格对形势的判断大错特错。他严厉训斥了威洛比，因为他无端夸大日军实力，无形中增加了克鲁格的心理负担。面对麦克阿瑟的严厉呵斥，克鲁格无力地辩解说："通往马尼拉的路不好走，部队只能缓慢前进，一点点啃。如果都像您说的那么简单，谁都可以领兵打仗，当将军了。"

"够了，克鲁格！"麦克阿瑟咆哮道，"我让你记住，当年我在菲律宾丛林里打仗时，你还在吃奶呢。必须冲向马尼拉，别忘了，我的孩子们还被关在水牢里。晚到一步，他们就会死，你知道吗？去攻下马拉卡南宫和议会大厦，救出我们的所有战俘，你懂吗？"但克鲁格死猪不怕开水烫，对麦克阿瑟的谆谆教诲置若罔闻。

麦克阿瑟曾如此夸赞过克鲁格："他进攻时敏捷坚实，防御时顽强果断，获胜时谦逊有节。我不知道他失败时什么样，因为他从没有打过败仗。陆军战史上从来没有出现过比克鲁格更出色的指挥官。"现在他承认，过去的那些赞美统统不算数了。在乘车回到达古潘的路上，他沮丧地连连摇头："沃尔克太固执了，看来我得想想其他办法。"

菲律宾战役对美军来说有其他战场没有的一大难点，即投鼠忌器。麦克阿瑟于1942年败走巴丹和科雷希多，给这里留下了无数战俘，连自己生命都不珍惜的日本人向来是以虐俘或杀俘著称的。长期以来，东京一方面大肆诋毁盟国虐待轴心国战俘，另一方面宣扬盟军战俘在他们手下享受着优厚待遇。《日本时报》声称："日本政府直到目前都出于人道考虑，尊重国际法关于战争行为的原则，在力所能及的范围内优待政府拘押的许多盟军战俘，他们在各地战俘营中过着愉快的生活。"早在莱特岛战斗尚在激烈进行之时，大本营已经做出决定，将菲律宾的盟军俘虏押回日本本土，充当劳工和人质。

事实与日军的宣传恰恰相反。在马尼拉以北70公里的甲万那端战俘营，关押着大量盟军平民和战俘。占地1821亩的战俘营有一个别称，叫"东方的奥斯威辛"。严格地说，它不是一座单纯的监狱，更像一个大规模的劳改农场。营中的战俘都有编号，如果一个人胆敢逃跑，他号码前面和后面的5个人都要被处决。处决方式是刺死，还是枪毙，抑或斩首，全看当班日军看守的兴致。战俘极端缺少食物和医药，不得不以吃猫、狗和老鼠来维持生命，"平均体重减轻了至少

55 磅"。战俘营刚刚建立的几个月最恐怖，1942 年 6 月和 7 月分别死亡 503 人和 786 人，直到 12 月 15 日才实现第一个"零死亡日"。在第一年里，关押在那里的 6500 人中，有 2644 人死于饥饿、虐待以及疟疾、痢疾、白喉和其他疾病。

就在美军登陆莱特岛的前一天，10 月 19 日，在巴丹战役中被俘的美军军医罗伊·博丁少校等战俘被从甲万那端转入了位于马尼拉的比利比德监狱。有可靠消息称，他们很快将被押往日本。12 月 12 日，所有战俘都做了简单的身体检查，表明的确要出发了。"如果麦克阿瑟果真近在咫尺，却叫我们离开这里，我真的快要疯了！"博丁在日记里这样写道。

13 日上午，博丁和另外 1618 名战俘排着长队，沿奎松大街走出市区，在马尼拉湾七号码头登上了 7362 吨的运输船"鸭绿丸"号——美国战史专家格雷戈里·F. 米切诺将这些运送战俘的船称为"地狱航船"。除战俘外，"鸭绿丸"号还搭载了 1500 名日本军人，547 名日本妇女儿童，1127 名来自其他沉船的水手和乘客，728 名战死者的骨灰。14 日 15 时，"鸭绿丸"号启航，博丁等 300 人被关在三层甲板下面的一个舱室里，另有 700 人挤在前舱，只有一个小舱口通风，几个供大小便的桶很快满了。一些人开始胡言乱语，借着舱口射进来的微弱亮光，曾在巴丹十几场丛林战中出生入死的艾德里纳斯·范乌斯坦少校看见身边一个人口吐白沫，舌头不停舔嘴唇，然后一头栽下去死了。

后舱 600 名战俘的情况也好不到哪里去。在热得火炉一般的船舱里，大家脱光衣裳，在黑暗中嚷嚷着要水喝，日军哨兵根本懒得搭理他们。舱内氧气几乎耗尽，有人因缺氧倒毙，有人因极度口渴去咬同伴的喉咙和手腕，吸他们的血。人们在黑暗中撞来撞去，滑倒在屎堆里，病号被人乱踩。有人拳打脚踢大打出手，有人在黑暗中用装小便的壶乱舞。舱内拥挤不堪，人一个挨一个，要活动就只能从别人的头上或身上越过。曾参加过巴丹战役的弗吉尔·麦科勒姆少校认为，"这是最可怕的经历，也许是人类文明史上没有先例的"。次日清晨 8 时，已经有 80 人出于不明原因而死，缺氧，或被失去理智的同伴杀死。麦科勒姆少校挤到边上，用舌头去舔那些凝结在船体钢板上的水珠。

来自"大黄蜂"号和"汉考克"号的舰载机可不知道船上载有大量战俘，他们不会放过视野中出现的任何日军舰船。1 颗炸弹准确命中"鸭绿丸"号船尾，甲板塌陷堵住了舱口通道，爆炸诱发的大火席卷全船，100 多人被炸死，超过

150 人伤势严重。在距离苏比克湾奥隆加波海岸仅 270 米时，"鸭绿丸"号沉没，包括博丁在内的 1333 名幸存者奋力游水上岸。他们被赶进一个四周筑有篱笆的网球场，蹲在烈日下的水泥地上晒太阳。

从"鸭绿丸"号幸运逃生的战俘将再次出海前往日本，他们在圣诞节后分两批离开了林加延湾。包括麦科勒姆少校在内的 1070 人乘货轮"江之浦丸"号，博丁在内的 236 人乘较小的 5860 吨的"巴西丸"号。他们于 27 日出发，航途第一站是台湾高雄，途中又死了 16 个人。天气越来越冷，战俘从"鸭绿丸"号游泳逃生时穿的是破烂的夏季军服，或是上岸时因赤身裸体日本人发了薄衣裤，无法御寒。很快，"巴西丸"号的战俘也被转移到"江之浦丸"号上。

麦科勒姆、博丁同另外 700 多人被关押在后舱。大小便滴滴答答从阳台上掉到下边的人身上。食物和水几乎没有，死亡率上升到一天超过 10 人。就在美军登陆林加延湾的 1 月 9 日，船只再次遭到美机轰炸，博丁左臂受伤，后舱 15 人被炸死，几十人受伤。前舱 500 人中有 300 人被炸死。接连两天，他们缺水少粮没药物，博丁常常看到有人坐在尸体上吃那些少得可怜的食物。一小队日军医务人员来到后舱，他们只治疗轻伤者，对重伤者根本不予理睬。约 400 具尸体被用驳船送到岸上，堆上木头付之一炬。

1 月 13 日下午，仅剩的约 900 名战俘被转移到"巴西丸"号上，之后两周对麦科勒姆来说好像是"永恒的恐怖"，发放的少许食物只能使战俘勉强不被饿死。如果运气好的话，四个人可以分到一饭盒米饭，六个人分一杯水。为了保暖，他们一个挨一个躺在草垫底下，"相互紧紧拥抱以取暖活命"。当保持这个姿势时间太久大家腿背发麻时，有人会喊"翻身"，于是大家同时向另一侧翻身。不时有人违反口令，那些人通常因为死亡不会翻身了。雪花从敞开的舱口飘进来，数十人被冻死。早晨哨兵一喊"把死人抬出来"，就会有三四十具尸体被抬出去。

最难忍耐的是口渴。水越来越少，有时候每天只有一小匙，有时连一滴都没有。在 1 月 20 日的日记中，博丁记下了他和另外几个人深更半夜偷出船舱到甲板上去偷发动机汽缸里的水的情形："最终弄到了半壶，喝了一杯，却被枪托揍了三下。上午想从肮脏的甲板上弄点儿雪来，遭到拳打脚踢。昨夜死的人没那么多。自星期五以来第一次通大便。身上失去的脂肪太多，括约肌失灵，即使是干大便也控制不住，衣裳内外之脏无法形容。"三天后，他继续写道："昨晚是最冷的一夜。没饭吃，上午无水。下午吃了一点儿。一宵痛苦难熬。卡明斯神父归天，科瓦尔斯基也死了。我这组人只剩我一个。昨晚约40人死亡，未埋。"1月29日晚间，船在日本九州靠岸。乘坐"鸭绿丸"号离开马尼拉的1619人只剩403人，他们中最少有100人很快就会死掉。

随着美军不断逼近，日军杀俘事件逐渐呈肆虐之势。1944年12月12日，美军登陆民都洛岛的船队从莱特湾出航之后，日军错误判断他们将攻击巴拉望岛。第二飞行师团团长寺田济一向普林塞萨港战俘营负责人小岛长义下达了处决当地150名美军战俘的命令——战后接受审判时，寺田拒绝承认下过命令，他被判处终身监禁。12月14日凌晨2时，战俘被赶起床，前往修复被美国人炸得坑坑洼洼的跑道。中午时分，还真有2架美军P-38在附近空中晃了几圈。14时，战俘被告知，数以百计的美军飞机正在来袭的路上，他们被拳打脚踢赶进了三个狭窄的防空壕。

5名日军士兵将汽油泼向A防空壕的棚顶和入口处，另2名日本兵扔出了燃烧的竹火把。火焰立即从壕沟的洞口蹿出。至少有7名美国人从烈火中冲了出来，他们随即被日军机枪扫倒。B防空壕也被点燃，一等兵厄尼·科布罗斯从壕沟尽头窜了出去，在日军子弹呼啸声中爬过了铁丝网，越过悬崖顺陡峭的石壁连滚带爬逃到了底下遍布岩石的海岸线，钻入一个小洞穴。B防空壕的两名一等兵阿尔贝托·帕切科、埃德温·佩德里带同伴逃到海滩，他们中大部分人被日军射杀。2艘日军巡逻艇沿海岸线巡逻，朝发现的战俘开火。躲在洞中的科布罗斯看到，沙滩和浅水区都被同伴的鲜血染红了。

屠杀开始一小时后，战俘营中已找不到一个活着的美国人。绰号"秃鹫"的佐藤良和四处走动寻找生命迹象。山本祐一发现一个面朝下躺着的美国人还有呼吸，就拔出军刀高高扬起，用力挥下，砍下了那人的脑袋。小岛命令将那些面目全非的尸体全部扔进壕沟，洒上汽油放火焚毁。两个月后，美军登陆巴拉望岛占领普林塞萨港。在被挖开的防空壕里，人们看到大量叠压在一起的尸体，其中不少仍保留着死时的姿势：两手前伸，手指深深地扒着墙壁。

竟有11人死里逃生！他们躲过了日军追杀，被岛上纳萨里奥·马约尔上尉的游击队成功解救。马约尔迅速与西南太平洋战区澳大利亚总部取得联系。1945年1月6日清晨5时05分，克拉伦斯·索兰德上尉驾驶1架"卡塔琳娜"水上飞机从莫罗泰岛出发，11 时 10 分在苏禄群岛上空与 1 架 B-24 会合后，一起飞往巴拉望岛布鲁克角，接走了一等兵科布罗斯、佩德里、帕切科以及吉恩·尼尔森，下士威廉·巴丘斯和威廉·史密斯等 6 个人，当天 20 时 05 分顺利返回莫罗泰岛。

1 月 21 日，肯尼斯·布里塞特中尉的"卡塔琳娜"接走了中士道格·鲍格、下士马克·麦克多尔、无线电一等兵费恩·巴塔等 3 人。23 日，3 人得到第七十八特混舰队司令官的接见。丹尼尔·巴比中将——他于当年 11 月接替金凯德出任第七舰队第三任司令官——见到他们的第一句话是："你们看起来就像是刚从地狱里爬出来一样。"然后给每人递上了一罐啤酒。回国之后，有 5 位幸存者得到了参谋长马歇尔的亲自接见。

1945 年 1 月下旬，美军先锋部队逼近甲万那端，关押在那座菲律宾最大战俘营里的人们处境堪忧，随时面临被集体枪杀的危险。为救出战俘和平民，克鲁格亲自策划了一次救援行动。他决定动用手中的两支特种部队——阿拉莫尖兵和第六游骑兵营，前者执行侦察，后者出手实施营救，他们将得到当地菲律宾游击队的全力协助。

阿拉莫尖兵是克鲁格 1943 年 11 月 28 日在新几内亚弗格森岛建立的一支特种部队，专事敌后侦察和袭扰等特殊任务。这支部队规模虽小，但兵员个个百里挑一，实力不容小觑。他们曾在新几内亚成功解救 197 名盟军战俘，在之前执行的多次任务中奇迹般未损一人。游骑兵部队是美国受英国哥曼德特种部队影响，专门从陆军部队中选拔精英士兵组建的，用于执行战场侦察、敌后渗透和破袭任务。当时美军共有 6 个游骑兵营，仅第六营在太平洋战场投入对日作战。前文提到，该营曾参加了莱特岛揭幕战，在苏禄安岛、霍蒙宏岛和迪纳加特岛上没遇上几个日本人。看到几个兄弟营在欧洲战场扬名立万，大出风头，自己却连像样的仗都打不上，营长亨利·穆西中校憋了好几肚子火。

1 月 27 日，克鲁格亲自召见穆西，向他下达了突袭甲万那端战俘营、解救战俘和平民的任务。因为平时自高自大，爱好吹牛，且喜欢叼一个大烟斗，意大利人后裔穆西有个绰号叫"小麦克阿瑟"。执行这种特殊任务，兵不在多而在于精，穆西决定只带 C 连和 F 连一个排，共 8 名军官和 120 名士兵参加本次救援行动。4 名摄影师自愿随队参加，为行动提供全过程记录。所有参战者被告知：

此次作战目标是尽可能救走更多战俘，不是杀敌。

第六游骑兵营出发之前，阿拉莫尖兵的两支先遣队各5人已在威廉姆·内尔斯特中尉和托马斯·罗德斯维尔中尉的带领下潜入日军后方，侦察战俘营动态。28日早上，他们成功与当地游击队取得联系，并于30日摸清了基本情况：战俘营中只剩下500多名战俘和平民，有73名日军看守和大约150名士兵，甚至还有4辆坦克和2辆卡车。战俘营西侧6.4公里的甲万那端城区驻扎有日军7000多人，东边2公里的卡布河对岸驻扎有千余日军，营救行动必须快、稳、准、狠。

28日下午，穆西率127名游骑兵在菲律宾游击队的带领下穿越日军防线。29日，他们和胡安·巴霍塔上尉率领的250名游击队员顺利会合。战争初期，胡安是菲律宾第九十一步兵师的一名无线电操作员。巴丹保卫战失败之后，他潜回老家组织游击队，已经坚持抗战三年有余。

按照原定计划，穆西将在1月29日发起突击。胡安建议他最好推迟一天行动，因为有大队日军正在通过战俘营北边的公路。穆西接受了胡安的意见，同时责成C连连长罗伯特·普林斯上尉制订行动计划。普林斯毕业于著名的斯坦福大学，以头脑冷静、思维缜密著称。根据阿拉莫尖兵和游击队提供的情报，普林斯很快制订出作战计划。

一、胡安所部游击队兵分两路：一部在公路和战俘营西南方向800米处设置路障，阻止甲万那端城内日军的增援；另一部在战俘营东北300米处卡布河公路桥上设置路障并埋下炸药，阻止卡布城内日军的增援。游击队还将承担切断战俘营对外电话线、保证突击行动之后撤退路线的任务。F连第二排军士长詹姆斯·怀特等6人组成的反坦克小组携带巴祖卡火箭筒，及时为游击队提供火力支援。

二、美军突击队同样分为两组：普林斯上尉带C连30名士兵负责攻击战俘营主体部分，营救并护送战俘逃离；约翰·墨菲中尉带F连第二排负责发出攻击信号，打掉战俘营多处防御设施。

三、所有战俘撤出之后，普林斯上尉发射第一颗信号弹通知游骑兵撤退；待游骑兵和战俘撤至战俘营1000米外后，普林斯发射第二颗信号弹通知游击队撤退。游击队还将负责后方和侧翼的掩护。

普林斯强调，营救行动必须在 30 分钟内结束，否则大家都可能被赶来增援的日军部队包了饺子。

现在面临的最大难题是，突袭部队必须以匍匐前进的方式穿越战俘营前一片开阔地。胡安建议，让美国陆军航空队派一架飞机，在战俘营上空盘旋以吸引日军。他的游击队员曾注意到，以往美军飞机的到来都会引起日军看守的高度关注。穆西立即致电后方，请求派飞机进行支援。

胡安要求游击队员担负起周边地区的警戒，还组织了一支由 12 辆水牛车组成的车队，用以运载被解救的战俘，同时在撤退路线沿途安排了 650 人的食物。附近居民接到了游击队员的通知，禁止外出和扣留外来客人，直至营救行动结束。村民受命把鸡关进鸡窝，把狗拴进狗舍并带上嘴套，以免它们在游骑兵通过时狂吠引起日军警觉。30 日 17 时 40 分，穆西率游骑兵开始向战俘营方向摸索前进。

甲万那端战俘营里，那些可怜的人对即将到来的营救依然一无所知。胡安曾经安排两名菲律宾小孩儿向营中扔进去带字条的石头，上边写着"准备逃走"。但这一做法被战俘认为是恶作剧，并没引起应有的关注。他们倒是因此提高了对日本看守的警惕，据传麦克阿瑟的部队正在不断逼近，日本人很可能在美军到来之前集体枪杀他们。

按计划约定时间，18 时 55 分，美军第五十七战斗机中队飞行员肯尼斯·施莱伯上尉和邦尼·拉科斯中尉驾驶 1 架 P-61"黑寡妇"从战俘营上空 450 米高度掠过，故意弄出巨大声响引起日军关注。利用日军看守抬头看天的 20 分钟，美军游骑兵顺利通过了战俘营前方的开阔地。

由于墨菲 F 连距离战俘营较远，将晚于普林斯 C 连进入预定攻击位置，穆西中校命令由墨菲打响第一枪作为发起攻击的信号。由于墨菲检查部下是否就位耽搁了一些时间，进攻向后推迟了 10 分钟。当晚月朗星稀，草丛里等待中的游骑兵开始选择射击目标。一些队员举枪瞄准了阴影中忽亮忽暗的红火点，显然那是日军看守抽烟发出来的。

19 时 40 分，墨菲朝距离最近一座日军营房的窗户打出了第一枪。听到枪声，普林斯 C 连立即从东侧围栏外向营区投掷手榴弹，游骑兵手中的所有武器一起开火。日军被打了个措手不及，短短 30 秒内，岗楼、警卫室日军被全部肃清。

普林斯率队冲进大门，大声呼喊战俘从房子里出来和突击队会合。F连趁机从后方迂回，日军2辆卡车被F连反坦克小组炸成碎片。遭到前后夹击的日军溃不成军，纷纷倒在美军枪口之下。游骑兵莱斯特·马龙用枪托打碎棚屋门锁，高声喊道："我们是美国人，前来营救你们的！所有人到大门口去！"

突击队员只戴着软布军帽，穿着没有任何军衔和军种标志的训练服，他们报出的番号战俘连听都没听过。一些人误以为这是日本人的奸计，是想借机害死他们，拒绝撤离还趁乱躲藏起来。战俘营中美国人的头儿达克沃思上校迂腐透顶，他竟然认为这些游骑兵是在瞎搞，命令他们立即放弃行动。游骑兵不得不逐一进入营房拉人，许多人被连拉带拽强制撤离。一些人高马大的游骑兵索性抓起两名骨瘦如柴的战俘，不由分说扛在肩上就往外冲。美军并不知道战俘营里还关着少数英国人。当听到"美国人快跑"的喊声时，一些英国战俘小心翼翼地询问，他们是否可以和美国人一起离开——这英国人可真够绅士的。

一名躲在暗处的漏网者做出了当晚日军最有效的抵抗，他用一具掷弹筒向大门口附近开了3炮，炸伤6人，游骑兵营军医詹姆斯·费舍尔上尉因股动脉伤势严重在返回途中不幸阵亡。这名日军士兵很快被乱枪打死。令人无比惋惜的是，1名战俘在距大门口仅6米处因过度激动心脏病突发身亡。后来护送他的那位游骑兵感慨地说："他失去了三年自由，现在离自由只有100英尺了。这对他来说太兴奋了，实在可惜！"另有一名战俘在返回美军基地后死于肺结核。在巡视整座战俘营确信没有被落下的人后，普林斯上尉于20时15分发射信号弹，通知胡安上尉营救行动结束。整个行动历时仅35分钟。

殿后的6名游骑兵在接近公路时遭到射击，罗伊·斯威奇下士中弹身亡。实际上，不幸的斯威奇是被一名同伴当作冲出营区的日军错误射杀的。事后，第六集团军战斗报告说他死于日军机枪子弹。费舍尔和斯威奇后来被安葬在马尼拉国家公墓。

日军增援部队闻讯赶来，试图通过卡布河增援战俘营。他们恰好落入菲律宾游击队的伏击圈——此时罗安手下的游击队员已经超过400人——最先踏上桥梁的日军被当场炸死，4辆坦克被巴祖卡火箭筒——摧毁。看到普林斯上尉发射的信号弹，胡安下令游击队逐步撤出阻击阵地，阿拉莫尖兵负责断后。

事实证明普林斯上尉巡查漏了一个人。英军战俘埃德温·罗斯因疾病和受伤完全失去听力，还患上了夜盲症。美军发起突袭时，患腹泻的罗斯正在厕所出恭，对外边闹出的惊天动静竟然一无所知。当这位老兄拉完屎回到棚屋时，发现那里已空无一人。他索性躺下来美美睡了一大觉。次日清晨，当发现战俘营已人去楼空时，他悠然换上唯一那套干净的军装，刮掉胡子后以一个英国绅士的方式信步迈出战俘营。所幸战俘营附近还留有少量游击队员搜索接应可能的掉队者，罗斯有惊无险地被他们发现带走，很快与主力部队会合。

被解救者还包括一只叫"苏州"的小狗，它是美国海军陆战队员 1938 年从上海苏州桥上收养的，然后被带到科雷希多一同成为日军的俘虏。很难想象，它熬过了战俘营中的三年苦难岁月，竟然未被饥饿的战俘吃掉。"苏州"一直活到1948 年，还被老兵私自授予了荣誉军衔。

4 名随队摄影师拍摄了战斗前后的大量照片，但最激烈的夜间战斗一张没拍。穆西认为，闪光灯会暴露美军位置。一名摄影师遗憾地说："我们就像斗志高昂的士兵，长途跋涉带着武器到达最关键的战场，却没有机会开一枪。"

20 时整，穆西和集团军司令部取得联系，被告知美军已攻克 16 公里外的塔拉韦拉，要求他们前往此处与主力会合。撤退途中，一名身体虚弱的战俘坚强地表示："我曾经完成了血腥的巴丹死亡行军，相信我也能完成这一次！"在菲律宾游击队和当地居民的帮助下，他们乘坐 51 辆水牛车于次日 12 时进入美军刚占领不久的塔拉韦拉村，然后换乘卡车前往战地医院。营救行动至此胜利结束，美军以 2 人阵亡、4 人受伤、2 名战俘身亡、21 名游击队员受伤为代价，成功解救出 522 名战俘和平民，击毙、击伤日军超过 500 人。

麦克阿瑟对营救行动给予了高度评价，称它是"非凡的壮举和对所有相关方面的异乎寻常的回报"。2 月初，他亲自探访了被解救的战俘。3 月 3 日，麦克阿瑟向参加营救的一众官兵授勋：穆西中校、普林斯上尉被授予优异服役十字勋章，其余美军官兵和菲律宾游击队员都被授予银星奖章或铜星奖章。

3 月 8 日，当这些被解救的战俘回到旧金山时，受到了当地居民的热烈欢迎。同月，罗斯福在白宫亲自接见了参加营救行动的 10 名游骑兵和 2 名阿拉莫尖兵。当被问及那次行动的细节时，营救计划制订者普林斯上尉告诉总统："真正的英雄不是我们，而是那些勇敢的战俘。"

2011 年 6 月，美国《大众机械》杂志评出了史上 6 次最著名的特种作战，甲万那端大营救赫然在列。其他5次分别是：英军1942年3月28日实施的"战车行动"，1943年9月12日德国人营救墨索里尼的"橡树行动"，1970年11月21日营救被北越关押战俘的"中轴行动"，1976年7月4日以色列营救被劫人质的"突袭恩德培机场行动"，以及2009年4月12日营救被索马里海盗劫持船只的"突袭'马士基·阿拉巴马'号行动"。

1945年爱德华·迪麦特雷克导演、约翰·韦恩主演的美国电影《重返巴丹》，以及2005年约翰·戴尔导演的电影《大偷袭》重现了当年营救的许多场景。

麦克阿瑟急于攻下马尼拉，除了可以取得对外吹嘘的资本外，还有一层原因：马尼拉市内和周边的集中营里关押着更多盟军战俘。如果美军能快速入城，就可以趁日本人尚未醒悟过来前拿下它们，解救那些可怜的人。如果马尼拉战斗演变成旷日持久的城市攻坚战，日军就会在战斗完全无望的最后时刻屠杀战俘泄愤，这是他最担心的事情。

既然连四星上将军衔都无法激起克鲁格进攻的热情，麦克阿瑟使出了最后的绝招：将艾克尔伯格的第八集团军从莱特调来吕宋，与第六集团军展开竞争，看谁能先拿下马尼拉。麦克阿瑟清楚，克鲁格一定不会让克复菲律宾首都的荣誉旁落他人之手，他能采取的唯一办法就是加快进攻。

对执行扫荡莱特岛残余日军的窝囊任务，艾克尔伯格早烦透了。凭什么他克鲁格就可以到吕宋去吃肥肉，而自己只能留在莱特喝汤啃骨头？在他看来，第八集团军迟早会被调去吕宋参加战斗。在接到麦克阿瑟的命令之前，他已未雨绸缪地制订了一个作战计划：使用精锐第十一空降师直接在马尼拉西南方向72公里处的纳苏格布湾登陆，向北直插菲律宾首都。乔·斯温少将的第十一空降师虽然只有8000名官兵，但个个训练有素，作风顽强，单兵作战能力极强。眼看同为空降部队的第八十二空降师和第一〇一空降师在欧洲战场大放异彩，扬名立万，斯温以下所有官兵都热切盼望能有一个大显身手的机会。萨瑟兰告诉艾克尔伯格，"麦克阿瑟将军想派你去占领马尼拉，"同时暗示如果能先于克鲁格光复菲律宾首都，他的肩膀上将会再添上一颗星。听到这话，艾克尔伯格眼睛都绿了，现在他终于有了一次一举超越克鲁格的绝佳机会。

但随后的事实表明，艾克尔伯格和克鲁格一样属于平庸之人。肯尼建议他取消第十一空降师在纳苏格布湾的登陆行动，而把全师兵力直接投入马尼拉以南仅 5 公里的尼科尔斯机场——今天的马尼拉国际机场——这样他就可能在 2 月 1 日或其前后先于克鲁格进入马尼拉。之前无数次战例表明，空降兵作战的最佳途径就是尽可能接近目标，他们缺乏重武器，不足以长时间通过地面战斗向前推进。肯尼承诺，只要艾克尔伯格答应实施空降，他的第五航空队愿意提供一切所需的空中支援。但和克鲁格一样谨慎的艾克尔伯格认为，直接空降尼克尔斯机场风险太大，他宁愿先在纳苏格布海岸站稳脚跟，然后带领手持卡宾枪和机枪的空降兵一步步向马尼拉挺进。

1 月 31 日清晨，美军第十一空降师第一八七团、第一八八团在纳苏格布湾登陆，几乎未遭到多少抵抗，9 时 45 分顺利夺取纳苏格布城和简易机场，占据了正面 4 公里、纵深 5 公里的滩头阵地。在菲律宾人的阵阵欢呼声中，他们用一条运糖的专用小铁路把给养和部队运往内地，虚张声势，摆出一副大兵团登陆的架势。在他们对面，是日军第八师团藤重正从第三十一步兵联队的 2250 名士兵。2 月 1 日到 3 日，美军第一八八团对日军盘踞的塔盖泰岭发起猛攻，艾克尔伯格亲临一线指挥。3 日上午，第十一空降师第五一一伞兵团直接向山岭实施空降，配合地面部队一举拿下扼守第十七号公路的军事重镇塔盖泰，日军在纳苏格布地区的防线彻底崩溃。在接管了大约 2000 名游击队员后，美军继续向北挺进。正如肯尼所料，美军攻势在日军重兵把守的尼科尔斯机场外围戛然而止。

当初撤出樱兵营转进碧瑶之前，山下像麦克阿瑟 1942 年那样宣布马尼拉为不设防城市。最初坚决反对这一决定的是第四航空军司令官富永。后来富永临阵脱逃，并不意味着马尼拉如山下所愿很快撤防，相反，随着更加决绝的海军第三十一特别根据地部队司令官岩渊三次接掌指挥权，一场血腥的城市攻坚战已不可避免。

1942 年 11 月，日军快速战列舰"比叡"号和"雾岛"号双双战沉于瓜岛海域。当时"雾岛"号的舰长就是这位岩渊三次，不过那时的军衔还是大佐。人家"比叡"号舰长西田正雄用与舰同沉的方式赢得了足够尊敬，苟且偷生的岩渊辗转回国后受尽白眼，精神状态极不稳定。在出任舞鹤镇守府人事部部长时，岩渊曾对前来视察的海军大臣岛田繁太郎大放厥词。1944 年 11 月 17 日，原以为仕途已经终结的岩渊意外接到命令，前往吕宋岛出任海军第三十一特别根据地部队司令官。岩渊这一出山不打紧，菲律宾人可算倒了八辈子血霉了。

与大部分海军官兵一样，炮术专家岩渊既没有接受过山地丛林战训练，也不打算到深山密林里去挨饿，他要在菲律宾首都做最后的殊死抵抗，直至最后一兵一卒，哪怕马尼拉在战火中完全毁掉也在所不惜。他手下除所属海军部队之外，还云集了大量机关和后勤人员。在莱特湾海战以及11月13日的马尼拉大空袭中，大量沉没舰船上的数千水兵爬上岸后成为岩渊的部下。据不完全统计，这些人包括"武藏"号的约1000人，"最上"号595人，"那智"号220人，"熊野"号490人，其他"木曾"号、"曙"号、"初春"号、"冲波"号、"秋霜"号合计715人。

在将从事弹药生产和船舶维修的6000名基地后勤人员疏散至马尼拉东部山区之后，岩渊将手下海军士兵统编为7个大队。他还怂恿陆军留在马尼拉维持秩序的野口胜三，率三个步兵大队4000名士兵一起留下来与美国人拼个鱼死网破。美军逼近马尼拉时，负责守城的日军士兵达到10个大队2万人之众，仅从人数看几乎相当于一个满编师团。大川此前已经命令岩渊接受振武集团的指挥，山下电令横山静雄，要他命令岩渊撤出马尼拉。岩渊对此根本不予理睬："我海军陆战队打巷战水平全球第一，怎能轻易放弃城市，跑出去和美军打野战？！"

马尼拉曾经是日本陆海军重点防御的中心城市，城内部署有海军43门高炮和250挺高射机枪。陆军仓促撤出时留下的46门迫击炮和步兵炮都成为岩渊守城的利器。为了与美军决一死战，岩渊下令毁掉所有影响防御的建筑，日军工兵和炮兵把雄伟的马尼拉大教堂、邮电大楼、繁华的圣克鲁兹商业街甚至穷困的托恩多贫民区统统夷为平地，巴石河上的桥梁包括中国式木桥、西班牙式石桥、美国式水泥桥和钢桥被悉数炸毁。各路日军被部署在城内各处工事和地下室里，每个路口都设置了障碍，街道上到处埋上了地雷，战损舰船上的大炮也被拖到岸上作为固定炮台使用。一切预示着太平洋战场最大的一场城市攻坚战即将上演。

对马尼拉以南地区的防御，岩渊同样给予了高度重视，在此部署了超过5000名士兵。尼科尔斯机场和附近的甲米地海军基地是重点防御对象，因此部署了大量岸防炮、高射炮甚至驱逐舰127毫米炮和轻巡洋舰152毫米炮，火力强劲。正如肯尼当初所料，2月4日，美军第十一空降师的前进步伐在距尼科尔斯机场仅5公里的伊穆斯戛然而止。由于缺少大口径火炮等攻坚武器，美军费尽九牛二虎之力仍然无法攻入机场，更无法向马尼拉挪动半步。一名美军上尉连长在此留下一句名言："请转告海军哈尔西将军，不要到处去找日本佬舰队了，它们就埋在尼科尔斯机场上！"

到2月10日，第十一空降师率先进入马尼拉的可能性已不复存在。他们到2月17日才勉强攻克麦金莱堡，至于完全控制包括甲米地基地在内的马尼拉东岸地区，已经是3月3日之后的事情了。

本次挫败使艾克尔伯格失去了他的第四颗星。一直到战后的1954年，美国国会才通过一项特别法案，批准一些退休多年的老中将晋升上将，艾克尔伯格出现在这份名单之中。艾克尔伯格永远不能理解，为什么克鲁格能晋升上将，而自己不能。他将这一切归罪于麦克阿瑟，并把他看成大骗子和自己的头号敌人。

艾克尔伯格功败垂成！但他的加入还是给第六集团军带来了莫大压力，克鲁格调属下战斗力最强的两个师参加和第八集团军的"劳动竞赛"。第一骑兵师受命1月27日在林加延湾登陆后不做任何停留，直接沿五号公路向南进军；第三十七师将从克拉克机场一带出发，沿三号公路向马尼拉攻击前进。克鲁格在自己的两个师中同样开展了"劳动竞赛"，看他们谁能率先获得进入马尼拉的殊荣。这两个师都是正常从海上登陆，拥有大量汽车和坦克，行军速度比仅靠两条腿的第十一空降师快多了。

事实上，第三十七师已位于林加延和马尼拉之间，处于极其有利的竞争位置。急于夺取马尼拉的焦急心情使麦克阿瑟不顾风险，经常乘吉普车四处督战。就在第一骑兵师登陆当天，麦克阿瑟就急不可待地找到了师长马奇少将："去马尼拉！我不管你怎么去，到那儿就行，而且要快。要尽量避免人员伤亡。你可以绕过日本佬，超越日本佬，但一定要到马尼拉去，救出圣托马斯集中营中的战俘，占领总统府马拉卡南宫和议会大厦。"

为赢得和第三十七步兵师的"劳动竞赛"，马奇抽调第五骑兵团和第八骑兵团各一个连，与第四十四坦克营共同组成了一支800人的特遣队，在第一旅旅长威廉·蔡斯准将的率领下向马尼拉疯狂穿插。特遣队于2月1日零时出发，所有人员轻装简行，只携带四天干粮。为保持进军高速度，特遣队受命尽可能避免与日军纠缠，将遇到的敌人留给后续部队去收拾。蔡斯率部迅猛夺取沿途的多座桥梁，1辆试图炸桥的日军自爆卡车被美军火箭筒及时摧毁，爆炸留下的弹坑被工兵迅速填平。

一旦前方某座桥梁被炸毁，美军工兵就会以最快速度架起应急浮桥，步兵则寻找浅滩涉水而过。在空中战机的掩护和支援下，他们仅用两天时间就到达马尼拉东北方向的甲万那端，击溃当地少许日军上了五号公路，随后 6 小时内急行军 121 公里，终于在 2 月 3 日 18 时 35 分突入马尼拉市区，成为第一支进入菲律宾首都的美军部队。全部突击过程仅耗时 66 小时，蔡斯凭此出色战绩很快调任第三十八步兵师师长。

美军一部直取菲律宾总统府，守卫马拉卡南宫的总统卫队以敬礼欢迎美军的到来。麦克阿瑟原来使用的那辆卡迪拉克轿车也被夺回。美军败走巴丹之后，这辆豪华轿车被本间雅晴的第十四军司令部征用，至今车况良好。虽然被打上了五星上将标记，但麦克阿瑟今后几乎不用它了，以免引发那些令人心酸的回忆。

当天 20 时 50 分，美军第四十四坦克营一辆谢尔曼坦克撞开了圣托马斯大学的大门。这一时刻对《生活》杂志摄影记者卡尔·迈登斯意义非凡。早在战争之初，迈登斯就被日军俘虏，在这里关押 8 个月后在一次战俘交换中被释放。"我记得，"迈登斯写道，"当我看到那个大门的时候，我有多么惊讶。那个曾经在我和自由世界之间矗立了那么长时间的大门，现在像一个画出来的幻影一样塌了下来。"

战斗仍在激烈进行，那些喜出望外的获救者就一拥而上，疯狂拥抱冲进来的美军士兵，庆祝自己获得自由。"一个妇女挥舞着双臂，"迈登斯回忆说，"很多双手抓住我，把我举了起来！"他看到很多熟悉的人，包括海军造船厂退休工人李·罗杰和矿工约翰·托德，他们被 3 年来的饥饿折磨得几乎没了人形，"他俩体重分别减轻了 55 磅和 76 磅"。在得到解救时，集中营中成年男性平均体重仅50.8 公斤，女性 45.3 公斤，他们在被关押期间平均体重下降了 27%。只有孩子看上去还不算太凄惨，他们的父母将大人的微薄定量食品大部分让给孩子吃了。

集中营日军指挥官林敏夫率领 63 名部下，挟持 267 名人质躲入大学教学楼负隅顽抗。蔡斯决定进行谈判："我们的任务是解救平民和战俘，而不是让他们被日军杀死。"留着两撇漂亮小胡子的查尔斯·布雷迪中校受命进入教学楼和日军谈判，出任翻译的是被拘禁的加拿大传教士欧内斯特·斯坦利神父。谈判持续了整整一天，双方在 4 日晚达成协议：日军看守释放所有人质，可以携带步枪、手枪和军刀等轻武器离开，美军将为他们提供护送。

5 日黎明，一支看上去非常独特的队伍穿过校园走出大学校门。走在最前面的是布雷迪、林和斯坦利神父三人。在他们身后，日军士兵每三人一排跟着行进。一队美军士兵列队一旁，手持冲锋枪或步枪时刻警惕，预防可能发生的意外。当这支队伍来到离日军战线还差几个街区时，布雷迪释放了林和他的士兵。迈登斯对此记载说："他们恐惧地散开队形，然后连滚带爬地跑掉了。"

倒霉的林不知道总统府已经被美军占领，直接率队跑到这里来投奔友军。刚刚占领马拉卡南宫不久的美军对双方之前达成的协议一无所知，迎接林的是密集的枪弹。几名日军被当场打死，余者一哄而散。

虽然此前有 466 人在关押期间出于各种原因死亡，但从圣托马斯大学集中营中解救出来的平民和战俘仍有 3700 人之多。回家时间尽管遥远，但所有男人、妇女和孩子都自动加入进来，齐声高唱《上帝保佑美利坚》。

美军第三十七师的运气稍微差了一点儿。虽然他们紧赶慢赶沿三号公路快速进军，但还是比第一骑兵师晚到了 12 小时，于 4 日凌晨抵达马尼拉。美军先锋部队马不停蹄直取比利比德监狱。日军曾想炸掉通往监狱的一座桥梁，但疾驰的美军车队还是先于敌人将之攻占。他们未开一枪一炮顺利占领比利比德监狱，解救出 1275 名盟军战俘和平民，其中 800 人是被日军称为"好斗巴丹杂种"的美国老兵。

4 日晚，马奇报告麦克阿瑟，司令官是否愿意随第一骑兵师主力 5 日清晨进入马尼拉。这正是麦克阿瑟求之不得的事情，他迅速做出了热情洋溢的肯定答复。但他随马奇一起入城的打算被来自华盛顿的几份紧急电报耽搁了。直到 6 日上午，他的吉普车才赶上马奇的部队，此时他们距马尼拉还有 16 公里。工兵传回了令人沮丧的消息，日军炸毁了行军道路上的一座桥梁，重新搭建简易便桥至少需要 12 个小时。麦克阿瑟垂头丧气地回到了位于路易西塔种植园的临时司令部。

6 日，美军两个师向日军盘踞的据点发起猛攻，以 50 人阵亡、150 人受伤为代价歼敌 1500 人，基本肃清了巴石河以北城区。战斗尚未完全展开，麦克阿瑟已经迫不及待地从距前线几十公里的司令部发出了胜利公报："我军正在迅速肃清马尼拉的残敌！"这次表演明显穿帮了，他的胜利公报与接下来的残酷战斗形成了强烈反差。

毕竟被解放的是一个盟国首都，罗斯福和丘吉尔纷纷向麦克阿瑟发来祝贺电报。罗斯福在电报中说："在解放马尼拉的时候，谨向您个人和您的指战员表示庆贺。这是在远东重建自由和庄严的历史性时刻。这次战斗行动和兵力调配之迅速，使我们无限地增加了对您成功的赞赏。"

7日，麦克阿瑟率司令部成员驱车进入阔别三年的马尼拉。他首先来到比利比德监狱。一名瘦骨嶙峋的战俘立正向他敬礼，他连站立都非常困难，似乎一阵风就能把他吹倒："欢迎您来到比利比德，长官，我是陆军军医沃伦·威尔逊少校，负责狱中战俘的医疗事务。"麦克阿瑟和这个半人半鬼的家伙握了握手，感觉他的手上没有一点儿肉："我很高兴能回到这里。"

随后映入麦克阿瑟眼帘的是一幅连但丁都无法描绘的悲惨场景：数百名战俘抬头凝视着他，他们虚弱得除了从躺着的地方努力向他微笑之外，其他什么都做不了。麦克阿瑟走上前去，或和他们握手，或拍拍他们的肩膀。"您成功了。"一名战俘低声说。"我来晚了，但我终于回来了。"麦克阿瑟的话语里充满歉意，"我尽可能快地赶到这里来，将给你们所需要的一切医疗照顾，治愈后就送你们回国。"

麦克阿瑟驱车前往圣托马斯集中营，这里的情况比比利比德监狱稍微好一些。战俘用仅有的力气穿上外套，伏在他胸前哭泣，欢天喜地地用他们棍子一样的手臂拥抱他。"要做拯救生命的人，"麦克阿瑟告诉埃格伯格，"不要做夺去生命的人！"

但是他的"家"——马尼拉酒店和大部分市区位于巴石河以南，仍在日军掌控之中。为保护平民和建筑物，麦克阿瑟下令，不许使用重炮或出动飞机轰炸城区。7日15时15分，美军第三十七师第一四八团、第一二九团从马拉卡南宫东西两侧强渡巴石河。前者2月10日攻占帕科火车站，后者直到11日才肃清了河中心普罗维索岛上的日军，对马尼拉至关重要的发电站就位于这个小岛上。

美军坦克最初冲入马尼拉时并未遇到多少抵抗。数不清的菲律宾人拥上街头，流着眼泪向美军士兵诉说日军的暴行。但当美军越过巴石河后，数不清的日军士兵幽灵一般从各处钻了出来，从残存建筑物内、瓦砾堆后向来犯者开火，给美军带来巨大杀伤。肯尼怒不可遏，强烈要求派轰炸机向日军盘踞的据点投放燃烧弹。麦克阿瑟不予批准，他认为飞机投弹不可能有那么准，特别是凝固汽油弹会把市内几百年的古建筑付之一炬。作为变通，他同意地面部队使用重炮。

集中在圣托马斯大学广场上密密麻麻的美军重炮获准开火，它们射出的无数炮弹逐渐将马尼拉变成一片瓦砾。"火焰超过1000英尺，喷冒出来的大片黑烟则高达2000英尺。"一位美军飞行员如此记述从飞机上看到的情景。一些曾经目睹伦敦、华沙、斯大林格勒等城市毁于战火的战地记者几乎不敢相信自己的眼睛，炮火数小时内便将宽阔的一大片聚居区夷为平地。"马尼拉血流成河，危在旦夕！"一些记者在战地报道中这样写道。麦克阿瑟下令停发了所有这种报道，并勒令记者们不得使用过于血腥露骨的字眼。

无数无辜平民成为牺牲品，他们或死于双方轻武器的交叉火力，或倒在美军重炮轰击之下。"死人和更多的死人胡乱、分散地躺在大道两旁，"一名幸存者回忆说，"空气中弥漫着非常恶心的臭味，以至于人们将胃里仅有的那么点儿食物都吐了出来。"决心顽抗到底的日军士兵因为菲律宾人对美国人的忠诚而恼火，他们肆意屠杀、强奸和折磨平民。在马尼拉古老城堡因特拉穆罗斯，超过1000名菲律宾人被杀害，类似事件在很多地方频频发生。

12日，日军残部收缩到南滨海区码头一带，隐蔽在医院、政府大厦、陆海军俱乐部、马尼拉酒店和圣地亚哥堡要塞中，依靠事先储备的大量弹药、食物和水，做最后的困兽之斗。14日，美军炮轰菲律宾综合医院，殊不知有7000难民藏在其中。一直到17日，美军才发现里边有大量难民，停止炮击，同时帮助生还者撤离。18日，美军第一四八团占领到处都是尸体和残肢断臂的医院。

就在第三十七师发起渡河作战的同时，美军第一骑兵师开始向东大范围迂回，12日与北上的第十一空降师顺利会合，至此美军三个师——骑兵师、步兵师、空降师各一个——对马尼拉形成合围之势。16日，第一骑兵师在哈里森公园遭到日军拼死抵抗，直到18日才肃清这一区域，以40人阵亡、315人受伤为代价歼敌750人。

19日，第一骑兵师左翼沿海岸北进，21日突击马尼拉酒店。战斗尚在激烈进行，麦克阿瑟就迫不及待来到第一线。酒店豪华顶楼曾经是他的"家"，那里有他精美的家具、积攒大半生的收藏品和数千册藏书。这些东西当初撤退时都未来得及带走，现在不知道还在否？酒店窗户不时向外吐出火舌，他被暂时挡在附近一栋建筑旁边。此时他看到了令人心酸的一幕："那座楼顶层的豪华公寓突然间火光冲天，是日本人放火烧的。我看到了，带着一种难以名状的感觉，我仿佛看到我一生积攒的私人物品都被毁掉了。"

夜幕降临之前，美军完全占领马尼拉酒店。麦克阿瑟推开卫兵，冲进了仍在冒烟的大门。后来他在回忆录中这样写道："顶楼除灰烬外一切荡然无存。很明显这里曾是日军指挥所，那名日军大佐被击毙在烧焦的门槛上。门口摆放的两个花瓶被打碎了，那是1905年我父亲出使东京时日本天皇送给他的。当年我们撤走时，琼特意把它们摆在门口好让日军看见，或许可以使他们手下留情。但事实证明这毫无用处。指挥肃清残敌任务的一名年轻中尉手中提着冒烟的枪，脸上挂着微笑对我高喊：'干得好，长官！'但是对我来说，此刻一点儿都不美妙。我可爱的家遭到毁坏，正在品尝苦涩的果实。"

还好，麦克阿瑟部分私人物品后来陆续被找到了。美军登陆莱特岛后，日本驻菲律宾大使村田省藏先是躲进马尼拉酒店，然后搬进一处被称作"白房子"的原属德国人的别墅。虽然同属轴心国，但日本人杀掉了别墅的主人巴赫拉赫，占据了他的漂亮房子。村田的行李中，有一大木箱从马尼拉酒店搜刮来的物品，其中一些属于麦克阿瑟。那套纯银茶具是明治天皇1905年送给老阿瑟的，另一对银烛台是琼的传家之宝，还有其他一些价值不菲的财物。木箱上写着"药品——运往东京"字样，显然是为掩人耳目。村田逃跑前没来得及带走他的"药品"。后来巴赫拉赫夫人通知一位美军军官，让他取走了那些物品。美军士兵还从酒店废墟中挖出了麦克阿瑟那套《剑桥现代历史丛书》和其他一些藏书。数年之后在东京，琼经人指点，在一个当时关押在监狱里等候审判的日军将军家中，找到了装有麦克阿瑟书签的数百册图书。遗憾的是，那个摔碎的花瓶肯定粘不起来了。

2月13日，山下再次命令振武集团司令官横山撤出仍然留在马尼拉的陆海军部队，西南方面舰队司令官大川也打破沉默，2月15日连续向岩渊发出三道命令，要求他按照陆军的命令迅速撤退。2月15日前后，岩渊与横山取得联系。"逃脱？"他报告说，"已经被认为是完全不可能了。"岩渊同时说明，牢固的阵地是他们最大的优势，一旦离开阵地，他们就会更加虚弱，"给您添麻烦了，感激不尽"。

马尼拉绝大部分城区已被美军攻占。2月14日，在发布"随便放弃阵地的指挥官是无能之辈、陆军主力还不如临时拼凑起来的一群乌合之众"的公告之后，岩渊率 2000 人退守西侧王城区，誓死不降。同日，日军振武集团司令官横山出动以第三十一步兵联队为主的 6 个步兵大队，从马尼拉东北侧高地一线从美军侧后发起攻击，经一周激战成功接应城内 3000 名守军突围。

尽管已经逐渐丧失对部队的控制，但岩渊仍不断下令"死守"。他甚至纵容部下肆意屠杀居民和烧毁民房："我们守不住马尼拉，美国人也休想得到它。"整个 2 月下旬，马尼拉变成了一座"人间地狱"。每逢战斗吃紧，日军就把恶气撒到平民身上，滥杀无辜和毁坏设施的现象随处可见。

美军集中 140 门大口径火炮，对主城区持续轰击了大半个星期。23 日 8 时 30 分，美军第一二九团、第一四五团联合发起最后攻击。日军释放了手中的 3000 名平民，迫使美军暂停进攻。但到 24 日，美军仍然粉碎了守军的抵抗。26 日，岩渊将幸存部下召集到司令部地下室里，取出御赐美酒与大家分享："终于到了分别的时候了！不过我们就算死了，灵魂也会永远与美国人战斗！"岩渊下令各部分头突围，他本人却留了下来。谁都不能确认岩渊是否自杀，但他再没有走出那座地下室。

群龙无首的日军残部依然据守议会大厦、农业部和财政部大楼负隅顽抗。美军起先准备用围困的方式饿死里边的日本人。但被俘日军士兵和那些设法逃出来的菲律宾人质报告说，守军有足够粮食弹药可以无限期坚守。美国只好改变策略，24 日到 26 日，他们用 155 毫米榴弹炮在 150 米近距离狂轰三座大楼。26 日，美军第一四八团和第五骑兵团分别向议会大厦和农业部大楼发起猛攻。双方围绕议会大厦逐屋争夺，以至于美军曾一度放弃占领房间，撤出等炮火再次轰炸后重新攻入。28 日，面目全非的议会大厦终于被美军攻克。即使整座大楼已被炮火削掉只剩地面一层，但据守农业部大楼的日军仍在顽强抵抗。为歼灭据守地下室的日军残部，美军第五骑兵团索性放弃攻击，3 月 1 日直接灌入汽油放火点燃。随着 3 月 3 日财政部大楼被美军攻克，持续长达一个月的马尼拉之战终于宣告结束。

2 月 27 日上午 11 时，美军在马拉卡南宫举行特别仪式，宣布菲律宾立宪政府恢复。麦克阿瑟在参谋人员陪同下走进贵宾接待室，奥斯梅纳和他的内阁人员早已等在那里了。与周围的断垣残壁形成鲜明对比，在一场空前浩劫之后，这座西班牙人留下的富丽堂皇的建筑竟然完好无损。

麦克阿瑟发表了激情洋溢的长篇演说："总统先生，自从我将军队及装备撤出这个美丽的城市以后，3年多时间过去了。这是充满苦难、斗争和牺牲的三年。当年这里门户敞开，没有设防。根据战争法，这里的教堂、纪念碑和文化中心都可以免遭破坏。然而，我们的敌人却置若罔闻，我们所保存的许多东西都被他们在绝望中蛮横地捣毁了。现在，这一片灰烬已经决定了肆无忌惮的敌人将遭到同样的下场。当时我们只是一支很小的力量，但我们努力战斗，阻拦敌人铺天盖地的大部队的前进。这种斗争没有白费！上帝确实在保佑我们。美军在盟国的支持下严阵以待，扭转了战争局势。我的国家信守诺言，现在，总统先生，我代表美国政府庄严宣告，把宪法规定的全部权力交还菲律宾共和国政府。这样，你们的国家又可以自立于光荣的自由民族大家庭之中，有机会掌管自己的命运。你们的首都虽然被摧残得满目疮痍，却重新获得了它名副其实的地位——东方民主的保垒！"

奥斯梅纳发表了简短讲话。他回顾了日军在菲律宾犯下的种种罪行，高度赞扬美军为菲律宾解放做出的牺牲，以及麦克阿瑟本人对这场战争所做出的杰出贡献。

在艰苦的马尼拉攻防战中，美军阵亡1010人，受伤5565人，消灭日军16665人。超过10万名菲律宾平民在战火中丧生，其中约一半人死于战火，另一半人被日军杀害。既然岩渊已经自杀，麦克阿瑟将这笔糊涂账全都记在了山下奉文头上，后文详叙。

美国历史学家威廉·曼彻斯特如此描述道："马尼拉灾难是二战中最大的悲剧之一：70%的公共设施、75%的工厂、80%的居住区和全部商业区化为乌有，10万名市民遇难，许多妇女儿童成为日军施暴的对象——当时马尼拉市区大约只剩70万人。整个城市一片狼藉，只有4栋公共建筑幸运地保存下来。"

入城之后，艾克尔伯格对着一片废墟感慨地说，"除了一些日军认为不值得防御或者被我们军队突然进入的地方之外，马尼拉已不复存在"。卡洛斯·罗慕洛从尸体和废墟间走过，"不管我到哪里，我都感觉自己像是一座死亡城市里的一个幽灵。马尼拉简直就是一座停尸房，这些都是我的邻居和朋友，我看到他们被折磨的身体。他们的脑袋被削掉，他们的双手被绑在背后，刺刀一次次刺穿他们的身体。这个女孩儿无言地向上看着我，她的胸部被刺刀划成了十字形，她曾经和我的儿子一起上学"。一周之后，罗慕洛找到了妻子和四个孩子，他们都幸运地活了下来。

美军进入马尼拉后，战区司令部参谋拟订出了胜利大游行计划。日军的顽强抵抗迫使这一计划一拖再拖。鉴于这座被称为"东方明珠"的城市几乎化为废墟瓦砾且死尸枕藉，麦克阿瑟最终取消了胜利游行。

马尼拉战斗尚在激烈进行，麦克阿瑟目光已经转向了巴丹和科雷希多。两地曾是美军3年前坚守的最后阵地，当年自己死守巴丹的痛苦回忆恍如昨日。从战术上讲，夺取两地可以一举切断日军建武集团的退路，就精神层面而言，只有夺回巴丹才能洗刷当年的耻辱，一解心头之恨。

美军情报部门的敌情判断再次出现严重失误。威洛比估计半岛有日军6000到8000人，实际上巴丹只有日军第十师团永吉实展第三十九联队的2750人。1月29日，美军第三十八师和第二十四师第三十四团在巴丹半岛西北方向的圣安东尼奥突然登陆，几乎未遭多少抵抗于次日占领奥隆加波军港，距离不远的圣马塞利诺机场早已被菲律宾游击队控制。美军在"之字山口"遭到永吉部队的顽强阻击，一连三天逡巡不前。美军第三十四团实施迂回，毫无效果。

2月6日，美军重炮运抵前线，次日进驻圣马塞利诺机场的P-47战斗机开始对"之字山口"日军阵地投下凝固汽油弹。因指挥拙劣，第三十八师师长亨利·琼斯少将被火线撤职，师长职务由之前表现出色的柴斯少将取代——柴斯随后在1945年3月晋升少将，当年8月1日回到老部队出任第一骑兵师师长，成为二战结束后第一位踏足东京的美军军官。2月8日，美军终于突破日军第一道防线。此举恰似推开了一扇门，美军之后的进攻势如破竹。2月13日，美军第一四九团和一五二团胜利会师，通往巴丹半岛的大门被打开了。

2月14日，美军第三十八师第一团沿巴丹半岛东路向南扫荡，前方阻击的400名日军被迅速击溃。同日，第一五一团在巴丹半岛最南端的马里韦莱斯港登陆，向北攻击合围残余日军。藏匿在科雷希多岛的日军30艘"震洋"自杀艇全体出击，18艘因故障折返，剩余12艘仅有6艘突破美军火力网逼近美军船队，与3艘炮艇同归于尽。

前线战事尚在激烈进行，麦克阿瑟就于2月16日率参谋和十几名卫兵乘6

辆吉普车深入巴丹半岛。"我已很久没有带侦察兵进入前线地带了，"他告诉埃格伯格，"这让你有点兴奋，是不是医生？"

途中他们遇到了2名侦察兵，询问日本人究竟在哪里。侦察兵回答说，敌人就在前方不远处的丛林里。麦克阿瑟命令大家准备好卡宾枪，然后将车队减到2辆继续行进。一条河流挡住去路，河上桥梁已被炸毁。他们被空中一个美军P-38战斗机编队发现。美军飞行员请示上级是否可以俯冲扫射地面上出现的一支"敌军吉普车队"。幸运的是，他们被严令不得发起攻击，因为有确切消息称麦克阿瑟的吉普车进入了巴丹半岛。如果贸然攻击造成误杀，那可真成天大的笑话了。

在麦克阿瑟的亲自督战下，美军两个团2月18日顺利会师并快速推进到半岛西岸，21日攻占日军位于巴丹半岛的最后据点。重夺巴丹的战斗波澜不惊，美军以阵亡50人、受伤100人为代价歼灭超过200名日军，剩下1000多人逃入丛林。他们后来大多死于饥饿或菲律宾游击队的围剿。

巴丹战事已定，麦克阿瑟的目光立即转向了马里韦莱斯港对面那个蝌蚪形小岛科雷希多。为阻止美军顺利使用马尼拉港和甲米地基地，日军在马尼拉湾口科雷希多、卡巴罗、埃尔弗赖莱、卡拉宝这4个小岛上布下重兵，仅科雷希多就有板垣昂率领的5400名陆海军士兵，且粮弹充足。更要命的是，战前美国人曾在岛上修建了包括马林塔隧道在内的许多大型掩体和地面炮台，日军稍加修葺即可使用。美国人当年投降时在地下仓库留下大量弹药，它们中的大部分被日军造成了地雷。

因为大部分日军藏匿在隧道或洞穴之中，威洛比再次错误判断岛上守军只有600到800人。1月以来，包括B-24在内的美军轰炸机已向小岛累计投下3128吨炸弹。威洛比认为，岛上日军肯定被炸死得差不多了。既然岛上仅剩这么点人，参谋长萨瑟兰提出："为什么不出动伞兵部队，配合陆军同时发起进攻呢？"肯尼对此心存疑虑，他不太相信威洛比的判断，建议麦克阿瑟不要采用这种危险的做法。出乎所有人预料，麦克阿瑟这次竟然采纳了萨瑟兰的建议。

科雷希多弹丸之地，缺少合适的空降场所，只有岛东端有一块相对平坦的地面，另一处是托普锡德阅兵场附近的高尔夫球场。克鲁格做出了一个大胆决定：直接在高尔夫球场实施空降，日本人肯定想不到那里会有伞兵从天而降。乔治·琼斯上校第五〇三伞兵团受命执行夺岛任务，之前他们已经在纳扎布机场和农福尔岛成功进行过两次空降。琼斯的作战计划是：第三营在炮火掩护下空降夺取头部高地，其余两个营分别在当天下午和次日伞降。为配合伞兵作战，第二十四师第三十四团第三营将从岛中部南侧的"黑滩"登陆，与伞兵合力肃清岛上日军。理论上将，用四个营剿灭岛上"几百日军"显然绰绰有余。

2月16日清晨7时15分，美军3艘重巡洋舰、5艘轻巡洋舰、14艘驱逐舰对弹丸小岛进行了40分钟炮火准备，随后70多架美军B-24、A-20、B-25飞临小岛上空投弹和低空扫射。岛上瞬间烟雾弥漫，日军通信中断，士兵纷纷钻入坑道或洞穴躲避。8时33分，51架C-47运输机运载约翰·埃里克森中校伞兵第三营飞抵岛屿上空实施伞降。由于伞降地点高尔夫球场极为狭小，为保证跳伞的准确性，美军改变了以往伞兵从飞机中一次跳出的做法。运输机编队在着陆场上空往返3次，每次有6~8名士兵在8秒钟内从舱门跳出。岛上日军大部分高炮被之前的舰炮打击和轰炸摧毁。虽然运输机无一损失，但仍有少数伞兵飘离狭小的着陆场，落在树干或废墟上摔伤或摔死，部分落水者被鱼雷艇救起。琼斯上校率5名士兵从122米高度跳伞，同样跑偏。一组倒霉的8名伞兵正好落在日军据守的山洞跟前，瞬间被射过来的密集枪弹全部打死。

美军的进攻完全出乎日军预料。感到意外的还有美军士兵，他们发现对面的敌人根本不是几百人的小股部队，而是躲在坚固隧道和岩洞里的5000多名死士。迅速集结起来的750名伞兵猛烈攻击周围日军阵地，在日军做出反应之前控制了至关重要的头部高地。幸运的是，战斗刚刚打响，日军最高指挥官板垣就被手榴弹炸死，人数占绝对优势的日军陷入群龙无首的混乱状态。

10时28分，美军第三十四团第三营乘25艘登陆舰在岛中部"黑滩"登陆，顺利登上马林塔山顶。12时40分，第二批美军C-47投下了凯斯基中校的伞兵第二营，他们与第三营会合后于傍晚时分控制了整个头部高地。当晚，战战兢兢的美军打退了日军的数次夜袭。

17日清晨，美军坦克登岛，开始向马林塔隧道口猛烈开火，超过2000名日军士兵被封锁在隧道里。8时32分，罗伯特·伍兹中校率伞兵第一营乘44架C-47飞抵小岛上空，被日军高炮击伤16架。美军索性取消空降，直接用登陆艇将伞兵送上滩头。接到登陆部队的火力支援请求，"克莱斯顿"号驱逐舰驶抵近海，以127毫米主炮对岛上岩洞和隧道口进行直瞄炮击。

美军步兵和伞兵东西对进，迅速打通头部高地与马林塔山之间的通道。当晚，日军的夜袭再次被美军击退。18日凌晨3时，日军在反攻美军占领的惠勒炮台时引爆了地下弹药库，双方许多士兵在爆炸中阵亡。天亮之后，美军在岛上清点出日军尸体800多具，远远超过了威洛比之前的预计数字。

19日清晨6时，500名日军发起了万岁冲锋。列兵麦卡特打光了三支枪中的所有子弹，击毙日军37人，他被授予最高级别的荣誉勋章。美军以33人阵亡、36人受伤为代价全歼来袭之敌。随着美军的步步进逼，日军控制区域越来越小。21日23时30分，日军在马林塔隧道中的一次爆破操作失误，炸死了几名美军和数百名日军。冲出隧道的几百名日军全被打死在洞口附近。24日，隧道中残存日军以自爆方式集体自杀。

25日凌晨，最后600名日军发动了万岁冲锋，在美军炮火和机枪扫射下遗尸450具。26日11时，1辆谢尔曼坦克向岛尾部一处洞穴开炮。不知是炮弹诱爆还是日军自行引爆，随后发生的剧烈爆炸竟然将坦克炸出15米远，56名美军和超过200名日军尸骨无存。至此岛上日军有组织的抵抗宣告结束。

战斗进行期间，试图游水前往巴丹的200名日军被美军驱逐舰和鱼雷艇击毙在水中。27日，琼斯上校宣布美军重新夺回科雷希多，击毙日军4700人，俘虏20人，超过500名日军渡海游上吕宋岛继续与美军周旋。美军付出的代价是223人阵亡、1107人受伤。3月27日到4月16日，美军第三十八师第一五一团相继拿下了湾口其余三个小岛。

3月2日上午，麦克阿瑟从海军调来4艘鱼雷艇，特意邀请当初和他一同逃离的人员沿当年航线重返科雷希多。他伤感地告诉身边众人：“诸位，回来的路程竟然如此漫长。”麦克阿瑟刚一登岛，琼斯就迎上前敬礼报告：“长官，我现在把科雷希多要塞交还给您！”

麦克阿瑟对琼斯在收复岛屿中的出色表现表示祝贺，并授予他优异服役十字勋章：“上校，我看见那根老旗杆还竖在那里，让你的士兵把国旗挂上去，绝对不能再让任何敌人把它降下来。”当星条旗在旗杆上徐徐升起时，麦克阿瑟立正肃立，举起颤抖的右手敬礼。

虽然连续丢掉了克拉克机场群、巴丹半岛和科雷希多岛三处要地，但日军建武集团实力尚存，对美军侧后构成了致命威胁。美军必须尽快歼灭塚田部队，才能集中兵力对付北方山下亲自领军的尚武集团。2月2日，美军第四十师、第三十七师开始向克拉克机场西北方向山区中的建武集团主防线发起进攻。山区复杂的地形导致美军的火力优势无法充分发挥，步兵的地面进攻举步维艰。不过日军时常发起"万岁冲锋"帮了美国人的大忙，战至2月20日，日军土防线在美军正面进攻和两翼包抄下全线动摇。

2月28日，美军第四十师继续发起进攻。3月2日，接替他们出战的第四十三师开始攻击海军部队防守的第三道防线，占领了日军五个主要防区中的四个。最后出场的是第三十八步兵师，日军在美军的猛烈攻击下溃不成军。4月6日，濒临绝境的塚田——他已于3月晋升中将——下令放弃正面抵抗，残余各部化整为零进入山区展开游击战。5月3日，接替第三十八师出战的第六师开始清剿建武集团残部。除面对美军的进攻和菲律宾游击队的袭扰之外，日军还要应对疾病和无休止的饥饿。战争结束时，曾有3万人马的建武集团只剩陆军1200人和海军2400人，在塚田带领下走出丛林向美军投降。

实力最弱的建武集团遁入山林已不足为虑。为集中兵力进攻山下的尚武集团，消除来自侧后的威胁，美军还必须消灭固守马尼拉以东山地的振武集团，何况该部还牢牢控制着马尼拉的水源。3月1日，陆军参谋本部下令将振武集团改编为第四十一军，军司令官横山静雄中将手中有兵员8万人，其中作为主力的3万人作战部队来自第八师团和第一〇五师团。横山确定的作战方针是："竭尽奇正攻防之手段，摧毁敌军战斗力，不得已时确保长期抗战所需重要地区，策应方面军主力作战。"他将手下兵力统编为三支部队。

河岛兵团：以第三十一步兵联队为基干共9000人，由第一〇五师团第八十二旅团旅团长河岛修指挥，据守伊波一带。

小林兵团：小林隆指挥的马尼拉防卫部队约12000人，据守伊波以南15公里的瓦瓦。

野口兵团：由第一〇五师团第八十一旅团旅团长野口进指挥的约9000名士兵，据守马尼拉以东20公里的安奇波罗。

鉴于振武集团控制着马尼拉的水源地，早在首都之战尚在激烈进行中的2月20日，格里斯伍德已经命令第六步兵师、第一骑兵师第二骑兵旅联合发起对振武集团的攻势。当日，美军左翼第七骑兵团强渡马利基纳河，沿二十一号公路一路前出至距东海岸仅 6.4 公里的泰泰，22 日进至西埃拉马德勒山脚。右翼第八骑兵团渡河后几乎未遇抵抗占领塔基塔。23 日，第二骑兵旅开始向安奇波罗一线发起猛攻，在日军野口兵团的顽强阻击下进展不大。虽然击毙敌军超过 500 人，但美军也付出 60 人阵亡、315 人受伤的惨重代价。师长马奇少将在战斗中身负重伤，第二旅旅长休·霍夫曼准将火线代理师长职务。第六步兵师的两个团 22 日渡河后攻击顺利，随着日军阻击不断增强，美军推进步伐逐渐放慢。到 3 月 4 日，第六师以 85 人阵亡、255 人受伤为代价歼敌 1100 人。

看到强攻效果不大，格里斯伍德变更策略，改全面进攻为重点进攻，同时选择日军野口兵团和小林兵团中间地带为突破口。第二骑兵旅和第六师在之前的攻击中疲态尽露，3 月 7 日，格里斯伍德向前线投入第四十三师第一〇三团和第一骑兵旅，3 月 8 日重启攻势。日军两个兵团被迫后退约 1 公里。

3 月 12 日，横山放弃之前效果不错的严防死守战术，出动 7 个步兵大队从南北两个方向对楔入日军阵地的美军发起反击。因缺乏空中力量和重武器支持，仅靠步枪、机枪和小口径火炮的日军并未取得多大战果。美军第六师师长埃德温·帕特里克少将在战斗中重伤不治死亡，第一团团长里斯上校中弹直接阵亡。两人的职务分别被师炮兵指挥官赫迪斯准将和第一团一营营长科宾中校临时接替。

反击失败的横山不得不收缩兵力，龟缩到地形史加险峻的普洛山一带据守。这里森林茂密，道路崎岖，美军重型火炮和坦克部队行动不便，进攻因此停顿下来。3 月 14 日，得到第四十三师主力增援的美军发起第三轮攻势。21 日，第四十三师第一〇三团攻克塔诺安山，次日强渡博苏博苏河，26 日占领野口部队的核心阵地，日军左翼防线支离破碎。肃清河西地区之后，美军第六师向北转向猛攻瓦瓦水坝。日军阻击使美军进攻难以取得突破性进展。4 月 21 日，美军投入生力军第三十七师第一四五团，从帕卡瓦干山对东面的瓦瓦水坝展开正面进攻，他们可以得到强大炮火的直接支援。5 月 4 日，美军第三十八师对瓦瓦水坝展开猛攻，终于在 5 月 9 日攻克可以俯瞰大坝的比尼卡延山。横山纠集九个步兵大队发起反击，他们利用暗夜掩护潜入美军阵地展开白刃格斗，美军及时投入坦克部队，终于将日军反击击溃。5 月 21 日，经过 3 个月苦战的美军成功攻占伊波水坝，保证了马尼拉的用水安全。

虽然几支主力部队被相继击溃，但横山第四十一军仍有 26000 名残兵败将游荡山中。他们完全失去食物来源，陷入人吃人的悲惨境地。6月的扫荡战中，继续向吕宋岛东岸推进的美军以110人阵亡、370人受伤为代价，消灭7540名日军，俘虏1105人。之后菲律宾游击队接管了最后扫荡任务。

守卫吕宋岛东南部狭长区域的是日军富士部队的13000人，其中仅3000名作战部队。2月24日，美军第十一空降师第一八八团一营在菲律宾游击队配合下，以一个连伞降、两个连乘登陆艇强渡塔阿尔湖的方式突袭洛斯巴诺斯集中营，以4人阵亡、6人受伤为代价消灭日军看守70人，救出2147名盟国平民和战俘——本次突袭行动可以与甲万那端大营救媲美。3月23日，美军两个师沿塔阿尔湖东西两侧攻击前进，27日攻克利帕市。

在吕宋岛最南端，从2月19日到4月3日，艾克尔伯格第八集团军对圣伯纳迪诺海峡周围小岛展开一系列登陆作战，陆续肃清岛屿上的小股日军。4月1日，美军第一五八独立步兵团在比科尔半岛东海岸黎牙实比港登陆，向南直趋半岛南端，肃清沿途日军控制了圣贝纳迪诺海峡。此后美军海运即可由此直接进入菲律宾内海，不必再绕道苏里高海峡了。

5月2日，南下美军第一骑兵师和北上的第一五八团顺利会合，与菲律宾游击队一起扫荡了吕宋岛东南部分。至此马尼拉周围的日军被全部扫清，美军完全占领了吕宋岛南半部分。

## 一个都不能少

吕宋岛激战正酣，莱特岛日军残部的肃清作战尚未完成，一向"吃着碗里看着锅里"的麦克阿瑟已经开始打菲律宾南部诸岛的主意了。在连续拿下克拉克机场、马尼拉、巴丹和科雷希多等地之后，美国第八集团军下一步作战方向值得商榷。从战略上讲，艾克尔伯格挥戈北上，与克鲁格合力进攻盘踞在吕宋北部的尚武集团是最佳选择。菲律宾南部诸岛日军各部早已被分割孤立，完全可以像对待特鲁克、拉包尔、新几内亚等处的日军那样任其自生自灭，这正是"蛙跳作战"之精髓所在。但对麦克阿瑟个人来讲，如果放过菲律宾南部诸岛不攻，就相当于一半菲律宾人仍处于日军控制之下，这是绝对不能容忍的事情。只要有一处岛屿仍在日本人手中，菲律宾就称不上完全"解放"。麦克阿瑟经常告诉身边人员，任何小的失误都会违背自己对菲律宾人许下的诺言，"忽略那些岛屿，将他们的平民和任何美军战俘留给那些失败的残忍的日本人都是极度危险的"，必须把日军占据的地盘全部夺回来，"一个都不能少"。

负责菲律宾南部地区防御的是铃木宗作的第三十五军。该地区大致分成三部分：第一部分是群岛西南侧的巴拉望岛、苏禄群岛和棉兰老岛西部的三宝颜半岛；第二部分是中部的米沙鄢群岛，包括班乃、内格罗斯、宿务、保和岛等；第三部分是地域广阔的棉兰老岛东部。上述诸岛有 102000 名日本人，包括 53000 名陆军、19400 名陆军航空人员、15000 名海军和 14800 名平民。人数看上去真不算少，但其中仅 30000 人属于经过训练的战斗部队。分散各岛的日军部队几乎没有海空兵力，只能各自为战，完全无法阻挡美军的登陆。从随后的战斗进程来看，美军在夺取南部诸岛时完全没了之前的矜持，他们往往直接选择在岛屿中心城市附近登陆，然后向外扩大战果。日军采取的防御模式大都是先固守中心城市，稍为抵抗后退守周边，利用地形骚扰美军以示存在，最后不得已时，遁入深山老林展开游击战。

最初华盛顿并不同意动用大部队去进攻这些价值不大的岛屿。参谋长联席会议认为，仅凭菲律宾人就能够完成上述任务，这一地区的最终解放只是一个时间问题。从战略上讲，只要美军占领吕宋，就完全可以达成切断南方资源区与日本本土海上交通线的最终目标。但麦克阿瑟时刻不忘他对菲律宾人民承担的"责任和义务"，要亲手"拯救"全部岛屿。华盛顿最终也只好迁就这位受命在外的陆军五星上将了。

根据麦克阿瑟的命令，第八集团军制订了解放南方诸岛的"胜利者计划"。艾克尔伯格决定从西南方向发起攻击，先拿下巴拉望岛、苏禄群岛和三宝颜半岛，之后夺取米沙鄢，最后攻占棉兰老岛东部。艾克尔伯格这样安排的原因在于，巴拉望岛、苏禄群岛和三宝颜半岛战略位置相对重要，距英属婆罗洲、苏门答腊岛等石油产区最近。如果夺取上述岛屿并建立航空基地，就能彻底掐断南方资源区通往日本本土的海上生命线。麦克阿瑟对南方作战给予了充分重视，特意从克鲁格手中抽调 3 个师充实第八集团军。此外，艾克尔伯格还可以得到活跃在这些岛屿上的数万名游击队员的支持。

1945 年 2 月 28 日，哈罗德·汉尼准将率美军第四十一师第一八六团及配属部队共 8000 人，在巴拉望岛中心城市普林塞萨港（又称公主港）附近卡尼加兰海滩登陆。那里刚好可以看到当初美军战俘修建的机场。驻岛日军只有两个步兵中队和少量航空部队地勤人员 1750 人，稍为抵抗后逃入港口以北 16 公里的山区。3 月 3 日到 8 日，美军连续攻占数座日军占据的高地后不再追击，仟由日军残部自生自灭。

美军登岛后，巴拉望大屠杀第十一名幸存者终于重获自由。在过去的 47 天里，波普·丹尼尔斯一直受到当地游击队的悉心照料。丹尼尔斯很快被送到普林塞萨港，3 月 6 日被转往民都洛岛。他由二等兵连升两级为下士，5 月 14 日踏上了回国的航程。3 月 15 日到 23 日，美军对战俘营展开搜查，在营区挖出 79 名战俘遗体，在另外一处洞穴发现 26 具尸骸，每具尸体头骨上都有弹孔或被钝器击打过的痕迹。

3 月 9 日到 4 月 21 日，美军陆续拿下巴拉望岛周边岛屿。普林塞萨港以北 280 公里卡拉绵群岛的科伦岛曾是日本联合舰队的主要锚地，前文多次提到过，美军出动一部兵力于 4 月 9 日加以占领。4 月 21 日，美军第九十三师第三六八团接管巴拉望岛防务。巴拉望作战，美军以 10 人阵亡、45 人受伤为代价消灭日军 890 人，俘虏 20 人。

棉兰老岛是菲律宾第二大岛，其西侧三宝颜半岛通过一条宽 14 公里的地峡与主岛相连。岛上几乎没有道路，通行困难，三宝颜半岛相当于孤立于主岛之外。驻守该地区的日军主力是北条藤吉独立混成第五十四旅团，下辖第三六〇、第三六一、第三六二等 3 个步兵大队，此外还有海上机动第二旅团、海军第三十三警备队各一部，总兵力 5200 人。

3 月 7 日，美军第十三航空大队和海军舰艇开始了持续 3 天的炮击轰炸。10 日，第四十一步兵师第一六二团、第一六三团在三宝颜市以西 5 公里处蜂拥上岸。日军稍为抵抗后撤出市区，依托西北山区构筑防线负隅顽抗。在美军的猛烈攻击下，20 日日军防线土崩瓦解，残部 4 月 1 日化整为零逃入丛林，在游击队和美军的围追堵截下惶惶不可终日。其间 3 月 15 日，美军出动一部兵力占领三宝颜以南的巴西兰岛。北条藤吉 5 月 26 日战死于半岛西北山区。到战争结束时，仍有千余名日军走出丛林向美军投降。第四十一步兵师夺取三宝颜半岛的代价是 220 人死亡、665 人受伤。

占领三宝颜半岛之后，美军兵锋立即指向苏禄群岛。该地日军主力为独立混成第五十五旅团的两个大队，另有陆军航空兵、通信人员和宪兵1000人，海军第三十三警备队700人，总计兵力6000人，主力驻扎在和乐岛。4月2日，美军第一六三团一个营登陆桑阿桑阿岛，该岛与塔威－塔威岛之间有珊瑚堤道相连。4月6日，美军越过堤道占领塔威－塔威岛。桑阿桑阿岛曾是日本联合舰队主要油料储存地，塔威－塔威是海军主要锚地之一，当初参加马里亚纳海战的小泽舰队就是从这里出发的。驻两岛少许日本海军部队被悉数歼灭。

4月9日，美军第一六三团在3艘驱逐舰和海军陆战队飞机的支援下登陆和乐岛中心和乐镇。日军两个中队在滩头的抵抗被迅速击溃。次日，美军顺利占领和乐镇和附近机场。撤出城区的日军盘踞在镇东南7公里的达霍山顽强抵抗，美军在菲律宾游击队协助下于17日发动总攻，激战10余日歼敌逾3000人。日军残部遁入图玛唐加斯山区苟延残喘。6月，美军第九十三步兵师第三六八团前来接防，与当地游击队继续开展围剿行动，日本投降时仅收容日军残兵135人。岛上日本陆海军最高指挥官第五十五旅团旅团长铃木铁三、第三十三警备队司令官池田敬之助分别战死于1945年8月1日和14日。

就在第四十一师横扫西南诸岛的同时，美军第四十步兵师已经向米沙鄢群岛的班乃岛和内格罗斯岛发起进攻。3月18日，在轻巡洋舰"克利夫兰"号和3艘驱逐舰的火力支援下，第一八五团在班乃岛首府伊洛伊洛以西19公里处登陆。迎接他们的不是日军枪弹，而是马卡里奥·佩拉尔塔上校的游击队。在游击队协助下，美军迅速拿下伊洛伊洛和圣塔芭芭拉两处机场。3月20日下午，美军坦克驶入伊洛伊洛城，以第一七〇独立步兵大队为主的2750名日军逃入内陆，随后岛上作战大都由游击队承担，一直到战争结束都未发生大规模交战，最终竟然有1560名日军侥幸活到战后。3月20日，美军轻松占领无人防御的吉马拉斯岛，这里也是日本联合舰队的一处重要锚地。

3月29日，美军第四十师第一八五团越过吉马拉斯海峡，在内格罗斯岛北部普卢潘丹登陆。岛上日军是以第一〇二师团第七十七旅团为主力的14800人。30日美军攻占巴科罗德，之后一路北上占领塔利塞市，4月2日完全控制了吉马拉斯海峡。退入山区的日军利用岛北复杂地形和坚固工事负隅顽抗，美军肃清残敌的作战一度进展缓慢。一直到6月2日，日军有组织的抵抗才宣告结束，日本投降时幸存者仅 1200 人。美军夺取两岛付出的代价是 390 人阵亡、1025 人受伤。

前文提到，3 月 26 日美军第二十三步兵师登陆宿务岛的作战直接导致第三十五军司令官铃木宗作外逃毙命海上。岛上日军有组织的抵抗一直到 6 月才结束。其间 4 月 11 日，美军第一六四团出动一个营轻松登陆并占领大部分地区已被游击队控制的保和岛。两岛作战美军共阵亡 417 人、受伤 1700 人，歼灭日军 5700 人。

最难啃的骨头当数日军重兵把守的棉兰老岛东部地区，这里的中心城市达沃是日军海空力量核心基地和中转站。据守此处的日军有两角业作第三十师团、原田次郎第一〇〇师团、土井直治海军第三十二特别根据地部队等部，共 43000 名士兵和 12850 名平民。铃木战死之后，侥幸逃生来到达沃的第三十五军参谋长友近晴美从 4 月起开始统一指挥上述部队。

4 月 17 日，美军第二十四步兵师主力在哥打巴托市以北 15 公里的帕朗、第二十一团在马拉邦登陆，当面日军第一〇〇师团第一六六独立大队 1500 名官兵未做抵抗退入山区作鸟兽散。4 月 22 日，美军占领一号公路与赛瑞公路连接点卡巴坎，切断了北方第三十师团和驻达沃市第一〇〇师团的联系。美军之后兵分两路，第三十一师向北攻击第三十师团，第二十四师继续东进攻打达沃。

4 月 27 日，快速东进的美军第二十四师第三十四团攻克位于达沃湾的迪戈斯，然后向北挺进，直逼达沃。此前日军在达沃周围的防御火力几乎全部面朝大海，无法抵御来自内陆的攻击，只好无奈放弃市区。5 月 3 日，美军第二十四师第十九团冲入已成一片废墟的达沃城。

日军第一〇〇师团依据达沃西部的阿波山高地顽强抵抗。美军并不急于发起进攻，只是利用炮火和飞机轰炸消耗敌军。双方在阿波山交战月余，日军损失 4500 人，美军亡 250 人、伤 1615 人。日军有组织的抵抗于 6 月 10 日宣告结束，残部及 15000 名日侨撤入阿波山北部的二线阵地。一位美军士兵如此描述达沃战斗的艰辛："此战是进攻菲律宾南部 10 座岛屿中最艰苦、最激烈和消耗最大的一战。一方面日军修筑的防御工事异常坚固，另一方面是岛上蕉麻田密不透风，视线不超过 10 英尺，很多人因高温在里边倒下。"

与此同时，美军第三十一师从卡巴坎出发沿赛瑞公路北上，向岛北的马卡哈拉湾快速出击。日军第三十师团出动第七十四联队两个大队和工兵第三十联队南下迎击，双方在卡巴坎以北迎头相遇，经一周激战后日军溃退。5月3日美军进抵基巴韦，继续沿赛瑞公路向北推进，5月6日抵达马拉马格，第一二四团经一周激战占领该城。

5月10日，美军增派第四十步兵师第一〇八团在马卡哈拉湾卡加延一带登陆，与北上美军形成南北夹击之势。23日，两部美军顺利会合并完全控制赛瑞公路，日军余部逃入马来巴来以东山谷。相比第一〇〇师团的顽强抵抗，日军第三十师团的表现可谓拙劣至极，主力部队未经战斗就掉头逃跑，遁入丛林。

7月12日，美军第二十四师一个营在棉兰老岛最南端的萨拉加尼湾登陆，轻松占领桑托斯将军城。美军对日军残部的扫荡一直持续到8月11日，此时距战争结束只剩下4天。巧合的是，麦克阿瑟最初拟订的反攻计划将萨兰加尼湾作为第一个登陆点，现在却成为美军在菲律宾夺取的最后一个目标。值得一提的是，这是整个太平洋战争中最后一次登陆作战。

美军在菲律宾南部诸岛的作战至此进入尾声，大部分扫荡工作交给菲律宾游击队了。艾克尔伯格高调宣称，第八集团军在米沙鄢群岛和菲律宾南部共实施了52次登陆作战。"从来没有哪支部队像他们一样，"艾克尔伯格在回忆录《荆棘之路向东京》中写道，"在战斗最激烈的42天里，这些部队进行了14次主要登陆和24次较小登陆，达到了每一天半就登陆一次的平均值。在频繁行动的间歇阶段，我指挥的一些特遣部队没有错过任何一次战役。大部分时间里，距离数百英里远的单个特遣部队在同时进行各自的战役。"麦克阿瑟对艾克尔伯格这一阶段的作战指挥"非常满意"，但是后者并不领情，因为克鲁格已晋升上将，而自己依然是陆军中将。

从军事角度看，美军针对南方岛屿的作战不过是一次大规模扫荡，他们是在与脆弱得几乎连局部反攻都发动不了的敌人作战。事实上，自尼米兹中太平洋部队在硫黄岛和冲绳岛相继登陆之后，南方地区的所有作战都已不具有任何战略意义。对这些味同嚼蜡的"鸡肋"行动，老酒甚至都懒得提起。

看到美国人在前方大打出手，风头出尽，澳大利亚人显得有些不高兴了。托马斯·布莱梅中将指出，澳军不能只在后方布干维尔岛、韦瓦克等地干一些清剿日军残部的无聊活儿，必须参加前线的战斗。要知道在战争初期，澳大利亚人可是反攻巴布亚半岛作战中不折不扣的第一主力。1945年2月，澳大利亚总理柯廷威胁麦克阿瑟,如果不让澳军参加前方的"解放战争",就将他们遣散以缓解国内紧张的人力状况。他和布莱梅一致认为,澳大利亚人必须在战争后期有进一步表现,以免在即将到来的胜利时刻被忽略或边缘化。

麦克阿瑟想让澳大利亚人进攻荷属东印度群岛,对此华盛顿参谋长联席会议并不认同。既然日本本土通往南方资源区的交通线已被切断,那些重要石油产地如苏门答腊、英属婆罗洲就失去了战略意义,这些地方迟早会落入盟军之手,不必再浪费宝贵的兵员和物资去攻占他们。但麦克阿瑟认为,自己对澳大利亚负有道义上的责任——这麦克阿瑟真是个爱负责任的人——当初如果没有他们的全力支持,他绝不可能在1942年下半年发起反攻。如果澳军想打仗的话,美国人不应该加以阻拦。此外,荷属东印度属于西南太平洋战区,麦克阿瑟觉得至少应该从日军手中夺回一个重镇,在胜利后把它交还给荷兰人。

出乎所有人预料,麦克阿瑟的无聊想法竟然得到了他一生的死对头——金上将的大力支持。在老酒印象中,这好像是整个战争过程中金第一次赞成麦克阿瑟的观点。金支持并非因为他眼里的麦克阿瑟忽然变英俊了,而是另有难言之隐。早在1944年8月第二次魁北克会议上,罗斯福就力排众议,同意丘吉尔派英国太平洋舰队投入远东作战,一向对英国人极不感冒的金反对无效。作为变通,他打算把英国人派往某个次要方向作为抵制。出于这一原因,金全力支持澳大利亚人发起对英属婆罗洲的作战。人家澳大利亚人可是帮你们收复失地,大英帝国皇家海军不去帮忙说不过去吧?另外,金还打算将文莱作为未来英国太平洋舰队在远东的主要基地。这样英国人就无须占用美军的资源,他们的舰队会被理所当然地用于远离日本本土的东南亚次要战场。

澳军攻打英属婆罗洲的作战分三个阶段进行。第一阶段,占领岛东部北端的打拉根岛,修建简易机场。第二阶段,夺取文莱港和附近油田。值得一提的是,未来这个港口的服务对象英国皇家海军从头到尾都反对这一计划。因为文莱港至少要到1945年末才能扩建成大型军港,大大晚于夺回新加坡——那里有条件更完善的樟宜海军基地——的时间,这一行动毫无现实意义。第三阶段是在巴厘巴板登陆,占领附近的油田和炼油厂。

布莱梅赞成进攻文莱,但坚决反对攻击巴厘巴板。他指出这一行动缺乏战略依据:巴厘巴板的主要意义在于用作进攻爪哇岛的跳板,但盟军完全没有夺取爪哇岛的意图，它除了人口众多更不具有战略意义。对布莱梅的抗议，麦克阿瑟根本懒得搭理，他现在要集中精力对付北吕宋的山下奉文。

受命攻打婆罗洲的是莱斯利·莫斯黑德中将的澳大利亚第一军，为地面部队提供海空支援的是美军第七舰队、澳大利亚第一航空队和美国陆军第十三航空队。巴西兰岛、塔威－塔威岛、和乐岛、巴拉望岛等地机场将在即将打响的作战中派上用场。

英属婆罗洲是世界第三大岛，面积仅次于格陵兰岛和新几内亚岛，岛上日军实力不容小觑。马场正郎的第三十七军是日本陆军中唯一没有师团级作战单位的军，下辖第五十六、第七十一独立混成旅团和独立混成第二十五联队，此外还有镰田道章的海军第二十二特别根据地部队，总兵力约 31000 人。由于盟军从 4 月开始逐步加大对婆罗洲的空袭力度，判断即将遭到攻击的马场开始调整防御部署，将岛东北部的守军撤往西部，并在撤退前破坏油田和炼油设施。

在婆罗洲东北部港口山打根，关押着 2700 名盟军战俘，他们大多是在马来亚和新加坡被俘的英国人和澳大利亚人。战俘的任务是为日军修建机场，他们的生活和劳动条件极为恶劣，经常遭到日军看守的虐待和殴打。1943 年 8 月，战俘中的高级军官被转移到古晋巴都林当战俘营，留在山打根的战俘生活条件更加恶化，口粮供给进一步削减，即使伤病者也必须从事繁重的体力劳动。到 1945 年 1 月，山打根战俘营中只剩下 1900 名幸存者。随着盟军不断加强对山打根机场的空袭力度，战俘营负责人星岛预感盟军的登陆即将来临，于是下令将战俘转移到山打根以西 260 公里的拉瑙。星岛宣称，这项命令来自第三十七军司令官马场。

第一次转移行军发生在 1945 年 1 月至 3 月，只携带 4 天干粮的 470 名战俘需要走完长达 9 天的行程。糟糕的路况、茂密的热带丛林、食物的匮乏让本来身体状态极差的战俘更加虚弱。日军不仅对行军途中的逃跑者直接射杀，甚至对生病或走不动的战俘也采取同样的手段，超过半数战俘死在途中。到达拉瑙之后，幸存者被命令修建临时营地。到 6 月 26 日，仅有 5 名澳大利亚人和 1 名英国人活了下来。

1945 年 5 月 26 日，536 名战俘开始第二次行军。1 个月后，仅 183 名战俘活着到达拉瑙，与第一次行军中仅存的 6 名同伴会合。250 名战俘仍留在山打根，他们中的 75 人受命进行第三次行军。截至日本投降前，留在山打根的战俘全部死于疾病、饥饿或射杀。1945 年 7 月，日军将拉瑙活着的 38 名战俘全部杀死。骇人听闻的"山打根死亡行军"成为日军在远东犯下的又一战争罪行。

6 名澳大利亚战俘侥幸逃生。在第二次行军中，欧文·坎贝尔、庞巴迪·布雷思韦特成功逃入丛林，在当地人帮助下找到盟军部队，最终获救。7 月，纳尔逊·肖特、威廉·施提茨维奇、基思·波特里尔、兰斯·莫克塞姆同样在当地人帮助下逃跑。他们中有 4 人后来在远东军事法庭和拉包尔军事法庭庭审时出庭做证。

澳军第一个攻击目标是婆罗洲东北部打拉根岛。发起登陆前数日，盟军出动舰艇清理航道。除出动战机轰炸预定登陆滩头外，4 月 28 日、29 日，2 艘盟军巡洋舰抵前实施近距离舰炮打击。4 月 30 日，澳军一部占领了打拉根和婆罗洲之间无人防御的萨道岛，在岛上部署炮兵阵地，为登陆部队提供近距离炮火支援。

5 月 1 日清晨，福雷斯特·罗亚尔少将第七十八特混舰队第一大队将澳军第九师第二十六旅及两个工兵营共 12000 名兵员输送至打拉根外海。8 时，旅长怀特海德准将率澳军在岛西南海岸登陆。岛上守军有日本陆军第四四五独立步兵大队 860 人和海军第二守备部队 900 人，加上其他辅助部队共 2300 人，指挥官为大队长常井忠雄陆军少佐。登陆日当天，澳军以 11 人阵亡、35 人受伤为代价牢牢控制滩头。日军大部分工事、碉堡早已在盟军轰炸和炮击下化为灰烬。2 日，澳军进攻打拉根镇和北边机场。尽管日军顽强抵抗，但澳军还是在压倒性火力的支援下 5 月 5 日占领两处目标，日军损兵 400 人左右。

常井率残部退守岛中部山区，他们甚至使用绑在竹竿上的刺刀来对抗进攻者。盟军一直有舰炮和飞机支援，战事进行得不慌不忙。到 6 月 19 日，日军有组织抵抗宣告结束。澳军对逃入深山老林中的日军展开围剿，仅 300 名日军活到战争结束。澳军付出 251 人战死、669 人受伤的代价，赢得了没有多大价值的战利品：打拉根机场被盟军炸弹破坏得面目全非，不能用于支持之后澳军在婆罗洲的其他军事行动。

参加文莱作战的是澳军第九师师长乔治·伍滕少将率领第二十旅和第二十四旅，加上配属部队共 3 万多人。文莱守军是以明石泰二郎第五十六独立混成旅团为主力的 8800 人，第三十七军司令官马场亲自坐镇一线指挥，足见日军对此战的重视。

6 月 10 日 9 时 15 分，在 4 艘轻巡洋舰和 23 艘驱逐舰的炮火支援下，罗亚尔少将第七十八特混舰队第一大队运送波特尔准将澳军第二十四旅在文莱湾东口纳闽岛登陆，粉碎日军第三七一步兵大队 550 名官兵的抵抗后，占领维多利亚镇和机场。当天下午，麦克阿瑟在肯尼和莫斯黑德陪同下视察滩头。看到战事进展顺利，麦克阿瑟高兴地说："很少有这样一个巨大的战略性战利品，以这样低的代价取得。"随后两天，澳军占领岛上另一座机场和小岛的大部分地区，以 18 人阵亡、42 人受伤为代价消灭 110 名日军。

日军残部据守维多利亚镇西北方向一处坚固阵地负隅顽抗。波特尔准将没有贸然发起强攻，6 月 15 日到 20 日，澳军炮兵向被包围的日军倾泻 140 吨炮弹。6 月 16 日，澳军一个营在坦克的带领下发起试探性进攻，日军抵抗之顽强远远超过澳军预料。波特尔准将再次叫停进攻实施炮击，"什罗普郡"号重巡洋舰也加入了炮击行列。21 日 10 时，澳军一个营在坦克的协助下发起总攻，到傍晚时分全歼岛上日军。

6 月 10 日，澳军第二十旅在文莱湾南岸登陆，13 日，攻克文莱市。日军撤退前点燃了诗里亚油田 37 座油井，大部分澳军士兵由战士变成了消防员。6 月 16 日，澳军第二十一旅在文莱湾北部登陆，27 日占领波弗特镇。此役澳军共亡 114 人、受伤 221 人，歼敌 1234 人。日军主力遁入丛林展开游击战。盟军发起文莱之战的最后结果是竹篮打水一场空，油田被点燃破坏，为英国太平洋舰队准备的军港在战争结束前根本无法投入使用。7 月 1 日，布莱梅宣布占领北婆罗洲。澳军并未继续向日军第三十七军司令部驻地西部港口古晋发起后续进攻。

夺取爪哇岛不在盟军计划之列，澳军攻打巴厘巴板的行动变得毫无意义。当初为封锁港口，美军在附近水道布下大量水雷，现在反倒成了自己的障碍。防御巴厘巴板的日军共 3900 人，分别来自海军第二十二特别根据地部队和陆军第五十六旅团第四五四步兵大队，由镰田道章统一指挥。

这个镰田道章在战争中并没露过几次脸，却因一张臭名昭著的照片大大出名。1943 年 9 月，澳军通信兵伦纳德·西弗利特中士带着两名安汶人在新几内亚岛东北部执行侦察任务时被土著围捕，他们被押往日军处请赏。三人被囚禁了好几周，遭到审讯和毒打。镰田对三人下达了处决命令。1943年10月24日下午，三人被蒙上双眼带到艾塔佩海滩，在日军和当地人的围观下砍头。

1944年4月，美军在奥朗德亚附近一名日本军官尸体上发现了三人被斩首的照片。这张照片很快被登在《生活》杂志上，随后被澳大利亚媒体广泛转载。虽然此前日军对待战俘的野蛮臭名昭著，但西方人还是第一次看到他们以这样的方式砍杀战俘。

爱德华·米尔福德少将率澳军第七师执行攻打巴厘巴板的任务。第七十八特混舰队第二大队执行运兵任务，第七十四特混舰队3艘护航航母、8艘巡洋舰——美军5艘、澳军2艘、英军1艘——和9艘驱逐舰执行护航和火力支援任务。登陆前20天里，澳大利亚皇家空军和美国陆军航空兵连续不断轰炸日军滩头阵地，火力支援大队进行了长达一周的炮击。滩头出现了战争中最壮观的烟火。海军炮弹在炼油厂引燃巨大火球，储油罐爆炸后腾起铺天盖地的火焰。石油从破裂的输油管中四处流淌，围绕低矮的山丘形成一条条火龙。盟军共向巴厘巴板滩头倾泻了3000吨航空炸弹、7361发火箭弹、38052发舰炮炮弹。

7月1日清晨，盟军登陆船队到达巴厘巴板东口海岸。9时，澳军第七师乘两栖运兵车分17个波次陆续上岸。亲临现场的麦克阿瑟要求登岸指挥，第七两栖部队司令官巴比劝阻说："海滩处于敌人迫击炮炮火控制之下，总司令去那里很不安全。"麦克阿瑟执意乘坐1艘登陆艇登上海滩。一名澳军少校跑过来说，附近山顶有一个日军机枪阵地，麦克阿瑟回答说："我想，最好把那挺机枪干掉，免得伤着我们的人。"

澳军第二十一旅登陆后向东攻击前进，9日占领两座机场。第十八旅在7月3日占领巴厘巴板市区和港口。中路第二十五旅在推进过程中遭到日军顽强抵抗。经两周激战，日军战损1800人后撤离巴厘巴板。第二十五旅继续追击，日军退守三马林达。7月21日，澳军占领附近油田和炼油厂，它们已经被日军撤退前破坏。巴厘巴板之战，日军2032人死亡、63人被俘，澳军229人阵亡、634人受伤。澳军士兵流出的最后一滴血未能换来什么战果，等机场和港口修复时战争已经结束。

随着《波茨坦公告》的发布，原定攻击婆罗洲南端马辰、西部沙捞越港口古晋的计划最终被取消。有人称巴厘巴板是二战最后一场大规模两栖登陆。但从时间看，美军第二十四步兵师7月12日登陆棉兰老岛南端萨拉加尼湾才应该算最后一次。

1945年9月8日，日本海军第二十二特别根据地部队司令官镰田道章登上澳大利亚护卫舰"伯德金"号，向澳军第七师师长米尔福德少将投降。9月10日，第三十七军司令官马场正郎、参谋长黑田茂向澳军第九师师长伍滕少将投降。

1947年8月7日，马场正郎在拉包尔被澳大利亚军事法庭执行死刑。同年10月18日，镰田道章在印尼坤甸被荷兰军事法庭以虐杀战俘和平民罪执行绞刑，死有余辜。

美军遭遇的最顽强抵抗，来自北吕宋山下奉文亲自领军的尚武集团。面对美军咄咄逼人的迅猛攻势，头脑冷静的山下并没有奢望能取得胜利，他现在只是为了一个目标而战：在尽可能长的时间里拖住尽可能多的美军，为本土加强防御争取宝贵的时间。他向部下解释说："即将开始的不是一场要击败敌人的保卫战，而是为了拖延自己迅速灭亡的防御战。"即使在莱特岛和南吕宋损失了大量有生力量，山下手中仍有15.2万人之众。他选择盛产稻米的卡加延河谷为中心防区。一旦能获得充足的粮食供应，日军就具备了长期抵抗、牵制美军的条件。

位于伊洛克斯山脉和西埃拉马德勒山脉之间的卡加延河谷长300公里，平均宽64公里，外界进入河谷的通道有三条：一是北部卡加延河入海处的阿帕里地区，二是南方五号公路上的重要隘口巴雷特，三是十一号公路东北端的避暑胜地碧瑶。除阿帕里之外，其余两条穿越于崇山峻岭间的通道很难通过重型装备。山下希望利用地理条件削弱敌人的装备和火力优势，将美军拖入血腥的持久战。

和当年本间雅晴登陆后直取马尼拉使美军趁机逃往巴丹和科雷希多类似，麦克阿瑟的目光始终紧盯马尼拉，给日军从容部署北吕宋防御留出了足够的时间。山下将主力部队部署在卡加延河谷南方的碧瑶、班邦、邦都三角区域。其中西山福太郎的第二十三师团、佐藤文藏的独立混成第五十八旅团布防碧瑶，负责阻断十一号公路。尾崎义春的第十九师团在他们后方防御邦都，确保第十一号公路无虞。在南方，冈本保之的第十师团负责防御圣何塞以北的巴雷特山隘，岩仲义治的战车第二师团已变成了不折不扣的步兵部队，负责防御第十师团后方几条小路，防止美军迂回，彻底切断五号公路。在他们后方，是津田义武的第一〇五师团，负责防御班邦到巴加巴格一线。村冈丰的第一〇三师团的两个步兵联队扼守阿帕里地区，防止美军在北方发起两栖登陆。山下这种部署虽然堵住了美军进入卡加延河谷的所有通道，但完全属于防御性质。兵力分散使日军很难快速集中发起大规模反击，重新进入中部平原。

麦克阿瑟没有急于向北吕宋发起进攻，而是让格里斯伍德第十四军增拨艾克尔伯格扫荡南菲律宾诸岛的行动。由于3个主力师被调走，克鲁格手中可用于北吕宋作战的兵力就只剩斯威夫特少将第一军的第三十二、第三十三、第二十五等3个步兵师，总兵员约7万人，仅有日军兵力的一半。克鲁格测算，不管攻击碧瑶还是班邦，都必须至少投入两个师兵力，他必须在两个攻击方向上做出选择。

按道理说从河谷最北端的阿帕里发起两栖登陆最为简捷，但美军到达阿帕里外海必须沿吕宋岛西海岸绕半圈，登陆船队势必暴露在驻中国台湾日军陆基航空兵的打击之下。尼米兹即将发起硫黄岛战役，无坚不摧的快速航母舰队奉命向北出击，仅凭金凯德的护航航母绝对无法保证登陆船队的安全。麦克阿瑟和克鲁格只好放弃在阿帕里发起登陆的想法。

让克鲁格略感欣慰的是，1942年菲律宾陷落时，美菲军军官拉塞尔·沃尔克曼上校并未遵照温赖特的命令向日本人缴械，而是潜入北吕宋地区组织游击队。留有髭须的沃尔克曼在日军追捕下九死一生的传奇经历为他赢得了极高声望。他的队伍在与日军周旋过程中不断壮大。美军登陆林加延湾时，沃尔克曼的游击队已发展到8000人之众。美军登陆后迅速与沃尔克曼取得联系，沃尔克曼得以用美军提供的装备物资大肆扩充队伍。短短一个月，他的部队就扩充到18000人，被编成5个步兵团和一个炮兵营，人数上达到了一个师的规模。克鲁格决定在作战中充分使用这支队伍，牵制日军第十九师团。

斟酌再三，克鲁格最终选择班邦为主攻方向。日军已在班邦以南的圣塔菲建立起主防御阵地。圣塔菲地处山谷中间，南边狭长的巴雷特山隘是通往卡加延河谷的必经之路。山下希望据守五号公路的第十师团能凭借地形优势，挡住或至少迟滞美军的进攻。在班邦方向，克鲁格决定出动两个主力师，第二十五师向巴雷特山隘发动正面进攻，第三十二师沿圣塔菲西侧几乎无法通行的维拉维尔地小径发动偷袭，以两面夹击出奇制胜。

2月22日，美军第三十二师第一二七团开始顺维拉维尔地小径攻击前进，另外两个团掩护两翼并肃清小径两旁的山岭。在此据守的日军第十侦察联队抵挡不住美军的猛烈攻势。战至 3 月 5 日，1100 名日军只剩下 80 人。第十四方面军副参谋长小沼治夫只好向山下求援。

山下迅速做出反应，总预备队战车第二师团残部 4350 人奉命前往萨拉塞克山隘实施阻截。日军在山洞中部署了大量重型火炮，火力强劲，接下来美军的进攻举步维艰。美国官方战史如此描述发生在这里的战斗："我们每遇到一个山头，都会以正面强攻开始，然后在炮火掩护下实施迂回，要么失败，要么演变成另一方向的正面强攻，要么成功之后在下一个山头重新开始。"美军第一二七团和第一二八团陆续披挂上阵，均因伤亡过大被迫退后休整。日军战损超过 1000 人，弹药补给消耗殆尽，士兵口粮供应减少到每天 200 克。

第十四方面军参谋在视察战车第二师团的阵地时意外发现，坚守在阵地上的很多士兵都只剩下一只眼或一条手臂。这样的人实在太多，以至于方面军参谋开始调查其中原因。他最终得到的答案是，由于弹药极度短缺，日军士兵被迫去捡美军投过来的手榴弹然后扔回去，很多人因时机把握不准被炸死，被炸成独臂或独眼已经算幸运了。

4 月 5 日，美军投入生力军第一二六团从北方迂回，终于突破萨拉塞克隘口日军第一道防线。慌不择路的日军对正面的第一二八团发动反击，损失惨重，到 17 日死亡达 1125 人，但美军也付出阵亡 265 人、受伤 620 人的不菲代价。日军残部据守山隘第二道防线拼死抵抗，并不时组织反冲锋。从 4 月 17 到 5 月 4 日，美军第一二六团和第一二七团分别发起迂回和正面强攻，在日军主阵地后方建起路障，一举切断日军的退路。5 月 10 日，濒临绝境的日军发起反击，一度切断美军补给线达 9 天之久。凭借强大的兵力和火力优势，美军打通补给线后顺势突破日军防线，于 5 月 29 日进逼圣塔菲。

就在第三十二师进入维拉维尔地小径前一天，2 月 21 日，美军第二十五步兵师的三个团兵分三路向圣何塞发起进攻。虽然负责左翼迂回的第一六一团和沿五号公路正面进攻的第二十七团攻击受阻，但从右翼迂回的第三十五团经过艰苦的山中行军于 3 月 3 日突然杀出，一举攻克五号公路上的战术要点迪格迪格村，切断了小镇以南日军的退路。美军其他两个团也在 27 日击溃日军阻击后继续推进，3 月 5 日与第三十五团顺利会合，全歼迪格迪格以南日军 1250 人，付出的代价是 40 人阵亡、165 人受伤。

之后第二十五师故技重演，以正面攻击和迂回包抄相结合 3 月 10 日攻占普特兰村，前方巴雷特山隘遥遥在望。但五号公路至此突然收窄，美军已无多大迂回余地，只能一步一步去啃日军据守的阵地。日军第十师团主力于 3 月中旬全部就位，静候美军进攻的到来。

面对严阵以待的日军，美军第三十五团再次沿东侧西班牙古道实施迂回，遭日军炮兵和步兵联合阻击被迫后撤。第二十七团沿五号公路逼近巴雷特山隘，在米奴里村遭到阻击无法前进。沿西侧山岭进攻的第一六一团仅在诺顿岭占据了一个落脚点。后来被史学家称为菲律宾"两大苦战"之一（另一个是马尼拉攻防战）的巴雷特山隘之战正式拉开序幕。

对由第二十五师和第三十二师执行主攻任务，第三十三师师长帕西·克拉克森少将一直颇有微词。3 月 7 日，眼看日军主力已被吸引到班邦方向，克拉克森开始率部向山下司令部所在地碧瑶发起进攻，他们将得到沃尔克曼"菲律宾师"的全力支援。3 月 8 日、19 日，美军接连攻占卡巴和巴旺，进入十一号公路和图巴小道。"菲律宾师"第六十六团和第十一团趁隙切断了碧瑶地区日军第五十八旅团和第二十三师团的后勤补给线。但日军凭借精心构筑的工事死死守住了在山涧、河谷中蔓延盘旋的通道。到 3 月下旬，美军第一次攻击在凭险据守的日军面前戛然而止，克拉克森少将必须等待新增援的到来。

美军的不间断轰炸破坏了碧瑶 2/3 以上的建筑物，菲律宾总统劳雷尔的别墅也在其中。所有能搜罗到的部队都被派往前方堵缺口，山下身边只剩下一个步兵中队，碧瑶失守已成为一个时间问题。山下劝劳雷尔离开菲律宾前往日本避难。起初劳雷尔还不愿走，但在山下、武藤和大使村田的反复劝说下，劳雷尔最终还是答应流亡。

3 月 21 日，劳雷尔夫妇一家 7 口偕副总统阿基诺等 4 名阁僚，在村田大使等 3 人的陪同下乘汽车逃出碧瑶。武藤受山下委托前来送行。众人乘车沿即将竣工的碧瑶到阿利达奥的公路行驶，最终在土格加劳机场换乘海军飞机飞往台湾，最后辗转到达日本奈良。海军把劳雷尔出逃行动命名为"兔号"作战——果真像兔子一样一溜烟跑掉了。送走劳雷尔后，回到防空洞里的山下顿觉轻松了许多。碧瑶只剩下战斗人员，第十四方面军没有后顾之忧了。

劳雷尔的最终结局还算不错。对那些曾经勾结日本人的菲律宾人的处理，罗斯福态度非常明确："他们背叛了菲律宾政府和美国，应该遭到逮捕，为自己的背叛行为接受审讯并接受惩罚。"麦克阿瑟认为这是菲律宾人的事，不应由美国陆军来处理。但奥斯梅纳根本无力逮捕数不清的"菲奸"，最终还是只能由麦克阿瑟代劳。到 1945 年夏天，埃利奥特·索普准将已经逮捕了超过 5000 名有通日嫌疑的菲律宾人。

战时通日分子几乎全是菲律宾政界或商界的精英，大部分人与奎松和奥斯梅纳关系密切。奎松生前曾经极力证明通敌者无罪，声称他们与日本人的表面合作只是为了使菲律宾人免受更大伤害。奎松曾于 1944 年 3 月专程赶往佐治亚州温泉，劝说在那里休假的罗斯福改变政策。奥斯梅纳赞同奎松的观点，他的很多亲属（包括两个儿子）都曾经为日本人效力。罗斯福最终答应，只审讯那些曾发誓效忠日本的叛国者。不过他在 1945 年 4 月 12 日去世了，杜鲁门让麦克阿瑟决定如何处置通敌者。

麦克阿瑟在菲律宾生活多年，通敌者中很多人都曾和他称兄道弟。菲律宾将在 1946 年 2 月独立，调查和审讯通敌者至少需要几年时间。麦克阿瑟认为美国人很快就将撤出，这些事情应该由菲律宾人自己处理。日本投降之后，劳雷尔宣布解散菲律宾傀儡政府，他本人不久被占领军逮捕，以卖国罪等 132 项罪名收押于东京著名的巢鸭监狱。1946 年 7 月，劳雷尔被引渡回国，当时的总统曼努埃尔·罗哈斯——就是当初被执行死刑途中被生田寅雄和神保信彦偷偷放跑的那位——1948 年赦免了他。1951 年劳雷尔以第一高票当选参议院议员，1959 年因脑出血去世。

得到第三十七步兵师增援之后，美军 4 月 12 日重启对碧瑶的攻势。第三十三师第六十六团、第一二三团和第一三〇团分别进入十一号公路、图巴小道和加利亚诺山谷，第三十七师则集中兵力沿九号公路实施主攻。这次美国人带来了山岳丛林地带作战的新武器推土机。动力强大的军用推土机挥动铁铲，把大树、灌木丛成片推倒，在密林深处开辟出一条临时通道，坦克和大炮便可以抵近日军阵地协助步兵进攻。

日军严重低估了来自西方的威胁，将第二十三师团完全集中在十一号公路上，第五十八旅团则分兵防御另三条道路，兵力分散。美军四路部队齐头并进。担任佯攻的第六十六团在十一号公路上遭遇顽强抵抗，进展缓慢。但执行主攻任务的第三十七师在九号公路进展神速，4 月 14 日击溃日军抵抗攻占萨布兰镇。17 日，美军前锋部队进抵伊利散峡谷，距碧瑶仅 4.8 公里。

当晚，在留下副参谋长宇都宫直贤——他之前任日本驻菲律宾使馆陆军武官——处理未了事务之后，山下率司令部成员乘汽车离开碧瑶。空中不断有美机来袭，山下一行只好昼伏夜出，3 天后到达班邦。刚刚抵达新指挥所的山下接到噩耗，战车第二师团参谋长森严在阻击美军的战斗中死亡。

美军很快尾随而至。留守碧瑶的日军拼死抵抗，绝望的士兵甚至驾驶只剩最后一升油的轻型坦克撞向美军谢尔曼坦克，结果只能是白白送死。24 日，美军占领碧瑶，第一二三团已于前一天攻克图巴小道终点图巴镇。

损失碧瑶对山下不能算致命打击，超过 1 万名日军利用美军的拖延成功撤出。此外在碧瑶和卡加延河谷之间还隔着数道山岭，美军若想逾越，绝非易事。5 月 5 日，第三十七师在攻占碧瑶以北的特立尼达后停下了前进脚步。

横亘在美军主攻方向上的巴雷特山隘完全称得上易守难攻。首次攻击失利之后，美军 3 月 16 日变更部署，第一六一团继续沿五号公路西侧诺顿岭发动攻击，第二十七团则改为从东边通过甲胄山、妙高山等地直接绕至隘口。第一六一团首攻诺顿高地受挫之后，美军索性发射超万发高爆弹和白磷弹，将山上植被烧个精光。即使如此，美军又经过一周激战才在 3 月 28 日攻克诺顿山，以 40 人阵亡、155 人受伤为代价歼敌 150 人。

3 月 22 日，美军第二十七团对妙高岭实施迂回，经 6 天行军 28 日抵达日军主防线前沿，他们得到了第三十五团的及时增援。美军随后的攻击开始复制第一六一团进攻诺顿岭的模式——攻击未果就撤下步兵，以炮火覆盖敌军阵地。美军发起炮击时，日军士兵只能躲进山洞或事先构筑的坚固工事，等美军步兵冲锋时再钻出来与之肉搏。美军第三十二师师长吉尔少将如此形容当时的战斗："缺水、炎热、灰尘，在这三重苦难之下，面对从一个洞穴转移到另一个洞穴，从一个反坦克掩体跳跃到另一个反坦克掩体进行反击的日军，我们的前进只能以英寸为计算单位。"炮弹和子弹几乎用之不竭的美军在拉锯战中给日军造成巨大杀伤，一座山岭、一座高地慢慢消耗日军战力。4 月 8 日，美军艰难攻克克伦普高地，但直到 28 日才将残余日军肃清。

3 月 28 日到 4 月 21 日，美军以 160 人阵亡、480 人受伤为代价歼灭日军

1600 人。但持续一个多月的苦斗还没通过山隘的一半。第二十七团团长林德曼上校发现妙高岭以西路况较好且防御薄弱，遂出动第二营在 4 月 22 日向敌后渗透，一举拿下了卡平塔兰岭上的孤树高地。但他们很快被赶来增援的日军死死顶住，再也无法前进半步。

在山下眼里，吕宋战局已近乎绝望。1 月底以来，据守克拉克机场地区的建武集团音信皆无。部署在马尼拉以东山区的振武集团因为遭到美军围攻，与尚武集团的联系时断时续。即使在北吕宋地区，山下与直接指挥的几支部队之间的联络也时常中断。5 月 8 日，山下批准了副参谋长小沼起草的《北吕宋作战指导要领》。《北吕宋作战指导要领》指出，"我军在迫不得已的情况下将确保曼卡延、邦都、巴卡巴克、土格加劳附近阿格诺河上游山岳地带，以图长期抗战"。为激励全军，山下于同日发布如下训示："自敌军登陆吕宋以来，我部经四个月激战予敌以重大杀伤，但尚未使之完全丧失战斗意志。今碧瑶失陷，萨拉塞克、巴雷特要冲告急，战况实为严重。各级指挥官更应切实做好指挥，士兵亦应机智敏捷，先发制人，不屈不挠，上下一体，紧密团结，在胜败关头发扬尽忠之大义，以期誓奏凯歌。"至于有多少人能够收到山下的训示，只有老天知道了。

鉴于多路美军正不断逼近，5 月 20 日，山下率司令部成员乘车从班邦前往开延干。小沼奉调回本土出任第十二方面军副参谋长，另一位副参谋长宇都宫奉命留在班邦，处理未尽事宜。

山下的口头激励对前线的糟糕战局丝毫无补。五号公路西侧，美军第一六一团经血战于 5 月 4 日拿下建武岭，前来增援的第三十七师第一四八团 12 日占领妙高山。5 月 11 日，卡平塔兰岭被美军第二十七团和第三十五团联手攻克。13 日，巴雷特隘口插上了美国星条旗。27 日，乘胜追击的美军第二十五师击溃日军残部的抵抗进入圣塔菲镇，次日与第三十二师胜利会合。美军两个师以 685 人阵亡、2090 人受伤为代价，歼灭日军两个师团主力 13500 人。

占领巴雷特山隘之后，美军第三十七师马不停蹄直逼班邦。6 月 5 日，副参谋长宇都宫率方面军参谋中泽胜三郎、渡边博、田口和夫及通信队、宪兵 250 人，离开邦都逃往开延干。前方四号、五号公路均已被菲律宾游击队控制，宇都宫只好率队进入西边密林绕道前往。一路行程困难到极点，错误百出的地图完全无法使用，经验丰富的渡边参谋走在前面带路，但走了半天发现又回到了原来的出发地。众人所带的一周口粮很快吃完，深山密林中连鸟和蛇都找不到，偶尔看见只猴子又不敢开枪射击，枪声会引来无处不在的菲律宾游击队。

幸运活到战后的中泽如此形容当时的惨状："我们在密林中踏着前人走过的道路行进，到处都是因赤痢、腹泻排泄的粪便。当时官兵主食是薯类，菜是薯类藤叶，只要弄到好像能吃的野菜都要填进肚里去。加上官兵大多有病，拉出的大便气味实在难闻。天一下雨，粪便化成屎汤，脚下简直成了一条'粪路'。难走的路需要用膝盖爬行，一面走，一面搅和屎汤，那无法形容的臭气简直让人无法忍受！这种'粪阵'在其他战场是见不到的，这恐怕也是菲律宾战场的一大特色吧！"

一行人路过第一〇五师团司令部时，恰好赶上师团参谋长岛田永男伤重自决，正在忍受疟疾折磨的岛田不愿在师团转移时让士兵抬走，主动选择了切腹。当宇都宫等人经过一个月艰苦跋涉，于7月5日带着满身泥粪到达开延干时，山下早已率部离开了。

尚武集团东、西部据点相继失守，打破了山下依托险峻地形长期固守的美梦。美军先头部队正朝巴卡巴克猛扑过来，此地是日军坚持抗战的战术要点，日军弹药粮食都需要通过这里运输。参谋长武藤迅速制订出作战计划，在巴卡巴克给美军迎头一击。山下命令第一〇五、第一〇三师团快速出击，抢在美军到来之前在巴卡巴克一线设伏，歼灭美军先头装甲部队。但日军没有运输车辆，多日来饿得头晕眼花的士兵要靠双腿穿越山岭密林到达伏击阵位，谈何容易？6月8日，刚从巴雷特山隘撤出的第一〇五师团残部还在行进之中、岛北阿帕里地区第一〇三师团尚在集结兵力时，美军装甲部队已冲进巴卡巴克。武藤精心策划的反击计划就此胎死腹中。

攻占巴卡巴克之后，美军第三十七师沿五号公路北上，第六师沿四号公路向开延干快速挺进，完成碧瑶扫荡任务的第三十三师开始沿山下逃跑的路线向东攻击前进，日军即将陷入美军的三面合围之中。

山下面临着两难抉择：如果确保粮食供应，就应全力守住卡加延河谷，这里的稻米足够养活数万大军。但相对平坦的河谷地带无险可守，残余日军势必在美军飞机、大炮和坦克的联合攻击下全军覆没。若想坚持持久战，就必须放弃山谷，进入西部山区腹地。但那里山高林密，没有粮食和弹药补充，就算勒紧裤带又能坚持多久？卡加延河谷春收季节已经结束，山下判断以现有兵力无论如何坚持不到秋收了。为了尽可能将更多美军牵制在菲律宾，山下毅然决定放弃河谷转进山区，誓与敌人周旋到底。

6月17日，在向各部下达放弃卡加延河谷"转进"西部山区的命令之后，山下率司令部成员离开开延干，向西南方向河谷腹地深处的巴克旦移动。仅有的一条山间小路因连日阴雨泥泞不堪，所有人都在烂泥中蠕动，途中倒毙者不计其数。山下穿着军用皮鞋，打着绑腿，拄着副官桦泽用杂木制作的手杖艰难前行。7月，山下一行进入海拔1500米的山区，在阿辛山涧设立了最后的司令部。

克鲁格敏感嗅到日军有大举撤退的迹象。他立即变更部署，将经过短期休整的第三十七师和第六师派上五号公路，接替在巴雷特山隘之战中精疲力竭的第二十五师，经班邦突入卡加延河谷。同时第三十二师和第三十三师从碧瑶沿十一号公路北上，进攻日军集结的山区。沃尔克曼"菲律宾师"将从别桑山隘东进，拿下邦都。第三十三师第一二三团和第六游骑兵营组成特遣队，在康诺利上校率领下沿西海岸北上，直取卡加延河谷顶端的阿帕里，一举切断日军的退路。

日军各部均在后撤，美军第三十七师沿五号公路的攻击一路势如破竹，他们相继在6月5日、6日、7日、8日攻占战术要点阿里陶、班邦、巴云邦和巴卡巴克，几天内的推进距离相当于之前3个月的总和！日军在卡加延河谷只剩严重缺员的第一〇三师团。师团长村冈派第一七九联队前往封堵卡加延河谷的最后屏障奥里昂山隘。区区一个缺兵少员的步兵联队想阻挡美军一个师的攻击无疑是螳臂当车。经过三天激战，美军击溃日军的阻击于13日晚突入卡加延河谷。

在多路美军的猛烈攻击下，日军围绕卡加延河谷的防御体系瞬间土崩瓦解。6月11日，美军康纳利特遣队占领阿帕里。6月15日，"菲律宾师"第十一、第十四团扫清了卡加延河谷大部。美军第六师6月12日到14日击退日军战车第二师团残部，将其逐至五号公路西侧。从6月11日开始，日军第十师团残部逐步被美军第二十五师赶入五号公路东边的深山密林之中。

6月23日，美军第十一空降师第五一一团在吕宋岛北端的阿帕里实施伞降。克鲁格说："要堵住这个缺口，杜绝日军在海上逃脱。"克鲁格明显多虑了，日本海军早已丧失了撤出孤岛守军的能力。美军伞兵降落的区域早已被菲律宾游击队控制，两军合兵一处沿五号公路快速南下，与从巴卡巴克北上的第三十七步兵师顺利会师。6 月 28 日，麦克阿瑟高调宣布："除几处孤立据点之外，美国历史上最激烈、最残酷的战斗——北吕宋作战，宣告结束。面积 40420 平方英里、人口 800 万人的吕宋岛全部光复。"

在吕宋岛北部巴布延群岛，驻有日军田岛彦太郎独立混成第六十一旅团，距阿帕里仅几十公里。美军占领阿帕里之前，巴布延群岛方向仍可通行，少数日军乘木筏或小艇经此逃往台湾。副参谋长小沼 6 月 16 日回国履新，走的很可能就是这条路线。美军占领吕宋岛之后，参谋本部命令田岛部队改隶属驻台湾第十方面军指挥。

北吕宋作战进入尾声，已将日军逼入绝境的克鲁格却无缘指挥最后的战斗。7 月 1 日，他奉命将指挥权交给艾克尔伯格，自己转去制订进攻日本本土的计划。7 月 3 日，克鲁格见到了视察南方战场返回马尼拉的麦克阿瑟。麦克阿瑟告诉他，菲律宾没他什么事了，请他去专心制订一个名叫"奥林匹克"的针对日本本土的作战计划。

两天后，麦克阿瑟收到了两封重要电文。一份电文说明，他的老朋友澳大利亚总理柯廷不幸去世，再也看不到胜利那一幕了，实在可惜。另一份是马歇尔上将从华盛顿发来的，上面注明"绝密"字样。此前，尼米兹中太平洋部队已经占领冲绳岛，肯尼第五航空队正在向那里部署重型轰炸机，很快将发起对日本本土的空袭。马歇尔通知麦克阿瑟，肯尼的飞机在任何情况下都不得轰炸京都、小仓、新潟和广岛，具体原因只字未提。7 月 31 日，卡尔·斯帕茨中将——他是唯一参加过德日两国投降仪式的人——飞抵马尼拉，向麦克阿瑟出示了一份绝密命令。8 月 2 日，麦克阿瑟告诉肯尼，战争将在两周内结束。

7 月 1 日，美军发起了对北吕宋的最后扫荡。"菲律宾师"第十五、第一二一、第六十六团联手击退一直与他们纠缠不清的第十九师团，使其退入阿辛河谷的托库坎。由于山谷骤然收窄，继续进攻的菲军无法取得重大突破，至战争结束离托库坎还有 2.4 公里。东路美军第六师 7 月 12 日攻克开延干，沿四号公路向西北前进，7 月 12 日占领邦都前方的巴那韦。山下司令部及所能指挥的残部最终被包围在连接碧瑶—邦都—巴卡巴克—阿里陶约 1000 平方公里的狭窄地域，最后覆灭近在眼前。

美军并未赶尽杀绝，而是采取了持久包围的策略。侥幸活到战后的作战参谋田中如此描述当时的战场："中间河水在哗哗流淌，对阵双方保持着棱形线，一到傍晚就停止射击，各自到河里打水。早晨却又'啪啪啪'地互相射击起来。"

初看上去对垒双方似乎形成了僵持，实际情况却大不相同。美菲军粮弹充足，日军士兵用来守卫阵地的武器主要是步枪和机枪，还有用卡加扬煤矿储存炸药临时制作的简易手榴弹，重武器只剩普罗格山上的2门山炮。7月8日，其中一门炮的炮兵合掌礼拜，打出最后1发炮弹；另外一门炮还有十几发炮弹，就在它等待最佳发炮机会时，战争结束了。日军炮兵将最后这门炮连同十几发炮弹一起埋进了泥土。

阿辛河谷的温泉产盐，参谋长武藤主动承担了制盐工作。"靠这点儿盐，我们总算活下来了！"桦泽副官感慨地说。但只有盐没有粮食还是不足以维持生存，连山下都很少吃到大米了。有好几次，山下在皮带上打上新扣眼，抚摸着渐渐瘪下去的肚子自嘲："如果家里人知道了，可能会高兴吧？夫人曾说，再稍微瘦一点儿才精神！"山下脸上皱纹很深，胡子和头发都白了。

7月下旬，武藤和山下开始为"最后时刻"进行准备。"为了保持阁下的尊严，不得不做最后考虑。"武藤告诉山下，抵抗最多只能坚持到9月上旬。

军需官报告说，粮食只能勉强维持到8月底，武器弹药严重不足，连进行一次有效战斗都无法保证。武藤据此拟订了一个饿死之前分路突围的计划。他将剩余兵力分为"精强部队"和"残留部队"，仍有余力的"精强部队"将突破美军包围逃到吕宋西北部，"残留部队"冲破包围去打游击，他自己和山下最后剖腹。山下认可这一方案，并特意交代厨次则参谋："厨，在切腹场下要装上炸药，千万不要忘了！"

8月8日晚上，不知谁从哪里弄来一只鸡，山下用它在自己的茅屋里招待了参谋长和副参谋长。宇都宫后来回忆说："虽说是鸡，但不管怎样搅和汤汁都碰不到肉，好像是很小的一只鸡。"桦泽取出山下珍藏的威士忌。几杯酒下肚，几个人开始说笑起来，似乎把眼前的窘境全都抛掷脑后了。

海上作战比陆上战斗往往更需要准确和及时的通信，海军通信设施通常比陆军好一些。8月15日，对面美军忽然不打炮了，这让精疲力竭的日军诧异不已。同日，第十四方面军司令部收到了位于土坎的西南方面舰队司令部发来的电报："美国旧金山电台广播说，日本投降了。"

同日，东京广播电台断断续续传来天皇的停战诏书，随后就是陆军大臣阿南惟几自杀和铃木贯太郎的告示等。山下坐在收音机前闭目静听，最后他睁开眼，对众人做出指示："不要轻举妄动，沉着待命。"

炮声骤停，两军对峙的山岭上一片寂静。南方军司令部在发来"保持现状，等待后命"的电报后音信皆无。空中不时有美军飞机飞过，投下来的不是炸弹，而是漫天飞舞的传单，上边写着"日本已经投降"。一些被俘虏的日军士兵也在河对岸喊话，劝说守军放下武器。山下采取的对策是不予理睬，沉默是金。

8月19日，南方军司令部正式发来停战命令。25日，来自西贡的另一封电报说，第十四方面军可以就停战问题与美军交涉，但没有授权山下和武藤签署投降书。

8月31日，美军飞机再次投下书信，勒令日军限期投降。武藤建议等等再说，山下却断然决定立即就去："多拖一天，就会有更多人的死去。劳雷尔总统在碧瑶时曾经对我说：指导者不能自己做出决定，但仅有两种情况例外，一是需要保住部下的名誉，一是代替部下负起责任的时候。我支持部下宁可饿死也要使之摆脱败北污名，从现在起就去执行！"

9月2日，山下摘掉大将肩章，在副参谋长宇都宫和几名参谋的陪同下下山前往碧瑶。需要处理未了事务的参谋长武藤稍后出发，将在次日前来会合。此时尚武集团还有50500名官兵。

山下一行到达开延干时，一队美军前来迎接。山下在美军士兵中享有较高声誉，一名带队的美军排长向他立正敬礼，表明"能够前来护卫大将，是我个人的无上光荣"。山下在美国可谓家喻户晓，他因攻占新加坡成为战争爆发后继山本五十六之后第二个登上《时代》周刊封面的日本人。一行人乘吉普车走出不远，就开始换乘美军第三十七步兵师师长贝特拉少将特意派来的轿车。到达碧瑶后，山下遭到大群美军士兵和新闻记者的围观，他的军刀被立即没收。

9月3日上午9时30分，日本陆军第十四方面军司令官山下奉文、参谋长武藤章，海军东南方面舰队司令官大川内传七、参谋长有马馨在碧瑶高级专员别墅会议室里依次就座，等待盟军受降代表的到来。山下早没了当年征服马来亚时的霸气，几个月野外逃生生涯使"步兵炮"看上去略显疲惫。山下想到了作为战败者向美军投降的难堪，甚至想到了高举双手向对方呈上军刀的那一幕。

他万万没想到，更大的耻辱已经近在眼前。

美军首席受降代表萨瑟兰中将首先走进会议室，跟在他身后的那个人让山下瞪大了眼睛。看到那带有明显特征的胡子和兔牙，以及高达两米的瘦削身材，山下不由得愣住了。那不是在新加坡被自己俘虏的英国陆军中将阿瑟·帕西瓦尔吗？双方互相介绍参会者，那人果然正是帕西瓦尔。山下一惊，邻座的武藤也耸了耸肩。

帕西瓦尔是奉麦克阿瑟的命令刚刚从战俘营被紧急送到菲律宾的。盟军受降代表中，有当初向本间雅晴投降的乔纳森·温赖特中将，他的出现因为与菲律宾战场密切相关显得理所当然。但英国人跟菲律宾战场没有半毛钱关系，看来将帕西瓦尔特意调来此处只有一个目的：就是故意让山下在过去的败将面前低头，这对山下是难以忍受但也必须接受的屈辱。

双方对文件内容确认没有异议后签字，简单的投降仪式宣布结束。作为俘虏，山下和武藤旋即被押进马尼拉以南 50 公里利萨尔县门天鲁帕街的新毕利毕德监狱，所遗事务由副参谋长宇都宫处理。山下享受了单间待遇，伙食采用美军将领的标准。山下认为，自己是奉天皇陛下的命令投降的，希望得到"体面俘虏"的待遇，这种希望看来实现了。

被俘之后，山下曾对囚犯教师森田说过"我在那时甚至想到过自裁"的话，但面对美国记者"为什么不切腹自杀"的提问，他却回答："陛下没有下达让我自决的命令。"当时东京恰好传来东条英机自杀未遂的消息，当记者就此事询问他时，一向与东条势不两立的山下愤愤不平地说："这是想回避责任的不忠行为。"

9 月 8 日，日军建武集团司令官塚田理喜治在蒙塔尔万签署投降书。同日，日军第四十一军（振武集团）司令官横山静雄在马尼拉以东地区向美军第十一军司令官霍尔少将投降。在随后漫长的时间里，散落各地的日军残部靠美军或菲律宾游击队的联系，陆续走出藏匿地向美军投降。当最后一名日军士兵小野田宽郎走出丛林向美军缴械时，已经是 1974 年 3 月的事情了，后文详叙。

关于菲律宾战役日军的死亡人数，各种资料说法不一。《日本陆海军事典》记载日本陆军战死 36.87 万人，海军 11.79 万人，合计 48.66 万人，加上军属共计死亡 51.8 万人。战败后向美军投降的陆军 97300 人，海军 36151 人，合计

13.34 万人。如此战死及投降总人数约 62 万人。毫无疑问，太平洋战争中日军在菲律宾损兵最多。

9 月 15 日，一名美军军官给山下送来了起诉书。上边写道："日本帝国陆军大将山下奉文，于 1944 年 10 月 9 日至 1945 年 9 月 2 日期间，在马尼拉及菲律宾其他各地，身为与美国及其盟国作战的日军司令官，对于美国国民及其盟国国民和所属领地市民，特别是菲律宾市民，任其部下进行野蛮暴行和其他重大犯罪。指挥官忽视了管制部下行动的义务。因此，山下奉文违反了战争法。"对山下的指控共 64 项，包括屠杀与虐待 3.2 万名菲律宾平民和美军战俘、强奸数百名菲律宾妇女及任意破坏私有财产。山下因此成为远东第一位受盟军审判的战犯。

美国法务军官哈利·克拉克上校、华尔达·亨得利克斯中校、詹姆斯·费尔德赫斯中校、乔治·盖伊少校、阿道夫·里尔上尉、密尔顿·山德巴格上尉 6 人组成的辩护团被指定为山下辩护。辩护团告诉山下，列举嫌疑事项的"详细起诉书"将由检察官方面提交。其内容是在马尼拉、巴拉望岛及菲律宾全部土地上的日军士兵对菲律宾市民的屠杀、虐待、拷问、强奸、掠夺、破坏等情况。山下多次重复说："我肯定在任何时候都不曾命令部下实施这些暴行或容许他们犯罪。如果我知情，我会禁止这些暴行的发生。这一点我可以当众向上帝发誓。"

关押期间，一名负责看守的美军中士一再向山下索要签名，还说外边很多人都想要。给山下担任翻译的滨本正胜——他曾任劳雷尔的总统顾问——想出一个办法。当时香烟非常稀缺，滨本提出在已经不值钱的日本军票上签名去换香烟。宇都宫反对说："这岂不是败军之将耻上加耻吗？"武藤却赞成这种做法。山下以前从不抽烟，下山后才学会吸。滨本担心签名太多会导致价格下跌，限定每天只签 15 张，从下士手中换 3 条香烟。没想到签名价格不降反升。后来宇都宫得知，那些签名竟然被中士以每张 25 美元价格卖掉了。

预测山下将被判处死刑的人占大多数。10 月 8 日，军事法庭在马尼拉高级专员官邸对山下进行第一次公审。审判官席设在中央，左右分别是检察官和辩护团席，山下站在辩护团当中席位，此外法庭还设有 300 人的旁听席。进行完审判前的必要程序之后，山下提出让参谋长武藤、副参谋长宇都宫做自己的助理辩护人。尽管审判长罗塞尔·雷诺兹少将表示同意，但首席检察官罗伯特·科尔少校还是尖锐地说："检察官不承认提出的两人为参谋长和副参谋长，山下拥有参谋长和副参谋长的时代早就结束了。"

正式审判将在 10 月 29 日进行。但在开庭前两天的 10 月 27 日，检察官突然增加 59 项新指控，连同原来的 64 项合计达 123 项之多。山下的罪状被列入以下三类。

一、对待战俘：令其挨饿，处决，虐待，未经审判屠杀。

二、对待菲律宾平民：酷刑，强奸，大规模杀害和处决包括妇女、儿童、宗教人士在内的平民，或实施斩首，或施以刺刀、棍棒，或施以绞刑、火刑、爆炸物。

三、烧毁或毁坏房屋、宗教场所、公共医院，毫无军事之必要性，罪行遍及整个菲律宾地区。

对突然增加的指控，辩护团申请多给两周时间，以使他们根据增加的指控准备辩护词。法庭起初答应了，但很快做出了拒绝延期的决定。因为麦克阿瑟从东京来电说，他怀疑辩护是否有必要"拖长一些时间"，并"敦促"法庭迅速终结审判。

山下的罪状绝不只限于菲律宾。1941 年 2 月 14 日，为使"新加坡市民产生恐惧心理"，他曾下令炮轰市区，导致许多无辜平民被炸死。日军占领新加坡后，曾大肆屠杀当地华人，身为最高指挥官的山下肯定脱不了干系。最骇人听闻的还是 1945 年初，日军在美军强攻马尼拉期间进行了疯狂破坏和屠杀。其中最恶劣的是在圣保罗大学一次杀害 944 名菲律宾儿童。虽然在屠杀发生前，山下曾宣布马尼拉为不设防城市，但在整个屠杀过程中，他几乎未采取任何措施。在宣读指控山下的陈述时，首席检察官罗伯特·科尔少校愤怒地斥责他是"人民的公敌"。

不断有受害者出庭做证，"一个接一个证人。有做母亲的，叙述了亲眼看见日本兵当面刺杀了她的孩子；有的出示少女背上刺刀的伤疤；有的详细谈及日本兵对妇女的暴行；一个男人出示了差一点被砍掉脑袋而在颈上留下的伤痕"。法庭共传唤证人 286 名，收集了 4055 页证词和 423 件证物。

令人担心的是，无论是全面覆盖的指控还是 123 项罪名，都无法证明山下与那些犯罪行为存在直接关系。检方证人曾两次试图将山下与暴行直接联系起来。

一次是曾在劳雷尔傀儡政府任职的纳西索·拉普斯，他指证山下命令手下"杀光所有菲律宾人"。另一次是拉普斯的姻亲兄弟华金·格朗，他自称亲耳听到山下关于杀光菲律宾人、摧毁马尼拉的谈话。但在此后审理中，这两次指控均被证实为捏造。两位证人这样做仅为通过出庭做证换取美军赦免他们的通敌罪。

包括山下、武藤、横山静雄等战犯在内的辩方证人证明，第十四方面军既没有打算防卫马尼拉，也没有计划摧毁它。"防卫马尼拉是愚蠢的，战术上是不可取的，"山下解释说，当大部分暴行发生时，他已将马尼拉日军交给振武集团的横山静雄指挥，自己则率部进入北吕宋山区。

横山与其他证人也证实了这一点。在暴行发生时的菲律宾，日军3个战略集团之间联系不畅，横山没有向山下汇报发生在马尼拉的暴行。即使他的指挥部就在马尼拉以东山区，他也没有获悉这些暴行的实施，也根本指挥不动海军的岩渊三次。

另外，发生在八打雁25000名菲律宾人被屠杀的罪行，被锁定在第八师团第十七联队联队长藤重正从身上。藤重承认，是他下达了镇压游击队的命令，理由是他认为那里的妇女、儿童和男人一样具备潜在危险性，"山下和横山均未命令我执行大规模屠杀，我也从未向他们汇报过这件事情"。

11月28日之后的3天里，山下开始为自己辩护。起初他不打算这么做，但翻译滨本提醒如果他承认负有连带责任，很可能今后会涉及天皇。山下这才同意为自己辩护。他向法庭表明："虽然我对上述事实并不知情，但我不会说我没有责任。我要不负责，谁来负责？"

当天审讯结束之后，山下见到了从新加坡专程赶来的英军上校怀尔德。当初帕西瓦尔向日军投降时，这位怀尔德高举白旗走在队伍的最前面，还担任了投降谈判的英方翻译。英军上校告诉山下："如果马尼拉法庭判决你无罪，我们将马上把你引渡到新加坡，召开军法会议判你死刑。请做好思想准备吧！"可惜这位怀尔德在飞回新加坡途中因飞机失事身亡。

美国人后来承认，山下一案最大漏洞在于对他的起诉被局限在菲律宾境内，使得这位陆军大将回避了更多本应承担的指控，包括日军在马来半岛和新加坡的屠杀，在中国东北和中国华北地区欠下中国军民的累累血债。未能清算菲律宾以外罪行成为本案的一大缺憾。

由于没有证据表明山下与屠杀直接有关，坊间有关山下可能逃脱死刑的呼声越来越高。12月5日最后辩护终了时，美国INS特派通信员帕特·罗宾逊向美、英、澳三国特派员共12人询问山下是否有罪，请求大家无记名把票投到一顶帽子里。统计结果出人预料，12人全都投了"无罪"。

剧情似乎出现了翻转。1945年12月7日——珍珠港事件四周年纪念日——13时22分，山下出现在马尼拉军事法庭。14时，5位审判官入场。审判长雷诺兹少将叙述了审判官的判断："由于部下一人犯了残杀或强奸罪，便把指挥官看成杀人、强奸犯是不合理的。但发现了这种犯罪行为，指挥官没有做出有效努力加以取缔，那么指挥官对部下的不法行为就必须负责。"雷诺兹宣布："被告、首席辩护人及被告翻译，请到审判官前位置上来。"

山下请求在宣判前发表声明书，雷诺兹少将让滨本读了英文译稿。这是一份无罪声明和对法庭及辩护人表示感谢的短文。滨本读完之后，雷诺兹少将宣读判决书：

秘密投票结果，由于审判官三分之二以上同意，本法庭同意起诉书指控的情形判为有罪，宣告判处绞刑。

山下右耳听力较差，便向坐在左侧的滨本询问结果。滨本告诉他："是上吊呀！"山下听完点点头，没有说话，带武藤和宇都宫一起离开法庭。庭审仅仅用时15分钟。

对最终判决结果，麦克阿瑟显然非常满意，说在审阅此案时"找不到有什么酌情从轻之处"，"审判完全是在司法目的理论指导下进行的——弄清全部真相，不受任何人为的狭隘的方法或技术上的武断束缚，结论是毋庸置疑的"。

山下和武藤随即被转往马尼拉北部的战俘收容所。山下被单独隔离在周围带着有刺铁丝网的帐篷里，换上了蓝色囚服，老花镜也被没收了。

对军事法庭的判决，山下辩护6人团并不认可。他们曾于11月12日向菲律宾最高法院提出中止审判和人身保护的申诉，并于11月26日向美国最高法院提出了同样内容的请求。判决书下达之后，辩护团向美国陆军部发去了要求延期执行的电报，后者于12月9日指示麦克阿瑟延期处刑。

12 月 23 日，辩护团成员克拉克上校、里尔上尉和山德巴格上尉飞往华盛顿。1946 年 1 月 7 日，8 位大法官出庭听取了三人的陈述。里尔后来在著作《审判山下》一书中写道："就在几个月前，他曾处心积虑地想毁灭美国，现在法庭能够保证公平地对待这个敌人，这是美国民主政治的光荣。" 2 月 4 日，首席大法官哈伦·斯通代表联邦最高法院出具判决书："军事法庭的组建是合法的，有权审判山下奉文。军事法庭对山下奉文的审判，不违反任何军事法、成文法或者宪法。驳回当事人上诉请求。"

6 名大法官同意维持原判，对山下的最后判决附有两名法官的反对意见。大法官弗兰克·墨菲气愤地指出，美国司法机构应当将公平审判的法则适用于每一位受控告的人，"个人的这些权利应该归属于世界上的任何一个人，不论战胜者或是战败者，也无关乎种族、肤色和信仰"。墨菲在判决书上签署的反对意见是："以表面的司法程序为幌子，对败寇的指挥官实施报复和惩罚，由此引发的罪恶，可能比引起复仇反应的那些暴行本身更为严重。这样的判决，将会损害我们的人民对法律公平性和客观性的信仰。"

另一位大法官威利·拉特利奇赞同墨菲的观点，他坚持认为山下没有享受公平的审判和准备辩护所必需的时间。他引用了托马斯·佩因的一段话："谁想要捍卫自己的自由，就必须保护他人甚至他的敌人不受压迫。如果违反了此项义务，他就创设了一个先例，他自己很可能因此成为受害者。"

战后，美国威斯敏斯特学院历史学教授理查德·L. 雷尔在专著《审判山下奉文：战争罪与指挥官责任》一书的前言中指出："我确信墨菲和拉特利奇的观点是正确的。山下奉文的审判是对美国法律的歪曲，当时定义的指挥官责任概念不合法，以及在 1945 年到 1946 年，道格拉斯·麦克阿瑟将军对山下奉文存在争议的起诉与死刑承担最大的责任。"

辩护团所做的最后努力是直接向总统提出减刑请求，2 月 8 日被杜鲁门断然驳回："对于显然属于军事指挥官职责内的事情，如职权范围内的军事司法，总统不干涉指挥官的权利。"里尔上尉对此感慨道："我们是不公正的，伪善而带有复仇心理的。我们在战场上打败了敌人，却让敌人的精神在我们心中赢得了胜利。"

值得一提的是，后来东京审判和纽伦堡审判均使用了山下奉文一案中确立的法律原则，马尼拉审判更像是东京审判的一次预演。法国历史学家艾迪安·若代尔在著作《东京审判——被遗忘的纽伦堡》一书中如此评论说："尽管存在最高法院持不同意见法官指出的那些明显的司法不公，本案仍然是第一例涉及战争犯罪中指挥官责任制定义原则的判决。自那以后建立的所有国际法庭都将实施这个原则。"

2月22日8时，山下被从收容所用汽车送到马尼拉以南30公里的洛斯巴诺斯监狱。在被押往刑场的路上，同行的兵库县青垣正觉寺住持问山下："你还有什么遗言吗？"

山下回答："一个人的本性在上学之前，完全是靠母亲培养的。我的遗言是，希望能提高妇女教育，培养好每一位母亲。请告诉祖国，我只有这一个愿望。"

23日凌晨2时50分，山下被带上由日军战俘垒砌的处刑台。他的两手和双脚被捆上绳索，眼睛蒙上黑布。山下问哪是东方，拉西德中尉扶他变换了方向，他就深深行了一礼。美军记录山下受刑时"沉着冷静"。处刑记录上这样记载："山下奉文陆军大将，2月23日凌晨3时02分至3时27分气绝，年60岁。"

处刑是秘密进行的。次日清晨，宇都宫没有像往常那样看到山下出来散步，心想他可能感冒了。当天下午，不知从哪里传来山下已被处决的消息。25日中午，宇都宫率众人在一座帐篷里为山下进行了祷告。

久子正式收到山下的死亡通告已是3个月后的事情了。通告书上这样写着："原籍：东京都涩谷区神泉町番地。陆军大将山下奉文：昭和21年2月23日在'吕宋岛、马尼拉'因系战犯被处死刑，特此通知。"

若论麦克阿瑟眼中的头号仇敌，那可能不是山下，而是开战之初让他首尝败绩、狼狈出逃澳大利亚的原日军第十四军司令官本间雅晴。战争结束后仅两个星期，本间就被美军第八集团军关押，作为战犯送往马尼拉受审。

1946年1月3日，马尼拉军事法庭开庭审理本间的战争罪行，最重要的是"巴丹死亡行军"中他作为执行者犯下了反人类罪。本间的辩护律师约翰·斯金提出审判缺乏公正性，因为"人人都知道最后结果是什么，哪怕辩护方有充足的证据"。所有证据都表明，巴丹死亡行军并不是本间的主意，而是大本营参谋让政信背着本间自作主张下达的命令。

麦克阿瑟显然已经失去耐心，他在一份声明中这样说："如果本间雅晴不值得被审判，那么这个世上就没有人会被审判了。没有一个人能像他一样，以军事权威或军事需要为借口来进行大规模破坏，来制造令人发指的和危险的罪行。如果这种罪行都不能被惩处，那么会对未来世界格局产生巨大的威胁。"

1946 年 2 月 11 日，马尼拉军事法庭判处本间死刑。和山下唯一不同的是，处决方式不是绞死，而是枪毙。一种说法是辩护方希望"本间应该像军人一样死去"，另一种说法是本间的第二任妻子富士子在出庭做证时，苦苦哀求法庭免除本间以日本最耻辱的绞刑被处死，这才最终选择了枪决。1946 年 4 月 3 日，本间被押赴刑场执行死刑。

被马尼拉军事法庭判处死刑的战犯还有第十四方面军兵站监洪思翊，第八师团第十七步兵联队联队长藤重正从，驻宿务岛第一〇二师团第七十七旅团旅团长河野翊，驻巴布延群岛独立混成第六十一旅团旅团长田岛彦太郎，等等。

虽然山下和本间是方面军或军司令官，也只能作为乙级战犯在马尼拉被审判。参谋长武藤章被押往东京作为甲级战犯受审，"荣幸"成为 7 名被判处死刑甲级战犯中的一名，后文详叙。